Werner Sombart

# Der Bourgeois

Zur Geistesgeschichte
des modernen Wirtschaftsmenschen

Neudruck der 1. Auflage 1913

München und Leipzig
Verlag von Duncker & Humblot
1923

Alle Rechte vorbehalten
© 1987 Duncker & Humblot GmbH, Berlin 41
Gedruckt 1987 bei Berliner Buchdruckerei Union GmbH, Berlin 61
Printed in Germany

ISBN 3-428-01419-7

# Vorwort

Wie der Geist unserer Zeit geworden ist und wie er sich heute gestaltet, will dieses Buch zu schildern versuchen, indem es eine Genesis des repräsentativen Trägers dieses Geistes: des Bourgeois, gibt. Damit sich die Vorstellungen des Lesers niemals in das Schattenreich des Abstrakten verlieren, sondern immer mit den Anschauungen des lebendigen Lebens erfüllt bleiben, habe ich den Menschen in den Mittelpunkt meiner Untersuchung gestellt und habe ich den Titel so gewählt, wie er jetzt dasteht. Aber das Geistige der Menschenart Bourgeois ist es doch allein, was uns beschäftigen soll, nicht seine sozialen Beziehungen: das drückt der Untertitel aus.

Unter den Händen hat sich die „Geistesgeschichte des modernen Wirtschaftsmenschen" zu einer Analyse und Kritik unseres Zeitgeistes ausgewachsen, deren wir nun freilich schon eine ganze Menge besitzen. Und viele, die sicher viel „geistreicher" sind als dieses Buch. Aber die eben darum niemand recht befriedigen und keine durchschlagende Wirkung auszuüben vermögen.

Was mir an den bisherigen Versuchen, das geistige Wesen unserer Zeit zu kennzeichnen, zu fehlen scheint, ist die breite Tatsachenbasis, ist die Untermauerung der seelischen Analyse mit historischem Material. Diese Lücke will dieses Buch ausfüllen, das deshalb mehr, als es mir oft selber lieb war, mit stofflichen Elementen angefüllt ist. Wir müssen uns aber gewöhnen, wenn wir so tiefwurzelnde Probleme wie die seelische Struktur unserer Zeit behandeln, auch die unendliche Mannigfaltigkeit des wirklichen Ablaufs der Ereignisse auf unser Empfinden und auf unser Nachdenken wirken zu lassen. Geistreiche Aperçus führen uns niemals zu der tiefen Einsicht in die Wesenheit geschichtlicher Zusammenhänge, die doch nun einmal allein das Verständnis für den „Geist einer Zeit" vermitteln.

Aber ebensowenig will dieses Buch darauf verzichten, die geschichtlichen Gegebenheiten sinnvoll zu deuten und sie zu einem anmutenden Kranz von Gedanken zusammenzuflechten. Eine bloße Stoffanhäufung vermag uns gewiß auch nicht zu befriedigen.

Der Leser mag entscheiden, ob der Kurs dieses Buches, wie ich beabsichtigt habe, zwischen den Extremen der Stoffhuberei und der Sinnhuberei, wie Vischer sie genannt hat, glücklich hindurchführt.

Mittel-Schreiberhau, den 12. November 1913.

**Werner Sombart.**

# Inhaltsverzeichnis

|  | Seite |
|---|---|
| Einleitung | 1 |
| Erstes Kapitel: Der Geist im Wirtschaftsleben | 1 |
| Zweites Kapitel: Die vorkapitalistische Wirtschaftsgesinnung | 11 |

## Erstes Buch.
### Die Entwicklung des kapitalistischen Geistes.

| | Seite |
|---|---|
| **Erster Abschnitt. Der Unternehmungsgeist** | 29 |
| Drittes Kapitel: Die Gier nach Gold und Geld | 29 |
| Viertes Kapitel: Allerhand Mittel zur Geldbeschaffung | 44 |
|   1. Erwerb durch Gewaltmittel | 47 |
|   2. Erwerb durch Zaubermittel | 49 |
|   3. Erwerb durch Geistesmittel (Erfindungsgabe) | 52 |
|   4. Erwerb durch Geldmittel | 60 |
| Fünftes Kapitel: Das Wesen des Unternehmungsgeistes | 69 |
|   1. Der Eroberer | 70 |
|   2. Der Organisator | 71 |
|   3. Der Händler | 72 |
| Sechstes Kapitel: Die Anfänge der Unternehmung | 77 |
|   1. Der Kriegszug | 77 |
|   2. Die Grundherrschaft | 80 |
|   3. Der Staat | 82 |
|   4. Die Kirche | 84 |
| Siebentes Kapitel: Die Grundtypen des kapitalistischen Unternehmertums | 86 |
|   1. Die Freibeuter | 90 |
|   2. Die Feudalherren | 102 |
|   3. Die Staatsbeamten | 111 |
|   4. Die Spekulanten | 115 |
|   5. Die Kaufleute | 123 |
|   6. Die Handwerker | 132 |
| **Zweiter Abschnitt. Der Bürgergeist** | 135 |
| Achtes Kapitel: Die bürgerlichen Tugenden | 135 |
|   1. Die heilige Wirtschaftlichkeit | 137 |
|   2. Die Geschäftsmoral | 160 |
| Neuntes Kapitel: Die Rechenhaftigkeit | 164 |

| | Seite |
|---|---|
| **Dritter Abschnitt. Die nationale Entfaltung des kapitalistischen Geistes** | 170 |
|     Zehntes Kapitel: Die verschiedenen Möglichkeiten der Gestaltung | 170 |
|     Elftes Kapitel: Die Entwicklung in den einzelnen Ländern | 172 |
|         1. Italien | 172 |
|         2. Die Pyrenäenhalbinsel | 174 |
|         3. Frankreich | 177 |
|         4. Deutschland | 181 |
|         5. Holland | 185 |
|         6. Großbritannien | 188 |
|         7. Die Vereinigten Staaten von Amerika | 193 |
| **Vierter Abschnitt. Der Bourgeois einst und jetzt** | 194 |
|     Zwölftes Kapitel: Der Bourgeois alten Stils | 194 |
|     Dreizehntes Kapitel: Der moderne Wirtschaftsmensch | 212 |

## Zweites Buch.
## Die Quellen des kapitalistischen Geistes.

| | |
|---|---|
| **Einleitung** | 243 |
|     Vierzehntes Kapitel: Das Problem | 243 |
| **Erster Abschnitt. Die biologischen Grundlagen** | 253 |
|     Fünfzehntes Kapitel: Bourgeoisnaturen | 253 |
|         1. Unternehmernaturen | 256 |
|         2. Bürgernaturen | 259 |
|     Sechzehntes Kapitel: Die Veranlagung der Völker | 266 |
| **Zweiter Abschnitt. Die sittlichen Mächte** | 282 |
|     Siebzehntes Kapitel: Die Philosophie | 282 |
|     Achtzehntes Kapitel: Die Bedeutung der Religion für den Menschen des Frühkapitalismus | 292 |
|         1. Die Katholiken | 292 |
|         2. Die Protestanten | 296 |
|         3. Die Juden | 299 |
|     Neunzehntes Kapitel: Der Katholizismus | 303 |
|     Zwanzigstes Kapitel: Der Protestantismus | 323 |
|     Einundzwanzigstes Kapitel: Der Judaismus | 337 |
|     Zweiundzwanzigstes Kapitel: Der Anteil der sittlichen Mächte am Aufbau des kapitalistischen Geistes | 349 |

Inhaltsverzeichnis VII

|  | Seite |
|---|---|
| **Dritter Abschnitt. Die sozialen Umstände** | 361 |
| Dreiundzwanzigstes Kapitel: Der Staat | 361 |
| Vierundzwanzigstes Kapitel: Die Wanderungen | 380 |
| 1. Die Wanderungen der Juden | 383 |
| 2. Die Wanderungen der religionsverfolgten Christen, insbesondere der Protestanten | 390 |
| 3. Die Kolonisation der überseeischen Länder, insbesondere der Vereinigten Staaten | 389 |
| Fünfundzwanzigstes Kapitel: Die Gold- und Silberfunde | 399 |
| Sechsundzwanzigstes Kapitel: Die Technik | 413 |
| Siebenundzwanzigstes Kapitel: Die vorkapitalistische Berufstätigkeit | 431 |
| Achtundzwanzigstes Kapitel: Der Kapitalismus selbst | 441 |
| **Schluß** | 457 |
| Neunundzwanzigstes Kapitel: Rückblick und Ausblick | 457 |
| **Quellenbelege** | 465 |
| **Sachregister** | 527 |
| **Autorenregister** | 535 |

# Einleitung

## Erstes Kapitel: Der Geist im Wirtschaftsleben

Was ist das: der Geist im Wirtschaftsleben? Ein Witzbold, zu dem ich davon sprach, meinte: es gäbe im Wirtschaftsleben überhaupt keinen Geist. Das ist nun sicher falsch; selbst wenn man das Wort in dem Sinne faßt, in dem es von ihm gemeint war; in dem Sinne also, in dem wir es mit den Suffixen reich und voll verbinden.

Aber in diesem Sinne gebrauche ich das Wort Geist natürlich nicht, wenn ich hier von einem Geist im Wirtschaftsleben rede. Ich verstehe darunter auch nicht, woran man ebenfalls denken könnte, das, was man wohl besser als Geist des Wirtschaftslebens bezeichnet; nämlich eines bestimmt gearteten Wirtschaftslebens, das man in seiner ideellen (begrifflichen) Reinheit damit zum Ausdruck zu bringen sucht, daß man nach seinem „Geiste" sucht, wie man etwa den „Geist des römischen Rechts" aufzuweisen vermag.

Ich gebrauche die Wortverbindung vielmehr in dem schlichten Verstand, wonach sie so viel bedeutet, wie alles Seelische, in diesem Sinne also alles Geistige, das im Bereiche des Wirtschaftslebens zutage tritt. Daß ein solches aber vorhanden sei, wird niemand bestreiten wollen; es sei denn, er leugne ein spezifisch Seelisches in den menschlichen Bestrebungen überhaupt. Denn auch die wirtschaftliche Tätigkeit kommt natürlich nur zustande, wenn menschlicher Geist sich der Körperwelt mitteilt und auf sie wirkt. Alle Produktion, aller Transport ist Bearbeitung der Natur, und in aller Arbeit steckt selbstverständlich Seele. Will man bildlich reden, so kann man das Wirtschaftsleben als einen Organismus ansprechen und von diesem aussagen, daß er aus Körper und Seele zusammengesetzt sei. Den Wirtschaftskörper bilden die äußeren Formen, in denen sich das Wirtschaftsleben abspielt: die Wirtschafts- und Betriebsformen, die Organisationen mannigfacher Art, in deren Umkreis und mit deren Hilfe gewirtschaftet wird; aber auch die äußeren Bedingungen, unter denen der wirtschaftliche Prozeß sich vollzieht, kann man dem Wirtschaftskörper zurechnen, dem nun eben der Wirtschaftsgeist gegenübersteht. Das heißt also die Gesamtheit seelischer Eigenschaften und Tätigkeiten, die beim Wirtschaften in Betracht kommen. Alle Äußerungen des Intellekts, alle Charakterzüge, die bei wirtschaftlichen Strebungen zutage treten. Ebenso aber auch alle Zielsetzungen, alle Werturteile, alle Grundsätze, von denen das Verhalten der wirtschaftenden Menschen bestimmt und geregelt wird.

Ich fasse den Begriff also in einem denkbar weiten Sinne und beschränke ihn nicht etwa, wie es häufig geschieht, auf den Bereich, den man durch die Wirtschaftsethik umschreiben kann, das heißt auf das sittlich Normative im Umkreis des Wirtschaftlichen. Dieses bildet vielmehr nur einen Teil dessen, was ich als Geist im Wirtschaftsleben bezeichne.

Das Geistige, das wir in wirtschaftlichen Handlungen aufweisen können, trägt entweder einen allgemeinen Charakter: ist eine allgemeine seelische Eigenschaft, eine allgemeine Maxime, die sich nur innerhalb eines bestimmten Tätigkeitskreises bemerkbar machen: etwa die Klugheit oder die Energie; etwa die Ehrlichkeit und Wahrhaftigkeit. Oder es sind Äußerungen des Seelenlebens, die nur mit Bezug auf wirtschaftliche Vorgänge zutage treten (wenn sie auch auf allgemeine Eigenschaften und Wertungen zurückzuführen sind): wie etwa eine spezifisch kalkulatorische Vornahme oder ein bestimmtes Prinzip der Buchführung u. dgl.

Mit diesen Feststellungen sind wir nun aber einer Frage ganz nahe gerückt, die recht eigentlich im Mittelpunkte unseres

### Erstes Kapitel: Der Geist im Wirtschaftsleben

Interesses steht und um deren Beantwortung sich ein großer Teil des Streites dreht, den meine Problemstellung hervorgerufen hat, der Frage: ob es denn immer derselbe Geist sei, der im Wirtschaftsleben oder genauer in dem wirtschaftenden Menschen herrscht, oder ob sich ein verschiedener Geist etwa nach Individuen, nach Berufen, nach Ländern, nach Zeiten oder sonstwie unterscheiden lasse.

Seltsam: hier sind es vor allem die Historiker vom Fach, die mit Leidenschaftlichkeit den Satz verfechten: es sei im Grunde immer derselbe Geist gewesen, der die Menschen bei ihrem wirtschaftlichen Verhalten geleitet habe. Seltsam nenne ich diese Tatsache, weil es doch gerade immer die Historiker sind, die sich (mit Recht!) dagegen sträuben, etwas Allgemeines über die Geschichte der Menschen auszusagen, etwa „allgemeine Entwicklungsgesetze" aufzustellen, die mit Windelband meinen: es blieben in diesem Falle, das heißt wenn man allgemein gültige Sätze aus dem Ablauf der Geschichte abstrahieren wollte, nur wenige Trivialitäten übrig. Diese selben Männer wehren sich mit Händen und Füßen gegen meine These: der Geist, der die Wirtschaftssubjekte beherrscht, könne ein grundverschiedener sein und sei schon jeweils ein grundverschiedener gewesen. Offenbar spukt hier in den Köpfen derer, die sich nur gelegentlich mit den Problemen des Wirtschaftslebens beschäftigen, die alte Vorstellung (die die Nationalökonomen längst als falsch erkannt haben) von einer „ökonomischen Natur" des Menschen, von dem economical man, den die Klassiker als Wirtschaftsmenschen schlechthin betrachteten, den wir aber längst als den kapitalistischen Wirtschaftsmenschen entlarvt haben. Nein. Die allererste Voraussetzung für ein richtiges Verständnis wirtschaftlicher Vorgänge ist die Einsicht, daß der Geist des Wirtschaftslebens (in dem Sinne also, in dem die Wortverbindung hier verstanden wird) grundverschieden sein kann; das heißt also, um es noch einmal genau festzustellen, daß die bei der Vornahme wirtschaftlicher Handlungen erforderten seelischen Qualitäten ebenso verschieden von Fall zu Fall sind wie die leitenden Ideen und Grundsätze, nach denen die wirtschaftliche Tätigkeit eingestellt wird. Ich behaupte: es ist ein anderer „Geist", der einen Handwerker alten Schlages und einen modernen amerikanischen Unternehmer beherrscht; ich behaupte: zwischen Herrn von Rothsattel und Veitel Itzig und zwischen diesen beiden und T. O. Schröter besteht ein beträchtlicher Unterschied in ihrer Stellung zum Wirtschaftsleben; der Büttnerbauer und seine Geldgeber sind von einem verschiedenen Wirtschaftsgeiste beherrscht.

Wer unbefangen an die Dinge herantritt, wird mir entgegenhalten: es sei kindisch von mir, solche Trivialitäten erst ausdrücklich zu „behaupten". Wer die Literatur kennt, die sich an meine Lehre vom „Geist im Wirtschaftsleben" anknüpft, weiß, daß meine Behauptungen keineswegs allgemein als richtig anerkannt sind, daß vielmehr die große Mehrzahl meiner Kritiker sie rundweg für falsch erklärt. Wie so etwas möglich ist, vermag man nur zu begreifen, wenn man die Einwände, die gegen meine Auffassung erhoben worden sind, kennen lernt. Bei der zentralen Bedeutung dieser Frage will ich in Kürze die wichtigsten dieser Einwände hier verzeichnen und gleich dabei sagen, weshalb sie mir als nicht stichhaltig erscheinen. Wenn ich dabei die Namen der Kritiker unerwähnt lasse, so werden die Leser mir das nicht übel nehmen.

Die einen also, die Radikalen, behaupten: es habe immer derselbe Geist im Wirtschaftsleben geherrscht: alle Menschen, die wirtschafteten, erstrebten Gewinn, immer sei gerechnet worden und werde gerechnet usw. Höchstens geben sie zu: daß „Gradunterschiede" zwischen einem „rechnenden" Bauern im Mittelalter und einem modernen Bankier, zwischen dem Gewinnstreben

## Erstes Kapitel: Der Geist im Wirtschaftsleben

eines Handwerkers und eines amerikanischen Trustmagnaten bestehen.

Ich behaupte demgegenüber (und kann natürlich den vollen Beweis erst im Verlauf dieses Buches erbringen):

1. daß es keineswegs immer nur um „Gradunterschiede" sich handelt, wenn z. B. ein Wirtschaftssubjekt grundsätzlich empirisch oder grundsätzlich rationalistisch wirtschaftet; wenn das wirtschaftliche Handeln im einen Falle vorwiegend intellektuelle, im anderen Falle vorwiegend gefühlsmäßige Betätigung erheischt;

2. daß aber, auch zugegeben, es seien immer nur „Gradunterschiede", die den Geist zweier Wirtschaftenden trennen, diese „Gradunterschiede" bedeutend genug sein können, um „Wesensunterschiedlichkeiten" oder sagen wir richtiger: wesentliche Unterschiedlichkeiten zu begründen. Soll man die Elemente der Logik und Psychologie lehren? Auch ein Riese ist nur „graduell" vom Zwerg unterschieden, ebenso wie die Hitze von der Kälte, das Alter von der Jugend, die dichte Besiedelung von der dünnen, die Großstadt von der Kleinstadt, das Forte vom Piano usw.

Die anderen geben zwar zu, daß jeweils recht verschiedener „Geist" in dem wirtschaftlichen Verhalten der einzelnen zutage tritt, legen aber Wert darauf zu behaupten, daß die menschliche Natur doch „immer dieselbe" bleibe und nur je unter verschiedenen Umständen verschiedene Seiten ihres Wesens entwickele. Nun ja, das versteht sich ja eigentlich von selbst, daß in aller Menschheitsgeschichte es sich um „dieselbe" menschliche Natur handelt. Das ist ja die Grundvoraussetzung aller Geschichtsschreibung, da wir ohne sie überhaupt kein geschichtliches Geschehen begreifen würden. Natürlich sind die Grundtatsachen des menschlichen Lebens: Geburt und Tod, Liebe und Haß, Treue und Verrat, Lüge und Wahrheit, Hunger und Durst, Armut und Reichtum immer dieselben. Auch die Notwendigkeit zu wirtschaften ist immer dieselbe und ebenso der Ablauf des wirtschaftlichen Prozesses bleibt derselbe. Und es ist gewiß eine reizvolle Aufgabe, das in aller menschlichen Geschichte Gleichbleibende zu begreifen und zu schildern. Nur Aufgabe des Historikers ist es doch wohl nicht. Denn Geschichte schreiben heißt doch wohl das jeweils Verschiedene darstellen. Daß nun aber solche „Verschiedenheiten" auch im Wirtschaftsleben die Hülle und Fülle da sind, auch innerhalb seiner geistigen Bestandteile, und daß sie recht wohl wert sind, als solche erfaßt zu werden, das haben, sollte ich meinen, die Untersuchungen des letzten Menschenalters zur Genüge ergeben. Wenn man will, mag man diese Verschiedenheit des wirtschaftlichen Geistes als verschiedene Äußerungen einer und derselben „menschlichen Natur" betrachten: Dann gilt es eben die Verschiedenartigkeit dieser „Äußerungen" darzustellen.

Nun ist damit aber die Meinungsverschiedenheit zwischen den Historikern und mir noch nicht erschöpft. Ja, ihr Haupteinwand, den sie aus der ganzen Fülle ihrer Einzelkenntnisse heraus erheben, ist noch gar nicht erwähnt. Es ist nämlich dieser: auch zugegeben, daß es verschiedenen Geist in verschiedenen Wirtschaftssubjekten gibt und zu verschiedenen Zeiten gegeben hat: unzulässig ist es (was ich tue), von dem Geist einer bestimmten Wirtschaftsepoche zu reden und verschiedene Epochen in der Geschichte nach der Verschiedenheit ihres wirtschaftlichen Geistes abzugrenzen. Unzulässig ist das, sagen sie, weil zu jeder Zeit verschieden geartete und verschieden orientierte Wirtschaftssubjekte dagewesen sind.

Ich will genauer umschreiben, was ich meine. Eine Epoche im Wirtschaftsleben nach dem Geiste im Wirtschaftsleben unterscheide ich danach, ob in einer bestimmten Zeit ein bestimmter Geist vorgeherrscht hat.

Ich bemerke im vorhinein, daß damit die Wirtschaftsepoche noch nicht voll charakterisiert wird, da es zu diesem Ende notwendig ist, die der Zeit eigentümliche äußere Struktur des Wirtschaftslebens heranzuziehen. Erst diese zusammen mit dem herrschenden Geist ergeben die Gesamtansicht einer Zeit. Die Form einer Wirtschaft und der Geist, in dem sie geführt wird, stehen zwar generell im Verhältnis adäquater Beziehung, nicht aber in dem einer gesetzlichen Abhängigkeit voneinander, wie Max Weber das bereits in dem Falle Benjamin Franklin ausgeführt hat. „Benjamin Franklin war mit kapitalistischem Geiste erfüllt zu einer Zeit, wo sein Buchdruckerbetrieb der Form nach sich in nichts von irgendeinem Handwerksbetrieb unterschied." In meiner Terminologie heißt das: erst das Wirtschaftssystem charakterisiert eine Wirtschaftsepoche, wenn es in ihm vorherrscht. Wollen wir uns die Möglichkeiten klar machen, die hier obwalten können, so müssen wir uns erst Kenntnis verschaffen von dem, was „ein bestimmter Geist" bedeutet, und von dem, was „vorherrschen" bedeutet.

Wir unterscheiden die theoretische von der empirischen Betrachtung. Die theoretische Betrachtung verhilft uns dazu:

1. einzelne Züge, die wir bei wirtschaftlich handelnden Personen beobachtet haben, konsequent durchzudenken und sie zu voller begrifflicher Reinheit zu entwickeln: etwa die Idee der Nahrung, das Gewinnstreben, den ökonomischen Rationalismus oder Traditionalismus usw.;

2. diese einzelnen Züge zu einem harmonischen Ganzen zu vereinigen, das alsdann den Typ eines wirtschaftlichen Gesamtgeistes darstellt, wie er in der Idee sich uns ergibt.

3. die einzelnen Züge getrennt oder vereinigt können wir auf ein gedachtes Wirtschaftssubjekt beziehen und dieses damit als einen bestimmten Typ kennzeichnen, dem die einzelnen Bewußtseinsinhalte oder der Komplex von Bewußtseinsinhalten als psychologische Eigenschaften von uns verliehen werden.

Je nachdem wir nun einzelne Züge oder Komplexe von

solchen oder Bewußtseinsinhalte, die mit ihnen erfüllt sind, unterscheiden, können wir (in verschiedenem Sinn) von einem „bestimmten Geiste des Wirtschaftslebens" reden, ohne damit einstweilen eine bestimmte empirische Gestaltung zu bezeichnen. Wollen wir nun behaupten, daß ein bestimmter Geist „geherrscht" oder „vorgeherrscht" habe, so stellen wir die Beziehungen zwischen ihm und lebendigen Menschen fest: wir fällen ein Urteil über seine „Verbreitung" in der Wirklichkeit, genau gesprochen: über seine „Verbreitung" und seine „Vertiefung" oder (anders ausgedrückt) über den Grad seiner extensiven und intensiven Entwicklung.

Diese hängt ab von der größeren oder geringeren Annäherung der einzelnen Züge des wirtschaftlichen Geistes im Individuum an ihre ideelle Vollkommenheit einerseits, von der größeren oder geringeren Häufung einzelner zu einem Gesamtgeist gehöriger Züge andrerseits. Also: der ökonomische Rationalismus kann mehr oder wenig vollendet in einem Wirtschaftssubjekte sein, er kann sich mit einem mehr oder wenig stark entwickelten Gewinnstreben paaren oder nicht, damit kann wiederum eine rigorose oder laxe Auffassung von kaufmännischer Solidität verbunden sein usw.

Die extensive Entwicklung eines bestimmten wirtschaftlichen Geistes stellt sich dar in der Menge von Individuen, die jeweils von ihm erfüllt sind: ein bestimmter Geist kann eine sehr hohe Intensität der Entwicklung in einzelnen Wirtschaftssubjekten aufweisen, ohne daß er eine sehr weite Verbreitung gefunden hat, umgekehrt können viele abgeblaßte Züge eines wirtschaftlichen Gesamtgeistes oder einige wenige stark entwickelte Züge in einer großen Menge von Individuen zu finden sein.

Ein bestimmter Geist „herrscht" zu einer Zeit dann, wenn er überhaupt eine weite Verbreitung hat, er herrscht vor, wenn er die wirtschaftlichen Handlungen der meisten Wirtschaftssubjekte bestimmt. Gegen eine solche Annahme eines „herrschenden" oder „vorherrschenden" Geistes wird nur der Eigensinn oder der Unverstand geltend machen, daß in dieser selben Zeit auch Individuen gelebt haben, die anders orientiert, mit einem anderen Wirtschaftsgeiste erfüllt waren.

* * *

Diese Besinnungen waren notwendig, um (für den zweifelsüchtigen Leser) die Bahn frei zu machen für die folgende Darstellung, die es sich als Aufgabe stellt, die Wandlungen des wirtschaftlichen Geistes in der Geschichtsepoche der westeuropäisch-amerikanischen Kultur zu schildern, insbesondere die Entstehung desjenigen Geistes darzustellen, der unsere Gegenwart fast ausschließlich beherrscht: des kapitalistischen.

In dieser Spanne Zeit, also seit dem Eintritt der germanisch-slawisch-keltischen Völker in die Geschichte — das ist die These — hat sich die Wirtschaftsgesinnung von Grund aus gewandelt, indem sich aus einem anderen, nennen wir ihn einstweilen: vorkapitalistischen, Geiste der kapitalistische herausgebildet hat. Dieser moderne kapitalistische Geist ist eine für unsere europäische Welt, deren Anfang im frühen Mittelalter liegt, neue Erscheinung, was nicht ausschließt, daß sich ein ähnlicher Wirtschaftsgeist schon früher einmal, in den Kulturen der Alten Welt, entwickelt hatte, auch nicht, daß dieser früher schon dagewesene Geist seine Hand im Spiele gehabt hat bei der Entstehung des modernen kapitalistischen Geistes. Diese Einflüsse sind seinerzeit zu berücksichtigen. Berechtigt aber bleibt es, den Werdegang der Wirtschaftsgesinnung innerhalb des Kulturkreises der europäischen Völker als eine für sich bestehende Sondererscheinung zu erfassen und zur Darstellung zu bringen. Daß man anderseits bis in die mittelalterliche Zeit zurückgehen muß, um den Werdegang des modernen kapitalistischen Geistes zu verstehen, wird, wie ich hoffe, diese Arbeit selber rechtfertigen.

Über die mit dem Problem der Genesis eines bestimmten Wirtschaftsgeistes zusammenhängenden Fragen grundsätzlicher Natur, insbesondere über die im Anschluß an meine erste Darstellung viel erörterte Frage: ob das Ei oder das Huhn früher da sei, das heißt: ob der wirtschaftliche Geist das Wirtschaftsleben oder das Wirtschaftsleben den wirtschaftlichen Geist erzeuge, spreche ich füglich erst dort, wo ich die genetische Darstellung vollende, die sich nach der Anlage dieses Buches nur auf den kapitalistischen Geist bezieht. Vorher will ich den vorkapitalistischen Wirtschaftsgeist (ohne auf seine Entstehung einzugehen) als gegebene Tatsache schildern, um damit den Ausgangspunkt für die Entwicklung des kapitalistischen Geistes festzulegen.

Das folgende Kapitel ist der Schilderung dieses vorkapitalistischen Geistes gewidmet.

## Zweites Kapitel: Die vorkapitalistische Wirtschaftsgesinnung

Der vorkapitalistische Mensch: das ist der natürliche Mensch. Der Mensch, wie ihn Gott geschaffen hat. Der Mensch, der noch nicht auf dem Kopfe balanciert und mit den Händen läuft (wie es der Wirtschaftsmensch unserer Tage tut), sondern der mit beiden Beinen fest auf dem Boden steht und auf ihnen durch die Welt schreitet. Seine Wirtschaftsgesinnung aufzufinden, ist deshalb auch nicht schwer: sie ergibt sich wie von selbst aus der menschlichen Natur.

Selbstverständlich steht im Mittelpunkt aller Bemühungen und aller Sorgen der lebendige Mensch. Er ist der „Maßstab aller Dinge": mensura omnium rerum homo. Damit ist aber auch die Stellung des Menschen zur Wirtschaft schon bestimmt: diese dient wie alles übrige Menschenwerk menschlichen Zwecken[1]). Also: das ist die grundlegend wichtige Folgerung aus dieser Auffassung — ist der Ausgangspunkt aller wirtschaftlichen Tätigkeit der Bedarf des Menschen, das heißt sein naturaler Bedarf an Gütern. Wieviel Güter er konsumiert, soviel müssen produziert werden; wieviel er ausgibt, soviel muß er einnehmen. Erst sind die Ausgaben gegeben, danach bestimmen sich die Einnahmen. Ich nenne diese Art der Wirtschaftsführung eine **Ausgabewirtschaft**. Alle vorkapitalistische und vorbürgerliche Wirtschaft ist Ausgabewirtschaft in diesem Sinne.

Der Bedarf selbst wird nicht von der Willkür des Individuums bestimmt, sondern hat im Laufe der Zeit innerhalb der einzelnen sozialen Gruppen eine bestimmte Größe und Art angenommen, die nun als fest gegeben angesehen wird. Das ist die **Idee des standesgemäßen Unterhalts**, die alle vorkapitalistische Wirtschaftsführung beherrscht. Was das Leben in langsamer Entwicklung ausgebildet hatte, empfängt dann von den Autoritäten des Rechts und der Moral die Weihe der grundsätzlichen Anerkennung und Vorschrift. In dem thomistischen Lehrgebäude bildet die Idee des standesgemäßen Unterhalts ein wichtiges Fundamentum: es ist nötig, daß die Beziehungen des Menschen zur äußeren Güterwelt irgendwie einer Beschränkung, einem Maßstabe unterworfen werden: necesse est quod bonum hominis circa ea (sc. bona exteriora) consistat in quadam mensura. Dieses Maß bildet den standesgemäßen Unterhalt: prout sunt necessaria ad vitam eius secundum suam conditionem [2]).

Standesgemäß soll der Unterhalt sein. Also verschieden groß und verschieden geartet innerhalb der verschiedenen Stände. Da heben sich denn deutlich zwei Schichten voneinander ab, deren Lebensführung das vorkapitalistische Dasein kennzeichnen: die Herren und die Masse des Volkes, die Reichen und die Armen, die Seigneure und die Bauern, Handwerker und Krämer, die Leute, die ein freies, unabhängiges Leben führen, ohne wirtschaftliche Arbeit, und diejenigen, die im Schweiße ihres Angesichts ihr Brot verdienen, die Wirtschaftsmenschen.

Ein seigneuriales Dasein führen heißt aus dem Vollen leben und viele leben lassen; heißt im Kriege und auf der Jagd seine Tage verbringen und im lustigen Kreise froher Zecher, beim Würfelspiel oder in den Armen schöner Frauen die Nächte vertun. Heißt Schlösser bauen und Kirchen, heißt Glanz und Pracht auf den Turnieren oder bei anderen festlichen Gelegenheiten entfalten, heißt Luxus treiben, soweit es die Mittel erlauben und über diese hinaus. Immer sind die Ausgaben größer als die Einnahmen. Dann muß dafür gesorgt werden, daß diese entsprechend sich vergrößern: Der Vogt muß die Abgaben der Bauern erhöhen, der Rendant muß die Pachte steigern, oder man sucht (wie wir noch sehen werden) außerhalb der Kreise des normalen wirtschaftlichen Gütererwerbs die

## Zweites Kapitel: Die vorkapitalistische Wirtschaftsgesinnung

Mittel, um das Defizit zu decken. Das Geld verachtet der Seigneur. Es ist schmutzig, ebenso wie alle Erwerbstätigkeit schmutzig ist. Geld ist zum Ausgeben da[3]: „usus pecuniae est in emissione ipsius" (S. Thomas).

So lebten die weltlichen, so lange Zeiten hindurch auch die geistlichen Herren. Ein deutliches Bild von der seigneurialen Lebensführung der Geistlichkeit in Florenz während des Quattrocento, das durchaus als typisch gelten darf für alles Leben der Reichen in vorkapitalistischer Zeit, entwirft L. B. Alberti, wenn er folgendes sagt: „Die Priester wollen alle anderen an Glanz und Prachtentfaltung übertreffen, wollen eine große Anzahl wohlgepflegter und schöngeschmückter Rosse haben, wollen öffentlich auftreten mit einem großen Gefolge, und von Tag zu Tag steigert sich ihr Hang zum Nichtstun und ihre freche Lasterhaftigkeit. Obwohl ihnen das Schicksal große Mittel in den Schoß wirft, sind sie doch immer unzufrieden und, ohne einen Gedanken ans Sparen, ohne Wirtschaftlichkeit, sinnen sie nur darauf, wie sie ihre angestachelten Begierden befriedigen können. Immer fehlt es an Einnahmen, immer sind die Ausgaben größer als ihre ordentlichen Einnahmen. So müssen sie das Fehlende anderswo her zu ergattern suchen"[4] usw.

Ein solches Leben mußte schließlich zum wirtschaftlichen Untergang führen, und die Geschichte lehrt uns, daß ein großer Teil der alten Adelsfamilien in allen Ländern am allzu flotten Leben zugrunde gegangen sind.

Für die große Masse des Volkes war es auch in vor= kapitalistischer Zeit notwendig, da man immer nur über be= schränkte Mittel verfügte, Ausgabe und Einnahme, Bedarf und Güterbeschaffung in ein dauernd geordnetes Verhältnis zueinander zu bringen. Auch hier freilich mit derselben Voran= stellung des Bedarfs, der also ein traditionell festgegebener war, und den es zu befriedigen galt. Das führte zu der Idee der

Nahrung, die aller vorkapitalistischen Wirtschaftsgestaltung ihr Gepräge verleiht.

Die Idee der Nahrung ist in den Wäldern Europas von den sich seßhaft machenden Stämmen der jungen Völker geboren worden. Es ist der Gedanke, daß jede Bauernfamilie so viel Hofland, so viel Ackerland, so viel Anteil an der Gemeindeweide und dem Gemeindewalde erhalten soll, wie sie zu ihrem Unterhalte benötigt. Dieser Komplex von Produktionsgelegenheiten und Produktionsmitteln war die altdeutsche Hufe, die im germanischen Gewanndorfe ihre vollendete Ausbildung erfahren hat, aber doch auch in allen Ansiedlungen der keltischen und slawischen Völker ihrer Grundidee nach sich wiederfindet. Das heißt also: Art und Umfang der einzelnen Wirtschaft werden bestimmt durch die Art und den Umfang des als gegeben angenommenen Bedarfs. Aller Zweck des Wirtschaftens ist die Befriedigung dieses Bedarfs. Die Wirtschaft untersteht, wie ich es genannt habe, dem Bedarfsdeckungsprinzip.

Aus dem bäuerlichen Anschauungskreise ist dann die Idee der Nahrung auf die gewerbliche Produktion, auf Handel und Verkehr übertragen worden und hat hier die Geister beherrscht, solange diese Wirtschaftssphären handwerksmäßig organisiert waren.

Will man die Grundidee erkennen, von der alles handwerksmäßige Denken und Wollen bestimmt wird, so muß man sich das System des handwerksmäßigen Schaffens als die Übertragung der Hufenverfassung auf gewerbliche und kommerzielle Verhältnisse vorstellen. Bis ins einzelne läßt sich die Analogie verfolgen, die zwischen einer bäuerlichen Hufnergemeinde und einer in einer Zunft geeinten Korporation von Handwerkern obwaltet. Beide gehen von einer gegebenen Größe des zu befriedigenden Bedarfs und damit der zu vollbringenden Arbeit aus, beide sind orientiert unter dem Gesichtspunkte der Nahrung.

Der immer wiederkehrende Grundgedanke jedes echten Handwerkers und Handwerksfreundes ist der: das Handwerk solle seinen Mann ernähren. Er will so viel arbeiten, daß er seinen Unterhalt gewinnt; er hat, wie die Handwerker in Jena (von denen uns G o e t h e erzählt) „meist den vernünftigen Sinn, nicht mehr zu arbeiten, als sie allenfalls zu einem lustigen Leben brauchen". Wie es in der sogenannten Reformation Sigismunds heißt, die den tausendfach wiederholten Grundgedanken aller handwerksmäßigen Organisation in klassischer Form ausspricht: „wolt ir aber hören, was kaiserlich recht gepuitet, uns vordern sind nit naren gewessen — es sind hantwerck darumb erdacht, das yederman sein täglich brot darmit gewin und sol niemant dem andern greiffen in sein hantwerck. damit schickt die welt ir notdurft und mag sich yederman erneren"[5].

Natürlich muß sich aus der Verschiedenheit der Personen, aus der Verschiedenheit der Erwerbsquellen eine verschiedene Auffassung vom Wesen der „Nahrung" bei Bauer und Handwerker ergeben. Der Bauer will als eigner Herr auf seiner Scholle sitzen und aus dieser im Rahmen der Eigenwirtschaft seinen Unterhalt ziehen. Der Handwerker ist auf den Absatz seiner Erzeugnisse, auf die Verwertung seiner Dienste angewiesen: er ist immer in eine verkehrswirtschaftliche Organisation einbezogen. Was für den Bauern also die hinreichende Größe seines Besitztums ist, ist für den Handwerker der genügende Umfang seines Absatzes. Aber die Grundidee bleibt in beiden Fällen dieselbe.

Man hat mir, als ich schon früher ähnliche Gedanken entwickelte, entgegengehalten: es sei ganz verkehrt, für irgendeine Zeit anzunehmen, daß die Menschen sich beschränkt hätten, nur ihren Unterhalt zu befriedigen, nur ihre „Nahrung" zu haben, nur ihren naturgemäßen traditionellen Bedarf zu decken. Vielmehr sei es zu allen Zeiten „in der Natur des Menschen" gelegen gewesen, so viel wie möglich zu verdienen, so reich wie möglich zu werden. Ich bestreite das heute noch ebenso entschieden wie früher und behaupte heute bezidierter denn je, daß das Wirtschaftsleben in der Tat im vorkapitalistischen Zeitalter unter dem Bedarfsdeckungsprinzip gestanden hat, daß Bauer und Handwerker ihre Nahrung und nichts weiter mit ihrer normalen wirtschaftlichen Tätigkeit gesucht haben. Die gegen diese meine Auffassung erhobenen Einwände, soweit man sie überhaupt zu begründen versucht hat, sind vornehmlich zwei, die aber beide nicht stichhaltig sind:

1. Es hätten immer einzelne Handwerker über den Rahmen der „Nahrung" hinausgestrebt, hätten ihre Geschäfte erweitert und hätten mit ihrer wirtschaftlichen Tätigkeit Gewinn erjagt. Das ist richtig. Beweist aber nur, daß es Ausnahmen von der Regel stets gibt, und diese Ausnahmen bestätigen auch hier die Regel. Der Leser erinnere sich dessen, was ich über den Begriff des „Vorherrschens" eines bestimmten Geistes gesagt habe. Niemals hat nur ein Geist geherrscht.

2. Die Geschichte des europäischen Mittelalters lehre uns, daß zu allen Zeiten in weiten Kreisen auch des wirtschaftenden Volks eine starke Geldsucht geherrscht habe. Auch das gebe ich zu. Und ich werde im weiteren Verlauf dieser Darstellung von dieser wachsenden Geldsucht selbst zu reden haben. Aber ich behaupte, sie habe den Geist des vorkapitalistischen Wirtschaftslebens in seinen Grundlagen nicht zu erschüttern vermocht. Es ist vielmehr gerade wieder ein Beweis für den allem Gewinnstreben abgekehrten Geist der vorkapitalistischen Wirtschaft, daß **sich alle Erwerbslust, alle Geldgier außerhalb des Nexus der Güterproduktion, des Gütertransports und sogar zum großen Teil auch des Güterhandels zu befriedigen trachtet.** Man läuft in die

## Zweites Kapitel: Die vorkapitalistische Wirtschaftsgesinnung

Bergwerke, man gräbt nach Schätzen, man treibt Alchimie und allerhand Zauberkünste, um Geld zu erlangen, weil man es im Rahmen der Alltagswirtschaft nicht erwerben kann. Aristoteles, der am tiefsten das Wesen der vorkapitalistischen Wirtschaft erkannt hat, sieht deshalb durchaus sachgemäß den Gelderwerb über den naturalen Bedarf hinaus als nicht zur wirtschaftlichen Tätigkeit gehörig an. Ebensowenig dient der Reichtum an barem Gelde wirtschaftlichen Zwecken: für den nötigen Unterhalt sorgt vielmehr der οἶκος, sondern er ist nur zu außerwirtschaftlicher, „unsittlicher" Verwendung geeignet. Alle Wirtschaft hat Maß und Grenzen, der Gelderwerb nicht. (Pol. Lib. I.)

Fragen wir nun, in welchem Geiste gemäß diesen Leitsätzen die Wirtschaftsführung der Bauern und Handwerker sich gestaltet, so genügt es, daß wir uns vergegenwärtigen, wer die Wirtschaftssubjekte waren, die alle vorkommende Arbeit: die leitende, organisierende, disponierende und ausführende selbst vornahmen oder durch wenige Hilfskräfte vornehmen ließen. Es sind einfache Durchschnittsmenschen mit starkem Triebleben, stark entwickelten Gefühls- und Gemütseigenschaften und ebenso gering entfalteten intellektuellen Kräften. Unvollkommenheiten im Denken, mangelnde geistige Energie, mangelnde geistige Disziplin begegnen uns bei den Menschen jener Zeit nicht nur auf dem Lande, sondern auch in den Städten, die lange Jahrhunderte hindurch noch große, organisch gewachsene Dörfer sind.

Es waren dieselben Menschen, deren gering entwickelten Intellektualismus wir auch auf anderen Kulturgebieten beobachten. So bemerkt einmal Keutgen sehr feinsinnig von der Art der Rechtserzeugung im Mittelalter: „Es handelt sich nur um einen Mangel an geistiger Energie, der sich bei unseren älteren Rechtsaufzeichnungen häufig erkennen läßt, die von an intensive

Geistesarbeit nicht gewohnten Männern ausgegangen sind. ... Ich erinnere nur daran, wie überraschend lückenhaft in der Berücksichtigung der verschiedenen Gebiete des Rechtslebens unsere älteren Stadtrechte sich erweisen" [6]).

Ein Analogon dazu in der Sphäre der Wirtschaft bietet der gering entwickelte Sinn für das Rechnungsmäßige, für das exakte Abmessen von Größen, für die richtige Handhabung von Ziffern. Das gilt selbst für die Tätigkeit des Kaufmanns. In Wirklichkeit wollte man gar nicht "exakt" sein. Das ist eine spezifisch moderne Vorstellung, daß Rechnungen notwendig "stimmen" müssen. Alle frühere Zeit ging bei der Neuheit ziffernmäßiger Wertung der Dinge und ziffernmäßiger Ausdrucksweise immer nur auf eine ganz ungefähre Umschreibung der Größenverhältnisse hinaus. Jeder, der sich mit Rechnungen des Mittelalters befaßt hat, weiß, daß bei Nachprüfungen der von ihnen aufgeführten Summe oft sehr abweichende Ziffern herauskommen. Flüchtigkeits- und Rechenfehler sind gang und gäbe [7]). Der Wechsel von Ziffern im Ansatz einer Beispielrechnung ist, fast möchte man sagen, die Regel [8]). Wir müssen uns eben die Schwierigkeiten für jene Menschen, Ziffern auch nur kurze Zeit im Kopfe zu behalten, als ungeheuer große denken. Wie heute bei Kindern.

Aller dieser Mangel an exakt-rechnerischem Wollen und Können kommt nun aber in der Soi-disant-Buchführung des Mittelalters zum deutlichsten Ausdruck. Wer die Aufzeichnungen eines Tölner, eines Viko von Geldersen, eines Wittenborg, eines Ott Ruhland durchblättert, hat Mühe, sich vorzustellen, daß die Schreiber bedeutende Kaufleute ihrer Zeit gewesen sind. Denn ihre ganze Rechnungsführung besteht in nichts anderem als einer ungeordneten Notierung der Beträge ihrer Ein- und Verkäufe, wie sie heute jeder Krämer in der kleinen Provinzstadt vorzunehmen pflegt.

## Zweites Kapitel: Die vorkapitalistische Wirtschaftsgesinnung

Es sind im wahren Sinne nur „Journale", „Memoriale", d. h. Notizbücher, die die Stellen der Knoten in den Taschentüchern von Bauern vertreten, die zu Markte in die Stadt ziehen. Obendrein noch mit Ungenauigkeiten gespickt. Auch lax und liberal in der Festhaltung von Schuld- oder Forderungssummen. „Item und ain bellin mit hentschüchen, nit waiß ich wie viel der ist;" „item und noch ist ainer, hat mit den obgeschribnen gekauft; bleibt mir och 19 gulden rhein. umb mischtlin paternoster ... ich hab des Namens vergessen."

Diesem Mangel an kalkulatorischem Sinn entspricht auf der anderen Seite die rein qualitative Beziehung der Wirtschaftssubjekte zu der Güterwelt. Man stellt (um in heutiger Terminologie zu sprechen) noch keine Tauschwerte her (die rein quantitativ bestimmt sind), sondern ausschließlich Gebrauchsgüter, also qualitativ unterschiedliche Dinge.

Die Arbeit des echten Bauern ebenso wie des echten Handwerkers ist einsame Werkschöpfung: in stiller Versunkenheit gibt er sich seiner Beschäftigung hin. Er lebt in seinem Werk, wie der Künstler darin lebt, er gäbe es am liebsten gar nicht dem Markte preis. Unter bitteren Tränen der Bäuerin wird die geliebte Schecke aus dem Stalle geholt und zur Schlachtbank geführt; der alt Bourras kämpft um seinen Pfeifenkopf, den ihm der Händler abkaufen will. Kommt es aber zum Verkauf (und das muß ja wenigstens bei verkehrswirtschaftlicher Verknüpfung die Regel bilden), so soll das erzeugte Gut seines Schöpfers würdig sein. Der Bauer wie der Handwerker stehen hinter ihrem Erzeugnis; sie vertreten es mit Künstlerehre. Aus dieser Tatsache erklärt sich z. B. die tiefe Abneigung alles Handwerkertums gegen Falsifikate oder selbst Surrogate, ja auch nur gegen Schleuderarbeit.

Ebensowenig wie die Geistesenergie ist nun aber beim vorkapitalistischen Wirtschaftsmenschen die Willensenergie entwickelt.

Das äußert sich in dem langsamen Tempo der wirtschaftlichen Tätigkeit. Vor allem und zunächst sucht man sie sich so viel als irgend möglich vom Leibe zu halten. Wo man „feiern" kann, tut man es. Man hat zur wirtschaftlichen Tätigkeit seelisch etwa dieselben Beziehungen wie das Kind zum Schulunterricht, dem es sich gewiß nicht unterzieht, wenn es nicht muß. Keine Spur von einer Liebe zur Wirtschaft oder zur wirtschaftlichen Arbeit. Diese Grundstimmung können wir ohne weiteres aus der bekannten Tatsache ableiten, daß in aller vorkapitalistischen Zeit die Zahl der Feiertage im Jahre enorm groß war. Eine hübsche Übersicht über die zahlreichen Feiertage im bayrischen Bergbau noch während des 16. Jahrhunderts gibt H. Peetz[9]). Danach waren in verschiedenen Fällen:

von 203 Tagen . . . 123 Arbeitstage
„ 161 „ . . . 99 „
„ 287 „ . . . 193 „
„ 366 „ . . . 260 „
„ 366 „ . . . 263 „

Und bei der Arbeit selbst eilt man sich nicht. Es ist gar kein Interesse vorhanden, daß etwas in sehr kurzer Zeit oder daß in einer bestimmten Zeit sehr viel erzeugt oder vollbracht werde. Die Dauer der Produktionsperiode wird durch zwei Momente bestimmt: durch die Anforderungen, die das Werk an gute und solide Ausführung stellt und durch die natürlichen Bedürfnisse des arbeitenden Menschen selbst. Die Produktion von Gütern ist eine Betätigung lebendiger Menschen, die sich in ihrem Werke „ausleben"; sie folgt daher ebenso den Gesetzen dieser blutdurchströmten Personenheiten, wie der Wachstumsprozeß eines Baumes oder der Zeugungsakt eines Tieres von den inneren Notwendigkeiten dieser Lebewesen Richtung, Ziel und Maß empfangen.

## Zweites Kapitel: Die vorkapitalistische Wirtschaftsgesinnung

Ebenso wie bei dem Tempo der Arbeit ist auch bei der Zusammenstellung der einzelnen Arbeitsverrichtungen zu einem Berufe die menschliche Natur mit ihren Anforderungen allein maßgebend: mensura omnium rerum homo gilt auch hier.

Dieser höchstpersönlichen Art der Wirtschaftsführung entspricht nun ihr Empirismus, oder wie man es neuerdings genannt hat, ihr Traditionalismus. Empirisch, traditionalistisch wird gewirtschaftet; das heißt: so wie man es überkommen hat, so wie man gelernt hat, so wie man es gewohnt ist. Man blickt bei dem Entscheide über eine Vornahme oder Maßregel nicht zuerst nach vorn, nach dem Zwecke, fragt nicht ausschließlich nach ihrer Zweckmäßigkeit, sondern schaut nach hinten, nach den Vorbildern und Mustern und Erfahrungen.

Wir müssen uns vergegenwärtigen, daß dieses traditionalistische Verhalten durchaus das Verhalten aller natürlichen Menschen ist, daß es auf allen Kulturgebieten in der früheren Zeit des menschlichen Daseins durchaus vorgeherrscht hat aus Gründen, die in der Natur des Menschen selbst zu suchen sind, und die alle letztlich in der starken Tendenz der menschlichen Seele zur Beharrung wurzeln.

Von unserer Geburt an, vielleicht schon vorher, werden wir von unserer Umgebung, die uns als geeignete Autorität gegenübersteht, in eine bestimmte Richtung des Könnens und Wollens hineingedrängt: alle Mitteilungen, Lehren, Handlungen, Gefühle, Anschauungen der Eltern und Lehrer werden von uns zunächst ohne weiteres angenommen. „Je unentwickelter ein Mensch ist, desto stärker ist er dieser Gewalt des Vorbilds, der Tradition, der Autorität und der Suggestion unterworfen"[10].

Zu dieser Macht der Überlieferung gesellt sich nun im weiteren Verlauf des menschlichen Lebens eine zweite ebenso starke: die Macht der Gewohnheit, die den Menschen immer lieber das tun läßt, was er schon getan hat, und was er infolgedessen „kann", die ihn also ebenfalls in den Bahnen festhält, die er bereits eingeschlagen hat.

Sehr fein nennt Tönnies[11]) die Gewohnheit: Wille oder Lust durch Erfahrung entstanden. Ursprünglich indifferente oder unangenehme Ideen werden durch ihre Assoziation und Vermischung mit ursprünglich angenehmen selber angenehme, bis sie endlich in die Zirkulation des Lebens und gleichsam in das Blut übergehen. Erfahrung ist Übung und Übung hier die bildende Tätigkeit. Übung, zuerst schwer, wird leicht durch vielfache Wiederholung, macht unsichere und unbestimmte Bewegungen sicher und bestimmt, bildet besondere Organe und Kräftevorräte aus. Damit aber wird der tätige Mensch immer wieder dazu veranlaßt, das ihm leicht gewordene zu wiederholen, das heißt bei dem einmal Erlernten zu bleiben, gleichgültig, ja feindselig gegenüber Neuerungen, kurz traditionalistisch zu werden.

Es kommt dazu ein Moment, auf das Vierkandt mit Recht hinweist, daß der einzelne als Glied einer Gruppe im Bestreben, sich als würdiges Glied zu erweisen, die diese Gruppe auszeichnenden Kulturgüter besonders pflegt. Was wiederum die Wirkung hat, daß der einzelne grundsätzlich nicht das Neue erstrebt, sondern eher das Alte zur Vollendung zu bringen trachtet.

So wird der ursprüngliche Mensch durch mannigfaltige Kräfte gleichsam in die Bahnen der bestehenden Kultur hineingeschoben, und dadurch wird seine gesamte seelische Kultur in einer bestimmten Richtung beeinflußt: „Die Fähigkeit der Spontaneität, der Initiative, der Selbständigkeit, die ohnehin gering ist, wird noch mehr abgeschwächt entsprechend dem allgemeinen Satze, daß Anlagen sich nur nach Maßgabe ihrer fortgesetzten Anwendung entwickeln können und mangels einer solchen verkümmern"[12]).

## Zweites Kapitel: Die vorkapitalistische Wirtschaftsgesinnung

Alle diese Einzelzüge des vorkapitalistischen Wirtschaftslebens wie des vorkapitalistischen Kulturlebens überhaupt finden ihre innere Einheit in der Grundidee eines auf Beharrung und Auswirkung des Lebendigen im räumlichen Nebeneinander beruhenden Lebens. Das höchste Ideal jener Zeit, wie es das wundervolle System des heiligen Thomas in seiner letzten Vollkommenheit durchleuchtet, ist die in sich ruhende und aus ihrem Wesenskern zur Vollendung aufsteigende Einzelseele. Diesem Ideal sind alle Lebensforderungen und alle Lebensformen angepaßt. Ihm entspricht die feste Gliederung der Menschen in bestimmte Berufe und Stände, die alle als gleichwertig in ihren gemeinsamen Beziehungen auf das Ganze gedacht werden und die dem einzelnen die festen Formen darbieten, innerhalb deren er sein individuelles Dasein zur Vollkommenheit entfalten kann. Ihm entsprechen die Leitideen, unter denen das Wirtschaftsleben steht: das Prinzip der Bedarfsdeckung und des Traditionalismus, die beide Prinzipien der Beharrung sind. Der Grundzug des vorkapitalistischen Daseins ist der der sicheren Ruhe, wie er allem organischen Leben eigentümlich ist. Und es ist nun zu zeigen, wie diese Ruhe sich in Unruhe wandelt, wie die Gesellschaft aus einer grundsätzlich statischen zu einer grundsätzlich dynamischen sich entwickelt.

\* \* \*

Derjenige Geist, der diese Wandlung vollbringt, der die Alte Welt in Trümmer schlägt, ist der kapitalistische Geist, wie wir ihn nennen nach dem Wirtschaftssystem, in dem er haust. Es ist der Geist unserer Tage. Derselbe, der jeden amerikanischen Dollarmenschen wie jeden Flieger beseelt, der unser ganzes Wesen beherrscht, und der die Geschicke der Welt leitet. Aufgabe dieses Werkes ist es, den kapitalistischen Geist seit seinen frühesten Anfängen während seines Werdeganges bis zur Gegenwart und über diese hinaus zu verfolgen. Diese Aufgabe soll in einem doppelten Sinn zu lösen versucht werden. Indem wir zunächst einmal der Entstehung des kapitalistischen Geistes in der Geschichte nachforschen. Das geschieht in dem ersten Buche. Dabei werden wir die einzelnen Bestandteile bloßlegen, aus denen der kapitalistische Geist zusammengewachsen ist, deren wir zwei, zunächst getrennt, in ihrer allmählichen Ausbildung verfolgen: Den Unternehmungsgeist und den Bürgergeist, die beide vereint erst den kapitalistischen Geist bilden. Diese beiden Bestandteile sind selbst noch komplexer Natur: der Unternehmungsgeist ist eine Synthese von Geldgier, Abenteuerlust, Erfindungsgeist und manchem andern, der Bürgergeist setzt sich aus Rechnerei und Bedachtsamkeit, aus Vernünftigkeit und Wirtschaftlichkeit zusammen.

(In dem bunten Gewebe des kapitalistischen Geistes bildet der Bürgergeist den baumwollenen Schußfaden, der Unternehmungsgeist ist die seidene Kette.)

Das zweite Buch dieses Werkes soll dann in systematischer Form die Ursachen und Bedingungen aufweisen, denen der kapitalistische Geist seine Entstehung und seine Ausbildung verdankt. Während das erste Buch zeigt, wie alles kam, wird das zweite Buch darzutun haben, **weshalb** alles so und nicht anders kommen mußte.

\* \* \*

Absichtlich stelle ich nicht an den Anfang meiner Untersuchung eine genaue Begriffsbestimmung und Analyse dessen, was wir unter „kapitalistischem Geist" oder seinem Träger, „dem Bourgeois", zu verstehen haben; es würde das zu ermüdenden Wiederholungen Anlaß geben. Vielmehr gehe ich aus von einer ganz vagen Vorstellung, wie sie jeder von diesen Dingen besitzt, verfolge dann die Genesis der einzelnen Bestandteile dieses „kapitalistischen Geistes" und füge die auf dem Wege der historischen Analyse gefundenen Elemente zu einem einheitlichen Bilde im vierten Abschnitt zusammen, wo dann also erst die vollständige Begriffsbestimmung gegeben wird. Ich hoffe, daß sich diese etwas gewagte Methode als fruchtbar und zuverlässig erweisen wird.

## Erstes Buch
# Die Entwicklung des kapitalistischen Geistes

# Erster Abschnitt
# Der Unternehmungsgeist

## Drittes Kapitel: Die Gier nach Gold und Geld

Wenn nicht alle europäische Geschichte: gewiß die Geschichte des kapitalistischen Geistes wird ihren Anfang haben in dem Ringen der Götter und Menschen nach dem Besitze des unheilbringenden Goldes.

Die Völuspa hat uns berichtet, wie aus der Vermischung des Urwasserreichs der Wanen und des Lichtreichs der Asen aller Streit und alle Schuld in die Welt gekommen und wie dies bewirkt worden durch das Gold, das Eigen der Wasserwelt, das in den Besitz der Asen kam: durch Vermittlung der zwergischen Handwerker aus der Erdentiefe, die als Golddiebe und Goldbearbeiter berüchtigt sind. Das Gold, das Symbol der Erde, die ans Licht tritt mit ihren goldenen Saaten und Früchten, um die aller Neid und Streit entbrennt, die der Schauplatz aller Schuld und Sühne wird, symbolisiert nun überhaupt die allseitig begehrte und erstrebte sinnliche Macht und Pracht [18]). Mit diesen tiefsten Gedanken stellt die Edda das Streben nach dem Golde in den Mittelpunkt der Weltgeschichte.

„Wohl kannt' ich das Kriegsleid, das kam in die Welten
seit Goldesmasse die Götter zuerst
in Streitvaters Halle stießen und schmolzen
und dreimal brannten die dreimal Geborne.
Wohin sie zu Haus kommt, heißt man sie „Gut".
Der Zauberin werden zahm die Wölfe;
mit Wunderkräften und Wunderkünsten
ist sie bei Argen immer geehrt.

———

Nun würgen sich Brüder und werden zu Mördern,
Geschwister sinnen auf Sippenverderb;

Die Gründe erschallen; der Giergeist fliegt:
Kein einziger Mann will des andern schonen.
                    Wißt Ihr davon?"
So lautet „die Kunde der Wala".

„Nun rat' ich dir, Siegfried: versäum' nicht den Rat
    und reite heim von hinnen:
Dies klingende Gold, dieser glutvolle Schatz,
    diese Ringe müssen dich morden"

mahnt Fafner. Aber Siegfried antwortet:

„Schon rief'st du den Rat; und ich reite doch
    zu dem Hort in dem Nest auf der Heide,
Des Goldes waltet jedweder gern . . ."

Auch Siegfried!

Die Sage spiegelt nur die Wirklichkeit wieder. Alles spricht dafür, daß frühzeitig in den jung-europäischen Völkern, wenn auch vielleicht zuerst nur in den Oberschichten, eine unerschöpfliche Sucht nach dem Golde und seinem Besitze erwacht war. Die Anfänge dieser Goldgier verlieren sich in das Dunkel der Vorgeschichte. Aber wir dürfen annehmen, daß sie sich in denselben Etappen wie bei anderen Völkern entwickelt habe.

Im Beginn der Kultur tritt uns die Freude an reinem Schmuck, an der glitzernden Pracht der Edelmetalle, die als Geschmeide verwandt werden, allein entgegen.

Dann stellt sich die Freude am vielen Schmuck ein.

Dann gesellt sich zu dieser die Freude am Besitze vielen Schmuckes.

Diese wandelt sich leicht zur Freude am Besitze vieler Schmuckgegenstände.

Endlich wird ein erster Höhepunkt in der Geschichte der Goldsucht erreicht: die Freude am Besitze des Goldes: gleichviel in welcher Gestalt, wenn auch die schöne Gebrauchsform noch immer am meisten geliebt wird.

### Drittes Kapitel: Die Gier nach Gold und Geld

Das ist die Epoche der Hortbildung, in der die germanischen Völker angelangt sind, als wir geschichtliche Kunde von ihrem Verhältnis zum Golde (und Silber) bekommen. Das Streben nach „Horten" ist eine so wichtige Erscheinung in der Geschichte der europäischen Völker, daß wir uns etwas genauer über sie unterrichten müssen. Ich teile deshalb hier einige Stellen aus der lebendigen Darstellung mit, die Gustav Freytag von diesen Vorgängen und Zuständen im frühen Mittelalter gibt[14]:

„Die Germanen waren ein geldloses Volk, als sie gegen die Römergrenze anstürmten; die rollende Silbermünze der Römer war seit dem dritten Jahrhundert schlecht, lange nur übersilbertes Kupfer von sehr unsicherem Verkehrswert. An das Gold hing sich also zuerst der Wunsch der Germanen. Aber es war nicht vorzugsweise das gemünzte Metall, welches ihnen lieb wurde, sie begehrten es als kriegerischen Schmuck und als Ehrengefäß beim Mahle, in der Weise eines jugendlichen Volkes, welches seine Habe zu zeigen liebt, und nach Germanenart, welche auch den praktischen Vorteil mit sinnigen Gedanken umzog. Ein kostbares Schmuckstück war Ehre und Stolz des Kriegers. Für den Herrn aber, welcher den Krieger unterhielt, war der Besitz solcher Kostbarkeiten von höherem Wert. Des Häuptlings Pflicht war es, mild zu sein gegen Mannen, und der beste Beweis solcher Milde war die reichliche Austeilung wertvoller Schmuckstücke. Wer das vermochte, war sicher, von dem Sänger und seinen Bankgenossen gerühmt zu werden und Anhang zu finden, so viel er bedurfte. Einen großen Schatz haben war also gleichbedeutend mit Macht haben; die entstandenen Lücken stets durch neuen Erwerb auszufüllen, war Aufgabe des klugen Fürsten. Er mußte ihn sicher verwahren, denn seine Feinde stellten zuerst dem Schatze nach; der Schatz hob den Besitzer aus jeder Niederlage herauf, er warb stets Folgsame, welche ihm den Treueid leisteten. In der Wanderzeit wurde, wie es scheint, bei den Fürstengeschlechtern aller Völker die Anlage eines Hausschatzes Brauch. Mit Königskleid und Thronsessel richtete als einer der spätesten Leuvigild um 568 seinen Schatz her; bis auf ihn hatten die Könige der Westgoten in Tracht und Lebensart unter ihrem Volke gesessen wie andere Männer. Seitdem ruht überall die Königsmacht auf Reich, Schatz und Volk.

Der Schatz eines Fürsten bestand aus goldenem, später auch aus silbernem Schmuck und Gerät, aus Armringen, Spangen, Diademen, Ketten, Bechern, Trinkhörnern, Becken, Schalen, Krügen, Tischplatten und Pferdeschmuck, teils von römischer, zuweilen auch von heimischer Arbeit, ferner aus Edelsteinen und Perlen, aus kostbaren Gewändern, die in den kaiserlichen Fabriken gewebt waren, und aus gut gestählten und geschmückten Waffen. Dann aus gemünztem Gold, zumal, wenn es durch Größe oder Gepräge merkwürdig war; endlich aus Goldbarren, welche in die römische Form von Stäben, in die deutsche von Birnen und Keilen gegossen wurden. Auch der König bewahrte verarbeitetes Edelmetall lieber als das runde Geld, und schon in der Wanderzeit wurde auf eine Arbeit, welche für zierlich galt, und auf kostbare Steine, welche eingefügt waren, hoher Wert gelegt. Außerdem suchte man die Pracht in Umfang und Schwere der einzelnen Stücke. Sie wurden in riesiger Größe verfertigt, zumal silberne Becken, und mußten durch Maschinen auf die Tafel gehoben werden. Solche Kostbarkeiten erwarb ein Fürst durch Geschenke, welche bei jeder Staatsaktion, bei Besuchen, Gesandtschaften, Friedensverträgen gegeben und empfangen wurden, am liebsten durch Tribut, den ihm die Römer bezahlten, und der nicht niedrig war — 300, 700 Pfund Gold jährlich —, endlich durch Raub und Beute, durch die Abgaben der Unterworfenen und die Einnahmen von seinen Gütern. Auch das geprägte Metall, welches in den neu-

### Drittes Kapitel: Die Gier nach Gold und Geld

gegründeten Germanenreichen zum Schatze floß, wurde oft verarbeitet. Gern rühmte sich der Besitzer seiner Prachtstücke und der Größe seiner Geldkisten.

Nicht nur die Könige und Häuptlinge sorgten um einen Schatz; wer nur konnte, sammelte den Hort. Den Prinzen wurde sogleich nach der Geburt ein eigener kleiner Schatz angelegt. Als der zweijährige Sohn der Fredegunde im Jahre 584 starb, befrachtete sein Schatz von seidenen Kleidern und Schmuck aus Gold und Silber vier Karren. Ebenso wurden Königstöchter bei der Vermählung mit Schatzstücken und Geschmeide ausgestattet, und ihnen begegnete wohl, daß sie auf der Brautreise um ihrer Schätze willen angefallen wurden. Der Schatz für sie wurde auch aus sogenannten freiwilligen Gaben der Landesgenossen gesammelt und von harten Königen dabei arge Bedrückung geübt. Als die fränkische Rigunthe im Jahre 584 zu den Westgoten nach Spanien gesandt wurde, füllte ihr Schatz fünfzig Frachtwagen. Jeder Herzog und andere Beamte des Königs sammelten in gleicher Weise. Argwöhnisch wurde von dem Oberherrn der Schatz des Beamten betrachtet, häufig diente der Sammler als Schwamm, welcher vollgesogen ausgepreßt wurde bis auf den letzten Tropfen, und der Unglückliche konnte zufrieden sein, wenn er nicht bei der Entleerung seiner Kasten auch das Leben verlor. Es war gütig von dem Langobardenkönig Agilulf, daß er sich begnügte, dem aufsässigen Herzog Gaidulf seinen Schatz zu nehmen, den dieser auf einer Insel des Comersees verborgen hatte, und daß er den Empörer wieder zu Gnaden empfing, „weil ihm die Kraft, zu schaden, genommen war". Gelang dem Herrn nicht, den Schatz des Beamten zu rechter Zeit einzuziehen, so hatte er vielleicht um die Herrschaft mit ihm zu kämpfen.

Ebenso trugen Kirchen und Klöster zu Hauf, ihre Einnahmen und Geschenke legten sie an in Kelchen, Schüsseln, Evangelienbehältnissen, die mit Gold und Edelsteinen verziert waren. Kam ein Bischof in kriegerisches Gedränge, so nahm er einen goldenen Kelch aus dem Kirchenschatz, ließ Geld daraus prägen und löste dadurch sich und die Seinen. Denn der Schatz eines Heiligen wurde auch von ruchlosen Plünderern mit Scheu betrachtet, weil der Eigentümer den Räubern durch seine Klagen im Himmel sehr schaden konnte. Doch nicht immer vermochte ein weitgefürchteter Heiliger die Habgier abzuhalten" usw.

Der Wert des Hortes liegt in seiner Größe: damit ist also schon eine erste Quantitätsbewertung neben die ursprünglich reine Qualitätswertung getreten. Und zwar wird die Größe noch als eine sinnlich wahrnehmbare, meß- und wägbare empfunden und vorgestellt. Diese sinnliche Bewertung des Schatzes reicht noch weit in die geldwirtschaftliche Epoche hinein. Bis ins hohe Mittelalter hinauf begegnen wir bei den europäischen Völkern dieser (übrigens in dem Altertum schon sehr verbreiteten und heute noch in den primitiven Kulturen nicht verschwundenen) Liebe zur Schatzbildung, die oft die Liebe zum Gelde überwuchert.

So belehren uns die Hacksilberschätze aus Osteuropa aus dem 10. und 11. Jahrhundert, die sich von Schlesien bis zur Ostsee verstreut finden (Massen zerhackter Silberklumpen und zerschnittener Münzen), daß man nicht die geprägten Münzen, sondern das Metall als solches schätzte und bewahrte [15]).

Um dieselbe Zeit finden wir in Deutschland [15a]), in Frankreich [16]) und selbst in Italien [17]) die Schatzkammern der Reichen mit goldenen und silbernen Gefäßen angefüllt, deren Besitz außerhalb aller Geldeigenschaft als solche gewertet wurde.

In einigen Ländern, wie Spanien, dauert die Sitte der Schatzbildung bis in die Jahrhunderte der neueren Geschichte fort. Als der Herzog von Frias starb, hinterließ er drei Töchter und 600 000 Scudi Bargeld. Dieser Betrag wurde in Kisten

### Drittes Kapitel: Die Gier nach Gold und Geld

getan mit den Namen der Töchter: die älteste war sieben Jahre alt. Die Vormünder bekamen die Schlüssel und öffneten die Truhen nur, um das Geld den Ehemännern auszuzahlen. Vor allem aber stopfte man noch im 16. und 17. Jahrhundert in Spanien sein Haus mit Gold- und Silbergeräten voll. Beim Tode des Herzogs von Albuquerque brauchte man sechs Wochen, um seine goldenen und silbernen Geräte zu wägen und aufzuschreiben; er hatte u. a. 1400 Dutzend Teller, 50 große, 700 kleine Platten, 40 silberne Leitern, um damit auf die Büfetts zu steigen. Der Herzog Alba, der nicht als besonders reich galt, hinterließ doch 600 Dutzend silberne Teller, 800 silberne Platten usw.[18]). Die Neigung zur "Hortbildung" war im damaligen Spanien so stark, daß Philipp III. im Jahre 1600 eine Verordnung erließ, die befahl, daß alles Gold- und Silbergerät des Landes eingeliefert und zu Münzen geschlagen werden sollte[19]).

Aber eine solche Seelenstimmung, wie sie die reichen Spanier noch im 16. Jahrhundert erfüllte, war ein Anachronismus: die allgemeine Entwicklung des europäischen Geistes war schon längst über die Periode der Hortbildung hinausgeschritten, die etwa im 12. Jahrhundert ihr Ende erreicht. Seit jener Zeit verschiebt sich das Interesse an der Form des Edelmetalls, wenn auch dessen Besitz noch immer und mehr denn je erstrebt wird. Aber man wertet jetzt nicht mehr die wägbaren Haufen von Gold und Silber, gleichviel in welcher Gestalt: man hat angefangen, das Geld, also das Edelmetall in der gemeinsten Form, in der es allgemeines Warenäquivalent, Tausch- und Zahlungsmittel ist, höher als alles zu bewerten.

Die Goldgier wird von der Geldsucht abgelöst, für die wir nunmehr einige Zeugnisse beizubringen haben.

Es scheint fast, als ob (außer unter den Juden) die "Gewinnsucht" — wie von nun ab der Ausdruck lautet: die lucri rabies — am frühesten in Klerikerkreisen eingenistet hätte. Jedenfalls haben wir aus ganz früher Zeit Kunde von Priestern, deren „schimpfliche Gewinnsucht" getadelt wird: schon im 9. Jahrhundert begegnen wir auf den Konzilen den Klagen über den Wucher der Priester[20]). Bekannt ist ja, welche Rolle dann während des Hochmittelalters das Geld bei den Besetzungen der Priesterstellen spielt. Ein so ruhiger Beobachter wie L. B. Alberti will für seine Zeit als eine in dem Priesterstand ganz allgemeine Erscheinung die Geldgier angesehen wissen. Er sagt einmal von Papst Johann XXII.: „Er hatte Fehler und vor allem jenen, der fast in allen Priestern bekanntermaßen sich wieder findet: er war im höchsten Grade geldgierig, so daß jedes Ding in seiner Nähe käuflich war"[21]).

Aber als Alberti diese Worte schreibt, war die Geldsucht längst nicht mehr (falls sie das überhaupt je gewesen ist) ein Privileg des Klerus und der Juden. Vielmehr waren seit geraumer Zeit weite, um nicht zu sagen alle Kreise der Bevölkerung von ihr befallen.

Es scheint (ich sage wieder: es scheint, denn bei derartigen Stimmungen wie der hier betrachteten lassen sich natürlich keine exakten Nachweise für ihren Eintritt in die Geschichte erbringen): es scheint, als ob den großen Wendepunkt auch hier das dreizehnte Jahrhundert, wenigstens für die fortgeschrittenen Länder Deutschland, Frankreich, Italien bedeute. Jedenfalls häufen sich in diesem Jahrhundert, namentlich in Deutschland, die Klagen über die zunehmende Gewinnsucht:

„Auf Minne nur und auf Gewinn
Steht der ganzen Welt der Sinn;
Noch süßer sind Gewinne
Den meisten doch als Minne.
Wie lieb auch seien Weib und Kind,
Gewinne noch viel lieber sind.

### Drittes Kapitel: Die Gier nach Gold und Geld

Des Mannes Sinnen
Ist zu gewinnen."

So singt in unzähligen Wiederholungen Freidank. Und auch durch Walter von der Vogelweide klingt ein ähnlicher Ton an vielen Stellen durch [22]. Noch viel kräftigere Worte finden natürlich die Moralprediger der Zeit, wie der Verfasser eines Gedichtes der Liederhandschrift von Benediktbeuren [23] oder der Volksredner Berthold von Regensburg [24].

Um dieselbe Zeit schleudert Dante seine Bannsprüche gegen die Gewinnsucht des Adels und der Bürger in den italienischen Städten, die während des Trecento zweifellos bereits von einem intensiven Gewinnfieber befallen waren. „All zu sehr sind sie auf Geldgewinn bedacht, so daß man von ihnen fast sagen kann: es brennt ein ewiges Verlangen nach Besitz wie ein Feuer in ihnen", heißt es in der „Beschreibung von Florenz" aus dem Jahre 1339 [25].

„Das Geld", ruft aber um dieselbe Zeit Beato Dominici [25a] aus, „ist sehr geliebt von Großen und Kleinen, von Geistlichen und Weltlichen, von Armen und Reichen, von Mönchen und Prälaten: alles ist dem Geld untertan: pecuniae obediunt omnia. Dieser verwünschte Hunger nach dem Golde führt die vernarrten Seelen zu allem Übel; er blendet den Verstand, löscht das Gewissen aus, trübt das Gedächtnis, mißleitet den Willen, kennt keinen Freund, liebt keinen Verwandten, fürchtet nicht Gott und hat vor den Menschen keine Scham mehr."

Wie etwa in Florenz schon im 14. Jahrhundert ein ganz und gar mammonistischer Zug herrschte, ersehen wir aus Schilderungen und Betrachtungen, wie sie uns in den Familienbüchern L. B. Albertis aufbewahrt sind. Hier wird der Reichtum als unentbehrliches Kulturgut an jeder Stelle gepriesen, und an jeder Stelle wird die Erwerbssucht als die allgemeine und ganz selbstverständliche Seelenstimmung der Bevölkerung an=

erkannt: „alle sind nur auf Gewinn und Reichtum bedacht"; „jeder Gedanke beschäftigt sich mit dem Erwerb"; „die Reichtümer, für die fast jeder sich vor allem müht" usw. [Ich teile in den Quellenbelegen einige besonders charakteristische Stellen aus Albertis Libri della famiglia mit [26]).]

Wir kennen dann zahlreiche Äußerungen aus der Zeit des 15. und 16. Jahrhunderts, die uns bezeugen, daß das Geld überall in Westeuropa begonnen hatte, seine Herrscherstellung einzunehmen. Pecuniae obediunt omnia, klagt Erasmus; ›Gelt ist auff erden der irdisch gott‹, verkündet Hans Sachs; beklagenswert nennt Wimpheling seine Zeit, in welcher das Geld zu regieren angefangen. Colon aber feiert in einem bekannten Briefe an die Königin Isabella die Vorzüge des Geldes mit beredten Worten also: ›El oro es excellentissimo, con el se hace tesoro y con el tesoro quien lo tiene, hace cuanto quiere en el mundo y llega que echa las animas al paraiso‹ [27]).

Die Symptome, aus denen wir auf immer raschere Zunahme der Geldsucht, auf eine Vermammonisierung des ganzen Lebenszuschnitts schließen dürfen, mehren sich: die Ämter werden käuflich; der Adel verschwägert sich mit der reich gewordenen Crapule; die Staaten richten ihre Politik auf Vermehrung des baren Geldes aus (Merkantilismus!), die Praktiken zur Geldbeschaffung, wie im nächsten Kapitel zu zeigen sein wird, nehmen an Menge und Raffiniertheit zu.

Im 17. Jahrhundert, das wir uns gern in einem ernsten, düsteren Lichte vorstellen, läßt die Geldsucht nicht nach. Im Gegenteil: in einzelnen Kreisen scheint sie noch stärker zu werden. Wir stoßen auf manche bewegliche Klage: in Italien [28]), in Deutschland [29]), in Holland. Hier erschien gegen Ende des 17. Jahrhunderts ein höchst kurioses Büchlein (das denn auch bald von einem Hamburger ins Deutsche übertragen wurde), das trotz (oder gerade wegen) seiner satirischen Färbung ein ausgezeich-

## Drittes Kapitel: Die Gier nach Gold und Geld

netes Bild von der schon damals der Geldanbetung völlig verfallenen Gesellschaft entwirft. Da ich noch nirgends diese wichtige Quelle verwertet gefunden habe, will ich einiges aus dem höchst kurzweiligen (wenn auch sehr langatmigen) und seltenen Traktate mitteilen, der den Titel führt: Das Lob der Geld-Sucht. Satyre. Aus dem Holländischen des Herrn von Deckers. Bei Benjamin Schillen in Hamburg und Fr. Groschuff in Leipzig zu finden. Im Jahre 1703. Das Büchlein trägt das Motto: ... Quid rides? Mutato nomine de te fabula narratur. ...

Der Verfasser ist ein offenbar welt- und menschenkundiger Mann mit freiem Blick für die Schwächen seiner Zeit. Ich möchte seine Schrift fast ein Pendant zu Mandevilles Bienenfabel nennen, obwohl sie dessen scharf geschliffenen Witz durch behaglich holländisch-niederdeutsche Breite ersetzt. (Übrigens ist mir nur die deutsche Übersetzung bekannt: möglich ist auch, daß diese fingiert ist, und daß es gar kein holländisches Original gibt, obwohl der Verfasser an verschiedenen Stellen den angeblich holländischen Text zitiert.) Es ist ein Gedicht in dem beliebten Versmaße der Zeit von 4113 (!) Zeilen Umfang, von denen folgende Proben hier Platz finden mögen:

Die Geldsucht spricht:

„Ich muß mich von dem Joch der Lästerer befreyen,
Daß ich kein Brunnquell sey von allen Schelmereyen,
Kein Born des Ungemachs noch eines Buben-Stücks
Besondern gegentheils die Wurtzel Eures Glücks,
Der Grundstein aller Lust, die Quelle hoher Ehre,
Der Künste Angelstern, der Jugend beste Röhre,
Ja, was noch höher klingt, die oberste Göttin
Und in der großen Welt die höchste Königin."

(V. 23—31.)

Sie stellt dann ihre Eltern vor: Frau Überfluß ist ihre Mutter; die (!) Vorsicht der Vater.

Sie beginnt dann mit einem Loblied auf das Gold und fährt fort:

„Ich wil ja nicht das Lob des rothen Goldes singen,
Nein, nein, mein eignes Lob, die lüsterne Begier
Des Goldes zeiget sich in ihrem Schmucke hier.
Ich darf deswegen nicht erst meinen Kopff zerbrechen,
Und viele Prahlerei von meinem Gelde sprechen,
Es wird schon ohnedem gesucht mit aller Macht
Und mehr als Tugend, Ehr' und als Verstand geacht'
Ihr pfleget es weit mehr als Künste zu erheben,
Mehr als Gesundheit, mehr als alles Heyl und Leben."
(V. 145—153.)

Sie beschwert sich angesichts dessen darüber, daß man s i e — die Geldsucht — nicht selber preist:

„Das beste so an Euch, das Hertze ist ja mein,
So sollten billig auch die Lippen meine seyn."
(V. 158/59.)

Sie unternimmt es deshalb, alle die guten Taten aufzuzählen, die sie für die Menschen tut. Es sind folgende (die in Marginalien vermerkt sind):

„Die Geldsucht ist eine Urheberin der menschlichen Gesellschaft;

Macht Ehebündnisse;

Macht Freundschafft und Bündnisse;

Errichtet Staaten und Städte;

Sie erhält sie auch im Stande;

Verschafft Ehre und Achtbarkeit —

... Freude und Ergetzlichkeit;

Sie befördert Künste und Wissenschaften

... Den Kauffhandel,

... Die Alchymie, Geldmacherey,

... Die Artzneykunst":

„Die brüderliche Lieb ist es bey weitem nicht,
Die einem Kranken Hülff und guten Rath verspricht.

### Drittes Kapitel: Die Gier nach Gold und Geld

> Ihr Hörer müſſet ja bey leibe nimmer meinen
> Daß ein Galenus werd aus Mitleid Euch erſcheinen;
> Weit weit ein ander Ding zieht ihn zum Bette hin,
> Es iſt die Goldes-Sucht, ein hoffender Gewinn."
> (V. 1158—1163.)

Daſſelbe gilt von anderen Berufen, die nur durch Ausſicht auf Gewinn betrieben werden:

> die Barbierkunſt,
> die Apothekerei,
> die Rechtsgelehrtheit,
> die Kirchenzeremonie.

Sie ist Stifterin der "Freyen Künſte";
  befördert die Philoſophie,

> die Malerei,
> die Schau- und andere Spiele,
> die Druckerey:

> "Daß mein ich Geldſucht auch für ihre ſchwere Preſſen
> Das könntet Ihr genug aus manchem Brief ermeſſen,
> Das mehr unnützen Quarck als Weisheit in ſich hält
> Und manchen Idiot ans Tageslicht geſtellt
> Und dennoch angenehm wird in Verlag genommen,
> Warum? Dieweil davon mehr dicke Thaler kommen
> Als von der Schrift, worin ein Kern von Weisheit iſt,
> Und welches jedes Ding nach reifem Urtheil mißt.
> Was ihr verdauen ſollt, muß ſein von grobem Weſen,
> Die Weisheit rühmt man wohl, doch wird der Quarck geleſen." (!)
> (V. 1544—1553.)

Die Geldſucht fördert ferner
  die Kriegskunſt:

> "Sie hat die Seefahrth verbeſſert.
> Hab ich nicht manche Spur der Silbermin entdeckt?"
> (V. 1742.)

"Frau Iſabell und König Ferdinand" nicht weniger als Columbus haben ihre Entdeckungserfolge ihr zu verdanken.

Sie hat „die Erdbeschreybung vollkommener gemacht,
Künste ausgebreitet und rohe Völker höflich gemacht,
die Sprachen gemein gemacht,
Völker versammelt,
viele Fabeln verworfen,
regieret alle Staatsgeschäfte":
„Warum doch gehet Ihr so offt im großen Raht?
Ists nicht um den Gewinn und Einkunft von dem Staat?
Um Eure Cämmerey des Reiches reich zu machen?
Man mag wohl manches mahl auch andre guten Sachen
Die auf das Stats=Tapet weitläufftig ausgestreuet
Behülff= und nützlich sein mit Recht und Billigkeit;
Die aber vom Profit und Nutzen hergenommen,
Die sind es, die euch recht an euer Hertze kommen."
                                       (V. 1968—1975.)

„. . . Der frome Aristid
Verwarff gleich einen Raht, dadurch ihm einer rieth
Was ihm mehr Fortheilhafft als Recht und Billig schiene:
Heut aber machet man weit eine andre Miene,
Und was verhel' ich's auch? Das Lock=Aas von Profit
Ists Auge, wodurch man in's Stats=Geheimnis sieht."
                                       (V. 1984—1989.)

Die Geldsucht „geht mit alten und klugen Leuten um:
die Geldsucht rühmt sich eine Beförderin der Tugenden zu sein;
sie befördert die Nahrung und Handwerker,
beschweret sich über die Vielheit der Studierenden":
„Es sein die Geistlichen, es sein die Rechts=Gelahrten,
Man weiß bey jedem Amt das Spiel also zu karten,
Wer dem Patrone bringt ein Beutelgen voll Geld,
Der wird vor allem gleich zu solchem Dienst bestellt.
Ein Dienst, womit man eh die Tugenden vergolte,
Auch billig noch der Lohn der Tugenden sein solte,
Der wird in mancher Stadt wohl öffentlich verkaufft
Und einer vor das Geld zum Küster umgetaufft."
                                       (V. 2269—2276.)

### Drittes Kapitel: Die Gier nach Gold und Geld

"Spricht von der Sparsamkeit, Verschwendung.

Sie verwirft die Verachtung des Geldes einiger stoischen und cynischen Philosophen;

Mildgebigkeit;

befördert die Demut, Großmut und Courage;

reizt zur Beständigkeit;

breitet die christliche Lehre aus;

die Geldsucht hilft zur ewigen Seligkeit;

ist keine Ketzerin, sondern eine reine Lutheranerin;

wird eine Göttin."

Sie schließt ihr Gedicht mit einem begeisterten "Lob des Geldes". (V. 3932 ff.)

In den ersten Jahrzehnten des 18. Jahrhunderts erlebte dann die französische und englische Welt (was Holland schon einmal in den Jahren 1634 durchgemacht hatte) jenen ersten krankhaften Geldrauschzustand, der seitdem immer von Zeit zu Zeit wieder aufgetreten ist, wenn auch vielleicht nie wieder in solcher elementaren Stärke, und der den gesamten Volkskörper so sehr durchdrungen hat, daß nun eine allgemeine Geldsucht als eine konstitutive Eigenschaft der Seele des modernen Menschen betrachtet werden darf. Ich will aber jene vulkanischen Ausbrüche des Geldfiebers, wie sie Holland bei Gelegenheit der Tulpenmanie, Frankreich in der Law-Epoche, England in der Bubbles-Zeit erlebten, im Zusammenhange mit den damals beliebten Mitteln zur Geldbeschaffung: dem Börsenspiel, schildern und versuche nunmehr erst im Zusammenhange die Frage zu beantworten, welche Machenschaften die Menschen ersannen, um das ersehnte und ergierte Geld in ihren Besitz zu bringen. Wir werden insbesondere zu untersuchen haben, welche davon beim Aufbau der kapitalistischen Wirtschaftsgesinnung mitgeholfen habe, welche als tote Äste abzusterben bestimmt waren.

## Viertes Kapitel: Allerhand Mittel zur Geldbeschaffung

Es wäre eine kindliche Auffassung, wenn man glauben würde, die Goldgier und die Geldsucht hätten nun unmittelbar auf das Wirtschaftsleben in der Weise eingewirkt, daß sie aus sich den kapitalistischen Geist und die kapitalistische Unternehmung geboren hätten. So rasch und so einfach hat sich die Genesis unseres modernen Wirtschaftssystems und insbesondere der modernen Wirtschaftsgesinnung nicht vollzogen.

Zunächst übte wohl die zunehmende Gewinnsucht auf das Wirtschaftsleben überhaupt keinen Einfluß aus. Man suchte sich in den Besitz von Gold und Geld zu setzen außerhalb der Bahnen normaler wirtschaftlicher Tätigkeit; ja oft genug unter Hintansetzung und Vernachlässigung seiner Wirtschaft. Der naive Mensch dachte gar nicht daran, wenn er Bauer oder Schuster, und selbst nicht ohne weiteres, wenn er Kaufmann war, daß ihm diese seine Alltagstätigkeit dazu dienen könne, Reichtümer und Schätze zu erwerben.

Ein Mann wie Alberti, der mitten im Geschäftsleben stand und sicher schon vom kapitalistischen Geiste durchdrungen war, führt neben der Großkaufmannschaft als Quellen des Gelderwerbs folgende an [30]:

1. das Schatzsuchen,
2. das Erbschleichen,

von denen er sagt, daß ihnen „nicht wenige" ergeben seien;

3. das Kliententum: „sich lieb Kind bei reichen Bürgern machen, bloß in der Hoffnung, einen Anteil an dem Reichtum zu bekommen";
4. den Wucher (die Geldleihe);
5. die Vermietung von Herden, Zugtieren usw.

## Viertes Kapitel: Allerhand Mittel zur Geldbeschaffung

Welche seltsame Zusammenstellung! Nicht weniger fremd mutet uns eine andere Aufzählung der beliebtesten Erwerbsarten an, die wir aus dem 17. Jahrhundert besitzen[81]; danach werden mit Vorliebe drei Wege eingeschlagen, um zu Reichtum zu gelangen:

1. Hofdienst,
2. Kriegsdienst,
3. Alchimie.

Ein genaues Studium jener Jahrhunderte belehrt uns aber, daß diese Männer ganz richtig beobachtet hatten: alle die genannten Erwerbsarten waren in der Tat im Schwange und hatten vielfach eine weit größere Bedeutung als Handel, Gewerbe und Landwirtschaft in der Wertvorstellung jener, die nach Reichtümern verlangten. Wir können sogar leicht eine Reihe anderer Erwerbsmöglichkeiten neben den schon genannten aufzählen, die ebenfalls außerhalb des Umkreises der normalen wirtschaftlichen Tätigkeit lagen.

Da in diesem Zusammenhange nur jene Mittel zur Geldbeschaffung in Betracht kommen, die beim Aufbau der kapitalistischen Wirtschaftsgesinnung eine Rolle gespielt haben, so erwähne ich diejenigen, von denen sich das nicht sagen läßt, nur kurz, ohne näher auf sie einzugehen.

Es sind:

1. die **Beamtenlaufbahn**, die dank der Möglichkeit, sich durch Unterschleife, Bestechungen und Durchstechereien Nebeneinnahmen zu beschaffen, gern beschritten wurde, um sich rasch große Vermögen zu sammeln. An einer anderen Stelle, dort, wo ich die Entstehung des bürgerlichen Reichtums verfolge, werde ich Gelegenheit haben, die großen Chancen zur Bereicherung ziffernmäßig aufzuweisen, die in aller früheren Zeit die Beamtenlaufbahn bot.

Verwandt mit ihr war

2. der Ämterkauf, der nichts anderes bedeutete, als eine Art von Rentenkauf: die Verauslagung einer Stammsumme, um dafür das Recht auf Sporteln und Gefälle zu erlangen, die mit einem Amte verbunden waren. Zuweilen freilich war das erkaufte Amt auch der Schlund, in dem ein Vermögen versank, wenn die Einkünfte nicht die erhoffte Höhe erreichten.

3. Die von Alberti erwähnte Klientelei, die sich begegnet mit einem Lakaientum, wie es namentlich im 17. und 18. Jahrhundert beliebt war: indem ganz arme Leute in den Dienst reicher Männer treten, um diesen Dienst nach ein paar Jahren oft genug schwerreich zu verlassen.

4. rechne ich hierher das Staatsrentnertum, das seit dem 17. Jahrhundert einen immer größeren Umfang annimmt.

Alle, die eine dieser Erwerbsarten wählen, tragen nicht zur Entwicklung des kapitalistischen Geistes bei (wenn wir als solchen immer den „Geist" des kapitalistischen Unternehmers ansehen), den sie viel eher (wie wir noch sehen werden) abzutöten und in seiner Entwicklung aufzuhalten geeignet sind.

Deshalb scheide ich auch aus meiner Darstellung die „Haute finance" alten Stils aus, wie sie sich namentlich in Frankreich und England während des 17. und 18. Jahrhunderts entwickelt hatte. Das waren die ganz reichen Leute, meist bürgerlicher Herkunft, die sich als Steuerpächter oder Staatsgläubiger bereichert hatten und nun als Fettaugen auf der Suppe schwammen, dem Wirtschaftsleben aber ferne standen. Es sind die Fermiers généraux, die Partisans, die Traitans in Frankreich (wo sie den Spitznamen Turcarets bekamen nach einer Komödie des Le Sage aus dem Jahre 1709, in der das Emporkommen eines früheren Lakaien namens Turcaret geschildert wird: Turcaret ist „le financier dont l'esprit et l'éducation ne sont pas à la hauteur de sa fortune"); es sind die Stockholders, „the monied interest" in England, wo ihre Zahl um die Mitte des 18. Jahrhunderts auf 17000 geschätzt wurde.

In all den Praktiken dagegen, die ich nunmehr noch namhaft machen will, stecken Ansätze, Keime, Entwicklungsmöglichkeiten kapitalistischer Unternehmungen. Deshalb müssen wir uns näher mit ihnen vertraut machen. Um die mannigfachen Erwerbsarten, die hier in Frage kommen, in unserem Geiste zu einer gewissen Ordnung zusammenzufügen, will ich sie unterscheiden, je nachdem bei ihnen

Gewaltmittel oder
Zaubermittel oder
Geistesmittel (Erfindungsgabe) oder
Geldmittel

vornehmlich zur Verwendung gelangen.

### 1. Erwerb durch Gewaltmittel

An was ich hierbei denke, sind nicht sowohl die Machenschaften der Obrigkeiten, sich durch Umlagen und Steuern aller Art Mittel zu beschaffen, als es vielmehr eine Erwerbsart ist, die jahrhundertelang in den ritterlichen Kreisen beliebt war und in Ansehen stand; ich meine den Straßenraub. Daß dieser in vielen Ländern, namentlich in Deutschland, aber auch in Frankreich und England während des Mittelalters und darüber hinaus eine soziale Institution und keine gelegentliche Extravaganz war, lehren uns die zahlreichen Quellen, aus denen wir unsere Kenntnis schöpfen können. Ich will nur ein paar Belege anführen:

„Damals stund's in Deutschland", schreibt Zorn in seiner Wormser Chronik (14. Jahrhundert), „und fürnehmlich am Rhein also, daß wer der stärkste war, der schob den andern in den Sack, wie er konnt und möchte: die Reuter und Edelleute nährten sich aus dem Stegreif, mordeten, wen sie konnten, verlegten und versperrten die Päße und Straßen und stellten denen, so ihres Gewerbes halber über Land ziehen mußten, wunderbarlich nach."

Ein Liedersänger gibt dem jungen Edelmann folgenden Rat[82]):
„Wiltu dich erneren
du junger edelman,
folg du miner lere
sitz uf, drab zum ban!
halt dich zu dem grünen wald
wan der bur ins holz fert
so renn in freislich an!
derwüsch in bi dem kragen
erfreuw das herze din
nimm im was er habe
span uß die pferdelin sin!"

Bekannt ist, daß der Edle Raubritterei lernte wie der Schuster die Schusterei. Und im Liede heißt es lustig:
„Ruten, roven, det en is gheyn schande,
dat doynt die besten van dem lande."

Und dasselbe Bild in anderen Ländern: „Die Herren lassen von ihrem Raubritterleben nicht" („les seigneurs ne laissent pas d'aller à la proie"), schreibt Jaques de Vitry von Frankreich.

In Italien und England bekam das Raubrittertum eine besondere Nuance: es wurde zum Seeräubertum. Dieses haben wir aber in anderem Zusammenhange zu würdigen, da es fast stets in der Form der Unternehmung auftritt, während hier nur von den Einzelpraktiken zur Geldbeschaffung die Rede ist, zu denen man (in zahlreichen Fällen wenigstens) die Stegreifreiterei rechnen kann. Weil in dieser aber doch der Keim zu einer Unternehmung steckt und weil der Unternehmungsgeist in dem Raubrittertum einen Anstoß zur Entfaltung empfangen kann, mußte seiner hier Erwähnung geschehen.

### 2. Erwerb durch Zaubermittel

Aus ganz und gar anderem Geiste sind diejenigen Bestrebungen geboren, an die ich hier denke: Zaubermittel sollen helfen, Reichtum gewinnen. Das setzt voraus den Glauben an die mit Geistern und Dämonen erfüllte Welt, an die Möglichkeit, Beziehungen mit diesen Geistern zu pflegen, sie den eigenen Zwecken dienstbar zu machen. Man ruft die Hilfe der Götter vorbei. Und eine lebhafte, oft genug krankhaft überreizte Phantasie hilft die Gelegenheiten ausfindig machen, wo die Geister helfen können.

Es galt, auf wunderbare Weise in den Besitz des ersehnten Goldes zu kommen: sei es, daß man es fand, sei es, daß man es machte. Dadurch kam man zu zwei verschiedenen Reihen von Bestrebungen: zur Schatzgräberei einerseits, zur Alchimie anderseits.

Der Schatzgräberei begegnen wir seit den frühesten Zeiten. „Von der Völkerwanderung bis in die Gegenwart gehört zu den geheimen Wünschen der Germanen, einen Schatz zu finden: dieselben Beschwörungsmittel, derselbe Aberglaube durch fünfzehnhundert Jahre [88])."

In der Tat war der Gedanke, vergrabene Schätze aufzufinden, in jenen frühen Zeitläuften gar nicht so arg verrückt. Denn ganz beträchtliche Massen von gemünztem und ungemünztem Edelmetall müssen namentlich in Kriegszeiten allerorts vergraben worden sein.

> „Bedenkt doch nur: in jenen Schreckensläuften,
> Wo Menschenfluten Land und Volk ersäuften,
> Wie der und der, so sehr es ihn erschreckte,
> Sein Liebstes da- und dortwohin versteckte;
> So war's von je in mächtiger Römer Zeit
> Und so fortan bis gestern, ja bis heut.
> Das alles liegt im Boden still begraben . . ."

Und die Zauberformeln, die bekannten, sollten dazu dienen, die Pforten aufzuschließen. Bei der Nacht, bei der Nacht.

„Am Tage erkennen, das sind Possen;
Im Finstern sind Mysterien zu Haus."

Es werden dann dieselben Leute gewesen sein, Leute mit geringer Arbeitsenergie, mit kleinem Fleiß, aber heiß im Begehren, mutig im Zugreifen, zäh im Verfolgen fixer Ideen, gläubig und phantasiereich, die ihr ganzes Leben lang in regelmäßiger Wiederkehr nach Schätzen gruben, die dann in den großen Tagen, wenn durch die Lande die Kunde ging von neuentdeckten Gold= oder Silberlagern, sich aufmachten, Weib und Kind daheim zurückließen, während ihre Werkstatt oder ihre Läden veröbeten und der Pflug in der Ackerfurche stand, und dem Phantom nachjagten, das da vor ihren Augen aufgetaucht war. Die Quellen berichten uns von den Zeiten des Mittelalters an, wie stark dieser Schürferparoxysmus, dieses Goldgräberfieber immer wieder von Zeit zu Zeit um sich griffen, und wie es am Rammelsberg im 13. Jahrhundert, oder um Freiburg im 14., oder im Inntal im 15. Jahrhundert, oder im 16. in Peru, oder im 17. in Brasilien nicht anders ausgesehen hat wie in den 1850er Jahren in Kalifornien oder noch am Schlusse des vorigen Jahrhunderts in Klondike. Vielleicht sind die Seelen nüchterner seitdem geworden. Es sind nicht mehr Märchen von dem vergoldeten Wunderprinzen oder dem goldenen Hause der Sonne, die die Goldgräber ans Werk locken; aber in der Grundstimmung hat sich nichts geändert.

Aber wenn man gar das Gold hätte machen können! Um das zu erreichen, „hat man sich der Magie ergeben"; hat Alchimie betrieben, wiederum nicht als einen Alltagsberuf, sondern als eine Art von Gottesdienst, dem man in geweihter Stimmung oblag. Ursprünglich mögen andere Kräfte stärker gewesen sein, die die Menschen der Alchimie in die Arme trieben.

## Viertes Kapitel: Allerhand Mittel zur Geldbeschaffung

Bald aber trat mehr und mehr das Interesse an der Goldgewinnung in den Vordergrund: „Während mehr als tausend Jahren (war) das ganze chemische Wissen nur als Alchimie zusammengefaßt: und um deswillen, daß es der Lösung des Problems, wie edle Metalle künstlich hervorzubringen seien, diene"[84]).

Seit dem 15. Jahrhundert wurde die Alchimie dann fast reines Mittel zum Zwecke der Bereicherung. Sehr zum Ärger der wahren „Adepten" bemächtigten sich jetzt Hans und Kunz des Tigels, um ihr Glück zu versuchen. Man klagte[85]):

„Es will fast jedermann ein Alchimiste heißen,
Ein grober Idiot, der Jünger mit den Greisen,
Ein Scherer, altes Weib, ein kurzweiliger Rat,
Der kahl geschorne Mönch, der Priester und Soldat."

„Nun wöllt doch ein jeglicher gern lesen in Geschrifft der Alchimey solche Stücke oder Künstlin, die da leicht und gar ring zu brauchen weren, dardurch er mit kurtzer eyl viel Golds und Silbers machen köndt"[86]). Seinen ersten Höhepunkt erreichte das Goldmacherfieber während des 16. Jahrhunderts: Damals hatte die Leidenschaft der hermetischen Arbeiten alle Schichten der Bevölkerung ergriffen. Vom Bauern bis zum Fürsten glaubte jedermann an die Wahrheit der Alchimie. Die Sehnsucht, schnell reich zu werden, die ansteckende Wirkung des Beispiels riefen überall den Wunsch wach, sich jener Beschäftigung hinzugeben. Im Palast wie in der Hütte, bei dem armen Handwerker ebenso wie im Hause des reichen Bürgers sah man Vorrichtungen in Tätigkeit, mittels deren man Jahre hindurch den Stein der Weisen suchte. Selbst das Torgitter des Klosters bot für das Eindringen der alchimistischen Kunst kein Hindernis dar. Es soll damals kein Kloster gegeben haben, in dem nicht irgendein Ofen zum Zwecke der Goldmacherei aufgestellt war[87]).

Manche der Alchimisten brachten es zu hohem Ansehen, wie man weiß, und nützten ihre Kunst namentlich an den Fürstenhöfen nach Kräften aus. Die Hofadepten, die auch häufig Hofastrologen waren, sind eine charakteristische Erscheinung des 16. und 17. Jahrhunderts: von dem kölnischen „Zauberer" Cornelius Agrippa bis zu den venetianischen Alchimisten, die im 17. Jahrhundert den Wiener Hof mit den Anerbietungen, das Quecksilber zu „fixieren", in Versuchung führten[38]). Joh. Joach. Becher führt eine ganze Liste solcher abenteuernder Alchimisten seiner Zeit auf: „Unter den Alchimisten heutigen Tages, welche vor öffentlichen Betrügern und Sophisten passieren, als Rochefort, Marsini, Croneman, Marsali, Gasner, Gasman, kann man auch billig diesen (Jacobi de) la Porte nennen, welche absonderliche Profession macht, Schätze zu graben und das zwar durch die Claviculam Salomonis."

Diese Hofadepten waren verwandt einer andern höchst eigenartigen Gattung von Menschen, die in jenen Jahrhunderten des Halbdunkels eine Rolle spielten, und die wir nun noch genauer kennen lernen müssen: die Projektenmacher. In diesen werden wir auch die Verbindungswege auffinden, die von der „schwarzen Küche" in die Direktorialzimmer moderner Banken hinüberführen.

### 3. Der Erwerb durch Geistesmittel (Erfindungsgabe)

An einer andern Stelle, wo ich das Wesen der Technik im Zeitalter des Frühkapitalismus zu schildern versucht habe[39]), habe ich darauf aufmerksam gemacht, wie reich die Zeit der Renaissance und namentlich des Barock an erfinderischen Köpfen gewesen ist; wie eine blühende, oft genug ungezügelte Phantasie die Menschen damals erfüllte, und wie es an technischen Einfällen in jenen Jahrhunderten förmlich wimmelt.

## Viertes Kapitel: Allerhand Mittel zur Geldbeschaffung

Diese überreiche Erfindungsgabe, die wir übrigens in allen Schichten der Bevölkerung verbreitet finden, beschränkt sich nun keineswegs auf technische Probleme. Sie griff vielmehr hinüber auf das Gebiet der Wirtschaft und auf andere Kulturgebiete und förderte ungezählte Reform- und Umgestaltungsgedanken zutage, die sich mit Vorliebe auf die Staatsfinanzen bezogen, aber auch das private Wirtschaftsleben betrafen. Was aber unser ganz besonderes Interesse an dieser Stelle wachruft, ist dieses: daß Jahrhunderte hindurch eine Menge solcher erfindungsreicher Leute ein Gewerbe aus ihrer Erfinderei machten, indem sie andern ihre mehr oder weniger verwertbaren Gedanken und Ideen gegen ein entsprechendes Entgelt zur Verfügung stellten. Es gab geradezu einen Beruf, eine „Zunft" der Projektenmacher, deren Aufgabe also darin bestand, Fürsten, Große, Reiche im Lande für ihre Pläne zu gewinnen, sie zu ihrer Ausführung zu bewegen. Überall, wo einflußreiche Personen sind: an den Höfen, bei den Parlamenten begegnen wir solchen Projektenmachern; aber auch auf der Straße, auf dem Markte stehen sie und halten ihre Ideen feil. Da dieses Phänomen der berufsmäßigen Projektenmacherei außerordentlich wichtig und doch bisher, soviel ich sehe, von keinem Wirtschaftshistoriker im Zusammenhange behandelt worden ist, so will ich einige Einzelheiten über die Verbreitung und die Eigenart dieser seltsamen Menschengattung, die man schon zu ihrer Zeit „Projektanten" nannte, hier mitteilen.

Schon im 16. Jahrhundert tauchen solche Projektanten auf: wir begegnen ihnen damals an den Höfen der spanischen Könige. Von einem von ihnen berichtet uns Ranke wie folgt:

„Noch gab es eigentlich keine Wissenschaft der Staatswirtschaft; es fehlen selbst die Kenntnisse, die Fertigkeiten, welche eine umfassende Verwaltung der Finanzen erfordert: es taten sich mehr einzelne hervor, welche die Ergebnisse ihres Nachdenkens als ein Geheimnis betrachteten und nur für besondere Belohnung mitteilen wollten; gleichsam Abenteurer und Verlorene, die sich den zahlreichen Scharen kameralistischer Meister und Jünger auf gut Glück vorauswagten. Es waren hauptsächlich Florentiner. Ein gewisser Benevento, der sich schon der Signoria von Venedig angeboten, ‚ohne das Volk zu besteuern, ohne eine Neuerung von Bedeutung wolle er ihre Einkünfte beträchtlich in die Höhe bringen; er fordere nichts als 5% von den Vorteilen, die er ihr verschaffe', war nun zugleich angesehen; Kaiser Ferdinand berief ihn an seinen Hof; er erschien auch bei Philipp. Diesem gab er wirklich einen vorteilhaften Anschlag. Auf seinen Rat kaufte Philipp in Seeland das Privilegium der Salzbereitung von den Inhabern desselben zurück usw.⁴⁰).“

Aber das rechte Zeitalter der Projektenmacherei scheint doch erst das auch auf allen anderen Gebieten so reiche und gesegnete 17. Jahrhundert gewesen zu sein. Ein glücklicher Zufall hat uns eine Quelle aufbewahrt, aus der wir für England ziemlich genau die Zeit bestimmen können, in der die Projektenmacherei jedenfalls ihre größte Ausdehnung gewonnen hat: diese Quelle ist die Schrift Defoes über Projekte (An Essay on Projects), die 1697 erschienen und 1890 von Hugo Fischer unter dem Titel: „Soziale Fragen vor zweihundert Jahren“ ins Deutsche übertragen worden ist.

Darin bezeichnet der wie bekannt außerordentlich kenntnisreiche Verfasser seine Zeit geradezu als das Zeitalter der Projektenmacherei und nennt das Jahr 1680 als den Beginn dieses „Zeitalters“: „um das Jahr 1680 begann die Kunst und das Geheimnis des Projektenmachens in die Welt zu kriechen“ (übersetzt nicht ganz richtig der Deutsche den englischen Text, der heißt: "about the year 1680, the art or mystery of projecting

### Viertes Kapitel: Allerhand Mittel zur Geldbeschaffung

began visibly to creep into the world," da „mystery" hier offenbar die Bedeutung „Handwerk" hat). Er meint damit, daß jedenfalls nie zuvor ein so hoher Grad des Projektmachens und Erfindens erreicht worden sei, „wenigstens was Handelsangelegenheiten und Staatseinrichtungen anbetrifft".

Es wimmelte zu seiner Zeit von solchen Leuten, „welche — abgesehen von den zahllosen Ideen, die während der Geburt sterben und (gleich Fehlgeburten des Gehirns) nur ans Licht kommen, um sich aufzulösen — wirklich täglich neue Künsteleien, Kniffe und Pläne, um Geld zu gewinnen, an die niemand zuvor gedacht hätte, hervorbringen."

An einer anderen Stelle beschreibt er etwas genauer, was man unter einem Projektenmacher verstehe:

Es gibt Leute, die zu schlau sind, um zu wirklichen Verbrechern in ihrer Jagd nach dem Gold zu werden. Diese wenden ihre Gedanken gewissen verborgenen Arten von Kniffen und Betrügereien zu, einem anderen Wege des Diebstahls, der ebenso schlimm, ja sogar schlimmer ist als die anderen, da sie unter schönen Vorwänden ehrliche Leute verleiten, ihr Geld herzugeben und mit ihnen zu gehen, worauf sie hinter den Vorhang eines Zufluchtsortes schlüpfen und der Ehrlichkeit wie dem Gesetze ein Schnippchen schlagen. Andere wenden unter dem Druck der Notwendigkeit ihre Gedanken rechtschaffenen, auf dem Boden der Ehrlichkeit und Unbescholtenheit gegründeten Erfindungen zu. Diese beiden letzten Klassen nenne man Projektenmacher, und da es stets mehr Gänse als Schwäne gibt, so sei die Zahl der zweiten Gruppe weit geringer als die der ersten. ... „Ein bloßer Projektenmacher," fährt Defoe fort, „ist demnach etwas Verächtliches. Durch seine verzweifelte Vermögenslage so in die Enge getrieben, daß er nur durch ein Wunder befreit werden kann oder umkommen muß, zermartert er sein Gehirn nach solch einem Wunder vergebens und findet kein anderes

Rettungsmittel als, indem er, einem Puppenspieler gleich, die Puppen hochtrabende Worte reden läßt, dieses oder jenes als etwas noch nicht Dagewesenes hinstellt und als neue Erfindung ausposaunt, sich ein Patent verschafft, es in Aktien teilt und diese verkauft. An Mitteln und Wegen, die neue Idee zu ungeheurer Größe anzuschwellen, fehlt es ihm nicht; Tausende und Hunderttausende sind das geringste, wovon er spricht; manchmal sind es gar Millionen, bis schließlich der Ehrgeiz eines ehrlichen Dummkopfs sich dazu verlocken läßt, sein Geld dafür hinzugeben. Und dann — nascitur ridiculus mus! Dem armen Wagehals bleibt's überlassen, das Projekt fortzuführen, und der Projektenmacher lacht sich ins Fäustchen. Der Taucher soll auf den Grund der Themse gehen, der Salpeterfabrikant soll aus Tom T.. ds Teich Häuser bauen, die Ingenieure bauen Modelle und Windmühlen, um Wasser zu schöpfen" usw. (a. a. O. S. 21).

An einer Stelle seines Werkes macht Defoe die Bemerkung: die Franzosen seien „nicht so fruchtbar an Erfindungen und Auskunftsmitteln" gewesen wie die Engländer. Darin irrt er aber sehr. Im Gegenteil: man ist versucht, zu sagen: das klassische Land der Projektenmacher sei Frankreich, wo um dieselbe Zeit wie in England, sage von Mitte oder Ende des 17. Jahrhunderts bis tief ins 18. hinein, dieselben Vorgänge sich abspielen wie jenseits des Kanals, und vielleicht noch, der Volksveranlagung entsprechend, in etwas temperamentvollerer und dramatischerer Form. Auch und gerade für Frankreich stellen gute Kenner jener Zeitläufte sogar für den Anfang des 17. Jahrhunderts „eine Sucht zu erfinden und sich schnell damit zu bereichern" fest[41]). Die Projektenmacher hießen in Frankreich: »donneurs d'avis«, »brasseurs d'affaires«.

Die donneurs d'avis, erfahren wir[42]), wimmeln auf dem Pariser Pflaster herum (es ist das 17. Jahrhundert gemeint);

### Viertes Kapitel: Allerhand Mittel zur Geldbeschaffung

man sieht sie um 10 Uhr beim Ausgang aus dem Palais auf der Place du Change: dort schwatzen sie ohne Unterbrechung. Die meisten sind Hungerleider, die nicht einmal einen Mantel haben (was sie ohne Gnade deklassiert), wohl aber Glauben. Man begegnet ihnen immer in dem Augenblick, in dem sie irgendeine glänzende Sache ausfindig gemacht haben. Sie schlüpfen in die Vorzimmer, treten die Schwellen der Staatsbeamten ab und pflegen mit den galanten Frauen geheimnisvolle Zwiesprache. Ihr Heute ist bejammernswert: ihr Morgen ist voll von Versprechungen und von Licht. Dieses Morgen wird ihnen die berühmte Million bringen. Sie haben Verstand, mehr Einbildungskraft als Urteilskraft. Oft genug kommen sie mit kindischen, bizarren, grotesken, ungeheuerlichen Ideen, deren Konsequenzen sie jedoch mit mathematischer Genauigkeit entwickeln. Ihr Rat, den sie erteilen (avis), ist die Idee von heute: für die Erteilung des Rates, für den Verkauf ihrer Idee bekommen sie eine Vergütung: den droit d'avis. Manche haben wundervolle Ideen, die sie bereichern (wie z. B. Tonti, der Erfinder der Tontine), andere vegetieren dahin und werden ausgebeutet von solchen, die weniger Phantasie, aber mehr Weltklugheit und mehr Beziehungen haben und wissen, wo das nötige Geld zu finden ist. Ihre Natur wird uns so geschildert: voll Unruhe, voller Spürsinn, immer im Anschlag, mit durchbohrendem Blick, mit scharfen Klauen, immer auf der Jagd nach den Talern. Unter ihnen findet man die verkannten Erfinder, die Romantiker der Tat, die unruhigen und feinorganisierten Gehirne, Bankrotteurs mit einem möglichst düstern Hute auf dem Kopfe, Bohemiens, die aus der Bourgeoisie entwischt sind und nun gern wieder hinein möchten, kühne und auskunftsreiche Leute, die ihr Brot im Rauch der Garküche verzehren, wenn der Gimpel, den man rupfen wollte, sich nicht eingestellt hat, schmutzige Abenteurer, die im Kot auf der

Straße oder in der vergoldeten Haut eines großen Financiers endigen.

Wie verbreitet der Typ des Projektenmachers in dem damaligen Frankreich gewesen sein muß, zeigt uns die Rolle, die ihn Molière in seinen „Facheux" spielen läßt, wo er als einer der ständigen Figuren der Pariser Gesellschaft uns entgegentritt, wie ihn Erafte bezeichnet:

(Leise) »Voici quelque souffleur, de ces gens qui n'ont rien
   »Et vous viennent toujours promettre tant de bien,
(Laut) »Vous avez fait, monsieur, cette bénite pierre
   »Qui peut seule enrichir tous les rois de la terre?«

Nein, antwortete Armin: den Stein der Weisen habe er nicht gefunden, auch könne er keines jener dummen Projekte vorschlagen, von denen die Surintendants die Ohren voll hätten. Nein, sein Projekt sei ganz solide und trage dem König 400 Millionen Franken ein ohne einen Pfennig Steuer. Das Projekt besteht darin — die ganzen Küsten Frankreichs mit guten Häfen zu versehen.

Der Typ des Projektenmachers war in Frankreich am Ende des 18. Jahrhunderts noch immer nicht ausgestorben, wie uns die Beschreibungen des damaligen Paris erkennen lassen [43]).

Auch in anderen Ländern blühte die Projektenmacherei. Um nur noch ein Beispiel anzuführen: am österreichischen Hofe spielte um die Mitte des 18. Jahrhunderts ein gewisser Caratto eine bedeutende Rolle, von dem Stupan bemerkt [44]): „Der Caratto (der am 25. Januar 1765 über einige Kommerzialvorschläge eine Schrift eingereicht hatte) treibt schon durch mehr als vierzig Jahre das Handwerk eines Projektanten; seine Grundsätze sind gut und unwidersprechlich, seine Schlüsse aber übertrieben." Wenn man in die Einzelheiten eingehe, so

### Viertes Kapitel: Allerhand Mittel zur Geldbeschaffung

stoße man auf schwärmerische Ideen. Dieses Generalwortwesen sei an allen Lehrschulen bekannt und verdiene keine Aufmerksamkeit; dem Staate sei nicht mit Worten und Ideen geholfen, sondern Realitäten seien ihm nötig.

Soll ich zum Schlusse noch an Cagliostro erinnern, um allgemein bekannte Vorstellungen zu Hilfe zu rufen, damit man das Wesen jener Projektanten besser begreife? In Cagliostro verflüchtigt sich dieses Wesen freilich zum reinen Abenteurertum und Schwindlertum. Aber der Kern ist doch auch bei diesem seltsamen Menschen, den wir auf der ganzen Welt, in allen Hauptstädten der Erde, an allen Höfen Europas antreffen, der Kern ist doch der Goldmacher und Projektant, der — vor allem mit Hilfe der Frauen, denen in diesem Zusammenhang eine bedeutsame Rolle zugedacht ist — die Großen und Mächtigen mit kühnen, unerhörten Ideen erfüllen will und daneben Lebenstinkturen, Universalessenzen und Schönheitswasser verkauft.

Welche Stellung den Projektenmachern in der Genesis des kapitalistischen Geistes zukommt, liegt ziemlich deutlich zutage: sie sind die Stammväter der Laws, der Pereire, der Lesseps, der Strousbergs, der Saccards, aber auch der Tausend und Abertausend kleinen „Gründer"seelen, mit denen unsere Zeit erfüllt ist. Was ihnen noch fehlte, und was sie zum Teil schon (wie wir an einzelnen Punkten bemerken konnten) selbst zu schaffen suchten, das war der Tätigkeitskreis selbst: die Unternehmung. Sie standen noch draußen, sie waren selbst noch nicht Geschäftsleute, waren selbst noch keine Unternehmer. Die Ideen, die berufen sein sollten, kapitalistisches Wesen zu erzeugen, schwebten gleichsam noch wie leblose Schatten umher und harrten der Stunde ihrer Geburt. Diese konnte erst kommen, nachdem sich die Idee der Unternehmung mit ihnen verbunden hatte, wie das später ausführlich darzustellen sein wird.

Vorher müssen wir noch einige andere vor- und außerkapitalistische Praktiken zur Geldbeschaffung kennen lernen, die ebenfalls zur Ausbildung des kapitalistischen Wesens Erhebliches beigetragen haben. Ich meine

#### 4. den Erwerb durch Geldmittel

Wer schon Geldmittel besaß, war in einer besonderen Lage. Er brauchte weder zu rauben, noch seine Zuflucht zu Zaubermitteln zu nehmen. Ihm boten sich verschiedene Gelegenheiten, mit Hilfe seines Geldes sein Geld zu mehren: dem Kalten bot sich als solche Gelegenheit die Geldleihe, dem Heißen das Spiel. Immer, ohne daß er sich mit anderen Genossen zu gemeinsamem Vorgehen zu verbinden brauchte, indem er vielmehr daheim in seiner einsamen Klause sitzen blieb: der eigene und alleinige Schmied seines Glücks. Welche überragend große Bedeutung die private Geldleihe während des ganzen Mittelalters bis in unsere Zeit gehabt hat, weiß heute jedermann, nachdem ich in meinem „Modernen Kapitalismus" die Aufmerksamkeit darauf gelenkt habe.

Ich brauche deshalb auch über ihre Verbreitung hier nichts zu sagen. Bemerken will ich nur einstweilen flüchtig, um es später eingehender zu begründen, daß ihr Anteil an der Herausbildung des kapitalistischen Geistes ein doppelter ist: 1. wirkt sie in der menschlichen Psyche derer, die sie berufsmäßig betreiben, eigentümliche Züge aus, die für die Bildung des kapitalistischen Geistes eine große Bedeutung gehabt haben, wodurch sie indirekt bei dessen Entwicklung mitgewirkt hat; 2. bietet sie einen der Anknüpfungspunkte für die Entstehung der kapitalistischen Unternehmung und hilft also unmittelbar dem Unternehmungsgeist zum Dasein.

Das ist besonders deutlich dort, wo mittels der Geldleihe Produktivkredit gegeben wird. In solchen Fällen streift die

## Viertes Kapitel: Allerhand Mittel zur Geldbeschaffung

Geldleihe schon ganz dicht an die kapitalistische Unternehmung, die sie fast aus sich heraus erzeugt. Es entsteht so aus ihr die Verlagsunternehmung, in der, wie wir sehen werden, ein ganz eigentümlicher Geist zur Entfaltung kommt.

Nicht minder hat die Spielwut bei der Entstehung des kapitalistischen Geistes erheblich mitgewirkt. Freilich das Würfel- und Kartenspiel lenkte eher von der Bahn ab, auf der dieser zur Entfaltung gekommen ist. Auch das seit Ende des 17. Jahrhunderts rasch in Aufnahme kommende Lotteriespiel[45]) förderte seine Ausbildung kaum. Wohl aber bildete ein wichtiges Glied in seiner Entwicklung das Börsenspiel, das im 17. Jahrhundert seine erste Blütezeit erlebt, um dann im Anfang des 18. Jahrhunderts zu voller Entfaltung zu kommen. Nicht als sei das Börsenspiel in irgendwelchem Sinne selbst eine Betätigung kapitalistischen Geistes, wie man wohl geglaubt hat. Es hat mit der eigentlichen wirtschaftlichen Tätigkeit so wenig etwas zu tun wie das Karten- oder das Lotteriespiel. Es hat aber auf Umwegen, wie wir sehen werden, Einfluß auf die Ausbildung des kapitalistischen Geistes gehabt.

Es wird nötig sein, daß wir uns einige Kenntnisse von den eigentümlichen psychischen Vorgängen verschaffen, die wir beim Börsenspiel beobachten, und zu diesem Behufe schildere ich kurz[46]) die Tulpenmanie in den Niederlanden, weil sie in klassischer Reinheit schon alle Züge aufweist, die in allen späteren Schwindelperioden nur in vergrößertem Maßstabe wiederkehren.

Im Jahre 1554 hatte der Naturforscher Busbeck die Tulpe von Adrianopel aus nach dem abendländischen Europa gebracht. In den Niederlanden, wo sie sich ebenfalls eingebürgert hatte, entstand in den 1630er Jahren zu der neuen Pflanze (aus unbekannten Ursachen) plötzlich eine leidenschaftliche Liebe. Jedermann suchte sich in den Besitz von Tulpenzwiebeln zu setzen.

Bald aber nicht mehr, um sie zu besitzen, sondern um durch vorteilhaften Verkauf sich an ihr zu bereichern. Das bot Anlaß zu einem wohlorganisierten Börsenhandel, an dem bald alle Kreise der Bevölkerung teilnahmen. In einer alten Schrift (de opkomst en ondergang van Flora, Amsterdam 1643) heißt es: Edelleute, Kaufleute, Handwerker, Schiffer, Bauern, Torfträger, Schornsteinfeger, Knechte, Mägde, Trödelweiber, alles war von der gleichen Sucht befallen. In allen Städten waren Wirtshäuser gewählt, welche die Börse vertraten, wo Vornehme und Geringe um Blumen handelten. Im Jahre 1634 waren (nach John Francis) die Hauptstädte der Niederlande in einen Schacher verwickelt, der den soliden Handel ruinierte, indem er das Spiel aufmunterte, der die Lüsternheit des Reichen wie die Begierde des Armen verlockte, der den Preis einer Blume höher als ihr Gewicht in Gold steigerte, und der endigte, wie alle solche Perioden geendigt haben, in Elend und wilder Verzweiflung. Viele wurden zugrunde gerichtet und wenige bereichert; und Tulpen waren 1634 so eifrig gesucht wie 1844 Eisenbahnaktien. Die Spekulation wurde bereits damals nach ähnlichen Prinzipien geleitet. Geschäfte wurden abgeschlossen auf die Lieferung gewisser Tulpenzwiebeln, und wenn, wie ein Fall vorkam, nur zwei Stück auf dem Markte waren, so wurden Herrschaft und Land, Pferde, Ochsen, Hab und Gut verkauft, um die Differenz zu zahlen. Kontrakte wurden abgeschlossen und Tausende von Gulden für Tulpen bezahlt, welche weder die Makler, noch Käufer oder Verkäufer gesehen hatten. Für einige Zeit gewannen, wie gewöhnlich in solchen Perioden, alle und keiner verlor. Arme Personen wurden reich. Hoch und niedrig handelte in Blumen. Die Notare bereicherten sich; und selbst der nüchterne Holländer träumte ein dauerhaftes Glück vor sich zu sehen. Leute der verschiedensten Berufe versilberten ihr Eigentum. Häuser und

Gerätschaften wurden zu Schleuderpreisen ausgeboten. Das Land gab sich der trügerischen Hoffnung hin, daß die Leidenschaft für Tulpen immer andauern könnte; und als man erfuhr, daß auch das Ausland von dem Fieber ergriffen wurde, so glaubte man, daß der Reichtum der Welt sich an den Ufern des Zuyderſees konzentrieren und daß die Armut in Zukunft zur Sage in Holland werden würde. Daß man ernsthaft diesen Glauben hegte, beweisen die Preise, die bezahlt wurden: Güter im Werte von 2500 fl. wurden für das Exemplar einer Spezies gegeben; für eine andere Spezies wurden 2000 fl. geboten, für eine dritte ein neuer Wagen, zwei Schimmel samt Geschirr bezahlt. Vierhundert Aß ($1/20$ g) von der Tulpenzwiebel, genannt Admiral Lieffen, kosteten 4400 fl.; 446 Aß vom Admiral von der Eyck 1620 fl.; 1600 Aß Schilder 1615 fl.; 410 Aß Viceroy 3000 fl.; 200 Aß Semper Augustus 5500 fl. usw. Die Stadtregister von Alkmar bezeugen, daß 1637 hundertundzwanzig Tulpenzwiebeln zum Nutzen des Waisenhauses öffentlich für 90000 fl. verkauft worden sind. Während ein paar Jahren wurden in einer einzigen Stadt von Holland für mehr als 10 Millionen fl. Tulpen umgesetzt.

Im Jahre 1637 trat der plötzliche Umschwung ein. Das Vertrauen verschwand; Kontrakte wurden gebrochen; Pfändungen waren an der Tagesordnung. „Die Träume von unermeßlichem Reichtum waren verschwunden, und diejenigen, die sich eine Woche vorher noch des Besitzes von ein paar Tulpen erfreut hatten, deren Realisierung ihnen ein fürstliches Vermögen eingebracht haben würde, blickten traurig und verblüfft auf die erbärmlichen Knollen hin, die vor ihnen lagen und, wertlos in sich selbst, zu keinem Preise mehr zu verkaufen waren."

Die Tulpenmanie in Holland ist ganz besonders lehrreich. Nicht nur weil sie der erste dieser Spekulationsschwindel größeren Stils ist; sondern auch wegen des Gegenstandes, auf den sich die Spielwut bezog. Später wurde zum Gegenstande der Regel nach die Aktie. So vor allem bald nach jener Zeit in den beiden größten Spekulationsfiebern, die die Menschheit bisher überhaupt durchlebt hat: bei der Gründung der Lawschen Bank in Frankreich und der Südsee-Gesellschaft in England (1719 bis 1721). Will man sich aber vergegenwärtigen, um was es sich bei derartigen Spielepidemien handelt, so muß man gerade von der Beziehung auf die Aktie absehen.

Die Aktie begründet ja ein Anrecht auf einen Anteil an dem Ertrage eines Unternehmens. Und es könnte leicht den Anschein erwecken, als sei es der aus diesem Unternehmen erhoffte Gewinn, der die Preise in die Höhe treibt. Dieser ist aber doch nur ein äußerer Anstoß mehr, sein Interesse dem Papiere zuzuwenden, während die eigentliche Stoßkraft von dem schließlich ganz instinktiv wirkenden Spieltriebe ausgeht. Die geringste Überlegung würde in den Zeiten der Hausse-Bewegung lehren, daß die Preise der Aktien in gar keinem Verhältnis mehr zu einem noch so phantastischen Gewinne stehen. Beispiel:

Am 30. September 1719 wurde eine statutenmäßige Generalversammlung der Lawschen Bank abgehalten. Man hatte früher eine Dividende von 12 % vom Nominalkapital versprochen. Das hätte bei dem damaligen Stand der Aktien nur $^1/_2$ % auf das effektive Kapital ergeben. Law mußte natürlich befürchten, daß das Bekanntwerden dieser Ziffern seinen ganzen Bau zu Fall bringen könnte. Er versprach deshalb 40 % (die schon ganz imaginär waren). Aber auch diese 40 % hätten das effektive Kapital nur mit $1^2/_8$ % verzinst!

Und was war die Folge dieser Festsetzungen und Feststellungen? Etwa eine Ernüchterung des Publikums? Keineswegs. Gerade nach dieser Generalversammlung begann der Kurs der Aktien erst recht zu steigen und erreichte acht Tage nachher seinen höchsten Stand von 18000.

### Viertes Kapitel: Allerhand Mittel zur Geldbeschaffung

Nein. Wir haben es in solchen Vorgängen mit einer deutlichen Massenpsychose zu tun: die Menschen werden plötzlich von einem Fieber, einem Rausch, einer Sucht ergriffen, die alle vernünftige Überlegung ausschließt. Durch gegenseitige Suggestion wird irgendein beliebiger Gegenstand (wie es eben in klassischer Form die Tulpe aufweist) mit übertriebenen Wertvorstellungen umhüllt und damit geeignet gemacht, im Preise getrieben zu werden. Diese Preissteigerung ist dann das eigentliche Reizmittel, das die Spielleidenschaft auslöst. Diese wird dann so mächtig, daß sie schließlich den ursprünglichen Antrieb, das Ganze in Szene zu setzen, nämlich die Gewinnsucht, an Stärke übertrifft und allein noch die Gemüter in Bewegung erhält.

An und für sich hat also das Börsenspiel oder richtiger: hat die an der Börse (oder in börsenmäßiger Form) sich bewegende Spielwut, mag sie sich in solchen stürmischen Preistreibereien äußern, wie sie mit der Hausse eines Favoriten von Zeit zu Zeit elementar in die Erscheinung tritt, mag sie sich in stille Alltagsspielchen einkleiden, mit der Herausbildung des kapitalistischen Geistes so wenig zu tun, oder stellt sie so wenig eine Emanation dieses Geistes dar, wie irgendeine verschwiegene Poker- oder Bakkarat-Partie am grünen Tische. Das Wirtschaftsleben, das doch vom kapitalistischen Geiste beseelt werden soll, stirbt unter dem Einwirken solcher Spielwut im Gegenteil ab. Es ist eine allgemein festgestellte Tatsache, daß namentlich in früherer Zeit, gerade in den großen Spielperioden des 17. und 18. Jahrhunderts Handel und Wandel Schaden litten, weil die Träger des Wirtschaftslebens, statt sich um ihre Geschäfte zu kümmern, in den Kneipen saßen, um über das Schicksal der Spielobjekte sich zu unterhalten oder Abschlüsse in den begehrten Aktien zu machen.

Was diese eigenartigen Äußerungen des Gewinnstrebens

gleichwohl in die bereits bejahte Beziehung zu der Entwicklung des kapitalistischen Geistes bringt, ist folgendes:

1. wurde die Spielwut in der Form des Börsenspiels schließlich doch in den Unternehmungsgeist (der einen Bestandteil des kapitalistischen Geistes bildet) gleichsam hineinverarbeitet. Indem die Leidenschaft zum Spielen und die Freude am Spielgewinn an solchen Bestrebungen zur Betätigung kamen, die kapitalistisches Wesen verkörpern sollten; indem man die wild um sich schlagende Spielsucht gleichsam in die Richtung der kapitalistischen Unternehmung hineindrängte; sie gleichsam auf die Schienen der kapitalistischen Interessen schob. Im Grunde ist in jeder modernen Spekulationsunternehmung (wie wir noch genauer sehen werden) ein gut Teil Spielerwut und Spielerleidenschaft gebunden und wirksam. Und der Kontakt zwischen Gründern und Aktienkäufern, der ja notwendig ist, damit Unternehmungen bestimmter Art zustande kommen, wird doch nicht zuletzt durch eine oft genug unbewußte und uneingestandene gemeinsame Hinneigung zur Leidenschaft des Spielens hergestellt.

2. Hat die Entwicklung des Börsenspiels rein äußerlich dazu beigetragen, daß andere Geisteskräfte, die stark am Aufbau des kapitalistischen Geistes beteiligt gewesen sind, überhaupt zur vollen Entfaltung haben kommen können. Ich meine die schon erwähnte Vorliebe zur Projektenmacherei, die gegen das Ende des 17. Jahrhunderts in ganz Europa verbreitet war und unmittelbaren Anlaß zur Begründung zahlreicher kapitalistischer Unternehmungen geboten hat.

Diese Projektenmacherei hätte aber nicht annähernd die Wirkung ausüben können, wenn sie nicht mit dem um dieselbe Zeit auftauchenden Börsenspiel zusammengekoppelt worden wäre. Dieses bot nicht nur die äußeren Formen dar, in denen die Projekte die Wirklichkeit zu durchdringen vermochten: es machte auch die Geister empfänglich, die Anregungen in sich auf-

### Viertes Kapitel: Allerhand Mittel zur Geldbeschaffung

zunehmen, die von den Projektenmachern ausgingen. Wir sind so glücklich, diese aus allgemeinen Erwägungen und Beobachtungen gewonnenen Einsichten wiederum bestätigt zu hören von einem der besten Sachkenner der damaligen Zeit: D. Defoe, der sich auch über diese Zusammenhänge und zwar wie folgt ausläßt:

Ende des 17. Jahrhunderts, meint er (und die Richtigkeit dieser Annahme wird auch durch andere Zeugnisse bestätigt: es ist die Zeit, in der die holländischen Juden von der Londoner Börse Besitz ergreifen) [47]), habe in England der Effektenhandel (stock-jobbing) angefangen, sich zu entwickeln. „Er bestand anfangs aus den einfachen und gelegentlichen Übertragungen von Zinsen und Aktien von einem auf den andern. Aber durch die Emsigkeit der Börsenmakler, welche das Geschäft in die Hand bekamen (eben die Juden), wurde es ein Handel und zwar einer, der vielleicht mit den größten Intrigen, Listen und Ränken betrieben wurde, die nur je unter der Maske der Ehrlichkeit zu erscheinen wagten. Denn während die Makler die Würfelbecher in der Hand hielten, machten sie die ganze Börse zu Spielern, setzten die Preise der Aktien nach ihrem Belieben herauf und herab und hatten dabei stets Käufer sowohl wie Verkäufer in Bereitschaft, welche ihr Geld der feilen Zunge der Makler anvertrauten. Nachdem dieser plötzlich in die Höhe geschossene Handel die Süßigkeit des Erfolges genossen, welcher im allgemeinen etwas Neues zu begleiten pflegt, entspringt aus ihm wiederum der außergesetzliche vielseitige Gegenstand, von dem ich spreche (sc. Projekte) als geeignetes Werkzeug, um den Börsenschwindlern Arbeit zu verschaffen. **So zog der Börsenschacher das Projektmachen groß**, und dieses hat dafür sehr angelegentlich für seinen Milchbruder gekuppelt, bis schließlich beide zu Ärgernis erregender Landplage geworden sind" [48]).

Damit haben wir aber mit der Darstellung schon hinübergegriffen in andere Entwicklungsreihen, die wir selbst nun erst wieder aus ihren Anfängen heraus verfolgen müssen: ich meine die Entstehung der Unternehmung, die in den folgenden Kapiteln geschildert werden soll. Denn bis hierher steckte in all den Bestrebungen zur Geldbeschaffung noch nichts Unternehmungsmäßiges. Alle wurden von dem einzelnen auf eigene Faust unternommen, wie wir festgestellt haben. Die wichtige und entscheidende Tatsache ist nun die, daß die Geldsucht sich mit der Unternehmung verbindet, aus welcher Verbindung dann recht eigentlich erst der kapitalistische Unternehmungsgeist erwächst.

## Fünftes Kapitel: Das Wesen des Unternehmungsgeistes [48a]

Unternehmung (im weitesten Sinne) nennen wir: jede Verwirklichung eines weitsichtigen Planes, zu dessen Durchführung es des andauernden Zusammenwirkens mehrerer Personen unter einem einheitlichen Willen bedarf.

"Eines weitsichtigen Planes": das schließt triebhafte, plötzliche Eingebungen aus. Es bildet nicht Gegenstand einer "Unternehmung", wenn ein paar Strolche sich rasch verabreden, einen eben vorbeigegangenen Wandrer auszuplündern, wohl aber der Plan einer Diebesgesellschaft, an dem und dem Tage einen wohlüberlegten Einbruch auszuführen, noch mehr: der Plan derselben Diebesgesellschaft, sich zur Durchführung zahlreicher Einbruchsdiebstähle zusammenzufinden.

Einer "Verwirklichung" des Planes bedarf es: es genügt also nicht, daß die Idee des Planes konzipiert, auch nicht, daß seine Ausführung bereits beschlossen und beraten ist.

Damit eine Unternehmung zustande komme, muß der Plan derart sein, daß es "zu seiner Durchführung des dauernden Zusammenwirkens mehrerer Personen bedarf". Eine Unternehmung ist also nicht die Verwirklichung eines noch so weitausschauenden Planes, wenn nur einer ihn ausführt. Deshalb scheidet alles künstlerisch sowie alles rein handwerkliche Schaffen aus.

Die Durchführung des Planes muß unter einem einheitlichen Willen stehen, der sich immerhin in mehreren Personen verkörpern kann oder auch nur eine gedachte Einheit zu sein braucht. Ein gemeinsam geplanter und ausgeführter Spaziergang ist keine Unternehmung; eine Afrikaexpedition oder eine Cooksche oder Stangensche Reise ist es.

Das Gebiet der Unternehmung ist so weit wie das Feld der menschlichen Tätigkeit überhaupt. Der Begriff ist also keineswegs auf das Wirtschaftliche beschränkt. Die wirtschaftliche Unternehmung ist vielmehr eine Unterart der Unternehmung überhaupt, die kapitalistische Unternehmung eine Unterart der wirtschaftlichen Unternehmung.

Unternehmungsgeist können wir den Inbegriff aller seelischen Eigenschaften nennen, die zur erfolgreichen Durchführung einer Unternehmung notwendig sind. Sie sind unterschieden einerseits, sofern sehr unterschiedliche Funktionen von einem Unternehmer ausgeübt werden müssen. Sie sind größenverschieden anderseits, sofern die Aufgabe, die ein Unternehmer zu bewältigen hat, nach Umfang und Schwierigkeit der Unternehmung außerordentlich an Mächtigkeit voneinander abweichen. Immer aber muß der Unternehmer, wenn er Erfolg haben will, ein dreifacher sein: Eroberer — Organisator — Händler.

### 1. Der Eroberer

Die seelischen Eigenschaften, die bei der Durchführung einer Unternehmung erheischt werden, sind vornehmlich folgende:

a) die Fähigkeit, Pläne zu entwerfen; also ein gewisser Ideenreichtum; ein bestimmtes Maß **geistiger Freiheit** müssen dem Unternehmer eigen sein.

b) Der Trieb zur Verwirklichung des Planes, der Wille zur Tat müssen vorhanden sein. Das unterscheidet den Erfinderunternehmer vom „reinen" Erfinder, dem es genügt, seine Erfindung gemacht zu haben. Den Unternehmer treibt es, seiner (oder auch eines andern) Erfindung in tausendfältiger Gestalt Leben zu verleihen. Er ist besessen von der fixen Idee, seinen Plan zur Ausführung zu bringen. **Geistige Tatkraft** muß er besitzen.

c) Es muß die Fähigkeit zur Durchführung des Planes vorhanden sein.

Zu dieser gehören zunächst die nötige Zähigkeit und

Beharrlichkeit, die nicht von der Verfolgung des Zieles ablassen. Der rechte Unternehmer — der Eroberer! — muß die Entschlossenheit und die Kraft besitzen, alle Hindernisse, die sich ihm in den Weg stellen, niederzukämpfen. Ein Eroberer aber muß er sein auch in dem Sinne eines Mannes, der viel zu wagen die Kraft hat. Der alles einsetzt, um für sein Unternehmen Großes zu gewinnen. Dieser Wagemut macht ihn dem Spieler verwandt. Zu dem allen gehören geistige Elastizität, geistige Energie, Spannkraft, Stetigkeit des Willens.

## 2. Der Organisator

Da das Werk, das der Unternehmer vollbringt, stets ein Werk ist, bei dem andere Menschen mithelfen, da also andere Menschen seinem Willen dienstbar zu machen sind, damit sie mit ihm zusammen wirken, so muß der Unternehmer vor allem auch ein guter Organisator sein.

Organisieren heißt: viele Menschen zu einem glücklichen, erfolgreichen Schaffen zusammenfügen; heißt Menschen und Dinge so disponieren, daß die gewünschte Nutzwirkung uneingeschränkt zutage tritt. Darin ist wieder ein sehr mannigfaches Vermögen und Handeln eingeschlossen. Zum ersten muß, wer organisieren will, die Fähigkeit besitzen, Menschen auf ihre Leistungsfähigkeit hin zu beurteilen, die zu einem bestimmten Zweck geeigneten Menschen also aus einem großen Haufen herauszufinden. Dann muß er das Talent haben, sie statt seiner arbeiten zu lassen und zwar so, daß jeder an der richtigen Stelle steht, wo er das Maximum von Leistung vollbringt, und alle immer so anzutreiben, daß sie die ihrer Leistungsfähigkeit entsprechende Höchstsumme von Tätigkeit auch wirklich entfalten. Endlich liegt es dem Unternehmer ob, dafür Sorge zu tragen, daß die zu gemeinsamer Wirksamkeit vereinigten Menschen auch zu einem leistungsfähigen Ganzen zusammengefügt werden, daß das

Nebeneinander und das Über- und Untereinander der einzelnen Teilnehmer an dem Werke wohlgeordnet sei, und daß ihre Tätigkeiten nacheinander richtig ineinandergreifen: „Sammlung der Kräfte im Raum"; „Vereinigung der Kräfte in der Zeit", wie es Clausewitz vom Feldherrn verlangt.

### 3. Der Händler

Die Beziehungen, die der Unternehmer mit Menschen eingeht, sind noch anderer Art, als sie mit dem Worte „organisieren" bezeichnet werden. Er hat seine Leute selbst erst anzuwerben; er hat dann unausgesetzt fremde Menschen seinen Zwecken dienstbar zu machen, indem er sie zu gewissen Handlungen oder Unterlassungen anders als durch Zwangsmittel anhält: der Leiter einer Expedition will sich freien Durchzug durch ein Gebiet verschaffen; er will sich und seine Begleiter mit Lebensmitteln versorgen; ein kapitalistischer Unternehmer will seine Erzeugnisse verwerten; ein Staatsmann will einen Handelsvertrag abschließen usw. Zu diesem Behufe muß er „verhandeln": Zwiesprache halten mit einem andern, um ihn durch Beibringung von Gründen und Widerlegung seiner Gegengründe zur Annahme eines bestimmten Vorschlags, zur Ausführung oder Unterlassung einer bestimmten Handlung zu bewegen. Verhandeln heißt ein Ringkampf mit geistigen Waffen.

Der Unternehmer muß also auch ein guter Verhandler, Unterhändler, Händler sein, wie wir denselben Vorgang in verschiedener Nuancierung ausdrücken[49]). Der Händler im engeren Sinne, das heißt der Verhandler in wirtschaftlichen Angelegenheiten, ist nur eine der vielen Erscheinungen, in denen der Verhandler auftritt. Da jedoch diese Form des Verhandelns: das „Handeltreiben", in unserer Problemstellung vor allem uns interessiert, so sei noch einiges zu seiner Kennzeichnung hinzugefügt, wobei zu beachten ist, daß hier mit dem Wort

"Händler" oder "Handeltreiber" nicht eine besondere Berufstätigkeit: die Bewirkung des Warenaustausches, sondern eine im Umkreis der Unternehmertätigkeit an vielen Stellen ausgeübte Funktion bezeichnet werden soll.

Handel treiben in diesem besonderen Sinne heißt also wegen Kaufs oder Verkaufs einer Ware (Aktie, Unternehmung, Anleihe) verhandeln. Handel treibt (immer in diesem spezifischen Verstande) der kleine Hausierer, der mit der Köchin um die Überlassung eines Hasenfelles "feilscht", oder der Altkleiderjude, der wegen Verkaufs einer Hose eine Stunde auf den Fuhrmann vom Lande einredet; aber auch der Nathan Rothschild, der in seiner viele Tage währenden Konferenz mit dem preußischen "Unterhändler" unter besonders komplizierten Verhältnissen eine Millionenanleihe abschließt; oder die Vertreter der Standard Oil company, die mit den Eisenbahngesellschaften der ganzen Union wegen eines Generalabkommens zur Regelung der Tarife sich bereden; oder Carnegie und seine Mannen, wenn sie mit J. Pierpont Morgan und seinen Leuten die Übernahme der Carnegiewerke um einen Milliardenpreis besprechen: "it was the most masterly piece of diplomacy in the history of American industry," bemerkt der Geschichtsschreiber der U. S. Steel Corporation zu dem Berichte über diesen Vorgang. Das sind rein quantitative Unterschiede, die hier hervortreten: der Kern der Sache ist derselbe: die Seele alles (modernen) "Handels" ist die Verhandlung, die nun ganz gewiß nicht immer mündlich Auge in Auge zu erfolgen braucht. Sie kann auch stillschweigend sich vollziehen: indem der Verkäufer beispielsweise durch allerhand Kunstgriffe einem p. t. Publico die Vorzüge seiner Ware dermaßen plausibel macht, daß dieses sich genötigt sieht, die Ware bei ihm zu kaufen. Reklame heißen derartige Kunstgriffe. Hier könnte man — in Anlehnung an Vorgänge in der Kindheit des Warenaustausches — von einem "stummen

Tauschhandel" sprechen, wenn anders man Anpreisungen in Wort und Bild als stumme bezeichnen will.

Immer handelt es sich darum, Käufer (oder Verkäufer) von der Vorteilhaftigkeit des Vertragsabschlusses zu überzeugen. Das Ideal des Verkäufers ist dann erreicht, wenn die ganze Bevölkerung nichts mehr für wichtiger erachtet als den von ihm gerade angepriesenen Artikel einzukaufen. Wenn sich der Menschenmassen eine Panik bemächtigt, nicht rechtzeitig mehr zum Erwerb zu kommen (wie es der Fall ist in Zeiten fieberhafter Erregung auf dem Effektenmarkte).

Großen Absatz haben heißt: daß die Interessen, die ein Geschäftsmann erregt und sich dienstbar macht, entweder sehr starke oder sehr allgemeine sein müssen. „Wer eine Million umzusetzen wünscht, muß tausend Menschen zu dem schweren Entschluß zwingen, je tausend Mark bei ihm gegen Ware einzutauschen, oder er muß seinen Einfluß so stark über die Menge verbreiten, daß hunderttausend Menschen sich gedrängt fühlen, mit ihm um zehn Mark zu handeln. Freiwillig — besser: aus freien Stücken (W. S.) — suchen ihn weder die Tausend noch die Hunderttausend auf, denn sie alle empfinden längst andere Bedürfnisse der Anschaffung, die zurückgedrängt werden müssen(?), wenn der neue Geschäftsmann reüssieren soll." (W. Rathenau.)

Interesse erregen, Vertrauen erwerben, die Kauflust wecken: in dieser Klimax stellt sich die Wirksamkeit des glücklichen Händlers dar. Womit das erreicht wird, bleibt sich gleich. Genug, daß es keine äußeren, sondern nur innere Zwangsmittel sind, daß der Gegenpart nicht wider Willen, sondern aus eigenem Entschlusse den Pakt eingeht. Suggestion muß die Wirkung des Händlers sein. Der inneren Zwangsmittel aber gibt es viele.

Eines der wirksamsten besteht in der Erweckung der Vorstellung, daß der sofortige Abschluß des Geschäftes besondere

## Fünftes Kapitel: Das Wesen des Unternehmungsgeistes

Vorteile gewähre. "Es sieht nach Schneewetter aus, Knaben — sagten die Finnen(!) — denn sie hatten Aanderer (eine Art von Schneeschuhen) zu verkaufen," heißt es in der Magnus-Barford-Sage (1006 n. Chr.). Das ist das Urbild aller Händler, der hier spricht und die Aufforderung an die norwegischen Knaben, Schneeschuhe zu kaufen, ist das Prototyp der Reklame: dieser Waffe, mit der heute der Händler kämpft, der nicht mehr auf festen Burgen thront, wie sein Vorgänger in Genua zur Zeit Benjamins von Tudela, der aber auch nicht mehr mit Kanonen die Wohnplätze der Eingeborenen niederschießen kann, wenn sie sich weigern, mit ihm "Handel zu treiben", wie etwa der Ostindienfahrer des 17. Jahrhunderts, von dem wir noch hören werden.

Da jedes Unternehmen in seinem Verlaufe von Zufälligkeiten abhängt, die nicht im Vorhinein bedacht sein können, so ist eine wesentliche Eigenschaft notwendig, die jeder Unternehmer besitzen muß, die Geistesgegenwart und die Fähigkeit, das Richtige zu treffen, das dem erstrebten Erfolge am besten dient. Coup d'œil hat Friedrich der Große diese Eigenschaft genannt, die er als notwendig bei jedem Feldherrn (der im erwähnten Sinne ein Unternehmer ist) bezeichnete. Dieser Gabe, eine Wahrheit schnell zu treffen, muß die Fähigkeit entsprechen, das als richtig Erkannte auch sofort zu tun oder anzuordnen: Entschlossenheit.

Der klassische Unternehmer ist der alte Faust:

"... im Innern wohnet helles Licht;
Was ich gedacht, ich eil' es zu vollbringen;
Des Herren Wort, es gibt allein Gewicht.
Vom Lager auf, ihr Knechte! Mann für Mann!
Laßt glücklich schauen, was ich kühn ersann!
Ergreift das Werkzeug, Schaufel rührt und Spaten!
Das Abgesteckte muß sogleich geraten.

Auf strenges Ordnen, raschen Fleiß
Erfolgt der allerschönste Preis;
Daß sich das größte Werk vollende,
Genügt ein Geist für tausend Hände."

Das spricht den tiefsten Sinn der Unternehmung aus.

## Sechstes Kapitel: Die Anfänge der Unternehmung

An welchen Stellen hat sich nun dieser Unternehmungsgeist zuerst betätigt? Welches sind die ersten Unternehmungen?

Ich sehe in der europäischen Geschichte vier Grundformen unternehmenshafter Organisation, die dann für alle spätere Entwicklung entscheidend geworden sind:

1. den Kriegszug;
2. die Grundherrschaft;
3. den Staat;
4. die Kirche.

Es ist hier nun gewiß nicht der Ort, diese vier Organisationen auch nur von ferne in ihrer komplexen Wesenheit zu schildern. Weder kann es sich darum handeln, ihre Geschichte zu schreiben noch auch nur darum, die Eigenart ihrer Struktur aufzuzeigen. (Soweit das für das Verständnis der wirtschaftlichen Gesamtentwicklung nötig ist, unterziehe ich mich der Aufgabe in der Neubearbeitung meines Modernen Kapitalismus.) Hier will ich nur mit ein paar Worten das Augenmerk des Lesers auf die grundsätzlichen Zusammenhänge hinlenken, die zwischen den genannten Organisationen und der Idee der Unternehmung obwalten.

### 1. Der Kriegszug

In kriegerischen „Unternehmungen" — das Wort fließt unwillkürlich in die Feder, weil es den Sinn am besten trifft — haben wir wohl die frühesten Formen der Unternehmung überhaupt zu erblicken; die frühesten schon deshalb, weil sie für alle andere Form die notwendige Voraussetzung bildet.

Eine kriegerische Unternehmung liegt dann vor, wenn ein einzelner (oder allenfalls eine kleine Gruppe einzelner) nach einem wohldurchdachten Plane einen Kriegszug ausführt, indem er sich zu diesem Behufe die notwendige Anzahl Streiter auswählt und dem Zweck entsprechend leitet. Ich würde nicht von einer kriegerischen Unternehmung sprechen, wenn sich die germanischen Stämme zur Abwehr der Römer verbinden, wohl aber ist der einzelne Raubzug, zumal wenn er über See ausgeführt wird, eine Unternehmung, die uns (das Wesentliche!) als die Emanation einer planenden und überlegenden Vernunft erscheint und einem persönlichen Unternehmungsgeist ihre Entstehung verdankt. Beowulf „unternimmt" den Zug zur Befreiung Rudigars:

> „Da hörte daheim des Hugileich Held
> Bei den Gauten, der Gute, von Grindels Taten;
> Der Mann war der Menschen mächtigster Sproß,
> Die je dieses Lebens Licht überstrahlte,
> So hehr und edel. Nun hieß er ein Meerschiff
> Reichlich rüsten und redete also:
> Er wolle durchschwimmen den Weg der Schwanen
> Zum hohen Herrscher, der Helden bedurfte.
> Zum Wege gewann er sich waghals'ge Männer,
> Die weidlich ihn lobten; wie lieb er ihm selbst war,
> Sie hetzten ihn noch durch Heilzeichen Kunde.
> So war er gegangen aus wehrlichen Gauten,
> Sich Kämpen zu kiesen, die Kühnsten von allen
> So viele er fand. Der Fünfzehnte selber
> Bestieg er sein Meerschiff."

Da haben wir den klassisch-reinen Typ einer kriegerischen Unternehmung, die sogar auch von aller Gewinnabsicht frei ist, vor uns. Notwendige Voraussetzung für sie ist, wie aus dem Gesagten hervorgeht, daß das „Heldenzeitalter" in der Entwicklung eines Volkes bereits angebrochen sei, das heißt, daß sich starke „unternehmungs"-lustige Männer aus der großen Masse der Indolenten bereits abgesondert haben, die nun imstande sind, den anderen ihren Willen aufzuzwingen. Denn

## Sechstes Kapitel: Die Anfänge der Unternehmung

diese Differenzierung zwischen Führer und Geführten, zwischen Leiter und Gefolgschaft, zwischen Subjekt und Objekt, zwischen Geist und Körper macht jeder Unternehmung Lebenselement aus.

Der Kriegszug bleibt so lange eine Unternehmung, als er diese höchstpersönliche Note behält, die am liebsten sich mit abenteuerlichem Geiste umhüllt. Die vollendeten Typen kriegerischer Unternehmer sind darum die seit dem Mittelalter aufkommenden Söldnerführer. Nicht etwa wegen des erwerbsmäßigen Charakters, den damit die Kriegführung annimmt (der würde ihr vielmehr die kapitalistische Nuance verleihen), sondern wegen der bis zum Äußersten ausgebildeten Individualisierung der einzelnen Heereskörper und der bis zum höchsten gesteigerten Führergewalt der Feldherren. Als Frevler, meint mit gutem Rechte Burckhardt, voller Hohn gegen das Heilige, voller Grausamkeit und Verrat gegen die Menschen, lernen wir manche von ihnen kennen.... „Zugleich aber entwickelt sich in manchen die Persönlichkeit, das Talent, bis zur höchsten Virtuosität und wird auch in diesem Sinne von den Soldaten anerkannt und bewundert; es sind die ersten Armeen der neueren Geschichte, in denen der persönliche Kredit des Anführers ohne weitere Nebengedanken die bewegende Kraft ist. Glänzend zeigt sich das z. B. im Leben des Francesco Sforza; da ist kein Standesvorurteil, das ihn hätte hindern können, die allerindividuellste Popularität bei jedem einzelnen zu erwerben und in schwierigen Augenblicken gehörig zu benützen; es kam vor, daß die Feinde bei seinem Anblick die Waffen weglegten und mit entblößtem Haupt ihn ehrerbietigst grüßten, weil ihn jeder für den gemeinsamen ‚Vater der Kriegerschaft' hielt" [49a]).

Was diese Bandenführer noch ganz besonders zu Unternehmern machte, war das Risiko, das sie übernahmen; war die

Nötigung, die für sie bestand, alles, was zur Durchführung eines Kriegszuges nötig war, selbst zu besorgen: von der Werbung der einzelnen Krieger an bis zu ihrer vollständigen Equipierung und Versorgung mit Waffen, bis zur täglichen Herbeischaffung der Lebensmittel und der Bereitstellung der erforderlichen Unterkunftsmöglichkeiten.

Wie nahe aber die Eigenschaften, die den guten Feldherrn ausmachen, verwandt sind mit denen, die wir als typische Unternehmertugenden kennen gelernt haben, das muß man in dem schönen Kapitel bei Clausewitz nachlesen, das die Überschrift trägt: „Der kriegerische Genius"[50]).

## 2. Die Grundherrschaft

Der kriegerischen Unternehmung gegenüber steht das Werk des Friedens, die Grundherrschaften, die sich gleichen Schritts mit jenen zu imposanten Organisationen auswachsen. Daß die Grundherrschaften eine den europäischen Völkern während des Mittelalters gemeinsame Erscheinung gewesen seien, die auf die gesamte Kulturentwicklung dieser Völker den allergrößten Einfluß ausgeübt haben, wird heute von niemand bestritten. (Was an dem Problem der Grundherrschaft strittig ist: wie ihr numerisches Verhältnis zur Bauernwirtschaft, ihre Rolle, die sie in der Rechtsentwicklung gespielt haben usw., kommt hier nicht in Betracht.) Sie tragen in allen europäischen Ländern, was ihre organisatorische Struktur anbetrifft, ein ziemlich gleiches Gepräge: ob wir die Verfassung der Klöster Bobbio oder Farfa oder der Besitzungen der Patriarchen von Grado oder des Erzbischofs von Ravenna in Italien; oder der Klöster Clairvaux oder Corbie oder St. Remy in Frankreich; ob die des Klosters St. Gallen in der Schweiz, oder der Klöster Prüm oder Weißenburg, oder der Domänen Karls des Großen, oder der Abteien Reichenau, oder Fulda, oder Lorsch, oder der Be-

Sechstes Kapitel: Die Anfänge der Unternehmung

sitzungen des Grafen Siboto von Falkenstein in Deutschland; oder die der Klöster Ramsey, oder Malmesbury, oder Worcester, oder Peterborough in England; oder des Klosters St. Troud bei Lüttich anschauen: immer tritt uns annähernd dasselbe Bild entgegen. Woher diese Gleichheit stammt, ist hier wieder nicht zu erörtern: es werden die römische Erbschaft, der nivellierende Einfluß der Kirche und die „Lage der Dinge" zusammengewirkt haben, um die Entwicklung in dieselben Bahnen zu drängen. Ansätze zu grundherrschaftlicher Organisation finden wir ja schon bei den Germanen zur Zeit des Tacitus.

Wichtig für unsere Zwecke ist nun, daß wir uns die Wesenheit der grundherrlichen Verfassung in den Umrissen wenigstens vor Augen führen.

Die Grundherrschaft ist vor allem eine Wirtschaft: die Wirtschaft, die eine Klasse von reichen Leuten, das heißt soviel wie Großgrundbesitzern, führte, um ihren Bedarf an Gütern durch fremde Leute im wesentlichen in natura decken zu lassen. Es handelte sich also darum — das ist das Entscheidende: zahlreiche Arbeitskräfte zu einem gemeinsamen Werke zusammenzuführen, „zu organisieren" und in dieser Organisation der Arbeit im großen liegt das, was die Grundherrschaft vor allem zur Unternehmung macht und was bedeutsam wird für die spätere Entwicklung. Das regulierende Prinzip der Wirtschaftsführung war das Bedarfsdeckungsprinzip: das heißt, so groß auch der Konsumentenkreis sein mochte, der in einer grundherrschaftlichen Wirtschaft sich zusammenfand: sein naturaler Bedarf bestimmte Ausmaß und Eigenart der Wirtschaftsgestaltung.

Zur Ausführung des Wirtschaftsplanes standen dem Grundherrn freie Arbeitskräfte in genügender Anzahl nicht zur Verfügung.

Das Arbeitssystem war deshalb ein System „gebundener

Arbeit": die abhängigen Bauern wurden entweder zu Diensten oder zu Abgaben verpflichtet. Und so kam es, daß sich der Wirtschaftsorganismus als ein buntes Mosaik der verschiedensten Beziehungen zwischen Wirtschaftsleiter und Arbeiterschaft darstellte. Aber alle diese Einzelheiten spielen für uns keine Rolle. Das Wichtige bleibt, daß in den Grundherrschaften in planvoller Weise eine große Masse von Menschen zu regelmäßiger Arbeit an einem gemeinsamen Werke, entsprechend dem Willen eines obersten Leiters, zusammengefaßt waren; daß also, rein äußerlich betrachtet, hier eine kunstvolle Organisation im Laufe der Jahrhunderte ausgebildet worden war, die jeden Augenblick zu anderen Zwecken als dem der Bedarfsdeckung verwertet werden konnte (und wie wir sehen werden, verwertet wurde); in der aber auch ihrer Eigenart entsprechend ein ganz bestimmter Geist lebte, der an der Herausbildung des kapitalistischen Geistes großen Anteil gehabt hat. Die Hauptsache also einstweilen ist diese: auch in den Grundherrschaften waren Unternehmungen, oft genug großen Stils, in eine sonst unternehmungslose Welt hineingesetzt worden: ein Keim der Auflösung alter, vorkapitalistischer Verhältnisse.

### 3. Der Staat

Der moderne Staat ist eine Kriegs- und eine Friedensunternehmung in einem. Nicht jeder Staat, wohl aber der Staat, der am Ende des Mittelalters zu entstehen beginnt. Dessen Unternehmungscharakter erkennen wir leicht, wenn wir uns mit dem Geist vertraut machen, aus dem er geboren ist. Wir können dann etwa folgendes feststellen.

Das Sachphänomen dieses Staates, also des Fürstenstaates oder absoluten Staates, beruht in der Tatsache, daß eine große Anzahl Menschen — eine große Anzahl: das heißt, zunächst mehr als in einer Stadtgemeinde oder auch in einer „Landschaft"

## Sechstes Kapitel: Die Anfänge der Unternehmung

siedeln — durch den Willen eines Mannes (des Herrschers oder seines Statthalters) den Interessen dieser Machthaber unterworfen werden.

Die bedeutsamen Wirkungen einer solchen künstlichen Zusammenfassung vieler Menschen unter dem Willen einer Person sind vor allem diese: erstens wird, damit jener Zweck des Fürstenstaates: die Bevölkerung eines weiten Landstrichs den Interessen des Herrschers dienstbar zu machen, sie gleichsam für ihn arbeiten zu lassen, erfüllt werde, ein System von Mitteln geschaffen, die selbst von stärkstem Einfluß auf die Gestaltung des Menschenschicksals werden: Kräfte müssen zusammengefaßt, Menschen müssen zu bestimmten Handlungen und Unterlassungen angeleitet werden: ein Verwaltungsapparat größten Stils, die weitest umfassende, tiefst eindringende Organisation der Welt entsteht. Und dieses System von Herrschaftsmitteln, das auch als das Vorbild höchster Organisation für alle kleineren Unternehmungen dient, gewinnt dann selbst wieder Leben und wirkt weiter als Subjekt und Objekt im Ablauf der Geschichte.

Zweitens werden die „Untertanen", das heißt also die Objekte der Staatszwecke in ihrer eigenen Lebensgestaltung beeinflußt: der Staatswille greift in ihre privaten Lebenssphären hinüber, er schlägt an dem Stein der oft noch indolenten Einzelmenschen Funken, so daß sich aus diesen eine Flamme ergießt, die weiter brennt. Wieviel Unternehmungsgeist ist während langer Jahrhunderte dem Staatszwecke selbst entsprungen, wieviel ist übergesprungen in die Gemüter der einzelnen Wirtschaftssubjekte!

Ich denke: die Idee des modernen Staates ist doch in den italienischen Tyranneien des Trecento und Quattrocento geboren. Die beiden Grundgedanken des absoluten Staats der Neuzeit: den Rationalismus und die Vielregiererei finden wir dort in jener Zeit schon voll entwickelt: „Die bewußte Berechnung aller Mittel, wovon kein damaliger außeritalienischer Fürst eine Idee hatte, verbunden mit einer innerhalb der Staatsgrenzen fast absoluten Machtvollkommenheit, brachte hier ganz besondere Menschen und Lebensformen hervor." Ich denke auch, man wird (wenn auch vielleicht im übertragenen Sinn) diesen Staat als Unternehmung der Fürsten auffassen müssen, um ihn recht zu verstehen. Wie ein wagemutiger Unternehmer muß der Fürst seine Herrschaft antreten, jeden Augenblick der Gefahr ausgesetzt, zugrunde zu gehen, immer von neuem auf die richtige Mittelwahl bedacht: ein Organisator in ganz großem Stil, dem dann auch alle Erfolge zufallen, weil er sie allein seiner Kühnheit, seiner Klugheit, seiner Entschlossenheit, seiner Zähigkeit verdankt. Von der Tyrannis des 15. Jahrhunderts insbesondere meint Burckhardt:

„Im ganzen genommen mußten Große und Kleine sich mehr anstrengen, besonnener und berechneter verfahren, und sich der gar zu massenhaften Gräuel enthalten; sie durften überhaupt nur so viel Böses verüben, als nachweisbar zu ihrem Zwecke diente, soviel verzieh ihnen auch die Meinung der Unbeteiligten. Von dem Kapital von Pietät, welches den legitimen abendlichen Fürstenhäusern zustatten kam, ist hier keine Spur, höchstens eine Art von hauptstädtischer Popularität; was den Fürsten Italiens wesentlich weiter helfen muß, ist immer Talent und kühle Berechnung"[51]).

Diese Ideen sind ja dann auch in den größeren Staaten, solange das absolute Fürstentum geherrscht hat, heimisch geworden.

### 4. Die Kirche

Wenn ich die Kirche hier nenne, so geschieht es deshalb, weil sie neben dem Staate die größte Organisation von Menschenhand darstellt; weil in ihr insbesondere auch der starke rationale

Zug, der alles Unternehmungsmäßige kennzeichnet, obwaltet, und weil die Geschichte lehrt, daß tatsächlich viel Unternehmergeist aus den Trägern der kirchlichen Gebilde hervorgegangen ist. Die Kirche als Ganzes als Unternehmung zu fassen, wäre vielleicht nicht glücklich, aber innerhalb ihres Gefüges sind zahlreiche Unternehmungen im engsten und eigentlichen Sinne entstanden: jede Gründung eines Klosters oder eines neuen Bistums ist im Kern derselbe Vorgang, wie die Gründung einer Baumwollspinnerei oder eines Bankhauses.

## Siebentes Kapitel: Die Grundtypen des kapitalistischen Unternehmertums

Hier soll gezeigt werden, welche eigentümliche Verbindungen die Geldsucht und der Unternehmungsgeist miteinander eingehen, und wie aus diesen Verbindungen der kapitalistische Unternehmungsgeist geboren wird. Wir werden sehen, daß die Formen, in denen diese Verbindung sich vollzieht, ursprünglich außerordentlich verschieden sind, so daß auch die Typen der kapitalistischen Unternehmer, deren „Geist" wir in seiner Entwicklung verfolgen, zunächst grundverschieden voneinander sind. In allen bisherigen Darstellungen der Genesis des Kapitalismus ist, wie mir scheint, zu wenig Rücksicht genommen auf die in ihrem innersten Wesen verschiedenartige Entstehungsweise der kapitalistischen Unternehmungen, die auch dem „Geist", der die Wirtschaftssubjekte beherrscht, ein himmelweit von einander verschiedenes Gepräge verliehen hat.

Will man, wie es hier der Fall, vor allem erkennen, aus welchem Geiste die kapitalistischen Wirtschaften aufgebaut, in welchem Geiste sie ursprünglich geführt sind, so muß man die rein äußerlichen Umstände ihrer Entstehung, das rein Mechanische ihres Gefüges aus der Betrachtung ausscheiden. Äußerlich, mechanisch kommen kapitalistische Unternehmungen, wie noch heute, so auch in den Anfängen zustande, indem eine größere Geldsumme zur marktmäßigen Herbeischaffung der erforderlichen Produktionsmittel bereitgestellt wird (die damit zum Kapitale sich wandelt). Irgend jemand legt diese Summen aus; er „verlegt" sie, wie man früher ganz allgemein sagte, ganz gleich, ob er sie gab, um die Kosten zur Wasserhaltung in einem Bergwerk zu bestreiten, die die Gewerken nicht mehr aufbringen konnten; oder um einem Weber die Anschaffung der Rohstoffe zu ermöglichen, oder damit sonst irgendeine Erwerbstätigkeit ausgeübt werde. Die Gelder, mit denen ein Bankhaus arbeitete, wurden schon frühzeitig durch Depositeneinlagen aufgebracht; die Kapitalien, die im Handel und in der Schiffahrt angelegt waren, kamen in Formen von Commenda-Einlagen oder durch Parthenrhederei, später durch Aktienzeichnung zusammen. Oder ein Unternehmer hatte auch selbst genug flüssige Mittel, um damit eine kapitalistische Wirtschaft zu führen. Die verschiedene Art und Weise, das Kapital zusammenzubringen, ist aber (zunächst wenigstens) nicht entscheidend für den Geist, in dem die Unternehmung geführt wird. Denn dieser wird nicht bestimmt durch die Geldgeber als solche, sondern durch den Unternehmer, der die Geldbeträge verwertet. Die Geldgeber sind oft eine ganz bunt zusammengewürfelte Gesellschaft.

Davon legen folgende beliebig herausgegriffene Beispiele Zeugnis ab:

Bei den Peruzzi und Bardi hatte bei ihrem Bankerott (im 14. Jahrhundert) allein die Geistlichkeit 550000 fl. Depositen. Bei dem Bankerott der Scali und Amieri um 1328 wurden mehr als 400000 fl. Depositen verloren: „wer Geld in Florenz hatte, verlor", schreibt Villani. Und Lastig hat mit einiger Einschränkung wohl recht, wenn er sagt[52]): „Die Wechsel- und Bankhäuser bildeten die Zentren des ganzen damaligen Wertumlaufes und Werthandels. Bei ihnen legte der Private sein Geld nieder, um einen Ertrag zu erzielen ... Anlage des Geldes im Handelsgewerbe eines anderen war der übliche und völlig legale Weg für Fruchtbarmachung des Kapitals" (lies: Geldbesitzes). Gewiß ist in den italienischen Städten auf solche Weise auch manche kapitalistische Unternehmung fundiert worden, gerade wie später in den nordischen Städten mittelst der Depotgelder der Höchstetter u. a. „Zu Ambrosius Höchstetter", lesen wir, „haben (seit Ende des 15. Jahrhunderts) Fürsten, Grafen, Edelleute, Bürger, Bauern, Dienstknechte und Dienstmägde gelegt, was sie an Geld haben, und er hat ihnen dafür fünf vom

Hundert gezahlt. Viele Bauernknechte, die nicht mehr gehabt haben als 10 fl., die haben es ihm in seine Gesellschaft gegegeben ... So soll er eine Zeitlang eine Million Gulden verzinset haben ... Damit soll er Warenbestände aufgekauft und Preissteigerungen erzielt haben" [53]).

Der Bergbau wurde seit dem 15. und 16. Jahrhundert mit Geldern unterhalten, die aus aller Herren Länder, aus den verschiedensten sozialen Schichten zusammenströmten. Im Goslarer Bergbau wurden in den Jahren 1478—1487 Verträge abgeschlossen, die sich auf Stollenanlagen beziehen, mit Johann Thurzo, Bürger und Ratsmann in Krakau, Nürnberger, Chemnitzer und Leipziger Bürgern [54]). Derselbe Thurzo hatte aber sein Geld auch angelegt im ungarischen Erzbergbau; neben ihm finden wir dort andere Krakauer Bürger, die Fugger u. a., beteiligt [55]). Die holländischen Gläubiger des österreichischen Staates sind im 17. und 18. Jahrhundert die Verleger der Neusohler und Schmölnitzer Kupferbergwerke [56]). Am Quecksilberbergwerk Idria sind fremde Kaufleute und Adlige beteiligt [57]); ebenso am Salzbergwerk Wieliczka im 16. Jahrhundert [57a]), ebenso am Bergwerk in Schlackenthal [58]), ebenso am Zinnbergbau in Cornwallis [59]). Oder ein Erzbischof schießt eine Summe vor, um die Fortsetzung des Goldbergbaues am Radhausberge im Salzburgischen zu ermöglichen [60]). Oder Eisenhändler leisten die nötigen Vorschüsse, um die Stückhämmer in Kärnthen weiter betreiben zu lassen [61]). Oder der König von Böhmen errichtet eine „Verlagskasse", um dem Joachimsthaler Bergbau aufzuhelfen [62]).

In der Textilindustrie, in der Galanteriewarenbranche, in der Kleineisenindustrie sind es bald reich gewordene Handwerker, bald reiche Kaufleute, „Grossierer", die den Verlag bestreiten: „ein Grossier kann schwerlich ohne Verlegung einer Manufaktur bleiben" [63]).

Als die Zahl der "festverzinslichen Papiere" noch gering war, legten viel mehr als heute auch Leute aus den besseren Ständen ihr Geld im Handel an [64]). Als im Jahre 1664 die Compagnie des Indes orientales gegründet wurde, wurde das Kapital im wesentlichen außerhalb der Kaufmannskreise aufgebracht [65]); an der Compagnie de l'Orient war der Hauptbeteiligte der Duc de la Melleraye [66]) usw.

Will man, sage ich, den Geist erkennen, der in den frühen kapitalistischen Unternehmungen herrscht, so darf man nicht von diesen selbst bei einer und derselben Unternehmung wesensverschiedenen Geldgebern ausgehen, ebensowenig wie man etwa die soziale Herkunft der Aktionäre in unserer Zeit zum Ausgangspunkt nehmen darf, um etwas über den Artcharakter der modernen kapitalistischen Unternehmung zu erfahren.

Man muß vielmehr zu der Seele dieser Unternehmungen selber vordringen, zu denjenigen Elementen, die sie von innen heraus gestalten. (Wobei es natürlich kommen kann, daß man gerade auf die Geldgeber stößt, die dann uns aber nicht in ihrer Eigenschaft als Geldgeber, sondern als schöpferische Unternehmer interessieren; als solche lernen wir sie noch kennen: siehe unten Seite 124 f.)

Um uns auf dieser Entdeckungsfahrt besser und rascher zu orientieren, werden wir gut tun, an das anzuknüpfen, was wir in den vorangehenden beiden Kapiteln in Erfahrung gebracht haben. Die verschiedenen Typen der kapitalistischen Unternehmer werden wir nämlich dann am ehesten voneinander unterscheiden, wenn wir uns klarmachen, daß je nach der Wahl der Mittel, die zur Geldbeschaffung in Frage kommen (viertes Kapitel), sowie je nach der (vor- oder unkapitalistischen) Unternehmung (fünftes Kapitel), in denen diese Mittel angewandt werden, sich auch die verschiedenen Typen der kapitalistischen Unternehmer herausbilden. Am besten: wir knüpfen unmittelbar an die drei Urformen der Unternehmung an und verfolgen deren allmähliche Erfüllung mit kapitalistischem Geiste, das heißt also zunächst, wir verfolgen, wie sie allmählich dem Gelderwerbe (dem sie ja als solche und ihrem ursprünglichen Zwecke nach mindestens gleichgültig gegenüberstehen) dienstbar gemacht werden. Die drei Unternehmertypen, die sich bei diesem Umwandlungsprozeß ergeben, sind (wenn wir aus sachlichen Gründen dieselbe Reihenfolge wie im sechsten Kapitel einhalten):

1. die Freibeuter,
2. die Feudalherren,
3. die Bureaukraten.

## 1. Die Freibeuter

An und für sich ist der Kriegszug keine Erwerbsunternehmung, wie sehr auch oft genug das Gold die stärkste treibende Kraft dabei gebildet haben mag. Gewiß kann man schon im Altertum die Kämpfe der Phönizier, der Karthager und der Römer um Spanien, gewiß kann man im Mittelalter die Kriege um Böhmen[67]), gewiß kann man in der neueren Zeit die Kriege gegen Spanien als Kämpfe um die Goldlager ansehen. Aber wir haben es doch im Gefühl, daß es verfehlt wäre, in diesen Kriegszügen früheste Formen der kapitalistischen Unternehmung zu erblicken.

Dagegen erscheinen uns in ganz anderem Lichte bestimmte Kriegszüge, die von vornherein nur auf Geld- und Gelderwerb gerichtet sind, und die allen Sinn verlieren, wenn wir ihnen die Erwerbsabsicht abstreifen. Das sind die eigentlichen Raub-, insonderheit S e e r a u b u n t e r n e h m u n g e n. In ihnen wurden militärische Tüchtigkeit und militärische Organisation unmittelbar in den Dienst der Erwerbsidee gestellt.

Dem Seeraub als sozialer Einrichtung begegnen wir schon in den i t a l i e n i s c h e n S e e s t ä d t e n während des Mittelalters.

Amalfi, Genua, Pisa, Venedig sind alles Herde des organisierten Seeraubs (an den sich oft genug der Landraub anschloß) gewesen; einen guten Teil ihres Reichtums haben sie mittels Seeraubs gewonnen; und die ersten Formen der kapitalistischen Unternehmung sind diese Raubzüge. Von Genua wird uns z. B. berichtet[68]): „Die eigentlichen Korsaren sind von den Bürgern, welche sich unter staatlicher Aufsicht an den Fehden und Kriegen in eigenem Interesse beteiligen (beides sind natürlich nur zwei Spielarten desselben Typus), ebenso schwer zu unterscheiden, als es gelingt die Ausdrücke „cursales", „praedones" und „pyrate" unter sich streng auseinanderzuhalten. Denn auch der öffentliche Kriegszustand resp. die Gewalttat im Frieden greifen als unterscheidende Merkmale nicht durch. „Corsar", zugleich der genueserseits in den Akten angewandte Ausdruck hatte nichts Tadelndes oder Anzügliches ... Auch in dem Gewerbe selbst („pyraticam artem exercens" p. 54, 5) sah man bis zu einem gewissen Grade nichts Entehrendes. Dem Genueser war die Ausrüstung von Kaperschiffen oder die Beihilfe dazu im genuesischen Jurisdiktionsgebiet nur mit Erlaubnis der Regierung gestattet ... Wer zu ungesetzmäßiger Kaperfahrt Geld hergab, konnte behufs Wiedererlangung ... nicht klagbar werden (Stat. di Pera CCVI); anders war es jedoch, wenn ein in Schiffsparten steckendes Kapital wider Wissen und Willen des Besitzers zur Ausrüstung (!) einer unerlaubten Kaperfahrt benutzt wurde; in diesem Falle konnte der Besitzer auf Zurückerstattung und selbst auf Zubilligung eines Gewinnanteils klagen" (l. c. CCVII).

„Mancher italienische Kaufmann, der eine Forderung gegen einen Griechen verfolgt und nicht zu seinem Gelde gekommen war ... ergab sich dem Korsarenleben, um auf diese Weise sich von seinem Schaden zu erholen. Es scheint, daß namentlich unter den Genuesern und Pisanern viele sich auf Seeräuberei in den griechischen Gewässern legten. Der schlechte Zustand, in welchem sich die byzantinische Marine befand, erlaubte ihnen, dieses Geschäft in großartigem Maßstabe zu betreiben" [69]).

Meist traten die Freibeuterschiffe in Rudeln auf, wie z. B. die Flotille von fünf pisanischen Schiffen, die bei Abydos im Jahre 1194 räuberte.

In den ersten Jahrhunderten der neuen Zeit huldigten wiederum alle westeuropäischen Nationen einer berufsmäßig organisierten Seeräuberei. Befördert wurde diese durch die ewigen Kriege, die namentlich das 16. und 17. Jahrhundert erfüllten, und in denen die Kaperei nach damals geltendem Seerechte eine hervorragende Rolle spielte. Kaperei und Seeräuberei gehen nun aber fortwährend ineinander über: der Privateer wird zum Pirate, wie dieser wiederum im Dienste des Staates als Kaperführer Verwendung findet. Aus Frankreich hören wir, daß im 16. Jahrhundert "der kleine Provinzadel(!), vor allem der protestantische, nicht aufhörte, aus seinen Reihen jene Armee unerschrockener Korsaren zu rekrutieren, die von Fall zu Fall am spanischen und portugiesischen Handel für die Metzeleien von Fort Coligny und La Caroline Rache übten" [69a]). Die französische Seeräuberei hatte im 17. Jahrhundert einen hohen Grad der Entwicklung erreicht. Wir sind über ihren Stand und ihre Ausdehnung deshalb besonders gut unterrichtet, weil wir zwei verschiedene Berichte [70]) besitzen, die sich Colbert, weil er den Plan faßte, die Seeräuber Dünkirchens zu einem Geschwader zu vereinigen und (unter dem Kommando von Jan Bart) in den Dienst des Königs zu stellen, über die bekanntesten Seeräuber, die "Capitaines corsaires", erstatten ließ. Die Berichte beziehen sich auf 33 Kapitäne, die 15 Fregatten und 12 lange Barken befehligen.

Ebenfalls ursprünglich französischer Herkunft waren die berüchtigten Bukanier oder Flibustier, die namentlich in den Gewässern der spanischen Kolonien, bei Jamaica, Haiti usw. ihr Geschäft betrieben[71]).

Die Seeräubernationen par excellence im 16. und 17. Jahrhundert sind aber England und die Neuenglandstaaten in Amerika.

Um die Mitte des 16. Jahrhunderts wimmelte es von englischen Seeräubern an den Küsten Englands und Schottlands. Nach einem Berichte des Sir Thomas Chaloner waren im Sommer 1563 über 400 Seeräuber im Kanal, die in wenigen Monaten 6—700 französische Schiffe gekapert hatten[72]). Man erinnert sich der gräßlichen Schilderungen, die Erasmus in seinem Naufragium von den Gefahren der Seeräuberei im Kanal entwirft. Die englischen Geschichtsschreiber führen diese plötzliche Ausdehnung der Piraterei auf die Marianischen Verfolgungen zurück. Damals hätte eine Menge der besten Familien sich als Seeräuber betätigt, und ihre Scharen seien, vermehrt durch beschäftigungslose Fischer, auch nach dem Regierungsantritt der Elisabeth zusammengeblieben. „Fast jeder Gentleman an der Westküste war an diesem Geschäft beteiligt," meint der vorsichtig urteilende Campbell. „An diesem Geschäft" (in the business): das ist der richtige Ausdruck; denn der Betrieb der Seeräuberei war ein geschäftsmäßig wohlgeordneter. Die Schiffe der Piraten wurden von wohlhabenden Leuten ausgerüstet, die man „gentlemen adventurers" nannte, und hinter denen dann oft noch andere standen, die ihnen die Mittel gegen hohe Zinsen vorschossen. Zum Teil war selbst der hohe Adel bei solchen Unternehmungen beteiligt. Zur Zeit der Königin Mary von Schottland sehen wir den Earl of Bothwell[73]), zur Zeit der Stuarts den Earl of Derby und andere Royalisten[74]) zahlreiche Seeräuber ausrüsten.

Gelehrige Schülerinnen des Mutterlandes sind dann die

amerikanischen Kolonien geworden. Die Berichte über die Ausdehnung, die hier die Seeräuberei gewann, namentlich im Staate Newyork, würden unglaublich erscheinen, wenn sie nicht durch eine Fülle einwandsfreier Zeugnisse bestätigt würden. Nach dem Zeugnis des Sekretärs von Pennsylvania, James Logan, kreuzten z. B. im Jahre 1717 fünfzehnhundert Seeräuber an der Küste von Carolina allein, von denen 800 ihr Standquartier in New Providence hatten[75]). Im 17. Jahrhundert gewährte fast jede Kolonie der Seeräuberei in dieser oder jener Form Vorschub[76]).

Eine Spielart der Seeräuberei waren die Entdeckungsfahrten, die namentlich seit dem 15. Jahrhundert häufiger wurden. Mochten bei ihnen allerhand ideale Motive mitsprechen: wissenschaftliche oder religiöse Interessen, Ehrgeiz, Abenteuerlust u. a.: die stärkste (und oft genug einzige!) Triebkraft blieb doch immer die Gewinnsucht. Es sind im Grunde alles wohlorganisierte Beutezüge, die der Plünderung in den überseeischen Gebieten galten. Zumal nachdem Columbus seine Entdeckungen gemacht hatte, als er von seinen Fahrten veritablen Goldstaub und die Wundermär vom vergoldeten Prinzen heimgebracht hatte, war das Goldland El Dorado das ausgesprochene oder stillschweigende Ziel aller dieser Expeditionen . . .[77]). Nun verbanden sich das abergläubische Schatzgräbertum und die abergläubische Goldsucherei mit der abergläubischen Hoffnung auf ein Land, in dem man das Gold mit Scheffeln einheimsen könnte, zu einem unwiderstehlichen Eroberungsdrange[78]).

Was uns vor allem an dieser Stelle interessiert, sind die eigenartigen Menschen, die an der Spitze dieser Unternehmungen standen. Es sind kraftstrotzende, abenteuerlustige, sieggewohnte, brutale, habsüchtige Eroberer ganz großen Kalibers, wie sie seitdem immer mehr verschwunden sind. Diese genialen und

## Siebentes Kapitel: Die Grundtypen d. kapitalistischen Unternehmertums

rücksichtslosen Seeräuber, wie sie namentlich England während des 16. Jahrhunderts in reichster Fülle aufweist, sind aus demselben Holz geschnitzt wie die Bandenführer in Italien, wie die Can Grande, Francesco Sforza, Cesare Borgia, nur daß ihr Sinn stärker auf Erwerb von Gut und Geld ausgerichtet ist, daß sie dem kapitalistischen Unternehmer schon näher stehen wie diese.

Männer, in denen sich eine abenteuerliche Phantasie mit größter Tatkraft paarte; Männer voller Romantik und doch mit hellem Blick für die Wirklichkeit; Männer, die heute eine Raubflotte befehligen und morgen ein hohes Amt im Staate verwalten; die heute mit gieriger Hand nach Schätzen graben und morgen eine Weltgeschichte zu schreiben anfangen; Männer mit leidenschaftlicher Lust am Leben, mit starkem Sinn für Pracht und Luxus und doch imstande, monatelang die Entbehrungen einer Seefahrt ins Ungewisse hinein auf sich zu nehmen; Männer mit den höchsten Fähigkeiten zur Organisation und voll kindischen Aberglaubens. Mit einem Worte: Renaissancemenschen. Das sind die Väter unserer kapitalistischen Unternehmer der einen Linie! Unnötig fast, sie bei Namen zu nennen. Man kennt sie aus der Geschichte. An der Spitze den stärksten vielleicht von allen: Sir Walter Raleigh, the Great Raleigh[79]), dessen Wahlspruch für diese ganze Gruppe von Männern gelten kann:

„Tam Marti quam Mercurio",

dem Kriegsgott und dem Mammon gleich ergeben; Sir Francis Drake, den edlen Piraten (the noble Pirate), wie ihn Hentzner, der 1598 sein Schiff besichtigte, nannte; Sir Martin Frobischer, „der den Geist eines Seeräubers mit dem eines Gelehrten verband"; Sir Richard Grenville, den Helden (the valiant), wie John Smith ihn in seiner Geschichte von Virginia nennt; Cavendish, der die reichste Beute heimbrachte, die man je erlebt hatte, und der die Themse heraufzog als ein Fürst, seine Seeleute in Samt und Seide gekleidet, seine Segel von Damast, seinen Mast vergoldet [80]), und alle die andern. Wer von ihnen genauere Kunde haben will, der mag etwa den dritten Band von Hakluyts Reisebeschreibungen durchblättern.

Man wird fragen, wie ich dazu komme, diese Eroberer und Räuber für den Kapitalismus zu reklamieren? Die Antwort ist einfach: nicht sowohl, weil sie selbst eine Abart von kapitalistischen Unternehmern waren, als vielmehr und vor allem deshalb, weil der Geist, der sie erfüllte, derselbe Geist war, der allen großen Handel, alle Kolonialwirtschaft bis ins 18. Jahrhundert hinein beseelt hat.

Diese sind ihrem innersten Wesen nach ebenso Abenteurer- und Eroberungszüge wie die Seeräubereien und Entdeckungsfahrten, von denen wir eben Kunde erhalten haben. Abenteurer, Seeräuber, Kaufmann großen Stils (und das ist er nur, wenn er über See fährt) gehen unmerklich ineinander über.

Wenn Benjamin von Tudela von den „Bürgern" Genuas berichtet [81]: „Jeder (!) hat einen Turm in seinem Hause; bricht Krieg unter ihnen aus, so dienen ihnen die Zinnen der Türme als Schlachtfeld. Sie beherrschen das Meer; bauen sich Schiffe, Galeeren genannt, und ziehen zum Raube aus in die entlegensten Ortschaften. Die Beute bringen sie nach Genua; mit Pisa leben sie in ewigem Streit": sind da die Seeräuber oder die königlichen Kaufleute gemeint? Gewiß beides. Woraus besteht denn „der Handel in der Levante"? Was füllt denn die beiden dicken Bände der Heydschen Darstellung? Kampfberichte zum allergrößten Teil. Jeder einzelne, der im fremden Lande etwas gelten will, muß ein Krieger sein oder muß Krieger zu seiner Verfügung haben und hinter sich die organisierte Macht des Staates [81a]).

Dasselbe Bild vom Großkaufmann tritt uns entgegen, wenn

## Siebentes Kapitel: Die Grundtypen d. kapitalistischen Unternehmertums

wir uns etwa die Shipping-merchants in England des 16. und 17. Jahrhunderts anschauen[82]).

Wer sind denn die Hawkins? Insonderheit John und William? Abwechselnd finden wir sie tätig als Entdecker, als Staatsbeamte, als Seeräuber, als Schiffsführer und als Kaufleute. John Hawkins ist ebenso als Streiter im Kampfe mit Spanien wie als Kaufmann berühmt: „einen prachtvollen Hasser der Spanier" (a wonderful hater of the Spaniards) nannten ihn die Zeitgenossen. Nicht anders schauen die Middletons aus, ein anderes großes Handelshaus jener Zeit. Auch ihr „Handeltreiben" besteht in Kämpfen, Gefangenschaften, Gesandtschaften usw. im Verkehr mit den Völkern an der afrikanischen Ostküste.

Selbst in Deutschland begegnet uns derselbe Typ: ist die Welser-Expedition nach Venezuela[83]) eine Entdeckerfahrt, oder eine Kolonialunternehmung, oder ein Beutezug, oder eine Handelsunternehmung? Wer möchte es bestimmen. Ist Ulrich Krafft, der im Dienste der Manlichs auf Reisen geht, „mit leichtsinnigem Gemüt", und dann soviel Abenteuer besteht wie der Prinz im Märchen, dazwischen auch mal sich mit den Schiffsführern herumzankt, die ihm seine Rosinen zu spät heranbringen[84]): ist das ein Kaufmann oder ein Abenteurer? Beides.

In Frankreich bedeutet das Wort „Armateur" sowohl einen Reeder und Schiffsbefrachter als einen Kaperkapitän und Seefreibeuter. Warum wohl? Weil jene Männer, die im 16. Jahrhundert ihre Schiffe aus Dieppe, aus Havre, aus Rouen, aus la Rochelle nach Afrika oder nach Amerika auslaufen ließen, beides in einer Person waren[84a]).

Das ganze freibeuterische Wesen des großen Handels der früheren Zeit tritt nun aber erst recht in die Erscheinung bei den großen Handels- und Kolonialgesellschaften, die ja recht eigentlich die Träger jenes frühen Handels sind.

Das gilt schon für italienische Handelsgesellschaften des Mittelalters, unter denen die genuesischen Maone hervorragen. Die berühmteste Maona, die von Chios, die 1347 begründet wurde und dann zweihundert Jahre hindurch das dominium utile nicht nur von Chios und Phokäa, sondern auch der Inseln Samos, Nikäa, Önussa und Sa. Panagia innehatte, war im Grunde genommen nichts anderes als eine sanktionierte und sozusagen konsolidierte Räuberbande. Sie kam wie folgt zustande: eine von Privatreedern ausgerüstete Flotte hatte Chios erobert. Bei ihrer Rückkehr verlangten sie, wie ausbedungen war, von der Regierung 203 000 Lire Ersatz. Da die Regierung nicht zahlen konnte, so wurde am 26. Februar 1347 diese Schuld in die Compera oder Maona Chii verwandelt. Zur Sicherung und zur Verzinsung der Schuld wurden die Gläubiger mit Chios und Phokäa belehnt[85]).

Gar erst die großen Handelskompagnien des 16. und 17. Jahrhunderts waren nichts anderes als halbkriegerische, mit Hoheitsrechten und staatlichen Machtmitteln ausgestattete Eroberungsgesellschaften; wiederum könnte man sagen, zu dauernden Organisationen umgeschaffene Freibeuterzüge. Der Seeraub alten Stils bildete bis tief ins 17. Jahrhundert hinein einen der wichtigsten, ordentlichen Geschäftszweige dieser Gesellschaften. So rüstet die holländisch-westindische Kompagnie von 1623 bis 1636 mit einem Aufwande von 4 500 000 Lire 800 Schiffe aus: sie kapert aber 540 Schiffe, deren Ladung nahe an 6 Millionen Lire betrug; zu diesen fügt sie 3 Millionen hinzu, die sie durch Raub und Plünderung den Portugiesen abgenommen hatte[86]). In den Gewinn- und Verlustrechnungen der großen Kompagnien findet sich denn auch regelmäßig der Posten: Gewinn oder Verlust aus Kaperei oder Seeraub.

Und auch der normale „Handel" mit den Eingeborenen: war er etwas anderes als ein mit einem Mäntelchen verdeckter

Siebentes Kapitel: Die Grundtypen d. kapitalistischen Unternehmertums 99

Raub, der an allen Ecken und Enden hervorlugte? Zwangshandel kann man allen Warenaustausch zwischen den Naturvölkern und den Europäern in jener Zeit nennen. Nichts kennzeichnet besser die Art, in der hier der "Handel" betrieben wurde, als die Stimmung, in die er die Eingeborenen versetzte. Verzweiflung und Wut finden wir je nach der Veranlagung der Rassen als Grundstimmung immer wiederkehren. Die Bewohner der Molukken vernichteten zum Teil selbst die Gewürzbäume, die sie als Ursachen ihrer schweren Leiden ansahen. Meist aber mußte die Zitadelle die fremden Kaufleute vor der Rache der Eingeborenen schützen. "Vergäße man abends die Tore der Forts zu schließen, so würden vielleicht dieselben Indianer, mit denen man am Tage ‚friedlich gehandelt', in der Nacht einbrechen und ihre Kaufleute morden": dieses Stimmungsbild aus dem "Handelsgebiet" der Hudson-Bay-Company[87] könnte ohne weiteres auf den gesamten kolonialen Handel in seinen Anfängen übertragen werden. Wozu wäre denn auch sonst die durchgängig vorhandene militärische Ausrüstung der großen Handelskompagnien erforderlich gewesen, von der wir Kunde haben?

Dieser militärische Apparat, der zur Beförderung des Handels aufgeboten wurde, war in der Tat gewaltig. So hatten schon die Italiener in der Levante angefangen. "Als sehr bedeutend müssen wir uns nach der Schilderung Giov. Bembos die venetianischen Besitzungen in Tana denken. Es war nämlich nicht bloß das von den Venetianern bewohnte Quartier in der Stadt selbst mit Mauern und Türmen umgeben, sondern die Venetianer besaßen auch ein eigenes Kastell mit zwei Türmen und von einem großen Graben umgeben, außerhalb der Stadt auf einer Anhöhe" . . .[88].

Dasselbe Bild gewährt uns jede Handelsniederlassung im 16. oder 17. Jahrhundert. Von der holländischen Faktorei in

Bengalien z. B. wird uns berichtet: "Sie schaut eher wie ein Kastell aus, da sie umgeben ist von tiefen Gräben voll Wasser, mit hohen Steinwällen und Bastionen, die mit Kanonen gespickt sind"[89]. Die Stärke der militärischen Besatzung in den englischen Kolonien während des 18. Jahrhunderts (1734) ist aus folgenden Ziffern ersichtlich[90]: Jamaika: 7644 Weiße, davon 3000 Mann Besatzung; 6 Forts; Barbados: 18 295 Weiße; davon 4812 Mann Besatzung; 21 Forts; 26 Batterien mit 463 Kanonen; Leewards Islands: 10 262 Weiße; davon militia 3772.

Diesen kriegerischen, freibeuterischen Geist, der allem Überseeverkehr zugrunde lag, verkörpern denn auch die Männer, die wir an der Spitze dieser großen Handelsunternehmungen finden. Es scheinen oft genug in den Anfängen Angehörige des Adels gewesen zu sein, denen hier ein Ersatz sich bieten mochte für die verminderte Tätigkeit als Berufskrieger im Heimatlande. Wenigstens mußte die englisch-ostindische Kompagnie erst später ausdrücklich den Beschluß fassen, keinen Adligen mehr in ihren Dienst zu nehmen[91].

Selbst in den holländischen Handelskompagnien finden wir in der Mehrzahl Helden und Abenteurer an der Spitze. Es würde sich lohnen, eine Porträtgalerie der Generalgouverneure der holländisch-ostindischen Kompagnie hier einzufügen[92]: man würde sehen, daß sie namentlich während des 17. Jahrhunderts alle nicht wie Wollhändler ausschauten, sondern den Typus des harten, unternehmenden Kriegers darstellen. Man denke an Herrn Coen, der ja durch seine grausame Verwaltung sich besonderen Ruhm erworben hat. Und dieser kriegerische Sinn der Gouverneure ihrer geliebten Kompagnie war doch nur der Ausdruck der Gesamtstimmung selbst des holländischen Volkes in jener Zeit, die ein vortrefflicher Kenner uns wie folgt schildert[93]:

### Siebentes Kapitel: Die Grundtypen d. kapitalistischen Unternehmertums

„Namentlich im Anfang des 17. Jahrhunderts war die Stimmung (in H.) ungemein kriegerisch, da der Handel damals ... mehr abenteuernd neu Entdecktes schnell ausbeutete, und wenn die großen Gewinste aufhörten, ebenso schnell sich nach anderen Gegenden wandte und auf neue Zweige sich verlegte, um dieselben auch auszunützen."

Handel (großen Handel) treiben hieß eben damals: Schiffe ausrüsten und bewaffnen, Streiter anwerben, Länder erobern, die Einheimischen mit Flinten und Säbeln zu Paaren treiben, ihnen ihr Hab und Gut abnehmen, es auf die Schiffe laden und im Mutterlande auf öffentlichen Auktionen an den Meistbietenden versteigern; zwischendurch aber soviel fremde Schiffe kapern, als die Gelegenheit gestattete. Der Geist also, der den Handel und alle Kolonialunternehmungen (soweit sie nicht die Ansiedlung von Europäern zum Ziel hatten) erfüllte, war, denke ich, der Geist der Freibeuter. Es sei mir gestattet, noch einmal das in letzter Zeit, seit ich's in meinem „Modernen Kapitalismus" angebracht hatte, etwas abgenützte Zitat hier herzusetzen, das wirklich den ganzen Sinn der Sache in epigrammatischer Kürze wiedergibt:

„Krieg, Handel und Piraterie,
Dreieinig sind sie; nicht zu trennen."

Wobei Goethe aber bestimmt nicht an den sanften Schwager seines Wilhelm gedacht hat, der schon von friedlicher Krämergesinnung trieft. Der Kapitalismus ist eben, das ist eine der wichtigsten Einsichten, die dieses Buch verbreiten soll, aus recht verschiedenem Geiste geboren. Wir werden nun, nachdem wir die kriegerische Wurzel bloßgelegt haben, die anderen Entstehungspunkte des kapitalistischen Geistes ebenso kennen lernen müssen.

## 2. Die Feudalherren

Ebensowenig wie die kriegerische Unternehmung enthält an und für sich das grundherrschaftliche Verhältnis irgendwelchen chrematistischen oder gar kapitalistischen Zug. Selbst die im Rahmen der Grundherrschaften entstandenen Wirtschaften, die Fronhofwirtschaften, sind von Hause aus keine Erwerbswirtschaften, sondern bleiben lange Zeit hindurch Bedarfsdeckungswirtschaften, auch nachdem sie schon (was ziemlich früh eintritt) ihren Überschuß an Erzeugnissen auf den Markt bringen.

Aber im Laufe der Zeit haben sie ihren alten Charakter abgestreift. Die Eigenwirtschaft des Grundherrn wird mehr und mehr eingeschränkt, und neben ihr entwickelt sich innerhalb des Machtbereichs des Grundherrn eine Erwerbswirtschaft, die sich allmählich zur kapitalistischen Wirtschaft auswächst.

Das geschieht dadurch, daß der Grundherr die seiner Verfügungsgewalt unterstehenden produktiven Kräfte zum Zweck des Erwerbes in eigenen Erwerbsunternehmungen zusammenfaßt. Er verfügt aber: 1. über den Grund und Boden als Pflanzenerzeuger; 2. über die im Boden ruhenden Schätze (Mineralien usw.); 3. über die Erzeugnisse des Bodens: Holz, Faserstoffe usw.; 4. über die seiner grundherrlichen Gewalt unterstellten Arbeitskräfte. Indem er diese produktiven Kräfte zu Erwerbszwecken ausnutzt, entstehen die verschiedensten Arten kapitalistischer Unternehmungen, die alle von dem Geiste ihres Schöpfers durchdrungen sind, also halb feudales Gepräge tragen.

Halb feudales Gepräge: das heißt vor allem: diese Unternehmungen stehen noch halb im Banne des Bedarfsdeckungsprinzips. Namentlich werden sie dadurch in diesem Banne festgehalten, daß sie großenteils eben nur die Ausnutzung der dem Grundherrn gehörigen produktiven Kräfte bezwecken: durch deren Begrenzung wird auch das Erwerbsstreben eingeengt. Dieser Umstand wurde von fortschrittsfreudigen Leuten deutlich als Hemmung einer freien, kapitalistischen Entwicklung erkannt, wenn man z. B. von den schlesischen Gruben im Anfang des 19. Jahrhunderts feststellte [94]: „Der Grundherr ist hier Eigentümer der Eisenerze und verhüttet jährlich nur so viel, als bei jenen Holzvorräten möglich ist, die für ihn auf anderem Wege nicht verwertbar sind."

Feudal sind diese Unternehmungen der Grundherren auch in der Art und Weise der Mittelwahl. Hier herrscht wie selbstverständlich die Auffassung, daß es vor allem die Macht im Staate sei, die man zu seinem Vorteil auszunutzen habe; bestehe sie in der unmittelbaren Verfügungsgewalt über Menschen und Dinge, bestehe sie in dem Einfluß, den man etwa indirekt zugunsten eines vorteilhaften Einkaufs oder eines vorteilhaften Absatzes der Produkte in die Wagschale werfen kann: durch Erlangung von Privilegien, Konzessionen usw. Dadurch entsteht eine andere, wichtige Abart der feudal-kapitalistischen Unternehmung. Häufig finden wir einflußreiche Adlige mit bürgerlichen Geldmännern oder auch armen Erfindern sich verbinden zu gemeinsamem Vorgehen: der Höfling sorgt dann für die nötigen Freiheits- oder Schutzrechte, während der andere Teilnehmer Geld oder Ideen beibringt. Solchen Bündnissen begegnen wir in Frankreich und England namentlich während des 17. und 18. Jahrhunderts immer wieder [95].

Die Unternehmungen der Feudalherren spielen nun aber während der Epoche des Frühkapitalismus eine größere Rolle, als man gemeinhin anzunehmen geneigt ist. Der Anteil, den sie am Aufbau der kapitalistischen Unternehmungen haben, läßt sich natürlich mangels jeder Statistik nicht ziffernmäßig ausdrücken. Wohl aber kann man sich doch ungefähr eine Vorstellung von der Bedeutung dieses Unternehmertyps in den früheren Jahrhunderten machen, wenn man sich eine Reihe von Fällen solcher grundherrlichen kapitalistischen Unternehmungen vor Augen führt. Das soll in der folgenden Übersicht geschehen, die nur den Sinn eines Hinweises, ganz und gar nicht etwa einer erschöpfenden Aufzählung hat.

Da sei nun gleich daran erinnert, daß doch alle

1. Gutswirtschaft, soweit sie kapitalistisches Gepräge trug, in den Anfängen allgemein, später, soweit nicht bürgerliche Pächter eintraten, von den adligen Grundherren betrieben worden ist. Die beiden Länder, in denen diese Form der kapitalistischen Unternehmung seit dem 16. Jahrhundert einen immer breiteren Raum einnimmt, bis sie am Ende des 18. Jahrhunderts annähernd die Ausdehnung der heutigen Großgutswirtschaft erreicht, sind bekanntlich England[96]) und Deutschland[97]).

Von industriellen Unternehmungen sind in erster Linie

2. der Bergbau und die Hüttenindustrie gern von den Grundherren betrieben worden. Betrieben worden: nicht nur als Regale ausgenutzt worden. Diese reinen Nutzungsrechte scheiden hier ganz aus, wo wir dem Unternehmer selbst nachspüren. Aber auch als solchen begegnen wir den Grundherren häufig in den beiden genannten Produktionszweigen. Im folgenden teile ich einiges Material mit, das natürlich auf Vollständigkeit ganz und gar keinen Anspruch erhebt: eine zusammenfassende Darstellung dieser stark vernachlässigten Seiten der kapitalistischen Entwicklung wäre mit Freuden zu begrüßen.

In England begegnen wir im 15. Jahrhundert den „forge" des Bischofs von Durham zu Bedburn in Weardale, die schon ein durchaus kapitalistisches Gepräge tragen, namentlich was die Größe des Personals anbetrifft[98]). 1616 schließt ein Höfling mit der Stecknadlerzunft einen Vertrag über Lieferung des nötigen Drahts, den er also doch wohl selbst auf seinen Besitzungen erzeugt hat[99]). 1627 erhält Lord d'Acre ein Patent zur alleinigen Anfertigung von Stahl nach einem neuen Patente[100]). Seit dem 16. Jahrhundert legen die Grundherren Zinnwerke auf ihren Besitzungen an, „clash-mills", um das Zinn zu verarbeiten, das sie aus ihren Gruben gewonnen haben[101]). 1690 helfen zahlreiche Lords und Gentlemen die Zinn- und Kupferminen-Gesellschaft The Mine Adventurers Co. begründen[102]). Auch am Steinkohlenbergbau finden wir in seinen

Anfängen zahlreiche Adlige beteiligt. Die Arbeitsverfassung im englischen und besonders im schottischen Kohlenbergbau trägt noch im 18. Jahrhundert fast den Charakter der Leibeigenschaft [102a]).

In Frankreich sind die Hütten in der Provinz Newers, wo ein Hauptsitz der Hüttenindustrie war, bis ins 18. Jahrhundert hinein in den Händen des alten Grundadels; z. B. Villemenant im Besitze der Arnault de Lange und Château-Renaud, die im 16. Jahrhundert größere Werke errichteten; ihr Nachbar ist der Seigneur von Bizy, der ebenfalls eine Hütte und einen Hochofen auf seinem Grund und Boden betreibt; die Hütten von Demeurs gehören den Herren Gascoing usw. (Alle diese Anlagen gehen im Laufe des 18. Jahrhunderts in die Hände des reichen Pariser Bankiers Masson über) [103]). Aber auch in der Franche Comté stoßen wir auf altadlige Hüttenbesitzer [104]).

Auch die Eisenverarbeitung fand z. T. auf den Besitzungen der Grundherren statt: der Ritter F. E. de Blumenstein errichtet (1715) in der Nähe seines Schlosses eine Gießerei [105]); der Herzog von Choiseul betreibt um dieselbe Zeit ein Stahlwerk [106]); der Herr von Montroger hat einen Blechhammer [107]) usf.

Im hohen Grade waren die Adligen in Frankreich an der Ausbeute der Steinkohlengruben beteiligt [108]). Heinrich II. hatte das Recht der Ausbeute an François de la Rocque, Seigneur de Roberval erteilt; das Recht ging über an Claude Grizon de Guillien, Seigneur de St. Julien und einen andern Seigneur. Ludwig XIV. beschenkte dann den Herzog von Montauzier mit dem Rechte, alle Kohlengruben, mit Ausnahme der von Nevers, innerhalb 40 Jahren auszubeuten. Der Regent erteilt das Recht der Bergwerksausbeute an eine Gesellschaft unter dem Namen Jean Gobelin, sieur de Joncquier, die also auch einen vorwiegend adligen Charakter trug. Aber nicht nur das Recht der Ausbeute besitzen Adlige: auch der Betrieb ist vielfach in ihren Händen. Zur Zeit Ludwigs XIV. eröffnet ein Bergwerk im Herzogtum von Bournonville der Herzog von Noailles; eins im Bourbonnais der Duc d'Aumont; eins der Herzog d'Uzès [109]); während der Duc de la Meilleraye die Lager von Giromagny abbaut [110]).

In der zweiten Hälfte des 18. Jahrhunderts häufen sich die Fälle, in denen Adlige — sei es auf ihren eigenen Besitzungen, sei es anderswo — das Recht zum Bergwerksbetriebe (Kohlen!) erlangen, so die:

| | | | |
|---|---|---|---|
| Prinzen von | Croy | Marquis von | Luchet |
| „ | Beauffremont | „ | Traisnel |
| Herzöge „ | Chaulnes | „ | Gallet |
| „ | Charost | „ | Mondragon |
| Marquis „ | Mirabeau | Grafen „ | Entraigues |
| „ | Lafayette | „ | Flavigny |
| „ | Cernay | Vicomte „ | Vesins |
| „ | Villepinte | Baron „ | Vaux |
| „ | Balleroy | Chevalier „ | Solages |
| „ | Foudras | | |

In Deutschland und Österreich dasselbe Bild. Die Gewerken am Bergbau sind ursprünglich oft nur, während der Übergangszeit zum kapitalistischen Betriebe (16. Jahrhundert) vorwiegend, Adlige. So finden wir unter den „Herren und Gewerken von der Kais. Gab zu St. Kathrein" (Quecksilberbergwerk zu Idria), von 1520—26: Gabriel Graf zu Ortenburg, Bernard von Cles, Kardinalbischof von Trient, Hans v. Auersberg, Herrn zu Schönberg, Sigm. von Dietrichstein, Freiherrn zu Hollenberg und Finkenstein.

Urkunde von 1536: die HH.:
    Hans Jos. v. Egg
    Franz von Lamberg zu Stein, ferner:
    Niclas Rauber Freiherr zu Plankenstein
    Niclas Freiherr von Thurn.

Schrift von 1557 erwähnt:
    Anton Freiherr von Thurn
    Wolf Freiherr von Auersperg
    Leonh. von Siegersdorfer.

Urkunden von 1569 und 1574:
    Hans von Gallenberg
    Franz Wagen von Wagensberg
    Georg Graf von Thurn zu Kreuz
    Herward von Hohenburg usw.[111])

Daneben tauchen dann schon Kaufleute aus Salzburg, Petta, St. Veit und Villach auf. Es mag aber bemerkt werden, daß der

Bergwerksbetrieb, auch wenn er nicht unmittelbar von Adligen ausgeübt wurde, doch immer mit einem grundherrlichen Schleier gleichsam überdeckt war: die Hand des Grundherrn machte sich allerorten fühlbar. Ein klassisches Beispiel dafür bietet uns der Konflikt zwischen den Gewerken und dem Fröner, die wir im Schwazer Bergbau noch im 16. Jahrhundert ausfechten sehen.

„Der Fröner fuhr in Schwaz in alle Gruben und maßte sich an, die Leitung des ganzen Bergbaubetriebes zu führen und alle Angelegenheiten zu entscheiden. Dem widersetzten sich die Gewerken. Der Fröner aber berief sich auf den Auftrag des Landesfürsten. Wir sehen hier die letzten Spuren der herrschaftlichen Auffassung des Bergwerksbetriebes ..." [112].

Die Eisenindustrie in Deutschland verdankt an vielen Orten ihre erste Ausbildung in kapitalistischem Geiste unternehmungslustigen Grundherren. So sehen wir die Grafen Stolberg im 16. Jahrhundert eifrig bei der Förderung der Hüttenindustrie, der Gießerei usw. tätig; Graf Wolfgang legt im 16. Jahrhundert die Hütte zu Königshof an, machte Ilseburg zu einem Mittelpunkte der Eisenindustrie, errichtet daselbst die erste Messinghütte usw. Mit ihm wetteifert der benachbarte Graf Julius von Braunschweig-Lüneburg. Ein besonders lehrreiches Beispiel sind die Gittelder Hütten am Harz, für die wir die Rechnungen vom Jahre 1573 bis 1849 besitzen [113]. Ebenso bewahrt die Eisenindustrie in Steiermark lange Jahrhunderte hindurch ihren grundherrlichen Charakter [114].

Daß die schlesische Montanindustrie bis in unsere Zeit hinein in den Händen der Grundherren geruht hat, ist bekannt.

In Schweden waren früher viele Gruben Nebenbetriebe von Gütern; der Gutsherr beschäftigte die Bergleute wie seine Statare-Arbeiter (landwirtschaftliche Deputanten). Noch heute, nachdem Gruben und Landwirtschaft getrennt sind, lebt das alte Abhängigkeitsverhältnis in Dannemora fort [115].

3. Die Textilindustrie ist ebenfalls häufig in grundherrlichem Nexus auf kapitalistischer Basis betrieben worden.

Für England faßt der beste Kenner der Geschichte der englischen Textilindustrie sein Urteil summarisch dahin zusammen [116]: „Die großen Schafzüchter waren oft Tuchmacher und verwandelten selbst in Tuch die Wolle, die sie gezogen hatten."

Desgleichen betrieben die englischen Grundherren die Seiden=
zucht [117]).

Dasselbe wird uns von Frankreich berichtet, daß die Grund=
herren auf ihren Gütern Webereien errichteten, um die Wolle ihrer
Herden oder die Kokons ihrer Seidenraupen zu verwerten [118]). Hier
seien noch ein paar Beispiele angeführt, die sämtlich dem 18. Jahr=
hundert angehören:

Marquis de Caulain court errichtet eine Man. des mousselines et
des gazes de soie;
Marquis de Louvencourt: in Longpré eine Man. de toiles;
Marquis d'Hervilly: bei seinem Château de Lanchelles eine Leinen=
weberei;
Duchesse de Choiseul=Gouffier: eine Baumwollspinnerei in Heilly;
Comtesse de Lameth läßt 100 Räder in Hénencourt verteilen [119]).

Sieur Gaulme beim Schlosse de Bas eine Manufaktur für
feine Tücher; de Ramel ebenso; Baron de Sumène Seidenfilande;
Marquis d'Hervilly Tischzeugmanufaktur; Sieur du Sel des Monts
Baumwollmanufaktur; die Seigneurs Requin und Desbois Baum=
woll= und Flachsspinnerei; le sieur Marie de Perpignan Teppich=
weberei; Ch. Pascal de Carcossonne feine Tücher usw. Die Zahl
der adligen Textilindustriellen in Frankreich während des 18. Jahr=
hunderts ist in der Tat sehr groß [120]).

Für die Entwicklung der Großindustrie, namentlich der Textil=
industrie in Böhmen während des 18. Jahrhunderts wird es ge=
radezu entscheidend, daß sich, angeregt durch das Beispiel des Kon=
seßpräsidenten Grafen Jos. Kinsky, eine Reihe von Aristokraten zur
Einführung von Manufakturen auf ihren Gütern entschloß. Schon
1762 konnte Kinsky der Kaiserin die „erfreuliche Nachricht" geben,
daß verschiedene Herrschaften in Böhmen, darunter Graf Waldstein,
Fürst Lobkowitz, Graf Bolza, „auch Neigung bezeigten", das Manu=
fakturwesen auf ihren Besitzungen zu fördern [121]). „Aber den meisten
dieser Adelsgründungen," meint der Sohn einer bürgerlichen Fabri=
kantenstadt, „fehlte es an der erforderlichen inneren Triebkraft und
Lebensfähigkeit. Anders wurde das erst durch Joh. Jos. Leiten=
berger (1730—1802), der als Sohn eines kleinen böhmischen Färber=
meisters...." [122]) usw.

4. Eine bei den Grundherren besonders beliebte Industrie ist die Glasindustrie gewesen, die man deshalb so bevorzugte, weil sie eine so vortreffliche Gelegenheit bot, die reichen Holzbestände zu verwerten.

In Frankreich war die Glasfabrikation geradezu dem Adel vorbehalten; daher die »verriers gentilshommes«[123]). Bürgerliche durften nur auf Grund besonderer Privilegien Glashütten errichten oder sich an ihrer Errichtung beteiligen. Es ist daher überflüssig, die lange Reihe adliger Glashüttenbesitzer mit Namen aufzuführen. Die mehrfach genannten Werke enthalten zahlreiche Beispiele.

Daß auch in andern Ländern die Glashütten sehr häufig grundherrlichen Ursprungs waren, ist bekannt. Ebenso wie die Glasfabrikation, wurde hier und da

5. die Porzellanerzeugung von den Grundherren übernommen. Wie bei dieser Industrie das Holz, so sollte in anderen das Wasser ausgenutzt werden, weshalb wir häufig

6. die Getreidemühlen und Papiermühlen in grundherrlichem Betriebe finden.

Oder man gründete eine beliebige Industrie zur Ausnutzung der billigen Brennstoffe, die man auf seinem Besitz hatte, wie Torf usw.[124]).

In Summa: an zahlreichen Punkten des europäischen Wirtschaftslebens sehen wir den Feudalherrn an dem Aufbau des Kapitalismus beteiligt, so daß es wohl schon auf Grund dieser Erfahrungen berechtigt ist, ihn als einen besonderen Typus des frühkapitalistischen Unternehmers zu betrachten und zu würdigen.

Dieser Eindruck seiner Bedeutung für den Gang der kapitalistischen Entwicklung verstärkt sich noch in unserer Vorstellung, wenn wir uns vergegenwärtigen, daß auch ein beträchtlicher Teil des Kolonialkapitalismus grundherrlich-feudalem Geiste entsprungen ist.

So war die Wirtschaftsverfassung, die die Italiener in ihren Levante-Kolonien einführten, dem Feudalsystem nachgebildet. Größtenteils galt es nur den Herrn zu wechseln: an Stelle des türkischen den „fränkischen" Grundherrn zu setzen. Wie Grundherrschaften wurden auch die Städte ausgebeutet, in denen die italienischen Eroberer die einzelnen Gewerbetreibenden wie Hörige unter sich verteilten. Auf unfreier Arbeit ruhte das ganze System.

Auch im 16. Jahrhundert gab den Spaniern und Portugiesen das Feudalsystem noch die Form her, in der die Bevölkerung Amerikas den ökonomischen Zwecken der Kolonialunternehmer, die sich völlig als Grundherren in der neuen Welt betrachteten, ausgeliefert wurde: hier sprach man von Encomiendas und repartiementos, dort von Kapitanien und Sesmarias. Selbstverständlich waren auch hier Hörigkeit und später reine Sklaverei die Formen der Arbeitsverfassung. Und diejenigen, die die Bergwerke und Plantagen besaßen und kapitalistisch nutzten, waren Feudalherren von echtem Schrot und Korn [125]).

Das gilt aber endlich auch von den ersten Unternehmern, denen die Südstaaten Nordamerikas zur Ausbeutung übertragen wurden. Wir erinnern uns des Lord Delaware, der der Hauptbeteiligte an der Virginia Co. of London (gegründet 1606) war, an Lord Baltimore, den „Begründer" von Maryland, dessen gewinnsüchtige Absichten heute nicht mehr bezweifelt werden; wir denken an die acht Eigentümer, denen 1663 das Land zwischen Virginia und Florida („Carolina") übertragen wurde und finden unter diesen den Herzog von Albernarle, den Earl von Clarendon, Sir William Berkeley und vor allem Lord Shaftesbury [126]). Alle diese begründeten — auf der Unterlage der Sklaverei — Unternehmungen in durchaus feudalem Sinne. Und wie man weiß, ist dieser halbfeudale Charakter den kapitalistischen Plantagenbesitzern der „Negerstaaten" zu eigen geblieben bis zum Bürgerkriege. Erst damals siegte der Kaufmanns- und

Bürgergeist über den »southern gentleman«. Erst damals endigte der Versuch, „inmitten einer Gemeinschaft von Farmern und Kaufleuten, von Gewerbetreibenden und rechtlich freien Lohnarbeitern ein Plantagensystem von Grandseigneurs und ihren kleinen Nachahmern auf Zwang und Herkommen aufzubauen" [126a]).

### 3. Die Staatsbeamten

Man könnte auf den Gedanken kommen, den ganzen modernen Staat als riesige kapitalistische Unternehmung aufzufassen, seit sich sein Streben mehr und mehr auf den „Erwerb", das heißt genau gesprochen, auf die Beschaffung von Gold und Geld richtet. Und das ist wohl der Fall, seit die Entdeckungen und Eroberungen der Spanier den Sinn der Fürsten geweckt hatten, zumal seit Indien in ihren Gesichtskreis getreten war und nun alles Trachten, wenigstens der seebefahrenen Staaten, auf die Erlangung eines Anteils an der Beute gerichtet war.

Aber auch, wenn man an gar keinen Eroberungszug nach dem Goldlande dachte, so dachte man doch sicher zuerst und zuletzt immer wieder an das eine: wie man Geld sich verschaffen könne: sei es zu unmittelbarer Verwendung für Staatszwecke, sei es als Beförderer der Volkswirtschaft. Wenn Colbert den Sinn aller merkantilistischen Politik in dem Satze zusammenfaßte: „Ich glaube: darüber wird man sich leicht einigen können, daß es nichts anderes als die Geldmenge in einem Staate ist, die den Grad seiner Größe und seine Macht bestimmt [127])", so könnte das ebenso gut als oberster Grundsatz jeder kapitalistischen Unternehmung aufgestellt werden, wenn man nur statt Geldmenge: Größe des Profits setzen will.

Aber daran denke ich nicht, wenn ich hier die Staatsbeamten als einen der frühen Unternehmertypen aufzähle.

Auch an die Politik denke ich nicht, die in der Verfolgung jenes obersten Zieles die modernen Staaten betrieben haben.

Ihrer werden wir uns vielmehr erst erinnern, wo wir den Quellen nachgehen, aus denen der kapitalistische Geist entsprungen ist. Dort werden wir festzustellen haben, daß manche Maßregel der merkantilistischen Staatskunst dazu beigetragen hat, Keime kapitalistischen Geistes bei den Untertanen zur Reife zu bringen.

Hier will ich vielmehr darauf hinweisen, daß zu den Trägern des modernen kapitalistischen Unternehmungsgeistes selbst der Fürst und seine Beamten gehörten, daß sie eine bedeutungsvolle Stellung unter den ersten Vertretern der modernen Wirtschaftsgesinnung einnehmen.

Was ein kluger Mann von Gustav Wasa in Schweden sagt [128]), gilt von allen bedeutenden Fürsten des Ancien régime: „Er war der erste Unternehmer seiner Nation; wie er die Metallschätze des schwedischen Bodens herauszuholen und der Krone dienstbar zu machen suchte, so wies er nicht nur durch Handelsverträge und Schutzzölle, sondern auch durch eigenen Seehandel großen Stils seinen Kaufleuten den Weg. Alles ging von ihm aus."

Es hieße ein Buch für sich schreiben, wollte ich hier die Tätigkeit schildern, die das moderne Fürstentum als Begründer kapitalistischer Industrien und anderer Wirtschaftszweige während der Jahrhunderte seit dem Mittelalter bis in unsere Zeit hinein ausgeübt hat. Im wesentlichen sind ja die Tatsachen auch bekannt. Es war nur nötig, hier daran zu erinnern und es wird dem Zwecke dieser Untersuchung Genüge getan, wenn ich angebe, worin mir die besondere Bedeutung der staatlichen Unternehmertätigkeit zu liegen scheint, welche besonderen Züge es sind, die den Staatsbeamten als kapitalistischen Unternehmer auszeichnen.

Zunächst und vor allem: in sehr großem Umfange trat die staatliche Unternehmertätigkeit an eine leere Stelle, wo sonst überhaupt nichts vor sich gegangen wäre. Die Initiative des

### Siebentes Kapitel: Die Grundtypen d. kapitalistischen Unternehmertums 113

Fürsten gab häufig genug erst den Anstoß, damit sich kapitalistisches Wesen entfalte, sie bedeutet also häufig genug den ersten Anfang des Unternehmungsgeistes überhaupt. Wir haben ein klassisches Zeugnis für dieses Verhältnis der staatlichen zur privaten Initiative in dem Ausspruche eines deutschen Kameralisten, der meinte: zur Verbesserung der Manufakturen gehörten Klugheit, Nachdenken, Kosten und Belohnungen, und dann zu dem Schlusse kommt: „Das sind Staatsbeschäftigungen; der Kaufmann aber bleibet bei dem, was er erlernt hat und wie er es gewohnt ist. Er bekümmert sich nicht um die allgemeinen Vorteile seines Vaterlandes [129]." Dieser Satz spricht Bände. Und wenn er auch in dem damals rückständigen Deutschland niedergeschrieben worden ist, so gilt er in abgeschwächtem Maße doch für weite Kreise des frühkapitalistischen Wirtschaftslebens überhaupt. Was hätte z. B. vielerorts aus dem Bergbau werden sollen, wenn der Fürst nicht beizeiten eingesprungen wäre und den verfahrenen Karren aus dem Sumpfe geholt hätte. Man denke an die Geschichte des Bergbaues in dem heutigen Ruhrbezirke. „Bei der planlosen Gräberei, die fast bis zur Mitte des 18. Jahrhunderts jahrhundertelang geherrscht, gab es natürlich keine Vorrichtung. In der Cleve=Märkischen Bergordnung von 1766 übernahm der Staat die technische und wirtschaftliche Leitung des Betriebes. Der Vormund erzog das direktionslose Kind" [130]).

Und so geschah es in tausend anderen Fällen.

Aber nicht nur, daß der Staat seinen Unternehmungsgeist betätigte, sondern ebenso wie er ihn betätigte, wird bedeutsam für die kapitalistische Gesamtentwicklung. Die staatliche Unternehmung hatte stets einen großen, einen überragenden Zug. Das galt für den äußeren Rahmen der Veranstaltung. In Zeiten ungenügender Kapitalbildung waren die Summen, mit denen die Staatsverwaltungen ein Unternehmen fundieren konnten, bedeutend;

oft allein groß genug, um das Unternehmen überhaupt beginnen zu können. Man denke an die großen Verkehrsunternehmungen, die ja bis ins 19. Jahrhundert hinein nur von der Kapitalkraft des Staates getragen werden konnten; man denke an Werftanlagen und Ähnliches.

Ebenso überragend war der Organisationsapparat, über den der Staat verfügte. Wiederum versetze man sich in Zeiten, in denen es an geschultem Personal noch fehlte, um zu ermessen, welchen Vorsprung der Staat in seinem Beamtenapparat hatte vor privaten Unternehmern, die sich ihren Stab von Leuten und Aufsehern erst heranbilden mußten.

Die überragende Größe der staatlichen Unternehmung lag aber ebenso auf dem rein geistigen Gebiete. An keiner Stelle außer beim Fürsten konnte das Interesse so sehr auf die ferne Zukunft eingestellt sein und konnten deshalb ganz weit angelegte Pläne entworfen und ausgeführt werden. Was alles kapitalistische Wesen auszeichnet: die Langsichtigkeit der Unternehmung, die Dauerhaftigkeit der geistigen Energie: das mußte bei staatlichen Unternehmungen wie von selbst aus ihrem Wesen herauswachsen.

Aber auch an schöpferischen Ideen, an umfassenden Kenntnissen, an wissenschaftlicher Schulung: wer sollte den genialen Leitern der modernen Staaten gleichkommen? Wo war so viel Genie damals wie in den Regierungsstuben vereinigt? Denn die Talente blieben der Staatsverwaltung in jener Zeit noch nicht fern. Natürlich denke ich nur an die hervorragenden Fürsten und ihre Staatsmänner und Beamten, an denen ja aber die Geschichte so außerordentlich reich ist. Wer war in dem Frankreich seiner Zeit auch als kapitalistischer Unternehmer begabter als Colbert [181], wer unter Friedrich dem Großen begabter im Lande etwa als der Freiherr von Heinitz, der Schöpfer des staatlichen Bergwesens in Oberschlesien?

Was im Verlauf der kapitalistischen Entwicklung als Mängel der staatlichen Unternehmertätigkeit empfunden wurde: ihre Schwerfälligkeit, ihre Neigung zum Bureaukratismus: das alles fiel in den Anfängen dieses Wirtschaftssystems noch nicht ins Gewicht, in denen vielmehr der Staatsbeamte als ein ganz besonders wichtiger und bedeutsamer Unternehmertyp erscheint mit ganz ausgeprägter geistiger Eigenart von ungeheurer Tragweite.

### 4. Die Spekulanten

Spekulanten als ein besonderer Typ des kapitalistischen Unternehmers sind die Gründer und Leiter von Spekulationsunternehmungen. Diese aber treten mit dem Augenblick in die Erscheinung, in dem ein Projektenmacher die nötigen Geldmittel auftreibt, um seine Idee in die Wirklichkeit umzusetzen; indem also, wie ich schon sagte, das Projektenmachen sich mit der Unternehmung verbindet. Dieser Zeitpunkt ist nun aber, soviel wir sehen können, gegen das Ende des 17. Jahrhunderts erreicht. Wir erfahren, daß damals schon viele der Projektanten ein williges Gehör bei den Geldbesitzern finden, und daß es infolgedessen zu „Gründungen" von allerhand Unternehmungen kommt, die wir als Spekulationsunternehmung bezeichnen müssen. Defoe, dem wir schon mehr als einmal wertvolle Aufschlüsse verdankt haben, unterrichtet uns auch über diesen Punkt in seiner schlagenden Weise wie folgt:

„Es gibt leider nur zu viele prahlerische Anpreisungen von neuen Entdeckungen, neuen Erfindungen, neuen Maschinen und anderem mehr, die, über ihren wahren Wert herausgestrichen, zu etwas Großem werden sollen, falls die und die Summen aufgebracht und die und die Maschinen gemacht sind. Solche Scheinerfindungen haben die Phantasie Leichtgläubiger so erregt, daß sie auf einen bloßen Schimmer von Hoffnungen hin

8*

Gesellschaften gebildet, Komitees gewählt, Beamte ernannt, Aktien ausgeschrieben, Kontobücher eingerichtet, große Kapitalien aufgenommen und einen leeren Begriff dermaßen in die Höhe getrieben haben, daß viele Leute sich haben verleiten lassen, ihr Geld gegen Aktien an ein neues Nichts hinzugeben. Und nachdem die Erfinder den Spaß so weit getrieben haben, bis sie ihre Hand aus dem Spiele gezogen, lassen sie die Wolke sich selbst auflösen und die armen Käufer sich miteinander abfinden und vor Gericht zerren wegen der Abschlüsse, Übertragungen oder wegen dieses oder jenen Knochens, den der pfiffige Erfinder unter sie geworfen, um auf sie selbst die Schuld des Mißlingens zu wälzen. So beginnen die Aktien erst allmählig zu fallen, und glücklich ist der, welcher hier bei Zeiten verkauft, bevor sie gleich messingnem Gelde ganz wertlos geworden sind. Ich habe es erlebt, wie in solcher Weise Aktien von Banken, Patenten, Maschinen und anderen Unternehmungen durch hochtrabende Worte und den Namen eines dabei beteiligten angesehenen Mannes auf 100 £ pro Aktie $^{1}/_{500}$ Anteil oder eine Aktie getrieben wurden und schließlich so zurückgingen, daß sie auf 12, 10, 9, 8 £ pro Aktie heruntergespekuliert waren, bis sich zuletzt „kein Käufer" mehr fand — (das neue Wort für „keinen Wert"), wodurch dann viele Familien ins Elend gerieten. Als Beispiele hierfür brauchte ich nur einige Leinenmanufakturen, Salpeterwerke, Kupferminen, Tauchermaschinen u. A. anzuführen, ohne, glaube ich, der Wahrheit oder einigen augenscheinlich schuldigen Personen Unrecht zu tun. Ich könnte bei diesem Gegenstande länger verweilen und die Betrügereien und Schliche von Börsenspekulanten, Maschinenbauern, Patentinhabern, Komitees zusammen mit jenen Börsenhanswürsten, den Maklern, aufdecken, doch habe ich zu solch einer Arbeit nicht Galle genug. Alle die aber, welche sich nicht durch solche Scheinerfinder um ihr Vermögen gebracht sehen wollen, will ich zur allgemeinen Richtschnur darauf aufmerksam machen, daß die Personen, welche einer solchen Unternehmung verdächtig scheinen, sicherlich mit diesem Vorschlage kommen: ‚Vor dem Versuche brauche ich Ihr Geld.' Und hier könnte ich eine sehr ergötzliche Geschichte von einem Patenthändler zum besten geben, bei der niemand anders als ich selbst der Gefoppte war, doch will ich sie mir für eine andere Gelegenheit aufsparen."

Es würde aber dieser ausdrücklichen Bestätigung ab seiten eines guten Sachkenners gar nicht bedürfen, um festzustellen, daß jene Zeit und noch mehr die ersten Jahrzehnte des 18. Jahrhunderts eine „Gründerperiode" ganz großen Stils gewesen sind: meines Wissens die erste, in der die Sucht zu Neubegründungen kapitalistischer Unternehmungen in dieser epidemischen Weise Völker ergriffen hat, wie damals namentlich die Engländer und die Franzosen. Es ist die Zeit des Südsee-Schwindels in England, des Lawschen Systems in Frankreich, die aber beide nur die am meisten hervorstechenden Unternehmungen sind, die infolgedessen den Blick so sehr blenden, daß man oft gar nicht bemerkt, wie um diese Riesenschwindelunternehmen herum sich eine Anzahl anderer „Gründungen" vollzog, die in ihrer Gesamtheit der ganzen Epoche recht eigentlich erst den Stempel aufdrücken.

Um recht zu verstehen, welche neue Welt damals der Menschheit erschlossen wurde, muß man sich einen Überblick verschaffen über den Umfang und die Richtung, die in jener Zeit zum ersten Male (und vorbildlich für alle Zukunft) das Gründungsfieber angenommen und eingeschlagen hat. Wir besitzen ja in dem Materiale, das die amtlichen Untersuchungskommissionen damals zusammengetragen haben, eine reiche Fundgrube an authentischen Zeugnissen und außerdem einen Auszug aus der englischen Enquete, die Anderson „zum warnenden

Exempel für alle kommenden Generationen," wie er schreibt[132]), gemacht hat. Ich will daraus einige wenige Tatsachen mitteilen.

Im Mittelpunkt des Interesses (in England) stand natürlich die Gründung der Südseekompagnie. Diese war zunächst nichts anderes als eine der vielen Kolonialgesellschaften, die vorher schon bestanden hatte. Ihr Privilegium gab ihr das Recht des ausschließenden Handels nach allen Plätzen an der Ostküste von Amerika von dem Flusse „Aranoca" bis zur Südspitze des Feuerlands und an der Westküste vom Kap Horn bis zum nördlichsten Teile Amerikas. Sie bekam auch alle Machtmittel übertragen wie die andern Gesellschaften.

Ihre Bedeutung für die Entwicklung des Kapitalmarktes und der Spekulationswut lag aber nicht eigentlich in ihrem eigenen Gebaren als Spekulationsunternehmung. Sie diente nur dazu, eine latente Gründungsmanie gleichsam auszulösen. Das tat sie, wie bekannt, durch die Verquickung ihrer Geschäfte mit den Staatsfinanzen. Der damals aufkommenden Sitte gemäß übernahm sie einen immer größeren Teil der englischen öffentlichen Schuld, indem sie nach und nach über 31 000 000 ₤ Anleihen in Gesellschaftskapital verwandelte. Das bedeutete also — und das ist die Pointe —, daß vielleicht der größte Teil des englischen Barvermögens, das bis dahin in festverzinslichen Papieren angelegt war, nun in dividendentragendes, der Agiotage zugängliches Kapital umgewechselt wurde. Welche spekulative Leidenschaft damals die geldbesitzenden Kreise erfüllte, zeigen die Kurse, zu denen der Umtausch der Rentenpapiere erfolgte. Bei der letzten Einlösung wurden die Aktien zu 800 % zum Umtausch angeboten und angenommen. Um dieselbe Zeit (August 1720) legte die Gesellschaft neue Aktien zum Kurse von 1000 % aus, um die sich die Käufer (bei 200 ₤ Einzahlungsverpflichtung) noch immer rissen.

## Siebentes Kapitel: Die Grundtypen d. kapitalistischen Unternehmertums 119

Die also angefachte Spielwut des Publikums wurde nun von geschickten Machern dazu benutzt, um zahllose neue Unternehmungen (wenn auch zunächst nur auf dem Papiere) ins Leben zu rufen.

Aus der langen Liste dieser Bubbles (Seifenblasen), wie man diese windigen Gründungen nannte, seien folgende angeführt:

Dekatier=Gesellschaft (abgekürzt: G.) [1 200 000 £],
Englische Kupfer=G.,
Walliser Kupfer=G.,
Kön. Fischerei=G.,
G. der Erzgruben=Unternehmen von England,
Degenklingen=G.,
Strickerei=G.,
G. um frisches Wasser nach Liverpool zu leiten,
G. um frische Fische nach London zu bringen,
Harburger Handels=G.,
G. zur Erbauung von Schiffen zum verchartern,
G. zur Hebung des Flachs= und Hanfbaus in England,
ebensolche für Pennsylvanien,
G. zur Verbesserung des Landes,
G. zur Walfischfängerei,
G. zur Gewinnung von Salz in Holyhead (2 Mill. £),
G. „Die große Fischerei",
Bodmerei=G.,
G. zur Besiedlung der Bahama=Inseln,
Allgemeine Feuerversicherungs=G. (1 200 000 £),
K. Börsenassekuranz=G. (500 000 £),
Londoner Versicherungs=G. (3 600 000 £).

Ferner: 12 G. zum Betrieb der Fischerei,
    4 G. zur Gewinnung von Salz,
    8 Versicherungs=G.,
    2 Remittierungs=G. (Remittances of Money),
    4 Wasser=G.,
    2 Zucker=G.,
   11 G. zur Besiedelung von oder zum Handel nach amerikanischen Ländern,

2 Bau-G.,
13 Landwirtschaftliche-G.,
6 Öl-G.,
4 G. zur Verbesserung von Häfen und Korrektion von Flüssen,
4 G. zur Versorgung Londons,
6 G. zur Anlage von Leinenmanufakturen,
5 G. zur Anlage von Seidenmanufakturen,
15 G. zur Anlage von Montanwerken und Metallverarbeitungsfabriken.

Endlich: 60 G. mit verschiedenen Zwecken, darunter G. zur Reinigung Londons (2 Mill. ℒ), G. zum Handel mit Menschenhaaren, G. zur Heilung venerischer Krankheiten, G. zur Beschäftigung der Armen, G. zur Anlage einer großen Apotheke (2 Mill. ℒ), G. zur Anfertigung des Perpetum mobile, G. zum Handel mit gewissen Waren (! certain commodities) in England, G. zur Erbauung von Häusern in ganz England (3 Mill. ℒ), G. zur Übernahme von Beerdigungen usw. usw.

Im ganzen also über 200 „Gründungen" in einem Jahre: das ist eine Ziffer, wie sie bei uns heute in einem Jahre mittelguter Konjunktur erreicht wird; also eine enorme Ziffer für das England jener Tage. Ein Wahrzeichen blühender Phantasie zugleich ist diese Liste der ersten Spekulationsunternehmungen in unserer Zeit.

Aber was uns nun vor allem interessiert, ist der „Geist", aus dem all' diese Pläne entsprungen waren; mit anderen Worten: was wir versuchen wollen, ist eine etwas genauere Umschreibung dessen, was man „Spekulationsgeist" (insoweit er eine Erscheinungsform des kapitalistischen Unternehmungsgeistes, nicht bloß eine andere Form der Spielwut ist) nennt, ist eine Analyse der besonderen Artung einer Spekulantenpsyche.

Was zunächst einmal diese neuen Formen der kapitalistischen Unternehmung von den früher von uns betrachteten scharf unterscheidet, ist der Umstand, daß bei ihrer Entstehung und zum Teil auch bei ihrer Durchführung ganz andere Seelenkräfte als bisher den Ausschlag geben. Allen drei Formen der kapitalistischen Unternehmung, deren Geist wir kennen lernten, ist gemeinsam der Unterbau eines äußeren Machtverhältnisses: die Leiter jener Unternehmungen vollbringen ihre Leistungen letzten Endes unter Anwendung äußerer Zwangsmittel. Mögen diese sichtbar zutage treten wie bei der Freibeuterunternehmung; mögen sie im Hintergrunde verborgen sein, wie bei den beiden anderen Formen, wo es die Macht des Staates oder die Macht im Staate ist, die über den Erfolg entscheidet.

Das Wesensandere bei der Tätigkeit des Spekulanten ist nun das, daß er (wenigstens bei der Begründung seines Unternehmens) eine neue Machtquelle in seinem eigenen Innern aufschließt: die suggestive Kraft, mit der allein er seine Pläne verwirklicht. An die Stelle des äußeren Zwangs setzt er den inneren Zwang. An die Stelle der Furcht als treibende Kraft die Hoffnung.

Er vollbringt sein Werk etwa in dieser Weise. Selbst träumt er mit aller Leidenschaftlichkeit den Traum seines glücklich zu Ende geführten, erfolgreichen Unternehmens. Er sieht sich als reichen, mächtigen Mann, den seine Mitmenschen verehren und feiern wegen der ruhmvollen Taten, die er vollbracht hat und die er selbst ins Ungeheure in seiner Phantasie auswachsen läßt. Er wird erst dies vollbringen, dann jenes daran schließen, ein ganzes System von Unternehmungen ins Leben rufen, er wird den Erdkreis mit dem Ruhm seiner Werke erfüllen. Er träumt das Riesengroße. Er lebt wie in einem beständigen Fieber. Die Übertreibung seiner eigenen Ideen reizt ihn immer von neuem und hält ihn in immerwährender Bewegung. Die Grundstimmung seines Wesens ist ein enthusiastischer Lyrismus. Und aus dieser Grundstimmung heraus vollbringt er nun sein größtes Werk: er reißt andere Menschen mit sich fort, daß sie ihm seinen Plan durchführen helfen. Ist er ein großer Ver=

treter seiner Art, so eignet ihm eine dichterische Fähigkeit, vor den Augen der anderen Bilder von verführerischem Reiz und bunter Pracht erstehen zu machen, die von den Wundern, die er vollbringen will, eine Vorstellung geben: welchen Segen das geplante Werk für die Welt bedeutet, welchen Segen für die, die es ausführen. Er verspricht goldene Berge und weiß seine Versprechungen glaubhaft zu machen. Er regt die Phantasie an, er weckt den Glauben[133]). Und er weckt mächtige Instinkte, die er zu seinem Vorteil verwendet: er stachelt vor allem die Spielwut auf und stellt sie in seinen Dienst. Keine Spekulationsunternehmung größeren Stils ohne Börsenspiel. Das Spiel ist die Seele, ist die Flamme, die das ganze Wirken durchglüht. „Eh bien", ruft Saccard aus: „ohne Spekulation (in diesem engeren Sinne) würde man keine Geschäfte machen, meine liebe Freundin. Warum zum Teufel verlangen Sie, daß ich mein Geld herausrücke, daß ich mein Vermögen riskiere, wenn Sie mir nicht eine außergewöhnliche Vergütung versprechen, ein plötzliches Glück, das mir den Himmel öffnet? Mit der legitimen und mittelmäßigen Bezahlung der Arbeit, mit dem vernünftigen Gleichgewicht der täglichen Geschäfte ist das Leben eine Wüste von ungeheurer Plattheit, ist es ein Sumpf, in dem alle Kräfte einschlafen und verkümmern; laßt aber plötzlich am Horizonte ein Traumbild aufflammen, versprecht, daß man mit einem Sou hundert gewinnen wird, gebt all jenen schläfrigen Seelen die Möglichkeit der Jagd nach dem Unmöglichen, zeigt ihnen die Millionen, die in zwei Stunden verdient sind, meinetwegen mit Hals- und Beinbrüchen . . . und das Rennen beginnt, die Energien verzehnfachen sich, das Gedränge ist so groß, daß die Leute, indem sie nur für ihr eigenes Wohl sich abmühen, lebendige, große und schöne Werke vollbringen. . ."

Stimmung machen, ist die Losung. Und daß dazu alle

Mittel recht sind, die die Aufmerksamkeit, die Neugierde, die Kauflust erringen, versteht sich von selbst. Lärm wird Selbstzweck.

Und die Arbeit des Spekulanten ist vollbracht, seinen Zweck hat er erreicht, wenn weite Kreise in einen Zustand des Rausches geraten, in dem sie alle Mittel zu bewilligen bereit sind, die er zur Durchführung seines Unternehmens braucht.

Je weniger leicht sich der Plan eines Unternehmens übersehen läßt, je mehr die möglichen Wirkungen allgemeiner Natur sind, desto besser eignet es sich für den Spekulanten, desto größere Wunder kann der Spekulationsgeist vollbringen. Daher große Bankunternehmungen, große Überseeunternehmungen, große Verkehrsunternehmungen (Eisenbahnenbau! Suez- und Panamakanal!) besonders geeignete Objekte für die Betätigung des Spekulationsgeistes von Anfang an gewesen und bis heute geblieben sind.

## 5. Die Kaufleute

Kaufleute (als Unternehmertypus) nenne ich alle diejenigen, die kapitalistische Unternehmungen aus dem Waren- oder Geldhandel heraus entwickelt haben. Zunächst im Bereiche des Waren- und Geldhandels selbst, in dem sie kleine handwerksmäßige Betriebe über ihren ursprünglichen Umfang hinaus ausgeweitet und zu kapitalistischen Unternehmungen umgebildet haben. Dieser Fall einer allmählichen, schrittweisen Vergrößerung, bei der unmerklich die eine Wirtschaftsform in die andere übergeht, bis schließlich „die Quantität in die Qualität umschlägt", ist sicher ein sehr häufiger gewesen (wie er ja heute noch täglich vorkommt). Ein großer Teil der handwerksmäßigen „negiotiatores" ist im Laufe der Zeit zu kapitalistischen Unternehmern geworden: das sind die Florentiner Wollhändler, die englischen tradesmen, die französischen marchands, die jüdischen

Schnittwarenhändler. Natürlich mußte eine Reihe glücklicher Umstände sich vereinigen, damit eine solche Metamorphose möglich war. Aber das interessiert uns hier nicht, wo wir nur die Tatsache festzustellen haben, daß die Metamorphose sich häufig vollzogen hat. Häufig, sage ich, ohne mehr als ein unbestimmtes Gefühl als Grund für diese quantitative Bestimmung anführen zu können. In Wirklichkeit entzieht sich das Wieviel vollständig unserem Schätzungsvermögen.

Kaufleute sind aber auch noch auf einem anderen Wege kapitalistische Unternehmer geworden: durch Übergriffe in das Bereich der Güterproduktion. Das ist einer der wichtigsten (vielleicht numerisch der häufigsten) Fälle, in denen gewerbliche Arbeiter (Handwerker oder auch bäuerliche Eigenproduzenten) durch reiche Leute mit Vorschüssen ausgestattet wurden, bis sie zu reinen Lohnarbeitern in einer kapitalistischen Unternehmung herabgesunken waren: ist der wichtigste Fall des „Verlags". Wir sahen an einer anderen Stelle (siehe oben Seite 87 ff.), daß die Geldgeber, die die Handwerker mit Barmitteln versahen, um ihnen die Weiterproduktion zu ermöglichen, sehr verschiedenen sozialen Schichten angehörten. Zu eigentlichen „Verlegern", also zu kapitalistischen Unternehmern wurden sie jedoch in der Regel nur, wenn sie schon selbst Geschäftsleute waren. Zum Teil allerdings waren es reichere „Kollegen", die zu Brotgebern der verarmten Handwerker sich aufschwangen.

Um nur ein paar frühe Beispiele anzuführen:

Die Arte della Lana di Pisa verbietet im 14. Jahrhundert, dem „Arbeiter" mehr als 25 Pfund in der Stadt, 50 Pfund in der Landschaft anzuvertrauen. Kein Lanaiuolo der Stadt Pisa soll eine Werkstatt errichten, in der er gegen Lohne (ad pregio) weben läßt, außer seiner eigenen.

In der Zunft der Wollscherer finden wir (1537) in England zwei Darlehen von 100 und 50 £, die reichere an ärmere Handwerker darleihen. Eine Reihe von Streitfällen betrifft diese Dar-

Siebentes Kapitel: Die Grundtypen d. kapitalistischen Unternehmertums 125

lehen, aus denen wir entnehmen können, daß die ärmeren Meister ihre Schuld abarbeiten mußten [134]).

1548 verbietet ein englisches Gesetz den reichen Meistern der Lederzünfte, die ärmeren mit Leder zu versorgen; 1549/50 wird das Gesetz aufgehoben mit der Begründung: ohne dem ginge es nicht [185]).

In Frankreich dasselbe Bild um dieselbe Zeit: arme Hutmacher in Abhängigkeit von reichen [186]).

Aber viel häufiger waren es Kaufleute, meist Zwischenhändler, die zu Verlegern der Handwerker wurden. Dieser Vorgang ist so häufig, daß er fast als der normale erscheint. Sein häufiges Vorkommen hat sogar die Blicke der Historiker so sehr geblendet, daß sie das Problem der Entstehung kapitalistischer Produktionsunternehmungen in ein allmähliches „Übergreifen des Handelskapitals" in die Produktionssphäre simplifizieren (Marx!). Davon ist nun natürlich keine Rede, wie dieses Buch zu genügend deutlicher Erkenntnis bringt. Aber daß, wie gesagt, die Fälle häufig waren, in denen Warenhändler zu Leitern von Produktionsunternehmungen wurden, unterliegt keinem Zweifel. Diejenigen Gewerbe, in denen dieser Vorgang besonders häufig sich abspielte, sind:

1. (vor allem!) die Textilindustrie, wo in sämtlichen Ländern sicher seit dem 14. Jahrhundert, vielleicht schon früher, die Mitglieder der Calimala-Zunft, die Gewandschneider, die Clothiers, die marchands drapiers, das heißt also: die Tuchhändler (ebenso wie die Seidenwarenhändler) auf der einen Seite, die Garnhändler auf der anderen Seite, Handwerker verlegen;

2. der Bergbau und das Hüttenwesen, soweit es nicht grundherrliches Gepräge beibehielt;

3. die Galanteriewarenbranche (Paternostermacher!);

4. die Schneiderei: mindestens im 17. Jahrhundert haben sich in allen größeren Städten aus den — meist jüdischen — Kleiderhändlern „Konfektionäre" entwickelt [187]).

\* \* \*

Wes Geistes Kind diese neuen Männer waren, die herankrochen, um die Welt zu erobern, werden wir am besten erkennen, wenn wir die eigentümliche Art, Handel zu treiben und Unternehmer zu sein, bei drei Völkern beobachten, in denen sich der „kaufmännische" Geist zuerst und am reinsten zur Blüte entfaltet hat: bei den Florentinern, den Schotten und den Juden.

1. Die Florentiner [137a]

Scharf hebt sich das Vorgehen der Florentiner — wenigstens seit etwa dem 13. Jahrhundert — von dem der Venetianer, Genuesen und auch der Pisaner in der Levante, die ja vor allem in Betracht kommt, ab. Während die anderen Städte kämpfen, treibt Florenz „Handel". Jener Machtmittel ist ein starkes Heer, ist eine starke Flotte. Die Florentiner haben während der Blütezeit ihres Handels keine Kriegsflotte, ja nicht einmal eine nennenswerte Kauffahrteiflotte besessen. Ihre Waren verladen sie auf fremde Schiffe, die sie chartern, und wenn sie Schutz brauchen, nehmen sie provençalische oder genuesische Galeeren in ihren Dienst. Am liebsten umgehen sie die Gefahr: sie wählen Reisewege quer durch das Land und machen weite Umwege, um den vielen Seeräubern im Archipel oder den Schiffen der rivalisierenden Nation nicht zur Beute zu fallen. Womit sie ihre Erfolge bei fremden Völkern errangen, waren ganz andere Dinge: 1. Geld: der Florentiner Warenhandel ist von Anbeginn noch viel ausschließlicher als der anderer Nationen mit Geldgeschäften verbunden, und reine Geldgeschäfte bilden von jeher einen Hauptteil der Florentiner Geschäftstätigkeit; 2. Verträge: Pagnini zählt die lange Reihe der geschickt von den Florentinern abgeschlossenen Handelsverträge auf; 3. Sachkunde: die berühmten Traktate des Balducci (Pegolotti) und Uzzano sprechen dafür: sie bildeten die Quelle, aus denen die damalige Kaufmanns=

welt ihre Kenntnisse von den handelstechnisch und handelsgeographisch wichtigen Dingen schöpfte; Pagnini führt sie richtig als Beweis für die Erfahrenheit unserer Kaufleute (prova della perizia de'nostri mercanti) an. Hinter den kriegführenden Nationen ziehen sie her: wenn diese erschöpft sind, treten sie an ihre Stelle; wenn diese sich die Gunst der Sultane durch ihr rauhes Auftreten verscherzt haben, wissen sie sich bei den Machthabern mit Geldgeschenken und Versprechungen einzuschmeicheln. „Daß Venedig sich im Einzelkriege mit den Osmanen verblute, war die stille Hoffnung der Florentiner. Dieser Krieg (1463) sollte deshalb ja nicht zur gemeinsamen Angelegenheit des Abendlandes erhoben werden; die Florentiner selbst steckten sich, um nicht daran teilnehmen zu müssen, dem Papst Pius II. gegenüber hinter die Behauptung, ihre Handelsgaleeren und ihre Kaufleute ließen sich nicht so schnell aus der Türkei zurückrufen . . ." Unterdessen machen sie sich lieb Kind beim Sultan, „sie saßen im Rat des Sultans, sie begingen als Freunde seine Siege mit Freudenfesten, sie wußten ihre Bedeutung als Handelsnation bei ihm ins rechte Licht zu setzen und seine Gunst auch in dieser Beziehung so vollständig zu gewinnen, daß nicht bloß die Venetianer, sondern auch die Genuesen in Pera und andere Italiener in der Levante darob voll Neides und Ärgers waren. Um nur dieses Übergewicht möglichst lange zu behaupten, hintertreiben sie . . ." usw. Als die Venetianer sie gebeten hatten, mit ihnen gegen die Türken zu Felde zu ziehen und ihre Handelsbeziehungen abzubrechen, hatte die Signoria erklärt, „gerade die heurige Fahrt nicht mehr einstellen zu können, da für dieselbe viele Tuche fabriziert und viele Waren eingekauft worden seien." (!) Daß sich solche Auffassung ganz gut auch mit einer gelegentlichen Preisgabe der persönlichen Würde verträgt (wenn es der geschäftliche Vorteil erheischte), läßt sich leicht verstehen.

So sehen wir die Florentiner auf Cypern, wo sie zu den nicht privilegierten Nationen gehörten, um die den Pisanern zugebilligten 2 Prozent Zollermäßigung zu genießen, sich für Pisaner ausgeben; dafür mußten sie sich freilich „auch gefallen lassen, daß die Pisaner ihnen bedeutende Abgaben auflegten und sie sonst demütigend behandelten". (Später erreicht Pegolotti, der Faktor (!) der Bardi und Peruzzi, die Gleichstellung mit den Pisanern.) Ein friedsames Händlervolk, das schließlich, als er preiswert zu haben ist, sich auch noch einen Hafen kauft, nachdem ihm Pisa eben gleichfalls verkauft worden war. Dieses für alles Florentiner Wesen bezeichnende Geschehnis spielte sich im Jahre 1421 ab.

Damals war der günstige Moment gekommen: „als der Doge Tommaso da Campofregosa in Genua (das kurz, ehe Pisa durch Verrat in die Hände der Florentiner kam, sich der beiden Häfen Porto Pisano und Livorno mit Gewalt bemächtigt hatte) des — Geldes dringend benötigt war, um sich seiner Feinde zu erwehren; die Florentiner boten ihm solches, wenn er ihnen die beiden Häfen abträte, und am 27. Juni 1421 kam der Handel zustande um den Preis von 100 000 fl." Übrigens wurde es auch dann noch nichts Rechtes mit der Schiffahrt der Florentiner: um das Jahr 1500 wird der Handelsverkehr schon wieder im wesentlichen mit fremden Schiffen und größtenteils zu Lande fortgesetzt. Wollhändler und Bankiers sind doch eben für die Schiffahrt verdorben. In allen Schiffahrtsunternehmungen steckt — und steckte vor allem in damaliger Zeit — ein gutes Teil Freibeutertum; und das war dem Florentiner Wesen fremd. Das unterscheidet ihren Handel so scharf von dem der benachbarten Städte. „Werfen wir einen Rückblick auf die Geschichte der florentinisch-ägyptischen Wechselbeziehungen", schließt Heyd seine Darstellung, „so kann uns die Tatsache nicht entgehen, daß Konflikte von der Art, wie sie bei anderen Handelsnationen vorkommen, hier ganz ausbleiben. Alles scheint glatt zu verlaufen."

Und wie der Handel, so die Industrie: die berühmte Florentiner Tuchindustrie, vielleicht die erste wahrhaft kapitalistisch organisierte Industrie, ist ein Kind des Wollhandels, also aus rein kaufmännischem Geiste geboren.

Nur eine Spiegelung dieses Händlergeistes ist das öffentliche Leben in dieser Stadt. Wie hat sie ihre großen Männer leiden lassen, wie ihre großen Künstler mit ihrer Filzigkeit gequält!

Was Wunder, wenn das Regiment seit dem 14. Jahrhundert in die Hände von Wollhändlern und Bankiers geraten war. Und die Krönung Florentiner Wesens gleichsam ist es, daß schließlich zu Fürsten dieses Landes eine Familie von Geldhändlern geworden ist.

2. Die Schotten

sind die Florentiner des Nordens, was ihr Händlertum anbetrifft (daß sich in der geistigen Struktur des Schotten außerdem sehr andere Züge als beim Florentiner finden, ändert an der Richtigkeit dieses Vergleichs nichts). So wie wohl die Erhebung der Medici der einzige Fall in der Geschichte ist, daß Bankiers zu Landesfürsten wurden, so ist es wohl auch nur einmal in der Geschichte vorgekommen, daß ein Volk für eine Summe baren Geldes ihren König an eine fremde Nation verkauft hat, wie es die Schotten mit Karl gemacht haben. (Die Schotten: damit meine ich die Flachländer (Lowlander), während die Hochländer (Highlander) nicht nur eine andere, sondern eine geradezu entgegengesetzte Seelenverfassung haben.)

Just wie die Florentiner bleiben sie — obwohl vom Meere umspült! — dem Meere fern: sie sind nie eine seebefahrene Nation großen Stils gewesen. Um die Mitte des 17. Jahrhunderts (1656), als die Englisch-Ostindische Kompagnie einen

Schiffsbestand von 15000 t Raumgehalt hatte (1642), während schon 1628 die Themseflotte 7 Indienfahrer mit 4200 t, 34 andere Fahrzeuge mit 7850 t aufwies, hat der größte schottische Hafen (Leith) 12 Fahrzeuge mit zusammen 1000 Tonnen Tragfähigkeit, Glasgow hat 12 Fahrzeuge mit 830 t, Dundee 10 mit 498 t usw.[188]). Bis ins 18. Jahrhundert hinein haben sie eigentlich keine eigene Flotte; bis dahin treiben sie ihren Überseehandel in Schiffen, die sie von den Engländern chartern (genau wie die Florentiner!).

Ihr Handel ist vielmehr ein Binnenhandel. Sie vermitteln den Warenaustausch zwischen den Highländern und Londonern (so Dundee, Glasgow); oder sie vertreiben selbstgefangene Fische oder Kohle oder eigene verfertigte Wollstoffe (plaiding) nach Irland, Holland, Norwegen, Frankreich und bringen von dort Hopfen, Getreide, Mehl, Butter, Holz usw. heim. In ihren Seelen glimmt aber ein mächtiger Erwerbstrieb, der während des 16. und 17. Jahrhunderts unter der Asche einer unerhörten Bigotterie verborgen ist und (wie wir noch sehen werden) Ende des 17. Jahrhunderts plötzlich zur Flamme aufschlägt, und sie zu erfolgreichen Unternehmungen zu Hause und in der Fremde sich drängen läßt.

In welchem Geiste aber sie ihre Geschäfte betreiben, läßt ein schottischer Weisheitsspruch erkennen, den Marx einmal zitiert: „Wenn ihr ein wenig gewonnen habt, wird es oft leicht, viel zu gewinnen; die Schwierigkeit liegt darin, das Wenige zu gewinnen."

Es ist mit einem Worte echt kaufmännischer Geist, es ist echter „Händlergeist", der überall durch ihre geschäftliche Tätigkeit hindurch scheint. Ein guter Beobachter hat diesen schottisch-florentinischen Geschäftsgeist am Anfang vorigen Jahrhunderts einmal treffend wie folgt beschrieben (indem er ihn in Gegensatz zu dem Geist der irländischen Geschäftsleute stellt)[188a]:

„Könnten sie — die Irländer — durch einen raschen coup de main zum Genusse eines merkantilischen Reichtums gelangen, so würden sie sich wohl gerne dazu entschließen; aber sie können sich nicht auf dreifüßige Kontorstühlchen niederlassen und über Pulte und lange Handelsbücher gebeugt liegen, um sich langsam Schätze zu erknickern. Dergleichen aber ist ganz Sache eines Schotten. Sein Verlangen, den Gipfel des Baumes zu erreichen, ist ebenfalls ziemlich heftig; aber seine Hoffnungen sind weniger sanguinisch als beharrlich, und wirksame Ausdauer ersetzt das momentane Feuer..."

Der Irländer springt und hüpft wie ein Eichhörnchen — der Schotte klimmt ruhig von Ast zu Ast.

„Diese bewundernswerte Fähigkeit des Schotten, sich in Handelsgeschäften hervorzutun, seine außerordentliche Nachgiebigkeit gegen seine Vorgesetzten, die beständige Hast, womit er sein Segel nach jedem Winde aufspannt, hat nicht allein bewirkt, daß man in den Handelshäusern Londons eine Unzahl schottischer Schreiber, sondern auch Schotten als Kompagnons finden kann."

Man sieht: man könnte in dieser Schilderung ohne weiteres das Wort Schotten durch das Wort Florentiner ersetzen; aber auch noch durch ein anderes Wort:

3. Die Juden

Da ich annehme, daß die Leser mein Buch über „Die Juden und das Wirtschaftsleben" kennen, so erspare ich mir hier eine ausführliche Darstellung des jüdischen Geschäftsgeistes, wie er aus dem jüdischen Geschäftsgebaren hervorleuchtet. Ich nehme um so lieber von dieser Schilderung Abstand, als es sich zudem noch um eine Wiederholung handeln würde dessen, was ich eben über die beiden andern Völker gesagt habe. Denn: Florentiner-Schotten-Juden. Wenn Martian in seinen Erklärungen des Ezechiel über die Juden im Römerreiche bemerkt:

„Bis heute wohnt in den Syrern (Juden) ein solcher eingeborener Geschäftseifer, daß sie des Gewinnes wegen die ganze Erde durchziehen; und so groß ist ihre Lust zu handeln, daß sie überall innerhalb des römischen Reiches zwischen Krieg, Mord und Totschlag Reichtümer zu erwerben trachten" —, so trifft das den Nagel auf den Kopf und kennzeichnet mit epigrammatischer Kürze die Stellung der Juden im Wirtschaftsleben der Völker: „zwischen Krieg, Mord und Totschlag" suchen sie Reichtümer zu erwerben, während die anderen Völker diese durch Krieg, Mord und Totschlag zu erwerben trachten. Ohne Seemacht, ohne Kriegsmacht schwingen sie sich zu Herren der Welt auf, mittels derselben Kräfte, die wir in den Händen der Florentiner wirksam fanden: Geld — Verträge (d. h. Privat-Kaufverträge) — Sachkunde. Alle Unternehmungen, die sie begründen, sind aus Händlergeist geboren; alle Juden, die sich zu kapitalistischen Unternehmern aufschwangen, stellen den Unternehmertyp der Kaufleute dar: deshalb war ihrer an dieser Stelle zu gedenken.

Es erübrigt nun nur noch kurz den letzten Unternehmertyp zu umreißen.

## 6. Die Handwerker

Das ist genau genommen ein Widerspruch in sich: „der Handwerker": ein Typus des kapitalistischen Unternehmers. Aber ich finde keinen besseren Ausdruck, um das zu bezeichnen, was die Engländer treffend »Manufacturer«, die Franzosen »Fabricant« (im Gegensatz zu dem aus kaufmännischem Geiste geborenen »entrepreneur«)[139]) nennen. Also den heraufgekommenen Handwerksmeister in der gewerblichen Produktionssphäre, der seinen Betrieb in langjährigem, mühevollem Ringen zu einer kapitalistischen Unternehmung ausgeweitet hat: den Mann mit den schwieligen Händen, dem viereckigen Kopfe, den groben Manieren, der in der altmodischen Einrichtung bis zur silbernen Hochzeit wohnt, um dann sich von einem Architekten seine Wohnung nach dem neuesten Stil möblieren zu lassen, weil seine Tochter, die er auf Händen trägt, und der er eine gediegene Bildung (die ihm fehlt) hat angedeihen lassen, es so wünscht. Die bekannten Knoten der „ersten Generation", die Self made men, die aber doch über einen gewissen mittleren Geschäftsumfang nicht hinauskommen. Die Stammväter der späteren Großunternehmer.

In wichtigen Industrien, wie z. B. der Maschinenindustrie, hat dieser Typus geradezu die Regel in den Anfängen der kapitalistischen Entwicklung gebildet. Wir finden ihn aber in fast allen Industrien zerstreut. Auch in der Textilindustrie hat der „Tuchfabrikant" eine Rolle gespielt [139a]. Er ist in allen Ländern gleichmäßig verbreitet gewesen. In großen Städten fand man ihn besonders häufig [140]. Irgendwelche auch nur annäherungsweise Schätzung des numerischen Anteils ist selbstverständlich bei diesem Typus ebenso unmöglich wie bei irgendeinem der andern.

*  *  *

Was ich über den Geist, aus dem dieser letzte Unternehmertyp: der Handwerker, geboren ist, zu sagen habe, kann ich (an dieser Stelle) mit wenigen Worten, weil es in den vorhergehenden Ausführungen schon ausgesprochen ist, sagen. So sehr nämlich der Handwerker und der Kaufmann untereinander verschieden sind: sie haben doch eine Reihe gemeinsamer Züge: gemeinsam sogar mit der Spekulationsunternehmung (von der sie im übrigen Welten trennen) haben sie die Abkehr von allem Gewaltmäßigen und Autoritäthaften ihres Wirkens, das die ersten drei Unternehmertypen charakterisiert. Auch der handwerkerhafte Leiter einer kapitalistischen Unternehmung muß vor allem „Händler" sein in dem von mir festgestellten Sinne: er muß sich durch friedliche Überredungskunst seinen Weg durchs Leben bahnen; im geschickten Abschluß von meist freihändigen Verträgen: mit seinen Lieferanten, mit seinen Arbeitern, mit seinen Kunden liegen alle Möglichkeiten des Gewinns für ihn eingeschlossen. Damit diese Unternehmer aber Erfolg haben, müssen sie — das gilt auch von den „Kaufleuten" — noch andere Fähigkeiten und vor allem bestimmte sittliche Qualitäten besitzen, die in diesem hohen Maße bei den übrigen Unternehmertypen nicht erheischt werden; sie müssen, um es in zwei Schlagworten auszudrücken: rechnen und sparen können. Sie müssen die Eigenschaften des guten Kalkulators und des guten Hausvaters in sich vereinigen: ein ganz neuer „Geist" muß in ihnen lebendig werden, der dann auch in die anderen Unternehmer einzieht und schließlich einen unentbehrlichen Bestandteil des kapitalistischen Geistes überhaupt bildet. Über sein Wesen und sein Werden müssen wir uns nun aber erst genauer unterrichten. Die folgenden Kapitel sind ihm gewidmet.

## Zweiter Abschnitt
# Der Bürgergeist

### Achtes Kapitel: Die bürgerlichen Tugenden

In dem, was wir heute als kapitalistischen Geist bezeichnen, steckt außer dem Unternehmungsgeist und außer dem Erwerbstriebe noch eine Menge anderer seelischer Eigenarten, von denen ich einen bestimmten Komplex unter dem Begriffe der bürgerlichen Tugenden zusammenfasse. Darunter verstehe ich alle diejenigen Ansichten und Grundsätze (und das nach ihnen gestaltete Betragen und Sichverhalten), die einen guten Bürger und Hausvater, einen soliden und „besonnenen" Geschäftsmann ausmachen. Anders ausgedrückt: in jedem vollendeten kapitalistischen Unternehmer, in jedem Bourgeois steckt ein „Bürger". Wie schaut er aus, wo ist er zur Welt gekommen?

Soviel ich sehe, tritt uns der „Bürger" in seiner Vollendung zuerst entgegen in Florenz um die Wende des 14. Jahrhunderts: während des Trecento ist er offenbar geboren. Damit spreche ich schon aus, daß ich unter „Bürger" nicht etwa jeden Bewohner einer Stadt oder jeden Kaufmann und Handwerker verstehe, sondern ein eigenartiges Gebilde, das aus diesen äußerlich als Bürger erscheinenden Gruppen sich erst heraus entwickelt, einen Menschen von ganz besonderer Seelenbeschaffenheit, für den wir keine bessere Bezeichnung haben als die gewählte, freilich in „...": er ist ein „Bürger", sagen wir heute noch, um einen Typus, nicht um einen Stand zu bezeichnen.

Was unser Augenmerk, wenn wir nach der Geburt des „Bürgers" fragen, gerade auf Florenz hinlenkt, ist die Fülle von Zeugnissen, die wir für seine Existenz in jener Stadt schon im 15. Jahrhundert besitzen[141]). Eine ganze Reihe von Ge-

schäftsleuten und Männern, die jedenfalls mit dem Geschäfts=
leben jener Zeit vertraut waren (und wer wäre das in dem
Newyork des Quattrocento nicht gewesen!), haben ihre An=
schauungen in wertvollen Memoirenwerken oder Erbauungs=
schriften niedergelegt, aus denen uns in vollendeter Deutlichkeit
das Bild Benjamin Franklins, dieses fleischgewordenen Bürger=
prinzips, entgegentritt. Was man vielfach erst im 17. und
18. Jahrhundert entstehen sah: die Grundsätze einer wohl=
geordneten bürgerlichen Existenz mit allen Merkmalen einer
ausgeprägten Parvificentia und Wohlanständigkeit: das bildet
schon ums Jahr 1450 in den Seelen der Florentiner Wollhändler
und Geldwechsler die Lebenssubstanz.

Der vollendete Typus des „Bürgers" während des Quattro=
cento: der, dessen Schriften auch die wertvollste Quelle für uns
bilden, um uns ein Urteil über den Geisteszustand jener
frühesten Epoche bürgerlicher Weltanschauung zu bilden, ist
L. B. Alberti. Von ihm stammen die berühmten Bücher
über das Familienregiment (Del governo della famiglia), in
denen in der Tat schon alles steht, was Defoe und Benjamin
Franklin nachher auf englisch gesagt haben. Die Familien=
bücher Albertis sind aber vor allem auch deshalb als Quelle
für uns unschätzbar, weil wir wissen, daß sie schon zu ihrer
Zeit bewundert und viel gelesen wurden, daß sie schon bald
nach ihrem Erscheinen als klassisches Traktat galten, das andere
Hausväter teils wörtlich, teils im Auszuge in ihre Chroniken
und Memoiren herübernahmen.

Wir sind deshalb wohl zu dem Schlusse berechtigt, daß die
Ansichten, die Alberti in seinen Familienbüchern vorträgt
(obwohl diese Lehr= und Erbauungsschriften sind), doch schon in
weiten Kreisen geteilt wurden und schon eine Art von allgemeinem
Zeitgeist, der natürlich nur innerhalb der Geschäftswelt ver=
breitet war, darstellen.

### Achtes Kapitel: Die bürgerlichen Tugenden

Ich gebe deshalb im folgenden die Ansichten und Meinungen Albertis in ihren Grundzügen wieder und ziehe die Äußerungen anderer Männer aus jener Zeit nur hier und da zur Ergänzung heran. Beschränken werde ich mich natürlich auf diejenigen Teile seiner Schriften, in denen er über seine Stellung zum Wirtschaftsleben sich äußert, während seine übrigen Lebensanschauungen nur insoweit für uns in Betracht kommen, als sie für die Herausbildung der besonderen Wirtschaftsgesinnung Bedeutung haben.

Zwei Gruppen von Ansichten kommen für uns hauptsächlich in Betracht: diejenigen, die sich auf die innere Ausgestaltung der Wirtschaft beziehen, und diejenigen, die die Beziehungen der Wirtschaftssubjekte zur Kundschaft insbesondere und zu der Außenwelt im allgemeinen zu regeln bestimmt sind. Den ersten Komplex von Sätzen fasse ich (aus alsobald ersichtlichem Grunde) unter der Bezeichnung der „heiligen Wirtschaftlichkeit", den zweiten unter dem Rubrum „Geschäftsmoral" zusammen.

#### 1. Die heilige Wirtschaftlichkeit

„Heilig" nennt Alberti die Wirtschaftlichkeit oder die gute Wirtschaftsführung, oder wie man sonst „masserizia" übersetzen will: »Sancta cosa la masserizia« (S. 151). Was versteht er unter dieser masserizia? Er gibt an verschiedenen Stellen eine Erklärung ab, die aber nicht alle übereinstimmen. Fassen wir den Begriff im weitesten Verstande auf, so daß er alle Wirtschaftsregeln, die Alberti den Seinen verkündet, in sich begreift, so bekommen wir etwa folgenden Sinn.

Zu einer guten Wirtschaft gehört:

1. **die Rationalisierung der Wirtschaftsführung.** Ein guter Wirt bedenkt die Wirtschaftsführung: »la sollecitudine e cura delle cose, cioè la masserizia« (S. 135). Das bedeutet im einzelnen zunächst einmal, daß er die Vorgänge des

Wirtschaftlichen die Schwelle seines Bewußtseins überschreiten läßt; daß er sich um wirtschaftliche Probleme kümmert; daß er ihnen sein Interesse zuwendet; daß er sich nicht schämt, von ihnen zu reden wie von etwas Schmutzigem; daß er sich sogar seiner wirtschaftlichen Taten rühmt. Das war etwas unerhört Neues. Und zwar deshalb, weil es Reiche, Große waren, die nun so dachten. Daß sich der kleine Packenträger immer um seine Groschen gemüht hatte, und daß sich der kleine Ladeninhaber einen großen Teil seines Lebens mit der Bedenkung von Einnahme und Ausgabe gemüht hatte: das versteht sich von selbst. Aber der Reiche, der Große! Der Mann, der so viel und mehr zu verzehren hatte wie die Seigneurs von ehedem: auch der machte die Probleme der Wirtschaftsführung zum Gegenstande seines Nachdenkens!

Ich sage mit Bedacht: die Probleme der **Wirtschaftsführung**: andere Probleme, die in den Bereich des Wirtschaftlichen hineinragen, waren auch früher schon rationalisiert worden: wir sahen schon, daß in jeder Unternehmung größeren Stils ein wohldurchdachter Plan zu seiner vollen Durchführung gelangt, was ohne gründliche Durchdenkung, ohne weitsichtige Inbeziehungsetzung von Zwecken und Mitteln, kurz ohne gründliche Rationalisierung nicht möglich ist. Aber nun galt es vor allem die **Wirtschaftsführung** zu rationalisieren, worunter ich im wesentlichen verstehe: die Herstellung eines vernünftigen Verhältnisses zwischen Einnahmen und Ausgaben, also eine besondere Haushaltungskunst.

Das Problem stellen, hieß aber alsogleich, es in einem ganz bestimmten Sinne lösen; dieser Sinn, diese neue Auffassung von guter Wirtschaftsführung konnte zunächst gar nichts anderes bedeuten, als eine **grundsätzliche Verwerfung aller Maximen seigneurialer Lebensgestaltung**. Die Wirtschaft des Seigneurs war, wie wir sahen, eine Ausgabe-

## Achtes Kapitel: Die bürgerlichen Tugenden

wirtschaft gewesen: soundso viel brauchte er zum standesgemäßen Unterhalt oder auch verschwendete und vergeudete er: folglich mußte er soundsoviel einnehmen. Diese Ausgabewirtschaft wird nun in eine Einnahmewirtschaft verkehrt. Die oberste Regel, mit der Alberti das dritte, die Wirtschaftsphilosophie enthaltende Buch seines Traktates zusammenfassend schließt, die letzten Worte in Pandolfinis Schrift überhaupt, das A und O aller guten Haushaltungskunst, das Credo jedes braven „Bürgers", der Wahrspruch der neuen, jetzt heraufdämmernden Zeit, die Quintessenz der Weltanschauung aller tüchtigen Leute: das ist in dem Satze zusammengefaßt [142]):

„Behaltet dieses im Gedächtnis, meine Söhne: niemals laßt Eure Ausgaben größer als Eure Einnahmen sein."

Mit diesem Satze war das Fundamentum der bürgerlich-kapitalistischen Wirtschaftsführung gelegt. Denn mit der Befolgung dieses Satzes war die Rationalisierung zu einer

2. Ökonomisierung der Wirtschaftsführung geworden. Nicht zwangsweise, sondern freiwillig: denn diese Ökonomisierung bezog sich nicht auf die Jammerwirtschaften der kleinen Leute, wo „Schmalhans Küchenmeister" von Gottes Gnaden ist, sondern wiederum auf die Reichen. Das war das Unerhörte, das Neue: daß jemand die Mittel hatte und sie doch zu Rate hielt. Denn alsbald kam zu jenem Grundsatz: nicht mehr auszugeben als einzunehmen, der höhere hinzu: weniger auszugeben als einzunehmen: zu sparen. Die Idee des Sparens trat in die Welt! Abermals nicht des erzwungenen, sondern des selbst gewollten Sparens, des Sparens nicht als einer Not, sondern des Sparens als einer Tugend. Der sparsame Wirt wird nun das Ideal selbst der Reichen, soweit sie Bürger geworden waren. Und ein Giovanni Ruccellai, ein Mann, der Hunderttausende im Vermögen hatte, macht sich

den Ausspruch eines Landsmanns zu eigen, der gesagt hatte: "Es habe ihm ein Groschen, den er gespart habe, mehr Ehre gemacht als hundert, die er ausgegeben habe"[143]. Nicht das seigneuriale Auftreten ehrt den tüchtigen Mann, sondern daß er Ordnung in seiner Wirtschaft hält[144]. Sparsamkeit wird nun so sehr geachtet, sie wird so sehr zur wirtschaftlichen Tugend schlechthin erhoben, daß der Begriff der »Masserizia«, also der Wirtschaftlichkeit, oft geradezu mit dem der Sparsamkeit gleichgesetzt wird. Ein paar Stellen aus Albertis Familienbüchern werden zeigen, welche zentrale Bedeutung man jetzt der Sparsamkeit beimaß.

Vor allem wird nun der Gedanke in tausend Wendungen immer wieder ausgesprochen: reich wird man nicht nur dadurch, daß man viel erwirbt, sondern ebenso dadurch, daß man wenig ausgibt; arm umgekehrt dadurch, daß man verschwendet[145] (immer mit dem Hinblick auf die verschwenderischen Seigneurs): "wie vor einem Todfeind, hüte man sich vor überflüssigen Ausgaben"; "jede Ausgabe, die nicht unbedingt notwendig (molto necessaria) ist, kann nur aus Verrücktheit gemacht werden (da pazzia)"; "ein so schlechtes Ding die Verschwendung ist, so gut, nützlich und lobenswert ist die Sparsamkeit"; "die Sparsamkeit schadet niemand, sie nützt der Familie"; "heilig ist die Sparsamkeit". "Weißt du, welche Leute mir am besten gefallen? Diejenigen, die nur für das Nötigste ihr Geld ausgeben und nicht mehr; den Überschuß heben sie auf; diese nenne ich sparsam, gute Wirte (massai)[146]."

Ein anderes Mal äußert sich der Meister über den »Massaio« so: »Massai«, also sagen wir: "gute Wirte sind diejenigen, die Maß zwischen einem Zuviel und einem Zuwenig halten; Frage: aber wie erkennt man, was zu viel, was wenig ist? Antwort: leicht mit einem Maßstab (misura; Pandolfini, 54 hat hier das Wort »ragione« eingesetzt) in der Hand;

## Achtes Kapitel: Die bürgerlichen Tugenden

Frage: ich möchte wissen, was das für ein Maß ist; Antwort: das ist leicht gesagt: keine Ausgabe darf größer sein, als es absolut notwendig ist (che dimandi la necessità) und nicht kleiner sein, als es die Wohlanständigkeit (onestà) vorschreibt"[147].

Alberti entwirft auch ein Schema für die Rangordnung der verschiedenen Ausgaben:

1. Die Ausgaben für Nahrung und Kleidung: sie sind notwendig;

2. andere Ausgaben; von diesen sind:

a) einige auch notwendig; das sind diejenigen, die, wenn sie nicht gemacht werden, dem Ansehen, dem Renommee der Familie schaden; es sind die Ausgaben für Unterhaltung des Hauses, des Landsitzes und des Geschäftshauses in der Stadt (bottega);

b) andere, die man zwar nicht zu machen braucht, die aber doch nicht eigentlich verwerflich sind: macht man sie, erfreut man sich, macht man sie nicht, erleidet man keinen Schaden: dahin gehören Ausgaben für Gespanne, für Bücher, für Bemalen der Loggia usw.;

c) endlich gibt es Ausgaben, die durchaus verwerflich, die verrückt (pazze) sind: das sind die zum Unterhalt von Menschen, zur Ernährung einer Klientel (wiederum die verhaltene Wut gegen alles seigneuriale Wesen: solche Gefolgschaften sind schlimmer als wilde Bestien!)[148].

Die notwendigen Ausgaben soll man so schnell wie möglich machen; die nicht notwendigen soll man so lange wie möglich hinausschieben. Warum, fragen die Schüler den Meister: wir möchten deine Gründe hören, denn wir wissen: du tust nichts ohne reiflichste Überlegung (nulla fate senza optima ragione). Darum, antwortet Gianozzo: weil mir die

Luſt zu der Ausgabe, wenn ich ſie hinausſchiebe, möglicherweiſe vergeht und ich die Summe dann ſpare; vergeht mir die Luſt aber nicht, dann habe ich doch Zeit, mir zu überlegen, wie ich zu der Sache wohl auf dem billigſten Wege komme [149]).

Aber zur vollendeten Ökonomiſierung der Wirtſchaft (und des Lebens) gehört nicht nur das Sparen (man könnte es die **Ökonomie des Stoffes** nennen), ſondern auch eine nützliche Anordnung der Tätigkeiten und eine zweckvolle Erfüllung der Zeit, gehört das, was man als **Ökonomie der Kräfte** bezeichnen mag. Die predigt denn nun unſer Meiſter auch mit Eindringlichkeit und Nachhaltigkeit. Die echte Masserizia ſoll ſich auf das Haushalten mit drei Dingen, die unſer ſind, erſtrecken:

1. unſere Seele;
2. unſern Körper;
3. — vor allem! — unſere Zeit.

Haushalten heißt nützliche und anſtändige Beſchäftigung: „mein ganzes Leben mühe ich mich ab, nützliche und ehrenhafte Dinge zu tun" [149a]), heißt vor allem aber überhaupt Beſchäftigung: „ich bediene mich des Körpers, der Seele und der Zeit nicht anders als in vernünftiger Weiſe. Ich ſuche ſo viel wie möglich davon zu erhalten und möglichſt nichts zu verlieren" [150]). Die Hauptſache aber: meidet den Müßiggang! Zwei Todfeinde ſind die Verſchwendung und der Müßiggang. Müßiggang verdirbt den Körper und den Geiſt [151]). Aus dem Müßiggang erwachſen Unehre und Schande (disonore et infamia). Die Seele der Müßiggänger iſt noch immer die Brutſtätte aller Laſter geweſen. Nichts iſt ſo ſchädlich, ſo verderblich (pestifero) für das öffentliche und das Privatleben wie müßige Bürger. Aus dem Müßiggang entſteht die Üppigkeit (lascivia); aus dieſer die Verachtung der Geſetze uſw. [152]).

Als die Schüler einmal klagen: ſie könnten all die weiſen

Lehren des Meisters doch nicht behalten und befolgen, meint er: doch, wenn sie nur die Zeit richtig einteilten: "Wer keine Zeit zu verlieren weiß, der kann beinahe jede Sache tun; und wer die Zeit gut anzuwenden versteht, der wird bald Herr über jedes beliebiges Tun sein" [153]).

Gianozzo gibt dann selbst Anweisungen, wie man die Zeit am besten einteilen und ausnutzen könne: "Um von dem so kostbaren Gute, der Zeit, nichts zu verlieren, stelle ich mir diese Regel auf: nie bin ich müßig, ich fliehe den Schlaf und lege mich erst nieder, wenn ich vor Ermattung umsinke..... Ich verfahre also so: ich fliehe den Schlaf und die Muße, indem ich mir etwas vornehme. Um alles in guter Ordnung zu vollbringen, was vollbracht werden muß, mache ich mir morgens, wenn ich aufstehe, einen Zeitplan: was werde ich heute zu tun haben? Viele Dinge: ich werde sie aufzählen, denke ich, und jeder weise ich dann ihre Zeit zu: dieses tue ich heute morgen, das nachmittags, das heute abend; und auf diese Weise vollbringe ich meine Geschäfte in guter Ordnung, fast ohne Mühe.... Abends überdenke ich mir alles, ehe ich mich zur Ruhe lege, was ich getan habe.... Lieber will ich den Schlaf verlieren als die Zeit" [154]....

Und so weiter in endlosen Wiederholungen (die eine rechte Ökonomisierung der Rede noch nicht erkennen lassen!).

Was aber wiederum eine Hauptsache für den Geschäftsmann ist: Fleiß und Betriebsamkeit sind die Quellen des Reichtums: "Die Gewinne wachsen an, weil mit der Ausdehnung der Geschäfte auch unser Fleiß und unsere Arbeit sich vergrößern" [155]).

Zur Vervollständigung des vielleicht noch lückenhaften Bildes, das diese Auszüge aus unsrer besten Quelle von dem Geiste eines Florentiner "Bürgers" im 15. Jahrhunderts geben, will ich noch eine lebendige Schilderung hier wiedergeben, die uns ein geistvoller Mann von den Verwandten Leonardo da Vincis entwirft, und die wie abgemessen diese in den Rahmen hineinstellt, den die schriftlichen Überlieferungen uns hinterlassen haben [156].

„Eine besondere Betrübnis über das zu jener Zeit verbreitete Gerücht seiner Gottlosigkeit trug sein Bruder Lorenzo zur Schau, der, an Jahren fast noch ein Knabe, ein gelehriger Schüler Savonarolas, ‚ein Greiner' war, bereits ein Geschäft besaß und der Innung der Florentiner Wollkämmer angehörte. Oft lenkte er in Gegenwart des Vaters das Gespräch mit Leonardo auf den christlichen Glauben, die Notwendigkeit der Buße, die Demut, warnte ihn vor den ketzerischen Meinungen einzelner neuerer Philosophen und schenkte ihm zum Abschied ein von ihm selbst zur Seelenrettung verfaßtes Buch.

Jetzt, vor dem Kamine des alten Familienzimmers sitzend, zog Leonardo das sorgfältig geschriebene Buch hervor: »Tavola del confessionario descripto per me, Lorenzo di Ser Pierro da Vinci, Fiorentino, mandata alla Nanna, mia cognata.« — ‚Beichtbuch, von mir, Lorenzo di Ser Pierro da Vinci, einem Florentiner, selbst verfaßt und Nanna, meiner Schwägerin, gewidmet.' Diesem Titel war noch in kleiner Schrift hinzugefügt: ‚Ein äußerst nützliches Handbuch für alle diejenigen, die ihre Sünden beichten wollen. Nimm dies Buch zur Hand und lies. Wenn du in der Inhaltsangabe auf deine Sünden stößt, so zeichne dir die Stelle an, lasse aus, worin du dich unschuldig fühlst, so wird es auch einem anderen von Nutzen sein, da du überzeugt sein kannst, daß auch tausend Zungen diesen Stoff nicht erschöpfen können.'

Es folgten ein von dem jungen Wollkämmer mit wahrer Kleinkrämerei zusammengestelltes Verzeichnis aller Sünden und echt gottesfürchtige Betrachtungen, die jeder Christ in seiner Seele anstellen muß, wenn er an das Geheimnis der Beichte herantreten will.

### Achtes Kapitel: Die bürgerlichen Tugenden

Mit theologischer Spitzfindigkeit erörterte Lorenzo die Frage, ob es eine Sünde sei, unverzollte Tuche und andere Wollwaren zu tragen. „Was die Seele anbetrifft, so kann ihr ein solches Tragen ausländischer Waren nicht schaden, wenn der Zoll ein ungerechtfertigter sein sollte. Daher mag, geliebte Brüder und Schwestern, euer Gewissen darüber beruhigt sein. Sollte aber jemand fragen wollen: ‚Lorenzo, worauf begründest du diese deine Ansicht über die ausländischen Tuche?‘, so antworte ich ihm: im vergangenen Jahre 1499 befand ich mich in Geschäften in der Stadt Pisa; da hörte ich in der Kirche St. Michele eine Predigt des Dominikanermönchs Frater Zanobi, der mit erstaunlicher, fast unglaublicher Fülle von gelehrten Beweisen dasselbe über die ausländischen Tuche ausführte wie ich jetzt."

Zum Schluß erzählte Lorenzo weitschweifig, wie ihn der Dämon der Hölle — demonio infernale — vom Schreiben dieses für die Seele heilsamen Buches abgehalten habe. Unter anderem hätte er den Einwand geltend gemacht, daß Lorenzo nicht die notwendige Gelehrsamkeit und Redegewandtheit besäße, und daß es ihm, dem ehrsamen Wollkämmer, besser zieme, sich um sein Geschäft als um das Verfassen von geistlichen Büchern zu kümmern. Er habe aber die Versuchungen des Teufels überwunden und sei zu der Überzeugung gelangt, daß es bei einem solchen Werke weniger auf gelehrte Kenntnisse und Redegewandtheit als auf christliche Philosophie und Andacht ankäme. Infolgedessen habe er mit Gottes und der heiligen Jungfrau Maria Hilfe dieses Buch beendet, das er „seiner Schwägerin Nanna, sowie allen Brüdern und Schwestern in Christo" widme.

Leonardo lenkte seine Aufmerksamkeit auf die Beschreibung der vier christlichen Haupttugenden, die Lorenzo wohl nicht ohne Hintergedanken in bezug auf seinen Bruder, den berühmten Künstler, den Malern unter folgender Allegorie darzustellen anriet: die Klugheit mit drei Gesichtern, zum Zeichen, daß sie die Gegenwart, Vergangenheit und Zukunft zu erkennen vermag; die Gerechtigkeit mit Schwert und Wage; die Kraft an eine Säule gelehnt; die Mäßigkeit: in der einen Hand den Zirkel, in der anderen die Schere, „mit der sie jeden Überfluß abschneidet".

Aus diesem Traktat wehte Leonardo ein bekannter Geist entgegen, die bürgerliche Gottesfurcht, die seine Kinderjahre umgeben hatte und in der Familie von Geschlecht auf Geschlecht überging.

Schon hundert Jahre vor seiner Geburt waren die Ahnen seines Hauses ebenso ehrbare, sparsame, gottesfürchtige Beamte der Florentiner Gemeinde gewesen, wie sein Vater Ser Piero. Schon im Jahre 1339 war zum erstenmal in den Akten der Urgroßvater des Künstlers, ein gewisser Ser Guido di Ser Michele da Vinci als »Notajo« der Regierung erwähnt worden. Wie ein Lebender stand sein Großvater Antonio vor seinem Geiste. Die Lebensweisheit des Großvaters glich auf ein Haar der des Enkels Lorenzo. Er lehrte seine Kinder, nach nichts Erhabenem zu streben — weder nach Ruhm, nach Ehren, nach Staats- oder kriegerischen Ämtern, noch nach übermäßigem Reichtum oder Gelehrsamkeit.

„Die richtige Mitte einzuhalten," pflegte er zu sagen, „ist der sicherste Lebensweg."

Leonardo glaubte die ruhige und nachdrückliche Stimme des Greises zu hören, mit der er diese Lebensregel von der „goldenen Mittelstraße" verkündigte.

„Meine Kinder, nehmt die Ameisen zum Vorbilde, die sich bereits heute um die Bedürfnisse des morgigen Tages sorgen. Werdet sparsam und mäßig. Mit wem soll ich einen guten Haushalter, einen guten Familienvater vergleichen? Ich vergleiche ihn mit einer Spinne, die im Mittelpunkt des weit aus-

## Achtes Kapitel: Die bürgerlichen Tugenden

gespannten Gewebes sitzt und zur Hilfe herbeieilt, sobald sie das geringste Zittern eines Fadens wahrnimmt."

Er verlangte, daß sich alle Familienglieder täglich zum abendlichen Ave=Maria=Läuten zusammenfänden. Er selbst ging ums ganze Haus herum, schloß die Pforte, trug die Schlüssel in die Schlafstube und versteckte sie unter das Kopfkissen. Nicht die geringste Kleinigkeit in der Wirtschaft entging seinen Blicken — ob den Stieren zu wenig Heu gereicht worden war, ob die Magd den Lampendocht zu sehr herausgezogen hatte und die Lampe somit mehr Öl verbrauchte — alles bemerkte er, um alles bekümmerte er sich. Geiz war ihm dabei aber fremd. Er selbst kaufte das beste Tuch zu seinen Kleidern und riet dies auch seinen Kindern; er scheute sich nicht vor der größeren Geldausgabe, da die Kleidung aus gutem Tuche, wie er richtig erklärte, nicht so gewechselt zu werden brauche und somit nicht allein verständiger, sondern auch billiger wäre.

Die Familie mußte nach Ansicht des Großvaters ungetrennt unter einem Dache leben; „denn", pflegte er zu sagen, „wenn alle an einem Tische essen, genügt ein Tischtuch, ein Licht, wenn sie aber zu zweien essen, brauchen sie zwei Tischtücher, zwei Lichter; wenn ein Kamin alle erwärmt, so reicht ein Bund Scheitholz, für zwei sind zwei notwendig und so ist es in allen Stücken."

Auf die Frauen sah er von oben herab: „Sie müssen sich um die Küche und um die Kinder bekümmern, sich nicht in die Angelegenheiten des Mannes mischen; ein Tor, der auf Weiber= klugheit baut."

Mitunter hatte die Weisheit Ser Antonios etwas Spitz= findiges. „Kinder," wiederholte er, „seid barmherzig, wie es unsere heilige Kirche von uns fordert; zieht aber die glücklichen Freunde den unglücklichen, die reichen den armen vor. Die höchste Lebenskunst besteht darin, wohltätig zu erscheinen und durch Schlauheit den Schlauen zu übertrumpfen."

Er wies sie an, Obstbäume auf dem Grenzrain zu pflanzen, damit diese das Ackerfeld des Nachbarn beschatteten; er lehrte sie, auf liebenswürdige Art ein Darlehnsgesuch abzuschlagen. „Hier ist der Vorteil ein doppelter," fügte er hinzu, „ihr behaltet euer Geld und könnt den, der euch betrügen wollte, noch auslachen. Wenn aber der Bittsteller ein gebildeter Mann ist, so wird er euch verstehen und euch eurer Liebenswürdigkeit wegen, mit der ihr seine Bitte abschlugt, nur noch mehr achten. Ein Schelm, — der nimmt, ein Tor — der gibt. Verwandten aber und Hausgenossen helft nicht nur mit Geld, sondern auch mit Blut, Schweiß und eurer Ehre — mit allem, was ihr besitzt, schont sogar euer Leben nicht für das Wohlergehen der Familie, denn erinnert euch daran, meine Geliebten: es gereicht dem Menschen zum größeren Ruhm und Vorteil, wenn er den Seinen Gutes erweist als Fremden."

Nach dreißigjähriger Abwesenheit wieder unter dem Dache seines großväterlichen Hauses sitzend, dem Geheul des Windes lauschend und die im Kamin verglimmenden Kohlen betrachtend, dachte Leonardo daran, wie sein ganzes Leben dieser haushälterischen Lebensweisheit seines Großvaters widersprach, wie es bloß ein ungestümer Überfluß, eine gesetzwidrige Unmäßigkeit gewesen sei, die nach Ansicht seines Bruders Lorenzo von der Göttin der Mäßigkeit mit ihrer eisernen Schere abgeschnitten werden mußte."

\* \* \*

Wenn wir nun die Entwicklung der bürgerlichen Tugenden durch die Jahrhunderte verfolgen, so wird unser Augenmerk gerichtet sein müssen sowohl auf ihre intensive wie auf ihre extensive Weiterbildung, wie man es nennen könnte. Jene betrifft den Inhalt der Tugendlehre selbst, diese die Verbreitung solcher Tugenden unter der Masse. Unsere Kenntnis diesen

## Achtes Kapitel: Die bürgerlichen Tugenden

beiden Problemen gegenüber ist nun durchaus verschiedener Natur. Das, was ich die intensive Weiterbildung nannte, können wir bis ins einzelste genau verfolgen an der Hand der Lehrbücher und Erziehungsschriften, in denen die Tugenden gepredigt werden; die extensive Entwicklung hingegen können wir nur ungefähr aus Symptomen feststellen.

Eine intensive Weiterbildung der bürgerlichen Tugendlehre, wie sie die Quattrocentisten aufgestellt haben, ist nun genau genommen überhaupt nicht erfolgt. Was all' die kommenden Jahrhunderte den angehenden Geschäftsleuten gelehrt wird, ist vielmehr nichts anderes, als was Alberti seinen Schülern ans Herz legte. Zwischen der Lebensführung des Großvaters Leonardos und der Benjamin Franklins besteht, wie schon gesagt, nicht der mindeste Unterschied. Die Grundsätze bleiben im engsten Sinne dieselben. Sie wiederholen sich in jedem Jahrhundert fast wörtlich, und alle die Lehrschriften des 16., 17., 18. Jahrhunderts muten uns wie Übersetzungen Albertis in andere Sprachen an.

Sehen wir uns ein paar repräsentative Werke aus den verschiedenen Jahrhunderten an.

Da stoßen wir im 16. Jahrhundert auf eine für jene Zeit charakteristische Art von Schriften: die Landbauschriftsteller, die wir in allen Ländern gleichmäßig verbreitet finden.

Der Spanier Herrera bringt dem Handel wenig Neigung entgegen. Aber was er für den Landwirt an Tugenden anpreist, ist nichts anderes, als was Alberti dem tüchtigen Wollhändler wünschte: eine wohlüberlegte Handlungsweise, Abkehr vom Müßiggang, genaue Kenntnis seiner Berufstätigkeit [157]).

Der Franzose Etienne gibt folgende Verhaltungsmaßregeln: der gute Wirt verbringe seine freie Zeit mit Nachdenken und mit der Besorgung seiner Geschäfte, ohne sich ablenken zu lassen durch Jagdvergnügungen, durch Gelage, durch viele Freunde und Gastereien usw. Genaue Zeiteinteilung ist die Hauptsache. Niemals dürfen die Ausgaben die Einnahmen überschreiten. Mit Fleiß kann der gute Wirt auch schlechte Böden fruchtbar machen. Ein altes Sprichwort sagt: der gute Hausvater soll mehr bedacht sein auf den Profit und die lange Dauer der Sachen, als auf eine momentane Befriedigung und gegenwärtigen Nutzen [158]).

Der Italiener Tanara [159]) stellt als obersten Leitsatz die Nützlichkeit auf: auch im Garten soll man keine Blumen ziehen, mit denen man nichts verdienen kann, sondern nur markt- und absatzfähige Ware: die Schönheit des Gartens Eden hat den armen Adam und mit ihm uns alle ins Elend gestürzt. Reichtum erwirbt man nicht durch Hofdienst, Kriegsdienst oder Alchimie, sondern durch sparsame Wirtschaftsführung.

Im 17. Jahrhundert begegnen uns zahlreiche „Kaufmannsbücher" und „Kaufmannslexika", in denen die Ermahnungen an den jungen und alten Geschäftsmann, sein Leben und seine Wirtschaft vernünftig und tugendhaft zu gestalten, einen breiten Raum einnehmen. Wieder sind es dieselben Lehren: bedenke alles wohl, halte gute Ordnung, sei nüchtern, fleißig und sparsam, so kann es dir an nichts fehlen, und du wirst ein geachteter Bürger und ein wohlhabender Mann werden.

Da haben wir Savarys bekanntes Werk: Le parfait négociant, das Colbert gewidmet ist. Es handelt zwar vorwiegend von der Kaufmannskunst; aber die Kaufmannsmoral wird doch nicht unberücksichtigt gelassen: das Glück und der Reichtum der Kaufleute hängen ab: 1. von der genauen Sachkenntnis; 2. von der guten Ordnung im Geschäft; 3. vom Fleiß; 4. von der Sparsamkeit und der guten Wirtschaft des Hauses (de l'épargne et de l'œconomie de leur maison); 5. von der geschäftlichen Solidität [160]).

Einen viel breiteren Raum nimmt die kaufmännische Tugendlehre ein in dem englischen Gegenstück zum parfait négociant: dem „vollkommenen Händler", einem Werke, das bekanntlich D. Defoe zugeschrieben wird[161]):

Fleißig sei der Kaufmann! „Der fleißige Kaufmann ist immer der wissende und vollkommene Kaufmann" (S. 45). Er meide tunlichst alle Vergnügungen und Zerstreuungen, auch wenn sie als unschuldig bezeichnet werden: das Kapitel, das davon handelt (das neunte in der vierten Auflage), trägt die Überschrift: „Of innocent Diversions, as they are called. How fatal to the Tradesman, especially to the younger Sort": „Von den unschuldigen Zerstreuungen, wie sie geheißen werden. Wie verhängnisvoll sie für den Kaufmann, insonderheit für den jungen, sind." Am gefährlichsten sind die sportlichen und seigneurialen Belustigungen. „Wenn ich einen jungen Ladenbesitzer Pferde halten, Jagden reiten sehe, die Hundesprache lernen und den Sportsmann=Jargon reden höre, so bekomme ich immer einen Schrecken" (S. 87).

Na, und dann vor allem: Keinen Aufwand machen! „Ein kostspieliges Leben (expensive living) ist wie ein schleichendes Fieber"; „es ist der verborgene Feind, der die Lebendigen auffrißt"; „es frißt das Leben und das Blut des Kaufmanns auf" und so weiter in vielen ähnlichen Wendungen (S. 97 f.). Der gute Wirt macht übertriebenen Aufwand weder für sein Haus, noch für seine Kleidung, noch für Geselligkeit, noch für Equipagen u. dgl. „Das Geschäftsleben ist kein Ball, zu dem man geschmückt und maskiert geht"; „es wird allein durch Klugheit und Mäßigkeit (prudence and frugality) im Gang erhalten" (S. 103). „Durch kluge Geschäftsführung und mäßige Lebensweise kann man seinen Reichtum beliebig vermehren (2, 208). „Wenn die Ausgaben hinter den Einnahmen zurückbleiben, wird der Mensch immer vorwärts kommen; wenn dies nicht der Fall ist, brauche ich nicht zu sagen, was eintreten wird" (2, 210).

Savary und Defoe reichen mit den neuen Auflagen ihrer Werke ins 18. Jahrhundert hinein. Den Faden, den sie gesponnen hatten, spinnen nun Männer wie Benjamin Franklin weiter. Zu Franklins Lieblingsschriftstellern gehörte Defoe.

In Benjamin Franklin, dem Manne, der (nach Balzac) der Erfinder des Blitzableiters, der Zeitungsente und der Republik ist, feiert die „bürgerliche" Weltauffassung ihren Höhepunkt. Die Vernünftigkeit und Wohlabgemessenheit dieses Amerikaners benehmen einem förmlich den Atem. Bei ihm ist alles zur Regel geworden, wird alles mit richtigem Maß gemessen, strahlt jede Handlung von ökonomischer Weisheit.

Er liebte die Ökonomie! Folgende Anekdote wird von ihm erzählt, die den ganzen Menschen in seiner ganzen monumentalen Größe uns vor die Augen stellt: Eines Abends wurde in einer größeren Gesellschaft eine neue Lampe mit glänzendem Lichte bewundert. Aber, so fragte man allgemein, wird diese Lampe nicht mehr kosten als die früheren? Es sei doch sehr wünschenswert, daß man die Zimmerbeleuchtung so billig wie möglich herstelle, in den jetzigen Zeitläuften, wo alle Ausgaben so gestiegen seien. „Mich freute", äußerte sich dazu Benjamin Franklin, „dieser allgemein ausgesprochene Sinn für Ökonomie, die ich außerordentlich liebe [162]." Das ist der Gipfel: darüber hinaus führt kein Weg mehr.

Man kennt seine energische Vertretung der Zeitökonomie; man weiß auch, daß von ihm das Wort: „Zeit ist Geld" geprägt worden ist [163].

„Ist dir das Leben lieb, so verschleudere die Zeit nicht, denn sie ist der Stoff des Lebens... Wie viele Zeit verschwenden wir unnötigerweise aufs Schlafen und bedenken nicht, daß der

## Achtes Kapitel: Die bürgerlichen Tugenden

schlafende Fuchs kein Geflügel fängt, und daß man im Grabe lange genug schlafen wird .."

„Ist mir aber die Zeit das kostbarste unter allen Dingen, so muß Zeitverschwendung die größte aller Arten von Verschwendungen sein ... verlorene Zeit läßt sich nie wieder finden, und was wir Zeit genug heißen, ist immer kurz genug"[164].

Und der vollendeten Zeitökonomie muß die vollendete Stoffökonomie entsprechen: Sparen, sparen, sparen, hallt's uns von allen Seiten aus den Schriften Franklins entgegen.

„Wollt ihr reich werden, so seid aufs Sparen ebensowohl wie aufs Erwerben bedacht. Beide Indien haben Spanien nicht reich gemacht, weil seine Ausgaben noch größer sind als seine Einkünfte. Weg also mit euren kostspieligen Torheiten"[165].

Das A und das O der Franklinschen Lebensweisheit ist in die zwei Worte zusammengefaßt: Industry and frugality: Fleiß und Mäßigkeit. Das sind die Wege, um zu Reichtum zu gelangen: „Vergeude nie Zeit noch Geld, sondern mache immer von beiden den denkbar besten Gebrauch"[166].

Um wiederum zu zeigen, wie sich ein ganzes Lebensbild eines Menschen gestaltet, der solcherweise „die heilige Wirtschaftlichkeit" anbetet, setze ich eine Stelle aus Benjamin Franklins Memoiren hier her, in der er uns belehrt, welche Tugenden überhaupt er für die wertvollsten hielt, und wie er selbst zu einem tugendhaften Menschen sich erzogen hat. In dem „Tugendschema", das der große Mann dort entwirft, findet die „bürgerliche" Lebensauffassung ihren letzten und höchsten Ausdruck. Die Stelle lautet[167]:

Ungefähr um diese Zeit faßte ich den kühnen und ernsten Vorsatz, nach sittlicher Vervollkommnung zu streben. Ich wünschte leben zu können, ohne irgendeinen Fehler zu irgendeiner Zeit zu begehen; ich wünschte, alles zu überwinden, wozu entweder natürliche Neigung,

Gewohnheit oder Gesellschaft mich veranlassen könnte. Da ich wußte oder zu wissen glaubte, was recht und unrecht sei, so sah ich nicht ein, weshalb ich nicht immer das eine sollte tun und das andere lassen können. Ich fand jedoch bald, daß ich mir eine weit schwierigere Aufgabe gestellt, als ich mir eingebildet hatte. Während ich alle Sorgfalt aufbot, um mich vor dem einen Fehler zu hüten, ward ich häufig von einem anderen überrascht; die Gewohnheit gewann die Übermacht über die Unachtsamkeit, und die Neigung war zuweilen stärker als die Vernunft. Ich kam zuletzt zu dem Schlusse, die bloße theoretische Überzeugung, daß es in unserem Interesse liege, vollkommen tugendhaft zu sein, reiche nicht hin, um uns vor dem Straucheln zu bewahren, und die gegenteiligen Gewohnheiten müssen gebrochen, gute dafür erworben und befestigt werden, ehe wir irgendein Vertrauen auf eine stetige gleichförmige Rechtschaffenheit des Wandels haben können. Zu diesem Zweck erfand ich mir daher nachfolgende Methode:

In den verschiedenen Aufzählungen der Tugenden und sittlichen Vorzüge, welchen ich bei meiner Lektüre begegnet hatte, fand ich deren Verzeichnis mehr oder weniger zahlreich, je nachdem die betreffenden Schriftsteller mehr oder weniger Begriffe unter demselben Namen zusammengefaßt hatten. Die Mäßigkeit zum Beispiel wurde von dem einen auf Essen und Trinken beschränkt, während sie von anderen so weit ausgedehnt wurde, daß sie die Mäßigung jedes anderen Vergnügens, Verlangens, Gelüstes, jeder Neigung oder Leidenschaft, körperlicher wie geistiger bedeute und sich sogar auf unseren Geist und Ehrgeiz erstrecke. Ich nahm mir nun vor, behufs größerer Deutlichkeit lieber mehr Namen anzuwenden und weniger Ideen mit jedem zu verknüpfen, als wenige Namen mit vielen Ideen. So faßte ich denn unter dreizehn Namen von Tugenden alles das zusammen, was mir zu jener Zeit als notwendig oder wünschenswert einfiel, und verband mit jedem einen kurzen Lehrsatz, welcher die volle Ausdehnung ausdrückte, die ich seiner Bedeutung gab.

Die Namen der Tugenden samt ihren Vorschriften waren:
1. **Mäßigkeit.** — Iß nicht bis zum Stumpfsinn, trink nicht bis zur Berauschung.
2. **Schweigen.** — Sprich nur, was anderen oder dir selbst nützen kann; vermeide unbedeutende Unterhaltung.

### Achtes Kapitel: Die bürgerlichen Tugenden

3. **Ordnung.** — Laß jedes Ding seine Stelle haben und jeden Teil deines Geschäfts seine Zeit haben.
4. **Entschlossenheit.** — Nimm dir vor, durchzuführen, was du mußt; vollführe unfehlbar, was du dir vornimmst.
5. **Genügsamkeit.** — Mache keine Ausgabe, als um anderen oder dir selbst Gutes zu tun: das heißt vergeude nichts.
6. **Fleiß.** — Verliere keine Zeit; sei immer mit etwas Nützlichem beschäftigt; entsage aller unnützen Tätigkeit.
7. **Aufrichtigkeit.** — Bediene dich keiner schädlichen Täuschung; denke unschuldig und gerecht, und wenn du sprichst, so sprich darnach.
8. **Gerechtigkeit.** — Schade niemandem, indem du ihm unrecht tust oder die Wohltaten unterlässest, welche deine Pflicht sind.
9. **Mäßigung.** — Vermeide Extreme; hüte dich, Beleidigungen so tief zu empfinden oder so übel aufzunehmen, als sie es nach deinem Dafürhalten verdienen.
10. **Reinlichkeit.** — Dulde keine Unreinlichkeit am Körper, an Kleidern oder in der Wohnung.
11. **Gemütsruhe.** — Beunruhige dich nicht über Kleinigkeiten oder über gewöhnliche oder unvermeidliche Unglücksfälle.
12. **Keuschheit.** — Übe geschlechtlichen Umgang selten, nur um der Gesundheit oder der Nachkommenschaft willen, niemals bis zur Stumpfheit und Schwäche oder zur Schädigung deines eigenen oder fremden Seelenfriedens oder guten Rufes.
13. **Demut.** — Ahme Jesus und Sokrates nach.

Da es meine Absicht war, mir die Gewohnheit aller dieser Tugenden anzueignen, so hielt ich es für angemessen, meine Aufmerksamkeit nicht zu zersplittern, indem ich alles auf einmal versuchte, sondern mein Augenmerk immer nur auf eine von ihnen zu bestimmter Zeit richtete, und dann erst, wenn ich mich zum Herrn derselben gemacht, zu einer anderen fortzuschreiten, und so fort, bis ich alle dreizehn durchgemacht haben würde. Da aber die vorherige Erwerbung einiger von diesen Tugenden auch die Erwerbung gewisser anderen erleichtern dürfte, so ordnete ich sie mit dieser Absicht in der Reihenfolge an, wie sie oben stehen. Die **Mäßigkeit** an der Spitze, da sie dazu dient, jene Kühle und Klarheit des Kopfes zu verschaffen, welche durchaus unerläßlich ist, wo man beständige Wachsamkeit beobachten und auf der Hut sein muß gegen die unermüdliche Anziehungskraft alter Gewohnheiten und die Gewalt beständiger Versuchungen. Ist die Mäßigkeit erworben und befestigt, so wird das Stillschweigen leichter sein. Nun ging aber mein Wunsch dahin, gleichzeitig mit der Zunahme an Tugend auch Kenntnisse zu erwerben, und weil ich mir klar machte, daß diese Kenntnisse im Gespräch leichter durch den Gebrauch des Ohres als der Zunge erworben werden, und daher mit einer Gewohnheit zu brechen wünschte, welche ich angenommen hatte: nämlich zu schwatzen, zu witzeln und zu scherzen, was mich nur für unbedeutende Gesellschaft annehmbar machte, so räumte ich dem Stillschweigen die zweite Stelle ein. Ich erwartete, diese Tugend und die nächste, die Ordnung, würden mir mehr Zeit gestatten, um meinen Zielen und meinen Studien nachzugehen. Die Entschlossenheit, einmal zur Gewohnheit geworden, würde mich fest erhalten in meinen Bemühungen, alle die weiter folgenden Tugenden zu erringen; Genügsamkeit und Fleiß sollten mich von dem Reste meiner Schulden befreien, mir Wohlstand und Unabhängigkeit sichern und mir die Ausübung der Wahrhaftigkeit und Gerechtigkeit usw. um so leichter machen. In der Annahme, daß, dem Rate des Pythagoras in seinen „Goldenen Versen" gemäß, eine tägliche Prüfung notwendig sein würde, erfand ich nachstehende Methode, um diese Prüfung durchzuführen:

Ich machte mir ein kleines Buch, worin ich jeder der Tugenden eine Seite anwies, liniierte jede Seite mit roter Tinte, so daß sie sieben Felder hatte, für jeden Tag der Woche eines, und bezeichnete jedes Feld mit dem Anfangsbuchstaben des Tages. Diese Felder kreuzte ich mit dreizehn roten Querlinien und setzte an den Anfang jeder Linie die Anfangsbuchstaben von einer der Tugenden, um auf dieser Linie und in dem betreffenden Felde durch ein schwarzes Kreuzchen jeden Fehler vorzumerken, welchen ich mir, nach genauer Prüfung meinerseits, an jenem Tag hinsichtlich der betreffenden Tugend hatte zuschulden kommen lassen.

Ich nahm mir vor, auf jede dieser Tugenden der Reihe nach eine Woche lang genau achtzugeben. So ging in der ersten Woche mein hauptsächliches Augenmerk dahin, jeden auch noch so geringen Vorstoß gegen die Mäßigkeit zu vermeiden, die anderen Tugenden ihrem gewöhnlichen Schicksal zu überlassen und nur jeden Abend die Fehltritte des Tages zu verzeichnen. Wenn ich daher auf diese Weise in der ersten Woche meine erste, mit „Mäßigkeit" bezeichnete Linie frei von schwarzen Punkten zu halten vermochte, so nahm ich an, die gewohnheitsmäßige Ausübung dieser Tugend sei so sehr gestärkt und ihr Gegenpart so sehr geschwächt, daß ich wagen konnte, mein Augenmerk auf die Mitbeachtung der nächsten aus= zudehnen und für die folgende Woche beide Linien frei von Kreuzen zu halten. Wenn ich auf diese Weise bis zur letzten fort= schritt, konnte ich in dreizehn Wochen einen vollständigen Kurs und in einem Jahre vier Kurse durchmachen. Und wie derjenige, welcher das Unkraut in einem Garten zu beseitigen hat, keinen Versuch macht, alle schlechten Gewächse auf einmal zu entfernen, was über seine Kraft und die Möglichkeit hinausgehen würde, sondern immer nur an einem der Beete auf einmal arbeitet, und erst, nach= dem er damit fertig geworden ist, ein zweites in Angriff nimmt, so hoffte ich das ermunternde Vergnügen zu haben, auf meinen Seiten den Fortschritt, den ich in der Tugend machte, dadurch ermitteln zu können, daß ich nach und nach meine Linien von ihren schwarzen Punkten befreie, bis ich am Ende nach einer Anzahl Kursen so glücklich sein würde, bei einer täglichen Selbstprüfung von dreizehn Wochen ein reines Buch zu überblicken.

(Siehe Tabelle nächste Seite.)

Man sieht: der Großvater Leonardos und der Vater der amerikanischen Republik: sie gleichen sich aufs Haar. In den vierhundert Jahren hat sich kaum ein Zug an dem Gesamtbilde geändert. „Bürger" alle beide.

\* \* \*

Haben nun die Vielen nach den weisen Lehren ihrer Meister gelebt? Hat jeder Geschäftsmann nach dem Tugendschema Benjamin Franklins sein Dasein eingerichtet?

Nach manchen Klagen, die die Verkünder dieser Weisheit ausgestoßen haben: — bei Savary, bei Defoe lesen wir

Form der Seiten

| Mäßigkeit ||||||||
|---|---|---|---|---|---|---|---|
| Iß nicht bis zum Stumpfsinn, Trink' nicht bis zur Berauschung ||||||||
|  | S. | M. | D. | M. | D. | F. | S. |
| Mäßigkeit...... |   |   |   |   |   |   |   |
| Schweigsamkeit... | + | + |   | + |   | + |   |
| Ordnung...... | + + | + | + |   | + | + | + |
| Entschlossenheit... |   |   | + |   |   | + |   |
| Sparsamkeit..... |   | + |   |   | + |   |   |
| Fleiß........ |   |   | + |   |   |   |   |
| Wahrhaftigkeit... |   |   |   |   |   |   |   |
| Gerechtigkeit.... |   |   |   |   |   |   |   |
| Mäßigung..... |   |   |   |   |   |   |   |
| Reinlichkeit..... |   |   |   |   |   |   |   |
| Gemütsruhe..... |   |   |   |   |   |   |   |
| Keuschheit...... |   |   |   |   |   |   |   |
| Demut....... |   |   |   |   |   |   |   |

häufig Klagen über die Verderbtheit ihrer Generation, die in Luxus- und Wohlleben zu verkommen drohe — könnte man zu der Annahme kommen: die Worte der Prediger seien in der Wüste verhallt.

Aber ich glaube, das wäre doch eine allzu pessimistische Auffassung, gegen die mancherlei Gründe sprechen. Ich glaube, daß jener Geist des fleißigen und sparsamen, des mäßigen und besonnenen, mit einem Worte des tugendhaften „Bürgers" von

## Achtes Kapitel: Die bürgerlichen Tugenden

den Wirtschaftssubjekten der neuen Zeit, den kapitalistischen Unternehmern, wenigstens von den Kaufleuten und Handwerkern (unserm Typus 4, 5 und 6) allmählich Besitz ergriffen hat. Vielleicht in den verschiedenen Ländern in verschieden hohem Grade: vielleicht waren die Franzosen im 17. und 18. Jahrhundert schlechtere "Wirte" als die Holländer oder die Amerikaner; darauf lassen gelegentliche Bemerkungen schließen, wie wir sie in Schriften urteilsfähiger Leute, nach Art etwa des "Patriotischen Kaufmanns", finden: da wird z. B. der Sohn des französischen Handelsherrn nach Holland in die Lehre geschickt, "wo er die schöne Ökonomie lernt, die die Häuser reich macht" [168].

Aber von diesen Nuancen abgesehen, wird die Bürgerlichkeit doch wohl mit der Zeit ein Bestandteil des kapitalistischen Geistes. Denn wie kämen sonst, wenn sie nicht diesem Geiste entsprochen hätte, immer wieder die ersten Vertreter ihrer Zeit dazu, sie mit denselben Worten zu predigen? Müssen wir daraus nicht den Schluß ziehen, daß sie in der Natur der Dinge begründet war. Mit welcher Frage ich freilich schon in das zweite große Problem, das uns in diesem Buche beschäftigen soll, hinübergegriffen habe: in das Problem der Entstehungsursachen des kapitalistischen Geistes. Ich will deshalb lieber hier auf dieses Argumentum des "In der Natur der Sache gelegen sein" verzichten und als Beweis für die Tatsache, daß weite Kreise vom Geist der Bürgerlichkeit ergriffen worden sind, daß das Motto: Sparsam, fleißig und mäßig! in vielen Kontoren über den Pulten geprangt habe, nur den Umstand anführen, daß die Schriften, in denen jene Lehren verkündet wurden, zu den meist gelesenen ihrer Zeit gehört haben.

Alberti, sahen wir schon, war in dem Italien seiner Zeit klassisch geworden: Defoe war in beiden Welten gleich bekannt; Benjamin Franklin vor allem hat eine Verbreitung gehabt, wie wenige Schriftsteller vor ihm und nach ihm. Wenn man es für die früheren Jahrhunderte nicht gelten lassen will: für das 18. Jahrhundert ist es mit Händen zu greifen, daß der Geist des Großvaters Lionardos in weiten Kreisen Eingang gefunden hatte. Dafür erbringt das Schicksal der Franklinschen Schriften den bündigen Beweis:

Die Quintessenz der Franklinschen Weisheitslehren ist enthalten in »Poor Richards Almanac«, den er Jahrzehnte hindurch jährlich erscheinen ließ. Eine Zusammenfassung wiederum der hierin vorgetragenen Ansichten enthält „die Ansprache des Vaters Abraham an das amerikanische Volk auf einer Auktion" im Jahrgang 1758 dieses Kalenders. Diese Ansprache wurde unter dem Titel „Der Weg zum Reichtum" (The Way to Wealth) als besondere Schrift herausgegeben, und als solche wurde sie der Welt bekannt. Sie wurde in allen Zeitungen abgedruckt und über den Erdball verbreitet. 70 Auflagen sind davon in englischer Sprache erschienen, 56 in französischer, 11 in deutscher, 9 in italienischer. Die Schrift wurde außerdem übersetzt in die spanische, dänische, schwedische, wallisische, polnische, gälische, russische, böhmische, holländische, katalonische, chinesische, neugriechische Sprache und in die Sprechschreibweise (Phonetic writing). Sie ist mindestens 400 mal gedruckt [169]).

Da muß man doch schon annehmen, daß eine allgemeine Neigung vorhanden war, sich von diesem Manne belehren zu lassen.

## 2. Die Geschäftsmoral

Ein guter Geschäftsmann sein, heißt nicht nur, seine Wirtschaft im Innern in bester Ordnung halten, sondern schließt auch in sich ein besonderes Verhalten zur Außenwelt: ich nenne die darauf bezüglichen Regeln und Vorschriften die Geschäftsmoral. Wobei ich dem Worte einen doppelten Sinn unterlege. Geschäftsmoral heißt nämlich sowohl Moral beim Geschäft, als auch Moral fürs Geschäft.

## Achtes Kapitel: Die bürgerlichen Tugenden

Moral beim Geschäft, das heißt bei der Abwicklung von Geschäften, beim Vertragsabschluß also mit der Kundschaft, wird für gewöhnlich bezeichnet mit dem Ausdruck: kaufmännische Solidität: also Zuverlässigkeit im Halten von Versprechungen, "reelle" Bedienung, Pünktlichkeit in der Erfüllung von Verpflichtungen usw. Sie ist auch erst mit der Herausbildung der kapitalistischen Wirtschaft möglich und nötig geworden. Sie gehört also zu dem Komplex "bürgerlicher" Tugenden, von denen hier die Rede ist.

Wir werden kaum von der "Solidität" eines Bauern, von der "Solidität" eines Handwerkers reden (wir meinten denn die Art ihrer Arbeit, an die wir aber nicht denken, wenn wir von einer besonderen kaufmännischen Solidität sprechen). Erst nachdem sich das Wirtschaften aufgelöst hatte in eine Reihe von Vertragsabschlüssen, erst nachdem die wirtschaftlichen Beziehungen ihre frühere rein persönliche Färbung verloren hatten, konnte der Begriff der "Solidität" in dem hier gemeinten Sinne entstehen. Das heißt also genau genommen: eine Moral der Vertragstreue.

Auch diese mußte erst einmal als persönliche Tugend entwickelt werden. Und sie ist als solche ausgebildet worden von denselben Florentinern (oder anderen) Wollhändlern, die wir eben als die Väter der ökonomischen Tugendlehre kennen gelernt haben. "Niemals (?) hat es", meint Alberti wieder, "in unsrer Familie jemand gegeben, der bei den Verträgen sein Wort gebrochen hätte...." "Immer haben die Unsrigen bei den Vertragsabschlüssen höchste Einfachheit, höchste Wahrhaftigkeit beobachtet und dadurch sind sie in Italien und im Auslande als Kaufleute großen Stils bekannt geworden." "Bei jedem Kauf und jedem Verkauf herrsche Einfachheit, Wahrhaftigkeit, Treue und Ehrlichkeit, sei es im Verkehr mit dem Fremden, sei es in dem mit dem Freunde; mit allen seien die Geschäfte klar und bündig"[170].

Diese Grundsätze werden dann in Zukunft von jedem vertreten, der dem Geschäftsmann Lehren erteilt. In all den vorhin genannten Schriften kehren sie fast gleichlautend wieder. Unnötig daher, Belege beizubringen.

Der Stand der kaufmännischen Solidität ist nicht immer und nicht bei allen Völkern zu den verschiedenen Zeiten derselbe gewesen. Im allgemeinen nehmen wir wahr, daß die Solidität mit der Ausbreitung des kapitalistischen Wesens immer größer wird. Interessant ist es z. B., zu beobachten, wie die englische Geschäftswelt, die später als das Muster der Solidität angesehen wurde, noch im 17. Jahrhundert im Rufe einer nicht übermäßig soliden Geschäftsführung stand. Wir haben eine Reihe von Zeugnissen, die uns darüber belehren, daß damals die Holländer den Engländern als Vorbilder strenger Solidität vorgehalten wurden [171].

Nun hat aber, wie wir sahen, das Wort „Geschäftsmoral" noch einen andern Sinn. Es bedeutet auch eine Moral, die den Zweck verfolgt, geschäftliche Vorteile zu erlangen: also eine Moral fürs Geschäft, eine Moral aus Geschäft. Auch diese wird zu einem Bestandteil der bürgerlichen Tugenden mit dem Aufkommen des Kapitalismus. Es erscheint von nun ab vorteilhaft (aus Geschäftsrücksichten), bestimmte Tugenden zu pflegen oder — sie doch wenigstens zur Schau zu tragen, oder sie zu haben und zu zeigen. Diese Tugenden lassen sich unter einem Sammelbegriff zusammenfassen: das ist die bürgerliche Wohlanständigkeit. Man muß „korrekt" leben: das wird nun zu einer obersten Verhaltungsmaßregel für den guten Geschäftsmann. Man muß sich aller Ausschweifungen enthalten, sich nur in anständiger Gesellschaft zeigen; man darf kein Trinker, kein Spieler, kein Weiberfreund sein; man muß zur heiligen Messe oder zur Sonntagspredigt gehen; kurz, man muß auch in seinem äußeren Verhalten der Welt gegenüber ein guter „Bürger"

## Achtes Kapitel: Die bürgerlichen Tugenden

sein — aus Geschäftsinteresse. Denn eine solche sittliche Lebensführung **hebt den Kredit**.

Bei Alberti ist die Bezeichnung für solcherart Tugendhaftigkeit, also für das, was wir "bürgerliche Wohlanständigkeit" nennen, onestà. Und die onestà ist in seinem Moralkodex die zentrale Tugend, von der alle anderen ihren Sinn und ihre Belichtung empfangen: sie soll uns immerfort begleiten wie ein öffentlicher, gerechter, praktischer und sehr kluger Makler, der jede unserer Handlungen, Gedanken und Wünsche mißt, wägt und abschätzt. Die bürgerliche Wohlanständigkeit gibt allen unsern Vornahmen den letzten Schliff. Sie ist von jeher die beste Lehrmeisterin der Tugenden, eine treue Gefährtin der Sitten, eine verehrungswürdige Mutter eines ruhigen und glücklichen Lebens gewesen. Und — die Hauptsache — sie ist uns außerordentlich nützlich. Daher — wenn wir immer uns der Wohlanständigkeit befleißigen — werden wir reich, gepriesen, geliebt und geehrt sein. . . . [172]).

Mit fast gleichen Worten wiederum tönt es durch alle Jahrhunderte hindurch: die italienische onestà wird zur französischen honnêteté, zur englischen honesty: alles Begriffe, die bezeichnenderweise Ehrbarkeit und geschäftliche Solidität gleichermaßen umfassen. Immer auch haftet ihnen ein wenig Scheinheiligkeit an; weil es ja — im Geschäftsinteresse — genügt, wenn man für wohlanständig **gehalten** wird. Es zu sein, genügt jedenfalls nicht, man muß auch dafür gelten. Weshalb denn Benjamin Franklin zu diesem Entschluß kam: "um meinen Kredit und meine Stellung als Geschäftsmann zu stärken, trug ich Sorge, nicht nur in Wirklichkeit arbeitsam und nüchtern zu sein, sondern auch allen Anschein des Gegenteils zu vermeiden. Ich kleidete mich darum schlicht; ich ließ mich nie an einem Orte sehen, wo nichtige Vergnügungen veranstaltet wurden; ich ging nie fischen, nie jagen [173]) usw."

## Neuntes Kapitel: Die Rechenhaftigkeit

Da sich ein großer Teil der kapitalistischen Wirtschaft in eine Abschließung von Verträgen über geldwerte Leistungen und Gegenleistungen auflöst (Kauf von Produktionsmitteln, Verkauf von fertigen Produkten, Ankauf der Arbeitskräfte usw.), und da aller Anfang des kapitalistischen Wirtschaftens ebenso wie alles Ende eine Geldsumme ist, so bildet, wie man bereits in den Anfängen der kapitalistischen Wirtschaft sehr wohl begriffen hatte[174]), einen wichtigen Bestandteil des kapitalistischen Geistes das, was ich schon früher die Rechenhaftigkeit genannt habe. Worunter zu verstehen ist: die Neigung, die Gepflogenheit, aber auch die Fähigkeit, die Welt in Zahlen aufzulösen und diese Zahlen zu einem kunstvollen System von Einnahmen und Ausgaben zusammenzustellen. Die Zahlen, das versteht sich, sind immer der Ausdruck einer Wertgröße, und das System dieser Wertgrößen soll dazu dienen, die Minus- und Pluswerte in ein solches Verhältnis zueinander zu bringen, daß sich daraus ersehen läßt, ob das Unternehmen Gewinn oder Verlust gebracht hat. Die beiden Seiten der „Rechenhaftigkeit" stellen sich also dar in dem, was heute zwei Disziplinen der Privatwirtschaftslehre bildet: in dem „kaufmännischen Rechnen" einerseits, in der „Buchführung" andererseits.

Die Entstehung und Weiterbildung der Rechenhaftigkeit zu verfolgen, stehen uns drei Wege offen:

1. können wir an dem Stande des technischen Apparates symptomatisch den Stand der Rechenhaftigkeit feststellen;
2. können wir aus überlieferten Rechnungen und Buchführungen unmittelbar ersehen, wie eine Zeit gerechnet hat;
3. können wir gelegentliche Äußerungen von Zeitgenossen als Zeugnisse für den Zustand der Rechenhaftigkeit in einer bestimmten Epoche oder in einem bestimmten Lande verwenden.

## Neuntes Kapitel: Die Rechenhaftigkeit

Ich habe bereits in meinem „Modernen Kapitalismus" den Werdegang der Rechenhaftigkeit seit dem Mittelalter skizziert und begnüge mich deshalb hier mit einigen wenigen Hinweisen, die des Zusammenhanges wegen hier Platz finden sollen. Einige neuere Feststellungen werden das, was ich früher ausgeführt habe, ergänzen [175]).

Die Wiege auch des kaufmännischen Rechnens ist Italien; genauer gesprochen: Florenz: mit dem Liber Abbaci des Leonardo Pisano, das 1202 erschien, wird die Grundlage für die korrekte Kalkulation gelegt. Aber doch erst die Grundlage. Ein genaues Rechnen mußte nun erst langsam erlernt werden. Im 13. Jahrhundert bürgern sich in Italien erst die arabischen Ziffern mit Stellenwert ein, ohne die wir uns eine rasche und genaue Kalkulation schwer vorstellen können. Noch 1299 wird aber ihr Gebrauch den Mitgliedern der Calimala-Zunft verboten! Wie langsam selbst in Italien die Rechenkunst Fortschritte machte, zeigt noch die Handschrift des Introductorius liber qui et pulveris dicitur in mathematicam disciplinam aus der zweiten Hälfte des 14. Jahrhunderts, dessen Verfasser durcheinander arabische Ziffern mit Stellenwert, römische Zahlzeichen, Finger- und Gelenkzahlen benutzt.

Seit dem 14. Jahrhundert in Italien, seit dem 15. und namentlich 16. Jahrhundert im Norden, verbreitet sich dann eben die Rechenkunst rasch weiter. Es bürgert sich das Ziffernrechnen ein und verdrängt allmählich das schwerfällige Rechnen auf der Linie, was einen großen Fortschritt bedeutete: „soviel vortheils ein Fußgänger, der leichtfertig und mit keiner Last beladen ist, gegen einen, der unter einer schweren last stecket, hat, soviel vortheil hat auch ein Kunstrechner mit den Ziffern für einen mit den Linien", hatte schon der Rechenmeister Simon Jacob von Koburg richtig erkannt.

Schon vor Tartaglia, dem mathematischen Genie des

16. Jahrhunderts, der das kaufmännische Rechnen vervollkommnete, hatte sich unter den italienischen Kaufleuten bei Warenberechnungen eine neue Art von „Schlußrechnung" an Stelle der Regeldetri entwickelt, die sich unter dem Namen der „welschen Praxis" im Anfange des 16. Jahrhunderts von Italien aus nach Frankreich und Deutschland verbreitet. In deutscher Sprache brachte zuerst Heinrich Grammateus die welsche Praxis in seinem Rechenbuche (1518). Im 15. Jahrhundert wurden die Dezimalbrüche „erfunden", die seit 1585 durch Simon Stevin mehr in Gebrauch kommen. 1615 ist das Geburtsjahr der Rechenmaschine.

Mit dem Druck der Rechenbücher, deren Zahl sich rasch vermehrt, wurde die Lehre des kaufmännischen Rechnens sehr vereinfacht. Zu einer Verallgemeinerung der Rechenkunst trugen die Rechenschulen bei, die sich namentlich in den Handelsstädten seit dem 14. Jahrhundert entwickeln. Im 14. Jahrhundert bestehen in Florenz (immer wieder Florenz!) schon sechs solche Schulen, die, wie uns Villani berichtet, von 1200 Knaben regelmäßig besucht waren, und in denen „der Abakus und die Elemente des kaufmännischen Rechnens" gelehrt wurden. In Deutschland scheinen diese Schulen am frühesten in Lübeck entstanden zu sein; in Hamburg entstand das Bedürfnis danach um das Jahr 1400.

Die Anfänge einer geordneten Buchführung reichen bis in das 13. Jahrhundert hinauf; die Rechnungsausweise des Papstes Nikolaus III. aus dem Jahre 1279/80, die Ausgaberegister der Kommune Florenz aus dem Jahre 1303 legen Zeugnis ab, daß damals die einfache Buchführung so gut wie vollendet war. Aber auch die doppelte Buchführung ist fast ebenso alt. Ob sie im 13. Jahrhundert bereits in Anwendung war, ist zweifelhaft. Urkundlich festgestellt worden ist durch die Untersuchungen Cornelio Desimonis, daß jedenfalls im

### Neuntes Kapitel: Die Rechenhaftigkeit

Jahre 1340 schon die Stadtverwaltung Genuas ihre Bücher auf der Grundlage der Partita doppia in einer Vollendung geführt hat, die auf ein beträchtliches Alter dieses Systems schließen läßt. Aus dem 15. Jahrhundert besitzen wir dann mehrfache Zeugnisse für ihre Verbreitung im öffentlichen und privaten Rechnungswesen. Das lehrreichste und vollkommenste Beispiel sind die uns erhaltenen Geschäftsbücher der Gebrüder Soranzo in Venedig (1406), um deren Bearbeitung sich H. Sieveking Verdienste erworben hat. Ihre erste theoretische Durchbildung und Darstellung erfuhr dann die doppelte Buchführung durch Fra Luca Paciuoli, der in der elften Abhandlung im neunten Abschnitt des ersten Teiles seiner Summa arithmetica diesen Gegenstand erörtert hat.

Vollkommen oder weniger vollkommen: jedenfalls „rechnete" man in jenen Jahrhunderten des keimenden Kapitalismus namentlich in Italien schon mächtig; rechnete man und buchte man: die Rechnerei und Bucherei war zu einer wesentlichen Beschäftigung der „bürgerlichen" Unternehmer geworden, die in den Anfängen sicher noch vieles selbst tun mußten, was später angestellten Buchhaltern übertragen wurde.

Messer Benedetto Alberti pflegte zu sagen: es stünde dem tüchtigen Geschäftsmann so wohl an, wenn er immer die Hände mit Tinte beschmiert habe. Er erklärte es als die Pflicht jedes Kaufmanns, sowie jedes Geschäftsmannes, der mit vielen Leuten zu tun hat, immer alles aufzuschreiben, jeden Vertrag, jeden Eingang und Ausgang an Geld, alles so oft zu überprüfen, daß er eigentlich immer die Feder in der Hand hätte[176] ...

Die Führung auf dem Gebiete des kaufmännischen Rechnungswesens, die in den Anfängen zweifellos Italien gehabt hatte, ging dann in den folgenden Jahrhunderten auf Holland über. Holland wurde das Musterland nicht nur für alles, was bürgerliche Tugend hieß, sondern auch für rechnerische Exaktheit. Noch im 18. Jahrhundert wird z. B. der Abstand empfunden, der zwischen der amerikanischen und der holländischen Geschäftskunst bestand. Franklin erzählt[177]) von der Witwe eines Kompagnons, einer geborenen Holländerin: wie sie erst ihm regelmäßige und genaue Abrechnungen schickte, zu denen ihr Mann (ein Amerikaner) nicht zu bringen war: „Die Buchhaltung", fügt er hinzu, „bildet in Holland einen Bestandteil des weiblichen Unterrichts." Das galt für die 1730er Jahre.

Dann trat England den Niederlanden zur Seite. Im Anfang des 19. Jahrhunderts wiesen die deutschen Kaufleute auf England und Holland hin als die Länder mit der fortgeschrittenen „kaufmännischen Bildung", die innerhalb Deutschlands wiederum damals in Hamburg am höchsten entwickelt gewesen zu sein scheint. Über das Verhältnis dieser Länder zueinander schreibt in den 1830er Jahren ein guter Sachkenner folgendes:

„Zu solchen freien und klaren Ansichten in Handelssachen, wie namentlich der Engländer, dieser Kaufmann durch und durch, sie hat, gelangt der Hamburger sehr selten oder erst spät; das Dezidierte, Selbständige, was jener an den Tag legt, fehlt diesem mehr oder weniger in der angedeuteten Beziehung ganz. Dennoch kann man die hamburgische kaufmännische Akkuratesse dem übrigen Deutschland mit Recht als Muster nachrühmen; sie kommt fast der holländischen an Umsicht gleich, ist aber bedeutend liberaler, als die des ängstlichen Mynheer"[178]).

Daß aber damals die Rechenhaftigkeit selbst in den weniger fortgeschrittenen Ländern einen eisernen Bestand im kapitalistischen Geiste bildete, versteht sich.

\* \* \*

Mit diesen letzten wie mit einigen früheren Bemerkungen über die Geschichte der bürgerlichen Tugenden habe ich schon auf nationale Unterschiedlichkeiten hingewiesen, wie wir sie in der allmählichen Ausbildung des kapitalistischen Geistes beobachten können. Diesem Problem wollen wir im folgenden Abschnitt unsere Aufmerksamkeit noch etwas mehr zuwenden.

## Dritter Abschnitt
# Die nationale Entfaltung des kapitalistischen Geistes

## Zehntes Kapitel: Die verschiedenen Möglichkeiten der Gestaltung

Die Entstehung und Entwicklung des kapitalistischen Geistes sind eine allgemeine Angelegenheit aller europäischen und amerikanischen Völker, die die Geschichte der neuen Zeit bilden. Wir haben Zeugnisse dafür zur Genüge kennen gelernt: die Belege, mit denen ich in der voraufgehenden Darstellung die Genesis dieses Geistes zu schildern versucht habe, sind allen Ländern entnommen worden. Und der vor aller Augen liegende Gang der Ereignisse bestätigt ja diese Allgemeinheit der Entwicklung.

Gleichwohl gibt es natürlich Unterschiede in der Art und Weise, wie sich die moderne Wirtschaftsgesinnung entfaltet hat; Unterschiede zunächst je nach den verschiedenen Ländern, in denen wir ihren Spuren nachgehen; Unterschiede aber auch je nach den verschiedenen Epochen der kapitalistischen Entwicklung. Hier sollen zunächst die nationalen Unterschiede verfolgt werden und zwar wollen wir uns erst vergegenwärtigen, worin diese Unterschiede bestehen können:

1. kann der Zeitpunkt ein verschiedener sein, in dem eine Nation (Volk oder anderswie abgegrenzte Gruppe: auf die Art der Abgrenzung kommt es hier nicht an: ich werde im folgenden im wesentlichen die historischen großen Nationen je als besonders zu betrachtende Gruppe unterscheiden) vom Strome der kapitalistischen Entwicklung ergriffen wird, der Zeitpunkt also, in dem die Genesis des Bourgeois einsetzt;

2. kann verschieden sein die Zeitdauer, während welcher der kapitalistische Geist eine Nation beherrscht; danach würden sich

## Zehntes Kapitel: Die verschiedenen Möglichkeiten der Gestaltung

also Verschiedenheiten im zeitlichen Verlauf der kapitalistischen Entwicklung ergeben;

3. kann verschieden sein der Intensitätsgrad des kapitalistischen Geistes: das Maß der Hochspannung des Unternehmungsgeistes und Erwerbstriebs, das Maß der bürgerlichen Tugendhaftigkeit und Rechnungshaftigkeit;

4. kann verschieden sein die Extensität des kapitalistischen Geistes: die Verbreitung über die verschiedenen sozialen Schichten eines Volkes;

5. kann verschieden sein das Mischungsverhältnis, in dem die verschiedenen Bestandteile des kapitalistischen Geistes (Unternehmungsgeist — Bürgergeist — die verschiedenen Äußerungsformen des Unternehmungsgeistes usw.) auftreten.

6. kann verschieden sein die Entwicklungsstärke und Entwicklungsdauer dieser einzelnen Bestandteile: die Entwicklung kann bei allen einen gleichmäßigen oder bei jedem Bestandteil einen gesonderten Verlauf nehmen.

Man wird leicht zu ermessen vermögen, welche außerordentliche Verschiedenheit die Gesamtentwicklung bourgeoisen Wesens in den einzelnen Ländern nehmen kann angesichts der zahllosen Kombinationen der aufgezählten Möglichkeiten. Die wichtigsten Unterschiede der nationalen Entwicklung sind aber folgende: ob ein Land stark oder schwach kapitalistisch ist; ob alle Bestandteile oder eine einzelne — und welche — zur vollen Entfaltung kommen; ob die Entwicklung früh oder spät einsetzt; ob sie vorübergehend, intermittierend oder dauernd ist.

Wie diese verschiedenen Möglichkeiten nun in den einzelnen Ländern Wirklichkeiten geworden sind, welche Eigenarten danach die Geschichte des kapitalistischen Geistes in ihnen aufweist, soll die folgende kurze (und gewiß sehr unvollkommene) Skizze zur Anschauung bringen.

## Elftes Kapitel: Die Entwicklung in den einzelnen Ländern

### 1. Italien

Italien ist doch wohl das Land, wo der kapitalistische Geist am frühesten sich entfaltet: er erfährt seit dem 13. Jahrhundert in den oberitalienischen Handelsrepubliken eine Ausdehnung, die ihn schon im 14. Jahrhundert zu einer Massenerscheinung werden läßt. Sicher aber hat er während der Jahrhunderte des Mittelalters dort schon eine Höhe der intensiven Entwicklung erreicht, wie nirgends wo sonst. Ich habe ja für jene frühere Zeit in besonderer Reichhaltigkeit die Belege aus italienischen Zuständen entnehmen können.

Namentlich diejenigen Seelenzustände, die ich zusammenfassend den Bürgergeist nannte, finden wir in den italienischen Städten am frühesten und wiederum am stärksten in den toskanischen Städten entwickelt.

Über die verschiedene Richtung, die der Unternehmungsgeist in diesen und in anderen italienischen Städten, u. a. namentlich in den beiden großen Seeplätzen Venedig und Genua, nimmt, habe ich ebenfalls bereits gesprochen. Stark betonen möchte ich aber noch einmal, daß es vor allem Florenz ist, dem die Entwicklung des bourgeoisen Wesens den stärksten Anstoß verdankt: hier herrschte schon, wie wir feststellen konnten, im 14. Jahrhundert ein fieberhaftes (man ist versucht, zu sagen: amerikanisches) Erwerbsstreben; hier erfüllte eine bis zur Liebe gesteigerte Hingabe an das Geschäft alle Kreise: Florenz ist „derjenige Staat, welchen sterbende Väter testamentarisch ersuchten, ihre Söhne um 1000 Goldgulden zu büßen, wenn sie kein regelmäßiges Gewerbe treiben würden"[179]; hier hat die spezifisch kaufmännische Geschäftsgebarung, wie wir ebenfalls feststellen konnten, ihre erste gründliche Ausbildung erfahren; hier wurden

## Elftes Kapitel: Die Entwicklung in den einzelnen Ländern

die bürgerlichen Tugenden durch Männer wie Alberti zuerst gelehrt und gepflegt; hier entwickelte sich die Rechenhaftigkeit zuerst zur vollen Blüte in den Darstellungen des Fibonaccio und des Paciuoli; hier wurde, um auch das noch zu erwähnen, die statistische Betrachtung der Dinge zuerst auf das reichste ausgebildet: Burckhardt vergleicht eine statistische Aufzeichnung eines Florentiners vom Jahre 1442 mit einer Statistik von Venedig, die fast aus demselben Jahre stammt und meint: diese offenbare freilich einen weit größeren Besitz, Erwerb und Schauplatz: „allein wer erkennt nicht in der florentinischen Aufzeichnung den höheren Geist?" Er spricht im Zusammenhang damit von einem „angeborenen Talent der Florentiner für die Berechnung des ganzen äußeren Daseins".

Diese kapitalistische Herrlichkeit nimmt aber ein ziemlich rasches Ende. Zwar bleiben der rechnerische und der haushälterische Sinn dieselben; ja sie werden während des 16. und 17. Jahrhunderts, wie wir aus den Schriftstellern dieser Zeit ersehen konnten, noch weiter ausgebildet. Aber der Unternehmungsgeist erlahmt. Wir können ganz deutlich verfolgen, wie in Süditalien schon seit dem Ende des 15. Jahrhunderts, in den übrigen Teilen des Landes seit dem 16. Jahrhundert die Freude am Erwerb und die geschäftliche Betriebsamkeit einer behaglichen, bald seigneurialen, bald rentnerhaften Lebensführung Platz machen.

Aus einem süditalienischen Städtchen (La Cava) wird schon vor dem Jahre 1500 geklagt: der Ort sei sprichwörtlich reich gewesen, solange dort lauter Maurer und Tuchweber lebten; jetzt, da man statt Maurerzeug und Webstühlen nur Sporen, Steigbügel und vergoldete Gürtel sehe, da jedermann Doktor der Rechte oder der Medizin, Notar, Offizier und Ritter zu werden trachte, sei die bitterste Armut eingekehrt [180]).

In Florenz setzt eine ähnliche Entwicklung zur Feudalisierung, oder wie man es genannt hat: zur Hispanisierung des Lebens, „deren Hauptelemente die Verachtung der Arbeit und die Sucht nach Adelstiteln war", unter Cosimo, dem ersten Großherzog, ein: ihm dankte man, daß er die jungen Leute, welche jetzt Handel und Gewerbe verachteten, zur Ritterschaft in seinen Stephansorden heranziehe. Es zeigt sich gerade in Florenz ein allgemeines Streben der Reichen nach der Ritterwürde, die man vor allem darum begehrte, weil sie allein die Turnierfähigkeit verlieh. Und das Turnierwesen erlebte gerade wieder in Florenz eine starke Nachblüte. Man hatte sich — echt bürgerlich — eine weniger gefährliche Form des Turniers zurecht gemacht, der man nun mit Leidenschaft huldigte, ohne sich bewußt zu sein, welche Karikatur diese Mischung bürgerlichen und feudalen Wesens darstellte. Schon die ersten Medici nehmen sich der Turniere „mit einer wahren Leidenschaft an, als wollten sie, die unadligen Privatleute, zeigen, daß ihr geselliger Kreis jedem Hofe gleichstehe" [181].

Auch in den übrigen oberitalienischen Städten setzt seit dem 16. Jahrhundert eine ähnliche Entwicklung ein. Wurde das Ideal des reich gewordenen Bourgeois der Ritter, so strebten die mittleren Existenzen nach einem geruhsamen Rentnerleben, wenn möglich auf der Villa: eine »vita temperata«, ein »stato pacifico« wurden als die wahren Werte gepriesen. Das ist der Ton, auf den beispielsweise alle die zahlreichen Landwirtschaftsschriften abgestimmt sind, aus denen wir schon einige Proben kennen gelernt haben [182].

## 2. Die Pyrenäenhalbinsel

Auch in einigen Städten der Pyrenäenhalbinsel scheint frühzeitig kapitalistisches Wesen sich entfaltet zu haben. Was wir von Barcelona, seinem Handels- und Seerecht, aus dem Mittelalter wissen (viel ist es nicht), läßt darauf schließen, daß hier mindestens im 14. Jahrhundert schon eine starke Durch= dringung der Geschäftswelt mit kapitalistischem Geiste statt= gefunden hatte. Unser Augenmerk wird dann wieder auf die Ereignisse in Portugal und Spanien gelenkt, als die Entdecker= fahrten im 15. Jahrhundert sich häufen, die schließlich zu den beiden großen geographischen Funden am Ende des Jahr= hunderts führen. Kein Zweifel, daß damals ein unstillbarer Golddurst, aber auch ein kühner Unternehmungsgeist weite Kreise der Bevölkerung in den Küstenstädten der Pyrenäen= halbinsel beseelte, die sich während des 16. Jahrhunderts in den Eroberungszügen nach Amerika und der Kolonisation des neuen Erdteils zu großer Stärke und Gestaltungskraft entfalten. Aber in diesen Eroberungszügen und Kolonisationsunternehmungen erschöpfte sich der kapitalistische Geist der Spanier und Portu= giesen keineswegs: wir sehen die Lissaboner Kaufleute einen Handel mit den neuentdeckten und angenäherten Gebieten des Westens und Ostens führen, der den der Italiener an Umfang jedenfalls weit übertraf, wir finden die Sevillaner die Silber= schiffe zur Rückfracht mit Waren beladen. Wir begegnen aber im 16. Jahrhundert an verschiedenen Orten einer ausgedehnten Industrie, die auf eine nicht geringe Entwicklung des kapitalistischen Geistes schließen läßt. In Sevilla schlugen 16000 Webstühle, die 130000 Personen Arbeit verschafften [183]. Toledo verarbeitete 430000 Pfund Seide, wobei 38484 Personen Beschäftigung fanden. Bedeutende Seiden= und Wollmanufakturen finden wir in Segovia [184] usw.

Und dann kommt im 17. Jahrhundert die völlige Erstarrung, von der so oft berichtet worden ist. Der Unternehmungsgeist erlahmt, das Geschäftsinteresse erlischt: der Sinn der Nation wird allem Wirtschaftlichen entfremdet und wendet sich kirchlichen und höfischen oder ritterlichen Dingen zu. Wie am Ackerbau, so haftete nun am Handel der Makel einer Beschäftigung, die dem Manne von guter Raſſe nicht anſtand. Das war es, was dem fremden Beobachter, dem Italiener, Niederländer, Franzoſen, Engländer ſo unbegreiflich erſchien, was ſie als ſpaniſche Faulheit bezeichneten. „Alle", ſagt Guicciardini, „haben die Einbildung des Edelmanns im Kopf. Im Jahre 1523 brachten die Cortes die Bitte an den König, daß jeder Spanier den Degen tragen dürfe; zwei Jahre ſpäter ſprechen ſie das große Wort aus, daß die Hijosdalgo von beſſerer Art ſeien als die Steuerzahler" [185]). „Die Hijosdalgo (wurden) als der eigentliche Kern der Nation angeſehen: die Staatsämter wurden ihnen übertragen; die Städte empfanden es übel, wenn irgendein Gewerbetreibender bei ihnen Corregidor geworden; die Cortes von Aragon hätten niemand unter ſich geduldet, der ſich je mit Verkauf befaßt hatte; genug, die Gunſt der öffentlichen Meinung war dem Stande der Hijosdalgo zugewendet. Jedermann wünſchte, wie ſie ſein Leben in höherer Ehre und ohne mühſelige Arbeit zu führen. Unzählige machten wahre oder erdichtete Anſprüche auf die Vorrechte der Hidalquia; es ſchwebten darüber ſo viele Händel, daß in jedem Gerichtshof immer der Sonnabend für dieſelben ausgeſetzt war, angewandt wurde und doch häufig nicht zureichte. Natürlich bildete ſich dann im allgemeinen eine gewiſſe Abneigung gegen Handwerk und Kaufmannſchaft, gegen Gewerbe und Emſigkeit aus." (Ranke, dem ich dieſe Zeilen entnehme [186]), fährt dann fort, was uns aber ganz und gar nichts angeht: „Iſt es denn auch ſo unbedingt Treffliches und Lobenswertes, ſeine Tage Beſchäftigungen zu widmen, die, an ſich unbedeutend, doch das ganze Leben dahin nehmen, damit man Geld von anderen erwerbe? Wenn man ſich nur ſonſt edel und wohl beſchäftigt!") „Mit den materiellen Intereſſen verhält es ſich wie mit anderen menſchlichen Dingen. Was nicht in dem Geiſt einer Nation lebendig Wurzel ſchlägt, kann nicht zu wahrer Blüte empor=

kommen. Die Spanier lebten und webten in der Idee des katholischen Kultus und der hierarchischen Weltanschauung; diese so weit wie möglich auszubeuten, hielten sie für ihren Beruf; ihr Stolz war, die Stellung festzuhalten, die sie dazu fähig machte; übrigens suchten sie das Leben in heiteren Tagen, ohne Mühe, zu genießen. Für die Emsigkeit fleißigen Erwerbes hatten sie keinen Sinn" [187]).

Für ihren ganz und gar dem kapitalistischen Geiste fremden Lebensstil habe ich schon früher Belege beigebracht: siehe oben Seite 34 f. Und in den Kolonien, wo Spanier und Portugiesen sich niederließen, herrschte bald derselbe Geist [188]).

### 3. Frankreich

Frankreich ist zu allen Zeiten reich gewesen an großen und genialen Unternehmern mit vorwiegend spekulativem Geiste: rasch und umfassend in ihren Plänen, draufgängerisch, phantasievoll, ein wenig bramarbasierend, aber voller Schwung, voller Elan, der sie oft genug in Gefahr bringt, zu scheitern oder gar im Gefängnis zu endigen, wenn sie nicht vorher schon erschlafft oder physisch zusammengebrochen sind. Ein solcher Typus ist Jacques Coeur im 15. Jahrhundert: jener Mann, der durch die Kraft seiner genialen Persönlichkeit eine kurze Zeit den französischen Handel großen Stils zu leuchtender Blüte brachte. Er besitzt sieben Galeeren, beschäftigt 300 Faktoren und unterhält Beziehungen mit allen großen Seeplätzen der Welt. „Die Gunst, die er beim Könige genoß (er war Schatzmeister Karls VII.), kam seinen kommerziellen Unternehmungen in einem Maße zugute, daß kein anderer französischer Kaufmann mit ihm zu konkurrieren vermochte. Ja das Kontor dieses einen Mannes stellte eine Welthandelsmacht dar, die mit den Venetianern, den Genuesen und Catalonen rivalisierte." Die Gelder, die er in diesem Handel und durch manche nicht ganz einwandfreie Finanzoperation zusammenbrachte, verwendete er dann, um den ganzen Hof zu seinem Schuldner und damit zuletzt zu seinem Feinde zu machen. Sein Ende ist bekannt: wegen Hochverrats, Münzfälschung usw. angeklagt, wird er gefangen, seiner Güter beraubt und verbannt.

Eine ganz verwandte Erscheinung ist im Zeitalter Ludwigs XIV. der große Fouquet.

Und diese abenteuerlichen Spekulanten ganz großen Kalibers, neben denen zahlreiche kleine in ähnlichem Geiste ihr Gewerbe treiben, sind bis auf unsere Tage: bis zu den Lesseps und Boncourt, den Rochefort und Humberts und Deperdussins eine Eigenheit Frankreichs geblieben! Die Saccards!

Ein wenig hart, aber doch im Grunde treffend, hat schon Montaigne diese etwas „windige" Art des Unternehmertums seiner Landsleute charakterisiert, wenn er einmal von ihnen sagt: „Ich fürchte, unsere Augen sind größer als unser Magen; und wir haben (bei der Erwerbung eines neuen Landes) mehr Neugierde als Ausdauer: wir umarmen alles, aber wir behalten nichts in den Armen als Wind" [189].

Es ist kein Widerspruch, wenn wir gleichzeitig in Frankreich seit Colberts Zeiten bis heute bewegliche Klagen vernehmen über den „mangelnden Unternehmungsgeist" des französischen Geschäftsmannes. Diese Klagen beziehen sich offenbar auf die große Masse der mittleren Kaufleute und Industriellen und beziehen sich auf „solide", wenn auch weiter ausschauende Unternehmungen. „Unsere Kaufleute", jammert Colbert, „haben keine Initiative, um sich in Dinge einzulassen, die ihnen unbekannt sind" [190]. Welche Not hatte dieser im wahrsten Sinne „unternehmende" Staatsmann, um die Indolenz seiner Landsleute zu überwinden, wenn es sich z. B. um die Gründung einer überseeischen Kompagnie wie der Compagnie des Indes orientales handelte! Da werden Konferenzen über Konferenzen (vom

## Elftes Kapitel: Die Entwicklung in den einzelnen Ländern

21. bis 26. Mai 1664 drei) gehalten, in denen reiche und einflußreiche Kaufleute und Industrielle bearbeitet werden, damit sie sich zur Zeichnung von Aktien entschließen[191]) (wie etwa heute, wenn eine „Wissenschaftliche Akademie" oder eine „Orient-Gesellschaft" aus den freiwilligen Beiträgen der reichen Leute begründet werden soll).

Man lese die Bücher der Sayous, der Blondel und anderer genauer Kenner des französischen Wirtschaftslebens, und man wird finden, daß sie auf denselben Ton wie der Ausspruch Colberts gestimmt sind.

Als indolent, ja sogar als faul galt der französische Geschäftsmann — der früheren Zeit. Der „patriotische Kaufmann", dem wir schon öfters auf unseren Wegen begegnet sind[192]), klagt um die Mitte des 18. Jahrhunderts, daß in den Geschäften Frankreichs so wenig gearbeitet werde: er möchte, daß sein Sohn „Tag und Nacht" arbeite, „statt zwei (!) Stunden am Tage, wie es in Frankreich Sitte ist". Übrigens ist das Buch selbst ein Beweis, daß der Geist Franklins im damaligen Frankreich keineswegs bei allen Kaufleuten Wurzel gefaßt hatte: es ist voller romantischer Ideen, voller Schwung, voller chevaleresker Neigung — trotz seiner Sehnsucht nach amerikanischen Zuständen.

Diesem gering entwickelten kapitalistischen Sinn entsprechen (und entsprachen: der Geist der französischen Nation ist sich in dieser Hinsicht während der letzten Jahrhunderte merkwürdig gleich geblieben) die positiven Ideale des Volks der Franzosen. Da begegnen wir (wenigstens noch im 18. Jahrhundert) stark ausgeprägten seigneurialen Neigungen auf der einen Seite. Wir lesen wiederum, wie unser Gewährsmann, der patriotische Kaufmann, sich bitter über diesen verhängnisvollen Zug seiner Landsleute zu verschwenderischem Leben beklagt: daß sie ihren Reichtum, statt ihn in kapitalistischen Unternehmungen anzulegen, zu unnützen Luxusausgaben verwendeten: das sei der Grund, weshalb man in Frankreich für Leihkapitalien in Handel und Industrie 5—6 Prozent bezahlen müsse, die man in Holland und England für 2½—3 Prozent bekomme. Er meint: Darlehn an die Geschäftswelt zu 3 Prozent seien viel profitabler und räsonabler als „der Ankauf dieser schönen Landgüter, die nichts tragen"[193].

Auf der anderen Seite zieht sich wie ein roter Faden durch die ganze französische Wirtschaftsgeschichte die Hemmung der Entwicklung kapitalistischen Wesens durch eine andere Eigenart oder wie die dem Kapitalismus feindlich gesinnten Beurteiler sagen: Unart des französischen Volkes: seine Vorliebe für die gesicherte (und angesehene) Stellung des Beamten. Diese „Plage der Stellenjägerei" (»la plaie du fonctionnarisme«), wie sie ein urteilsvoller Geschichtschreiber des französischen Handels nennt[194], der französische Ämterwahnsinn (»la folie française des offices«), wie ein anderer nicht minder kenntnisreicher Autor diesen Zug bezeichnet[195], womit eine Verachtung der industriellen und kommerziellen Berufe (»le dédain des carrières industrielles et commerciales«) verbunden ist, beginnt seit dem 16. Jahrhundert und ist heute noch nicht verschwunden. Sie bekundet die geringe Stärke, die der kapitalistische Geist in Frankreich seit jeher erreicht hat: wer irgend konnte, zog sich aus dem Geschäftsleben zurück oder vermied es einzutreten und verwendete sein Vermögen, um sich damit (wie es bis ins 18. Jahrhundert allgemein möglich war) ein Amt zu kaufen. Die Geschichte Frankreichs ist ein Beweis für die Verbreitung dieser Sitte über alle Schichten der Bevölkerung.

Im engen Zusammenhange mit solcher Art Neigungen steht dann — man kann sie ebensogut als Ursache wie als Wirkung ansehen — die geringe Achtung, die man Handel und Gewerbe in Frankreich, man darf wohl sagen: bis zum Julikönigtum, entgegenbrachte. Nicht, daß die Reichen nach dem

Abel strebten, und daß der Adel bis zum Ende des 18. Jahrhunderts auch als der sozial bevorrechtete Stand angesehen wurde, auch nicht einmal die gesetzliche Bestimmung, daß Kaufmannschaft "derogierte", habe ich dabei im Auge: solche Auffassung war auch in England zu Hause (und ist ja im Grunde heute noch nicht ganz verschwunden). Nein, ich meine die beleidigend geringe Bewertung der händlerischen und kommerziellen Tätigkeit, die beleidigend wegwerfenden Äußerungen über deren sozialen Wert, die wir in so ausgeprägter Form bis ins 18. Jahrhundert hinein (außer in Spanien) doch wohl nur in Frankreich finden.

Wenn ein guter Kenner im 16. Jahrhundert die Stimmung in den oberen Schichten Frankreichs mit den Worten kennzeichnet: "Wenn es Verachtung auf der Welt gibt, so gilt sie dem Kaufmann" (»s'il y a mépris au monde il est sur le marchand«)[196], so wäre das für das damalige England schon nicht mehr zutreffend gewesen (während es für Deutschland, wie wir noch sehen werden, hätte gelten können); ein Ausspruch aber wie der Montesquieus (und er ist nicht vereinzelt) um die Mitte des 18. Jahrhunderts wäre selbst im damaligen Deutschland nicht denkbar gewesen: "Alles ist verloren, wenn der einträgliche Beruf des Finanzmannes schließlich auch noch ein geachteter Beruf zu werden verspricht. Dann erfaßt ein Ekel alle übrigen Stände, die Ehre verliert alle ihre Bedeutung, die langsamen und natürlichen Mittel, sich auszuzeichnen, verfangen nicht mehr, und die Regierung ist in ihrem innersten Wesen erschüttert"[197].

### 4. Deutschland

Daß in Deutschland während des "Zeitalters der Fugger" (vielleicht hier und da schon früher) kapitalistischer Geist sich zu entwickeln und zu verbreiten angefangen hatte, dürfen wir nicht in Zweifel ziehen. Vor allem beobachten wir ein wagemutiges Unternehmertum, das neben einem vorsichtig kaufmännischen Handels- und Verlegertum die Note jener Zeit bildet.

Aber ich möchte doch vor Überschätzung warnen, möchte den Gedanken ganz und gar von der Hand weisen, als sei der kapitalistische Geist in Deutschland selbst im 16. Jahrhundert zu einer Höhe und Breite der Entwicklung gelangt, die sich auch nur im entferntesten mit der etwa in den italienischen Städten schon des 14. Jahrhunderts in Vergleich stellen ließe.

Was wir uns zum Bewußtsein bringen müssen, um über den Stand des kapitalistischen Geistes in Deutschland sage im 16. Jahrhundert (als anerkanntermaßen seine Entwicklung im Zenith stand), richtig zu urteilen ist vornehmlich folgendes:

1. Es können immer nur ganz vereinzelte Erscheinungen gewesen sein, in denen kapitalistisches Wesen zutage trat. Die „öffentliche Meinung", die Urteile der Intellektuellen, der führenden Geister lehnen jede Äußerung des neuen Geistes noch durchaus und übereinstimmend ab. Was Luther über die „Fuggerei" zu sagen weiß, beweist das ebenso wie die Äußerungen etwa eines Ulrich von Hutten und eines Erasmus von Rotterdam[198]). Aber diese Anschauungen beschränken sich nicht etwa auf die Kreise des Adels und der Gelehrten. Sie waren durchaus volkstümlich. Sebastian Franck übersetzte des Erasmus Schrift[199]) und hatte großen Erfolg damit. Ciceros Traktat „über die Pflichten", in dem er die bekannten Äußerungen über die Minderwertigkeit des „Handels" (im Sinne des Schachers) tut, wurde in jenem Jahrhundert zu einer Art Hausbuch, dank der ungeheuren Verbreitung der vielen Übersetzungen[200]). Das alles läßt darauf schließen, daß kapitalistisches Denken und Werten nur erst an der Oberfläche der deutschen Volksseele geblieben waren.

## Elftes Kapitel: Die Entwicklung in den einzelnen Ländern

2. Nun könnte man meinen: jene scharfe Kritik, die die Zeitgenossen an dem kapitalistischen Wesen üben, sei ein Beweis gerade dafür, daß dieses rasch zu starker Blüte gekommen sei. Das ist bis zu einem gewissen Grade richtig. Und wenn man nur die Größe der Unternehmungen, der Preistreibereien, Monopoltendenzen ins Auge faßt, war der Entwicklungsgrad des Kapitalismus in Deutschland zu jener Zeit ein verhältnismäßig hoher. Man muß sich aber erinnern, daß der kapitalistische Geist noch viele andere Bestandteile hat, und diese waren damals bei uns nur kümmerlich zur Entfaltung gekommen. Ich denke an alles das, was wir Rechenhaftigkeit genannt haben. Wie gering das in Deutschland im 16. Jahrhundert ausgebildet war, dafür habe ich schon einige Zeugnisse angeführt. Ich erinnere an Geschäftsbücher wie die des Ott Ruland (15. Jahrhundert), Geschäftsberichte wie die des Lucas Rem (16. Jahrhundert), die alle mit den gleichen Dokumenten des italienischen Geistes des 14. und 15. Jahrhunderts keinen Vergleich aushalten. Rechenhaftigkeit geht nicht verloren. Wie gering entwickelt sie in Deutschland aber noch im 18. Jahrhundert war, damals im Vergleich mit der englischen und holländischen Geschäftsroutine, habe ich bereits gezeigt.

3. Jedenfalls war jene „Hochblüte" kapitalistischen Geistes im 16. Jahrhundert (wenn man schon von einer solchen reden will) von kurzer Dauer. Noch während des 16. Jahrhunderts setzt auch in Deutschland jener Feudalisierungsprozeß ein, den wir aus Italien bereits kennen, und saugt die bedeutenden Unternehmerfamilien rein auf. Ein Nachwuchs von Bourgeois ist aber während der beiden folgenden Jahrhunderte nur in sehr geringem Umfange und sehr bescheidenem Ausmaße vorhanden. Erst im 18. Jahrhundert beginnt ein regeres industrielles und kommerzielles Leben, das dann noch einmal zu Beginn des 19. Jahrhunderts ermattet. Man kann ohne Übertreibung sagen,

daß eine wirkliche Neublüte des kapitalistischen Geistes in Deutschland erst nach 1850 beginnt.

Daß in der Gegenwart Deutschland mit den Vereinigten Staaten um die Palme der höchsten Vollendung des kapitalistischen Geistes ringt, ist eine von niemand bestrittene Tatsache. Will man also die Eigenart des modernen Unternehmertums in Deutschland erkennen, so braucht man nur die Schilderung zu lesen, die ich im 13. Kapitel vom Wesen des modernen Wirtschaftsmenschen überhaupt entwerfe: der deutsche Unternehmer stellt heute (neben oder sagen wir: nächst dem Amerikaner) den reinsten Typus dieser Menschenspezies dar. Was ihn von anderen ebenfalls modernen Typen vielleicht unterscheidet [201] ist:

a) seine Anschmiegsamkeit: unsere Überlegenheit auf dem Weltmarkte beruht nicht zuletzt auf dieser Fähigkeit, den Wünschen und Eigenarten der Abnehmer gerecht zu werden, wie urteilsvolle Beobachter zu unzähligen Malen festgestellt haben; beruht aber auch auf dem sicheren Blick für die Eigenart der Verhältnisse und der Anpassung an diese, wenn es sich zum Beispiel um eine Fabrikanlage im Auslande handelt;

b) sein großes Organisationstalent, das in unseren großen Schiffahrtsunternehmungen, Großbanken, Elektrizitätsgesellschaften zum Ausdruck kommt, die von keiner anderen Nation, selbst nicht von den Amerikanern, uns nachgemacht werden;

c) seine Stellung zur Wissenschaft. Auch das ist eine heute allgemein anerkannte Tatsache, daß unsere großen Industrien — namentlich die elektrische und chemische Industrie — ihre Sieghaftigkeit vor allem der hingebenden Sorgfalt für wissenschaftliche Begründung und Durchdringung der Produktionsprozesse verdanken.

Im Augenblicke soll sich die Stellung des deutschen Unternehmertums zu einem anderen Komplexe von Wissenschaften:

den Wirtschaftswissenschaften, entscheiden. Es hat fast den Anschein, als ob auch hier sich zu einer Besonderheit des kapitalistischen Unternehmers in Deutschland die Erkenntnis gestalten wollte, daß es zu einem wesentlichen Bestandteile erfolgreicher Unternehmertätigkeit gehöre, seinen Betrieb mit wissenschaftlichem Geiste zu durchdringen. Jedenfalls wird man getrost sagen dürfen, daß schon heute die Methode zur Führung der Geschäfte, daß also die Rechenhaftigkeit als Lehrstoff die höchste Ausbildung an den deutschen Unternehmerschulen erlangt haben.

### 5. Holland

Vielleicht sind die Vereinigten Provinzen diejenigen Stätten wo der kapitalistische Geist zum ersten Male zur vollen Entfaltung gelangt ist, wo er nach allen Seiten hin eine gleichmäßige, bis dahin unbekannte Entwicklung erfahren und wo er von einem ganzen Volke zum ersten Male Besitz ergriffen hat. Im 17. Jahrhundert ist Holland durchaus und unbestritten das Musterland des Kapitalismus: beneidet von allen anderen Nationen, die in dem Bestreben, Holland nachzueifern, selbst zu den größten Anstrengungen sich aufraffen; die hohe Schule aller kaufmännischen Künste; die Pflanzstätte der bürgerlichen Tugenden. Ein seebefahrenes kriegerisches Volk, aber auch in allen Pfiffen und Kniffen des Händlertums ohne Rivalen; von wildem Spekulationsfieber gelegentlich geschüttelt (wie wir selbst feststellen konnten), und dann der Mittelpunkt des internationalen Börsenverkehrs. Es genügt, an diese allen bekannten Tatsachen zu erinnern.

Um dem Leser eine besondere Freude zu bereiten, will ich die kurze und doch völlig erschöpfende Schilderung hierhersetzen, die Ranke von dem Zustande geschäftlicher Blüte entwirft, wie ihn Holland im 17. Jahrhundert erreicht hatte.

„Nunmehr machte Holland die Produkte der Welt sich

zinsbar. Es vermittelte zuerst die Bedürfnisse der östlichen und der westlichen Küstenländer an den benachbarten Meeren. Das Holz und das Korn, welche jene, das Salz und den Wein, welche diese gaben, tauschte es gegen einander aus. Es sandte seine Schiffe zum Fang des Herings nach den nördlichen Gewässern: von da führte es denselben an alle Mündungen der aus den südlichen Ländern kommenden Flüsse, von der Weichsel bis zur Seine. Rhein, Maas und Schelde hinauf brachte es ihn selber. Man schiffte bis nach Cypern, um Wolle, bis nach Neapel, um Seide zu holen; da mußten die Küsten der alten Phönizier einem so weit entfernten deutschen Volk, zu dessen Wohnsitzen sie selber schwerlich gedrungen sind, zinsbar werden. Von den verschiedenen Gegenständen des Handels sammelten sich nun bei den Holländern die größten Vorräte an. In ihren Speichern fand Contarini im Jahre 1610 100000 Säcke guten Weizen und ebensoviel Korn; und Raleigh versichert, daß sie immer mit 700000 Quarter Korn versehen gewesen seien, so daß sie auch ihren Nachbarn in Fällen eines dringenden Bedürfnisses zu Hilfe kommen konnten: natürlich nicht ohne großen Vorteil: ein Jahr Mißwachses galt ihnen für sieben gute. Und keineswegs begnügten sie sich, das erste Produkt wieder zu vertreiben: selbst der fremden Arbeit fügten sie gern etwas hinzu. Sie führten bei 80000 Stück Tuch des Jahres aus England, aber ungefärbt; sie erst bereiteten es zum täglichen Gebrauche und hatten dann von dem Verkaufe den größeren Gewinn.

Wenn sie dergestalt einen so großen Teil des europäischen Verkehrs bereits in der Hand hatten, so war doch der glänzendste Vorteil sowie der eigentliche Ruhm ihrer Seefahrt an Ostindien geknüpft. Von allen Feindseligkeiten, die sie gegen Spanien ausgeübt, war die Unternehmung auf Indien diejenige, welche den König und die Nation am meisten erschreckte, am härtesten traf und der Tätigkeit der Holländer selbst den

### Elftes Kapitel: Die Entwicklung in den einzelnen Ländern

mächtigsten Schwung gab. Contarini bewundert die Ordnung, mit welcher sie um 1610 jährlich zehn bis vierzehn Schiffe dahin sandten; er gibt das Kapital der Gesellschaft auf 6 600 000 Gulden an. Diese großartige, weltumfassende Bewegung führte sie dann weiter; auch auf unbekannte Länder schifften sie aus. Ihre Bemühungen, eine nördliche Durchfahrt zu finden, die Reisen ihrer Heemskerke verdunkelten vollends den Seeruhm anderer Nationen.

Da sah man denn alle Häfen, Buchten, Meerbusen von Holland mit Schiffen bevölkert: alle Kanäle des inneren Landes mit Fahrzeugen bedeckt. Man hatte das bezeichnende Wort, ebenso viele seien dort auf dem Wasser wohnhaft wie auf dem Lande. Man rechnete 200 größere, 3000 mittlere Schiffe, die ihre vornehmste Station bei Amsterdam hatten. Hart an die Stadt stieß der dichte, dunkle Wald ihrer Mastbäume.

Amsterdam nahm unter diesen Umständen ungemein zu. Binnen 30 Jahren ward es zweimal bedeutend erweitert. Man erzählt, daß im Jahre 1601 daselbst 600 neue Häuser erbaut wurden. Für einen Fuß breit Boden, sagt Contarini, gab man einen Scudo. Er rechnet im Jahre 1610 50 000 Einwohner.

Da blühten die Gewerbe; die Arbeiten waren vortrefflich. Die Reichen blieben mäßig und sparsam, wie denn mancher, der das feinste Tuch verkaufte, sich selbst in grobes kleidete; die Armen hatten ihr Auskommen; das Müßiggehen wurde bestraft. Da ward es eine gewöhnliche Sache, nach Indien zu schiffen; man lernte mit jedem Winde segeln. Jedes Haus ward eine Schiffahrtsschule; es war keins ohne Seekarte. Hätten sie einem Feinde weichen sollen, da sie die See so ganz bezwungen? Die holländischen Schiffe hatten den Ruhm, sich eher zu verbrennen, als zu ergeben."

Diesem wundervollen Bericht will ich ergänzend nur hinzufügen, daß insbesondere auch in der Pflege der bürgerlichen Tugenden und in der Ausbildung der Rechenhaftigkeit Holland als das Musterland in damaliger Zeit galt: eine Tatsache, für deren Richtigkeit ich schon eine Reihe beweiskräftiger Zeugnisse beigebracht habe.

Und was ist aus diesem hochentwickelten kapitalistischen Geist geworden? Einzelne Bestandteile — namentlich die zuletzt erwähnten — sind geblieben; andere sind verkümmert oder ganz verschwunden. Schon im Verlaufe des 17. Jahrhunderts vermindert sich der kriegerische Sinn, der in der früheren Zeit allen überseeischen Unternehmungen ihre besondere Note verliehen hatte; im 18. Jahrhundert schrumpft dann auch der Unternehmungsgeist mehr und mehr ein: der Bourgeois wird zwar nicht, wie in andern Ländern, „feudalisiert", aber — wie man es nennen könnte — er verfettet. Er lebt von seinen Revenuen, die ihm entweder die Kolonien oder seine Leihgelder in den Schoß warfen. Holland wird, wie man weiß, im 18. Jahrhundert der Geldborger ganz Europas. Das Interesse an kapitalistischen Unternehmungen irgendwelcher Art verringert sich immer mehr. „Die Holländer haben aufgehört, Kaufleute zu sein; sie sind Kommissionäre geworden; und aus Kommissionären sind sie schließlich zu Geldgebern geworden." (Luzac.) Der Kredit mochte Staatskredit oder Wechselakzeptkredit sein, das blieb sich gleich: der Unternehmungsgeist war auf alle Fälle gebrochen, wenn diese Kreditgewährung zur Hauptbeschäftigung der Bourgeois geworden war.

### 6. Großbritannien

Eine grundverschiedene Entwicklung hat der kapitalistische Geist je in den drei Teilen des Vereinigten Königreichs: Irland, Schottland und England durchgemacht.

Irland scheidet fast aus der Reihe der Länder mit kapitalistischer Kultur aus. Kein anderes Land ist bis heute so wenig vom Hauche des kapitalistischen Geistes berührt worden wie Irland. Sein Schicksal interessiert uns deshalb in diesem Zusammenhange auch nicht weiter.

England sind wir schon öfters im Verlaufe dieser Studien begegnet: wir sahen, wie ein kräftiger Unternehmergeist, aus Abenteuerlust und Eroberungsdrang geboren, im 16. Jahrhundert hervorbricht und gleichsam das Heroenzeitalter des Kapitalismus in dem Lande begründet. Wir sahen den Grundherrn am Werke, sich zum kapitalistischen Unternehmer umzumodeln. Wir erlebten eine stürmische Periode spekulativer Gründungen von allerhand Unternehmungen am Ende des 17. und zu Anfang des 18. Jahrhunderts mit. Wir erfuhren, wie sich bis zum Ende des 18. Jahrhunderts bürgerliche Tugenden und Rechenhaftigkeit zu hoher Blüte entwickelt hatten, daß sie vorbildlich für rückständige Länder, wie Deutschland und Frankreich, geworden waren. Und wir wissen, daß der moderne Industrialismus seine Wiege in England hat.

Vom Ende des 17. Jahrhunderts an, insbesondere seit der Vereinigung der beiden Königreiche wird dann der Gang der kapitalistischen Entwicklung Englands stark beeinflußt durch die Entwicklung, die der kapitalistische Geist in dem Nachbarlande Schottland erfahren hatte.

In keinem Lande der Welt vollzieht sich dessen Geburt auf eine so seltsame Weise wie in Schottland. Nichts muß denjenigen, der sich mit der Entstehung kapitalistischen Wesens beschäftigt, mehr verwundern als die ganz abrupte Art, wie mit einem Knalle förmlich die Blüte des kapitalistischen Geistes in diesem Lande aufbricht und plötzlich, unvermittelt sich voll entfaltet, wie die Blüte der Victoria regia über Nacht, mit einem Schlage.

Bis zum 17. Jahrhundert hatten die Schotten, wie wir an

andrer Stelle sahen, einen ziemlich kümmerlichen Handel mit den Nachbarländern fast ohne eigene Schiffahrt betrieben. Von kapitalistischem Wesen waren sie ziemlich unberührt geblieben. Während des 17. Jahrhunderts änderte sich an diesem Zustand des Wirtschaftslebens nicht viel. Dagegen erlebten sie eine ungewöhnlich starke, religiöse Erhebung im Gefolge der Reformation. Und nun gegen das Ende des 17. Jahrhunderts ereignet sich jener plötzliche Ausbruch eines unzähmbaren Erwerbsstrebens und Unternehmungsgeistes. Das bestätigen uns zu viel glaubwürdige Zeugen, als daß wir an den Tatsachen selbst zweifeln dürfen.

Hier sind einige der Zeugnisse[202]).

"Bald nach der Revolution wurden die glühenden Gefühle (the ardent feelings) des schottischen Volkes abgelenkt aus ihren alten Kanälen religiöser Streitigkeiten und kriegerischer Interessen in der Richtung auf kommerzielle Unternehmungen", schreibt Burton. Unter dem Jahre 1699 vermerkt Burnett in der "Geschichte seiner eigenen Zeit": "Hoch und niedrig war damals in Schottland von dem Wunsche beseelt, Geschäfte zu treiben" (desirous of getting into trade). 1698 schreibt Fletcher of Saltoun: "Durch niemand gezwungen, vielmehr infolge eines unvorhergesehenen und unerwarteten Wandels des Volksgeistes (by an unforeseen and unexpected change of the genius of this nation) sind alle ihre Gedanken und Neigungen, als ob sie von einer höheren Macht zusammengefaßt und geleitet wären, auf die Geschäfte gerichtet." Die puritanischen Geistlichen waren entsetzt. Sie standen ratlos am Ufer wie die Henne, die die Entlein davon schwimmen sieht. 1709 drückt der Prediger Robert Wodrow in seinen Briefen die Ansicht aus, daß "die Sünde unserer allzu großen Schwärmerei für wirtschaftliche Dinge (our too great fondness for trade), die so weit geht, daß sie uns die wertvollen Interessen vernachlässigen läßt, uns beim jüngsten Gerichte angerechnet werden wird." Als in demselben Jahre den Glasgowern einige Schiffe gekapert werden, wünscht er, daß man drin eine Fügung Gottes erkennen möge: „Ich bin sicher, unser Herrgott blickt mit Mißfallen auf unseren Handel, seit er die Stelle der Religion eingenommen hat" (the Lord is remarkably frouning upon our trade ... since it was put in the room of religion).

Was das für ein Geist war, der da plötzlich hervorbrach, haben wir an anderer Stelle schon in Erfahrung gebracht. Daß er wesentlich zu der kapitalistischen Hochblüte beigetragen hat, die England und Schottland seit der Mitte des 18. Jahrhunderts erleben, ist unzweifelhaft sicher.

Wie nun aber ist der weitere Verlauf der Entwicklung des kapitalistischen Geistes in diesen Ländern gewesen. Wie stellt sich uns sein Bild in der Gegenwart dar, wenn wir es etwa vergleichen mit dem, das andere Länder — wie z. B. Deutschland — gewähren.

Da stimmen denn nun die Zeugnisse aller sachkundigen und urteilsfähigen Männer dahin überein, daß England heute in einen Zustand „kapitalistischer Erschlaffung"[208] eingetreten ist. Diese äußert sich namentlich in folgenden Punkten:

1. Die Rationalität der Wirtschaftsführung hat aufgehört, eine absolute und zwingende zu sein. Der englische Unternehmer hat den Fortschritt, den wir beim deutschen sich vollziehen sehen, nicht mitgemacht: er hat die technische Wissenschaft nicht in seinen Dienst genommen. Er ist auf technischem Gebiete rückständig; die Anwendung der neuesten Methoden wird in England vielfach für unmöglich erklärt; bei der Lieferung des Rohmaterials verabsäumt er eine Prüfung im Laboratorium und verläßt sich ganz auf den Namen der liefernden Firma; auf seine veralteten Maschinenmodelle ist er stolz, statt sie zum alten Eisen zu werfen.

Über eine analoge Irrationalität oder Traditionalismus auf dem Gebiete des Handels berichtet das Blaubuch vom Juli 1897. „Die Deutschen bringen ihre Waren zum Käufer, während der britische Kaufmann darauf wartet, daß der Käufer zu ihm kommt." Die britischen Agenten und Reisenden leben auf zu großem Fuße. Der Engländer gestaltet die Verpackung vielfach zu schwer und solide, der Ausländer dagegen leicht und gefällig. Der Engländer vernachlässigt den von der Qualität unabhängigen »finish« insbesondere bei billigeren Gütern und geringeren Qualitäten. Er verlangt Zahlung und trägt der Kreditbedürftigkeit der überseeischen Kunden keine Rechnung. Er vernachlässigt die Reklame. Die englischen Waren sind oft zu gut und zu teuer. Der Engländer nötigt seinen Geschmack dem Markte auf; er liefert vielfach entweder so, wie er es für richtig hält, oder gar nicht.

Auch eine gewisse Verknöcherung des Bankwesens wird beobachtet.

2. Der Unternehmungsgeist, das Interesse am Geschäft, die Arbeitslust verringern sich. Das alte business-Ideal verschwindet und macht einer ganz neuen Orientierung des Lebens Platz. Die Freude am Luxus, an seigneurialer Lebensführung, vor allem am Sport, verbreitet sich immer mehr und lähmt die wirtschaftlichen Energien.

„In den Kreisen der M. I. R. C. (Members of the idle, rich class) spielt der deutsche Bücherwurm eine gleich jämmerliche Rolle wie der höchstens als Schwiegervater brauchbare amerikanische Dollarkönig: wie verschieden sie beide sonst sein mögen, sie gehören zu den Dummen, welche arbeiten. Von dieser dereinst feudalen Auffassung ist heute die bürgerliche Oberschicht des englischen Volkes durchseucht."

„Bezeichnenderweise tragen die beliebtesten Zweige des nationalen Sports einen stark plutokratischen Zuschnitt. — Sei

## Elftes Kapitel: Die Entwicklung in den einzelnen Ländern

setzen ein Aristokratengeschlecht voraus, das von der Arbeit des Negers, Chinesen und Hindu, von den Zinsen und Grundrenten aus aller Herren Länder lebt, und das den Boden des Mutterlandes nur noch als Luxusgegenstand wertet" [204]).

### 7. Die Vereinigten Staaten von Amerika

Über diese habe ich am wenigsten auszusagen (an dieser Stelle), obwohl sie die allergrößte Bedeutung für die Entfaltung des kapitalistischen Geistes haben. Das wenige ist dieses:

1. Die Elemente des kapitalistischen Geistes finden sich in der amerikanischen Volksseele verbreitet, seitdem die Kolonien begründet werden, auch als diesem Geiste noch kein „Körper", das heißt keine kapitalistische Wirtschaftsverfassung entsprach.

2. In den Vereinigten Staaten vollzieht sich die Umbildung des frühkapitalistischen in den hochkapitalistischen Geist am frühesten und am gründlichsten: zahlreiche Zeugnisse bestätigen uns [205]), daß die Ideen des modernen Amerikanismus schon im Anfang des 19. Jahrhunderts in den Köpfen Wurzel geschlagen hatten und den Lebensstil zu bestimmen anfingen. Worin diese Besonderheit des hochkapitalistischen Geistes besteht, der zuerst in Amerika sich entfaltet, um dann zu einem allgemeinen Geiste unserer Epoche zu werden, versuche ich im 13. Kapitel darzutun.

3. Alles, was der kapitalistische Geist an Konsequenzen in sich trägt, ist heute am höchsten in den Vereinigten Staaten zur Entwicklung gelangt. Hier ist seine Stärke einstweilen auch noch nicht gebrochen. Hier ist einstweilen noch alles Sturm und Wirbel.

## Vierter Abschnitt
# Der Bourgeois einst und jetzt

## Zwölftes Kapitel: Der Bourgeois alten Stils

Bisher haben wir die Elemente kennen gelernt, aus denen die Seele eines kapitalistischen Unternehmers zusammengesetzt ist, wenn sie der Vollendung zustrebt. Aus Erwerbstrieb und Unternehmungsgeist, aus Bürgerlichkeit und Rechenhaftigkeit baut sich die komplizierte Psyche eines Bourgeois auf, und diese Bestandteile können selbst wieder in zahlreichen Nuancen sich darstellen und in ganz verschiedenen Mischungsverhältnissen sich in ein und derselben Person vorfinden. Wir unterscheiden deshalb schon verschiedene Typen kapitalistischer Unternehmer, die sich während der Entwicklung der kapitalistischen Wirtschaft herausbilden. Wir stellten auch fest, daß sich in den verschiedenen Ländern die Entwicklung des kapitalistischen Geistes in den mannigfachsten Formen vollzieht. Wir stehen nun vor der Frage: ob es denn überhaupt einen kapitalistischen Geist, ob es den Bourgeois gibt. Das heißt also doch wohl, ob in den verschiedenen Typen, die wir uns zunächst weiter bestehend denken müssen, ob in den verschiedenen nationalen Gestaltungen gemeinsame Züge sich aufweisen lassen, aus denen wir uns das Bild eines Bourgeois zurechtlegen können.

Diese Frage dürfen wir unbedingt bejahen, wenn wir eine Einschränkung machen: wenn wir die Epochen der kapitalistischen Entwicklung und in ihnen jeweils den einer bestimmten Epoche charakteristischen „Geist", den diese Epochen seinem Wesen nach angehörigen Unternehmer- oder Bourgeoistyp unterscheiden.

Das heißt: wenn wir nicht einen Typ für alle Zeiten, sondern je einen besonderen für verschiedene Zeiten aufstellen.

## Zwölftes Kapitel: Der Bourgeois alten Stils

Soviel ich nun sehe, tragen die kapitalistischen Unternehmer vom Beginn der kapitalistischen Entwicklung an bis etwa gegen Ende des 18. Jahrhunderts, das heißt während jener Epoche, die ich die frühkapitalistische genannt habe, bei allen Unterschiedlichkeiten im einzelnen doch in vielen Beziehungen ein einheitliches Gepräge, das sie scharf abhebt von dem modernen Unternehmertyp. Dieses Bild von dem Bourgeois alten Stils will ich hier in den Umrissen zu zeichnen versuchen, ehe ich angebe, worin ich die dem letzten Jahrhundert eigentümlichen Züge des kapitalistischen Geistes erblicke.

Kapitalistischer Unternehmer war dieser alte Bourgeois also auch: der Erwerb war sein Ziel, die Begründung von Unternehmungen sein Mittel; er spekulierte und kalkulierte; und schließlich nahmen auch die bürgerlichen Tugenden (freilich in einem sehr verschiedenen Grade!) von seinem Wesen Besitz. Was ihn aber sein eigentümliches (uns heute so fremd gewordenes) Gesicht gibt, war dieses — wenn man in einem Satze den „alten Stil" bezeichnen will —: daß in allem seinem Denken und Planen, in allem seinem Lassen und Tun das Wohl und Wehe des lebendigen Menschen die Bestimmung abgab. Noch hatte die vorkapitalistische Leitidee ihre Wirkung nicht eingebüßt: omnium rerum mensura homo: das Maß aller Dinge blieb der Mensch. Genauer: blieb die natürliche, sinnvolle Auswirkung des Lebens. Noch schreitet selbst der Bourgeois auf seinen beiden Beinen breitspurig dahin, noch geht er nicht auf den Händen.

Freilich: von dem vorkapitalistischen Menschen, wie wir ihn noch in den ersten Anfängen des Kapitalismus antreffen, als die Genueser adligen „Kaufleute" sich Burgen bauten, oder als Sir Walter Raleigh das Goldland suchen ging: freilich von dem haben sich bis zu den Defoe und Benjamin Franklin nur Teile erhalten. Der natürliche Vollmensch mit seiner gesunden

Triebhaftigkeit hat schon viele Einbuße erlitten; hat sich in die Zwangsjacke der bürgerlichen Wohlanständigkeit gewöhnen; hat rechnen lernen müssen. Seine Klauen sind gestutzt; seine Raubtierzähne abgefeilt; seine Hörner mit Lederpolstern versehen.

Aber alle, die dem Kapitalismus dienen: der große Grundherr, wie der große Überseekaufmann, der Bankier wie der Spekulant, der Manufakturer wie der Wollhändler: sie alle haben doch nicht aufgehört, ihre geschäftliche Tätigkeit den Anforderungen gesunder Menschlichkeit anzupassen; für sie alle ist das Geschäft nur Mittel zum Zweck des Lebens geblieben; für sie alle entscheiden ihre eigenen Lebensinteressen und die der andern Menschen, für die sie, mit denen sie tätig sind, über die Richtung und das Ausmaß ihres Wirkens.

Daß sie so dachten, die Bourgeois alten Stils, bezeugt zunächst:

1. (und vor allem) **ihre Auffassung vom Sinn des Reichtums; ihre innere Stellung zum eignen Erwerb.** Der Reichtum wird geschätzt, ihn zu erwerben ist das heiß ersehnte Ziel, aber er soll nicht Selbstzweck sein; er soll nur dazu dienen, Lebenswerte zu schaffen oder zu erhalten. So klingt es uns aus den Schriften aller derer entgegen, die wir im Verlauf dieser Darstellung schon öfters als Gewährsmänner benutzt haben: von Alberti bis Defoe und Franklin sind alle Betrachtungen über den Reichtum auf denselben Ton abgestimmt.

Wie wertvoll Reichtum ist, meint Alberti, das weiß nur der zu beurteilen, der einmal gezwungen ist, zu einem andern jenes „bittere und freien Geistern aufs tiefste verhaßte Wort zu sprechen: ich bitte dich"[206]. Der Reichtum soll uns frei und unabhängig machen, er soll dazu dienen, Freunde zu erwerben, uns angesehen und berühmt zu machen[207]. Aber: „was man nicht nützt, ist eine schwere Last"[208].

Es wird genügen, wenn ich diesen Äußerungen aus den

Kindheitsjahren des Kapitalismus einige gegenüberstelle aus der letzten Periode unsrer Epoche: man wird die Übereinstimmung sofort erkennen. Benjamin Franklin und seine Verehrer lassen sich wie folgt vernehmen:

„Der Mann, dem Gott Reichtum und eine Seele verliehen hat, ihn recht zu gebrauchen, hat daran eine besondere und vorzügliche Gnadenbezeugung erhalten."

Folgen Anweisungen, den Reichtum gut anzuwenden [209].

„Reichtum muß durch Fleiß und Geschicklichkeit beständig wuchern. Nie darf man ihn müßig liegen lassen; immer muß er das Vermögen seines Besitzers vermehren und Glück weit und breit verbreiten . . . .

Die Nichtbenutzung des Reichtums widerstreitet ebensowohl seiner Bestimmung, als dies gegen die Pflicht der Menschheit verstößt . . . .

Geld und Güter zu sammeln, ist verständig; aber sie zweckmäßig zu gebrauchen, vernünftig. Nicht der Reichtum macht glücklich, sondern seine weise Anwendung, und was hülfe es dem Menschen, wenn er alle Güter dieser Welt gewönne und nicht — ein Biedermann (!) wäre" [210]?

„Reichtum gibt Ansehen, gewährt Zuversicht und schafft Mittel (!) zu mancherlei nützlichen und ehrenvollen Unternehmungen . . . .

Der Reichtum verscheucht Sorgen, die Tag und Nacht an unserm Leben nagen. Heiter sehen wir in die Zukunft, sobald wir ein gutes Gewissen dabei bewahren. Dieses muß die Grundlage jedes Erwerbes sein.

Immer richtig zu handeln und das Gute zu tun aus Ehrfurcht gegen Gott und aus Achtung gegen die Menschheit, gibt Freudigkeit zu jedem Unternehmen. Gott stets vor Augen und im Herzen zu haben, nebst verständiger Arbeit, ist der Anfang zur Kunst, reich zu werden; denn was hülfe aller Gewinn, wenn wir den scheuen müßten, der Herr der Welten ist, und was nützte uns das Geld, wenn wir nicht heiter auf zum Himmel blicken könnten" [211]).

Diese letzten Bemerkungen weisen schon auf eine andere Ansicht hin, die wir bei den Bourgeois alten Stils ebenfalls allgemein verbreitet finden, und die seiner Erwerbstätigkeit ebenfalls eine ganz bestimmte Färbung gibt: die Ansicht: nur auf anständige Weise »onestamente«, »honestly«, erworbener Reichtum mache froh" [212]).

„Verkaufst du etwas um Gewinn, so höre das Lispeln des Gewissens und begnüge dich mit einem mäßigen Gewinste: und mache dir die Unwissenheit des Käufers nicht zunutze" [213]).

Man könnte nun vielleicht einwenden: solche weise Lehren seien leicht geäußert. Sie drückten vielleicht nur die Auffassung der Stunden ruhigen Besinnens aus, sie seien vielleicht nur die Stimme des Gewissens, die in der Ruhe der Studierstube vernommen, im Lärm des Tages aber überhört wurde. Sie hätten deshalb keine Beweiskraft. Einen solchen Einwand würde ich zu entkräften versuchen mit dem Hinweis auf die Tatsache, daß

2. ihre Stellung zum Geschäftsleben selber, ihr Benehmen als Geschäftsleute, die Art und Weise ihrer Geschäftsführung, daß das, was man ihren Geschäftsstil nennen könnte, durchaus von demselben Geist zeugen, aus dem jene Äußerungen über den Sinn des Erwerbes geboren sind.

Das Tempo ihrer geschäftlichen Tätigkeit war noch ein gemächliches; ihr ganzes Gehaben ein geruhsames. Noch war kein Sturm in ihrem Tun.

Wir sahen, wie Franklin darauf bedacht war, seine Zeit so nützlich wie möglich zu verwenden, wie er den Fleiß als oberste Tugend pries. Und wie schaute sein Arbeitstag aus: sechs ganze Stunden sind dem Geschäft gewidmet; sieben Stunden

### Zwölftes Kapitel: Der Bourgeois alten Stils

schlief er; die übrige Zeit beschäftigte er sich mit Beten, mit Lektüre, mit geselligen Zerstreuungen. Und er war der Typus eines strebsamen, damals noch kleinen Unternehmers! Hier ist der überaus lehrreiche Plan seiner Tageseinteilung, den er im Anschluß an sein Tugendschema entworfen hatte:

"Da die Vorschrift der Ordnung verlangte, daß jeder Teil meines Geschäfts seine zugewiesene Zeit habe, so enthielt eine Seite in meinem Büchlein folgenden Stundenplan für die Verwendung der vierundzwanzig Stunden eines natürlichen Tages:

| | | |
|---|---|---|
| **Der Morgen:** Frage: Was werde ich heute Gutes tun? | 5 6 7 | Steh auf, wasche dich, bete zum Allmächtigen! Richte dir das Geschäft des Tages ein und fasse deine Entschlüsse für denselben, setze das jeweilige Studium fort und frühstücke. |
| | 8 9 10 11 | Arbeite. |
| **Der Mittag:** | 12 1 | Lies oder überlies deine Geschäftsbücher, iß zu Mittag. |
| | 2 3 4 5 | Arbeite. |
| **Der Abend:** | 6 7 8 9 | Bring' alle Dinge wieder an ihre Stelle. Nimm das Abendbrot ein. Unterhalte dich mit Musik, Lesen, Gespräch und Zerstreuung. Prüfe den verlebten Tag. |
| **Die Nacht:** | 10 11 12 1 2 3 4 | Schlafe. |

Die Bozener Großhändler sperrten den ganzen Sommer über ihre Geschäfte zu und lebten in der Sommerfrische in Ober-Bozen.

Und wie man den Tag über, das Jahr über sich Muße ließ, so auch im Leben als Ganzes genommen. Es war wohl die allgemeine Gepflogenheit, daß Leute, die sich in Handel und Produktion ein — bescheidenes — Vermögen erworben hatten, in noch guten Jahren sich zur Ruhe setzten und wenn irgendmöglich sich ein Landgut kauften, um auf ihm ihren Lebensnachmittag in beschaulicher Ruhe zu verbringen. Jacob Fugger, dessen Ausspruch: „er wollte gewinnen, dieweil er könnte", ich selbst einmal als typisch-charakteristisch für eine vollendete kapitalistische Wirtschaftsgesinnung (was er sicher auch ist) einer Darstellung der Genesis des modernen Kapitalismus als Motto vorgesetzt habe, ist seiner Zeit sicherlich weit vorausgeeilt. Wie ihn denn ja auch Anton Fugger als einen sonderbaren Kauz mit dieser Auffassung kennzeichnen will. Er war nicht „normal". Das waren vielmehr diejenigen, die im Rucksack ihrer Lebensanschauung von vornherein das Rentnerideal mitgebracht hatten.

Durch alle italienischen Kaufmannsbücher geht das Sehnen nach einem ruhigen Leben in der Villa, die deutsche Renaissance hat denselben Zug, die Geschäftsleute zu feudalisieren, und diesen Zug treffen wir unverändert an noch in den Gewohnheiten der englischen Kaufleute im 18. Jahrhundert. Das Rentnerideal erscheint uns also hier (wir werden sehen, daß es noch einen ganz anderen Sinn haben, daß es in einer ganz anderen Kausalreihe seinen Platz finden kann) als ein gemeinsames Merkmal frühkapitalistischer Wirtschaftsgesinnung.

Wie durchaus es noch die englische Geschäftswelt in der ersten Hälfte des 18. Jahrhunderts beherrschte, dafür bringt uns wieder Defoe den Beweis bei durch seine Betrachtungen, mit denen er die offenbar allgemeine Gepflogenheit der englischen Kaufleute, sich beizeiten zurückzuziehen, begleitet (im XLI. Ch. der 5. Auflage des Compl. Engl. Tradesman).

## Zwölftes Kapitel: Der Bourgeois alten Stils

Er meint: wer sich 20000 £ erworben habe, für den sei es wohl an der Zeit, das Geschäft aufzugeben. Mit diesem Gelde kann er sich schon ein ganz hübsches Gut kaufen, und damit tritt er in die Gentry ein. Er gibt diesem neugebackenen Gentleman nun folgende Lehren auf den Weg: 1. er soll sein haushälterisches Leben auch in Zukunft weiterführen: von den 1000 £ Rente soll er höchstens 500 £ verzehren und mit dem Ersparten seinen Besitz vergrößern; 2. er soll sich nicht in Spekulationen einlassen und nicht an Gründungen beteiligen: er hat sich doch zurückgezogen, um das zu genießen, was er erworben hat (retir'd to enjoy what they had got): warum es da in gewagten Unternehmungen wieder aufs Spiel setzen? Welcher andere Grund als reine Habsucht kann solch einen Mann überhaupt veranlassen, sich in neue Abenteuer zu stürzen? So einer hat nichts anderes zu tun, als sich ruhig zu verhalten, nachdem er in solche Lebenslage gekommen ist (Such an one .. has nothing to do but to be quiet, when he is arrived at this situation in life). Vorher mußte er allerdings, um sein Vermögen zu erwerben, fleißig und tätig sein; jetzt hat er aber nichts zu tun, als den Entschluß zu fassen, faul und untätig zu sein (to determine to be indolent and inactive). Staatsrenten und Landbesitz sind die einzig richtige Anlage für seine Ersparnisse.

*   *   *

Wenn diese Bourgeois alten Stils nun aber arbeiteten, so war die Geschäftsführung selbst derart, daß sich in einer gegebenen Zeit eine möglichst geringe Anzahl von Geschäftsakten abspielte. Der geringen extensiven Entwicklung der Geschäftstätigkeit entsprach eine ebenso geringe intensive Entwicklung. Bezeichnend für den Geist, in dem man Geschäfte betrieb, erscheint mir der Umstand, daß alle frühere Geschäfts-

weisheit darauf hinauslief, möglichst hohe Preise zu erzielen, damit man mit einem möglichst geringen Umsatz einen
hohen Profit erreiche: kleiner Umsatz, großer Nutzen, ist das
Geschäftsprinzip der Unternehmer von damals. Nicht nur etwa
der kleinen, halb handwerksmäßigen Existenzen; nein selbst der
ganz großen Erwerbsgesellschaften. Es war der Grundsatz
beispielsweise der holländisch-ostindischen Kompagnie: „kleine Geschäfte mit großem Nutzen" zu treiben. Daher ihre Politik:
die Gewürzbäume auszurotten; reichliche Ernten zu verbrennen usw. Dieses tat man auch deshalb, um den schädlichen Genuß der Kolonialwaren nicht den Armen zuteil werden
zu lassen.

Es war im wesentlichen ein Absatz an die Reichen, den
man im Auge hatte, und der ist immer bequemer als ein
Absatz an die große Masse[214]). Ein Spiegelbild dieser Auffassung war die Theorie der ökonomischen Schriftsteller, die (wie
überall) während des ganzen 17. und 18. Jahrhunderts Ver-
teidiger hoher Preise waren[215]).

Nur ein äußerer Ausdruck dieser inneren Ruhe und Ge-
messenheit war das würdevolle Auftreten, war die etwas steife
und pedantische Erscheinung des Bourgeois alten Stils. Wir
können uns weder im langen Pelzmantel der Renaissancezeit
noch in den Kniehosen und der Perücke der späteren Jahrhunderte einen hastigen Menschen recht vorstellen. Und glaubwürdige Zeitgenossen schildern uns denn auch den Geschäftsmann als einen bedächtig dahinschreitenden Menschen, der
niemals Eile hat, gerade weil er etwas tut. Messer Alberto,
selbst ein sehr beschäftigter Mann, pflegte zu sagen: er habe
noch nie einen fleißigen Menschen anders als langsam gehen
sehen, erfahren wir aus dem Florenz des 15. Jahrhunderts[216]).
Und ein guter Gewährsmann berichtet uns über die Industrie-
stadt Lyon im 18. Jahrhundert: „hier in Lyon geht man

## Zwölftes Kapitel: Der Bourgeois alten Stils

ruhigen Schritts, weil (!) man beschäftigt ist, während man in Paris rennt, weil man müßig geht"[217]). Lebendig vor uns sehen wir die Großkaufleute Glasgows im 18. Jahrhundert, „wie sie in roten Röcken, mit dem Dreimaster und gepuderten Perücken auf und ab die Planistanes stapften, das einzige Stückchen Pflaster im damaligen Glasgow, das 3 oder 400 Meter Straße vor der Stadthalle bedeckte — würdevoll einer zum anderen sprechend, und hochmütig dem niederen Volke zunickend, das ihnen zu huldigen kam"[218]).

3. Die Stellung zur Konkurrenz und zur Kundschaft entspricht der eigenen Geschäftsführung: man will doch vor allem seine Ruhe haben: dieses „statische Prinzip", das alles vorkapitalistische Wirtschaftsleben ausschließlich beherrscht hatte, nimmt doch auch im Gefüge des frühkapitalistischen Geistes noch immer eine bedeutende Stellung ein. Die „Kundschaft" gilt noch wie ein umfriedeter Bezirk, der dem einzelnen zugesprochen ist: wie das Territorium im überseeischen Lande, das der Handelsgesellschaft als abgegrenztes Gebiet zur alleinigen Ausbeutung überlassen ist.

Gerade über diese Eigenart der frühkapitalistischen Wirtschaftsgesinnung habe ich mich unlängst in anderem Zusammenhange ausführlich ausgesprochen[219]) und ich kann mich deshalb hier mit wenigen Hindeutungen begnügen. Ich will nur auf einige wichtige Geschäftsgrundsätze und Geschäftsanschauungen verweisen, die sich aus dem Prinzip einer statisch gedachten Wirtschaftsgestaltung ergeben mußten und die den Ideenkreis des Bourgeois alten Stils in der Tat auch beherrscht haben.

Auf das strengste verpönt war aller „Kundenfang": es galt als „unchristlich", als unsittlich, seinen Nachbarn die Käufer abspenstig zu machen. Unter den „Regeln der Kaufleute, die mit Waren handeln", befindet sich eine, die lautet: „Wende keinem seine Kunden oder Handelsmann weder münd- noch schriftlich ab; und tue einem andern auch nicht, was Du wilt, daß Dir nicht gesche." Diesen Grundsatz schärfen denn auch die Kaufmannsordnungen immer wieder von neuem ein: in der „Mayntzischen Policey Ordnung" (18. sc.) heißt es, „daß niemand den andern vom Kauff abtreiben oder mit höherem Bieten demselben eine Ware verteuern soll, bey Verlust der gekauften Ware; niemand (sollte) sich in des andern Handel eindringen oder seinen eigenen so stark führen, daß andere Bürger darüber zu Grunde gehen." Die sächsischen Kramer-Ordnungen von 1672, 1682, 1692 bestimmen in Art. 18: „Soll kein Cramer dem andern seine Kaufleute von seinen Buden oder Cram Laden abruffen noch mit Wincken oder andern Geberden und Zeichen vom Kauf abhalten weniger die Kaufleute für eines andern Buden oder Gewölben mahnen, ob sie ihm gleich mit Schulden verhafftet seyn" [220]).

Ganz folgerichtig waren dann aber auch alle Praktiken im einzelnen verpönt, die darauf hinausliefen, seine Kundschaft zu vergrößern.

Bis ins 19. Jahrhundert hinein besteht bei vornehmen Häusern eine Abneigung selbst gegen einfache Geschäftsanzeigen: so sind wir beispielsweise gerade von den Neuyorker Firmen unterrichtet, daß sie diese Abneigung noch um die Mitte des 19. Jahrhunderts hegten [221]).

Als durchaus verwerflich galt aber noch lange Zeit, während welcher die Geschäftsanzeige schon bestand, die **Geschäfts-reklame**, das heißt die Anpreisung, der Hinweis auf besondere Vorzüge, die ein Geschäft etwa vor anderen aufzuweisen sich anmaßte. Als den höchsten Grad kaufmännischer Unanständigkeit aber betrachtete man die Ankündigung: daß man billigere Preise nehme als die Konkurrenz.

Das „Unterbieten", das „underselling" galt in jeder Gestalt als unschicklich: „Seinem Neben-Bürger zu Schaden

## Zwölftes Kapitel: Der Bourgeois alten Stils

zu verkauffen, und allzusehr zu schleudern, bringt keinen Segen."

Als eine geradezu schmutzige Praktik aber galt der öffentliche Hinweis darauf. In der fünften Auflage des Complete English Trademan (1745) findet sich eine Anmerkung der Herausgeber folgenden Inhalts: "Seit unser Autor schrieb (Defoe starb 1731), ist die Unsitte des Unterbietens so schamlos entwickelt (this underselling practice is grown to such a shameful height), daß gewisse Leute öffentlich bekanntmachen: daß sie ihre Waren billiger als die übrige Kaufmannschaft abgeben (that particular persons publickly advertise that they undersell the rest of the trade).

Ein besonders wertvolles Dokument besitzen wir für Frankreich, sogar aus der zweiten Hälfte des 18. Jahrhunderts, woraus mit aller Deutlichkeit hervorgeht, wie unerhört die Preisunterbietung und deren öffentliche Bekanntmachung damals selbst in Paris noch waren. Es heißt darin (einer Ordonnanz des Jahres 1761), daß derartige Manipulationen nur als die letzte Verzweiflungstat eines unsoliden Geschäftsmannes angesehen werden müssen. Die Ordonnanz verbietet auf das strengste allen en gros- und en détail-Kaufleuten in Paris und seinen Vororten, "daß einer hinter dem andern herlaufe", um ihren Waren Absatz zu verschaffen; insbesondere aber Zettel zu verteilen, um darauf auf ihre Waren hinzuweisen.

Aber auch andere Weisen, sich auf Kosten anderer Wirtschaften zu bereichern, die Kreise anderer Wirtschaftssubjekte zu stören, um sich einen Vorteil zu verschaffen, galten als verwerflich. Der Verfasser des "Vollkommenen englischen Kaufmanns" stellt über die Unzweckmäßigkeit und Unstatthaftigkeit solchen Niederkonkurrierens folgende Betrachtungen an, die überaus lehrreich sind für die Erkenntnis damaliger Wirtschaftsgrundsätze und uns wiederum einen deutlichen Beweis dafür erbringen, daß alles noch in statischen, und wenn man will, traditionalistischen Anschauungen befangen war. Wir müssen immer bedenken, daß der Verfasser des berühmten Kaufmannsbuches ein durchaus fortgeschrittener Geschäftsmann war und sonst in durchaus kapitalistischem Geiste dachte.

Der Fall, den er uns vorführt, ist folgender[222]: am Absatz des Wiltshirer Tuches an den Ladenbesitzer in Northampton sind folgende Personen beteiligt:

1. der Kärrner, der die Tuche von Warminster nach London führt;

2. Mr. A., der Kommissionär oder Faktor, der die Tuche in Blackwell-Hall feilbietet;

3. Mr. B., der Woolen-draper, der Grossist, der sie an Mr. C., den Ladenbesitzer in Northampton verkauft;

4. der Northamptoner Fuhrmann, der sie nach Northampton bringt.

Nun ist da ein Mr. F. G., ein anderer Detaillist in Northampton, ein reicher Mann (an over-grown tradesman), der mehr Geld als seine Nachbarn hat und infolgedessen keinen Kredit in Anspruch zu nehmen braucht. Dieser findet aus, wo die Tuche gemacht werden, und knüpft nun mit dem Warminsterer Tuchfabrikanten direkte Beziehungen an. Er kauft die Ware beim Produzenten und läßt sie auf eigenen Saumtieren direkt nach Northampton schaffen. Und weil er vielleicht bar bezahlt, gibt ihm der Tuchfabrikant die Tuche einen Penny pro Elle billiger, als er sie dem Londoner Grossisten verkauft hatte.

Was wird nun die Folge dieses Vorgehens sein? Der reiche Tuchhändler in Northampton wird folgende Vorteile haben:

1. spart er an Transportkosten. Allerdings wird er für den Transport von Warminster nach Northampton etwas mehr be-

zahlen müssen, weil der Weg weiter als nach London ist und abseits von der gewöhnlichen Route liegt; aber da er vielleicht drei bis vier Saumlasten auf einmal bezieht, wird er diesen Verlust wieder einbringen. Wenn er dann noch die Pferde mit Wolle belädt, die er dem Warminsterer Tuchfabrikanten liefert, so kostet ihm der Transport der Tuche gar nichts. Er bekommt also die Tuche 2/6 billiger in seinen Laden herein als sein Nachbar; und indem er sie um diesen Preis billiger an D. E. Esq. und die andere Kundschaft verkauft, zieht er diese sämtlich von seinem ärmeren Konkurrenten ab, der nur noch an solche Kunden verkaufen kann, die vielleicht bei ihm in der Kreide stehen und deshalb bei ihm kaufen müssen, weil sie sein Geld brauchen.

Aber das ist noch nicht alles: dieses Mr.s F. G. von Northampton wegen, der nun direkt vom Produzenten kauft, werden der Fuhrmann von Warminster, der Fuhrmann von Northampton und Mr. A., der Blackwell-Hall-Faktor, ganz ausgeschaltet; und Mr. B., der Tuchgrossist, der eine große Familie hat, eine hohe Miete bezahlt, wird ruiniert, weil er den Zwischenhandel verliert. Auf diese Weise ist der Kanal des Handels abgelenkt; der Strom ist abgeschnitten, und alle Familien, die früher von dem Handel lebten, sind brotlos geworden und irren in der Welt herum, um ihren Unterhalt anderswo zu suchen und ihn vielleicht überhaupt nicht zu finden.

Und was ist der Gewinn, der bei diesem ganzen Beraubungssysteme herausspringt? Ausschließlich dieser: einen habsüchtigen (covetous) Mann reich zu machen; und — daß der Herr D. E. von Northamptonshire den Stoff für seine Anzüge um so und so viel die Elle billiger einkauft: **ein ganz belangloser Vorteil für ihn**, den er gar nicht übermäßig hoch bewertet, und der sicher in keinem Verhältnis zu den Wunden steht, die der Handel empfangen hat.

Das heißt, schließt unser Gewährsmann seine Darstellung, die Warenzirkulation unterbinden; daß heißt Handel treiben mit wenig Händen (this is managing trade with a few hands) und wenn eine derartige Praxis, wie sie allem Anschein nach sich einzubürgern begonnen hat, allgemein wird, so wird eine Million Menschen in England, die jetzt ihr gutes Auskommen im Handel findet, beschäftigungslos werden und ihre Familien werden mit der Zeit betteln gehen müssen.

Diese Sätze, scheint mir, sprechen Bände. Wie völlig unverständlich müssen diese Gedankengänge einem modernen Geschäftsmann vorkommen!

Über dem Produzenten und Händler wurde nun aber auch der Konsument nicht vergessen. Ja in gewissem Sinne blieb dieser die Hauptperson, da ja noch die Anschauung nicht ganz aus der Welt verschwunden war: daß Gütererzeugung und Güterhandel am Ende für den Güterverzehr, um diesen gut zu gestalten, da seien.

Die naturale Orientierung, wie man es nennen könnte, waltete auch hier noch ob: Gebrauchsgüterbeschaffung ist noch immer Zweck aller wirtschaftlichen Tätigkeit, noch ist nicht die reine Warenproduktion deren Inhalt geworden. Daher denn vor allem während der ganzen frühkapitalistischen Epoche immer noch das Bestreben deutlich zutage tritt: gute Waren herzustellen; Waren, die das sind, was sie scheinen: also auch echte Waren. Von diesem Bestreben sind alle die unzähligen Reglementationen der Warenerzeugung getragen, die gerade das 17. und 18. Jahrhundert wie keine Zeit zuvor ausfüllen. Nur daß der Staat jetzt die Kontrolle in die Hand nahm und an seinen Amtsstellen die Waren der obrigkeitlichen Schau unterwarf.

Diese staatliche Fürsorge für ordentliche Ware, könnte man nun freilich sagen, sei gerade ein Beweis dafür, daß die Wirt-

## Zwölftes Kapitel: Der Bourgeois alten Stils

schaftsgesinnung der Zeit nicht mehr auf Herstellung guter Gebrauchsgüter gerichtet gewesen sei. Der Einwand wäre aber unberechtigt. Die staatliche Kontrolle sollte doch nur die Vergehen einzelner weniger, gewissenloser Produzenten unmöglich machen. Im allgemeinen war noch die Absicht vorhanden, gute und echte Waren zu liefern; die Absicht, die allem echten Handwerk eigen ist, und die auch die frühkapitalistische Industrie zum Teil übernommen hatte.

Wie langsam sich der rein=kapitalistische Grundsatz durchsetzte: daß allein der Tauschwert der Waren für den Unternehmer entschied, daß also das kapitalistische Interesse indifferent gegenüber der Gebrauchsgütereigenschaft sei, vermögen wir beispielsweise aus den Meinungskämpfen zu ersehen, die in England noch während des 18. Jahrhunderts deswegen ausgefochten wurden. Offenbar stand Jos. Child, wie in so vielen Dingen, im Gegensatz zu der großen Mehrzahl seiner Zeitgenossen und wohl auch seiner Berufsgenossen, wenn er dafür eintrat, daß es der Einsicht des Unternehmers zu überlassen sei, welcher Art Waren und von welcher Güte er sie auf den Markt bringen wolle. Wie seltsam mutet es uns heute an, wenn Child noch für das Recht des Fabrikanten auf Schundwarenproduktion kämpft! „Wenn wir", ruft er aus [228]), „den Weltmarkt erobern wollen, müssen wir es den Holländern nachahmen, die die schlechteste Ware ebenso wie die beste produzieren, damit wir in den Stand gesetzt werden, alle Märkte und alle Geschmäcker zufrieden zu stellen."

Endlich scheint mir bezeichnend für den Geist, der den Bourgeois alten Stil beseelte,

4. seine Stellung zur Technik. Auch hier kehrt derselbe Gedanke wie überall wieder: Fortschritte in der Technik sind nur wünschenswert, wenn sie kein Menschenglück zerstören. Die paar Pfennige, die sie das Produkt vielleicht verbilligen,

sind die Tränen nicht wert, die sie etwa den Familien durch sie arbeitslos gewordener Arbeiter verursachen. Also auch hier steht im Mittelpunkt des Interesses der Mensch, der dieses Mal sogar „nur" der Lohnarbeiter ist. Aber auch an diesen dachte man früher, wenn auch vielleicht aus selbstsüchtigen Gründen.

Wir haben eine Menge von Zeugnissen, aus dem mit voller Deutlichkeit hervorgeht, daß man namentlich gegen die Einführung „arbeitsparender" Maschinen eine große Abneigung hatte. Ich führe ein paar besonders lehrreiche Fälle an, in denen diese Abneigung zutage tritt.

Im zweiten Jahr der Elisabeth (von England) unterbreitet ein venezianischer „Erfinder" (eine jener typischen Erscheinungen, die wir bereits kennen gelernt haben) dem Vorstand der Tuchmacherzunft (in der aber schon damals im wesentlichen kapitalistische Verleger saßen) eine arbeitsparende Maschine zum Walken breiter Tuche. Nach reiflicher Überlegung kommt der Vorstand zu einem ablehnenden Bescheide: die Maschine würde zahlreiche Arbeiter brotlos machen [224].

Bis 1684 war in Frankreich der Strumpfwirkerstuhl verboten (auch in bereits kapitalistisch organisierten Gewerben), vorwiegend, weil man fürchtete, er könne den armen Leuten den Verdienst schmälern [225].

Selbst ein berufsmäßiger Projektenmacher und „Erfinder", wie Joh. Joach. Becher meint [226]: „Wiewohl ich nicht raten will instrumenta zu erfinden, um die Menschen zu ersparen, oder ihnen ihre Nahrung zu verkürzen, so will ich doch nicht abraten, instrumenta zu practiciren, welche vorteilhaft und nützlich seyn — zumahlen an solchen Örtern, wo viel Arbeit ist und wo man des Handwerks=Volck nicht wohl haben kann."

Colbert erblickt in dem Erfinder arbeitsparender Maschinen einen „Feind der Arbeit"; Friedrich M. erklärt: „sodann ist es auch gar nicht meine Intention, daß die Spinnmaschine

## Zwölftes Kapitel: Der Bourgeois alten Stils

allgemein werde. . . . Es würde sonst eine sehr große Menge Menschen, die bisher vom Spinnen sich ernährt haben, außer Brot gesetzt werden; das kann unmöglich angehen" [226a].

Daß ein Mann von so vornehmer Gesinnung und so feinem Geschmack wie Montesquieu gegen allen technischen Fortschritt eingenommen war — er hielt den Gebrauch der Maschinen, selbst den der Wassermühlen nicht ohne weiteres für einen Segen! [227] —, wird uns nicht in Erstaunen versetzen.

Aber selbst ein so waschechter Business-man wie Postlethwayt spricht sich doch noch sehr zurückhaltend gegenüber neuen Erfindungen aus [228]. Arbeitsparende Maschinen seien in Staaten ohne auswärtigen Handel auf alle Fälle verderblich; selbst Handelsstaaten dürften nur bestimmte Maschinen zulassen und sollten alle verbieten, die Güter für den Inlandskonsum erzeugten: „was wir an Schnelligkeit in der Ausführung gewinnen, verlieren wir an Kraft" (what we gain in expedition, we lose in strength).

Bald ist es, sehen wir, die uralte Idee der Nahrung, bald ist es der Traditionalismus, bald sind es ethische Bedenken: immer aber ist es irgend etwas, das die freie Entfaltung des Erwerbstriebes, des Unternehmungsgeistes und des ökonomischen Rationalismus hemmt.

Das sollte sich nun ändern ungefähr mit dem Eintritt ins 19. Jahrhundert; langsam und allmählich zunächst, dann rasch und plötzlich. Diese Wandlungen des kapitalistischen Geistes in unsrer Zeit wollen wir im nächsten Kapitel verfolgen.

## Dreizehntes Kapitel: Der moderne Wirtschaftsmensch

Was hat sich in der Wirtschaftsgesinnung während des letzten Jahrhunderts verändert? Was kennzeichnet den kapitalistischen Geist unserer Tage, der der hochkapitalistische ist und unterscheidet ihn von dem, den wir im Bourgeois alten Stils lebendig fanden?

Ehe ich auf diese Frage eine Antwort zu geben versuche, wollen wir uns gegenwärtig halten, daß auch heute noch es keineswegs nur einen Unternehmertyp gibt, daß vielmehr heute noch wie in der Periode des Frühkapitalismus ein sehr verschiedener Geist je in verschiedenen kapitalistischen Unternehmern herrscht, daß wir also erst einmal die großen Gruppen von Unternehmern unterscheiden müssen, die je einen besonderen Typus darstellen. Als solche treten uns zunächst die alten Bekannten entgegen, denen wir schon in den früheren Zeiten des Kapitalismus begegneten: da ist auch heute noch der Freibeuter, der Grundherr, der Bureaukrat, der Spekulant, der Kaufmann, der Manufakturer, wie uns der Augenschein leicht überzeugen kann.

Wenn wir uns das Wirken eines Cecil Rhodes vor Augen halten: werden wir nicht unwillkürlich an die Genueser Kaufherren auf ihren Türmen, noch mehr vielleicht an Sir Walter Raleigh, an Francis Drake erinnert? Cecil Rhodes ist eine ausgesprochene Räubernatur: ein Entdecker, ein Eroberer, ein Überwinder ganz großen Stils, der freilich neben dem Säbel, der haut, und der Flinte, die schießt, noch die Waffen der modernen Börsenspekulation für seine Unternehmungen ins Feld führt: halb Politiker, halb kapitalistischer Unternehmer, mehr Unterhändler als Händler, der keine andere Macht anerkennt als die brutale Gewalt. Seltsam, in ihm irgendwelchen puritanischen Geist verkörpert zu sehen. Wenn wir ihn schon mit früheren Geschlechtern vergleichen wollen, dann müssen wir ihn den Renaissancemenschen zurechnen.

Welche andere Welt als die des Cecil Rhodes ist die, in der etwa ein Mann wie der Freiherr von Stumm oder ein schlesischer Montanmagnat lebt. Da atmen wir noch die Luft der alten Grundherrschaften. Abhängigkeitsverhältnisse, hierarchische Gliederung des Personals, etwas schwerfälliges Geschäftsgebaren: das sind einige der Züge im Bilde solcher Unternehmungen, deren Leiter uns an die alten grundherrlich kapitalistischen Unternehmer erinnern.

Und treffen wir nicht zahlreiche Unternehmer an, die uns eher wie Bureaukraten wie als Kaufleute oder Händler anmuten? Korrekt in ihrem Handeln, peinlich in ihrer Ordnung, wohl abgemessen in ihren Entschlüssen, mit starker Begabung für das Organisatorische, ohne starke draufgängerische Neigungen, vortreffliche Verwaltungsbeamte, die heute Oberbürgermeister einer Großstadt sind und morgen einer großen Bank vorstehen, die heute noch ein Ressort in einem Ministerium unter sich haben und morgen die Leitung eines Syndikats übernehmen. Von den Direktoren staatlicher und städtischer Werke und halböffentlicher Unternehmungen gar nicht zu reden, die doch in unserer Zeit immer mehr an Bedeutung gewinnen.

Und wie grundverschieden von allen den genannten Typen wiederum ist der Spekulant unserer Tage, der kaum in irgendeinem wesentlichen Punkte von dem Projektenmacher des 18. Jahrhunderts sich unterscheidet. So ging unlängst von einem französischen Spekulanten folgende Nachricht durch die Blätter: „Der Millionenschwindler Rochette ist kaum dreißig Jahre alt. Er war zuerst Pikkolo in einem Bahnhofsrestaurant, dann Kellner in einem Kaffeehaus zu Melun. Er kam dann nach Paris, lernte Buchhaltung und trat bei dem Finanzschwindler

Berger ein. Als Berger bankbrüchig wurde, übernahm Rochette seine Geschäfte mit 5000 Franken, der Mitgift einer Maschinenschreiberin, die er heiratete. Hierauf begann er zu gründen und gründete in kaum vier Jahren **dreizehn Aktiengesellschaften**. Zuerst den Crédit Minier mit 500 000 Franken, dann die Laviana-Kohlengruben mit 2 Millionen, die Liat-Kohlengruben mit ebenso viel, die Banque Franco Espagnole mit 20 Millionen, das Syndikat Minier mit 10 Millionen, die Union Franco Belge mit 2½ Millionen, das Finanz-Tageblatt Le Financier mit 2 Millionen, eine Reihe Kupfer- und Zinnminengesellschaften, eine Island- und Marokko-Fischerei, eine Glühstrumpfgesellschaft mit 4½ und Hella-Feuerbüsche mit 15 Millionen Franken. Im ganzen gab er rund 60 Millionen Anteilscheine aus, die er zuletzt auf etwa 200 Millionen Kurswert trieb und die jetzt etwa 20 Millionen wert sein mögen. Er hatte 57 Zweiganstalten in der französischen Provinz. An den verschiedenen Banken und Gründungen Rochettes sind nicht weniger als 40 000 Personen beteiligt, und fast ebenso groß ist auch die Zahl der Opfer, deren Verluste insgesamt wahrscheinlich 150 Millionen übersteigen. Daß Rochette so lange und so intensiv sein unehrliches Handwerk treiben konnte, wird auf seine Geschicklichkeit zurückgeführt, sich mit respektabeln Persönlichkeiten zu umgeben. — Von der Geschicklichkeit Rochettes, seinen Opfern Sand in die Augen zu streuen, spricht die Gründung einer großen Fabrik zur Ausbeutung eines Patentes auf ein neues Glühlicht. Um die Aktien dieser jüngsten Gründung riß man sich förmlich in Paris, und man bewunderte die große Fabrik, die mehreren tausend Arbeitern Brot geben sollte, und deren Schornstein Tag und Nacht ununterbrochen dichte Rauchwolken ausstieß — zur großen Genugtuung der Aktionäre. In Wirklichkeit aber wurde in der Fabrik keine Hand gerührt mit Ausnahme der Heizer, welche Dampf machten!"

## Dreizehntes Kapitel: Der moderne Wirtschaftsmensch

Mutet uns das nicht gerade an, als ob wir einen Bericht aus dem England der 1720er Jahre lesen?

Daneben waltet der tüchtige Kaufmann, der sein Glück macht durch einen sicheren Blick für die Konjunktur oder auch nur durch gutes Rechnen und geschickte Vertragsabschlüsse mit seinen Lieferanten, seinen Kunden und seinen Arbeitern. Was hat ein Berliner Konfektionär mit Cecil Rhodes, was hat der Leiter eines großen Warenhauses mit den Spekulanten in Goldminen zu tun? Was sie alle mit dem Manufakturer, der heute noch wie vor 100 und 200 Jahren seine kleine Fabrik in Bradford oder Sedan, in Forst oder Spremberg leitet?

Sie alle, die alten Freunde, sind noch da und scheinbar in unveränderter Gestalt. Und damit das Bild, das das moderne Unternehmertum darstellt, gar bunt ausschaue, haben sich in unserer Zeit noch einige neue Typen dazugefunden. Ich denke dabei nicht einmal in erster Linie an Mc. Allan, den Held in Kellermanns Roman „Der Tunnel". Obwohl wir hier in der Tat einen ganz neuen Unternehmertyp vor uns sehen: eine Kreuzung von Spekulanten und Techniker. Eine seltsame Mischung von Eroberer und Träumer; einen Mann, der nichts von Geldgeschäften versteht, der nur erfüllt ist von einer fixen technischen Idee, der aber gleichwohl ein Riesenunternehmen leitet und die Milliarden Amerikas und Europas kommandiert. Ich sage: ich denke nicht einmal an diesen Unternehmertyp, weil ich, offen gestanden, nicht weiß, ob er existiert. Möglich wäre es, daß es ihn gäbe. Die Zeichnung, die Kellermann von diesem Mc. Allan entwirft, ist so lebendig, daß man glaubt, ihn vor sich zu sehen. Ich persönlich kenne keinen solchen Typ. Ich will aber gern glauben, daß es bloß an meiner mangelhaften Erfahrung liegt, und somit könnten wir den Typ Mc. Allan als neuen (siebenten) Typ des modernen Unternehmers aufmarschieren lassen.

Eine Erscheinung aber, die immer häufiger wird, je mehr sich unsere Unternehmungen ausbreiten, die am häufigsten in den Vereinigten Staaten beobachtet wird, ist das, was man den Großunternehmer nennen könnte, da das Wort Überunternehmer doch zu garstig klingt. Großunternehmer sind Männer, die verschiedene der sonst getrennten Unternehmertypen in sich vereinigen: die Freibeuter und gerissener Kalkulator, Feudalherr und Spekulant in einem sind, wie wir es an den amerikanischen Trustmagnaten großen Stils wahrnehmen können.

Ebenfalls eine Erscheinung unserer Zeit ist der Kollektivunternehmer: das ist ein Kollegium kapitalistischer Unternehmer, die unter dem Titel von Generaldirektoren an der Spitze von Riesenunternehmungen stehen, von denen jeder eine oder einzelne besondere Funktionen ausübt, und die in ihrer Gesamtheit erst den Ganz- oder Großunternehmer darstellen. Man denke an Organisationen, wie sie unsere großen Elektrizitätsunternehmungen, unsere Montanwerke, unsere Kanonenfabriken besitzen.

Also bunt genug ist das Bild, das das moderne Unternehmertum in seinen verschiedenen Typen darstellt. Gleichwohl wird man auch für unsere Zeit ebenso wie für die gute alte Zeit gemeinsame Züge in all diesen verschiedenen Vertretern der modernen Wirtschaftsmenschen aufweisen können und wird von einem Geiste einheitlichen Gepräges sprechen dürfen, der sie alle beherrscht. Natürlich in sehr verschiedenem Grade, mit sehr unterschiedlichen Nuancen, der aber doch ebensosehr als hochkapitalistischer Geist wird gelten dürfen, wie wir in unseren früheren Betrachtungen einen besonderen Geist der frühkapitalistischen Epoche gefunden hatten. Wie schaut nun dieser hochkapitalistische Geist aus? Welche gemeinsamen Züge beobachten wir in dem Seelengefüge des modernen Wirtschaftsmenschen?

Ich denke, vor allem müssen wir

1. nach dem Ideal Ausschau halten, nach den zentralen Lebenswerten, nach denen sich der moderne Wirtschaftsmensch orientiert. Und da stoßen wir denn alsbald auf eine seltsame Verschiebung in der Stellung des Menschen zu den im engeren Sinne persönlichen Werten: eine Verschiebung, die mir für die gesamte übrige Lebensgestaltung von entscheidender Bedeutung geworden zu sein scheint. Ich meine die Tatsache, daß der lebendige Mensch mit seinem Wohl und Wehe, mit seinen Bedürfnissen und Anforderungen aus dem Mittelpunkte des Interessenkreises herausgedrängt worden ist, und daß seine Stelle ein paar Abstrakta eingenommen haben: der Erwerb und das Geschäft. Der Mensch hat also, was er bis zum Schlusse der frühkapitalistischen Epoche geblieben war, aufgehört, das Maß aller Dinge zu sein. Das Streben der Wirtschaftssubjekte ist vielmehr auf möglichst hohen Erwerb und möglichste Blüte des Geschäfts gerichtet: zwei Dinge, die im engsten unlöslichen Zusammenhange miteinander stehen, wie wir gleich sehen werden. Und zwar ist ihre Beziehung zueinander diese: daß die Unternehmer die Geschäftsblüte anstreben **wollen** und den Erwerb betreiben **müssen** (auch wenn sie ihn gar nicht mit Bewußtsein als Ziel sich vorgesetzt haben).

Was überall als das lebendige Interesse des Unternehmens durchscheint, ist gewiß nicht immer — und sicher nicht bei den führenden Persönlichkeiten, die den Typus bestimmen — das Gewinnstreben. Ich glaube, Walther Rathenau hat durchaus recht, wenn er einmal sagt: „Ich habe noch niemals einen Geschäftsmann gekannt, dem das Verdienen die Hauptsache seines Berufes war, und ich möchte behaupten, daß, wer am persönlichen Geldgewinn hängt, ein großer Geschäftsmann überhaupt nicht sein kann"[229]. Was jedem Unternehmer vielmehr immer am nächsten am Herzen liegt, das ist etwas anderes; das, was ihn ganz erfüllt, ist das Interesse an seinem Geschäft. Das hat Walther Rathenau wieder in klassischer Form wie folgt ausgesprochen: „Das Objekt, auf das der Geschäftsmann seine Arbeit und seine Sorgen, seinen Stolz und seine Wünsche häuft, ist sein Unternehmen; es heiße, wie es wolle: Handelsgeschäft, Fabrik, Bank, Reederei, Theater, Eisenbahn. Dies Unternehmen steht ihm gegenüber wie ein körperlich lebendiges Wesen, das durch seine Buchführung, Organisation und Firmen ein unabhängiges wirtschaftliches Dasein führt. Der Geschäftsmann kennt kein anderes Trachten, als daß dieses Geschäft zu einem blühenden, starken und zukunftsreichen Organismus erwachse . . ."[230])

Dasselbe sagen fast mit den gleichen Worten alle Unternehmer unserer Tage, wo sie sich über den „Sinn" ihrer Tätigkeit geäußert haben.

Nun müssen wir uns klar sein, daß die Blüte eines „Geschäfts", das heißt also einer kapitalistischen Unternehmung, die immer mit einer Geldsumme anfängt und immer mit einer Geldsumme endigt, gebunden ist an die Erwerbung eines Überschusses. Geschäftlicher Erfolg kann offenbar nur Überschußwirtschaft bedeuten. Ohne Profit keine Geschäftsblüte. Eine Fabrik mag die kostbarsten oder die wohlfeilsten Produkte herstellen; die Qualität ihrer Produkte mag ihr einen Weltruf verschafft haben: arbeitet sie dauernd mit Unterbilanz, so ist sie im kapitalistischen Sinn ein mißglücktes Unternehmen. Wenn dieses Geschöpf — auf dessen Gedeihen der Unternehmer sein ganzes Sinnen und Trachten richtet —, wenn die kapitalistische Unternehmung wachsen und blühen soll, muß sie Profit abwerfen: Prosperieren heißt rentieren[281]).

Das ist es, was ich meinte, wenn ich vorhin sagte: der Unternehmer will die Blüte seines Geschäfts, und er muß den Erwerb wollen.

Mit dieser Zielsetzung — das ist die Pointe — ist der Endpunkt des Strebens eines Unternehmers in die Unendlichkeit gerückt. Für den Erwerb ebensowenig wie für die Blüte eines Geschäfts gibt es irgendwelche natürliche Begrenzung, wie sie etwa durch den „standesgemäßen" Unterhalt einer Person aller früheren Wirtschaft gegeben war. An keinem noch so fernen Punkte kann der Gesamtgewinn so hoch steigen, daß man sagen könnte: es ist genug. Und wenn an irgendeinem Punkte der Entwicklung die Ausdehnung eines Geschäfts nicht mehr zur Steigerung seiner Prosperität beitrüge, so sorgt die Allseitigkeit des modernen Unternehmertums dafür, daß sich an das eine Geschäft ein zweites und drittes anreiht. Daher wir nicht nur ein Streben nach Expansion des einen Geschäfts, sondern ein ebenso starkes Streben nach Neubegründung anderer Geschäfte in unserer Zeit als Drang, der dem auf der Höhe stehenden Unternehmer innewohnt, wahrnehmen können.

Immer stoßen wir auf eine Art von psychischem Zwang, wenn wir das Streben des modernen Unternehmertums analysieren. Oft will er nicht weiter auf der Bahn; aber er muß wollen. Das bezeugen zahlreiche Aussprüche bedeutender Persönlichkeiten. „Immer hoffen wir," sagt Carnegie einmal, „daß wir uns nicht noch weiter auszudehnen brauchen, stets aber finden wir wieder, daß ein Aufschub weiterer Ausdehnung einen Rückschritt bedeuten würde"[232]).

Als Rockefeller gefragt wurde, was ihn zu seinen Trustunternehmungen veranlaßt habe, antwortete er: der erste Grund zu der Gründung war der Wunsch, unser Können und unser Kapital zu vereinigen, um ein Geschäft von einiger Größe und Bedeutung an die Stelle vieler kleinen zu setzen (to carry on a business of some magnitude and importance in place of the small business that each separately had theretofore carried on). „Als einige Zeit vergangen war (fährt er fort) und die Möglichkeiten des Geschäfts zutage traten, fanden wir, daß mehr Kapital nötig war, fanden auch die nötigen Menschen und die bedurften Kapitalsummen und gründeten die Standard Oil Company mit einem Kapital von 1 000 000 $. Später fanden wir aus, daß noch mehr Kapital gewinnbringend angelegt werden könne . . . . und erhöhten unser Kapital auf 3 500 000 $. Als das Geschäft sich ausdehnte . . . . wurde mehr Kapital hineingesteckt: das Ziel blieb immer dasselbe: unser Geschäft zu erweitern, indem wir die besten und billigsten Produkte lieferten (the object being always the same to extend our business by fournishing the best and cheapest products)" [233]. Das Monomanische tritt in dieser Zeugenaussage Rockefellers prachtvoll deutlich in die Erscheinung: Kapital wird auf Kapital getürmt, weil (!) das Geschäft wächst. „Ausdehnung des Geschäfts" ist der leitende Gesichtspunkt. Billigkeit und Güte der Produktion Mittel zu diesem Zwecke.

Und noch die Äußerung eines Deutschen (Dr. Strousbergs): „Ein Keil treibt aber in der Regel den andern, und so brachte der große Eisenbahnbau, wie ich ihn betrieb, weitere Anforderungen mit sich. Diese zu befriedigen, erweiterte ich meinen Wirkungskreis, entfernte mich immer mehr von meinem ursprünglichen Plan, und dies gewährte mir so viel Aussicht, daß ich, mich nun ganz meinen Geschäften hingab" [234].

Den meisten Unternehmern kommt etwas anderes als dieses (für den außenstehenden Betrachter völlig sinnlose) Streben nach Expansion wohl gar nicht zum Bewußtsein. Fragt man sie: wozu denn all dieses Gestrebe eigentlich dienen solle, so schauen sie einen erstaunt an und antworten ein wenig gereizt: das verstehe sich doch von selbst, das erheische doch das Gedeihen des Wirtschaftslebens, das erfordere doch der wirtschaftliche Fortschritt.

Forscht man nach, was sich hinter diesen meist ganz allgemein gehaltenen und ziemlich stereotypen Wendungen wohl

### Dreizehntes Kapitel: Der moderne Wirtschaftsmensch

für eine Ideenassoziation verbergen möge, so findet man, daß sie mit „wirtschaftlichem Aufschwung" oder „Fortschritt" die Ausweitung dessen meinen, was man den wirtschaftlichen Apparat nennen könnte, also gleichsam die Gesamtheit oder den Inbegriff des Inhalts aller Unternehmungstätigkeit: Steigerung der Produktion — Lieferung immer größerer Mengen von Gütern zu den billigsten Preisen — riesige Absatzziffern — riesige Verkehrsziffern — raschesten Güter-, Personen- und Nachrichtentransport.

Für den unbeteiligten Beobachter ist die erteilte Antwort nicht weniger sinnlos als das Unendlichkeitsstreben selbst, das er vorher beobachtet hatte, und nach dessen Vernunftsgründen er gefragt hatte. Begnügt man sich also bei dieser Antwort auch noch nicht, weil man das Bedürfnis fühlt, der Sinnlosigkeit doch einen irgendwelchen Sinn unterzulegen, ist man der Meinung, daß schließlich doch irgend etwas wie ein Lebenswert die Grundlage aller dieser Strebungen bilden müsse (wenn er auch den beteiligten Menschen selber nicht zum Bewußtsein kommt, wenn er nur etwa in der Tiefe ihrer Seele wie ein Instinkt schlummert), da doch sonst ganze Generationen nicht geisteskranker, sondern sehr geistesstarker Menschen nicht von dem gleichen Drange erfüllt sein könnten, fängt man an, auf eigene Faust die Psyche des modernen Wirtschaftsmenschen zu analysieren, so stößt man bei seinen Nachforschungen auf — das Kind. In der Tat scheint mir die Seelenstruktur des modernen Unternehmers, wie des von seinem Geiste immer mehr angesteckten modernen Menschen überhaupt am ehesten uns verständlich zu werden, wenn man sich in die Vorstellungs- und Wertewelt des Kindes versetzt und sich zum Bewußtsein bringt, daß in unseren überlebensgroß erscheinenden Unternehmern und allen echt modernen Menschen die Triebkräfte ihres Handelns dieselben sind wie beim Kind. Die letzten Wertungen dieser

Menschen bedeuten eine ungeheure Reduktion aller seelischen Prozesse auf ihre allereinfachsten Elemente, stellen sich als eine vollständige Simplifizierung der seelischen Vorgänge dar, sind also eine Art von Rückfall in die einfachen Zustände der Kinderseele.

Ich will diese Ansicht begründen.

Das Kind hat vier elementare Wertekomplexe, vier „Ideale" beherrschen sein Leben:

1. das sinnliche **Große**: im erwachsenen Menschen und darüber hinaus im Riesen verkörpert;
2. die **rasche Bewegung**: im raschen Laufen, im Treiben des Kreisels, im Drehen auf dem Karussell verwirklicht sich ihm dieses Ideal;
3. das **Neue**: es wirft das Spielzeug weg, um ein anderes zu ergreifen, es fängt ein Werk an, um es unvollendet zu lassen, weil eine andere Beschäftigung es anzieht;
4. das **Machtgefühl**: es reißt der Fliege die Beine aus, zwingt den Hund zum Schönmachen und Apportieren (immer wieder), läßt den Drachen in die Luft steigen.

Diese — und wenn wir genau nachprüfen **nur** diese — Ideale des Kindes stecken nun aber in allen spezifisch modernen Wertvorstellungen.

Also:

1. die **Quantitätsbewertung**. Im Mittelpunkt alles Interesses steht heute, darüber wird kein Zweifel aufkommen können, die Bewunderung jeder meß- oder wägbaren Größe. Es herrscht allgemein, wie ein urteilsvoller Engländer (Bryce) es ausgedrückt hat: »a tendency to mistake bigness for greatness«: „die Tendenz äußere und innere Größe zu verwechseln", wie wir übersetzen müssen, da die deutsche Sprache leider kein einziges Wort je für »bigness« und »greatness« besitzt. Worin sich die Größe darstellt, ist einerlei: es kann die Einwohnerzahl einer Stadt oder eines Landes, die Höhe eines

## Dreizehntes Kapitel: Der moderne Wirtschaftsmensch

Monumentes, die Breite eines Flusses, die Häufigkeit der Selbstmorde, die Menge der mit der Eisenbahn beförderten Personen, die Größe eines Schiffes, die Zahl der in einer Symphonie mitwirkenden Menschen oder sonst irgend etwas sein. Am liebsten freilich bewundert man die Größe einer Geldsumme. Im Geldausdruck hat man zudem den wunderbar bequemen Weg gefunden, fast alle an und für sich nicht meß- oder wägbaren Werte in Quantitäten zu verwandeln und sie damit in den Umkreis der Größenbeurteilung einzufügen. Wertvoll ist nunmehr das, was viel kostet.

Und man kann nun sagen: dieses Bild, dieser Schmuck ist doppelt so wertvoll wie der andere. In Amerika, wo wir natürlich diesen „modernen" Geist immer am besten studieren können, weil er hier seine einstweilen höchste Entwicklungsstufe erreicht hat, macht man kurzen Prozeß und setzt einfach den Kostenpreis vor den zu bewertenden Gegenstand, den man damit ohne weiteres in eine meß- und wägbare Größe verwandelt.

„Haben Sie den 50000 Dollar-Rembrand im Hause des Herrn X. schon gesehen?" — die oft gehörte Frage. „Heute früh ist die 500000 Dollar-Jacht Carnegies im Hafen von so und so eingelaufen" (Zeitungsnotiz).

Wer sich gewöhnt hat, nur die Quantität einer Erscheinung zu werten, wird geneigt sein, zwei Erscheinungen miteinander zu vergleichen, um sie aneinander zu messen und der größeren den höheren Wert beizumessen. Wenn die eine von zwei Erscheinungen in einem bestimmten Zeitablauf zur größeren wird, so nennen wir das Erfolg haben. Der Sinn für das meßbar Große hat also als notwendige Begleiterscheinung die Hochwertung des Erfolges. Auch der moderne Geschäftsmann wird nur nach seinem Erfolge bewertet. Erfolg haben, heißt aber immer, andern vorauskommen, mehr werden, mehr leisten, mehr haben wie andere: „größer" sein. Im Streben nach

Erfolg liegt also dasselbe Unendlichkeitsmoment eingeschlossen wie im Erwerbsstreben: beide ergänzen einander.

Um welche eigentümlichen Seelenvorgänge es sich bei derartigen Wertverschiebungen, wie sie unsere Zeit vornimmt, handelt, zeigt vielleicht am deutlichsten die Stellung, die der moderne Mensch dem Sport gegenüber einnimmt. An ihm interessiert ihn im wesentlichen nur noch die Frage: wer wird in einem Wettkampf Sieger sein, wer vollbringt die meßbar höchste Leistung? Eine reine Quantitätsbeziehung zwischen zwei Leistungen stellt die Wette her. Kann man sich denken, daß in einer griechischen Palästra gewettet wurde? Oder wäre dies auch nur denkbar bei einem spanischen Stiergefecht? Gewiß nicht. Weil hier wie dort die höchstpersönliche Betätigung einzelner Individuen künstlerisch — das heißt eben rein qualitativ, so daß eine Abschätzung nach Quantitäten nicht möglich ist — gewertet wird und wurde.

2. Die Schnelligkeit irgendeines Geschehnisses, einer Vornahme interessiert den modernen Menschen fast ebenso wie die Massenhaftigkeit. Im Automobil mit „100 Kilometer Geschwindigkeit" fahren: das schwebt recht eigentlich unserer Zeit als ein höchstes Ideal vor Augen. Und wer sich nicht selbst im Fluge vorwärts bewegen kann, der erfreut sich an den Ziffern, die er über irgendwelche irgendwo erreichte Schnelligkeiten liest: daß der Schnellzug zwischen Berlin und Hamburg wieder um zehn Minuten seine Fahrtzeit abgekürzt hat, daß der neueste Riesendampfer drei Stunden früher in Neuyork angekommen ist; daß man jetzt die Briefe schon um $^{1}/_{2}$ 8 statt um 8 bekommt; daß eine Zeitung eine (vielleicht falsche) Kriegsnachricht schon am Nachmittag um 5 bringen konnte, während die Konkurrentin erst um 6 damit herauskam: all das interessiert die merkwürdigen Menschen unserer Tage, all dem legen sie eine große Bedeutung bei.

Sie haben auch einen eigentümlichen Begriff geschaffen, um die jeweils schnellsten Leistungen als höchste Werte ihrem Gemüte wie ihrem Gedächtnis einzuprägen, einen Begriff, der auch bei der Vergleichung der Quantitäten Anwendung findet und dem erst eine volle Wirklichkeit entspricht, wenn Größe und Schnelligkeit sich in einer Leistung verbinden: den Begriff des Rekords. Aller Größenwahn und aller Schnelligkeitswahn unserer Zeit findet seinen Ausdruck in diesem Begriffe des Rekords. Und ich halte es nicht für unwahrscheinlich, daß ein Geschichtsschreiber, der die Gegenwart, in der wir heute leben, in ein paar hundert Jahren schildern soll, diesen Abschnitt seiner Darstellung überschreibt: „Das Zeitalter des Rekords".

3. Das Neue reizt die Menschen unserer Zeit, weil es neu ist. Am stärksten: wenn es „noch nicht dagewesen" ist. Wir nennen den Eindruck, den die Mitteilung des Neuen, am liebsten: des „noch nicht Dagewesenen", auf die Menschen macht: Sensation. Unnötig, Belege für die Tatsache anzuführen, daß unsere Zeit im höchsten Maße „sensationslüstern" ist. Die moderne Zeitung ist ja ein einziger großer Beweis dafür. Die Art unserer Vergnügungen (Wechsel der Tänze in jedem Winter!), die Moden (Durchjagung aller Stilarten in zehn Jahren!), die Freude an neuen Erfindungen (Luftschiffe!): alles und jedes spricht für dieses starke Interesse am Neuen, das in den modernen Menschen lebt und sie immer wieder Neues erstreben und aufsuchen läßt.

4. Der Machtkitzel, den ich als viertes Wahrzeichen modernen Geistes bezeichnen möchte, ist die Freude daran, uns anderen überlegen zeigen zu können. Er ist im letzten Grunde ein Eingeständnis der Schwäche; weshalb ja auch, wie wir sahen, er einen wichtigen Bestandteil der kindlichen Wertewelt bildet. Ein Mensch mit wahrer innerer und natürlicher Größe wird niemals der äußeren Macht einen besonders hohen Wert

beimessen. Für Siegfried hat die Macht keinen Reiz, wohl aber für Mime. Bismarck hat sicher niemals sich viel um die Macht gekümmert, die er selbstverständlich ausübte, wohl aber hat Lassalle kein stärkeres Sehnen erfüllt, als das Streben nach Macht. Ein König hat die Macht, deshalb ist sie für ihn kein großer Wert: ein kleiner Händler von der polnischen Grenze, der einen König, weil dieser Geld von ihm braucht, antichambrieren läßt, sonnt sich in seiner Macht, weil sie ihm innerlich fehlt. Ein Unternehmer, der über 10 000 Menschen kommandiert und sich dieser Macht freut, gleicht dem Knaben, der seinen Hund immerfort zum Apportieren zwingt. Und wenn nun weder das Geld noch sonst ein äußeres Zwangsmittel uns eine unmittelbare Macht über Menschen verleiht, so begnügen wir uns mit dem stolzen Bewußtsein, die Elemente bezwungen zu haben. Daher die kindliche Freude unserer Zeit an neuen „epochemachenden" „Erfindungen", daher die merkwürdige Begeisterung beispielsweise für die „Beherrschung der Luft" durch die Flugtechnik.

Einem Menschen, dem es
„eingeboren,
Daß sein Gefühl hinauf und vorwärts bringt,
Wenn über uns im blauen Raum verloren
Ihr schmetternd Lied die Lerche singt . . ."

— dem wird es keinen übermäßig großen Eindruck machen, wenn nun Benzinmotoren in der Luft herum knattern. Ein wirklich großes Geschlecht, das mit den tiefen Problemen der Menschenseele ringt, wird nicht sich groß fühlen, weil ihm ein paar technische Erfindungen geglückt sind. Es wird diese Art von äußerlicher Macht gering schätzen. Unsere Zeit aber, der alle wahre Größe abgeht, ergötzt sich wie das Kind gerade an dieser Macht und überwertet diejenigen, die sie besitzen. Weshalb die Erfinder und die Millionäre heute am höchsten im Ansehen der Masse stehen.

## Dreizehntes Kapitel: Der moderne Wirtschaftsmensch

Möglich, daß all diese Ideale dem Unternehmer deutlicher oder verschwommener vor Augen schweben, der sein Werk vollbringen will. Sie alle verkörpern sich aber für ihn doch, gewinnen greifbare Gestalt für ihn doch nur in dem nächsten Ziele, auf dessen Erreichung sein Streben gerichtet ist: der Größe und Blüte seines Geschäftes, die ja immer die notwendige Voraussetzung für ihn bildete, um irgendeines jener allgemeinen Ideale zu verwirklichen. Das Erwerbsstreben und das Geschäftsinteresse sind es also, die seiner Tätigkeit als Unternehmer Richtung und Maß geben. Welcher Art wird unter dem Einfluß dieser Mächte die Tätigkeit des modernen Unternehmers sich gestalten?

2. Die Tätigkeit.

Der Art nach ist die Tätigkeit des modernen kapitalistischen Unternehmers in ihren Grundbestandteilen dieselbe wie früher: er muß erobern, organisieren, verhandeln, spekulieren und kalkulieren. Aber es lassen sich doch in dem Artcharakter seiner Tätigkeit Veränderungen nachweisen, die von einer Verschiebung des Anteils der verschiedenen Einzelbetätigungen an der Gesamttätigkeit herrühren.

Offenbar gewinnt in unserer Zeit immer mehr an Bedeutung in dem Gesamtwirken des Unternehmers die Funktion des „Händlers" — wenn wir das Wort wie oben im Sinne von Verhändler gebrauchen. Immer mehr hängen die Geschäftserfolge ab von der starken suggestiven Kraft und Geschicklichkeit, mit der die mannigfachen Verträge abgeschlossen werden. Die Knoten müssen immer mehr gelöst und können nicht mehr so oft wie früher durchhauen werden.

Sodann wird immer wichtiger für den Unternehmer die geschickte Spekulation; worunter ich hier die Vornahme von Börsentransaktionen verstehe. Die moderne Unternehmung wird immer mehr in den Börsennexus hineingezogen. Trustbildung beispielsweise in den Vereinigten Staaten heißt im Grunde nichts anderes, als die Verwandlung von Produktions- und Handelsgeschäften in Börsengeschäfte, womit also auch für den Leiter eines Produktions- oder Warenhandels-Unternehmens ganz neue Aufgaben erwachsen, deren Bewältigung auch neue Formen der Betätigung erheischt.

Die Kalkulation wird immer mehr verfeinert und sowohl durch ihre Vervollkommnung als auch durch ihre Ausweitung immer schwieriger.

Endlich gestaltet sich die Tätigkeit des modernen Unternehmers, solange noch nicht jene Funktionsteilung, von der oben die Rede war, eingetreten ist, immer vielseitiger, in dem Maße namentlich, wie die aus allen Zweigen des Wirtschaftslebens „kombinierte" Unternehmung sich ausdehnt.

Aber das entscheidend Neue in dem Wirken des modernen Wirtschaftsmenschen ist doch die Veränderung, die das Ausmaß seiner Tätigkeit erfahren hat. Weil jede natürliche Begrenzung des Strebens weggefallen ist, weil nicht mehr die Anforderungen des lebendigen Menschen, nicht mehr die Menge der zu verarbeitenden Güter dem Tun des Unternehmers Schranken setzen, so ist dieses „maßlos", „grenzenlos" geworden. Non sunt certi denique fines. Das bedeutet positiv, daß die Energieausgabe des modernen Wirtschaftsmenschen extensiv wie intensiv bis an die Grenze des Menschenmöglichen gesteigert wird. Alle Zeit des Tages, des Jahres, des Lebens wird der Arbeit gewidmet. Und während dieser Zeit werden alle Kräfte bis zum äußersten angespannt. Vor den Augen jedermanns steht ja das Bild dieser bis zum Wahnsinn arbeitenden Menschen. Es ist ein allgemeines Kennzeichen dieser Menschen, sie mögen Unternehmer oder Arbeiter sein, daß sie beständig vor Überanstrengung zusammenzubrechen drohen. Und immer sind sie in Aufregung und Hast. Tempo, Tempo! Das ist das Losungs-

### Dreizehntes Kapitel: Der moderne Wirtschaftsmensch

wort unserer Zeit geworden. Das bis zur Raserei gesteigerte Vorwärtsgehen und Stürmen ist ihre Eigenart; man weiß es ja.

Man weiß auch, wie dieses Übermaß von geschäftlicher Tätigkeit die Körper zermürbt, die Seelen verdorren macht. Alle Lebenswerte sind dem Moloch der Arbeit geopfert, alle Regungen des Geistes und des Herzens dem einen Interesse: dem Geschäft zum Opfer gebracht. Das hat wiederum in geschickter Weise uns Kellermann in seinem Tunnel-Buch geschildert, wenn er von seinem Helden, der eine kraftstrotzende Vollnatur gewesen war, am Schlusse sagt: „Schöpfer des Tunnels war er zu seinem Sklaven geworden. Sein Gehirn kannte keine andere Ideenassoziation mehr als Maschinen, Wagentypen, Stationen, Apparate, Zahlen, Kubikmeter und Pferdestärken. Fast alle menschlichen Empfindungen waren in ihm abgestumpft. Nur einen Freund hatte er noch, das war Lloyd. Die beiden verbrachten häufig die Abende zusammen. Da saßen sie in ihren Sesseln und — schwiegen."

Besonders deutlich tritt diese Zerrüttung des Seelenlebens im modernen Wirtschaftsmenschen zutage, wo es sich um den Kern des natürlichen Lebens: um die Beziehung zu den Frauen handelt. Zu einem intensiven Erfülltsein mit zarten Liebesgefühlen fehlt diesen Männern ebenso die Zeit, wie zu einem galanten Liebesspiel, und die Fähigkeit der großen Liebesleidenschaft besitzen sie nicht. Die beiden Formen, die ihr Liebesleben annimmt, sind entweder die völlige Apathie oder der kurze äußerliche Sinnenrausch. Entweder sie kümmern sich um Frauen überhaupt nicht, oder sie begnügen sich mit den äußeren Liebesgenüssen, die die käufliche Liebe zu bieten vermag. (Wie weit bei diesem eigentümlichen und ganz typischen Verhältnis des Wirtschaftsmenschen zu den Frauen eine natürliche Veranlagung mitspielt, werden wir in einem anderen Zusammenhange zu prüfen haben.)

3. Die **Geschäftsgrundsätze** haben naturgemäß, entsprechend den Verschiebungen, die das Ziel der Wirtschaft erfahren hat, ebenfalls eine Wandlung durchgemacht. Heute steht das wirtschaftliche Verhalten des modernen Unternehmers vornehmlich unter folgenden Regeln:

a) Die gesamte Tätigkeit untersteht einer höchstmöglichen, einer tunlichst **absoluten Rationalität**. Diese Rationalität ist von jeher ein Bestandteil des kapitalistischen Geistes gewesen, wie wir im Verlaufe dieser Untersuchungen festgestellt haben. Sie hat sich von jeher geäußert in der Planmäßigkeit, Zweckmäßigkeit und Rechnungsmäßigkeit der Wirtschaftsführung. Aber was den modern-kapitalistischen Geist von dem frühkapitalistischen in dieser Hinsicht unterscheidet, ist die strikte, folgerichtige, unbedingte Durchführung der rationellen Geschäftsgrundsätze auf allen Gebieten. Die letzten Spuren von Traditionalismus sind ausgetilgt. Den modernen Wirtschaftsmenschen (wie er immer im amerikanischen Unternehmer am reinsten in die Erscheinung tritt) erfüllt der Wille zur schlechthin rationellen Wirtschaftsgestaltung, und er besitzt auch die Entschlossenheit, diesen Willen durchzuführen; also jede vollkommenste Methode, sei es der kaufmännischen Organisation, sei es des Rechnungswesens, sei es der Produktionstechnik, **weil sie die rationellste ist**, anzuwenden, was natürlich auf der anderen Seite bedeutet, daß er unbekümmert um irgendwelche Schwierigkeiten die alte Methode aufgibt in dem Augenblick, in dem er eine bessere in Erfahrung gebracht hat.

b) **Auf reine Tauschgüterproduktion** ist die Wirtschaft ausgerichtet. Da die Höhe des erzielten Gewinnes das einzig vernünftige Ziel der kapitalistischen Unternehmung ist, so entscheidet über die Richtung der Gütererzeugung nicht die Art und Güte der hergestellten Produkte, sondern allein ihre Absatzfähigkeit. Was den größten Erlös erzielt, ist selbstverständlich gleichgültig. Daher die Indifferenz des modernen Unternehmens sowohl gegen die Produktion von Schundwaren als gegen die Fabrikation von Surrogaten. Wenn mit schlechten Stiefeln mehr Profit erzielt wird als mit guten, so hieße es sich gegen den heiligen Geist des Kapitalismus versündigen, wenn man gute Stiefeln anfertigen wollte. Daß heute in manchen Produktionszweigen (chemische Industrie!) eine Bewegung eingesetzt hat, die auf eine „Hebung der Qualität" abzielt, beweist ebensowenig etwas gegen die Richtigkeit des eben geäußerten Gedankens, wie etwa das Bemühen der Warenhausbesitzer, durch Prämienverteilung an die Angestellten den Verkauf der teureren Artikel zu befördern. Es beweist vielmehr nur, daß in solchen Fällen das kapitalistische (Profit-) Interesse in der Richtung der Qualitätsproduktion oder des Absatzes wertvollerer Gegenstände sich zu bewegen angefangen hat. In dem Augenblicke, in dem ein Unternehmer einsehen würde, daß ihm die Begünstigung der qualitativ höher stehenden Waren Schaden brächte, würde er natürlich sofort die minder gute Ware wieder herstellen oder vertreiben. Was ja im Grunde selbstverständlich erscheint, sobald man mit den Augen des kapitalistischen Unternehmers die Welt anzusehen sich bequemt.

Da die Größe des Absatzes über die Höhe des Profits entscheidet, da aber, wie wir sehen, es dem Erwerbsstreben eigentümlich ist, die Möglichkeiten der Profiterzielung so sehr wie irgend tunlich auszuweiten, so ist also das Sinnen und Trachten des modernen Unternehmers notwendig auf die unausgesetzte Vergrößerung des Absatzes gerichtet, die auch noch deshalb ihm am Herzen liegt, weil sie ihm mannigfache Vorteile im Konkurrenzkampfe gewährt. Dieses krampfhafte Streben nach Erweiterung des Absatzgebietes und Vermehrung der Absatzmengen (das als die stärkste Triebkraft im modernkapitalistischen Mechanismus erscheint) zeitigt dann eine Reihe von Geschäftsgrundsätzen, die alle den einen Zweck haben, das Publikum zum Kaufen zu veranlassen.

Ich nenne die wichtigsten:

c) **Der Kunde wird aufgesucht und angegriffen**, wie man es nennen könnte: ein Grundsatz, der aller modernen Geschäftsführung ebenso selbstverständlich eigen ist, wie er aller früheren, auch noch der frühkapitalistischen, wie wir sahen, fremd war. Der Zweck, den man verfolgt, ist: 1. die Aufmerksamkeit; 2. die Kauflust der Kunden zu erregen. Das erste geschieht dadurch, daß man ihnen möglichst laut in die Ohren schreit oder mit möglichst grellen Farben in die Augen sticht. Das andere sucht man dadurch zu erreichen, daß man ihnen die Überzeugung, die abzusetzende Ware sei außerordentlich gut oder außerordentlich preiswert, zu suggerieren trachtet. Unnötig zu sagen, daß das Mittel zur Erreichung dieses Zweckes die Reklame ist. Unnötig auch zu sagen, daß die rücksichtslose Verfolgung dieses Zweckes alle Gefühle für Schicklichkeit, Geschmack, Anstand und Würde zerstören muß.

Daß die moderne Reklame in ihren letzten Konsequenzen ästhetisch abstoßend, sittlich schamlos ist, ist heute eine zu selbstverständliche Tatsache, als daß sie noch eines Wortes der Begründung bedürfte. Hier ist auch gewiß nicht der Ort, über Wert oder Unwert der Reklame zu verhandeln. Vielmehr galt es nur, sie als einen charakteristischen Zug in dem Gesamtbild der modernen Wirtschaftsführung aufzuweisen.

d) **Die größtmögliche Verbilligung** der Produktion und des Absatzes wird erstrebt, um durch wirkliche Vorteile das Publikum anzulocken. Dieses Streben führt zu zahlreichen, unserem Wirtschaftsleben eigentümlichen Einrichtungen und Gepflogenheiten, die hier aufzuzählen ebenfalls nicht der Ort ist, da es sich für uns ja nur darum handelt, die **Grundsätze** der Wirtschaftsführung zu ermitteln. Wir sahen, wie alle frühkapitalistische Wirtschaftsgesinnung den billigen Preisen abhold war, wie in ihr die Maxime galt: an wenigen Geschäften viel zu verdienen. Dem gegenüber ist heute das Ziel: an vielen Geschäften wenig zu verdienen, was sich in dem Leitsatze ausspricht, der das heutige Wirtschaftsleben in allen seinen Zweigen beherrscht: großer Umsatz — kleiner Nutzen.

e) Ellbogenfreiheit wird gefordert, um die dem Erwerbsstreben gesteckten Ziele ungehindert erreichen zu können. In dieser Ellbogenfreiheit steckt erstens die formelle Freiheit, tun und lassen zu können, was man im Geschäftsinteresse für notwendig erachtet. Man wünschte keine Beschränkung durch das Recht oder die Sitte; man wünschte keine Umfriedung anderer Wirtschaftssubjekte, sondern will das Recht haben, jeden anderen niederkonkurrieren zu können, wenn das eigene Bedürfnis es erheischt (dafür verzichtet man auf den eigenen Schutz); man wünscht nicht, daß der Staat oder etwa eine Vertreterschaft der Arbeiter seine Hand bei der Gestaltung der Arbeitsverträge im Spiele habe. Alle „Gebundenheit" der früheren Zeit wird verabscheut. Die freie Betätigung der eigenen Kraft soll allein über den wirtschaftlichen Erfolg entscheiden.

Zweitens steckt (materiell) in der Forderung der Ellbogenfreiheit die Idee eines völlig rücksichtslosen Erwerbes. Mit ihrer Herrschaft wird der Primat des Erwerbswertes über alle anderen Werte anerkannt. Bindungen irgendwelcher Art, Bedenken irgendwelcher Art: sittliche, ästhetische, gemütliche gibt es nicht mehr. Wir sagen dann: der Handelnde verfährt „skrupellos" in der Wahl seiner Mittel.

Was rücksichtsloser Erwerb ist, lehrt uns heute am besten das Vorgehen der großen amerikanischen Trusts. In letzter Zeit haben uns die Schilderungen der Machenschaften der American Tobacco Company wieder einmal die in Deutschland und überhaupt in Europa noch nicht so allgemein angewandte Geschäftspraxis skrupelloser Unternehmer besonders lebendig vor Augen gestellt. Wir erfuhren da, was es heißt, keine Rücksichten mehr zu nehmen und keinen Weg unbegangen zu lassen, der zum Ziele zu führen verspricht. Um Absatzgebiete zu erwerben, verschleuderte der Trust seine Erzeugnisse. An Zwischenhändler gab er die größten Rabatte. Bekannte angesehene Marken wurden nachgeahmt und minderwertiges Fabrikat in dem trügerischen Gewande verkauft. Etwaige Prozesse konnte der Trust infolge seines finanziellen Übergewichts so lange verschleppen, bis inzwischen der Gegner zugrunde gerichtet war. Auch den Kleinbetrieb brachte der Trust an sich, indem er einfach an geeigneten Punkten Konkurrenzgeschäfte errichtete, die so lange „schleuderten", bis der altangestammte Laden zusperren mußte. Der Trust monopolisierte schließlich auch den Einkauf der Rohprodukte, und aus diesem Anlaß ist es dann zu dem Kampfe mit den Tabakpflanzern in Kentucky gekommen. Als 1911 gegen den Tabaktrust nach dem Scherman-Gesetze vorgegangen wurde, erklärte der das Urteil verkündende Richter: „Die ganze Kampagne des Trusts gegen die Unabhängigen wurde mit staunenswerter Schlauheit, Vorsicht und Raffinement ausgedacht, sowie durchgeführt. Im Felde der Konkurrenz wurde jedes menschliche Wesen, das infolge seiner Tatkraft oder seiner Fähigkeiten dem Truste Ungelegenheiten hätte bereiten können, unbarmherzig beiseite geschoben."

Der vollendete Typus eines skrupellosen „smarten" Geschäftsmannes war der vor einigen Jahren verstorbene Edward H. Harriman, über dessen Wirksamkeit sich ein Nachruf wie folgt verbreitete[285]: „Das Geheimnis (seines) Sieges bestand in der völligen Loslösung von moralischen Skrupeln. Hätte Harriman sich nicht von allen sittlichen Bedenken frei gemacht, so würde er gleich über die ersten Stufen seiner Ent-

### Dreizehntes Kapitel: Der moderne Wirtschaftsmensch

wicklung zum Großspekulanten gestolpert sein. Er begann damit, daß er dem Mann, der ihm die Pforten zum Paradies der Eisenbahnen geöffnet hatte, das Genick umdrehte; und die zweite Etappe der ruhmvollen Laufbahn wurde durch eine brutale Kampagne gegen Morgan eingeleitet. Der hat dann allerdings die Fähigkeiten seines Gegners für sich selbst nutzbringend angelegt. Die Auseinandersetzung mit Hill stand auch nicht im Zeichen der Rücksichtnahme. Und der Anschluß an die Standard-Oil-Gruppen vollzog sich gleichfalls durch einen Gewaltakt. Aber Dinge, die ein strenger Sittenrichter in das Schuldenkonto Harrimans einträgt, gehören zum eisernen Besitz der amerikanischen Spekulation. Mit der hat man wie mit einer gegebenen Größe zu rechnen: das Wesen solcher Faktoren erschöpft sich aber darin, daß sie unveränderlich sind. Harrimans Geschäfte mit der New-York Life Insurance und der National City Bank; die Ausschüttung hoher Dividenden, die erst durch Ausgabe von Schuldverschreibungen hervorgebracht wurden; kunstvolle Praktiken in den Büchern: das sind Dinge, vor denen den strengen Moralisten ein Grausen überkommt. Der amerikanische Spekulant gleitet rasch über derartige Erscheinungen hinweg; und der Gesetzgeber muß sich damit begnügen, den guten Willen zur Abhilfe zu zeigen."

Von den großen Siegern auf der Rennbahn des modernen Kapitalismus gilt wohl durchgehends, was man unlängst noch von Rockefeller sagte, daß sie "mit einer fast naiven Rücksichtslosigkeit sich über jedes moralische Hemmnis hinwegzusetzen gewußt" haben. John Rockefeller selbst, dessen Memoiren ein köstlicher Spiegel dieser fast kindlich-naiven Auffassung sind, soll sein Credo einmal in die Worte zusammengefaßt haben: er sei bereit, einem Stellvertreter eine Million Dollar Gehalt zu zahlen: der aber müsse (natürlich neben mancher positiven Begabung) vor allem "nicht die geringsten Skrupel" haben und bereit sein, „rücksichtslos Tausende von Opfern hinsterben zu lassen".

Ein Mann, der sich selbst für einen sehr „rückständigen" Unternehmer in dieser Hinsicht hielt, weil er „zu gutmütig" sei, „zu viele Bedenken" habe, Werner Siemens, ermahnt einmal seinen Bruder Karl zur „smarten" Geschäftsführung mit folgenden Worten: „Sei nur immer streng und rücksichtslos. Das ist in einem so großen Geschäft nötig. Fängst du erst einmal an, auf Privatverhältnisse Rücksicht zu nehmen, so kommst du in ein Labyrinth von Ansprüchen und Intrigen hinein". (Brief vom 31. März 1856.)

4. Die bürgerlichen Tugenden.

Was ist aus ihnen geworden, die wir als so wesentliche Bestandteile beim Aufbau des kapitalistischen Geistes erkannt hatten? Haben Fleiß, Sparsamkeit, Ehrbarkeit, Industry, frugality, honesty noch heute eine irgendwelche Bedeutung für die Gesinnungsbildung des kapitalistischen Unternehmers? Die Frage ist nicht ohne weiteres zu bejahen, aber ebensowenig auch zu verneinen. Weil nämlich die Stellung, die heute diese „Tugenden" im Ganzen des wirtschaftlichen Gefüges einnehmen, eine grundsätzlich andere ist, als sie in der frühkapitalistischen Epoche war. Jene Begriffe haben freilich aufgehört, wesentliche und notwendige Tugenden des kapitalistischen Unternehmers zu sein; aber darum haben sie keineswegs ihre Bedeutung für die Gestaltung der Wirtschaftsführung verloren. Sie sind nur aus der Sphäre persönlicher Willensbetätigung herausgetreten und sind zu Sachbestandteilen des Geschäftsmechanismus geworden. Sie haben aufgehört, Eigenschaften lebendiger Menschen zu sein und sind statt dessen zu objektiven Prinzipien der Wirtschaftsführung geworden.

Das klingt sonderbar und bedarf einer Erklärung. Was ich meine, will ich für jede einzelne der genannten Tugenden im besonderen ausführen.

### Dreizehntes Kapitel: Der moderne Wirtschaftsmensch

Zu der Zeit, als tüchtige und pflichttreue Geschäftsleute dem jungen Nachwuchs den Fleiß als oberste Tugend eines erfolgreichen Unternehmers priesen, da mußten sie bemüht sein, in das Triebleben ihrer Schüler gleichsam ein festes Fundament von Pflichten hineinzubauen, mußten sie bei jedem einzelnen eine persönliche Willensrichtung durch Ermahnung hervorzurufen versuchen. Und wenn die Ermahnung gefruchtet hatte, so arbeitete nun der fleißige Geschäftsmann in starker Selbstüberwindung sein Pensum ab. Der moderne Wirtschaftsmensch kommt zu seinem Rasen auf ganz andere Wege: er wird in den Strudel des wirtschaftlichen Betriebes hereingezogen und wird mit ihm fortgerissen. Er übt nicht mehr eine Tugend, sondern steht in einem Zwangsverhältnis. Das Tempo des Betriebes entscheidet über sein eigenes Tempo. Er kann ebensowenig faul sein wie der Arbeiter an einer Maschine, während es der Mann mit dem Werkzeug in seiner Hand hat, ob er fleißig sein will oder nicht.

Noch deutlicher tritt die Objektivierung der „Tugend" Sparsamkeit zutage; weil sich hier die private Wirtschaftsführung des Unternehmers von der Wirtschaftsführung seines Geschäftes völlig trennt. Diese untersteht heute dem Sparsamkeitsprinzip mehr denn je. „Verschwendung ist auch im kleinsten zu bekämpfen, ist nicht kleinlich, denn sie ist eine fressende Krankheit, die sich nicht lokalisieren läßt. Es gibt große Unternehmungen, deren Existenz davon abhängt, ob die mit Erde gefüllten Kippwagen rein entleert werden, oder ob eine Schaufel voll Sand darin zurückbleibt"[236]). Bekannt ist die knickerige Sparsamkeit, die Rockefeller in der Geschäftsführung der Standard Oil Company zur Anwendung bringt: die Metalltropfen, die beim Löten von den Kannen fallen, werden aufgefangen und wieder verwertet; der Kehricht auf den Höfen wird, ehe er fortgeschafft wird, genau untersucht; die kleinen Kisten, in denen das Zinn aus Europa kommt, verkauft man an Blumenhändler in der

Stadt, oder man benutzt sie zur Feuerung[287]). Aber an diesem Sparfanatismus hat die Privatwirtschaft der Unternehmer selber nicht teil. Weder auf den Schlössern Walter Rathenaus (dem der obige Ausspruch entnommen war), noch auf denen Rockefellers wird der Besucher Benjamin Franklinischen Geist verspüren und »frugality«, „Genügsamkeit" und „Mäßigkeit" richten nicht mehr die Tafeln unserer reichen Unternehmer her. Selbst wenn die Männer noch nach alt-bürgerlichem Stile weiterleben: die Frauen und Söhne und Töchter sorgen dafür, daß der Luxus und das Wohlleben und die Prachtentfaltung zu Bestandteilen bourgeoiser Lebensführung werde. Freilich: der Stil der Wirtschaftsführung wird auch beim reichen Bourgeois heute noch der „bürgerliche" sein, wie ihn Alberti begründet hat: laßt nie die Ausgaben größer wie die Einnahmen sein, hatte er seinen Schülern als letzte Weisheit mit auf den Weg gegeben. Und rechnet! In beiden folgt jeder echte Bourgeois jenem großen Lehrer. Und das wird ihn und seine Wirtschaft immer vom Seigneur und der seinigen unterscheiden, in der man das Geld verachtet.

Endlich die kaufmännische „Solidität". Wer möchte zweifeln, daß „solide" Geschäftsführung auch heute noch und heute vielleicht mehr denn je einen unentbehrlichen Bestandteil der Praxis jedes großen Unternehmers ausmache. Aber wiederum ist das Gebaren des Unternehmers als Menschen von dem Gebaren des Geschäftes völlig getrennt. Die Maximen der „Solidität" sind heute ein Komplex von Grundsätzen, die nicht mehr das persönliche Verhalten eines Wirtschaftssubjekts, sondern die Abwicklung geschäftlicher Beziehungen regeln sollen. Ein „solider" Kaufmann kann persönlich durchaus moralisch minderwertig sein; die Kennzeichnung als „solide" bezieht sich lediglich auf die von ihm getrennt gedachte Geschäftsführung. Diese ist gleichsam losgelöst von dem persönlichen Gebaren des Geschäfts-

### Dreizehntes Kapitel: Der moderne Wirtschaftsmensch

leiters und unterliegt ganz besonderen Gesetzen. Ein Geschäft ist solide, sagen wir: es hat als solches den Ruf der Solidität, vielleicht seit Generationen. Wir kennen ihre Inhaber gar nicht; es ist vielleicht ein Gesellschaftsunternehmen, vielleicht eine ganz und gar unpersönliche Aktiengesellschaft mit wechselnden Direktoren an der Spitze, deren persönliche Moralität man nicht nachprüfen kann und nicht nachzuprüfen braucht. Der Ruf der "Firma" bürgt für deren Charakter. Wir können diese Verschiebung des Begriffes der Solidität aus der Sphäre der persönlichen Charaktereigenschaften und ihre Übertragung auf einen Geschäftsmechanismus besonders deutlich verfolgen, wo es sich um die Kreditwürdigkeit eines Unternehmens handelt. Wenn früher das Vertrauen in die Solidität z. B. einer Bank auf dem Ansehen alter Patrizierfamilien beruhte, so ist es heute im wesentlichen die Höhe des investierten Kapitals und der Reserven, was einer Aktienbank ihre Stellung in der Geschäftswelt und beim Publikum verschafft. Daß diese großen Geschäfte "solide" geführt werden, nimmt man — bis etwa ihre Schwindelhaftigkeit entdeckt wird — als selbstverständlich an. Also auch hier derselbe Prozeß der "Versachlichung", den wir bei den anderen "bürgerlichen Tugenden" beobachten konnten.

Das gilt natürlich alles bloß für die großen Unternehmungen. Für mittlere und kleine Unternehmer bleibt auch heute noch in Geltung, was wir für die früheren Zeiten des Kapitalismus haben feststellen können. Da bilden die bürgerlichen Tugenden noch heute einen Bestandteil der Charaktereigenschaften des Unternehmers selbst, da sind sie als persönliche Tugenden noch immer die notwendigen Voraussetzungen des wirtschaftlichen Vorwärtskommens. Aber der hochkapitalistische Geist tritt uns in seiner Reinheit doch nur in den großen Unternehmen und ihren Leitern entgegen.

\* \* \*

Mit den letzten Ausführungen habe ich nun aber schon ein Problem berührt, das ich bisher ganz beiseite gestellt hatte, weil ich es im Zusammenhange behandeln will: das Problem, wie und weshalb so und nicht anders sich der kapitalistische Geist herausgebildet hat; welchen Ursachen er sein Dasein und seine eigentümliche Formung verdankt, welche Kräfte bei seinem Aufbau wirksam gewesen sind. Dieses Problem enthält die Frage nach den Quellen des kapitalistischen Geistes, und die Beantwortung dieser Frage wird in dem folgenden Buche dieses Werkes versucht.

## Zweites Buch
# Die Quellen des kapitalistischen Geistes

# Einleitung

## Vierzehntes Kapitel: Das Problem

Das Problem: die Quellen des kapitalistischen Geistes aufzuweisen, also die Beantwortung der Frage: woher kommt der kapitalistische Geist, kann zunächst in dem rein äußerlichen Sinne gefaßt werden, daß man darunter das äußerliche Erscheinen eines kapitalistischen Unternehmers in einem Lande (wohin er etwa Handel treibt, oder wo er vielleicht ein Geschäft begründet) versteht, so daß man also zum Beispiel feststellt: der kapitalistische Geist in China geht auf die Engländer zurück, oder: die Juden haben den kapitalistischen Geist nach Magdeburg gebracht. In diesem Sinne, in dem es also im wesentlichen ein historisches Wanderungsproblem ist, soll das Problem der Entstehung des kapitalistischen Geistes hier nicht verstanden werden. Hier soll vielmehr die Frage aufgeworfen werden: wie entstand in den Seelen der Menschen eine kapitalistische Wirtschaftsgesinnung; wodurch wurde in den Wirtschaftssubjekten einer bestimmten Epoche jener Geist lebendig, der sie die Strebungen haben, die Fähigkeiten entfalten, die Grundsätze befolgen ließ, die wir als Bestandteile des bourgeoisen Geistes kennen gelernt haben; was hat die Entstehung, einmal und dann immer wieder, in jeder Generation von neuem, von Wirtschaftssubjekten mit bestimmter Ideenrichtung und bestimmter Geistesstruktur, mit einem bestimmten Wollen und Können, bewirkt?

Nun muß ich freilich bemerken, daß manche Leute in dem hier eben formulierten Problem gar kein Problem erblicken, weil sie es als selbstverständlich betrachten, daß der kapitalistische Geist durch den Kapitalismus selber gebildet werde, weil sie in diesem Geist selbst gar nichts Substantielles, sondern nur gleichsam eine Funktion der wirtschaftlichen Organisation zu erkennen glauben. Dieser Ansicht gegenüber würde ich geltend machen, daß sie etwas als "selbstverständlich", als "gegeben" annimmt, was es ganz gewiß nicht ist; daß sie ein Dogma verkündigt, wo es sich darum handelt, einen Beweis zu erbringen. Gewiß ist es möglich, daß die Wirtschaftsgesinnung ihren Ursprung in der Wirtschaftsverfassung hat — und wir werden als Quelle des kapitalistischen Geistes den Kapitalismus selbst an manchen Stellen aufzuweisen haben — aber daß dieser Kausalzusammenhang besteht, das ist doch immer erst im einzelnen Falle festzustellen, wie denn auch immer erst zu zeigen ist, **wodurch und wie** das Wirtschaftssystem auf die Geistesverfassung der Wirtschaftssubjekte bestimmend einwirkt.

Wiederum gibt es Leute, die zwar zugeben, daß die Entstehung des kapitalistischen Geistes (wie jeder anderen Wirtschaftsgesinnung) ein Problem sei, die aber seine Lösung auf dem Wege wissenschaftlicher Erkenntnis für unmöglich halten. So lehnte noch unlängst ein nicht unbegabter jüngerer Gelehrter alle Versuche, die Quellen des kapitalistischen Geistes aufzudecken, als grundsätzlich verfehlt mit folgenden Worten ab [238]):

„Der ‚Geist des Kapitalismus' und der sich um ihn gruppierende moderne bürgerliche Lebensstil, das sind die in diesen Schlagworten eingeschlossenen Gedanken, sind nicht mehr als eine übergeschichtliche, äußerst fruchtbare Hilfsvorstellung. Wie man von einer Entwicklung, einer Geschichte der Moralbegriffe sprechen kann, deren Hauptstadien aber nicht mehr in das Licht der mit Urkunden belegten Geschichten getaucht sind, so haben zwar auch die Sparsamkeit, das nüchterne Eigeninteresse und sämtliche dem kapitalistischen Geist zugrunde liegenden psychischen Eigenschaften (?) eine Entwicklung durchgemacht, **aber diese Heranbildung ist unserer historischen Erkenntnis nicht mehr zugänglich, wir können höchstens nachzeichnen,** wie der mit der Möglichkeit wirtschaftlichen Handelns und mit

### Vierzehntes Kapitel: Das Problem

der dazu gehörigen Seelenverfassung wohlausgestattete Homo sapiens reagierte, als die ökonomischen und (!) gesellschaftlichen Zustände jene Eigenschaften, die wir als kapitalistische Gesinnung bezeichnen, in ihm frei machten."

Richtig ist in diesen Auffassungen zweifellos die Bemerkung, daß die Anfänge irgendwelcher Seelenzustände „nicht in das Licht der mit Urkunden belegten Geschichte getaucht sind". Es heißt Unmögliches fordern, wenn die Historiker von uns den „quellenmäßigen" Nachweis etwa der Einwirkung, den der Puritanismus auf die Entfaltung des kapitalistischen Geistes ausgeübt hat, verlangen[289]). Davon kann natürlich keine Rede sein. Um was es sich allein handeln kann, ist ungefähr das, was Feuchtwanger in der angeführten Stelle mit „höchstens" erreichbar bezeichnet, und was ich mit etwas anderen Worten so umschreiben möchte: wir können feststellen, welche — natürlichen oder sonstigen — Gegebenheiten bestimmte Äußerungen des Geistes lebendig gemacht haben können und wahrscheinlich lebendig gemacht haben. Bei welchen Feststellungen uns als Erkenntnisquelle im wesentlichen unser inneres, eigenes Erlebnis zur Verfügung steht. Wir können — noch etwas genauer — unterscheiden zwischen seelischen Veranlagungen, die wir als notwendige Voraussetzungen irgendwelcher Seelenäußerung ansehen müssen und irgendwelchen äußeren Umständen oder Ereignissen, die aus diesen Veranlagungen bestimmte Strebungen, Ansichten und Fertigkeiten haben zur Betätigung kommen lassen. Für solcherart Untersuchungen lassen sich sogar einige ganz sichere Regeln aufstellen, kraft deren wir zunächst in der Erkenntnis gefördert werden: was wir als Quelle einer bestimmten Wirtschaftsgesinnung nicht ansehen dürfen. Es ist z. B. nicht statthaft, eine besondere volkliche Veranlagung als Ursache (Bedingung) einer Seelenäußerung zu betrachten, die wir bei verschiedenen Völkern gleich=

mäßig beobachten; es geht nicht an, irgendeine Erscheinung des kapitalistischen Geistes auf eine Quelle zurückzuführen, die erst später aufspringt: Lebensansichten des 15. Jahrhunderts können ganz sicher **nicht** aus den religiösen Lehren des 17. Jahrhunderts sich ableiten; eine Erscheinung kann ebensowenig aus einer Quelle entspringen, die notorisch niemals im Zusammenhang mit ihr gestanden hat: kapitalistischer Geist in Deutschland des 19. Jahrhunderts darf nicht als Ausfluß puritanischer oder quäkerischer Religionsgesinnung betrachtet werden usw.

Für die richtige Deutung der Zusammenhänge ist es sodann aber notwendig, daß wir uns folgende Tatsachen klar zum Bewußtsein bringen:

1. daß die Ableitung der einzelnen Bestandteile des kapitalistischen Geistes offenbar eine sehr verschiedene sein muß dank der **Artverschiedenheit dieser Bestandteile selbst**. Mich will es bedünken, als habe der Streit um unser Problem seine Ursache zum großen Teil darin, daß man nicht mit hinreichender Deutlichkeit erkannt hat, wie grundsätzlich verschieden die einzelnen Äußerungen des kapitalistischen Geistes ihrer Natur nach sind und wie grundsätzlich verschieden infolgedessen sich die Aufgabe gestaltet, je nachdem man die Quelle dieses oder jenes Bestandteiles aufdecken will.

Was wir als Wesensart des kapitalistischen Geistes kennen gelernt haben, sind nämlich **entweder** Seelenzustände, die außerhalb aller Bewußtheit sich abspielen: das, was wir als „Triebe" bezeichnen können, wenn es sich etwa um den Unternehmungsgeist in seinem ursprünglichen Verstande handelt, oder um die Erwerbssucht, um den Tätigkeitsdrang, die Raublust u. a.; die man andrerseits als instinktmäßiges Handeln, instinktive Begabung zu bezeichnen pflegt.

Daß diese „Instinkte" bei den erfolgreichen Unternehmern von jeher eine große Rolle gespielt haben, wird von allen

### Vierzehntes Kapitel: Das Problem

Sachkennern übereinstimmend hervorgehoben und kann jedermann durch eigene Beobachtung bestätigt finden. „Wollte man folgern, daß materielle Klugheit, Geschicklichkeit der Mache, rechnerisches Erfassen und diplomatische Schlagfertigkeit das Wesen des Geschäftsmanns umschreibe, so träfe diese Definition nicht die größten ihres Schlages. Klugheit und Energie werden stets zu Erfolgen führen, aber diese Erfolge werden stets überflügelt durch andere, die man dem Glücke beimißt, oder den Zeitumständen oder rücksichtsloser Freibeuterei: mit Unrecht — NB. gewiß nicht in allen Fällen, aber oft; (W. S.) —, denn sie gehören der Phantasie (und auch dieser nicht allein, sondern einem komplexen, nicht analysierbaren Geisteszustande). Es gibt divinatorische Naturen, die auf jenen, zwar materiellen, doch aller Kalkulation sich entziehenden Gebieten die Entwicklung kommender Jahrzehnte, ihre Bedürfnisse und ihre Behelfe überschauen. Ohne Nachdenken, aus einer Geistesverfassung, die das Bestehende und Werdende in einem zweiten, abgebildeten Schöpfungsvorgang nachschafft, erblicken sie den Zustand des Verkehrs, der Produktion, des Austausches, so wie ihn die inneren Gesetze bestimmen und ändern, und wählen unbewußt nach dieser Vision ihr Urteil und ihre Pläne" [240].

Das trifft ungefähr mit dem zusammen, was uns Friedrich Gentz (in einem Briefe an Adam Müller) von den Rothschilds berichtet: „Sie sind gemeine, unwissende Juden von gutem, äußeren Anstand, in ihrem Handwerk bloße Naturalisten, ohne irgendeine Ahnung eines höheren Zusammenhanges der Dinge, aber mit bewundernswürdigem Instinkte begabt, der sie immer das Rechte und zwischen zwei Rechten immer das Beste wählen heißt. Ihr ungeheurer Reichtum ist durchaus das Werk dieses Instinkts, welchen die Menge Glück zu nennen pflegt. Die tiefsinnigen Raisonnements von Baring ... flößen mir, seitdem ich das alles in der Nähe gesehen habe, weniger Vertrauen ein als ein gesunder Blick eines der klügeren Rothschilds."

Ähnlich urteilt Heinrich Heine über James Rothschild: „Eine eigentümliche Kapazität ist bei ihm die Beobachtungsgabe oder der Instinkt, womit er Kapazitäten anderer Leute in jeder Sphäre, wo nicht zu beurteilen, doch herauszufinden versteht."

Oder der kapitalistische Geist äußert sich in einer bestimmten Charakterbildung, denen bestimmte Grundsätze der Geschäftsführung, denen die bürgerlichen Tugenden entsprechen.

Oder wir stehen erlernten Kenntnissen gegenüber, wo wir auf Fertigkeiten im Rechnen, in der Handhabung der Geschäfte, in der Betriebsanordnung oder Ähnliches stoßen.

Dieser verschiedene Grundcharakter der einzelnen Seiten des kapitalistischen Geistes wird nun aber bei der Frage nach dessen Entstehung in doppeltem Sinne bedeutsam. Erstens ist die Art und Weise, wie der einzelne Zug in einer Seele in die Erscheinung tritt, verschieden bei den verschiedenen Bestandteilen: die triebhafte Regung, die instinktive Fähigkeit sind da, sie stecken im Blute; sie können nur entweder unterdrückt werden, verkümmern, unbenutzt bleiben oder angeregt, entwickelt, befördert werden.

Der Natur der beiden anderen Bestandteile entspricht es, daß sie erworben werden und zwar der Regel nach durch Lehre: die eine Seite der Ausbildung, die Charakterbildung, ist ein Erziehungswerk, die andere, die Verstandesbildung, ist ein Unterrichtswerk.

Grundsätzlich verschieden bei den verschiedenen Bestandteilen des kapitalistischen Geistes ist aber zweitens auch ihre Übertragung von einer Person auf die andere, von einer Generation auf die andere, und zwar deshalb, weil die erste Kategorie im engsten Sinne an die lebendige Persönlichkeit gebunden ist, die höchstens durch ihr Beispiel ermunternd auf andere wirken kann, die aber diese Betätigungen kapitalistischen Geistes immer mit ins Grab nimmt. Triebe und Talente können niemals außerhalb des lebendigen Menschen angehäuft werden; jeder einzelne, auch wenn tausend Jahre hindurch sie entfaltet sind, fängt immer wieder von vorne an. Tugenden und Fertigkeiten lassen sich aber trennen von der Einzelpersönlichkeit und lassen sich objektivieren in Lehrsystemen.

Diese Lehrsysteme bleiben, auch wenn der einzelne Mensch stirbt: in ihnen findet der später Geborene die Erfahrungen der früheren Geschlechter niedergelegt, von denen er selber Nutzen ziehen kann. Die Lehre kann beliebig lange unbefolgt bleiben: ist sie nur irgendwie niedergeschrieben, so kann sie nach Generationen plötzlich wieder in einem Leser Wurzel schlagen. Sowohl die Tugend- als auch die Fertigkeitslehren sind zeitlich und räumlich beliebig übertragbar. Diese unterscheiden sich von jenen nur dadurch, daß ihr Inhalt mit jeder Generation wächst, weil die Erfahrungen, die technischen Fähigkeiten usw. sich anhäufen, während man von einer Tugendlehre nur in beschränktem Sinne sagen kann, daß sie sich die Erfahrungen einer früheren zunutze macht.

Nach alledem leuchtet es nun wohl aber ein, daß die Entstehungsarten bei den verschiedenen Bestandteilen des kapitalistischen Geistes ganz und gar verschieden sind.

2. müssen wir, wenn wir den Quellen des kapitalistischen Geistes nachspüren, uns klar machen, daß dessen Entstehungsbedingungen ebenso grundverschieden sind, je nach den Epochen der kapitalistischen Entwicklung. Vor allem ist auch hier der Unterschied zwischen der Epoche des Frühkapitalismus und der des Hochkapitalismus festzuhalten. Will man die verschiedene Stellung, die das Wirtschaftssubjekt in jener und in dieser eingenommen hat, bezugsweise einnimmt, schlagwort-

artig kennzeichnen, so kann man sagen: in der Epoche des Frühkapitalismus macht der Unternehmer den Kapitalismus, in der des Hochkapitalismus macht der Kapitalismus den Unternehmer. Man muß bedenken, daß in den Anfängen des Kapitalismus die kapitalistischen Organisationen noch ganz vereinzelt sind, daß sie vielfach von nicht kapitalistischen Menschen erst geschaffen werden; daß in ihnen der Stock von Kenntnissen und Erfahrungen gering ist, daß auch diese erst erworben, erprobt, gesammelt werden müssen; daß in den Anfängen die Mittel zum Betriebe einer kapitalistischen Unternehmung erst mühsam beschafft werden, daß die Grundlagen des Vertragssystems durch langsames Vordringen von Treu und Glauben erst gelegt werden müssen usw. Wieviel mehr Willkür kann, wieviel mehr freie Initiative muß der einzelne Unternehmer entfalten. Die heutige kapitalistische Organisation ist, wie es Max Weber treffend ausgedrückt hat, ein ungeheurer Kosmos, in den der einzelne hineingeboren wird und der für ihn, wenigstens als einzelnen, als faktisch unabänderliches Gehäuse, in dem er zu leben hat, gegeben ist. Er zwingt dem einzelnen, soweit er in den Zusammenhang des Marktes verflochten ist, die Normen seines wirtschaftlichen Handelns auf. Der einzelne steht aber auch einem ungeheuren Berg von Erfahrungen gegenüber, die ihn zu erdrücken drohen: die Methoden der Buchführung, des Rechnungswesens, der Löhnung, der Betriebsorganisation, der Geschäftstechnik usw. sind so verfeinert, daß ihre Anwendung allein Arbeit und Mühe macht, während sie selbst längst von Berufsmenschen für den kapitalistischen Unternehmer weitergebildet werden.

Unter welch anderen Verhältnissen „entsteht" also kapitalistischer Geist einstmals und heute!

Alle diese Unterschiede müssen aber selbstverständlich in Betracht gezogen werden, wenn wir unser Problem auch nur leidlich gut lösen wollen.

### Vierzehntes Kapitel: Das Problem

Um den ungeheuren Stoff, der dem Forscher so reichlich zufließt, daß er in ihm manches Mal zu ersticken fürchten muß, im eigenen Denken und für die Darstellung zu ordnen, stehen uns zwei Wege offen: entweder wir können die Entstehungsgründe für die einzelnen Bestandteile des kapitalistischen Geistes der Reihe nach ermitteln, so daß wir also erst untersuchen: was hat den Golddurst erzeugt, dann: was hat den Unternehmungsgeist in seinen verschiedenen Äußerungsformen befördert, dann: was hat die bürgerlichen Tugenden entstehen lassen und so fort.

Oder wir können die verschiedenen Ursachenkomplexe auf ihre mannigfachen Wirkungen hin prüfen.

Der erste Weg führt notwendig zu unausgesetzten Wiederholungen und ist deshalb ermüdend. Ich wähle darum den zweiten, der erheblich abwechslungsreicher ist und — wenn auch mit einigen Umwegen (die ja oft der größte Reiz der Wanderung sind) — ebenso sicher zum Ziele führt.

Die folgende Einteilung des Stoffes ist also so zu verstehen: daß ich in einem ersten Abschnitte die biologischen Grundlagen festzulegen suche, auf denen alle kapitalistische Geistesgeschichte sich aufbaut. Das für die Aufnahme des kapitalistischen Geistes als geeignet erkannte Menschentum wird nun den kapitalistischen Geist in dem Maße in sich aufnehmen und betätigen — sei es durch Einflüsse von außen her, sei es durch Auslese — als bestimmte moralische Kräfte sich wirksam erweisen (zweiter Abschnitt) und als bestimmte soziale Umstände Einfluß gewinnen (dritter Abschnitt). Die Aufgabe, die wir uns also in dem zweiten und dritten Abschnitt stellen, ist die, nachzuweisen: wie durch äußere Einwirkung aus dem disponierten Menschenmaterial Individuen mit kapitalistischer Geistesrichtung gebildet werden. Und zwar verfolgen wir sämtliche Einwirkungen, die in diesem Sinne ein bestimmter Ursachenkomplex ausübt, von den Anfängen seiner Wirksamkeit bis zum heutigen

Tage und verfolgen die Einwirkungen nach allen Seiten des kapitalistischen Wesens hin gleichmäßig. Wir werden einen besonderen Reiz darin finden, zu sehen: wie außerordentlich mannigfaltig die Einflüsse dieses oder jenes Faktors: die Überschriften der Kapitel 15 bis 28 weisen ihre Gesamtheit dem Leser nach — bei der Entstehung des kapitalistischen Geistes sein können und gewesen sind; zu sehen dann am Schlusse: aus wie unzähligen Komponenten dieser sich zusammensetzt.

# Erster Abschnitt
# Die biologischen Grundlagen

## Fünfzehntes Kapitel: Bourgeoisnaturen

Steckt das Wesen des Bourgeois im Blute? Gibt es Menschen, die „von Natur" Bourgeois sind, und die sich dadurch von anderen Menschen unterscheiden? Haben wir deshalb in einer besonderen Blutsart, in einer besonderen „Natur" eine Quelle (oder vielleicht die Quelle) des kapitalistischen Geistes zu suchen? Oder welche Bedeutung überhaupt kommt der Blutbeschaffenheit für die Entstehung und Entwicklung dieses Geistes zu?

Um auf diese Fragen eine Antwort zu finden, werden wir uns auf folgende Tatbestände und Zusammenhänge besinnen müssen.

Ohne Zweifel gehen alle Erscheinungsformen des kapitalistischen Geistes wie alle Seelenzustände und Seelenvorgänge auf bestimmte „Anlagen" zurück, das heißt also auf eine ursprüngliche, vererbte Beschaffenheit des Organismus, „vermöge deren die Fähigkeit und Tendenz zu bestimmten Funktionen oder die Neigung zur Erwerbung bestimmter Zustände in ihm liegt, vorbereitet ist"[241]. Dahingestellt kann einstweilen bleiben, ob die biologischen „Anlagen" zum kapitalistischen Geiste mehr allgemeiner Art, das heißt nach verschiedenen Richtungen hin entfaltbar sind (also daß sie auch zu anderen Betätigungen als eben des Bourgeois die Unterlage bilden können), oder ob sie von Anfang an in dieser einzigen Richtung nur zur Entfaltung gebracht werden können. Handelt es sich um psychische Anlagen, so sprechen wir auch von „Dispositionen" zu seelischem Verhalten (des Vorstellens, Denkens, Fühlens, Wollens, des

Charakters, der Phantasie usw.). Im weiteren Sinne gebrauchen wir das Wort „Anlage" ununterschiedlich für gute oder schlechte Anlagen, im engeren Sinne denken wir an „die vererbte Fähigkeit zu leichteren, schnelleren und zweckmäßigeren Funktionen psycho=physischer, besonders geistiger Art".

Ich sage: daß alle Erscheinungsformen des kapitalistischen Geistes, also der Seelenverfassung des Bourgeois auf ererbten „Anlagen" beruhen, kann nicht in Zweifel gezogen werden. Das gilt gleichermaßen von den triebhaften Wollungen wie von der „instinktmäßigen" Begabung, von den bürgerlichen Tugenden wie von den Fertigkeiten: zu dem allen müssen wir als Untergrund eine seelische „Disposition" denken, wobei es unentschieden (weil für die hier angestellten Betrachtungen bedeutungslos) bleiben kann, ob und inwieweit und in welcher Art diesen seelischen „Dispositionen" körperliche (somatische) Eigenarten entsprechen.

Gleichgültig für die hier erörterte Frage ist es auch, wie diese „Dispositionen" in den Menschen gelangt sind; ob und wann und wie sie „erworben" sind: es genügt, daß sie in dem durchaus schon in das volle Licht der Geschichte fallenden Zeitpunkte, in dem der kapitalistische Geist geboren wird, dem Menschen innewohnten. Wichtig ist nun, festzuhalten, daß sie in diesem Zeitpunkte ihm „im Blute" staken, das heißt vererbbar geworden waren. Das gilt insbesondere auch von der Veranlagung zu „instinktmäßig" richtigen und treffenden Handlungen. Denn wenn wir unter Instinkten auch aufgesammelte Erfahrungen, die im Unterbewußtsein leben, verstehen, „automatisch gewordene Willens= und Triebhandlungen vieler Generationen" (Wundt), so ist das Entscheidende doch auch bei ihrer Betätigung, daß sie auf bestimmte vererbte und vererbbare „Anlagen" zurückzuführen sind, daß also gerade sie nicht ohne eine Verankerung im Blute gedacht werden können. Ganz gleich, ob es sich um primäre ober sekundäre (das heißt erst im gesellschaftlichen Zusammenleben entstandene) Instinkte handelt.

Die Frage, die wir nunmehr uns stellen müssen, ist die: sind die "Dispositionen" für die Zustände des kapitalistischen Geistes allgemein menschliche, das heißt allen Menschen gleichmäßig eigen. Gleichmäßig wohl auf keinen Fall. Denn gleich veranlagt sind wohl auf keinem geistigen Gebiete die Menschen, selbst dort nicht, wo es sich um allgemeine menschliche Dispositionen handelt, wie etwa um die Disposition zum Erlernen der Sprache, die alle gesunden Menschen besitzen. Aber auch diese ist bei dem einen stärker, beim andern schwächer entwickelt, wie die Erfahrung beim Kinde lehrt, das bald früher, bald später, bald leichter, bald schwerer die Muttersprache erlernt; wie es sich aber besonders deutlich beim Erlernen fremder Sprachen erweist.

Aber auch der Art nach, möchte ich glauben, gehören die "Dispositionen" für kapitalistisches Denken und Wollen nicht zu den allgemein menschlichen Anlagen, sondern sind bei diesem vorhanden, bei jenem nicht. Oder wenigstens sind sie bei einzelnen Individuen in so schwachem Maße vorhanden, daß sie praktisch als nicht vorhanden gelten können, während sie andere in so ausgeprägter Form besitzen, daß sie sich dadurch deutlich von ihren Mitmenschen abheben. Sicher haben viele Menschen nur verschwindend geringe Anlagen, zu Freibeutern zu werden, Tausende von Menschen zu organisieren, sich in Börsengeschäften zurechtzufinden, rasch zu rechnen; ja selbst nur zur Sparsamkeit und zur Zeiteinteilung, wie überhaupt zu einer irgendwie geordneten Lebensführung. Noch geringer ist natürlich die Anzahl der Menschen, die viele oder alle der Anlagen besitzen, aus denen die verschiedenen Bestandteile des kapitalistischen Geistes entspringen.

Wenn aber die kapitalistische Disposition (wie wir der Kürze halber sagen wollen) spezifisch oder auch nur graduell von

Mensch zu Mensch verschieden ist, so wird man auch Naturen mit kapitalistischer Veranlagung, also Menschen, die sich (überhaupt und in höherem Maße) zu kapitalistischen Unternehmern eignen, als besondere „Bourgeoisnaturen", als „geborene" Bourgeois (das sie sind, auch wenn sie nie in ihrer Lebensstellung Bourgeois werden) ansprechen dürfen.

Welcher Art, fragen wir nun weiter, ist die spezifische Veranlagung dieser Wirtschaftsmenschen, welche eigentümlichen Bluteigenschaften weist eine „Bourgeoisnatur" auf? Wobei wir natürlich eine möglichst vollständige Auswirkung des Bourgeoistyp, also eine Natur in Betracht ziehen, die sämtliche oder fast sämtliche Veranlagungen besitzt, die zur Betätigung kapitalistischen Geistes nötig sind.

In jedem vollkommenen Bourgeois wohnen, wie wir wissen, zwei Seelen: eine Unternehmerseele und eine Bürgerseele, die beide vereinigt erst den kapitalistischen Geist bilden. Danach möchte ich auch in der Bourgeoisnatur zwei verschiedene Naturen unterscheiden: die Unternehmernatur und die Bürgernatur; das heißt also, um es noch einmal zu wiederholen: die Gesamtheit der Anlagen, der seelischen Dispositionen zum Unternehmer einerseits, zum Bürger andererseits.

### 1. Unternehmernaturen

Um seine Funktionen, die wir kennen, erfolgreich ausüben zu können, muß der kapitalistische Unternehmer, wenn wir seine geistige Veranlagung ins Auge fassen, gescheit, klug und geistvoll sein (wie ich die verschiedenen Dispositionen schlagwortmäßig bezeichnen möchte).

Gescheit: also rasch in der Auffassung, scharf im Urteil, nachhaltig im Denken und mit dem sicheren „Sinn für das Wesentliche" ausgestattet, der ihn befähigt, den $\textit{Καιρος}$, also den richtigen Augenblick, zu erkennen.

### Fünfzehntes Kapitel: Bourgeoisnaturen

Über eine große "Beweglichkeit des Geistes" muß namentlich der Spekulant verfügen, der gleichsam die leichte Kavallerie bildet neben der schweren Reiterei, die andere Typen des Unternehmertums stellen: vivacité d'esprit et de corps wird uns am großen Gründer immer wieder gerühmt. Rasche Orientierungsfähigkeit inmitten komplizierter Marktverhältnisse muß er haben, wie der Vorposten, der in einer Schlacht Aufklärungsdienste verrichten soll.

Als besonders wertvolle Gabe wird von Unternehmern selbst ein gutes Gedächtnis bezeichnet: so von Carnegie, der sich dessen rühmt, von Werner Siemens, der glaubte, es nicht zu besitzen [242]).

Klug: also befähigt, "menschenkundig" und "weltkundig" zu werden. Sicher in der Beurteilung, sicher in der Behandlung von Menschen; sicher in der Bewertung etwelcher Sachlage; vertraut vor allem mit den Schwächen und Fehlern seiner Umgebung. Immer wieder wird uns diese Geisteseigenschaft als hervorstechender Zug großer Geschäftsleute genannt. Geschmeidigkeit einerseits, suggestive Kraft andererseits muß vor allem der Verhändler besitzen.

Geistvoll: also reich an "Ideen", an "Einfällen", reich an einer besonderen Art von Phantasie, die Wundt die kombinatorische nennt (im Gegensatz zur intuitiven Phantasie etwa des Künstlers).

Einer reichen Ausstattung mit den Gaben des "Intellekts" muß entsprechen eine Fülle von "Lebenskraft", "Lebensenergien" oder wie wir sonst diese Veranlagung nennen wollen, von der wir nur soviel wissen, daß sie die notwendige Voraussetzung allen "unternehmerhaften" Gebarens ist: daß sie die Lust an der Unternehmung, die Tatenlust schafft und dann für die Durchführung des Unternehmens sorgt, indem sie die nötige Tatenkraft dem Menschen zur Verfügung stellt. Es muß etwas Forderndes in dem Wesen sein, etwas, das hinaustreibt, das die träge Ruhe auf der Ofenbank zur Qual werden läßt. Und etwas Starkknochiges — mit dem Beil Zugehauenes —, etwas Starknerviges. Wir haben deutlich das Bild eines Menschen vor Augen, den wir „unternehmend" nennen. Alle jene Unternehmereigenschaften, die wir kennen gelernt haben als notwendige Bedingungen eines Erfolges: die Entschlossenheit, die Stetigkeit, die Ausdauer, die Rastlosigkeit, die Zielstrebigkeit, die Zähigkeit, der Wagemut, die Kühnheit: alle wurzeln sie in einer starken Lebenskraft, in einer überdurchschnittlichen Lebendigkeit oder „Vitalität", wie wir zu sagen gewohnt sind.

Eher ein Hemmnis für ihr Wirken ist dagegen eine starke Entwicklung der gemütlichen Anlagen, die eine starke Betonung der Gefühlswerte zu erzeugen pflegt. Unternehmernaturen, können wir also zusammenfassend sagen, sind Menschen mit einer ausgesprochenen intellektuell-voluntaristischen Begabung, die sie in übernormaler Stärke besitzen müssen, um Großes zu leisten, und einem verkümmerten Gefühls- und Gemütsleben (ganz trivial).

Man wird ihr Bild noch deutlicher sich vor Augen stellen können, wenn man sie mit anderen Naturen kontrastiert.

Man hat den kapitalistischen Unternehmer, namentlich wo er als Organisator Geniales leistet, wohl mit dem Künstler verglichen. Das scheint mir aber ganz und gar verkehrt. Sie beide stellen scharfumschriebene Gegensätze dar. Wenn man sie miteinander in Parallele brachte, so wies man vor allem darauf hin, daß beide über ein großes Maß von „Phantasie" verfügen mußten, um Hervorragendes zu leisten. Aber selbst hier ist — wie wir schon feststellen konnten — ihre Begabung nicht dieselbe: die Arten von „Phantasie", die im einen und im andern Falle in Frage kommen, sind nicht dieselben Geistesäußerungen.

In allem anderen Wesen aber scheinen mir kapitalistische

Unternehmer und Künstler aus ganz verschiedenen Quellen ihre Seelen zu tränken. Jene sind zweckstrebig, diese zweckfeind; jene intellektuell-voluntaristisch, diese gemütsvoll; jene hart, diese weich und zart; jene weltkundig, diese weltenfremd; jene haben die Augen nach außen, diese nach innen gerichtet; jene kennen darum die Menschen, diese den Menschen.

Ebensowenig verwandt wie mit den Künstlern sind unsere Unternehmernaturen verwandt mit Handwerkern, Rentnern, Ästheten, Gelehrten, Genießern, Ethikern und Ähnlichem.

Wohingegen sie viele Züge gemeinsam mit Feldherren und Staatsmännern haben, die beide, zumal die Staatsmänner, letzten Endes ja auch Eroberer, Organisatoren und Händler sind. Während einzelne Begabungen des kapitalistischen Wirtschaftssubjektes sich wiederfinden in dem Wirken des Schachspielers und des genialen Arztes. Die Kunst der Diagnose befähigt nicht nur, Kranke zu heilen, sondern ebensosehr glückliche Geschäfte an der Börse zum Abschluß zu bringen.

## 2. Bürgernaturen

Daß auch der Bürger im Blute steckt, daß ein Mensch von Natur ein „Bürger" ist oder doch dazu neigt, es zu werden: das empfinden wir auf das deutlichste. Wir schmecken ganz deutlich die Wesenheit der Bürgernatur, wir kennen das eigentümliche Aroma dieser Menschengattung ganz genau. Und doch ist es unendlich schwer, ja: ist es bei dem heutigen Stande der Forschung vielleicht unmöglich, die besonderen „Anlagen", die Grundzüge der Seele im einzelnen zu bezeichnen, die einen Menschen zum Bürger bestimmen. Wir werden uns daher damit begnügen müssen, die eigentümliche Bürgernatur etwas genauer zu umschreiben und sie vor allem in einen Gegensatz zu stellen zu anders grundgefügten Naturen.

Es scheint fast, als ob der Unterschied zwischen dem Bürger

und dem Nichtbürger einen ganz tiefen Wesensunterschied zweier menschlichen Typen ausdrücke, die wir in verschiedenen Betrachtungen doch immer als die beiden Grundtypen der Menschen überhaupt (oder wenigstens des europäischen Menschen) wiederfinden. Die Menschen sind nämlich, wie man es vielleicht ausdrücken könnte, entweder hinausgebende oder hereinnehmende, verschwenderische oder haushälterische Menschen in ihrem ganzen Gebaren. Der Grundzug der Menschen ist — ein Gegensatz, den die Alten schon kannten und den die Scholastiker zu entscheidender Bedeutung erheben — luxuria oder avaritia: sie sind gleichgültig gegen die inneren und äußeren Güter und geben sie im Gefühl des eigenen Reichtums — sorglos — weg, oder sie halten haus damit, hüten und pflegen sie — sorgsam — und wachen über Einnahme und Ausgabe von Geist, Kraft, Gut und Geld. Ich versuche hiermit wohl denselben Gegensatz zu treffen, den Bergson mit den Bezeichnungen des homme ouvert und homme clos ausdrücken will.

Diese beiden Grundtypen: die hinausgebenden und hereinnehmenden Menschen, die seigneurialen und die bürgerlichen Naturen (denn es versteht sich wohl von selbst, daß ich den einen Grundtyp in der Bürgernatur wiederfinde) stehen sich nun in jeder Lebenslage als scharfe Gegensätze gegenüber. Sie bewerten die Welt und das Leben verschieden: jene haben als oberste Werte subjektive, persönliche; diese objektive, sachliche; jene sind geborene Genußmenschen, diese geborene Pflichtmenschen; jene Einzelmenschen, diese Herdenmenschen; jene Persönlichkeitsmenschen, diese Sachmenschen; jene Ästhetiker, diese Ethiker. Wie Blumen, die ihren Duft nutzlos in die Welt verstreuen, jene; wie heilsame Kräuter und eßbare Pilze diese. Welche gegensätzliche Veranlagung dann auch in der grundverschiedenen Bewertung der einzelnen Beschäftigungen und der Gesamttätigkeit des Menschen ihren Ausdruck findet:

die einen lassen nur diejenige Tätigkeit als vornehm und würdig gelten, die den Menschen als Persönlichkeit vornehm und würdig werden läßt; die anderen erklären alle Beschäftigungen für gleichwertig, wofern sie nur dem allgemeinen Besten zugute kommen, das heißt „nützlich" sind. Eine unendlich wichtige Unterschiedlichkeit der Lebensbetrachtung, die Kulturwelten voneinander trennt, je nachdem die eine oder andere Auffassung vorherrscht. Die Alten werteten persönlich, wir Bürger sachlich. In wundervoll zugespitzter Form drückt Cicero seine Auffassung in den Worten aus: „nicht wieviel einer nützt, sondern was einer ist, fällt ins Gewicht"[243].

Aber der Gegensätzlichkeiten gibt es immer noch mehr. Während die Unbürger lebend, schauend, bedenkend durch die Welt gehen, müssen die Bürger ordnen, erziehen, unterweisen. Jene träumen, diese rechnen. Der kleine Rockefeller galt schon als Kind für einen gewiegten Rechner. Mit seinem Vater — einem Arzt in Cleveland — machte er regelrechte Geschäfte. „Seit frühester Kindheit", erzählt er selbst in seinen Memoiren, „führte ich ein kleines Buch (ich nannte es ‚Kontobuch' und habe es bis heute aufgehoben), in das ich regelmäßig meine Einnahmen und Ausgaben eintrug." Das mußte im Blute stecken. Keine Macht der Erde hätte den jungen Byron oder den jungen Anselm Feuerbach dazu vermocht, ein solches Kontobuch zu führen und — aufzuheben.

Jene singen und klingen; diese sind tonlos: in der Wesenheit selbst, aber auch in der Äußerung; jene sind farbig, diese farblos.

Künstler (der Veranlagung, nicht dem Berufe nach): die einen; Beamte: die anderen. Auf Seide gearbeitet jene — auf Wolle diese.

Wilhelm Meister und sein Freund Werner: jener redet wie

einer, „der Königreiche verschenkt"; dieser, „wie es einer Person geziemt, die eine Stecknadel aufhebt." Tasso und Antonio.

Es drängt sich uns nun aber wie von selbst die Wahrnehmung auf, daß die Unterschiedlichkeit dieser beiden Grundtypen in der letzten Tiefe auf einer Gegensätzlichkeit ihres Liebeslebens beruhen muß. Denn offenbar wird von diesem das gesamte Gehaben des Menschen wie von einer höchsten, unsichtbaren Gewalt bestimmt. Die polaren Gegensätze in der Welt sind die bürgerliche und die erotische Natur.

Was eine „erotische Natur" sei, wird man wiederum nur mit dem Gefühle wahrnehmen, wird man immer erleben, aber kaum in Begriffe fassen können. Vielleicht, daß das Dichterwort es uns sagt: eine „erotische Natur" ist der Pater seraficus, der jauchzend ausruft:

> „Ewiger Wonnebrand,
> Glühendes Liebeband,
> Siedender Schmerz der Brust,
> Schäumende Götterlust.
> Pfeile, durchdringet mich,
> Keulen, zerschmettert mich,
> Blitze, durchwettert mich,
> Daß ja das Nichtige
> Alles verflüchtige
> Glänze der Dauerstern
> Ewiger Liebe Kern . . ."

Daß ja das Nichtige alles verflüchtige . . .

„Ich litt und liebte, das war die eigentliche Gestalt meines Herzens."

Alles in der Welt ist nichtig, außer der Liebe. Es gibt nur einen dauernden Lebenswert: die Liebe.

Im Kern: die geschlechtliche Liebe, in ihren Ausstrahlungen alle Liebe: Gottesliebe, Menschenliebe (nicht etwa: Liebe zur

Menschheit). Alles andere in der Welt ist nichtig. Und für nichts in der Welt darf die Liebe nur Mittel sein. Nicht für den Genuß, nicht für die Erhaltung der Gattung. Die Mahnung: „Seid fruchtbar und mehret euch" enthält die tiefste Versündigung gegen die Liebe.

Der erotischen Natur gleich fern steht die unsinnliche wie die sinnliche Natur, die beide sich vortrefflich mit der Bürgernatur vertragen. Sinnlichkeit und Erotik sind fast einander ausschließende Gegensätze. Dem Ordnungsbedürfnis der Bürgerlichkeit fügen sich sinnliche und unsinnliche Naturen, erotische nie. Eine starke Sinnlichkeit kann — wenn gezähmt und behütet — der kapitalistischen Disziplin zugute kommen; die erotische Veranlagung widerstrebt allen Unterwerfungen unter eine bürgerliche Lebensordnung, weil sie niemals Ersatzwerte für Liebeswerte annehmen wird.

Die erotischen Naturen sind außerordentlich verschieden dimensioniert und ebenso verschieden nuanciert, versteht sich: vom heiligen Augustinus und dem heiligen Franziskus und der „schönen Seele" bewegen sie sich in unzähligen Abstufungen hinab bis zur Philine und dem in Liebesabenteuern sein Leben verbringenden Alltagsmenschen. Aber auch diese sind noch in ihrem Wesen grundsätzlich zum Bürger verdorben.

Und für die Herausbildung der Bürgerlichkeit als einer Massenerscheinung kommen vielmehr die gewöhnlichen Naturen in Betracht als die Überlebensgroßen.

Ein guter Haushälter, können wir es ganz allgemein ausdrücken, also ein guter Bürger und ein Erotiker welchen Grades auch immer sind unversöhnliche Gegensätze. Entweder im Mittelpunkt aller Lebenswerte steht das Wirtschaftsinteresse (im weitesten Sinne), oder das Liebesinteresse. Entweder man lebt, um zu wirtschaften oder um zu lieben. Wirtschaften heißt sparen, lieben heißt verschwenden. In ganz nüchterner Weise äußern diesen Gegensatz die alten Ökonomiker. So meint Xenophon z. B.[244]):

„Zudem sehe ich, daß du dir einbildest, reich zu sein, daß du gleichgültig bist gegen den Erwerb und Liebesgeschichten im Kopfe hast, als ob du dir das so leisten könntest. Drum tust du mir leid, und ich fürchte, daß es dir noch recht schlecht geht und du in arge Verlegenheit gerätst."

„Zur Wirtschafterin machten wir auf Grund eingehender Prüfung diejenige Person, die uns am meisten Maß halten zu können schien mit Rücksicht auf Essen, Trinken, Schlafen und Lieben."

„Untauglich zur Wirtschaftlichkeit sind die Verliebten."

Einen ganz ähnlichen Gedanken spricht der römische Landwirtschaftsschriftsteller Columella aus, wenn er seinem Wirte rät: „Halte dich von Liebesgeschichten fern: wer sich denen ergibt, der kann an nichts anderes denken. Für ihn gibt es nur einen Preis: die Erfüllung seiner Liebessehnsucht; nur eine Strafe: wenn er unglücklich liebt"[245]). Eine gute Wirtschafterin darf keine Gedanken an Männer haben, sie muß »a viris remotissima« sein.

Das alles konnte und sollte hier nur angedeutet werden. Eingehende Untersuchungen werden tiefere und breitere Erkenntnis zutage fördern. Ich wollte den Gedanken nicht unausgesprochen lassen, daß zuletzt doch die Begabung zum Kapitalismus in der geschlechtlichen Konstitution wurzelt, und daß das Problem „Liebe und Kapitalismus" auch nach dieser Seite hin im Mittelpunkte unseres Interesses steht.

Für die Beantwortung der Frage nach den Grundlagen des kapitalistischen Geistes genügt die Feststellung: daß es jedenfalls besondere Bourgeoisnaturen (eine Kreuzung von Unternehmer- und Bürgernaturen) gibt; Menschen also, deren Veranlagung sie disponiert, kapitalistischen Geist rascher zu entwickeln als

## Fünfzehntes Kapitel: Bourgeoisnaturen

andere, wenn eine äußere Veranlassung, ein äußerer Reiz auf sie einwirkt; die alsdann die Strebungen des kapitalistischen Unternehmers eher und intensiver zu den ihrigen machen, die die bürgerlichen Tugenden bereitwilliger annehmen; die die ökonomischen Fähigkeiten leichter und vollständiger sich aneignen als andere, heterogene Naturen. Wobei natürlich ein unermeßlich großer Spielraum bleibt zwischen Unternehmer- und Bürgergenies und solchen Naturen, die für alles kapitalistische Wesen gänzlich verloren sind.

Wir müssen uns aber zum Bewußtsein bringen, daß das Problem, dessen Aufhellung wir uns hier widmen, sich nicht damit erschöpft: ob einzelne Individuen bourgeoisbegabt sind oder nicht. Daß hinter dieser Frage vielmehr eine andere, wichtigere aufsteht: wie sich in größeren Menschengruppen (den historischen Völkern) die Bourgeoisnaturen vertreten finden: ob sie in den einen etwa zahlreicher als in den anderen sind, ob wir deshalb, da wir ja die Entwicklung des kapitalistischen Geistes als Massenerscheinung erklären wollen, Völker mit größerer oder geringerer Begabung für den Kapitalismus unterscheiden können, und ob sich diese volkliche Veranlagung gleich bleibt oder im Laufe der Zeit — und wodurch — verändern kann. Erst wenn wir auch diese Frage, deren Erörterung das folgende Kapitel gewidmet ist, noch beantwortet haben, können wir ein begründetes Urteil über die biologischen Grundlagen des kapitalistischen Geistes abgeben.

## Sechzehntes Kapitel: Die Veranlagung der Völker

Die Erwägungen, die wir im vorhergehenden Kapitel angestellt haben, haben uns überzeugt, daß jeder Betätigung kapitalistischen Geistes eine natürliche, im Blute begründete besondere Veranlagung entsprechen muß.

Der Überblick über die tatsächliche Entwicklung, die der kapitalistische Geist während der europäischen Geschichtsepoche erlebt hat, hat uns zu der Einsicht geführt, daß sich bei allen Völkern diese Entwicklung vollzogen hat, daß sie aber bei den verschiedenen Völkern einen verschiedenen Verlauf genommen hat, sei es, daß der Stärkegrad verschieden war, sei es, daß sich die verschiedenen Bestandteile des kapitalistischen Geistes in verschiedenem Mischungsverhältnis vorfanden.

Daraus müssen wir den Schluß ziehen, daß also:
1. alle Völker Europas zum Kapitalismus veranlagt,
2. die verschiedenen Völker verschieden veranlagt sind.

Was genauer betrachtet diesen Tatbestand ausdrückt: wenn wir sagen: ein Volk ist veranlagt, so bedeutet das: daß sich in dem Volke eine entsprechend große Anzahl von Menschentypen (Varianten) vorfindet, die ihrerseits die Veranlagung, um die es sich handelt, besitzen.

Unsere eben gemachte Feststellung besagt also:
1. ‚Alle Völker sind für den Kapitalismus veranlagt', heißt: in den Völkern Europas haben sich im Verlauf ihrer Geschichte eine hinreichende Anzahl kapitalistischer Varianten (wie wir abgekürzt sagen können für: Varianten, die geeignet waren, kapitalistischen Geist zu entfalten) vorgefunden, um den Kapitalismus überhaupt zur Entwicklung zu bringen.

2. ‚Die Völker sind verschieden veranlagt' heißt:

a) sie weisen in einer gegebenen Bevölkerungsmenge verschieden viele kapitalistische Varianten auf: deren „Prozentsatz",

### Sechzehntes Kapitel: Die Veranlagung der Völker

wie wir zu sagen pflegen, ist ein verschieden hoher, und bezugsweise oder: die einzelnen Varianten besitzen einen verschieden hohen Grad kapitalistischer Veranlagung: quantitativ verschiedene Veranlagung;

b) die Art ihrer Veranlagung ist verschieden: die einen haben mehr Varianten, die eine Veranlagung für diesen, die anderen mehr solche, die eine Veranlagung für jenen Bestandteil des kapitalistischen Geistes besitzen: qualitativ verschiedene Veranlagung.

Wie haben wir uns nun — rein biologisch — die Entstehung dieser gleichmäßig vorhandenen oder verschieden verteilten kapitalistischen Varianten vorzustellen?

Auszuschließen ist die Meinung: die Anlage zum kapitalistischen Geist sei im Laufe der Geschichte „erworben" worden: das heißt: die Übung kapitalistischer Praktiken sei mit der Zeit ins Blut gedrungen und hätte hier Veränderungen des Organismus hervorgerufen. Dagegen ist zunächst einzuwenden: daß eine solche Hypothese der von uns als feststehend angenommenen Tatsache widerspricht, daß nichts geübt werden kann, wozu keine „Anlage" schon da ist. Wollte man aber auch gelten lassen, daß eine erste Übung trotz mangelnder Veranlagung stattgefunden habe, so bleibt es — nach dem heutigen Stande der biologischen Forschung — immer noch unwahrscheinlich, daß diese Übung zu einer Anlage geführt habe[246]). Wir müßten also mit dauernder Übung in allen ihren Verfeinerungen rechnen ohne eine dazu vorhandene Anlage, was ebenfalls allem heutigen Wissen widerspricht.

Wir werden also zu der Annahme einer ursprünglichen oder, wie wir sie nennen können, Urveranlagung der Völker gedrängt. Diese können wir uns nun in einer doppelten Gestalt vorstellen: entweder als gleiche oder als verschiedene. Wenn wir sie gleich voraussetzen, so müssen wir alle Verschiedenheiten,

die sich im Laufe der Geschichte ergeben haben, auf stärkere oder schwächere oder ungleichmäßige Übung der ursprünglichen Anlagen und einen entsprechenden Ausleseprozeß zurückführen. Im anderen Falle kommen wir ohne diese Hilfskonstruktion aus. Theoretisch sind beide Fälle denkbar. Die Tatsachen der geschichtlichen Wirklichkeit sprechen jedoch dafür, daß eine ver=
schiedene Urveranlagung der europäischen Völker bestanden habe, wenigstens in dem Zeitpunkte, in dem wir von ihnen glaub=
hafte Nachrichten erhalten. Die Annahme solcher Verschieden=
heit erleichtert die Erklärung des geschichtlichen Ablaufs der Ereignisse ungemein, für zahlreiche Zusammenhänge gewinnen wir erst durch sie ein richtiges Verständnis, so daß, da nichts Triftiges dagegen spricht, ich sie dieser Darstellung zugrunde legen werde.

Dann ergibt sich etwa folgendes Bild.

Die Stämme oder Völker, aus denen sich die europäische Völkerfamilie zusammensetzt, sind teilweise kapitalistisch unter=
veranlagt, teilweise überveranlagt. Jene unterveranlagten Völker weisen zwar auch kapitalistische Varianten auf (das müssen wir annehmen, da es kein Volk gibt, in dem der kapitalistische Geist überhaupt nicht zur Entfaltung gelangt wäre), aber in so geringer Zahl und mit so geringer Stärke der Veranlagung, daß die Entwicklung kapitalistischen Wesens in den ersten Ansätzen stecken bleibt. Die überveranlagten Völker dagegen haben reich=
liche und gute kapitalistische Varianten, so daß unter gleichen Bedingungen kapitalistisches Wesen rascher und vollkommener zur Entfaltung gelangt. Wie unerläßlich es ist, verschieden starke Urveranlagung anzunehmen, erweist sich schon hier: wie sollte es sich sonst erklären lassen, daß Völker mit gleichen oder fast gleichen Bedingungen so ganz und gar verschiedene Ent=
wicklungshöhen in der Ausbildung des kapitalistischen Geistes erreicht haben. Denn welche Verschiedenheit der Entwicklungs=

bedingungen bestand denn etwa zwischen Spanien und Italien, zwischen Frankreich und Deutschland, zwischen Schottland und Irland? Man darf die späteren geschichtlichen Erlebnisse dieser Länder nicht unter die verschiedenen Entwicklungsbedingungen zählen, da sie ja selbst wieder erst ihre Erklärung in der verschiedenen Grundveranlagung finden. Oder will man leugnen, daß jedes Volk den Staat, die Religion, die Kriege hat, die „es verdient", das heißt, die seiner Eigenart entsprechen?

Ebenso spricht für die Richtigkeit unserer Annahme einer ursprünglich verschiedenen Veranlagung der Umstand, daß wir die unterveranlagten oder überveranlagten Völker (umgekehrt) unter verschiedenen äußeren Lebensbedingungen gleiche Entwicklungen durchmachen oder bewirken sehen. Das gilt auch für die innerhalb der überveranlagten Völker ersichtlich zutage tretende Artverschiedenheit ihrer kapitalistischen Veranlagung: auch diese führt unter ganz heterogenen Verhältnissen zu wesensgleichen Lebensäußerungen.

Zu den Völkern mit kapitalistischer Unterveranlagung rechne ich vor allem die Kelten und einige germanische Stämme, wie namentlich die Goten (es ist ganz und gar nicht angängig, die „germanischen" Völker als grundsätzlich gleichveranlagt anzusehen; sie mögen einige Wesenszüge gemeinsam haben, die sie von völlig andersgearteten Völkern, wie etwa den Juden, unterscheiden; unter sich weisen sie aber, namentlich was ihre wirtschaftliche Veranlagung anbetrifft, außerordentlich große Unterschiede auf: ich wüßte nicht, wie die Verschiedenheit der Veranlagung zum Kapitalismus größer sein sollte als etwa zwischen Goten, Langobarden und Friesen).

Überall wo Kelten die Mehrheit der Bevölkerung bilden, kommt es überhaupt zu keiner rechten Entwicklung kapitalistischen Wesens: die obere Schicht, der Adel, lebt mit großer seigneurialer Geste ohne allen Sinn für Sparsamkeit und bürgerliche Tugendhaftigkeit, die Mittelschichten verharren in Traditionalismus und ziehen das kleinste, sichere Pöstchen dem rastlosen Erwerbe vor. Kelten sind die Hochländer in Schottland [247], vor allem der schottische Adel: jenes ritterliche, fehdelustige, etwas donquichottehafte Geschlecht, das noch heute an seinen alten Clan-Traditionen festhält und vom kapitalistischen Geiste bis heute noch kaum berührt ist: der Chief of the Clan fühlt sich noch heute als der alte Feudalherr und hütet seine Familienkleinodien mit Eifersucht, wenn schon längst die Wucherer angefangen haben, seinen Hausrat wegzutragen.

Kelten sind die Iren, deren Mangel an „Wirtschaftlichkeit" zu allen Zeiten die Klage der kapitalistisch gesinnten Beurteiler gebildet hat. Jene Iren, die selbst in dem Wirbelwind des amerikanischen Wirtschaftslebens ihre gemächliche Ruhe zum großen Teil bewahrt haben und sich drüben am liebsten auch in den sicheren Hafen eines Amtes zu retten suchen.

Kelten sind stark dem französischen Volke beigemischt und es liegt recht nahe, jene Tendenz zum Rentnertum, jene „Plage der Stellenjägerei", die wir als einen allgemein anerkannten Zug der französischen Volksseele kennen gelernt haben, auf das keltische Blut zurückzuführen, das im französischen Volkskörper steckt. Geht auf dieses Blut auch jener Schwung, jener „élan" zurück, den wir ebenfalls in Frankreichs Unternehmern häufiger antrafen wie anderswo? John Law fand erst in Frankreich rechtes Verständnis für seine Ideen: war es das Keltische in seinem Wesen, das dieses Verständnis vermittelte? Laws väterliche Ahnen waren Lowländer (Juden?), mütterlicherseits führte er seinen Stammbaum auf adlige Hochlandsfamilien zurück [248].

Kelten finden wir endlich als einen Bestandteil des aus ihnen, Iberern (einem völlig unkapitalistischen Volke, das selbst dem Reize, den das Gold auf fast alle Völker ausübt, sich verschloß) und Römern gemischten Eingeborenenvolke, das die West-

## Sechzehntes Kapitel: Die Veranlagung der Völker

goten vorfanden, als sie die Pyrenäenhalbinsel besiedelten[349]). Sie und die Goten sind es denn wohl gewesen, die die Entwicklung des kapitalistischen Geistes hintanhielten, nachdem sich dessen Kraft in einer Reihe von heldenhaften und abenteuerlichen Beutezügen erschöpft hatte. Alles was kapitalistisches Wesen in Spanien und Portugal verbreiten half, gehörte wohl keinem der beiden Stämme an, war vielmehr jüdischen oder maurischen Geblüts.

Aber uns interessieren mehr als die unterveranlagten die **kapitalistisch überveranlagten Völker** Europas. Unter diesen lassen sich wiederum deutlich zwei Gruppen unterscheiden: diejenigen Völker, die für das großzügige Gewaltunternehmertum, für die Freibeuterei, eine besondere Veranlagung hatten und diejenigen, deren Befähigung vielmehr in einer erfolgreichen friedlichen Handelstätigkeit lag, die aber auch (infolgedessen oder wenigstens im Zusammenhange mit dieser Veranlagung) eine Hinneigung zur Bürgerlichkeit besaßen. Ich will jene erste Gruppe Heldenvölker, diese andere Händlervölker nennen. Daß diese Gegensätze nicht etwa „sozialer" Natur waren, wie unsere Milieufanatiker in allen solchen Fällen ohne Prüfung annehmen (weil ja **nichts** Unterschiedliches im Blute liegen **darf**, da man sonst das geliebte Gleichheitsideal **in der Zukunft** schlechterdings nicht verwirklichen könnte), lehrt ein Blick auf die Geschichte dieser Völker. Diese belehrt uns, daß die soziale Schichtung unmöglich der Grund der verschiedenen Geistesrichtung sein kann, da sie in den meisten Fällen erst das Ergebnis des Zusammenlebens jener beiden gegensätzlich veranlagten Völker ist; sie belehrt uns aber auch, daß die Händlervölker in keiner sozialen Schicht je Helden (in dem weitesten Verstande) erzeugt haben: wohl verstanden nur in der Zeit der westeuropäischen Geschichte, in die sie mit ihrem festgefügten Volkscharakter eintreten.

Zu den Heldenvölkern, die also selbst in die wirtschaftliche Welt Züge des Heldentums hineintrugen, soweit das möglich ist, die jene ganz oder halbkriegerischen Unternehmer stellten, denen wir in der Epoche des Frühkapitalismus so oft begegnet sind!, gehören zunächst die Römer, die ja für Italien, für Teile Spaniens, Galliens, Westgermaniens wichtige Bestandteile des Volkskörpers bilden. Was wir von ihrer Art, Geschäfte zu betreiben, wissen, trägt ganz den Charakter der Gewaltunternehmung, ruht ganz auf dem Gedanken, daß auch der wirtschaftliche Erfolg vor allem mit dem Schwerte errungen werden müsse.

„Die Verbindung der römischen und der im Ausland ihnen sich eng anschließenden, italienischen Kaufmannschaft erstreckte sich bald über die bedeutendsten Orte in den abhängigen (!) Landschaften, nach Afrika und Numidien, nach Griechenland und dem Orient. Überall bildeten sie eine **privilegierte Kompagnie** für sich, die ihr **politisches** (!) und wirtschaftliches Übergewicht nicht nur in der Fremde, sondern rückwirkend auch in der Heimat fühlen ließ. Wiederholt mußte die Republik einen Feldzug unternehmen, weil den römischen Kaufleuten im Auslande etwas Unangenehmes passiert war, selbst wenn sie sich im Unrecht befanden" [250]).

Hier wäre dann auch an die bekannte Bewertung zu erinnern, die die Alten den verschiedenen Arten der Unternehmung zuteil werden ließen: es ist dieselbe, die später z. B. bei den Engländern oder den Franzosen wiederkehrt: der Shippingmerchant gilt als gesellschaftsfähig, weil er mehr Krieger als Händler ist, der eigentliche „Händler", der tradesman, der marchand nicht. Cicero hat in seiner oft zitierten Äußerung über die Anständigkeit der einen, die Nicht=Anständigkeit der andern Tätigkeit die innere Gegensätzlichkeit des Geistes, der ja die beiden Unternehmungen beseelt, zu vollendetem Ausdruck gebracht, wenn er sagt: „Den Großhandel, der Länder umspannt und vom Weltmarkt Waren herbeiholt, diese den Bewohnern

### Sechzehntes Kapitel: Die Veranlagung der Völker

zuteilt, ohne sie zu überlisten und zu beschwätzen, ist keineswegs ganz abzuweisen[251])." „Ohne sie zu überlisten und zu beschwätzen": so übersetzt Otto Neurath »sine vanitate impertiens« frei, aber treffend. In meiner Terminologie: Eroberer-Unternehmer sein, das mag allenfalls hingehen; Händler-Unternehmer sein: unmöglich für den, der etwas auf sich hält.

Zu den Römern gesellen sich dann einige der germanischen Stämme, die offenbar von gleichem Geiste beseelt sind: es sind vor allem die Normannen, die Langobarden, die Sachsen und die Franken. Ihnen soweit nicht den Römern verdanken ebenso die Venetianer wie die Genuesen, die Engländer wie die Deutschen sei es ihr freibeuterisches, sei es ihr grundherrschaftliches Unternehmertum.

Für die eigenartige Veranlagung dieser Stämme gewinnen wir nun aber erst das richtige Verständnis, wenn wir sie mit solchen Völkern vergleichen, die zwar ebenso stark, aber in ganz anderer Weise für die Entfaltung kapitalistischen Wesens geeignet waren: mit den Händlervölkern, in denen also vor allem die Fähigkeit schlummerte, durch friedliche Vertragschließung, durch geschicktes Eingehen auf den Gegenpart, aber auch durch übertragene Rechenkunst gewinnbringende Geschäfte zu machen. Welche europäischen Völker hauptsächlich diese Seite des kapitalistischen Geistes zur Entwicklung gebracht haben, sahen wir bereits: es sind die Florentiner, die Schotten und die Juden. Hier gilt es, dafür Belege anzuführen, daß die eigenartige Betätigung dieser Völker in der historischen Zeit wahrscheinlich — denn mehr als eine Wahrscheinlichkeit nachzuweisen, gestattet uns das überlieferte Beweismaterial nicht — auf eine eigenartige Urveranlagung zurückzuführen ist, die sie bzw. die in ihnen zur Vorherrschaft gelangenden Elemente schon besaßen, als sie in die Geschichte eintraten.

Was die Florentiner zu Händlern, mehr: zum ersten und größten Händlervolk des Mittelalters gemacht hat, war das **etruskische und griechische** (orientalische) Blut, das in ihnen floß.

Wie stark sich etruskisches Wesen durch die Römerzeit hindurch in den Bewohnern Toskanas erhalten hat, dafür fehlt uns jede Möglichkeit der Schätzung. Nach guten Sachkennern soll gerade die Stadt Florenz nur in geringem Maße ihren etruskischen Charakter eingebüßt haben [252]. Daß das etruskische Blut einen wichtigen Bestandteil des Florentiner Blutes gebildet habe, darüber besteht kein Zweifel. Nun waren aber die Etrusker [253] neben Phöniziern und Karthagern das eigentliche „Handelsvolk" des Altertums, dessen Geschäftsgebaren, soviel wir von ihm wissen, dasselbe war, das später die Florentiner kennzeichnete: der Schwerpunkt ihres Handels lag seit dem 5., spätestens dem 4. Jahrhundert im friedlichen Landhandel, namentlich mit den nördlich von ihnen wohnenden Völkern. Diesen Handel besorgten sie auch nach der Kolonisation des Landes durch die Römer, die lange Zeit allen Handel verschmähten und die einheimische Bevölkerung ruhig den gewohnten Handel weiter treiben ließen.

Den allgemeinen Geist dieses Händlervolkes bezeichnen die besten Kenner als rational, als „praktisch" in seinem Wesen:

„Mit diesem praktischen Sinn durchdringen sich seit den ältesten Zeiten religiöse Ideen . . . jene alte Phantasie . . . wird hier genötigt, sich konsequenter zu bleiben und in engere Schranken eingeschlossen: es gestaltet sich ein in sich wohlzusammenhängendes System . . . Götter und Menschen werden zu einem Staate vereinigt und ein Vertrag zwischen ihnen aufgerichtet, kraft dessen die Götter in beständigem Verkehr mit dem Menschen ihn warnen und lenken, aber auch dem starken Menschenwillen mitunter nachzugeben bewogen werden. Aus den Ideen dieses Verkehrs . . wird eine Ordnung des öffentlichen und alltäglichen Lebens gebildet, die mit bewunderns-

## Sechzehntes Kapitel: Die Veranlagung der Völker

würdiger Konsequenz auch in scheinbar unwesentlichen Dingen durchgeführt wird und den Grundsatz eines nach dem Positiven strebenden Volkes ausspricht: daß die Regel überall das Beste sei" [254]).

Von Interesse ist es auch zu erfahren, daß die Etrusker ein stark kirchlich-religiöses Volk waren [255]), wie nachher die Florentiner und wie die beiden andern Handelsvölker par excellence: die Schotten und die Juden.

Über die etruskische Schicht lagerte sich nun während der Römerzeit eine starke Schicht Asiaten, die ganz gewiß von demselben Geiste erfüllt waren, der die Etrusker beseelt hatte, da sie als Händler nach Italien gekommen waren.

„In Florenz war die Zahl der Griechen oder Vorderasiaten eine große; von 115 Grabsteinen heidnischer Zeit weisen 21 Inschriften 26 griechische Namen auf, und unter 48 Epitaphien, die uns das Andenken von Florentiner Christen der ersten Jahrhunderte bewahren, finden sich neun in griechischer Sprache; ein anderes, von dem nur ein geringes Bruchstück vorliegt, enthält einen griechischen Buchstaben in dem einzigen (lateinischen) Worte, das es aufweist; in einem weiteren ist der Bestattete seiner Nationalität nach als Kleinasiat bezeichnet.. man wird jene.. Inschriften.. wohl durchweg auf vorderasiatische Händler und deren Angehörige beziehen dürfen.." Noch andere Anzeichen gibt es für „die bedeutende Stellung, die das griechische Element in der Florentiner Christengemeinde einnahm..." „Noch im 11. Jahrhundert (fragte bei der Taufe) der Presbyter, in welcher Sprache der Täufling Christum bekennen werde, worauf ein Akolyth einen Knaben im Arm das Symbolum lateinisch, ein anderer ein Mädchen haltend, es griechisch absang" [256]).

Wenn die Hypothese richtig ist [257]), daß die Küsten Schottlands von Friesland aus besiedelt sind, so würde dies eine vortreffliche Bestätigung der Tatsache sein, daß auch die eigentümliche schottische Veranlagung eine Urveranlagung ist. Denn was wir von den Friesen wissen, ist dieses: daß sie in ganz früher Zeit als „kluge, gewandte Handelsleute" befunden werden[258]). Wir hätten dann in England den Einfluß des römisch-sächsisch-normannischen, in Niederschottland den des friesischen Volkselements zu suchen und würden die Unterschiedlichkeit der Veranlagung dieser beiden Teile Großbritanniens zwanglos aus der verschiedenen Blutsbeschaffenheit erklären können.

Aber die Friesen haben noch einem andern Volke seinen Charakter aufgeprägt, von dem wir ebenfalls wissen, daß es frühzeitig in die Bahnen des Händlertums und der bürgerlich-rechnerischen Lebensführung einlenkt: den Holländern, so daß wir wohl mit einigem Rechte die Friesen als das spezifische Händlervolk unter den germanischen Stämmen ansprechen dürfen, dem sich dann ebenbürtig zur Seite stellt der Stamm der Alemannen, aus dem das Händlervolk der Schweizer hervorgegangen ist.

In langen Beweisführungen glaube ich die Tatsache außer Zweifel gestellt zu haben, daß die besondere Veranlagung der Juden, wie sie uns in dem Augenblick entgegentritt, als sie auf die Entwicklung des kapitalistischen Geistes entscheidenden Einfluß auszuüben beginnen: also etwa seit dem 17. Jahrhundert, eine Urveranlagung sei: mindestens in dem Sinne, in dem uns die Tatsache hier ausschließlich interessiert: daß die Veranlagung dieselbe war, als die Juden in die westeuropäische Geschichte eintreten. Ich verweise den Leser auf die Darstellung in meinem öfters genannten Buche: „Die Juden und das Wirtschaftsleben" und übernehme von dort das Ergebnis: auch die Juden sind ein Händlervolk von Geblüt.

So daß wir also nun die wichtige Feststellung machen können: der kapitalistische Geist in Europa ist ausgebildet worden von einer Anzahl verschieden urveranlagter Völker, unter denen drei sich als spezifische Händlervölker von den übrigen Heldenvölkern abheben: die Etrusker, die Friesen und die Juden.

### Sechzehntes Kapitel: Die Veranlagung der Völker

Die Urveranlagung ist nun aber natürlich nur der Ausgangspunkt, von dem aus der biologische Gestaltungsprozeß seinen Anfang nimmt. Man weiß, daß sich in jeder Generation die Veranlagung eines Volkes ändert, weil in jeder Generation zwei Kräfte ihre Umbildungsarbeit von neuem vollbringen: die Auslese und die Blutsmischung.

Was sich über deren Wirksamkeit mit Bezug auf unser Problem annähernd Bestimmtes aussagen läßt, ist etwa folgendes:

Bei den Händlervölkern vollzieht sich der Prozeß der Auslese der lebensfähigsten Varianten, also derjenigen mit starker Händlerbegabung, am raschesten und gründlichsten.

Die Juden hatten kaum noch etwas auszulesen: sie stellen von vornherein schon ein fast rein gezüchtetes Händlervolk dar.

Die Florentiner waren stark durchsetzt mit germanischem Blut, das vor allem im Adel floß: solange dieser den Ton angab, war das Bild, das Florenz bot, das einer durchaus kriegerischen Stadt. Wir beobachten nun mit Interesse, wie nirgends frühzeitiger und durchschlagender die dem herrschenden Typus feindlichen Elemente aus dem Volkskörper ausgemerzt wurden wie in Florenz. Ein großer Teil des Adels verschwand ohne äußere Zwangsmittel: wir wissen, daß schon Dante den Untergang einer großen Anzahl abliger Geschlechter beklagt. Der Rest wurde zwangsweise beseitigt. Schon im Jahre 1292 hatten die Popolanen, also die Männer mit dem Händlerblut, durchgesetzt, daß kein Grande in die Stadtverwaltung gelangen konnte. Die Wirkung auf den Adel war eine zweifache: die anpassungsfähigen Elemente verzichten auf ihre Sonderstellung und lassen sich in die Liste der Arti eintragen. Die anderen, wir müssen also annehmen: die Varianten, in denen das seigneuriale Empfinden zu stark war, deren Blut allem Händlertum widerstrebte, wanderten aus. Die weitere

Geschichte von Florenz: die immer stärker werdende demokratische Färbung des öffentlichen Lebens belehrt uns, daß vom 14. Jahrhundert an die Bürger unter sich waren.

Nicht minder gründlich wurde in Niederschottland mit dem (keltischen) Adel aufgeräumt. Seit dem 15. Jahrhundert gerät er rasch in Verfall: dank „seinem ewigen Geldmangel und seinem Ungeschick im Geldausgeben"[259]. Was nicht ganz und gar von der Bildfläche zu verschwinden bestimmt war, hatte sich schon früher in die Hochlandsberge zurückgezogen. Seitdem hatte also das friesische Händlertum ein erdrückendes Übergewicht in der niederschottischen Volksgemeinschaft.

Langsamer, aber ebenso unaufhaltsam vollzieht sich die Auslese der kapitalistischen Varianten bei den übrigen Völkern. Man darf annehmen: in zwei Anläufen. Zunächst werden die unkapitalistischen Varianten ausgemerzt; dann werden aus den kapitalistischen Varianten die Händlervarianten ausgelesen. Dieser Ausleseprozeß vollzog sich in dem Maße, als aus den unteren Schichten des Volkes die „Tüchtigsten" sich zu kapitalistischen Unternehmern aufschwangen. Denn diese aus dem Handwerk oder noch tiefer herkommenden Männer konnten, wie wir sahen, im wesentlichen nur durch ihr geschicktes Händlertum, durch ihr gutes Haushalten und ihr fleißiges Rechnen über die anderen hinauswachsen.

In gleicher Richtung wie die Auslese wirkte die Blutsmischung, die ja schon im Mittelalter beginnt und seit dem 16. Jahrhundert in Ländern wie Frankreich und England immer mehr an Bedeutung gewann. Wir müssen ein Gesetz annehmen, wonach bei der Vermischung seigneurialen und bürgerlichen Blutes dieses sich als das stärkere erweist. Ein Phänomen wie das des Leon Battista Alberti ließe sich sonst nicht erklären. Die Alberti waren eins der vornehmsten und edelsten Germanengeschlechter Toskanas gewesen, das jahrhundertelang mit

### Sechzehntes Kapitel: Die Veranlagung der Völker

kriegerischen Unternehmungen sein Dasein ausgefüllt hatte. Wir kennen verschiedene Zweige dieses Geschlechts[259a], unter denen die Contalberti die berühmtesten sind. Aber auch derjenige Stamm, dem Leon Battista entsproß, war stolz und mächtig gewesen: diese Alberti stammen vom Castello di Catenaia im Valdarno; sie besaßen einst außer ihrem Stammschloß die Schlösser Talla, Montegiovi, Bagena und Penna und sind mit edlen germanischen Geschlechtern blutsverwandt. Im Parteizwist besiegt, ziehen sie (im 13. Jahrhundert) in die Stadt, wo der erste Alberti sich noch in die Zunft der Giudici eintragen läßt. Und dann werden sie die besten — Wollhändler. Und der Sproße eines solchen Geschlechtes schreibt ein Buch, das an bürgerlicher, um nicht zu sagen, spießbürgerlicher Gesinnung schwer seinesgleichen findet; in dem schon im 14. und 15. Jahrhundert der Geist Benjamin Franklins umgeht. Was müssen da für Ströme von Krämerblut in das edle Blut dieser adligen Familie hineingeflossen sein, ehe eine solche Wandlung möglich geworden war! Bei Leon Battista selbst können wir diese „Verpantschung" des edlen Blutes „quellenmäßig" nachweisen: er war ein uneheliches Kind und wurde in Venedig geboren. Also wird eine ganz „bürgerliche" Frau mit Händlerblut in den Adern aus weiß Gott was für einem Stamme seine Mutter gewesen sein.

Eines Umstandes mag nun noch Erwägung geschehen, ehe wir diesen biologischen Teil unserer Darstellung beschließen: es mag daran erinnert werden, daß jede Vermehrung der kapitalistischen Varianten, bloß weil sie eintrat, notwendig eine Beförderung des kapitalistischen Geistes bedeutete. Daß diese durch sie — extensiv — mehr verbreitet wurde, versteht sich von selbst. Aber auch eine Intensivisierung dieses Geistes mußte durch jene bloße Vermehrung der Varianten eintreten, weil durch sie eine Betätigung immer leichter wurde, die Ausbildung der kapitalistischen Anlagen also einen immer vollkommeneren Grad erreichen konnte: das Aufeinandereinwirken der einzelnen Varianten gleicher Veranlagung muß das bewirken, da ja die Möglichkeiten ihrer Entfaltung dadurch notwendig vermehrt werden.

*　*　*

Was uns nunmehr noch zu leisten obliegt, ist die Lösung einer **rein historischen Aufgabe**. Es ist der Nachweis zu führen, welchen Einflüssen die Herausbildung des kapitalistischen Geistes zuzuschreiben ist; genauer: was es war, das die kapitalistischen Anlagen zur Entfaltung brachte, und was den vorhin geschilderten Ausleseprozeß bewirkt hat. Der Leser ersieht aus dem Inhaltsverzeichnis, daß ich zwei Gruppen solcher Einflüsse unterscheide: wenn man will: innere und äußere, obwohl diese Bezeichnung nicht ganz zutreffend ist, da auch die „inneren" Einflüsse durch Anregung von außen wirksam werden und auch die „äußeren" schließlich ohne einen innerlichen Seelenvorgang nicht gedacht werden können. Immerhin wirken „die sittlichen Mächte" mehr von innen nach außen, „die sozialen Umstände" mehr von außen nach innen.

Keiner gesonderten Betrachtung unterziehe ich die „**Natur**=**bedingungen**", das heißt diejenigen Einwirkungen, die auf das Land, sein Klima, seine Lage, seine Bodenschätze zurück= zuführen sind. Soweit wir solche Einwirkungen annehmen müssen, werden sie je bei denjenigen „sozialen Umständen" be= rücksichtigt werden, die selbst wieder ein Ergebnis geographischer Eigenart sind: wie der besondere Beruf; die Ausbeutung der Edelmetallager; die eigentümliche Gestaltung der Technik.

Und nun — ehe wir Abschied nehmen von dem heiklen Problem der „biologischen Grundlagen" noch dies eine manchem skeptischen Leser zum Trost und zur Beruhigung:

## Sechzehntes Kapitel: Die Veranlagung der Völker

Die folgende historische Darstellung behält ihren (etwa vorhandenen) Wert auch für denjenigen, der sich auf irgendwelche biologischen Erörterungen nicht einläßt. Auch derjenige Milieutheoretiker, der alles aus allem entstehen läßt, kann die folgenden Ausführungen gelten lassen. Während sie nämlich für uns Blutsgläubige die Bedeutung haben, daß sie diejenigen Umstände (Einflüsse) aufdecken, die vorhandene Anlage zur Entfaltung bringen und anpassungsfähige Varianten auslesen, würde ein Milieugläubiger annehmen können, daß die von mir im folgenden aufgezählten historischen Tatsachen es gewesen sind, die den kapitalistischen Geist (aus dem Nichts) erzeugt haben. Wir beide sind der Meinung, daß ohne einen ganz bestimmten Verlauf der Geschichte kein kapitalistischer Geist sich entwickelt hätte. Wir beide legen also der Aufdeckung der historischen Umstände die größte Bedeutung bei. Wir beide sind also gleich interessiert, zu erfahren, welcher Art diese historischen Umstände waren, denen wir die Entstehung und Entfaltung des kapitalistischen Geistes verdanken.

## Zweiter Abschnitt
# Die sittlichen Mächte

### Siebzehntes Kapitel: Die Philosophie

Wenn wir den Begriff der ethischen Orientierung so weit fassen, daß wir die religiöse Verankerung moralischer Wertungen einbeziehen, so ergeben sich als höhere sittliche Mächte, denen unser Handeln Richtung und Ziel verdanken kann (wenn wir also von der „Volkssitte" absehen): Philosophie und Religion. Sie sind es denn auch, deren Einwirkung auf die Psyche der Wirtschaftssubjekte, deren Mitwirkung bei der Herausbildung des kapitalistischen Geistes im folgenden zur Darstellung gebracht werden sollen: also zunächst die der Philosophie.

Es sieht fast wie ein Scherz aus, wenn in der Geistesgeschichte des modernen Wirtschaftsmenschen als eine der Quellen, aus denen der kapitalistische Geist gespeist worden ist, die Philosophie bezeichnet wird. Trotzdem hat sie ohne Zweifel ihren Anteil am Aufbau dieses Geistes, wenn es auch freilich nur — wie sich leicht denken läßt — die mißratenen Kinder der großen Mutter gewesen sind, von denen sich die Seelen kapitalistischer Unternehmer haben belehren lassen. Es ist die „Philosophie des gesunden Menschenverstandes", ist der Utilitarismus in allen seinen Schattierungen, der ja im Grunde nichts anderes ist als die in ein System gebrachte „bürgerliche" Weltanschauung, auf die wir mehr als einen unserer Gewährsmänner, deren Ansichten wir kennen gelernt haben, sich berufen sehen. Auf utilitaristische Gedankengänge läßt sich ein guter Teil der kapitalistischen Tugendlehre und der kapitalistischen Wirtschaftsregeln zurückführen. Gerade die Ansichten der beiden Männer, die die frühkapitalistische Epoche mit ihren Schriften

## Siebzehntes Kapitel: Die Philosophie

einleiten und beschließen: L. B. Alberti und B. Franklin, sind Utilitarier von reinstem Geblüt. Sei tugendhaft, so wirst du glücklich: das ist die Leitidee ihres Lebens. Tugend ist Wirtschaftlichkeit, tugendhaft leben, heißt haushalten mit Leib und Seele. Deshalb ist die Nüchternheit: bei Alberti die »Sobrietà« (1 c. p. 164), bei Franklin die »frugality« die höchste Tugend. Frage immer, was dir nützlich ist, dann wirst du ein tugendhaftes, das heißt also ein glückliches Leben führen. Um aber zu wissen, was dir nützlich ist: höre auf die Stimme der Vernunft. Die Vernunft ist die große Lehrmeisterin des Lebens. Alles, was wir uns vorsetzen, können wir mit Hilfe der Vernunft und Selbstüberwindung erreichen. Vollständige Rationalisierung und Ökonomisierung der Lebensführung ist also das Ziel des Weisen[260].

Woher nahmen diese Männer solche Ansichten, die sie doch — Wollhändler und Buchdrucker, die sie waren — nicht selbst erdacht haben konnten. Bei Benjamin Franklin mag man an eine der vielen empiristisch-naturalistischen Philosophien denken, die damals schon in England im Schwange waren. Bei den Quattrocentisten können wir ganz deutlich den Einfluß des Altertums wahrnehmen. Insoweit wir also in Albertis und anderer Männer jener Zeit Schriften die ersten systematischen Darstellungen kapitalistischer Gedankengänge vor uns haben, müssen wir, insoweit der Inhalt dieser Schriften wiederum von der eben gekennzeichneten Philosophie beeinflußt worden ist, den Geist der Antike, und zwar, wie wir einschränkend sagen können: den Geist der Spätantike, als eine der Quellen des kapitalistischen Geistes ansprechen.

Daß ein unmittelbarer Zusammenhang zwischen den Wirtschaftsideen des italienischen Frühkapitalismus und den Ansichten der Alten besteht, läßt sich auf verschiedene Weise nachweisen. (An den durch die Lehren der Kirche vermittelten Zusammenhang denke ich hier natürlich nicht). Es würde fast schon die Erinnerung genügen, daß jedermann, der etwas auf sich hielt, in jener Zeit des Rinascimento die Schriftsteller des Altertums las und sich in seinen eigenen Schriften tunlichst an die Lehrmeinungen jener anschloß [261].

Aber wir brauchen uns mit diesem Wahrscheinlichkeitsbeweis nicht zu begnügen, da wir genügend viel Zeugnisse für die Tatsache haben, daß die Männer, die in Italien damals über wirtschaftliche Dinge schrieben und die kapitalistischen Gedanken zuerst systematisch entwickelten, in der Literatur des Altertums wohl beschlagen waren. In den Familienbüchern Albertis sind die Verweisungen auf die antiken Schriftsteller sehr häufig. Er zitiert: Homer, Demosthenes, Xenophon, Virgil, Cicero, Livius, Plutarch, Plato, Aristoteles, Varro, Columella, Cato, Plinius; am meisten Plutarch, Cicero, Columella.

Ein anderer Florentiner Kaufmann des Quattrocento, Giov. Ruccellai, führt Belege für seine kaufmännischen Regeln an aus: Seneca, Ovid, Aristoteles, Cicero, Salomon, Cato, Plato [262].

Daß die öfters von uns zu Rate gezogenen Landbauschriftsteller des Cinquecento und Seicento alle auf den römischen Scriptores rei rusticae fußten, versteht sich von selbst.

Und der Häufigkeit dieser Verweisungen entspricht nun auch die Übereinstimmung der Ansichten und Lehrmeinungen, die wir zwischen den Alten und unseren Florentiner Wirtschaftsmenschen beobachten können. Selbstverständlich muß man sich den Zusammenhang nicht so denken, daß diese etwa die Systeme der alten Philosophie als Ganzes herübergenommen und daraus ihre Anschauungen logisch entwickelt hätten. Es waren ja keine Philosophen, sondern Männer der Praxis, die vielerlei gelesen hatten und das Gelesene nun mit ihren eigenen Lebenserfahrungen verbanden, um daraus Regeln für praktisches Handeln abzuleiten.

## Siebzehntes Kapitel: Die Philosophie

Von den leitenden Ideen der spätantiken Philosophie sagte ihnen am meisten der auch der Stoa zugrunde liegende Gedanke eines sittlichen Naturgesetzes zu, demgemäß der Vernunft die Herrschaft über die natürliche Triebwelt gebührt, der Gedanke also der Rationalisierung der gesamten Lebensführung. Diesen Gedanken, der zu den Tiefen der Erkenntnis führt, und den wir namentlich in der Stoa zu einem erhabenen System der Weltbetrachtung und Weltbewertung ausgebaut sehen, verflachte man begreiflicherweise, indem man ihn in dem rein utilitarischen Sinne umbog: daß unser höchstes Glück aus einer rationellen, „zweckmäßigen" Lebensgestaltung fließe. Immerhin blieb als Grundton der Lehren eines Alberti und der verwandten Geister diese allem kapitalistischen Wesen ungemein förderlame sittliche Forderung der Disziplinierung und Methodisierung des Lebens bestehen. Wenn Alberti nicht müde wird, die Überwindung der Triebhaftigkeit des Menschen durch Selbstzucht zu predigen, so beruft er sich dabei mehr als einmal auf antike Gewährsmänner [268]. (So nimmt er z. B. aus Seneca den Gedanken: »Reliqua nobis aliena sunt, tempus tamen nostrum est« alle übrigen Dinge sind unserer Einwirkung entzogen: die Zeit ist unser.)

Man kann, wenn man es darauf anlegt, das heißt einzelne Ansichten ohne ihren Bezug auf das Ganze des Lehrgebäudes herausgreift, jeden stoischen Traktat in einen utilitarisch-rationalistischen verflachen, und deshalb bot unseren Wollhändlern selbst die stoische Philosophie, die sie kannten, eine Fülle von Anregung und Belehrung. Ich denke mir z. B., daß Alberti oder Ruccellai Marc Aurels wundervolle „Selbstbetrachtungen" zur Hand nahmen, mit Eifer studierten und sich dabei folgende Stellen auszogen (ich zitiere mit geringen Abweichungen nach der Übersetzung von Dr. Albert Wittstock):

„Ich bestrebte mich . . einfach und mäßig zu leben, weit entfernt von dem gewöhnlichen Luxus der Großen" (I, 3);

„von Apollonius lernte ich . . mit Bedachtsamkeit, doch ohne Wankelmut, auf nichts Rücksicht zu nehmen, als auf die gesunde Vernunft" (I, 8);

„weiter danke ich den Göttern, daß ich nicht zu große Fortschritte in der Rede- und Dichtkunst (die nach der Ansicht der Stoiker nicht dem Ernst und der strengen Wahrheitsliebe entsprechen), noch auch in anderen solchen Wissenschaften, die mich sonst leicht gänzlich gefesselt haben könnten" (I, 17);

„laßt die Bücher, die Zerstreuung, es fehlt dir die Zeit" (II, 2);

„die Seele des Menschen . . schändet sich . . wenn sie bei ihren Handlungen und Bestrebungen kein Ziel verfolgt, sondern unbesonnen ihr Tun dem Zufall überläßt, während die Pflicht gebietet, selbst die unbedeutendsten Dinge auf einen Zweck zu beziehen" (II, 16);

„für den Guten (bleibt) nur das übrig, daß er zu allem, was ihm als Pflicht erscheint, die Vernunft zu seiner Führerin habe" (III, 16);

„des Nutzens wegen ist die Natur gezwungen, so zu verfahren, wie sie es tut" (IV, 9);

„hast du Vernunft? Ja. Warum gebrauchst du sie denn nicht? Denn wenn du sie schalten läßt, was willst du noch mehr?" (IV, 13).

„Wenn du des Morgens nicht gern aufstehen magst, so denke: ich erwache, um als Mensch zu wirken. Warum sollte ich mit Unwillen das tun, wozu ich geschaffen und in die Welt geschickt bin? Bin ich denn geboren, im warmen Bette liegen zu bleiben? — ‚Aber das ist angenehmer.' — Du bist also zum Vergnügen geboren, nicht zur Tätigkeit, zur Arbeit? Siehst du nicht, wie die Pflanzen, die Sperlinge, die Ameisen, die Spinnen, die Bienen (NB. wörtlich so bei Alberti!) jedes ihr Geschäft verrichten und nach ihrem Vermögen der Harmonie der Welt dienen? Und du weigerst dich, deine Pflicht als Mensch zu tun, eilst nicht zu deiner natürlichen Bestimmung? ‚Aber man muß doch auch ausruhen?' Freilich muß man das. Indes hat auch hierin die Natur eine bestimmte Grenze gesetzt, wie sie im Essen und Trinken eine solche gesetzt hat. Du aber überschreitest diese Schranke, du gehst über das Bedürfnis hinaus. Nicht so in den Äußerungen deiner Tätigkeit; hier bleibst du hinter dem Möglichen zurück. Du liebst dich eben selbst nicht, sonst würdest du auch deine Natur und das, was sie will, lieben. Diejenigen, welche ihr Handwerk lieben, arbeiten sich dabei ab, vergessen das Bad und die Mahlzeit. Du aber achtest deine Natur weniger hoch, als der Erzgießer seine Bildformen, der Tänzer seine Sprünge, der Geizhals sein Geld, der Ehrgeizige sein bißchen Ruhm? Auch diese versagen sich den Gegenständen ihrer Leidenschaft zu Lieb eher Nahrung und Schlaf, als daß sie die Vermehrung dessen unterlassen, was für sie so anziehend ist" (V, 1);

„beim Reden muß man acht haben auf die Ausdrücke und bei den Handlungen auf die Erfolge. Bei den Handlungen muß man sogleich zusehen, auf welchen Zweck sie hinzielen, und bei den Worten prüfen, welches ihr Sinn ist" (VII, 4);

„niemand wird müde, seinen Nutzen zu suchen; Nutzen aber gewährt uns eine naturgemäße Tätigkeit. Werde also nicht müde, deinen Nutzen zu suchen" (VII, 74);

„du mußt in dein ganzes Leben, wie in jede einzelne Handlung Ordnung bringen" (VIII, 32);

„unterdrücke die bloße Einbildung; hemme die Leidenschaft; dämpfe die Begierde; erhalte die königliche Vernunft bei der Herrschaft über sich selbst" (IX, 7);

„warum genügt es dir nicht, diese kurze Lebenszeit geziemend hinzubringen? Warum versäumst du Zeit und Gelegenheit?" (X, 31);

„handle nicht aufs Geratewohl, nicht ohne Zweck" (XII, 20).

Viele dieser Sätze des wahrhaft kaiserlichen Philosophen lesen sich wie Übersetzungen aus den Familienbüchern Albertis. Sie könnten aber auch in William Penns „Früchten der Einsamkeit" stehen und würden selbst den Tugendschriften Benjamin Franklins zur Zierde gereichen.

Die Lebensphilosophie der Alten mußte unseren Florentinern nun aber darum noch ganz besonders lieb und wert sein, weil sie auch für ihr Gewinnstreben die vortrefflichsten Rechtfertigungsgründe beizubringen wußte. Was zum Beispiel der feinsinnige

Seneca über Sinn und Bedeutung des Reichtums und des Erwerbs sagt, hat Alberti fast wörtlich übernommen. Die wichtigsten Stellen (de tranqu. an., 21. 22. 23) lauten im Auszuge wie folgt:

„Der Weise hält sich keineswegs der Gaben des Glückes für unwert. Er liebt den Reichtum nicht, aber er hat ihn gern; er nimmt ihn nicht in sein Herz auf, aber in sein Haus; er verschmäht ihn nicht, wenn er ihn hat, sondern hält ihn zusammen.

Offenbar hat der Weise, wenn er Vermögen besitzt, mehr Mittel, seinen Geist zu entwickeln, als wenn er arm ist ... beim Reichtum ist ein weites Feld eröffnet für Mäßigung, Freigebigkeit, Sorgfalt, Pracht und gute Verwendung [Alberti schränkte das etwas ein, knickerig, wie er veranlagt war, indem er sagte: „Die Freigebigkeit, die einen Zweck hat, ist immer lobenswert"; selbst gegen Fremde kann man freigebig sein: „sei es um sich das Renommee der Freigebigkeit zu verschaffen (per farti conoscere non avaro), sei es, um sich neue Freunde zu erwerben." Della fam., 237] ... Reichtum erfreut, wie bei der Schiffahrt ein günstiger, fördernder Wind, wie ein guter Tag und in frostiger Winterszeit ein sonniges Plätzchen ... Einige Dinge werden einigermaßen geschätzt, andere sehr; zu diesen gehört unstreitig der Reichtum ... Höre also auf, den Philosophen das Geld zu verbieten; niemand hat die Weisheit zur Armut verdammt. Ein Philosoph kann große Schätze haben, aber sie sind niemand genommen worden, sie sind nicht blutbefleckt, sie sind ohne Unrecht und schmutzigen Gewinn erworben [Wie die Sachen in Wirklichkeit lagen: daß Seneca z. B. den Britanniern ein Darlehn von 40 Mill. Sesterzen auf hohe Zinsen aufgedrungen hatte, dessen plötzliche und gewaltsame Eintreibung ein Grund zum Aufstande der Provinz im Jahre 60 war, konnte man ja aus den Schriften nicht mehr ersehen! Jedenfalls machten sich die Alberti und seine Nachfolger diese Grundsätze selbst zu eigen] ... Häufe deine Schätze beliebig an, sie sind rechtmäßig" usw.

Das sind dieselben Gedanken, die fast alle Sittenlehrer des Altertums vertreten: zum Vergleich diene noch Ciceros Ausspruch (2. de Inv.) „das Geld erstrebt man nicht seiner eigenen

## Siebzehntes Kapitel: Die Philosophie

Natur und Anziehungskraft, sondern wegen des daraus zu erzielenden Vorteils": dieselben, die wir während der ganzen frühkapitalistischen Epoche im Schwange fanden: erwirb so viel du kannst, doch auf ehrenwerte Weise (onestamente, honestly!) und — hänge dein Herz nicht an den Reichtum, betrachte ihn als Mittel, nicht als Zweck!

Noch willkommener mußten aber den Wirtschaftsmenschen in den Frühzeiten des Kapitalismus jene Schriften der Alten sein, in denen die praktischen Regeln für eine geordnete Wirtschaftsführung schon fertig niedergelegt waren, denen man also unmittelbar in seinem eigenen Geschäftsleben nacheifern konnte und die ich hier (obwohl sie nicht eigentlich „philosophischen" Inhalts sind, im Zusammenhange mitabhandeln zu dürfen bitte). So viel ich sehe, haben auf die Ausbildung der kapitalistischen Gedankengänge den größten Einfluß ausgeübt aus der griechischen Literatur der Oeconomicus von Xenophon (der offenbar viel mehr gelesen und verwertet wurde als der doch zu sehr noch in handwerklichen, anti-chrematistischen Vorstellungen „befangene" Aristoteles); aus der römischen Literatur die Landbauschriftsteller, vor allem Columella.

Aus dem Oeconomicus müssen folgende Stellen eine besonders starke Wirkung ausgeübt haben:

„Ich handle so wie es recht und billig ist, von dem Wunsche beseelt, mir Gesundheit, Kraft, Ehre in der Bürgerschaft, Wohlwollen bei meinen Freunden, glückliche Errettung im Kriege und Reichtum auf anständige Weise zu verschaffen. Dir liegt also daran, Ischomachus, reich zu werden, und dir durch angestrengte Tätigkeit große Schätze zu erwerben ...? Daran liegt mir allerdings sehr. Denn ich halte es für eine große Annehmlichkeit, Sokrates, die Götter und die Freunde in vornehmer Weise zu ehren, ihnen beizustehen, wenn sie etwas bedürfen, und die Stadt, soviel an mir liegt, nicht ohne Pracht und Glanz zu lassen ...

„Zu gleicher Zeit nach Gesundheit und Körperkraft streben, sich für den Krieg vorbereiten und auf Vermehrung seines Reichtums bedacht sein, alles dies verdient Bewunderung und Anerkennung" ... [264].

Das schreibt Alberti wörtlich nach, nur den Zwischensatz, der von — der Kriegsführung handelt, läßt er aus.

„Wenn man das Geld mit vollen Händen ausgibt, während die Wirtschaft im Verhältnis zu den Ausgaben nicht genug abwirft, dann darf man sich nicht wundern, wenn an Stelle des Überflusses Mangel eintritt" [265].

Ferner die Stellen, die von der inneren Ordnung des Hauswesens handeln: „es gibt überhaupt nichts so Nützliches und so Schönes im Leben, liebe Frau, wie die Ordnung" (a. a. O. S. 38); die namentlich die Frauen zur Abkehr von eitlem Tand, vom Flirt und von der Eitelkeit anhalten: die gute Hausfrau schminkt sich nicht; die das Personal zur „rationellsten" Wirtschaftsführung anleiten u. a.: Sie alle finden sich fast wörtlich bei Alberti wieder und enthalten im Keim alle Gedanken, die nachher in der Lehre von der »Sancta masserizia« weiter entwickelt worden sind.

Dasselbe gilt von den römischen Landbauschriftstellern. „Die Schriften Catos und der übrigen scriptores rei rusticae" muten in gewisser Hinsicht ähnlich an wie etwa Thaers „Rationelle Landwirtschaft", sie gehen davon aus, daß jemand als Kapitalanlage den Kauf eines Landgutes beabsichtigt, geben hierfür Ratschläge und erörtern dann ... die Dinge, die ein angehender Landwirt wissen muß, um einen Villicus annähernd kontrollieren zu können" [266]. Erwerbsstreben und ökonomischer Rationalismus sind hier schon in ihren letzten Konsequenzen entwickelt [267]. Vor allem wird auch schon der größte Nachdruck auf eine vollendete Zeitökonomie gelegt: Zeit ist Geld [268]!

Endlich standen den Männern, die sich das Studium der Alten angelegen sein ließen, eine Menge einzelner Stellen aus

Dichtern und Schriftstellern zu Gebote, in denen die „bürgerlichen" Tugenden, namentlich Betriebsamkeit und Sparsamkeit gepriesen wurden. Viele dieser Stellen wurden wohl dadurch besonders wirksam, daß sie nach Art von Sprichwörtern von Mund zu Munde gingen. Ein altes Sprichwort, meint Alberti (p. 70), das von den unseren viel zitiert wird (antiquo detto et molto frequentato da' nostri) lautet: „Müßiggang ist aller Laster Anfang" (l' otio si è balia de' vitii). „Keine geringere Tugend ist das Seinige zusammenzuhalten als etwas zu erwerben" (Ovid). „Der größte Reichtum besteht im Sparen" (Lucrez): derartige zur Sparsamkeit mahnende Regeln gab es noch viele. Ich fand sie zusammengestellt in der von mir schon früher als Quelle benutzten Schrift über die „Geldsucht" aus dem 17. Jahrhundert[269]).

## Achtzehntes Kapitel: Die Bedeutung der Religion für den Menschen des Frühkapitalismus

### 1. Die Katholiken

Wir haben feststellen können, daß die Wirtschaftsgesinnung der Florentiner Wollhändler in vielen Punkten bestimmt wurde durch die mehr oder weniger philosophischen Ideen der alten Schriftsteller. Wir dürfen aber den Einfluß, der von dieser Seite her ausgehen konnte, nicht zu hoch einschätzen. Wir müssen uns vielmehr gegenwärtig halten, daß er weit überragt wurde von dem Einflusse, den die Religion und zwar zunächst die katholische Religion auf das Denken und Handeln jener Menschen ausgeübt hat. Fallen ja doch die Anfänge des Kapitalismus in eine Zeit, in der die Kirche das gesamte soziale Leben ihren Regeln unterworfen hatte; in der also jede Lebensäußerung auch als eine Stellungnahme zu dem Kirchengesetze, den ethischen Anschauungen der Religion anzusehen ist: das katholische Christentum war ja zur Grundlage der ganzen abendländischen Kultur geworden, die sich zu einer „christlichen Einheitskultur" (Tröltsch) gestaltet hatte. Und diese alles Leben beherrschende Macht der Kirche erstreckte sich bis ins 15. Jahrhundert hinein auf alle Geister: auch diejenigen, die sich herausnahmen, selbständig zu „philosophieren", die „die Alten" lasen und nach deren Lehren ihr Leben einrichteten, würden (von verschwindend wenigen Ausnahmen abgesehen) entsetzt gewesen sein bei dem Gedanken, daß sie sich damit in einen Widerspruch zu den kirchlichen Autoritäten gebracht hätten. Auch sie wollten fromm und strenggläubig bleiben und gestatteten andern Mächten nur soviel Einfluß als verträglich war mit den Ansichten ihrer Religionsgemeinschaft. Das sehen wir z. B. deutlich an einem Manne wie Alberti, der immer wieder seine Frömmigkeit und Kirchlichkeit beteuert und seine Schüler ermahnt, vor allem

Gott (wie ihn die katholische Kirche lehrte) zu dienen: „Wer Gott nicht fürchtet, wer in seiner Seele die Religion zerstört hat, den muß man in allen Dingen für schlecht halten. Man soll die Kinder vor allem mit der größten Ehrfurcht gegen Gott erfüllen, da die Beobachtung der göttlichen Lehren ein wunderbares Heilmittel gegen viele Laster ist"[270]. So begründet er denn seine Lehren immer wieder auf göttliche Gebote. Auch wenn er die Gedanken der Alten übernimmt, die z. B. die Betriebsamkeit predigen, so untermauert er diese Lehren doch immer mit religiösen Gründen: Gott hat nicht gewollt, daß irgendein Lebewesen müßig gehe, also darf es auch der Mensch nicht[271].

Und was für die soidisant „freien" Geister galt, galt natürlich in erhöhtem Maße für die große Masse zumal der Wirtschaftsmenschen. Selbst Italien war jedenfalls im 14. Jahrhundert noch durchaus kirchlich gesinnt: erst im 15. Jahrhundert beginnt der Skeptizismus[272].

Besonderes Interesse bietet für uns die Tatsache, daß der religiöse und kirchliche Eifer nirgends größer war als in Florenz, diesem Bethlehem des kapitalistischen Geistes (NB. christlicher Herkunft!). Toskana war während des frühen Mittelalters die eigentliche Hochburg des Klerikalismus gewesen: hier sind die Beziehungen zwischen der Geschichte der einzelnen Kirchen und der der verschiedenen Städte enger als irgendwo sonst; hier ist das Mönchstum besonders zahlreich und besonders betriebsam, dessen Orden, auch wenn sie anderswo begründet waren, sich in Toskana neu belebten; hier rühmt sich die Bevölkerung der Ketzerei gründlicher abhold und reineren Glaubens zu sein als anderswo[273]. Der beste Kenner der altflorentiner Geschichte faßt sein Urteil über die Stellung Toskanas zu den kirchlichen Mächten in folgenden Worten zusammen[274]:

„Die enge Verbindung, in welche hier kirchlich-religiöse Tendenzen mit den kräftigsten Elementen eines Gemeinwesens getreten waren, das sich von seiner Entstehung an im bewußten Gegensatz gegen das nichtitalienische Kaisertum und den demselben mit wenigen Ausnahmen zugetanen Adel auf ein Gewerbe und Handel treibendes Bürgertum stützte, welches durch den rechtschaffenen Fleiß der Handwerker und Fabrikanten und den verschmitzten, rücksichtslosen, welterfahrenen Handelsgeist großer Kaufleute und Bankiers zu einem der reichsten des Erdballs heranwuchs, hat der Geschichte der Arnostadt ihre Signatur aufgedrückt, solange dieselbe eine für die Kulturentwicklung Europas hervorragende Bedeutung gehabt hat."

Und wir dürfen ohne weiteres annehmen, daß diese starke religiöse Grundstimmung bei der großen Masse der Katholiken aller Länder, nachdem sie durch die Reformation meist eine Verstärkung erfahren hatte, anhielt sich bis zum Ende der frühkapitalistischen Epoche. Die Kaufleute und Industriellen des 18. Jahrhunderts sind noch ebenso fromm wie die des 14. und leben „in der Furcht des Herrn". Ihre Religiosität dringt bis in das Innere ihres Geschäftslebens ein. Und Wendungen wie diese, die wir in deutschen Kaufmannsbüchern finden: „Es wird vornehmlich an einem Kaufmanne ein ehrlicher und tugendhafter Wandel erfordert: unrecht Gut gedeihet nicht, da hingegen das Gut eines Frommen und Gerechten Wurzel schläget, den Gottes Segen mit sich führet und auf Kindes Kind fortgepflanzet wird" — solche Wendungen kamen sicher aus der Tiefe einer ehrlichen Überzeugung. Sie kehren immer und immer wieder. Der Profit ist ein „Segen Gottes", wie der „Kindersegen": „von Ihm empfangen wir alles: Er ist es, der unsere Unternehmungen segnet und gedeihen läßt", heißt es (ich führe einen Ausspruch statt vieler an) in dem Haushaltungsbuch eines französischen Tuchhändlers im 18. Jahrhundert. Und wenn derselbe Mann sein »Livre de Raison« mit den Worten beginnt: „Im Namen des Vaters, des Sohnes und des Heiligen Geistes. Die hochheilige Dreieinigkeit sei gebenedeiet, angebetet und gelobet in alle Ewigkeit[275]" — so war's ihm Ernst mit der Anrufung Gottes. Die Überantwortung des ganzen Geschäftes an Gott war noch keine leere Phrase geworden wie in unserer Zeit, in der das rudimentäre „Mit Gott" im Anfang unserer Kontobücher wie eine Blasphemie anmutet.

Für eine leichte und unmittelbare Einwirkung auf das Seelenleben und damit die gesamte Willensrichtung und die aus ihr folgende Lebensgestaltung des Gläubigen stand der katholischen Kirche als wirksamstes Mittel die Ohrenbeichte zur Verfügung, die seit dem Beschlusse der vierten Lateransynode im Jahre 1215 jedem Erwachsenen mindestens einmal im Jahre zur Pflicht gemacht worden war. Wir dürfen annehmen, daß die Geschäftsleute sich in der Beichte mit dem Vertreter der Kirchenlehre auch über die Grundsätze ihrer Geschäftsführung gleichsam verständigten (soweit es nicht außerhalb dieser heiligen Handlung geschah). Um die Geistlichen, die die Beichte abnahmen, in den Stand zu setzen, allen Bedenken der Gläubigen gerecht zu werden, wurden die vielen moraltheologischen Entscheidungsbücher geschrieben, die unter dem Namen der Summae theologicae bekannt sind, und in denen für jede, auch die kleinste Angelegenheit des Lebens, nicht zuletzt für das Benehmen in wirtschaftlichen Dingen der Kirchenlehre entsprechende Verhaltungsmaßregeln kasuistisch erörtert und aufgestellt wurden. Diese Summen bilden deshalb für uns eine der wichtigsten Quellen einerseits zur Erkenntnis des Seinsollenden (nach kirchlicher Meinung), andererseits des Seienden (das wir zwischen den Zeilen lesen müssen). Wir werden ihnen im 19. Kapitel häufig begegnen.

## 2. Die Protestanten

Daß in allen protestantischen Ländern während der beiden Jahrhunderte nach der Reformation ein außergewöhnlich starkes religiöses Gefühl die Völker beherrschte, ist eine zu bekannte Tatsache, als daß es nötig wäre, dafür eigens Belege beizubringen. Nur darauf möchte ich das Augenmerk des Lesers richten, daß die Stärke dieses religiösen Gefühls ihren Höhepunkt erreichte (außer in einzelnen Teilen der Schweiz) in demjenigen Lande, in dem wir am Ende des 17. Jahrhunderts eine besonders schnelle und durchdringende Entfaltung des kapitalistischen Geistes wahrnehmen konnten: in Schottland. Da man von dem Grade der Leidenschaftlichkeit und des Wahnes, mit dem man in dem Schottland des 17. Jahrhunderts die religiösen Werte schätzte und pflegte, sich ohne genauere Kenntnis der Einzelheiten keine rechte Vorstellung machen kann, so will ich eine kurze Schilderung von der Seelenverfassung geben, in der sich die Schotten während jener Zeit befanden: man wird leicht die überragend große Bedeutung daraus abnehmen können, die für diese Leute die Lehre der Kirche haben mußte — mochte es sich handeln um welches Lebensgebiet immer. Die am meisten umfassende Sammlung von Quellenstellen, aus denen wir den Geisteszustand des schottischen Volkes im 17. Jahrhundert zu erkennen vermögen, hat, soviel ich weiß, Thom. Buckle in seiner Geschichte der Zivilisation in England im vierten Kapitel des zweiten Bandes zusammengebracht. Ich teile daraus einige Proben mit, ohne sie einzeln zu belegen, indem ich den Leser auf die außerordentlich gewissenhaften Anführungen und Stellenvermerke Buckles verweise: genug, daß keine einzige Tatsache mitgeteilt ist, deren Richtigkeit nicht genau „quellenmäßig" festgestellt werden könnte.

Die religiöse Sinnesrichtung der Bevölkerung fand ihren Ausdruck zunächst in dem Eifer, mit dem sie sich den religiösen Übungen

## Achtzehntes Kapitel: Die Bedeutung d. Religion f. d. Menschen usw. 297

hingaben: davon werde ich in einem anderen Zusammenhange noch zu berichten haben. Sodann aber auch in der knechtischen Unterwerfung unter das Machtwort der Prediger. Die Geistlichen mischten sich in jedermanns Privatverhältnisse, ordneten an, wie er es mit seiner Familie halten solle und besichtigten von Zeit zu Zeit den Haushalt persönlich. Ihre Günstlinge, die Ältesten, waren überall: jedes Kirchspiel war in Aufsichtsbezirke geteilt, denen je ein Ältester vorstand. Hier hatte er Kontrolle zu üben. Außerdem waren Spione aufgestellt. Nicht nur die Straßen, selbst die Privathäuser wurden durchsucht; man sah nach, ob jemand während der Kirchzeit zu Hause geblieben war und die Predigt versäumt hatte. Und allen diesen Kontrollierungen fügte man sich, ohne zu murren. Die Autorität der Priester galt als unbeschränkt. Sie hatten sie dadurch zu erzeugen gewußt, daß sie ihre Hörer glauben machten, was von der Kanzel gesprochen werde, komme unmittelbar von Gott. Die Prediger galten als Abgesandte Gottes: sie waren die auserwählten Pfeile in Gottes Köcher.

Der Furcht vor dem Priester entsprach die Furcht vor Dämonen. Man glaubte allgemein, böse Geister schwärmten über die Erde, zögen hin und wider, lebten auch in der Luft und hätten das Geschäft, die Menschen zu versuchen und ihnen Leides zuzufügen. Ihre Zahl war endlos. An ihrer Spitze stand Satan selbst, und dieser fand sein Vergnügen daran, in Person zu erscheinen und jeden zu umstricken und zu erschrecken, den er antraf. Zu diesem Zwecke nahm er verschiedene Gestalten an. Zuweilen besuchte er die Erde als ein schwarzer Hund, ein andermal als ein Rabe usw. Seine Teufeleien waren endlos, denn nach der Ansicht der Gottesgelehrten wurde er immer verschlagener, je älter er wurde; und nach einem Studium von 5000 Jahren hatte er jetzt eine unvergleichliche Geschicklichkeit erlangt. Die Geistlichkeit predigte fortwährend über ihn und bereitete ihre Zuhörer auf eine Zusammenkunft mit ihrem großen Feinde vor. Dadurch wurde das Volk fast rasend vor Furcht. So oft der Prediger Satan erwähnte, seufzte und stöhnte die Gemeinde. Oft saßen die Leute vor Schrecken erstarrt und betäubt auf ihren Sitzen. Schreckbilder erfüllten ihre Seele, folgten ihnen überall hin, begleiteten sie bei ihrer täglichen Arbeit. Überall glaubte man den Teufel zu sehen.

Und die Schauder vermehrten sich bei dem Gedanken an die furchtbaren Höllenstrafen, mit denen die Prediger drohten. Mit Behagen erzählten diese ihren Zuhörern, wie sie bei großen Feuern gebraten und an ihren Zungen aufgehängt, wie sie mit Skorpionen gegeißelt, wie sie in siedendes Öl und geschmolzenes Blei geworfen werden würden. Ein Fluß von Feuer und Schwefel breiter als die Erde harre ihrer; ihre Knochen, ihre Lungen, ihre Leber würden gesotten, aber nie verzehrt werden. Zu gleicher Zeit würden Würmer sie anfressen und während diese an ihrem Leibe nagten, würden sie von Teufeln umringt sein, die ihrer spotteten. Eine Hölle folge auf die andere. Der Allmächtige habe seine Muße in früherer Zeit damit hingebracht, diesen Ort der Qualen einzurichten und fertig zu machen, um ihn beim Erscheinen des Menschengeschlechts zu dessen Aufnahme bereit zu haben.

Der Gott der Kalvin und der John Knox war ein furchtbarer Gott, ein Gott des Schreckens, ein Wüterich, und die Seelenstimmung, in die die Prediger ihre Gemeinde versetzten, war die der beständigen Angst. Aus dieser aber erwuchs der sehnliche Wunsch: sein Leben den Vorschriften der Kirche gemäß einzurichten. Und das ist es, was uns hier angeht, wo wir die überragende Bedeutung der Religion für den Menschen, also auch den Wirtschaftsmenschen der früheren Zeit, erkennen wollen. Kein Zweifel: diese Bedeutung hatte sich für die Menschen in den protestantischen oder wenigstens doch den kalvinistischen Ländern während des 17. Jahrhunderts noch weit über das frühere Maß hinaus gesteigert. Religion war Wahnsinn geworden und hatte den Menschen alle Besinnung geraubt. Das ersehen wir ja schon aus der sonst unbegreiflichen Tatsache, daß die Prädestinationslehre die Wirkung hatte, alle Kalvinisten zu einem streng kirchlichen Leben zu führen. Während die schlichte Logik des gesunden Menschenverstandes sich sagen muß, daß, wenn es von meinem Willen und Verhalten gänzlich unabhängig ist, ob ich selig oder verdammt werde, ich auch mein Leben nach meinem Wohlgefallen einrichten kann, und daß ich dadurch an meinem Schicksal in der Ewigkeit nichts ändere. Aber es handelte sich nicht mehr um geistig gesunde Menschen, sondern um Irre.

Die Ansichten der Geistlichkeit über das richtige Leben der Gläubigen wurden von jedem bedeutenden Kalvinistenprediger in dickleibigen Traktaten, in England den sogenannten »Directories« niedergelegt, die etwa — als Sammlungen kasuistischer Entscheidungen — den katholischen Summen entsprechen. In ihnen nimmt die Wirtschaftsethik einen breiten Raum ein.

### 3. Die Juden

Wenn wir den Einfluß der Religion auf die Gestaltung des kapitalistischen Geistes verfolgen wollen, versteht es sich von selbst, daß wir den Einfluß der jüdischen Religion einer gesonderten Betrachtung unterziehen, hier also zunächst feststellen, daß in frühkapitalistischer Zeit die Religion auch bei den Juden eine überragende Bedeutung gehabt hat und damit wegweisend für alle Lebensordnung geworden ist. Auch bei den Juden: vor allem bei den Juden, kann man getrost sagen. Das habe ich in meinem Judenbuche ausführlich nachgewiesen, so daß ich den Leser darauf verweisen kann[276]). Des Zusammenhanges wegen setze ich hier die wesentlichen Ergebnisse hin, zu denen ich bei meinen Untersuchungen gelangt bin, und die selbst von meinen jüdischen Herren Kritikern in ihrer Richtigkeit nicht angezweifelt worden sind.

Die Religion mußte bei den Juden schon darum einen so großen Einfluß auf die gesamte Lebensgestaltung gewinnen, weil sie ja bei ihnen nicht nur eine Angelegenheit der Sonntage und der Feste war, sondern das Alltagsleben bis in die kleinsten Verrichtungen hinein durchdrang. Alle Lebensverhältnisse erhielten ihre religiöse Weihe. Bei jedem Tun und Lassen wurde die Erwägung angestellt: ob die göttliche Majestät damit anerkannt oder verleugnet werde. Nicht nur die Beziehungen zwischen Mensch und Gott regelt das jüdische „Gesetz", nicht nur einem metaphysischen Bedürfnisse kommen die Sätze der Religion entgegen: auch für alle anderen denkbaren Beziehungen zwischen Mensch und Mensch oder zwischen Mensch und Natur enthalten die Religionsbücher die bindende Norm. Das jüdische Recht bildet ebenso einen Bestandteil des Religionssystems wie die jüdische Sittenlehre. Das Recht ist von Gott gesetzt und sittlich gut und Gott gefällig; sittliches Gesetz und göttliche Verordnung sind für das Judentum völlig untrennbare Begriffe.

Bei keinem Volke ist aber auch so gut wie bei den Juden Vorsorge getroffen, daß der Geringste die Vorschriften der Religion auch wirklich kennt. Der Grund liegt in der systematischen Ausbildung, die jedes Judenkind in Religionssachen erfährt; liegt in der Einrichtung, daß der Gottesdienst selber zu einem guten Teile dazu benutzt wird, Stellen aus den heiligen Schriften vorzulesen und zu erläutern, so zwar, daß während des Jahres einmal die ganze Thora zur Verlesung kommt; liegt darin, daß nichts so sehr dem einzelnen eingeschärft wird als die Verpflichtung zum Thorastudium und Schemalesen.

Aber kein zweites Volk ist wohl auch so streng in den Bahnen gewandelt, die Gott ihm gewiesen, hat die Vorschriften der Religion so peinlich zu befolgen sich bemüht wie die Juden.

Man hat gesagt, die Juden seien das „unfrömmste" aller Völker. Ich will hier nicht entscheiden, mit welchem Rechte man das von ihnen behauptet. Sicherlich aber sind sie gleichzeitig das „gottesfürchtigste" Volk, das jemals auf Erden gewandelt ist. In zitternder Angst haben sie immer gelebt, in zitternder Angst vor Gottes Zorn.

Dieser starken Macht: der Gottesfurcht (im engen Wortsinn) sind dann aber im Laufe der Geschichte noch andere Mächte zu Hilfe gekommen, die in gleicher Weise wie jene den Juden die peinliche Befolgung der religiösen Vorschriften förmlich aufgedrängt haben. Ich meine vor allem ihr Schicksal als Volk oder Nation. Daß der jüdische Staat zerstört wurde, hat es bewirkt, daß die Pharisäer und Schriftgelehrten, das heißt diejenigen Elemente, die die Tradition Esras pflegten und die Gesetzeserfüllung zum Kernwert machen wollten, daß diese Männer, die bis dahin höchstens moralisch geherrscht hatten, nunmehr an die Spitze der gesamten Judenschaft gehoben und also in die Lage versetzt wurden, diese ganz und gar in ihre Bahnen zu lenken. Die Juden, die aufgehört hatten einen Staat zu bilden, deren nationale Heiligtümer zerstört waren, sammeln sich nun unter der Führung der Pharisäer um die Thora (dieses „portative Vaterland", wie es Heine genannt hat). Damit war also die Herrschaft der Rabbinen begründet, die dann nur durch die Schicksale, die die Juden während des Mittelalters erlitten, immer mehr befestigt wurde, und die so drückend wurde, daß sich die Juden selbst zuweilen über das schwere Joch beklagten, das ihnen ihre Rabbinen auflegten. Je mehr die Juden von den Wirtsvölkern abgeschlossen wurden (oder sich abschlossen), desto größer natürlich wurde der Einfluß der Rabbinen; desto leichter also konnten diese die Judenschaft zur Gesetzestreue zwingen. Das Leben in der Gesetzeserfüllung, zu dem ihre Rabbinen sie anhielten, mußte aber den Juden auch aus inneren Gründen, aus Herzensgründen, als das wertvollste Leben erscheinen: weil es das einzige war, das ihnen inmitten der Verfolgungen und Demütigungen, denen sie von allen Seiten ausgesetzt waren, ihre Menschenwürde und damit überhaupt eine Daseinsmöglichkeit gewährte. Die längste Zeit war das Religionssystem im Talmud eingeschlossen, und dieser ist es darum auch, in dem, für den, durch den die Judenschaft Jahrhunderte hindurch allein gelebt hat.

Eine Reihe von äußeren Umständen wirkte also in derselben Richtung: eine allgemeine und strenge Erfüllung der Religionsvorschriften bei den Juden lebendig zu erhalten.

Wichtig ist, festzustellen, daß diese Strenggläubigkeit nicht etwa nur in der großen Masse des jüdischen Volkes sich verbreitet hatte, daß vielmehr auch und gerade die intelligenteren und reicheren Schichten orthodoxe Juden blieben: diejenigen also, aus denen vornehmlich der kapitalistische Geist geboren werden sollte.

Auch die Rabbinen — und sie vielleicht mehr als die katholischen und protestantischen Geistlichen, da sie auch in weltlichen Dingen als Richter zu wirken hatten — legten ihre Ansichten über die richtige Lebensführung in besonderen Werken nieder oder sammelten die Entscheidungen, die sie trafen, in den sog. Responsen=Bänden, die selbst dann wieder eine Quelle der Rechtsprechung für spätere Generationen wurden. Ihre große Fülle ist abermals ein Beweis für die überragende Bedeutung, die die jüdische Religion für die private Lebensgestaltung der Juden und namentlich für Zielsetzung und Ausrichtung ihrer Wirtschaftsgesinnung hatte.

## Neunzehntes Kapitel: Der Katholizismus

Religionssysteme und Kirchen können auf sehr verschiedene Weisen den Verlauf des Wirtschaftslebens beeinflussen, können vor allem auch auf die geistigen Kräfte im Wirtschaftsleben, auf die Wirtschaftsgesinnung in sehr verschiedenem Sinne und mit sehr verschiedenen Mitteln einwirken. Ihre Einwirkung kann unmittelbar oder auf weiten Umwegen erfolgen; sie können eine bestimmte Entwicklung hemmen, oder sie können sie beschleunigen. Auch die Geschichte des kapitalistischen Geistes ist auf das engste mit der Geschichte der Religionssysteme und der Kirchen in dem Sinne verknüpft, daß diese ihn teils in seiner Entfaltung aufgehalten, teils gefördert haben.

Hier soll es meine Aufgabe sein, vor allem die belebenden Einwirkungen der Religionen auf den kapitalistischen Geist aufzuweisen. Aber auch wo dieser durch religiöse Einflüsse unterdrückt und zersetzt worden ist, mag im Vorbeigehen wenigstens erwähnt werden.

Eine Hemmung hat die Entwicklung des kapitalistischen Geistes durch den Katholizismus augenscheinlich in Spanien erfahren, wo das religiöse Interesse so stark sich entfaltet, daß es schließlich alle anderen Interessen überwuchert. Der Grund dieser Erscheinung wird von den meisten Geschichtsschreibern wohl mit Recht in der Tatsache erblickt, daß sich die Geschichte der Pyrenäenhalbinsel in wesentlichen erschöpft in einem fast tausendjährigen Kampfe zwischen Christentum und Islam. Die lange Herrschaft des mohammedanischen Glaubens hatte es bewirkt, daß das christliche Volk schließlich nur noch eine wahrhaft wertvolle Aufgabe im Leben anerkannte: die Vertreibung des Islams. „Während die anderen Völker Europas ihre Aufmerksamkeit neuen Problemen geistiger und wirtschaftlicher Art zugewendet hatten, war für Spanien, solange noch ein maurisches Banner über den Zinnen einer iberischen Feste wehte, kein anderes Ideal möglich und wünschenswert." Alle Unabhängigkeitskriege waren Religionskriege. Lafuente spricht von einem „ewigen und beständigen Kreuzzug gegen die Ungläubigen" (cruzada perpetua y constante contra los infedeles): 3700 Schlachten sollen gegen die Mauren geschlagen sein, ehe sie vertrieben wurden. Aber auch nach ihrer Vertreibung behauptete das ritterlich-religiöse Ideal seine Herrschaft. Es prägt allen Kolonialunternehmungen der Spanier seinen Charakter auf; es bestimmt die innere Politik der Fürsten. Feudalismus und Fanatismus verwoben sich zu einer Lebensauffassung, die schließlich in der nüchternen Welt der neuen Zeit keinen Platz mehr hatte. Spaniens Nationalheros wird der gewiß unkapitalistischeste Typ der Weltgeschichte: der letzte irrende Ritter, der liebenswürdige und sympathische Don Quichotte.

Ob der Katholizismus in Irland die Entwicklung des kapitalistischen Geistes hintangehalten hat, wird schwer festzustellen sein. In allen übrigen Ländern aber hat er auf dessen Entfaltung in durchaus entgegengesetztem Sinne gewirkt: er hat seine Entwicklung beschleunigt und gefördert. Das gilt vor allem für das Land, das für die frühkapitalistische Geschichte ja immer an erster Stelle in Betracht kommt: für Italien. Wodurch, so fragen wir uns, hat der Katholizismus diesen Einfluß ausgeübt.

Wenn ich im folgenden diese Frage zu beantworten versuche, so habe ich nicht im Sinn, von dem Anteil zu berichten, den die Päpste mit ihrer Finanzwirtschaft unzweifelhaft an der Begründung des kapitalistischen Wirtschaftssystems und damit (indirekt) an der Ausbildung des kapitalistischen Geistes genommen haben. Dieser Anteil ist oft, auch von mir selber, zuletzt wieder von Jakob Strieder[277]) festgestellt worden, und neues zu diesem Thema läßt sich kaum beibringen.

## Neunzehntes Kapitel: Der Katholizismus

Es ist bekannt, daß das gewaltige, die gesamte Kulturwelt umspannende Steuersystem, das die Kurie namentlich seit dem 13. Jahrhundert ausbildete, die Veranlassung bot, "aus der italienischen Kaufmannswelt als Oberschicht ein mächtiges, internationales Bankiertum erwachsen zu lassen", das ein wichtiges Ferment in dem kapitalistischen Entwicklungsprozesse zu bilden berufen war.

Was mir vielmehr vorschwebt, ist dies: den Einfluß aufzuweisen, den der Katholizismus durch seine Lehre auf die Entfaltung des kapitalistischen Geistes ausgeübt hat; den Einfluß also der katholischen Religion selbst.

Bei der Bewältigung dieser Aufgabe müssen wir uns recht peinliche Beschränkungen auferlegen. Es darf uns nicht in den Sinn kommen, etwa den feineren Verästelungen oder den tieferen Wurzelungen des katholischen Religionssystems nachzugehen. Das hieße die Lösung der Aufgabe erschweren. Denn wenn auch zweifellos es reizvoller ist, die Untersuchungen nach dieser Seite hin auszugestalten, so würde eine derartige dogmatische oder dogmengeschichtliche Problemstellung doch die Aufmerksamkeit von dem Kern des Problems ablenken, das darin besteht: den Zusammenhang aufzudecken zwischen den Lehren der Religion und der Seelenbildung der Wirtschaftssubjekte einer bestimmten Zeit. Für diese kommt aber irgendwelche religionswissenschaftliche oder philosophische Finesse ganz und gar nicht in Betracht. Für diese ist allein von Bedeutung die Alltagslehre, die massive, praktische Religionsübung. Und mir scheint, wenn man das verkennt, so kann man zwar außerordentlich tiefe und namentlich den Philosophen und Theologen interessierende Essays schreiben, wird aber Gefahr laufen, die tatsächlichen Kausalzusammenhänge falsch zu deuten. Dieser Vorwurf, die Sache zu gut gemacht zu haben (im theologischen Sinne) trifft meiner Ansicht nach die vielgerühmte Studie Max Webers über die Bedeutung des Puritanismus für die Entwicklung des kapitalistischen Geistes, wie am passenden Ort noch genauer darzutun sein wird.

Nicht immer ist Tiefpflügen ein Gebot der rationellen Bodenbehandlung!

Wenn ich also im folgenden, sagen wir einmal, "an der Oberfläche" bleibe, so bitte ich den Leser, das nicht ohne weiteres aus meiner geringen geistigen Spannweite ableiten zu wollen, sondern mit meinem Bemühen zu erklären, die geschichtlichen Zusammenhänge möglichst richtig zu deuten. Wie ich schon sagte: eine derartig "flache" Behandlung des Gegenstandes setzt eine starke Selbstüberwindung voraus.

Dasjenige Religionssystem, das für die gestellte Frage in Betracht kommt, ist der Thomismus, der seit dem 14. Jahrhundert das offizielle (also nicht sektiererische) Katholikentum beherrscht. Es ist die besondere Eigenart dieser Lehre[273], daß sie die zwei Bestandteile, die von Anbeginn im Christentum enthalten sind: die paulinisch-augustinische Liebes- und Gnadenreligion und die Gesetzesreligion zu einem einheitlichen Ganzen zusammenfügt; daß sie den Dualismus von Gesetz und Evangelium beseitigt. Sie tut es dadurch, daß sie diese beiden Religionen in das Verhältnis zweier nach- oder übergeordneten "Zweckstufen" bringt, wie es Tröltsch treffend genannt hat: "der Zweckstufe der innerweltlichen Ethik des Naturgesetzes mit dem Vernunftzweck, der Organisation, Einheit und Wohlfahrt der Menschheit in allen geistigen und materiellen Gütern steht die Zweckstufe der überweltlichen Ethik, des christlichen Sittengesetzes gegenüber, innerhalb deren alles abzielt auf die sakramental bewirkte Einigung mit der göttlichen Lebenssubstanz und in der göttlichen Lebenssubstanz".

Für die Ausgestaltung des christlichen Gesellschaftslebens und Weltlebens, insbesondere also auch für die Einwirkung der

Religion auf das Gebaren der wirtschaftenden Personen, kommt nun nur die erste Zweckstufe in Betracht. Für die **praktische Bedeutung der christlichen Ethik** ist es durchaus belanglos, daß in dieser einen wesentlichen Bestandteil die augustinische Idee der Gottesliebe als „dem absoluten und höchsten, schlechthin einfachen sittlichen Zweck" bildet.

Wir haben uns somit nur mit der thomistischen **Gesetzesethik** zu befassen.

Die Grundidee dieser Ethik ist die **Rationalisierung des Lebens**: das ewige göttliche Welt- und Naturgesetz der Vernunft hat die Aufgabe, die Sinnlichkeit, die Affekte und Passionen auf den Vernunftzweck auszurichten und zu regeln. „Sünde in den menschlichen Tätigkeiten ist das, was gegen die Ordnung der Vernunft sich richtet"; „je notwendiger etwas ist, desto mehr muß mit Rücksicht hierauf die Ordnung gewahrt werden, wie solche durch die Vernunft festgestellt wird": weshalb der Geschlechtstrieb, weil höchst notwendig für das Gemeinwesen, in besonders strenge Zucht zu nehmen ist[279]). Tugend heißt das Gleichgewicht bewahren, wie es die Vernunft vorschreibt[280]). Der vollendete Wesenscharakter der Tugend ist: daß das sinnliche Begehren (es ist von der concupiscentia die Rede) so der Vernunft untertan ist, daß in ihm keine heftigen, der Vernunft entgegengesetzte Leidenschaften mehr entstehen[281]).

In die natürliche, kreatürliche, triebhafte Welt wird eine aus Freiheit geborene, sittliche, vernünftige Welt gleichsam eingebaut. Die Bausteine dieser sittlichen Welt liefert das biblisch anerkannte rationale Naturrecht, dessen Inhalt gerade erst durch den Thomismus mehr und mehr mit dem Dekalog gleichgesetzt wird[282]), das aber auch wesentliche Bestandteile der spätgriechischen Philosophie in sich aufgenommen hat.

Das wirksame Mittel, den Menschen zum „vernunftgemäßen" Handeln zu veranlassen, ist die Gottesfurcht: sie weckt in ihm das Bedenken und zwingt ihn zu unausgesetzter Überlegung; sie macht ihn, würden wir sagen, seiner Handlungen bewußt: ihr allein ist die Rationalisierung und Methodisierung des Lebens zu danken[288]).

Wollen wir nun die Bedeutung der katholischen Religion für die Ausbildung des kapitalistischen Geistes ermitteln, so müssen wir uns klar machen, daß schon dieser Grundidee der Rationalisierung eine wesentliche Förderung kapitalistischen Denkens entspringen mußte, das ja, wie wir wissen, selbst ein rationales, zweckgerichtetes ist. Die Erwerbsidee sowohl wie der ökonomische Rationalismus bedeuten ja im Grunde gar nichts anderes als die Anwendung der Lebensregeln, die die Religion im allgemeinen gab, auf das Wirtschaftsleben. Damit der Kapitalismus sich entfalten konnte, mußten dem naturalen, dem triebhaften Menschen erst alle Knochen im Leibe gebrochen werden, mußte erst ein spezifisch rational gestalteter Seelenmechanismus an die Stelle des urwüchsigen, originalen Lebens gesetzt werden, mußte erst gleichsam eine Umkehrung aller Lebensbewertung und Lebensbedenkung eintreten. Der homo capitalisticus ist das künstliche und kunstvolle Gebilde, das aus dieser Umkehrung schließlich hervorgegangen ist. Was auch immer spontan zur Herausbildung eines ökonomischen Rationalismus geführt haben mag: daß dieser in der Glaubenslehre der Kirche, die für das ganze Leben nichts anderes erstrebte, als was der kapitalistische Geist für das Wirtschaftsleben bewirken sollte, eine mächtige Stütze fand, wird nicht in Zweifel gezogen werden dürfen. Selbst wenn die wirtschaftliche Welt ihren Einfluß auf die Gestaltung der kirchlichen Ethik ausgeübt haben sollte (ein Problem, das wir im Verlaufe dieser Darstellung noch genauer zu untersuchen haben werden), so würde der ökonomische Rationalismus doch wiederum eine Versteifung und Verinnerlichung haben erfahren müssen durch die Mithilfe eines zu höchster Vollendung ausgebauten Systems von Vernunftregeln, das zudem die höchste Autorität der Kirche als Unterlage mitbekam.

Um wieviel größer mußte die Wirkung dieser Lehren auf die Wirtschaftsgesinnung der neuen Menschen sein, wenn durch sie, wie es tatsächlich der Fall war, besondere Seelenzustände erzeugt wurden, die dem Wachstum des kapitalistischen Geistes ihrem Wesen nach förderlich waren. Ich denke vor allem an die Zurückdämmung der erotischen Triebe, die sich ja die christliche Ethik so sehr angelegen sein ließ [284]). Niemand hat tiefer wie S. Thomas erkannt, daß die bürgerlichen Tugenden nur gedeihen können, wo das Liebesleben des Menschen seine Einschränkung erfahren hat. Er wußte, daß „Verschwendung", diese Todfeindin aller Bürgerlichkeit, meist Hand in Hand mit einer freien Auffassung in Liebesdingen geht — „Verschwender" hier, „Verschwender" dort —[285]); und daß der luxuria — die Wollust und Aufwand ursprünglich in einem ist — die gula, die Prasserei, entspringt: sine Cerere et Libero friget Venus. Darum wußte er auch, daß, wer keusch und mäßig lebt, der Sünde der Verschwendung (prodigalitas) schwerer verfällt, auch sonst sich als ein besserer Haushälter erweist. Daß der enthaltsam Lebende auch der tatkräftigere Unternehmer sein muß, versteht sich von selbst.

Ist so mit der Erziehung zur Mäßigkeit in Venere, Baccho et Cerere gleichsam der Grund gelegt, so wird die Gewöhnung an ein geordnetes bürgerliches Leben: ein „Haushalten" auch mit Hab und Gut leichter fallen. Daß der Mensch aber auch in diesen Dingen ein wohlgeordnetes Leben führe, verlangt die christliche Ethik durchaus.

Die eigentliche ökonomische Tugend ist bei den Scholastikern die liberalitas: das rechte, vernünftige Haushalten, das juste milieu der Lebensführung, das den beiden Extremen (die sündhaft sind): Geiz (avaritia) und Verschwendung (prodigalitas) gleich fern bleibt. Liberalitas mit „Freigebigkeit" zu übersetzen geht nicht an; „Wirtschaftlichkeit" würde eher den Sinn treffen, obwohl liberalitas einige Nuancen freier ist: sie ist gleichsam die Vorstufe zur »Sancta masserizia«. Liberalitas ist vor allem die Ordnung des Haushaltens, der Einnahme und Ausgabe: »tendit ad ordinandam propriam affectionem circa pecuniam possessam et usus eius[286]; sie lehrt die Kunst, die irdischen Güter wohl zu gebrauchen: convenienter uti[287]; actus liberalitatis est bene uti pecunia[288]; sie lehrt die rechte Liebe zum Gelde und zum Reichtum: consistit in medio, quia sc. non excedat nec deficiat a debito affectu et usu divitiarum[289]. Der Verschwender liebt das Geld zu wenig (minus debito), der Geizige zu sehr[290]. In der strengen Verpönung eines zu großen Aufwandes[291], namentlich eines solchen, der „über die Verhältnisse" zu leben zwingt[292], liegt die Verpflichtung zur Sparsamkeit eingeschlossen; der Hinweis auf die schlimmen Folgen der Verschwendung[293] enthält im Kern die Empfehlung der (bürgerlichen) Einnahmewirtschaft und die Verwerfung der (seigneurialen) Ausgabewirtschaft.

Aber nicht nur die Verschwendung: auch andere Feinde der bürgerlichen Lebensführung bekämpft die christliche Ethik und verdammt sie als Sünden. Vor allem den Müßiggang (otiositas), der auch für sie der „Anfang alles Lasters" ist. Der Müßiggänger sündigt, weil er die Zeit, dieses kostbarste Gut, vergeudet[294]; er steht tiefer als alle Kreatur; denn alle Kreatur arbeitet in irgendeiner Weise: nichts geht müßig[295]. Antoninus, der mit besonders beredten Worten eine gute Zeitökonomie predigt, weist auch den Einwand der Trägen als unberechtigt zurück: sie wollten Gott schauen, wollten der Maria folgen, nicht der Martha. Gott zu schauen, meinte er, seien nur wenige berufen. Die große Masse sei dazu da, werktätig zu sein.

### Neunzehntes Kapitel: Der Katholizismus

Neben der Industry und Frugality wird auch die dritte bürgerliche Tugend von den Scholastikern gelehrt: die Honesty: die Wohlanständigkeit, die Ehrlichkeit oder Ehrenhaftigkeit.

Ich glaube, daß wir eine sehr beträchtliche Menge dessen, was wir als kaufmännische Solidität einen wichtigen Bestandteil des kapitalistischen Geistes bilden sahen, dem Erziehungswerk der Kirche verdanken. Innerhalb der Grenzen der Stadt: da wachte das Auge des Nachbars, wachte der Zunftvorstand über die ehrliche und anständige Geschäftsführung. Aber wenn sich die Beziehungen mit dem Anwachsen des Kapitalismus räumlich über weite Gebiete ausdehnten, da war es doch schließlich das Gewissen des Kaufmanns, das ihn zur Solidität antrieb. Und dieses Gewissen zu wecken, war die Aufgabe der Kirche. Sie tat es, indem sie alle unehrlichen Praktiken bei den Vertragsabschlüssen als Sünde verdammte: »Mortaliter peccant«, eine Todsünde begehen diejenigen, die „mit falschen Beteuerungen, Lügen und Zweideutigkeiten" Handel treiben[296]). Wie sehr es der Einfluß der Kirche war, der die Geschäftswelt in ihren Anfängen mit Solidität erfüllte, läßt ein Wort wie das Albertis erkennen, wenn er ausdrücklich betont, daß nicht nur die Klugheit und der Scharfsinn seiner Familienangehörigen sie so hoch gebracht haben, sondern auch die solide Geschäftsführung, für die sie Gott belohnt habe[297]).

Aber wenn man aufmerksam die Schriften der Scholastiker durchliest, vor allem das wunderbare, in seiner Monumentalität nur von den Schöpfungen Dantes und Michelangelos erreichte Werk des ganz großen Thomas von Aquino, so empfängt man den Eindruck, als habe ihnen noch mehr als diese Erziehung zur Bürgerlichkeit und Wohlanständigkeit ein anderes Erziehungswerk am Herzen gelegen: die Erziehung ihrer Zeitgenossen zu aufrechten, mutigen, klugen, tatkräftigen Männern.

Worauf sie in ihrer Tugendlehre den größten Nachdruck legen, wozu sie immer und immer wieder ermahnen, ist die Durchdringung des ganzen Wesens mit Spannkraft und Frische. Nichts verdammen sie so sehr wie geistige und moralische „Schlappheit": die acidia, jene Modekrankheit des Trecento, von der wir durch Petrarca so genau unterrichtet sind, ist eine Todsünde. Und ein großer Teil ihrer Morallehre liest sich wie Vorschriften für eine Art von seelischem Training. Die beiden Kardinaltugenden, die dieses Erziehungswerk vollbringen sollen, sind die Klugheit und die Stärke, die Quellen oder der Ausdruck der geistigen und der moralischen Energie.

Die Klugheit (prudentia), diese geistige Tugend (virtus intellectualis), schließt nach S. Thomas[298]) folgende untergeordnete Tugenden in sich:

das Gedächtnis (memoria praeteritorum),
den Verstand (intelligentia praesentium),
die Erfindsamkeit (sollertia in considerandis futuris eventibus),
die vernünftige Überlegung (ratiocinatio conferens unum alteri),
die Gelehrigkeit (docilitas per quam aliquis acquiescit sententias maiorum),
die Vorausschau (providentia: importat .. providentia respectum quendam alicuius distantis ad quod ea quae in praesenti occurunt ordinanda sunt),
die Umsicht (circumspectio .. necessaria ..: ut scilicet homo id quod ordinatur in finem comparet etiam cum his quae circumstant),
die Vorsicht (cautio).

Der Klugheit, die als Tugend erstrebenswert ist, stehen als Laster, die zu meiden sind, gegenüber:

die Unklugheit (imprudentia),
die Überstürztheit (praecipitatio),
die Unbedachtsamkeit (inconsideratio),
die Nachlässigkeit (negligentia).

Antoninus[299]), der sich vor allem auch über das spezifisch-geistige Laster ausläßt: die acidia, die wir etwa mit unserem Worte

## Neunzehntes Kapitel: Der Katholizismus

Schlappheit am besten bezeichnen können, führt als Laster, die sämtlich dieser Todsünde wiederum ihr Dasein verdanken, an:

die Nachlässigkeit (negligentia = peccatum quo voluntas est remissa ad eligendum actum debitum vel circumstantiam circa actum debitum observari),

die Trägheit (desidia),

die Unbeständigkeit (inconstantia: instabilitatem voluntatis importat),

den Stumpfsinn (torpor),

die Unterlassung (omissio),

die Faulheit (pigritia),

den Müßiggang (otiositas),

die Unklugheit (imprudentia: ille imprudens dicitur, qui non diligenter observat circumstantias in operibus suis; sed inter omnes circumstantias nobilissima est circumstantia temporis quam imprudens negligit observare).

Alle diese Laster wiederum folgen aus der »luxuria«: aus der Genußsucht im allgemeinen, aus der ungezügelten Betätigung der erotischen Neigungen insbesondere: die vollendete Klugheit wie jede geistige Tugend besteht in der Eindämmung der sinnlichen Triebe [300]).

Es liegt auf der Hand, welche überragend große Bedeutung diese Lehre von den geistigen Tugenden, diese Vorschriften, die, wie ich es nannte, ein geistiges Training zum Zwecke hatten, für den angehenden kapitalistischen Unternehmer haben mußten. Wenn auch gewiß die Kirchenlehrer nicht in erster Linie an diesen gedacht haben, so war er doch der erste, für den diese Tugenden der geistigen Energie auch einen praktischen Wert bekamen. Es sind ja geradezu die Eigenschaften des guten und erfolgreichen Unternehmers, die hier als Tugenden gepriesen und mit der ganzen Autorität der Kirche gezüchtet wurden. Eine Preisaufgabe des Inhalts: „wie erziehe ich den triebhaften und genußfrohen Seigneur einerseits, den stumpfsinnigen und schlappen Handwerker andererseits zum kapitalistischen Unternehmer?" hätte keine bessere Lösung zutage fördern können, als sie schon in der Ethik der Thomisten enthalten war.

Der herrschenden Ansicht von der Stellung der Kirchenlehre zu den Anforderungen des emporkommenden Kapitalismus laufen die hier geäußerten Anschauungen stracks entgegen. Man hat bisher nicht nur diesen den kapitalistischen Geist fördernden Gehalt der thomistischen Ethik übersehen, man hat geglaubt, aus ihr eine Unmenge von Lehren und Vorschriften oder Verboten herauslesen zu sollen, die angeblich alle eine Todfeindschaft gegen die neuen Menschen des kapitalistischen Zeitalters und ihre Bestrebungen enthalten. Der erste und, soviel ich sehe, bis jetzt einzige Forscher, der dieser herrschenden Auffassung entgegengetreten ist, ist **Franz Keller**, auf dessen wertvolle Schrift ich zu verschiedenen Malen bereits hingewiesen habe. Ihm verdanke ich die Anregung zu einem erneuten, eingehenden Studium der scholastischen Quellen, das mich nicht nur völlig von der Richtigkeit der von Keller vertretenen Ansichten überzeugt, sondern mir über diesen hinaus die deutliche Erkenntnis verschafft hat, daß das Gegenteil von dem, was man bisher angenommen hat, und was ich selbst im Vertrauen auf die früheren Untersuchungen angenommen hatte, richtig ist: daß die Anschauungen der Scholastiker, vor allem natürlich der des Spätmittelalters, über Reichtum und Erwerb, insbesondere auch ihre Ansichten über die Statthaftigkeit oder Unstatthaftigkeit des Zinsnehmens, für die Entfaltung des kapitalistischen Geistes nicht nur kein Hindernis bedeuten, daß sie vielmehr wesentlich zur Stärkung und Beförderung dieses Geistes beitragen mußten.

Das ist im Grunde gar nicht so erstaunlich, wenn man sich die Männer näher ansieht, die wir vornehmlich als Scholastiker kennen. Wir haben uns sehr zu Unrecht daran gewöhnt, in ihnen weltfremde, abstruse Stubengelehrte zu erblicken, die in endlosen Wiederholungen und unerträglichen Weitschweifigkeiten unwirkliche Dinge traktierten. Das gilt gewiß von vielen der kleineren Kirchenlichter. Aber es gilt wahrhaftig nicht von den Großen. Von der Erhabenheit des Werkes des H. Thomas selbst sprach ich schon. Aber nicht seine Monumentalität ist es, was ich hier (für den, der es auch nur flüchtig kennt, gewiß unnützerweise) hervorheben wollte. Ich wollte nur auf den Fehler hinweisen, der so oft begangen wird, daß man Thomas von Aquino ohne weiteres dem „Mittelalter" zurechnet und ganz vergißt, daß er doch immerhin in einem Jahrhundert lebte und schrieb, das für das Land, in dem er wirkte, schon den Anfang der neuen Zeit bedeutete. Aber mag man Thomas von Aquino selbst ganz und gar in das vorkapitalistische Zeitalter verweisen: die Männer, die nach ihm über christliche Ethik schrieben, standen schon im vollen Lichte der kapitalistischen Entwicklung. Das gilt vor allem von Antoninus von Florenz, der 1389 geboren wurde und 1459 starb; das gilt von seinem Zeitgenossen Bernhard von Siena; das gilt von dem Kommentator des H. Thomas, dem Kardinal Caietanus, der 1469 starb; das gilt von Chrys. Javellus und vielen anderen. Und nicht nur die Zeit, in der diese Männer lebten, auch ihre Persönlichkeiten sprechen dafür, daß sie weder weltfremd noch weltfeindlich waren, daß sie insbesondere die wirtschaftliche Revolution, die sich vor ihren Augen vollzog, begriffen, und nicht gewillt waren, dem rollenden Rade in die Speichen zu fallen. Sie stehen dem Kapitalismus mit unendlich viel größerer Sachkunde und mit unendlich viel größerer Sympathie gegenüber als etwa im 17. Jahrhundert die zelotischen Verkünder des Puritanismus. Welch eine Fülle praktischen Wissens steckt in der Summa des Antoninus! Das ist das Werk eines der lebenskundigsten Männer seiner Zeit, der offenen Blicks durch die Straßen von Florenz ging, dem keiner von den Tausenden geschäftlicher Pfiffe und Kniffe seiner lieben Landsleute verborgen blieb, der im Transportversicherungswesen ebenso zuhause war wie im Wechselgeschäft, in der Seidenindustrie ebenso wie im Tuchhandel.

Hören wir nun, wie sich diese Leute zu dem neuen Wirtschaftssystem und seinem Geiste stellen.

Fragen wir zunächst, welche Auffassung die scholastische Ethik von dem Problem des Reichseins oder Armseins als solchem hat, so haben wir festzustellen, daß das frühchristliche Armutsideal, das manche der Kirchenväter und die meisten Anhänger der Sekten erfüllt, ganz und gar verschwunden ist. An sich ist es für den frommen Christen belanglos, ob er arm oder reich ist: es kommt nur auf den Gebrauch an, den er von seinem Reichtum oder seiner Armut macht: nicht Reichtum oder Armut an sich flieht der Weise, sondern nur ihren Mißbrauch [301]. Wägt man die beiden Verfassungen des Reich- und Armseins gegeneinander ab, so neigt sich die Wage eher zugunsten des Reichtums [302]. Reichtum und Armut sind gleichermaßen eine Fügung Gottes [303]. Mit beiden verbindet er in seiner Güte bestimmte Zwecke: den Armen will er zur Geduld erziehen, dem Reichen ein Zeichen seiner Gnade geben oder auch ihm die Möglichkeit verschaffen, den Reichtum gut zu verwenden [304]. Daraus folgt aber die Pflicht der guten Verwendung. Auch darf der fromme Christ sein Herz nicht an ihn hängen, darf ihn auch nicht als Mittel zur Sünde benutzen. Tut er das nicht, verwendet er den Reichtum pflichtgemäß, so gebührt diesem nicht der Vorwurf der Iniquitas, der ihm zuweilen gemacht wird [305]. Zweck des Reichtums kann natürlich niemals der Reichtum selbst sein; er darf immer nur als Mittel betrachtet werden, um dem Menschen und durch den Menschen Gott zu dienen. Jener ist der nahe, dieser der entfernte Zweck: finus propinquus, finis remotus.

War das Reichsein zu allen Zeiten von den Scholastikern als ein von Gott gewollter Zustand betrachtet worden, so war die Stellung zu dem Problem des Reicherwerdens nicht

immer die gleiche. Hier vertrat der H. Thomas die grundsätz=
lich statische Auffassung, wie ich sie nannte, jene Auffassung des
ruhenden Gesellschaftszustandes, wie sie allem vorkapitalistischen
Wesen entspricht. Jedermann steht an seinem Platze und bleibt
darauf sein Leben lang: er hat einen bestimmten Beruf, einen
bestimmten Stand, ein bestimmtes Auskommen, das seinem
Stande entspricht: „den standesgemäßen Unterhalt". Alle Ver=
änderungen, alle Entwicklung, aller „Fortschritt" sind innerliche
Vorgänge und betreffen die Beziehungen des Einzelmenschen zu
Gott. Danach war also auch das Maß des Reichtums
(mensura divitiae), über das jeder zu verfügen hatte, ein für
allemal bestimmt: prout sunt necessariae ad vitam hominis
secundum suam conditionem: er war so reich wie es seinem
Stande entsprach.

Eine solche Auffassung konnte sich in dem revolutionären
14. und 15. Jahrhundert nicht halten. Sie stellte die Beicht=
väter täglich vor die schwierigsten Probleme, denn genau befolgt
führt sie ja zu der Schlußfolgerung: daß niemand sich aus
seinem Stande in die Höhe arbeiten, daß niemand Reichtum
erwerben könne, der ihn befähigte, einen höheren standesgemäßen
Unterhalt zu bestreiten.

Ein rusticus müßte danach immer rusticus, der artifex
immer artifex, der civis immer civis bleiben, keiner dürfte sich
ein Landgut kaufen usw.: »quae sunt manifeste absurda«:
was offenbar Unsinn wäre, wie Kard. Caietanus in
seinem Kommentar gegen die vom H. Thomas scheinbar ver=
tretene Ansicht einwendet. Offenbar, meint er, muß die Mög=
lichkeit für jedermann bestehen, sich emporzuarbeiten, also auch
reicher zu werden. Und er begründet diese Möglichkeit wie
folgt: wenn jemand hervorragende Eigenschaften (Tugenden)
besitzt, die ihn befähigen, über seinen Stand hinauszuwachsen, so
soll er auch die Mittel dazu erwerben dürfen, die dem höheren

Status entsprechen: sein Gewinnstreben, sein größerer Reichtum bleiben dann immer noch innerhalb der Grenzen seiner Natur: der höhere Stand entspricht seiner Begabung; sein Streben über seinen Stand hinaus muß nach der Größe seiner Begabung beurteilt werden: »mensuratur quippe horum appetitus ascendendi penes quantitatem suae virtutis«. Mit dieser Auslegung der thomistischen Regel war also den kapitalistischen Unternehmern der Weg frei gemacht für ihren Aufstieg. Jene Männer, „die aus der Masse hervorragen durch besondere Gaben", denen „von Rechts wegen die Herrschaft über die anderen gebührt, obwohl sie nicht die Herren sind"; jene Männer, deren Sinn auf die Handlung und andere große Werke gerichtet ist, wie es Antoninus bezeichnet: »intenti ad mercationes et alia magna opera«: die konnten nun mit voller Approbation ab seiten der kirchlichen Instanzen ihrem Gewinn nachgehen, konnten Kapital akkumulieren, soviel sie mochten: sie blieben ungestraft [306]).

„Soviel sie ‚mochten': wobei es sich von selbst versteht, daß ihr Gewinnstreben sich 1. innerhalb der Grenzen der Vernunft bewegt und 2. die Gebote der Sittlichkeit in der Mittelwahl nicht verletzt. Unvernünftig und deshalb strafwürdig handelt derjenige, der den Gewinn um des Gewinnes willen erstrebt, Reichtümer um der Reichtümer willen anhäuft, in die Höhe will um des Steigens willen. Solches Tun, weil es keine Grenzen hat, ist sinnlos [307]). Und ebenso strafwürdig ist der, der bei seinem Erwerbe die Rücksichten der Moral oder des öffentlichen Wohles hintansetzt, der die Stimme seines Gewissens nicht mehr hört, sondern um eines Geschäftsgewinnes willen das Heil seiner Seele gefährdet [308]). Also wie ich es bezeichnete: das schrankenlose und das rücksichtslose Erwerbsstreben wird von allen katholischen Sittenlehrern bis in die neuere Zeit hinein verdammt. Sie vertreten damit die Auffassung, die wir im „Bourgeois alten Stils" noch lebendig sahen, die also bis zum Ende der frühkapitalistischen Epoche geherrscht hat, die aber natürlich ein frisches und fröhliches Gewinnen keineswegs ausschloß. Es war nicht sowohl das Ausmaß des Gewinnes, als vielmehr die Sinnesrichtung des kapitalistischen Unternehmers, die die kirchliche Morallehre beeinflussen wollte. Was sie verhindern wollte und zu verhindern gewiß mitgeholfen hat, war die Umkehrung aller Lebenswerte, wie sie sich erst in unserem Zeitalter vollzogen hat.

Als Grundton klingt aus allen Äußerungen der italienischen Spätscholastiker über ökonomische Dinge eine herzliche und verständnisvolle Anteilnahme heraus an dem „Aufschwunge", den das Wirtschaftsleben zu ihrer Zeit und in ihrem Lande nahm; wir müssen also in unserer Ausdrucksweise sagen: sie sympathisierten durchaus mit dem Kapitalismus. Und diese Sympathie ist offenbar einer der Gründe, weshalb sie mit solcher Zähigkeit an der kanonistischen Wucherlehre festhielten. Das „Zinsverbot" besagt in dem Munde der katholischen Moralisten des 15. und 16. Jahrhunderts in fachtechnischer Terminologie: **Ihr sollt das Geld nicht verhindern, sich in Kapital zu verwandeln.**

Diese Ansicht: **daß das Zinsverbot den stärksten Anreiz zur Entwicklung des kapitalistischen Geistes enthielt**, erscheint auf den ersten Blick paradox. Und doch drängt sie sich bei einem leidlich aufmerksamen Studium der Quellen auf, so daß ich offen gestanden nicht recht begreife, warum noch niemand diese Zusammenhänge gesehen hat. Kommt es vielleicht daher, daß meistens nur Nichtnationalökonomen diese Quellen benutzt haben, denen jene begriffliche Schulung, die wir an den Antoninus oder Bernardus bewundern müssen, abging? Franz Keller, der wohl befähigt gewesen wäre, die Sachlage richtig zu beurteilen, hat sich gerade mit diesem — freilich wohl wichtigsten! — Teile des Problems nicht befaßt.

Beim H. Thomas ist der Kapitalbegriff noch in statu nascendi. Aber auch er unterscheidet doch auch schon — wenn auch noch nach wesentlich formalen Merkmalen — das einfache Darlehn von der Kapitalanlage und erklärt den Gewinn aus jenem für unzulässig, aber aus dieser für statthaft [809]).

Dagegen ist bei Antoninus von Florenz und Bernardus von Siena der Kapitalbegriff zu voller Schärfe entwickelt und wird auch mit dem Worte „Kapital" bezeichnet. Was sie über ihn auszusagen wissen, hat die nationalökonomische Wissenschaft erst seit Marx wieder gelernt. So entwickelt — was nicht eigentlich zu dem Problem gehört, das uns hier beschäftigt — Antoninus mit völliger Sachbeherrschung die Bedeutung der Schnelligkeit des Kapitalumschlags für die Steigerung des Profits [810]).

Was uns hier interessiert, ist folgendes: Kapitalanlage (ratio capitalis) und Geldleihe (ratio mutui) werden in einen scharfen und grundsätzlichen Gegensatz zueinander gestellt [811]). In der Form der Leihe ist das Geld unfruchtbar, als Kapital ist es fruchtbar: „es hat als solches nicht einfach den Charakter des Geldes oder einer Sache, sondern darüber hinaus eine **schöpferische Eigenschaft, die wir eben als Kapital bezeichnen**" [812]).

Die sehr einfache Formel, in der die kirchlichen Autoritäten nun zu der Frage des Gewinnmachens Stellung nehmen, ist diese:

**Einfacher Leihzins in jeder Gestalt ist verboten; Kapitalprofit in jeder Gestalt ist erlaubt**: sei es, daß er aus Handelsgeschäften fließt, sei es aus einem Verlagsunternehmen: dans pecuniam .. artefici ad materias emendas et ea eis artificiata faciendum [813]); sei es, daß er durch Transportversicherung erzielt wird [814]); sei es durch Beteiligung an einem Unternehmen: modo societatis [815]), oder wie sonst [816]).

Nur eine Einschränkung wird gemacht: der Kapitalist muß

unmittelbar — durch Gewinn und Verlust — an der Unternehmung beteiligt sein. Hält er sich im Hintergrunde, fehlt ihm der Wagemut, der „Unternehmungsgeist", will er sein Geld nicht riskieren, dann soll er auch keinen Gewinn machen. Also auch wenn jemand ein fest verzinsliches Darlehn zu produktiven Zwecken gibt, ohne auch den eventuellen Verlust zu tragen, so ist der Zins unstatthaft. (Es ist daraus ersichtlich, daß die von einigen versuchte Gegenüberstellung von Produktivkredit und Konsumtivkredit [Gestattung des Zinses dort, Verbot hier] dem Sinn der scholastischen Gewinnlehre nicht gerecht wird.)

Eine Aktiengesellschaft könnte also keine Obligationen aufnehmen; ein Bankdepot darf nicht verzinst werden[317]; das Darlehn an einen Handwerker, dessen Stammsumme vertragsmäßig sichergestellt ist, ist unstatthaft[318]; ein Gesellschaftsvertrag ist nur erlaubt, wenn alle Sozien auch am Verluste teilnehmen[319].

Man merkt den frommen Männern an, wie sie auf alle Weise die Unternehmungslust anstacheln möchten: die »industria« ist es, die sie durch die Gestattung eines Gewinns belohnen wollen: sie ist die Quelle des Kapitalprofits. Das Geld allein ist freilich unfruchtbar; aber die »industria«, der Unternehmungsgeist, befruchtet es, so daß es nun einen rechtmäßigen Gewinn abwirft[320].

Wir wissen, daß die Scholastiker nichts so verpönen wie die Untätigkeit. Das leuchtet auch aus ihrer Profit- und Zinslehre hervor: derjenige, der bloß Geld auf Zinsen leiht, ohne selbst als Unternehmer tätig zu sein, ist faul: er soll auch keinen Lohn in Gestalt von Zins erhalten. Deshalb ist, wie wir sehen, die Verzinsung auch desjenigen Darlehns verboten, das zu produktiven Zwecken verwandt, wenn andere die produktive Tätigkeit ausüben. Sehr charakteristisch ist eine Stelle bei Antoninus, wo er darauf hinweist, daß die Nobili, die nicht arbeiten wollen, ihr Geld andern ins Geschäft geben, ohne auch nur das Risiko mittragen zu wollen: der Zins, der ihnen bezahlt wird, ist unerlaubt[821]).

Ganz besonders aber ist deshalb bei den Spätscholastikern der gewerbsmäßige Wucher verhaßt, der der Todfeind alles kapitalistischen Unternehmungsgeistes ist. Eine der schwersten Sünden ist der „Geiz", die avaritia, die nicht nur nicht dasselbe sondern geradezu das Gegenteil eines normalen Gewinnstrebens ist. Der Geizige, der avarus, ist der Wucherer, den Antoninus mit wundervoller Darstellungskraft uns vor Augen stellt: wie er über seinen Schätzen hockt, vor Dieben zittert, abends seine Goldstücke zählt, in der Nacht schreckhafte Träume hat und bei Tage nur auf Raub auszieht, trachtend, wen er in seine Netze ziehen könne. (Wir müssen uns immer vergegenwärtigen, welche gewaltige Rolle der Wucher in Gestalt des Konsumtivkredits in der damaligen Zeit bei der Liquidation der feudalen Gesellschaft gespielt haben muß.)

Aus dem Geize — das müssen wir besonders beachten — folgt unter andern Untugenden die Untätigkeit: die inertia: „der Geiz, die Seelenstimmung des Wucherers, nimmt dem Geizigen alle Tatkraft hinweg, mittels deren er sich auf erlaubte und heilsame Weise Gewinn verschaffen könnte: der Wucherer wird träge, schlapp, müßig. Und so wird der Mensch gezwungen, zu unerlaubten Mitteln des Erwerbes seine Zuflucht zu nehmen"[822]).

Hier verschlingt sich die Lehre vom erlaubten Gewinn mit der Lehre von den geistigen Tugenden: alles läuft auf denselben Grundgedanken hinaus: das tatkräftige Unternehmertum ist Gott wohlgefällig; verschwenderische Nobili, schlappe Stubenhocker, müßiggehende Wucherer dagegen sind ihm ein Gräuel.

## Zwanzigstes Kapitel: Der Protestantismus

Der Protestantismus bedeutet zunächst auf der ganzen Linie eine ernste Gefahr für den Kapitalismus und insbesondere die kapitalistische Wirtschaftsgesinnung. Das konnte ja auch gar nicht anders sein. Der Kapitalismus ist doch — wie man ihn auch immer betrachten und bewerten möge — aus Weltlichkeit und Diesseitigkeit zusammengefügt, und deshalb wird er immer um so mehr Anhänger finden, je mehr der Blick der Menschen auf die Freuden dieser Erde gerichtet ist, und deshalb wird er immer gehaßt und verdammt werden von Menschen, denen die Irdischkeit nur als Vorbereitung auf ein Leben im Jenseits gilt. Jede Vertiefung des religiösen Gefühls muß eine Indifferenz gegenüber allen wirtschaftlichen Dingen erzeugen, und Indifferenz gegenüber dem wirtschaftlichen Erfolge bedeutet Schwächung und Zersetzung des kapitalistischen Geistes. Da nun aber die Bewegung der Reformation zweifellos eine Verinnerlichung des Menschen und eine Verstärkung des metaphysischen Bedürfnisses in ihrem Gefolge hatte, so mußten die kapitalistischen Interessen zunächst einmal Schaden leiden in dem Maße, wie sich der Geist der Reformation verbreitete.

Beim Luthertum wurde diese anti-kapitalistische Stimmung noch verstärkt durch die massiv eigenwirtschaftlich-handwerkerliche Gesinnung Luthers selber, der in seiner Wirtschaftsphilosophie weit hinter den Thomismus zurückging. Und wir können ohne viel Bedenken sagen, daß in den Ländern, in denen das Luthertum zur Herrschaft gelangt, die Einwirkung der Religion auf das Wirtschaftsleben — soweit sie überhaupt stattfand — ganz sicher nicht in einer Förderung, sondern ganz gewiß eher in einer Hemmung der kapitalistischen Tendenz auslief.

Aber auch dort, wo die andern Richtungen des Protestantismus: insbesondere also wo der Kalvinismus — den Sieg davontrugen, wird man zunächst eine starke Feindschaft der Kirche gegen den Kapitalismus und seinen Geist feststellen müssen und wird zu der Annahme gedrängt werden, daß das neue Bekenntnis für die Entfaltung des kapitalistischen Geistes in vieler Beziehung eher schädlich als nützlich gewesen ist.

Da man heute sich gewöhnt hat, im Kalvinismus und zumal in seiner englisch-schottischen Spielart, dem Puritanismus, schlechthin einen Beförderer des kapitalistischen Geistes, wenn nicht gar seinen Erzeuger, zu erblicken, so wird es nötig sein, daß ich die anti-kapitalistischen Tendenzen, die der kalvinistisch-puritanischen Ethik innewohnten, etwas ausführlicher darlege. Ich beziehe mich dabei ausschließlich auf englisch-schottische Quellen, da man ja für Großbritannien eine besonders starke Förderung des Kapitalismus durch den Puritanismus annimmt.

Zunächst und vor allem tritt in der puritanischen Ethik das frühchristliche Armutsideal wieder viel mehr in den Vordergrund. Die Bewertung des Reichtums und damit aller Erwerbstätigkeit nähert sich wieder mehr dem Evangelium und die Abneigung gegen den irdischen Besitz ist viel stärker als bei den Scholastikern. Grundsätzlich vertritt der Puritanismus dieselbe Ansicht wie der Thomismus: Reichtum und Armut sind für das Heil der Seele beide gleich belanglos. Aber während wir bei den Thomisten eine Hinneigung zum Reichtum bemerkten, finden wir umgekehrt bei den Puritanern eine stärkere Sympathie für die Armut. Der Verstand der Ethiker beider Richtungen erklärt die beiden Zustände für indifferent, das Herz der Scholastiker ist eher beim Reichtum, das der Puritaner eher bei der Armut. So sind die Stellen, in denen in Baxters Directory der Reichtum verdammt wird, in denen auf seine Gefahren und auf seine Nutzlosigkeit hingewiesen wird, zahlreicher als in irgendeiner thomistischen Summa. Ich führe ein paar dieser Stellen an:

## Zwanzigstes Kapitel: Der Protestantismus

„Wie wenig bedeuten der Reichtum und die Ehren dieser Welt für eine Seele, die in eine andere Welt geht und nicht weiß, ob sie diese Nacht abgerufen wird. Dann nimm den Reichtum mit, wenn du kannst."

„Arbeite daran, die großen Nöte zu fühlen, die kein Geld beseitigen kann."

„Geld wird deine Knechtschaft, in der dich die Sünde hält, eher verschärfen als erleichtern."

„Ist ehrbare Armut nicht viel süßer als übertrieben geliebter Reichtum?"

„Bedenke, daß Reichtum es viel schwerer macht, gerettet zu werden" — unter Berufung auf Sokrates, Luk. 18, 24 ff. („es ist leichter, daß ein Kamel durch ein Nadelöhr gehe" usw.). Luk. 6, 24. 25; 1. Tim. 6, 10: „die Liebe zum Gelde ist die Wurzel alles Übels" — Glaubt ihr's, daß hier die Gefahren für eure Seelen liegen: wie könnt ihr das Geld dann noch so lieben und euch um seinen Erwerb abmühen?"

Hast du Reichtum ererbt oder fällt er dir in deinem Geschäft zugut, so wirf ihn nicht weg, sondern mache einen guten Gebrauch davon (wir werden noch sehen, worin dieser bestand). Aber — „es ist kein Grund vorhanden, warum ihr eine so große Gefahr (wie den Reichtum) herbeiwünschen und aufsuchen sollt."

„Was hindert mehr als die Liebe und die Sorge für weltliche Dinge die Bekehrung der Sünder? Ihr könnt nicht Gott dienen und dem Mammon."

„Mit einem Wort: Ihr hört es: die Liebe zum Gelde ist die Wurzel alles Übels, und die Liebe des Vaters ist nicht bei denen, die die Welt lieben."

„Nicht umsonst warnt Christus so oft und so eindringlich vor dem Reichtum, und beschreibt die Torheit, die Gefahr und das Elend des weltlichen Reichen, und erzählt euch, wie schwer der Reiche zu retten ist"[328].

Zusammenfassend zählt Baxter folgende Übelstände der Liebe zum Gelde auf:
1. sie zieht das Herz von Gott zu der Kreatur (der Welt);
2. sie macht taub gegen das Wort;
3. sie zerstört heilige Betrachtung (holy meditation and conference);

4. sie stiehlt die Zeit der Vorbereitung auf den Tod;
5. sie erzeugt Streit in der nächsten Umgebung; Kriege zwischen den Nationen;
6. sie erzeugt alle Ungerechtigkeit und Unterdrückung;
7. sie zerstört Mildtätigkeit und gute Werke;
8. sie bringt Familien in Unordnung (disordereth and profaneth families);
9. sie führt die Menschen in Versuchung zur Sünde: »it is the very price that the devil gives for souls«;
10. sie entzieht die Seele der Gemeinschaft mit Gott.

Begreiflicherweise wird bei dieser ablehnenden Stellung, die der strenge Puritaner dem Reichtum gegenüber einnimmt, das Streben, nach Reichtum zu gelangen, also vor allem auch das kapitalistische Gewinnstreben noch schärfer verurteilt. Die Grundstimmung ist auch hier die des Evangeliums: „Sorget nicht um das Morgen . . ."

„Wer gewinnsüchtig ist, zerstört sein Haus; aber wer den Besitz verachtet, der wird leben."

„Wißt ihr nicht, daß ein frommer Mann, der zufrieden ist mit seinem täglichen Brot, ein viel süßeres und ruhigeres Leben führt und einen sanfteren Tod hat als ein sich abquälender Weltling?"

„Wenn Christus sich abgerackert und gesorgt hat, um des Reichtums willen, dann tuet desgleichen: wenn er das für das glücklichste Leben gehalten hat, denket auch so. Aber wenn er das verachtet hat, verachtet es auch."

„Wenn ihr wirklich geglaubt hättet, daß der Erwerb der heiligen Weisheit so viel besser wäre, denn der Erwerb von Geld, wie Salomon Prov. 3, 14 sagt, so würdet ihr mehr von eurer Zeit auf das Studium der heiligen Schriften und auf die Vorbereitung auf euer Ende verwendet haben."

„Quälende Sorgen hier und Verdammung drüben sind wahrhaftig ein teurer Preis, den ihr für euer Geld zahlt."

„Habet acht, daß ihr nicht zu viel Gefallen findet an dem Erfolg und der Blüte eures Geschäfts, wie jene: Luk. 12, 20." („Tor, diese Nacht wird man deine Schätze von dir nehmen" usw.) [824].

## Zwanzigstes Kapitel: Der Protestantismus

Ich habe absichtlich die Belege für die ganz und gar erwerbsfeindliche Gesinnung der puritanischen Moraltheologen aus Baxter genommen, weil er als typischer Vertreter jener Richtung anerkannt ist. Bei andern Predigern finden wir aber genau dieselbe Grundstimmung: was trachtet ihr nach irdischen Schätzen? Was sorget ihr für den Tag?

„Wenn Menschen nicht zufrieden sind mit Nahrung und Kleidung, sondern noch mehr aufhäufen wollen, so tut Gott recht an ihnen, wenn er ihnen nicht einmal das tägliche Brot gibt; und wenn er den Mitmenschen gestattet, sie mit scheelen Augen anzusehen und an ihnen heimzuzahlen, so lange sie noch Fleisch haben."

„Ihr sollt das Notwendige zum Leben haben: Nahrung und Kleidung; wenn ihr nach mehr strebt, wenn ihr begehrt reich zu sein und überflüssige Dinge zu besitzen, so werdet ihr in mannigfaltige Versuchung fallen" usw.

„Wahrlich: mehr zu fordern und zu erstreben, als was für unseren Lebensunterhalt nötig ist, ist sowohl unverträglich mit der Unterwürfigkeit, die wir Gott schuldig sind, als auch spricht es für unsere Eitelkeit, Torheit und Unbedachtsamkeit."

„Warum sollen die Menschen ihre Köpfe damit abrackern, für den morgigen Tag zu sorgen, da sie doch nicht wissen, ob sie morgen etwas bedürfen werden" [325]).

Verdammung des Reichtums bei Abernethy, Hutcheson u. a.[326]). Erst auch in denselben Wandlungen.

Dieser vollständigen Verachtung aller irdischen Güter entsprach die Hochbewertung der Beschäftigung mit Gott. Jede Zeit, die nicht dem Gottesdienste geweiht ist, ist verloren. „Wieviel größere Schätze könnt Ihr in einer gegebenen Zeit gewinnen als Geld, wenn ihr sie mit Beten, Predigen und heiligen Veranstaltungen hinbringt". Zeitvergeudung ist die übertriebene Beschäftigung mit weltlichen Dingen und mit dem Geschäft: excess of worldly cases and business. Solche Leute sind ganz von weltlichen Gedanken erfüllt: früh sind es die ersten, abends die letzten; die „Welt" läßt ihnen keine Zeit für ernste Gedanken; die „Welt" raubt ihnen die Zeit, die Gott und ihren Seelen gebührt, die Zeit, in der sie „beten, lesen, meditieren oder ein Gespräch über heilige Dinge führen sollten[327]).

Und wirklich haben die Menschen, namentlich in Schottland, dieser Hochburg des Puritanismus, lange Zeit diesen Lehren gemäß gelebt. Das heißt sie haben den größten Teil ihres Lebens in der Kirche oder mit Vorbereitungen für den Gottesdienst verbracht. Sonnabend, Sonntag und Montag wurden (alles das gilt vornehmlich fürs 17. Jahrhundert) die Märkte verboten. Wochentags fanden täglich früh und abends Gebete in der Kirche statt; gepredigt wurde zwei- bis dreimal in der Woche; im Jahre 1650 wurde jeden Nachmittag eine Vorlesung veranstaltet. 1653 waren bei Austeilung des Abendmahls folgendermaßen die Wochentage besetzt: Mittwoch Fasten und acht Stunden Gebete und Predigten; Sonnabend zwei oder drei Predigten; Sonntag: zwölf Stunden Gottesdienst in der Kirche; Montag drei oder vier Predigten[328]).

Aus jedem Worte, aus jeder Handlung der frommen Puritaner jener Zeit spricht eine so starke Weltflüchtigkeit, wie sie früher nur einzelne Sekten zur Schau getragen hatten. Und wenn wir trotzdem annehmen wollen, daß der Puritanismus nicht geradezu eine Vernichtung alles kapitalistischen Geistes mit sich gebracht hat, so müssen wir glauben, daß er mit anderen Äußerungen seines Wesens — wenn auch ungewollte — dem Kapitalismus günstige Wirkungen ausgeübt habe. Das ist denn auch wohl tatsächlich der Fall. Und zwar erblicke ich den Dienst, den der Puritanismus gewiß ohne Absicht seinem Todfeinde, dem Kapitalismus, geleistet hat, in der Tatsache, daß er die Grundsätze der thomistischen Ethik wieder mit voller, neu entfachter Leidenschaftlichkeit und in teilweise schärferer und einseitigerer Fassung vertrat.

Mit aller Entschiedenheit fordert die puritanische Ethik

## Zwanzigstes Kapitel: Der Protestantismus

wiederum die Rationalisierung und Methodisierung des Lebens, die Unterdrückung der Triebe, die Umbildung des kreatürlichen Menschen in den Vernunftmenschen: „Nehmt nichts und tut nichts, nur weil das Gefühl oder die Lust es so möchten, sondern nur, weil ihr einen vernünftigen Grund habt, so zu handeln." Dieser Gedanke wird in tausendfacher Form mit ermüdender Breite bei Baxter immer wiederholt[329]). Die Hauptsünden (master sin) sind wieder: Sinnlichkeit, Fleischeslust oder Üppigkeit (sensuality, flesh-pleasing or voluptoousness). Gut zusammengefaßt finden wir die Grundgedanken der puritanischen Ethik in dem Traktat des Isaac Barrow, Of Industry, wo es heißt[330]):

„Wir sollen gemäß strengen Gesetzen regieren und regulieren: alle Fähigkeiten unserer Seele, alle Glieder unseres Körpers, alle inneren Vorgänge und äußeren Handlungen; so daß wir unsere Neigungen zähmen, unsere Gelüste bändigen und unsere Leidenschaften ordnen; so daß wir unsere Herzen bewahren vor eitlen Gedanken und schlechten Wünschen; so daß wir unsere Zungen hüten vor üblen und nichtigen Reden; so daß wir unsere Schritte auf den rechten Weg lenken, und nicht nach rechts, nicht nach links abweichen."

Es mag zugegeben werden, daß in der etwas anderen dogmatischen Verankerung dieses obersten Postulates der rationalen, antikreatürlichen Lebensführung, wie sie bei den verschiedenen Richtungen des nicht lutherischen Protestantismus beliebt wurde, eine Verstärkung des Antriebs zur Befolgung jener Vorschriften liegen konnte. Danach galt es, durch die Bewährung in einem spezifisch gearteten, von dem Lebensstil des „natürlichen" Menschen unzweideutig verschiedenen Wandel den „Gnadenstand" garantiert zu bekommen. Daraus folgte dann, wie Max Weber uns ausführlich dargelegt hat, für den einzelnen das Bedürfnis zur methodischen Kontrolle seines Gnadenstandes in der Lebensführung. Dieser dadurch geschaffene besondere Lebensstil bedeutete eine „an Gottes Willen orientierte rationale Gestaltung des ganzen Daseins". Aber ob dem gewöhnlichen Menschen diese dogmatische Finesse immer zum Bewußtsein gekommen ist? Für ihn war doch das Entscheidende: der Priester (Gott) befiehlt diese bestimmte Art der Lebensführung, die wir als „rationalisierte" bezeichnen, die aber dem Gläubigen sich in nichts anderem als einer Summe von Vorschriften darstellte. Und er folgte dem Gebote des Priesters (Gottes) in dem Maße, wie er gottesfürchtig war. Und daß auch die frommen Katholiken sich mit einer unausgesetzten Selbstkontrolle quälten (und quälen sollten!) haben wir selbst feststellen können. Da nun der Inhalt der Vorschriften im Thomismus und Puritanismus wortwörtlich derselbe ist, so würde eine etwas genauere Befolgung und somit eine stärkere Rationalisierung und Methodisierung der Lebensführung bei den Puritanern aus nichts anderem zu erklären sein als aus dem gesteigerten religiösen Gefühl der Menschen des 17. Jahrhunderts.

Wortwörtlich gleich mit den thomistischen Lehrsätzen lauten auch alle einzelnen Ermahnungen der puritanischen Ethik zu einem wohlgeordneten Lebenswandel: die bürgerlichen Tugenden, die sie verkündet, sind genau dieselben, wie wir sie bei den Scholastikern gefeiert haben:

1. Betriebsamkeit: industry[881]). Sie ist von Gott gewollt; zwar kommen alle Gaben von Gott; aber Gott will, daß wir sie erarbeiten: deshalb müssen wir industrious sein: das ist der leitende Gedanke der Schrift des Isaac Barrow, der seine Belegstellen fast alle dem Alten Testament entnimmt. „Sollen wir allein müßig gehen, da alle Kreatur so fleißig ist"[882]): denselben Satz haben wir bei Antoninus auch schon gefunden. „Müßiggang ist aller Laster Anfang": gilt hier wie dort als selbstverständlich[883]).

2. Beschäftigung mit nützlichen Dingen wird gefordert:

## Zwanzigstes Kapitel: Der Protestantismus

Sport, Spiel, Jagd, Maskeraden sind verpönt[834]): hier wie dort.

3. Mäßigkeit: Unzucht, Trunkenheit usw. sind Todsünden: hier wie dort. Vielleicht war in den puritanischen Ländern im 17. Jahrhundert die Kontrolle schärfer als in den italienischen Städten des 15.: wir hören von einem raffinierten Spionagesystem, das z. B. in den schottischen Städten zur Vollendung ausgebildet war[835]). Und vielleicht waren die Forderungen um einige Nuancen strenger als bei den Thomisten. Insbesondere ist wohl in den Ländern des Puritanismus das Geschlechtsleben noch mehr unterbunden worden (weil es sich mehr unterbinden ließ: Blutsveranlagung!) als bei den katholischen Völkern. Die Keuschheit artete bei den angelsächsischen Völkern zur Prüderie aus. Und zu der Verlogenheit und Verschrobenheit in Eroticis, denen wir in England und den amerikanischen Neu-Englandstaaten noch heute begegnen, hat der Puritanismus wohl sein Teil beigetragen. „Wir trennen die beiden Geschlechter, die, wenn sie beisammen sind, dahinschmelzen wie Schnee an der Sonne", rühmt sich im 18. Jahrhundert ein quäkerischer Großkaufmann aus Amerika seinem französischen Kollegen gegenüber[836]).

4. Sparsamkeit — eine Haupttugend bei Thomisten wie Puritanern (und den verwandten Sekten noch mehr). Im Schottland des 17. Jahrhunderts nehmen die Geistlichen die Luxusverbote wieder auf, sie fordern Beschränkung des Kleider- und Wohnluxus, Beschränkung des Aufwandes bei Hochzeiten usw.[837]). Es ist bekannt, daß der Hauptsport der Quäker die Sparsamkeit in allen Dingen war: selbst in den Worten, in den Gesten, in den Benennungen der Wochentage usw.[838]).

Auch diese Tugend wird bei den Protestanten in ihre Extreme gesteigert. Und diese Steigerung ist freilich so groß, daß wir hier vielleicht einen wirklichen — den einzigen! — Wesensunterschied in der Sozialethik der Puritaner und der

Scholastiker feststellen müssen. Will man diesen Unterschied in einem Wort ausdrücken, so kann man sagen: der Protestantismus tilgt alle Spuren eines künstlerischen Bedürfnisses nach sinnlicher Größe und Pracht aus. Es macht die unvergleichliche Schönheit der thomistischen Gedankenwelt aus, daß sie am letzten Ende aus einem tief künstlerisch empfindenden Gemüte geboren ist. Noch spüren wir den himmlischen Geist augustinischer Lebensbetrachtung in ihr. Ich erinnere an das, was uns S. Thomas über die Schönheit der Harmonie in Welt und Menschen sagt: zum Charakter des Schönen oder Wohlanständigen trägt bei der Glanz und das gebührende Verhältnis nach Dionysius (4 de div. nom.), der da sagt: „Gott ist schön als die Ursache der Harmonie im All und des Glanzes". Deshalb besteht die Schönheit des Körpers darin, daß er Glieder besitzt, die in sich und untereinander in gutem Verhältnis stehen, und daß die Farbe eine gewisse gebührende Stelle hat. Und ähnlich besteht die geistige Schönheit darin, daß das Benehmen und das Tun des Menschen durch ein gutes Verhältnis gemessen sei gemäß dem geistigen Glanze der Vernunft. Deshalb nennt Augustinus (83 qu. 30) das Ehrbare eine „geistige Schönheit".

Dieses künstlerische Empfinden drückt sich dann aus in der Anerkenntnis einer Tugend von hohem Range, die in keiner protestantischen Ethik mehr Platz hat: der magnificentia — der Prachtliebe also. Magnificentia ist das Streben, etwas „Großartiges und Prachtvolles zu wirken". Dabei wird in erster Linie an die Kirche und das Gemeinwesen gedacht, an öffentlichen Luxus. In bestimmten Fällen gilt die Prachtliebe aber auch der eigenen Person: wie bei dem, was nur einmal vorkommt, z. B. bei Hochzeiten, oder bei dem, was Dauer hat, z. B. bei der Wohnung! Der besondere Wesenscharakter der Prachtliebe richtet sich auf das Großartige im Kunstwerk[339]).

## Zwanzigstes Kapitel: Der Protestantismus

Ein solcher Sinn für das Prachtvolle war freilich den Protestanten abhanden gekommen. Magnificentia hatte in ihrem Lehrgebäude keinen Platz mehr, das eben der nüchternen, kalten, weißgetünchten, allen Bilderschmucks beraubten[340] Kirchenscheune glich, wie sie an die Stelle des erhabenen gothischen Domes trat, durch dessen bunte Fenster die warme Sonne ihre Strahlen wirft.

Die Haupttugend in der puritanischen Ethik wurde das Gegenspiel der magnificentia, das die Scholastiker als schwere Sünde verdammt hatten: die parvificentia, die Knauserei.

„Knauser heißt jemand, weil seine Absicht darauf geht, etwas Kleinliches zu machen.. Der Prachtliebende will zuerst die Größe des Werkes, und dann gibt er acht auf die Größe der Ausgaben, die er um des Werkes willen nicht vermeidet. Der Knauser aber gibt zuerst acht darauf, wie die Ausgaben recht gering werden, ‚damit er so wenig wie möglich verwende‘, und erst auf Grund dessen will er das beabsichtigte Werk, wenn es nämlich nicht zu viel kostet"[341].

In der Entwicklung der Sparsamkeit (parsimonia) zur Knickrigkeit (parvificentia) liegt vielleicht das größte Verdienst, das sich die puritanische und quäkerische Ethik um den Kapitalismus, soweit in ihm Bürgergeist lebt, erworben haben.

Oder will man dem Fallenlassen des Zinsverbots eine größere Bedeutung beilegen? Wir sahen aber, daß gerade dieses Verbot einen der stärksten Antriebe zur Entfaltung des kapitalistischen Geistes geboten hatte. Ich glaube, daß in der Praxis diese veränderte Auffassung der Moraltheologen in der Wucherfrage völlig belanglos gewesen ist.

Nun möchte ich doch aber ausdrücklich auch noch sagen, wofür man die puritanische und quäkerische Ethik nicht verantwortlich machen kann:

1. Ganz gewiß nicht für die Begründung und Entwicklung

der bürgerlichen Tugenden schlechthin: die waren da ein paar hundert Jahre, ehe es Puritanismus gab: wir fanden sie in den Familienbüchern Albertis bereits in aller Vollständigkeit. Soweit also ein Religionssystem an ihrer Entstehung schuld ist, ist es das katholische. Die protestantische Ethik konnte nichts tun als übernehmen, was der Thomismus geschaffen hatte.

2. Aber auch für die schrankenlose Entfaltung des Erwerbstriebes, für das sinnlose Geldmachen, für die Geschäftsidiosynkrasie, die wir als ein Merkmal des hochkapitalistischen Geistes feststellen konnten, möchte ich den Puritanismus nicht verantwortlich machen. Wir sahen, wie der puritanische Sittenprediger im Grunde seines Herzens allem Erwerbsstreben abhold war. Immer aber, auch insoweit er das Trachten nach Gewinn und den Reichtum selbst gelten läßt, geschieht es doch mit der stillschweigenden oder ausdrücklichen Einschränkung: Gewinnstreben und Erwerb dürfen nie Selbstzweck werden. Sie können ihre Rechtfertigung nur finden in einer gottgefälligen Verwendung des Reichtums und sind nur erlaubt, soweit sie dem Seelenheile des Unternehmers keinen Schaden tun. Auch hier kehren zum Teil in denselben Wendungen die Gedanken der Scholastiker wieder. Ihr dürft dem Erwerbe nachgehen, ist der hundertmal wiederholte Grundsatz bei Baxter, wenn ihr den erworbenen Reichtum dazu verwendet, Gutes zu tun: Gutes heißt aber: Gott und seinen Dienern spenden, die Armen unterstützen, dem Gemeinwohl dienen: »in the service of God, in beneficence to our neighbour, in advancing publick good« [842]).

3. Gewiß hat die puritanische Ethik auch nicht den rücksichtslosen Erwerb verschuldet. Sie unterscheidet sich auch darin in nichts von der thomistischen Geschäftsmoral, daß sie wie diese nur den Erwerb mit anständigen Mitteln gutheißt. „Was ein Mann auf ehrenhafte Weise erwirbt, das verdient Lob" [843]). Ja, sie vertritt, wie diese, im Grunde noch immer die Idee

### Zwanzigstes Kapitel: Der Protestantismus

eines „gerechten Preises", das heißt: will den Marktverkehr den Gesetzen der Gerechtigkeit und Billigkeit unterwerfen. Den Gedanken der völlig freien Konkurrenz weist sie mit Entschiedenheit von sich: „diejenigen stellen einen falschen Grundsatz auf, die da meinen: ihre Ware sei soviel wert als jemand dafür geben will." „Es gilt für ausgemacht auf dem Markte, daß jeder soviel zu bekommen sucht als er irgend kann, und daß das »Caveat emptor« die einzige Sicherheit ist. So ist es aber nicht unter Christen, ja nicht einmal unter Ungläubigen, die Treu und Glauben oder den gewöhnlichen Anstand besitzen"[344]).

4. Endlich halte ich es für bedenklich, überall dort, wo man in Ländern mit puritanischem Bevölkerungseinschlag in nachpuritanischer Zeit große Unternehmerleistungen wahrnimmt, sie ohne weiteres als eine Wirkung der puritanischen Weltauffassung anzusehen. Gerade zu weitausschauenden oder gar abenteuerlichen Unternehmungen hat diese ihre Anhänger am wenigsten geführt; höchstens zu einem wohltemperierten Krämertume. S ch o t t e n waren Puritaner! Ich wies an einer früheren Stelle schon darauf hin, wie verfehlt es mir erscheint, zum Beispiel einen Mann wie Cecil Rhodes als Puritaner zu kennzeichnen. Oder all die großen Unternehmer ähnlichen Kalibers, die England und Amerika im 19. Jahrhundert hervorgebracht haben. Das heißt den kapitalistischen Geist doch gar zu eng auffassen, wenn man ihn in dieser Weise immer wieder in allen seinen Ausstrahlungen auf den Puritanismus zurückführt: ich habe, glaube ich, klar und deutlich gezeigt, daß die Stammväter unserer großen „wagenden Kaufleute" aus ganz anderem Holze geschnitzt waren; daß sie Raleigh, Cavendish, Drake, Fugger und wie sonst immer heißen, die schon deshalb, weil sie zu früh geboren waren, ihren Geist nicht mit dem abstrusen Zeug erfüllen konnten, das im Christian Directory ein Gespenst wie Mr. B a x t e r aufgestapelt hat.

Gewiß: auch unter den Puritanern sind große kapitalistische Unternehmer gewesen. Aber ich zweifle noch sehr, ob sie ihre Größe der Ethik des Puritanismus verdanken und nicht ganz anderen Blutseigenschaften und Schicksalsfügungen. Auch das geht nicht an: die großen Unternehmer puritanischen Glaubens aus nichts anderem zu erklären als aus der Eigenart der puritanischen Ethik. Es wird noch unsere Aufgabe sein, im weiteren Verlaufe dieser Darstellung die vielen Möglichkeiten aufzuweisen, denen eine Blüte kapitalistischen Geistes ihre Entstehung verdanken kann. Nur eine dieser Möglichkeiten ist die Unterwerfung unter das puritanische Sittengesetz. Und wie ich in diesem Kapitel glaube gezeigt zu haben: diese Unterwerfung kann immer nur einen geringen Einfluß auf die Entwicklung des kapitalistischen Geistes ausgeübt haben.

# Einundzwanzigstes Kapitel: Der Judaismus

Über die jüdische Religion und ihre Bedeutung für das Wirtschaftsleben, insonderheit für die Ausbildung des kapitalistischen Geistes, habe ich mich in meinem Judenbuche ausführlich geäußert, auf das ich deshalb auch den Leser verweise, falls ihm die folgende Darstellung lückenhaft erscheint.

Ich vertrete die an jener Stelle entwickelten Ansichten im wesentlichen heute noch, trotz der scharfen Kritik, die sie namentlich ab seiten zahlreicher Rabbiner erfahren haben, die begreiflicherweise sich darüber aufregen mußten, daß ein Außenstehender manche Züge ihrer Religion aufgedeckt hat, die ihnen als „Schönheitsfehler" erscheinen mögen. Nur eins will ich auf jene Kritiken antworten, die mir vorgeworfen haben: ich hätte bestimmte Seiten der jüdischen Religion — wie namentlich den Mystizismus, der auch in ihr eine Stelle habe — übersehen. Ohne mich auf eine Prüfung der Frage einzulassen, inwieweit die Behauptung richtig ist, daß neben der Gesetzesreligion noch andere Bestandteile in der jüdischen Gesamtreligion enthalten sind: man soll doch erwägen, daß ich die Zusammenhänge habe aufdecken wollen, die zwischen dem Judaismus und Kapitalismus obwalten. Dazu brauchte ich, selbst wenn die gesamte Judenheit in ihrer Religion noch andere Glaubensartikel gehabt hätte als die von mir aufgewiesenen, diejenigen Äußerungen des religiösen Gefühls nicht zu berücksichtigen, die für die Herausbildung des kapitalistischen Geistes offensichtlich gar nicht in Betracht kommen, wie beispielsweise etwaige mystische Regungen. Gerade so wie ich bei der Darstellung der thomistischen Ethik mit vollem Bewußtsein die paulinisch-augustinische Liebes- und Gnadenlehre unberücksichtigt gelassen habe. Trotzdem sie zum offiziellen Katholizismus gehörte. Während der offizielle Judaismus seit Esras Zeiten doch wohl ausschließlich den Standpunkt der Gesetzesreligion als den allein gültigen vertreten hat.

Jene Kritiken treffen mich also nicht. Aber ich habe mich selbst in einem wichtigen Punkte zu verbessern.

Als ich mein Judenbuch schrieb, hatte ich mich noch nicht eingehend mit der thomistischen Ethik beschäftigt. Ich habe daher viele Sätze der jüdischen Religion: wie die bedingte Anerkenntnis des Reichtums, vor allem aber die Forderung einer grundsätzlichen Rationalisierung der Lebensführung für ausschließlich jüdisch gehalten und sie in einen Gegensatz zu den Auffassungen der (vorpuritanischen) christlichen Religion gestellt. Das war ein Irrtum. Jene für uns besonders wichtigen Bestandteile des jüdischen Religionssystems, insonderheit der jüdischen Moraltheologie, sind zwar nicht durchgängig im früheren Christentum, wohl aber im Thomismus ebenfalls enthalten, wie die Darstellung im 19. Kapitel dieses Buches erwiesen hat. Was uns gar nicht wundern kann, da ja der Thomismus sich gerade dadurch kennzeichnet, daß er das jüdische Sittengesetz mit Entschiedenheit als Kern des göttlichen Naturgesetzes anerkannt hat. Ebensowenig wie der Puritanismus hat der Judaismus in den für uns wesentlichen Punkten etwas anderes gelehrt wie der Thomismus.

Trotzdem lassen sich bestimmte Züge im jüdischen Religionssystem nachweisen, die ihm ein besonderes Gepräge geben und dadurch von der katholischen und protestantischen Religion unterscheiden: wohl verstanden immer nur in denjenigen Bestandteilen seiner Ethik, die uns hier angehen. Als das dem Judaismus Eigenartige möchte ich die Tatsache ansehen, daß er die dem Kapitalismus zugute kommenden Lehren in aller Vollständigkeit enthält und mit aller Folgerichtigkeit ausgebildet hat.

So ist die Beurteilung, die die jüdischen Religionslehren dem Reichtum widerfahren lassen, zweifellos um verschiedene

## Einundzwanzigstes Kapitel: Der Judaismus

Nuancen günstiger als selbst in den katholischen Sittenlehren. Kein Wunder, da ja die Gewährsmänner für den Juden die Weisen des Alten Bundes sind, deren Auffassung in neunundneunzig von hundert Fällen eine dem Reichtum und Wohlstand günstige war, während sich die christlichen Moraltheologen doch immer erst mit dem Armutsideal des Evangeliums auseinandersetzen mußten. Ein ausschließlich anerkanntes Armutsideal hat es aber in der jüdischen Religion überhaupt nie gegeben.

Die Ausbildung des Rationalismus ist aber in der jüdischen Religion zweifellos eine strengere und weiter umfassende als in der katholischen Religion und ähnelt jener im Puritanismus. Insbesondere ist die Disziplinierung des Geschlechtstriebes, die zwar, wie wir gesehen haben, einen wichtigen Bestandteil auch der thomistischen Ethik bildet, doch erst im Judaismus und Puritanismus bis zu jener Höhe getrieben werden, wo sie eine Schauder erregende Karikatur wird.

Mit dem Puritanismus gemeinsam hat der Judaismus jene vollständige Ausmerzung alles künstlerischen Empfindens, das im Thomismus noch so stark ist. Das zweite Gebot des Dekalogs ist von den Scholastikern so gut wie ganz unbeachtet gelassen worden, während es auf die judaistische Weltauffassung einen bestimmenden Einfluß ausgeübt hat.

Was ferner der jüdischen Sittenlehre eine Sonderstellung in der Entwicklung des modernen Geistes verschafft, ist der wichtige Umstand, daß sie ihren Gehalt schon zu einer Zeit empfangen hat, als das Christentum noch in ganz anderen Bahnen wandelte. Das Judentum war reichtumsfroh, als die Christen noch im essenischen Armutsideal befangen waren, und die jüdische Moraltheologie lehrte jenen rabiaten und extremen Rationalismus, als in den Gemütern der Christen noch die paulinisch-augustinische Liebesreligion lebte. Alle die der Entfaltung des kapitalistischen Geistes fördersamen Bestandteile der Ethik haben also im Judenvolke tausend Jahre länger wirken können und haben im Verlaufe einer langen Geschichte einen Ausleseprozeß befördert, der die Juden längst vorbereitet hatte, dem Kapitalismus zu dienen, als die christliche Religion eben erst ihr Erziehungswerk begann. Beim Eintritt in die kapitalistische Epoche der neuen Zeit war somit das Judenvolk dank seiner Religion schon ganz anders hochgezüchtet als irgendein christliches Volk. Die Juden hatten dadurch, wenn alle anderen Umstände sich gleich blieben, einen gewaltigen Vorsprung vor allen übrigen Völkern voraus.

Wodurch nun aber die jüdische Religion eine geradezu grundstürzende Wirkung auszuüben in den Stand gesetzt wurde, war die eigentümliche Behandlung, die sie dem Fremden angedeihen ließ. Die jüdische Ethik bekam ein doppeltes Gesicht: je nachdem es sich um Juden oder Nicht-Juden handelte, waren die Sittengesetze verschieden. Was ursprünglich wohl in jeder Volksethik in die Erscheinung tritt: die doppelte Moral: den Volksgenossen und den Fremden gegenüber: das erhielt sich durch die eigentümlichen Schicksale des Judenvolkes bei diesem durch die lange Reihe der Jahrhunderte und hat bis vor ganz kurzem die Geschäftsgrundsätze des Juden eigentümlich beeinflußt.

Die jüdische Religion schloß also in sich, wie man es nennen kann, ein besonderes Fremdenrecht, dessen Inhalt ich doch auch hier — im Anschluß an meine frühere Darstellung in meinem Judenbuche, wo der Leser auch die weiteren Quellenbelege findet — in den Hauptzügen wenigstens wiedergeben möchte.

Die wichtigste und am häufigsten erörterte Bestimmung dieses jüdischen Fremdenrechtes betrifft das Zinsverbot oder richtiger die Zinsgestattung. Im alten jüdischen Gemeinwesen war, wie überall (soviel wir zu sehen vermögen) in den Anfängen der Kultur das zinslose Darlehn (würden wir in heutiger juridisierender Terminologie sagen) die allein zulässige oder vielmehr die selbstverständliche Form der gegenseitigen Aushilfe

## Einundzwanzigstes Kapitel: Der Judaismus

Aber es finden sich auch schon in dem ältesten Gesetz (was auch eine ganz allgemein beobachtete Gepflogenheit war) Bestimmungen des Inhalts: daß man „vom Fremden" (vom Nichtgenossen also) Zins nehmen dürfe.

Die Hauptstelle, in der dies gesagt ist, findet sich Deut. 23, 20. Andere Stellen der Thora, die auf das Zinsnehmen Bezug haben, sind Ex. 22, 25; Lev. 25, 37. An diese Thorasätze knüpft sich nun seit den Zeiten der Tanaim bis heute eine überaus lebhafte Diskussion, deren Mittelpunkt die berühmten Auseinandersetzungen in der Baba mezia fol. 70$^b$ bilden. Ich habe die Empfindung, als diente ein großer Teil dieser Diskussion ausschließlich dem Zwecke, den außerordentlich klaren Tatbestand, wie er durch die Thora geschaffen ist (und wie er sich übrigens in der Mischna noch fast unverändert findet), durch allerhand Sophismen zu verdunkeln. Deut. 23, 20 sagt deutlich: von deinem Genossen darfst du keinen Zins nehmen, vom Fremden darfst du. Freilich: Eine Zweideutigkeit lag schon in diesem Urtexte eingeschlossen: bei der Identität von Futurum und Imperativ im Hebräischen kann man die Stelle lesen: vom Fremden „magst du" und: vom Fremden „sollst du" „wuchern" (das bedeutet immer nicht mehr als: Zinsen nehmen).

Für unsere Frage genügt vollständig die Feststellung: der Gläubige fand in der heiligen Schrift Sätze, die ihm mindestens das Zinsnehmen (im Verkehr mit den Goim) gestatteten: er war also das ganze Mittelalter hindurch von der Last des Zinsverbotes, dem die Christen unterstanden, befreit. Dieses Recht ist aber auch von der Lehrmeinung der Rabbinen meines Wissens niemals ernstlich in Frage gezogen. Unzweifelhaft aber hat es auch Zeiten gegeben, in denen die Erlaubnis, Zinsen zu nehmen, in eine Pflicht, mit dem Fremden zu wuchern, umgedeutet wurde, in der also die strengere Lesart beliebt war.

Diese Zeiten waren aber gerade diejenigen, auf die es für

das praktische Leben ankam: die Jahrhunderte seit dem Hoch=
mittelalter. Es scheint von den Schriftstellern, die in unseren
Tagen den Gegenstand behandelt haben, nicht beachtet worden
zu sein, daß Deut. 23, 20 mit Bezug auf die Fremden unter die
Gebote aufgenommen worden ist, die das Leben der Israeliten
regeln: durch die Tradition ist gelehrt worden, daß man
dem Fremden auf Wucher leihen soll. In dieser Form ist das
Gebot — es ist das 198. — auch in den Schulchan Aruch über=
gegangen. Die modernen Rabbiner, denen die — ach so klaren! —
Bestimmungen des jüdischen Fremdenrechts unbequem sind
(warum eigentlich?), versuchen dann die Bedeutung solcher
Sätze wie das 198. Gebot dadurch abzuschwächen, daß sie be=
haupten: „Fremde" im Sinne der Stelle seien nicht alle Nicht=
juden, sondern nur „die Heiden", „die Götzendiener". Es ist
aber immer sehr kontrovers gewesen, wer zu den einen, wer zu
den anderen gehört habe. Und der Gläubige, der beispielsweise
das 198. Gebot seinem Gedächtnis eingeprägt hat, wird die feinen
Distinktionen gelehrter Rabbiner nicht gemacht haben; ihm ge=
nügte, daß der Mann, dem er auf Zinsen lieh, kein Jude, kein
Genosse, kein Nächster, sondern ein Goi war.

Was also an der Religion lag, das tat sie, um die Juden
während des Mittelalters dem „Wucher" in die Hände zu
treiben, und sie wurde dabei von der christlichen unterstützt.
Soweit also die Beschäftigung mit der Geldleihe bedeutungs=
voll für die Entfaltung des kapitalistischen Geistes geworden ist,
hat das jüdische Fremdenrecht seinen Teil dazu beigetragen.
Wir haben eine der Wirkungen, die der Wucherberuf mit sich
brachte, bereits kennen gelernt: er schwächte den Unternehmungs=
geist. Aber er hat auf der anderen Seite auch einen fördernden
Einfluß auf die Entwicklung des kapitalistischen Geistes aus=
geübt, wie am richtigen Orte darzutun sein wird.

Daß nun aber auch sonst die Stellung des „Fremden" im

jüdischen (göttlichen) Rechte eine Ausnahmestellung war, daß die Verpflichtungen ihm gegenüber niemals so strenge waren als dem „Nächsten", dem Juden gegenüber: das kann nur Unkenntnis oder Böswilligkeit leugnen. Gewiß haben die Auffassungen des Rechts (und vor allem wohl der Sitte) von der Art und Weise, wie der Fremde zu behandeln sei, im Laufe der Jahrhunderte Veränderungen erfahren. Aber an dem Grundgedanken: dem Fremden schuldest du weniger Rücksicht als dem Stammesgenossen, ist seit der Thora bis heute nichts geändert worden. Diesen Eindruck hinterläßt jedes unbefangene Studium des Fremdenrechts in den heiligen Schriften (vor allem der Thora), im Talmud und in den Codices. Man macht heute noch in apologetischen Schriften die berühmten Stellen in der Thora: Ex. 12, 49; 23, 9; Lev. 19, 33, 34; 25, 44—46; Deut. 10, 18, 19 geltend, um daraus die „fremdenfreundliche" Auffassung des jüdischen Gesetzes zu erweisen. Aber erstens ist natürlich in einer Halacha, um die es sich hier doch meist handelt, die „mündliche" Tradition nicht außer acht zu lassen; und zweitens enthalten doch selbst jene Stellen der Thora zwar die Mahnung, den „Fremdling" (der natürlich zudem noch im alten Palästina eine ganz andere Bedeutung hatte wie später in der Zerstreuung: der Ger und der Goi sind doch grundverschiedene Begriffe), den „Fremdling" zwar gut zu behandeln, „denn ihr seid auch Fremde gewesen im Ägypterlande", aber doch daneben schon die Weisung (oder die Erlaubnis), ihn als minderen Rechtes zu betrachten: „Also soll es zugehen mit dem Erlaßjahre: wenn einer seinem Nächsten etwas geliehen hat, das soll er nicht einnehmen. Von einem Fremdling magst du es einnehmen; aber dem, der dein Bruder ist, sollst du es erlassen" (Deut. 15, 2, 3). Es ist immer dieselbe Sache wie beim Zinsennehmen: differentielle Behandlung des Juden und des Nichtjuden. Und begreiflicherweise sind denn die Rechtsfälle, in denen der Nichtjude minderes Recht hat als der Jude, im Laufe der Jahrhunderte immer zahlreicher geworden und bilden im letzten Kodex schon eine recht stattliche Menge. Ich führe aus dem Choschen Hamischpat folgende Abschnitte an (die sicherlich nicht alle sind, in denen die differentielle Rechtslage des Fremden ausdrücklich ausgesprochen ist): 188, 194, 227, 231, 259, 266, 272, 283, 348, 389 ff.

Die große Bedeutung des Fremdenrechts für das Wirtschaftsleben erblicke ich nun aber in zweierlei.

Zunächst darin, daß durch die fremdenfeindlichen Bestimmungen des jüdischen Gewerbe- und Handelsrechts der Verkehr mit den Fremden nicht nur rücksichtsloser gestaltet wurde (also daß eine in allem Verkehr mit Fremden liegende Tendenz verschärft wurde), sondern daß auch die Geschäftsmoral, wenn ich es so ausdrücken darf, gelockert wurde. Ich gebe ohne weiteres zu, daß diese Wirkung nicht notwendig einzutreten brauchte, aber sie konnte sehr leicht eintreten und ist gewiß auch in häufigen Fällen namentlich im Kreise der östlichen Juden eingetreten. Wenn beispielsweise ein Satz des Fremdenrechts (er ist oft erörtert worden!) besagte: der von den Heiden (Fremden) selbst begangene Irrtum in einer Rechnung darf von dem Israeliten zu seinem Vorteil benützt werden, ohne daß eine Verpflichtung bestünde, darauf aufmerksam zu machen (der Satz wurde in den Tur aufgenommen, im Kodex des Karo findet er sich zunächst nicht, wird aber dann durch die Glosse des Isserle hineingebracht): so mußte eine derartige Rechtsauffassung (und von ihr sind zahlreiche andere Gesetzesstellen erfüllt) in dem frommen Juden doch unweigerlich den Glauben erwecken: im Verkehr mit den Fremden brauchst du's überhaupt nicht so genau zu nehmen. Er brauchte darum sich subjektiv gar keiner unmoralischen Gesinnung oder Handlung schuldig zu machen (konnte im Verkehr mit den Genossen die außerordentlich rigorosen Vorschriften des Gesetzes über richtiges Maß und Gewicht streng einhalten): er konnte im besten Glauben handeln, wenn er den Fremden etwa „übervorteilte". Zwar wurde ihm in manchen Fällen ausdrücklich eingeschärft: du mußt auch dem Fremden gegenüber ehrlich sein (z. B. Ch. h. 231), aber daß man das schon ausdrücklich sagen mußte! Und dann hieß es ja wieder expressis verbis (Ch. h. 227. 26): „Einen Nichtjuden kann man übervorteilen, denn es heißt in der Schrift 3. Mos. 25, 14, es soll niemand seinen Bruder übervorteilen" (hier ist nicht vom Betrug die Rede, sondern von einem höheren Preise, den man einem Fremden abnimmt).

Diese ganz vage Auffassung: am Fremden darfst du einen Schmu machen, darfst auch im Verkehr mit ihm mal fünfe gerade sein lassen (du begehst damit keine Sünde), wurde nun wohl dort noch gefestigt, wo sich jene formale Rabulistik im Talmudstudium entwickelte wie in vielen Judengemeinden des Ostens Europas. Wie diese auf das Geschäftsgebaren der Juden laxifizierend eingewirkt hat, stellt Graetz anschaulich dar, dessen Worte (da er ja in diesem Falle gewiß ein einwandsfreier Zeuge ist) ich hier ungekürzt wiedergeben möchte (da sie für manchen Zug im wirtschaftlichen Wirken der Aschkenaze die Erklärung enthalten): „Drehen und Verdrehen, Advokatenkniffigkeit, Witzelei und voreiliges Absprechen gegen das, was nicht in ihrem Gesichtskreise lag, wurde ... das Grundwesen des polnischen Juden ... Biederkeit und Rechtssinn waren ihm ebenso abhanden gekommen wie Einfachheit und Sinn für Wahrheit. Der Troß eignete sich das kniffige Wesen der Hochschulen an und gebrauchte es, um den minder Schlauen zu überlisten. Er fand an Betrügerei und Überlistung Lust und eine Art siegreicher Freude. Freilich gegen Stammesgenossen konnte List nicht gut angewendet werden, weil diese gewitzigt waren; aber die nichtjüdische Welt, mit der sie verkehrten, empfand zu ihrem Schaden die Überlegenheit des talmudischen Geistes des polnischen Juden … Die Verdorbenheit der polnischen Juden rächte sich an ihnen auf eine blutige Weise und hatte zur Folge, daß die übrige Judenheit in Europa von dem polnischen Wesen eine Zeitlang angesteckt wurde. Durch die Abwanderung der Juden aus Polen (infolge der kosakischen Judenverfolgungen) wurde das Judentum gleichsam polonisiert."

Die zweite, vielleicht noch bedeutsamere Wirkung, die die differenzielle Behandlung der Fremden im jüdischen Rechte im Gefolge hatte, war die, daß ganz allgemein die Auffassung von dem Wesen des Handels- und Gewerbebetriebes sich umgestaltete, und zwar frühzeitig in der Richtung, wie wir sagen würden, der Gewerbefreiheit und des Freihandels. Wenn wir die Juden als die Väter des Freihandels (und damit als die Bahnbrecher des Kapitalismus) kennen gelernt haben, so wollen wir hier feststellen, daß sie dazu durch ihr früh im freihändlerischen Sinne entwickeltes Gewerberecht (das immer als göttliches Gebot zu gelten hat) nicht zuletzt vorbereitet waren, und wollen ferner feststellen, daß dieses freiheitliche Recht offenbar durch das Fremdenrecht stark beeinflußt worden ist. Denn es läßt sich ziemlich deutlich verfolgen, daß im Verkehr mit Fremden sich zuerst die Grundsätze des personalgebundenen Rechtes lockern und von freiwirtschaftlichen Gedanken ersetzt werden.

Ich verweise nur auf folgende Punkte.

Das Preisrecht (oder die Preispolitik) steht für den Verkehr mit Genossen in Talmud und Schulchan Aruch durchaus noch im Bannkreis der Idee vom justum pretium (wie das ganze Mittelalter überhaupt), erstrebt also eine Konventionalisierung der Preisbildung unter Anlehnung an die Idee der Nahrung: dem Nichtjuden gegenüber wird das justum pretium fallen gelassen, wird die „moderne" Preisbildung als die natürliche angesehen (Ch. h. 227, 26; vgl. schon B. m. 49 [b] ff.).

Aber woher auch immer diese Auffassung stammen möge:

überaus wichtig ist die Tatsache selbst, daß schon im Talmud und noch deutlicher im Schulchan Aruch gewerbefreiheitliche und freihändlerische Anschauungen vertreten werden, die dem gesamten christlichen Rechte des Mittelalters ganz und gar fremd waren. Das durch ein gründliches und systematisches Studium der Quellen einwandfrei und im einzelnen festzustellen, wäre eine dankbare Aufgabe für einen gescheiten Rechts- und Wirtschaftshistoriker. Ich muß mich hier wieder mit der Hervorkehrung einiger weniger Stellen begnügen, die aber, wie mir scheint, schon genügen, um meine Behauptung als richtig zu erweisen. Da ist zunächst eine Stelle in Talmud und Codices, die grundsätzlich die freie Konkurrenz zwischen Handeltreibenden anerkennt (also ein Geschäftsgebaren, das, wie wir in anderem Zusammenhange sahen, aller vorkapitalistischen und frühkapitalistischen Auffassung vom Wesen des anständigen Kaufmanns widersprach). B. m. fol. 60 [a][b] lautet (in Sammterscher Übersetzung): Mischna: „R. Jehuda lehrt: Der Krämer soll den Kindern nicht Sangen und Nüsse verteilen, weil er sie dadurch gewöhnt, zu ihm zu kommen. Die Weisen jedoch erlauben es. Auch darf man nicht den Preis verderben. Die Weisen jedoch (meinen): sein Andenken sei zum Guten; man soll nicht die gespaltenen Bohnen auslesen. So entscheidet Abba Saul; die Weisen dagegen erlauben es."

Gemara: „Frage: Was ist der Grund der Rabbanen? Antwort: Weil er zu ihm sagen kann: ich verteile Nüsse, verteile du Pflaumen (!).

In der Mischna stand: „Auch darf man nicht den Preis verderben, die Weisen dagegen sagen, sein Andenken sei zum Guten usw. Frage: Was ist der Grund der Rabbanen? Weil er das Tor (den Preis) erweitert (herabsetzt)." Auf der Wanderung bis zum Schulchan Aruch sind dann die antigewerbefreiheitlichen Räsonnements ganz abgestorben und die

„fortgeschrittene" Auffassung ist allein stehen geblieben: „Dem Krämer ist es erlaubt, den Kindern, die bei ihm kaufen, Nüsse und dergleichen zu schenken, um sie an sich zu ziehen, auch kann er wohlfeiler, als der Marktpreis ist, verkaufen, und die Marktleute können nichts dagegen haben." (Ch. h. 228, 18.)

Ähnlich lautet die Bestimmung Ch. h. 156, 7: (Kaufleute, die ihre Waren in die Stadt bringen, unterliegen verschiedenen Beschränkungen) „verkaufen aber die Fremden wohlfeiler oder ihre Waren besser als die Stadtleute, so können diese den Fremden nicht wehren, daß das jüdische Publikum Vorteil davon hat" usw. Oder Ch. h. 156, 5: Will ein Jude einem Nichtjuden auf niedrigere Zinsen Geld leihen, so kann der andere ihm das nicht wehren.

Ebenso finden wir im jüdischen Recht das starre Prinzip des Gewerbemonopols zugunsten der „Gewerbefreiheit" (wenigstens im Schulchan Aruch) durchbrochen: War einer unter den Bewohnern eines Ganges, heißt es Ch. h. 156, 5, ein Handwerker, und die andern haben nicht protestiert, und ein anderer von diesen Bewohnern will dasselbe Handwerk anfangen, so kann ihn der erste nicht daran hindern und sagen: er nehme ihm das Brot weg, selbst wenn der zweite aus einem andern Gange (Hofe) wäre usw.

Es kann also keinem Zweifel unterliegen: Gott will den Freihandel, Gott will die Gewerbefreiheit! Welch ein Antrieb sie nun im Wirtschaftsleben wirklich zu betätigen!

## Zweiundzwanzigstes Kapitel: Der Anteil der sittlichen Mächte am Aufbau des kapitalistischen Geistes

Wir haben in den voraufgehenden Kapiteln mit aller Unbefangenheit, um nicht zu sagen: Naivität, von Einwirkungen der sittlichen Mächte auf die Ausgestaltung des kapitalistischen Geistes gesprochen. Jetzt müssen wir uns einmal besinnen und uns die Frage vorlegen, mit welchem Rechte wir das getan haben; ob wir denn auch für die Richtigkeit unserer Behauptungen einstehen können. Diese Frage ist mit dem, was die bisherige Darstellung gebracht hat, keineswegs schon in unserem Sinne entschieden. Denn was ich aufgewiesen hab, ist die Tatsache: daß in zahlreichen Fällen — eine Parallelität besteht zwischen bestimmten Erscheinungen des kapitalistischen Geistes und bestimmten Lehren der Philosophie und Religion.

Nun könnte man mir aber entgegenhalten: diese Parallelität berechtige noch ganz und gar nicht, einen Kausalzusammenhang zwischen den beiden Reihen von Erscheinungen anzunehmen; vielmehr sei es sehr gut denkbar, daß der kapitalistische Geist aus anderen Quellen gespeist wurde, die ihm die gleiche Färbung verliehen haben, wie sie aus einer Beeinflussung durch ethische Gebote hätte erzielt werden können.

Ferner könnte eingewendet werden — und dieser Einwand liegt sogar recht nahe bei der in vielen Kreisen heutigentags herrschenden Denkgewohnheit —: gut, mag ein Kausalzusammenhang bestehen zwischen kapitalistischem Geist und sittlichen Vorschriften, so ist es doch der umgekehrte wie der von euch angenommene: nicht der kapitalistische Geist ist durch die sittlichen Forderungen von Philosophie und Religion gebildet worden, sondern diese sind nichts anderes als eine „Spiegelung" der eigentümlichen wirtschaftlichen Verhältnisse, die in einer bestimmten Wirtschaftsgesinnung ihren Ausdruck finden.

Es ist nicht meine Absicht, das mit der letzten Einwendung berührte Problem hier einer eingehenden Erörterung zu unterziehen. Was über die grundsätzlichen Beziehungen zwischen Religion und Wirtschaftsleben zu sagen ist, hat noch unlängst Ernst Tröltsch in urteilsvoller Weise und mit weitestem Entgegenkommen gegen die Ideen der „materialistischen Geschichtsauffassung" zusammengestellt. Ich will mich vielmehr an dieser Stelle damit begnügen, kurz meinen Standpunkt in dieser Frage zu bezeichnen, nur um von da aus den Spezialfall, der uns hier angeht, zu entscheiden, das heißt: den wahrscheinlichen „Anteil der sittlichen Mächte am Aufbau des kapitalistischen Geistes" einigermaßen genau abgrenzen zu können.

Wie auch immer man das Genie des Religionsstifters erklären mag: damit eine Religion Wurzel schlage, müssen bestimmte Vorbedingungen in der Umwelt erfüllt sein. Diese Vorbedingungen sind keineswegs nur ökonomischer, sondern mindestens ebensosehr biologisch-ethnologischer Natur. Von dem Gesamtzustande eines Volkes — seiner Blutsbeschaffenheit und seinen sozialen Lebensverhältnissen — hängt es ab, ob eine Religion (oder eine Philosophie, für die im kleineren Maßstabe dasselbe gilt) aufgenommen wird, und durch den Gesamtzustand eines Volkes wird die Entwicklung bestimmt, die das Religionssystem im Laufe der Zeit durchmacht. Wir können das auch so ausdrücken, daß wir sagen: damit eine Religion Boden fasse und sich in einer bestimmten Richtung entfalte, muß eine „Disposition" im Volke vorhanden sein. „Wir können ebensogut erwarten, daß Samen auf kahlem Felsen wachse, als daß eine milde und philosophische Religion unter unwissenden und rohen Wilden eingeführt werden könne."

Die „Disposition" des Volkes wird nun, je mehr wir uns

### Zweiundzwanzigstes Kapitel: Der Anteil der sittlichen Mächte usw.

der Gegenwart nähern, um so stärker durch die wirtschaftlichen Zustände bestimmt, weil die wirtschaftlichen Interessen — wenigstens im Ablauf der westeuropäischen Geschichte — einen immer breiteren Raum im Seelenleben der Menschen einnehmen. Deshalb machen sich auch die Einwirkungen des Wirtschaftslebens auf die Formen der Religion um so stärker fühlbar, je jünger die Religion ist.

Wir können die Richtigkeit dieser Sätze, die ich für grundlegend wichtig halte, leicht einsehen, wenn wir die Stärke in den Beziehungen der verschiedenen christlichen Religionssysteme zu dem Wirtschaftsleben der Zeitepoche, in der sie Leben gewannen, miteinander in Vergleich stellen.

Die Verbreitung der augustinischen Lehren mit irgendwelchen ökonomischen Verhältnissen anders als negativ in Verbindung bringen wollen, heißt den Tatsachen geradezu Gewalt antun.

Etwas mehr tritt die Bedeutung der wirtschaftlichen Zustände schon für die Entwicklung des thomistischen Glaubenssystems hervor; namentlich scheint mir die Weiterbildung der scholastischen Sittenlehre im 14. und 15. Jahrhundert von der Entwicklung des Wirtschaftslebens nicht unwesentlich beeinflußt worden zu sein. Im wesentlichen aber dürfen wir annehmen, daß auch der Katholizismus des Spätmittelalters noch aus Quellen gespeist worden ist, die nicht erst in der Zeit seiner Entstehung und nicht an den Orten seiner Entstehung aufgebrochen waren: wir sehen gar zu deutlich, wie er zusammenfloß aus religiösem Erlebnis, Lebenserfahrung des Alltags, Weisheitslehren der Spätantike und Sittengeboten des Judenvolkes.

Deutlich dagegen macht sich der Einfluß bemerkbar, den auf die Ausgestaltung der kalvinistischen Richtungen des Protestantismus die fortgeschrittene kapitalistische Wirtschaft ausgeübt hat. Daß der Puritanismus schließlich die bourgeoise Lebensführung anerkannte als eine mit dem Gnadenstande verträgliche, ist ihm von der Macht der wirtschaftlichen Verhältnisse **abgerungen und abgezwungen** worden. Wie sehr er seinem inneren Wesen nach dem Kapitalismus abhold war, haben wir gesehen. Am liebsten hätten die puritanischen Prediger des 16. und frühen 17. Jahrhunderts den ganzen Mammonsdienst in Grund und Boden gewettert und hätten an seiner Stelle eine bäuerlich-handwerksmäßige Wirtschaftsverfassung gesetzt, die einen viel passenderen Rahmen für ihre antiweltlichen Lehren abgegeben hätte. Aber es war zu spät. Sie konnten unmöglich, wie es das Luthertum in dem wirtschaftlich darniederliegenden Deutschland tat, die Anfänge und Fortschritte des Kapitalismus einfach ignorieren. Wahrscheinlich schweren Herzens erkannten sie dessen Dasein an und suchten nun, ihn, so gut es ging, mit ihren religiösen Anschauungen zu versöhnen. Wie sehr das sie umgebende Wirtschaftsleben **ihre Lehren** bestimmte, ersehen wir aus der eigentümlichen Form, in der sie diese vortrugen; es ist bekannt, daß sie vielfach Vorstellungen des Wirtschaftslebens ihrer Zeit in ihre Darstellung der Heilswahrheiten hinübernahmen. So, wenn der „Heilige" über seine Sünden Buch führt, sie als Kapital und Zinsen unterscheidet, so daß „die Heiligung des Lebens so fast den Charakter eines Geschäftsbetriebes annehmen kann."

„Auch **Baxter** (Saints evalasting rest. c. XII) erläutert Gottes Unsichtbarkeit durch die Bemerkung: Wie man im Wege der Korrespondenz gewinnbringenden Handel mit einem nicht gesehenen Fremden treiben könne, so könne man auch durch einen ‚seligen Handel' mit dem unsichtbaren Gott die ‚eine köstliche Perle' erwerben. Diese kommerziellen anstatt der bei den älteren Moralisten und im Luthertum üblichen forensischen Gleichnisse sind recht charakteristisch für den Puritanismus, der im Effekt eben den Menschen selbst seine Seligkeit ‚erhandeln' läßt" [845]).

## Zweiundzwanzigstes Kapitel: Der Anteil der sittlichen Mächte usw. 353

Freilich: das waren dem Judaismus durchaus geläufige Vorstellungen, wie ich in meinem Judenbuche ausführlich dargelegt habe. Und wahrscheinlich hatten die puritanischen Theologen jene Bilder und Gleichnisse zuerst in den Schriften ihrer jüdischen Kollegen gefunden. Aber daß sie sie übernahmen, hatte doch seinen Grund in der Tatsache, daß das jüdisch-theologische Denken eben dem kapitalistischen Wesen am meisten bereits angepaßt war, und daß es also in einer Zeit am Platze war, in der die Welt mit kapitalistischem Geiste sich wieder mehr erfüllte. Hätten die puritanischen Prediger in einer bäuerlich-feudalen oder handwerkerlichen Umgebung ihre Lehren verkündet, so wäre es einfach absurd gewesen, ihrer Gemeinde mit den Bildern der Buchführung, des Kapitals und der Zinsen ihre Glaubenssätze eindringlich zu machen.

Aber — und darauf kommt es an — hat einmal ein Religionssystem (und wiederum auch: ein Philosophiesystem) Wurzel gefaßt, dann wirkt zweifellos die in ihm zusammengefaßte und mit dem Nimbus des Übersinnlichen ausgestattete Lehre wiederum zurück auf das Leben und gewiß auch auf das Wirtschaftsleben. Und es wäre seltsam, wenn nicht auch die Seelenstimmung der Wirtschaftssubjekte durch derartig systematisch durchgebildete und autoritativ verkündete Sittengebote beeinflußt werden sollte.

Freilich: Auch diese Beeinflussung ist wiederum an die Erfüllung bestimmter Bedingungen geknüpft: eine persönlicher, eine sachlicher Natur.

Die Bedingung persönlicher Natur, die erfüllt sein muß, damit die sittlichen Mächte Einfluß auf das wirtschaftliche Gebaren auszuüben imstande sind, ist diese: sie selbst müssen Gewalt über die Seelen der Menschen haben. Die beste Ethik wirkt natürlich nicht, wenn niemand da ist, der sie befolgen will, weil er an sie glaubt. Daß diese Bedingung während der ganzen frühkapitalistischen Epoche erfüllt war, haben wir selbst feststellen können: das Interesse für Philosophie in der Zeit des Rinascimento, vor allem aber der stark religiöse Sinn in allen Ländern bis ins 18. Jahrhundert hinein sind verbürgte Tatsachen.

Aber auch die notwendige Sachbedingung für die Wirksamkeit der sittlichen Mächte war während der Epoche des Frühkapitalismus erfüllt; ich meine die verhältnismäßig geringe Höhe der kapitalistischen Entwicklung, die wir ebenfalls bereits festgestellt haben.

Solange ein Wirtschaftssystem erst aufgebaut wird, solange es von den freien Entschließungen einzelner Personen abhängt, wie sie wirtschaften wollen, solange haben selbstverständlich sittliche Lehren und aus ihnen fließende sittliche Maximen der handelnden Menschen einen viel weiteren Spielraum für ihre Betätigung, als wenn erst die einzelnen Zweige des Wirtschaftssystems voll ausgebildet, die einzelnen Vornahmen mechanisiert, die einzelnen Wirtschaftssubjekte zwangsläufig in eine bestimmte Verhaltungslinie gedrängt worden sind.

Da wir nun aber während einer bestimmten Epoche, eben innerhalb der Epoche des Frühkapitalismus, beide Bedingungen erfüllt sehen, so denke ich, sind wir zu dem Schlusse berechtigt, daß die sittlichen Mächte — Philosophie und namentlich Religion —, mögen wir über die Art ihrer Entstehung denken, wie wir wollen, nun, nachdem sie einmal wirksam geworden waren, auch ihren Anteil an der Ausbildung des kapitalistischen Geistes gehabt haben, daß also jene Parallelerscheinungen, die wir in zahlreichen Fällen feststellen konnten: zwischen Sittenlehre und Betätigung kapitalistischen Geistes in der von uns angenommenen Weise tatsächlich gedeutet werden dürfen, daß das Moralgebot die Ursache, die Gestaltung des Verhaltens der Wirtschaftssubjekte die Wirkung war.

Was wir, wenn wir noch einmal rückschauen, vornehmlich

als das Werk der sittlichen Mächte bei der Entfaltung des kapitalistischen Geistes ansehen dürfen, deucht mich folgendes zu sein:

1. Die Erzeugung einer dem Kapitalismus günstigen Grundstimmung, wie man es nennen könnte: die Herausbildung einer rationalisierenden und methodisierenden Lebensauffassung, an der die Philosophie der Spätantike ebenso wie alle drei Religionen gleichmäßigen Anteil haben;

2. die Pflege der bürgerlichen Tugenden, die sich ebenfalls alle drei Religionssysteme ebenso wie die Weisen des Altertums mit gleicher Liebe haben angelegen sein lassen;

3. die Hemmung des Erwerbsstrebens und die Bindung der Wirtschaftsgesinnung: wie sie die beiden christlichen Konfessionen predigen und wie sie während der frühkapitalistischen Epoche tatsächlich vorhanden sind. Wir können deshalb sagen, daß der Kapitalismus bis zum Ende dieser Periode unter dem mildernden Einflusse der christlichen Sittenlehre steht. Wer das nicht sieht, hat den Frühkapitalismus in seiner Eigenart nicht begriffen.

Es ist nun aber, wie wir sahen, ein besonderes Merkmal der jüdischen Ethik, daß sie (wenigstens im Verkehr mit „Fremden", der aber praktisch allein in Betracht kommt) jene Grundsätze, durch die die christlichen Konfessionen hemmend und bindend das Wirtschaftsleben beeinflußten, nicht kennt. Daher sehen wir denn auch schon während der frühkapitalistischen Epoche allein die Juden die Schranken der alten Wirtschaftssitte durchbrechen und für einen sowohl schranken- wie rücksichtslosen Erwerb eintreten. Diese Ideen sind dann aber Allgemeingut des kapitalistischen Geistes erst in der Zeit des Hochkapitalismus geworden, das heißt in einer Zeit, in der — zumal in protestantischen Ländern — die Stärke des religiösen Gefühles unstreitig abgenommen hatte, und in der gleichzeitig sich der Einfluß des

Judentums immer mehr ausgebreitet hatte. Sicherlich also haben auch an der Eigenart der hochkapitalistischen Entwicklung die sittlichen Mächte, hat insonderheit die Religion schuld: die christliche dadurch, daß sie **nicht** mehr wirkte, die jüdische dadurch, daß sie gerade noch wirkte.

Nun hieße es aber auf der anderen Seite den Einfluß der sittlichen Mächte auf das Wirtschaftsleben maßlos überschätzen, wollte man sie für die gesamte Entwicklung verantwortlich machen, die wir im kapitalistischen Geist seit dem Ende der frühkapitalistischen Epoche sich haben vollziehen sehen. Mir scheint, daß gerade die Erwägungen, die wir eben angestellt haben und die uns dazu führten, eine nicht unbeträchtliche Wirkungssphäre der sittlichen Mächte anzunehmen, doch auch uns die Grenzen ihrer Wirksamkeit zu erkennen geben. Ich möchte diese Grenzen wie folgt gezogen sehen:

1. auch solange die sittlichen Werte von den Menschen anerkannt werden, das heißt: solange diese (im weitesten Sinne) „gläubig" sind, ist die wirkungsvolle Betätigung der sittlichen Mächte als Bildner des kapitalistischen Geistes (wie auch ihre Entstehung) an die Erfüllung gewisser Sachbedingungen geknüpft.

2. Auch solange die Menschen gläubig sind, sind die sittlichen Mächte keineswegs die einzigen Quellen des kapitalistischen Geistes. Sonst müßten gleiche Religionssysteme auch immer denselben kapitalistischen Geist erzeugen, was keineswegs immer geschehen ist: Spanien, Italien! und derselbe kapitalistische Geist könnte nicht aus verschiedenen Religionssystemen erwachsen sein: Italien, Deutschland, Amerika!

Um einzusehen, daß die sittlichen Mächte nicht die einzige Quelle des kapitalistischen Geistes sind, würde schon die Überlegung genügen, daß viele Seiten dieses Geistes und manche Formen seiner Betätigung von ihnen ihrer Natur nach gar nicht gebildet werden **können**. Wie man leicht zu einseitiger

Betrachtung kommen kann, wenn man diese Verschiedenheiten nicht anerkennt, zeigen die Worte, mit denen Franz Keller seine glückliche Auseinandersetzung mit mir und meinen früher vorgetragenen Ansichten abschließt:

„Das Entscheidende für den Ursprung des Kapitalismus ist nicht jene Ansammlung großer Reichtümer in einzelnen Händen, sondern jener Fonds sittlicher Kräfte, die in der Unternehmerverantwortlichkeit ihre höchste wirtschaftliche Ausgestaltung finden. Die sittlichen Kräfte sind das Produkt einer langen Erziehung und bilden dann im Volke die Grundlage für das Vertragssystem, auf dem sich die Unternehmertätigkeit aufbaut."

Diese Worte enthalten einen durchaus richtigen Kern, aber sie verkennen die Vielgestaltigkeit des Problems, das in Frage steht.

Erstens ist (was hier nicht in Betracht kommt) für die Entstehung des Kapitalismus (als eines Wirtschaftssystems) sowohl die Ansammlung großer Vermögen als die Herausbildung eines kapitalistischen Geistes als noch manches andere „entscheidend". Niemals können Wirtschaftsformen aus sittlichen Bestrebungen irgendwelcher Art entspringen. Gegen dieses Mißverständnis hat sich schon Max Weber mit Entschiedenheit gewendet, als man ihm unterschieben wollte, er habe den gesamten Kapitalismus aus religiösen Motiven abzuleiten versucht[846]).

Aber wenn wir auch nur an den „Geist" im Wirtschaftsleben denken: an die Wirtschaftsgesinnung in ihrem allgemeinsten Verstande, so wissen wir, denke ich, nunmehr, daß dieser kapitalistische Geist ein buntes Gemisch von Seelenzuständen verschiedenartigsten Charakters darstellt, von denen nur einige Bestandteile einer Beeinflussung durch sittliche Mächte ihrer Natur nach zugänglich sind, wie ich sagte, also anerzogen werden können. Es sind das jene Bestandteile, die wir im weitesten Sinne als "Tugenden" bezeichnen können: Tugenden des Geistes, Tugenden des Charakters, die sämtlich wiederum auf eine Disziplinierung unseres natürlichen Wesens hinauslaufen, auf Zucht: des Intellektes und des Willens.

Diese Tugenden können erworben werden, und der Weg zu ihnen führt über die Anerkenntnis und Befolgung bestimmter sittlicher Normen, wie sie die Ethik lehrt. Daß auch der Erwerb dieser Tugenden eine bestimmte Blutsveranlagung zur Voraussetzung hat, daß er der einen Natur leichter fällt als der anderen, weil sie besser "disponiert" ist, wollen wir dabei nicht vergessen. Immerhin: hier ist das eigentliche Wirkungsgebiet für die sittlichen Mächte und ihr "Erziehungswerk".

Aber außer den Tugenden stecken, wie wir wissen, im kapitalistischen Geiste noch andere Bestandteile, von denen die einen überhaupt nicht erwerbbar sind, weil sie angeboren sein müssen: das sind die Talente, die besonderen Veranlagungen zum wagenden Unternehmer, zum geistvollen Spekulanten, zum geschickten Rechner. Keine sittliche Macht der Welt kann aus einem Trodbel ein Genie machen; keine aus einem Träumer einen Rechner. Auch Talente freilich können "ausgebildet" werden; und Talente können (durch Auslese) vermehrt und gesteigert werden: weder an ihrer Ausbildung noch an ihrer Auslese sind aber die sittlichen Mächte beteiligt.

Endlich fanden wir im kapitalistischen Geist neben Tugenden und Talenten noch Techniken: Fertigkeiten zur Bewältigung der Geschäfte, rechnerische, organisatorische Fertigkeiten, auf deren Erwerbung ebenfalls die sittlichen Mächte ohne Einfluß sind, die vielmehr durch Unterricht gelehrt werden müssen. Wiederum: der sittlich vollkommenste Mensch wird ein schlechter kapitalistischer Unternehmer sein, wenn er seine Bücher nach einem falschen Systeme führt und wenn er in seiner Kalkulation

## Zweiundzwanzigstes Kapitel: Der Anteil der sittlichen Mächte usw.

Schnitzer macht. Das Maß kapitalistischer Fertigkeiten wird nun bestimmt werden durch die Summe der aufgestapelten Techniken einerseits, durch die Fähigkeit zu ihrer Erlernung und den Willen zu ihrer Erlernung andererseits. Von diesen ihren Umfang bestimmenden Faktoren ist einer sittlichen Vervollkommnung nur der letzte fähig: der Wille zu ihrer Erlernung, mit anderen Worten der Fleiß. Die beiden anderen wiederum entziehen sich der Einwirkung durch sittliche Mächte: wieviel Fertigkeiten im Laufe der Zeit erfunden werden, hängt von der Erfindungsgabe ab, die entweder da ist oder nicht; wie rasch und wie leicht und wie vollkommen die Wirtschaftssubjekte sie sich aneignen, dagegen von deren Begabung. Diese ist von Natur verschieden groß. Ihr Durchschnitt ebenso wie ihr Höchstmaß können im Laufe von Generationen gleichfalls gesteigert werden — durch Auslese. Diese Auslese bewirken abermals nicht die sittlichen Kräfte.

Für die Entwicklung zahlreicher Bestandteile des kapitalistischen Geistes können wir also diese nicht verantwortlich machen, selbst wenn sie in einer Volksgemeinschaft ihre Durchschlagskraft noch in vollem Umfange bewahrt haben. Wie aber, wenn diese Voraussetzung entfällt, wie es zweifellos seit dem Ende der frühkapitalistischen Epoche bei den Christenvölkern der Fall ist? Wie, wenn in dieser Zeit der kapitalistische Geist noch so grundstürzende Wandlungen vollzogen hat, wie wir festzustellen in der Lage waren? Wandlungen, die nur möglich gewesen sind unter Mißachtung aller von den christlichen Sittenlehrern, mochten sie Katholiken oder Protestanten sein, verkündeten Geboten? Wandlungen, die auf der Durchbrechung aller der Schranken beruhen, die Katholizismus und Protestantismus für das Verhalten der Wirtschaftsmenschen gezogen hatten? Wandlungen, die nur mit einer einzigen Ethik noch in Einklang zu bringen sind: der jüdischen? Wir werden nicht so kritiklos sein wollen und die gesamte Eigenart des modernen Wirtschaftsmenschen dem Einflusse der jüdischen Moral zuschreiben (so beträchtlich dieser Einfluß auch immerhin gewesen sein mag).

Also werden wir nicht umhin können, nach anderen Quellen Ausschau zu halten, aus denen dieser hochkapitalistische Geist entsprungen ist.

Die Wirksamkeit anderer Kräfte, als sie von den sittlichen Mächten ausgehen können, müssen wir also zu aller Zeit annehmen: in der frühkapitalistischen Epoche neben diesen; in der hochkapitalistischen statt dieser. Diese anderen Kräfte entspringen den sozialen Umständen. Welchen? will der folgende Abschnitt festzustellen versuchen.

# Dritter Abschnitt
# Die sozialen Umstände

## Dreiundzwanzigstes Kapitel: Der Staat

Wenn ich in diesem und in den folgenden Kapiteln versuchen will, die äußeren (sozialen) Umstände aufzuweisen, die einen bestimmenden Einfluß auf den geistigen Entwicklungsgang des modernen Wirtschaftsmenschen ausgeübt haben, so kann das nur den Sinn haben, daß ich auf der einen Seite einen möglichst vollständigen Überblick über die überhaupt in Betracht kommenden Ursachenkomplexe gebe, auf der anderen Seite einige wenige, mir besonders wichtig dünkende Punkte unter stärkeres Licht setze, damit sie sich dem Auge des Lesers besser einprägen. Mehr darstellen, hieße eine Wirtschaftsgeschichte, ja eine Kulturgeschichte, ja eine allgemeine Geschichte des letzten halben Jahrtausends schreiben: denn welcher Teil dieser Geschichte stände mit dem Problem, das uns beschäftigt, nicht in einem mehr oder weniger engen Zusammenhange?

Wenn ich als ersten solcher Ursachenkomplexe den Staat behandle, so geschieht es nicht nur wegen der zweifellos großen Bedeutung, die seine Entwicklung selbst für die Ausbildung des kapitalistischen Geistes namentlich in der Epoche des Frühkapitalismus hat, sondern auch deshalb: weil er, gleichsam wie eine Schale die Kerne einer Frucht, so eine große Reihe anderer Ursachenkomplexe in sich schließt.

Ich will zeigen, wodurch der Staat den kapitalistischen Geist gefördert hat. Zuvor aber will ich nicht unerwähnt lassen, daß er für dessen Entwicklung in mancher Hinsicht auch eine Hemmung bedeutet hat.

Es wird nicht in Zweifel gezogen werden dürfen, daß ein übertriebener Fiskalismus den Unternehmungsgeist hemmen und schließlich ertöten kann. Sind die Steuern so hoch, daß sie den Profit allzusehr verkürzen, indem sie die Unternehmungen selbst zu stark belasten oder durch Steigerung der Löhne die Konkurrenz einer Industrie mit dem Auslande unmöglich machen, so wird sich die Lust, sein Geld als Kapital zu verwenden, allmählich verringern. Es ist bekannt, daß man (Ranke) den „wirtschaftlichen Niedergang" Spaniens seit dem 17. Jahrhundert ebenso wie den raschen Verfall der holländischen Industrie während des 18. Jahrhunderts (Luzac und Pringsheim) mit dem übermäßig hohen Steuerdruck in diesen Ländern in Verbindung bringt. Ähnlich wie eine falsche Steuerpolitik können — wenn auch sicher nur in geringem Umfange — falsche handels- oder gewerbepolitische Maßnahmen lähmend auf den Unternehmungsgeist einwirken. Auch eine überspannte Sozialpolitik könnte diesen niederdrücken (hat es freilich bisher wohl kaum getan).

An einer anderen Stelle hat aber die Entwicklung des modernen Staatswesens die Entfaltung des kapitalistischen Geistes zweifellos hintangehalten, ohne daß man der Staatsleitung sogar den Vorwurf machen könnte, eine „falsche" Politik getrieben zu haben. Das ist im Bereiche des **öffentlichen Schuldenwesens**. Ich habe bei einer anderen Gelegenheit[847] den ziffernmäßigen Nachweis geführt, welche ungeheure Summen seit dem Ende des Mittelalters namentlich für Kriegszwecke in die Tresors der Staatsverwaltungen geflossen sind. Diese Blutentziehung nahm dem Wirtschaftskörper zunächst einen guten Teil seiner Kraft weg (wenn er auch später durch die Verwendung jener Beträge zu produktiven Zwecken wieder gestärkt wurde). Nicht nur wurden die Sachmittel verringert, deren der Kapitalismus zur Durchführung seiner Pläne bedarf, sondern auch — was uns hier angeht — mußte die Möglichkeit,

## Dreiundzwanzigstes Kapitel: Der Staat

sein Geld gewinnbringend in öffentlichen Anleihen anlegen zu können, abermals die Entfaltung der Unternehmungslust verhindern oder doch wenigstens verlangsamen: sobald die reichen Leute anfangen, Renten zu kaufen, statt ihr Geld in kapitalistische Unternehmungen zu stecken, beginnt ihr geistiger Verfettungsprozeß.

Aus England, Frankreich, Holland vernehmen wir im 17. und 18. Jahrhundert dieselben Klagen der kapitalismusfreundlichen Männer: das Geld, das bestimmt wäre, Handel und Industrie zu befruchten, endigt in den öffentlichen Schatzkammern, wo es hoch verzinst wird [848]).

Eine besonders wirksame Art, den Unternehmungsgeist zu töten, hat der Staat in Frankreich zur Anwendung gebracht, wo, wie wir im anderen Zusammenhange schon feststellen konnten, der Ämterkauf während langer Jahrhunderte eine das öffentliche Leben geradezu in seiner Eigenart bestimmende Einrichtung gewesen ist. Die Form war eine andere als die öffentliche Schuldverschreibung; die Wirkung war dieselbe: die reichen Leute wurden bequem und hörten auf, sich für kapitalistische Unternehmungen zu interessieren. Wobei dann nun sich besonders gut das Ineinandergreifen der verschiedenen, den kapitalistischen Geist beeinflussenden Kräfte beobachten läßt: der vom Standpunkt der kapitalistischen Begabung aus unterveranlagte französische Volksgeist (den wir aus keltischer Blutsart glaubten erklären zu sollen) schuf die Einrichtung des Ämterkaufs als seinem Wesen gemäße Form der Geldverwertung; diese Einrichtung wirkte dann, nachdem sie einmal geschaffen war, lähmend, wie wir sehen, auf den Unternehmungsgeist; dadurch verkümmerten die etwa vorhandenen kapitalistischen Anlagen oder wurden die stärker unterveranlagten Varianten ausgelesen, wodurch dann wieder usw.

Ähnlich kann die Stellung wirken, die der Staat zu der gesellschaftlichen Gliederung seines Volkes einnimmt, wenn er etwa einen dem Geschäftsleben entfremdeten Adel begünstigt und die tüchtigsten Elemente der Bourgeoisie dadurch aus der kapitalistischen Welt ausmerzt, daß er sie in diesen Adelsstand erhebt. Auch hier wird im einzelnen Fall schwer festzustellen sein, was Ursache, was Wirkung ist: ob die Abkehr von kapitalistischen Interessen durch die Nobilitierung erst hervorgerufen wird, oder ob diese nur die äußere Anerkenntnis eines schon innerlich in der Bourgeoisie vollzogenen Feudalisierungsprozesses ist.

Diesen Hemmungen steht nun aber die gewaltige Förderung gegenüber, die der Staat auf alle mögliche Weisen dem kapitalistischen Geiste angedeihen läßt.

Zunächst weil er ihn fördern will: hierher gehören also alle staatlichen Maßnahmen zugunsten der kapitalistischen Interessen.

Der Staat ist selbst, wie wir wissen, einer der ersten kapitalistischen Unternehmer gewesen und auch immer einer der größten geblieben. Dadurch wirkt er vorbildlich, wirkt er anregend auf den privaten Erwerbsgeist, wirkt er lehrhaft in allen Organisationsfragen, wirkt er erzieherisch in den Fragen der geschäftlichen Moral. Er übt einen Einfluß auf die Umbildung der sozialen Wertungen: indem er selber Geschäfte macht, nimmt er den Makel von den „schmutzigen Gewerben", der diesen in aller vorkapitalistischen Zeit anhaftet, erhebt er die »artes sordidae« zum Range gentlemenliker Betätigungen.

Aber noch größeren Einfluß auf die Entwicklung des kapitalistischen Geistes gewinnt der Staat naturgemäß auf Umwegen: durch die Gestaltung seiner Wirtschaftspolitik. Hier müssen wir uns der zweifellos sehr großen Förderung erinnern, die die kapitalistischen Interessen durch die merkantilistische Politik während der Epoche des Frühkapitalismus erfahren haben

### Dreiundzwanzigstes Kapitel: Der Staat

Was von dieser für unser Problem unmittelbar in Betracht kommt, ist vornehmlich dieses:

Der Staat ist es, der vielerorts die Privaten an den Ohren herbeizieht, damit sie sich als kapitalistische Unternehmer betätigen. Er stößt und treibt sie mit Gewalt und Überredung in den Kapitalismus hinein. Das Bild der körperlichen Nötigung, das ich hier gebrauche, ist der Schrift eines kameralistischen Schriftstellers des 18. Jahrhunderts entlehnt, der da meint: „daß der plebs von seiner alten Leyer nicht abgehe, bis man ihn bei Nase und Arme zu seinem neuen Vorteile hinschleppe"[349]). Wie Colbert seine besonders indolenten Landsleute in Trapp zu bringen sucht, ist rührend anzusehen[350]). Hinter zahlreichen Unternehmungen während des 16. und 17. Jahrhunderts in England steht als unmittelbar treibende Kraft, weil mit seinem Geldbeutel interessiert, der König (oder die Königin). In langen Zwiesprachen werden die Drake, die Raleigh von ihnen zu neuen Fahrten veranlaßt: so geht der letzte Plan Raleighs, noch einmal nach Guayana zu segeln, von dem geldbedürftigen Jakob I. aus[351]); so sehen wir Karl I. seine Agenten im Lande herumschicken, um mit Industriellen gewinnbringende Verträge abzuschließen[352]).

Und dann haben wir des kunstvollen Systems von Privilegierungen zu gedenken, mittels deren der merkantilistische Staat vorhandene kapitalistische Interessen förderte, zum Leben drängende, aber erst keimhaft schlummernde zur Entfaltung brachte oder endlich erst die Keime solcher Interessen legte. Der ganze Sinn dieser staatlichen „Privilegierungen" (im weitesten Verstande) kommt in einem Briefe des französischen zweiten Heinrichs vom 13. Juni 1568 vortrefflich zum Ausdruck: in dem er mit dürren Worten ausspricht, daß seine „Privilegien und Wohltaten" die „tugendhaften und betriebsamen" Gewerbetreibenden zu profitabeln Unternehmungen anspornen sollen[353]).

Die „Privilegierungen", die also alle auf demselben Grundgedanken beruhen: durch Verheißungen materieller oder ideeller Vorteile den Unternehmungsgeist rege zu machen, haben sehr verschiedene Formen angenommen: sie erscheinen als Monopolisierungen, also gleichsam als negative Privilegisierungen, indem hier ein Produktionsmonopol, dort ein Handelsmonopol, dort wiederum ein Verkehrsmonopol erteilt wird; sie treten als handelspolitische Schutz- oder Vergünstigungsmaßregeln auf; sie nehmen endlich die Gestalt direkter Prämiierungen an. In seinem Dictionnaire zählt Savary alle Prämien auf, mit denen man die Unternehmungslust anzustacheln versuchte: Verleihung des erblichen Adels; Erlaubnis zur Naturalisation; Erlaß der Eingangszölle; zinslose Darlehen; Jahrespensionen; Braufreiheit; Überlassung von Bauplätzen; Befreiung von der Gewerbeaufsicht; Unterstützungen mit barem Gelde u. a. m. „Allen Erfindungen wurde durch Privilegium und Protektion zu Hilfe gekommen, des Königs Kasse stand gleichsam an Märkten und Landstraßen und harrte derer, denen nur irgendeine Erfindung zu Gebote stand, um sie zu belohnen" (Heinrich Laube). Also Unterstützung und Beförderung jener „Projektenmacherei", von der ich weitläufig erzählt habe, durch den Staat!

Eine Belebung des Unternehmungsgeistes hat der Staat beabsichtigt, und wohl auch in gewissem Umfange (in keinem sehr großen: denn zu jener Zeit, als das Ereignis, an das ich eben zu erinnern im Begriffe bin, eintrat, war dieser Unternehmungsgeist schon stark genug, um der Förderung durch den Staat entraten zu können, den er vielmehr umgekehrt zu seinem Frontwechsel zwang) erreicht durch den Abbruch des merkantilistisch-zünftlerischen Systems und die Einführung der „Gewerbefreiheit" in dem neuen Wirtschaftsrechte des 19. Jahrhunderts.

## Dreiundzwanzigstes Kapitel: Der Staat

Endlich ist der Staat ein bewußter Förderer des kapitalistischen Geistes geworden durch die **Pflege des Schulwesens** in allen seinen verschiedenen Höhenlagen. Wir haben die Entstehung von Unterrichtsanstalten in früheren Abschnitten dieses Werkes als ein Symptom für das Vorhandensein eines nach Menge oder Art eigentümlichen kapitalistischen Geistes verwertet: hier muß ihre Bedeutung als Quelle dieses Geistes hervorgehoben werden. Von den Rechenschulen an, die in Florenz schon im 14. Jahrhundert begründet wurden, bis zu den Handelsschulen und Handelshochschulen unserer Tage sind die von öffentlichen Körperschaften ins Leben gerufenen Anstalten zur Verbreitung und zur Vertiefung des kaufmännischen Wissens ebensoviele Pflanzschulen kapitalistischen Geistes geworden: hier ist vor allem die Rechenhaftigkeit ausgebildet worden, hier sind die Regeln für gute Geschäftsorganisationen gelehrt worden usw.

Aber ich glaube, daß die Wirkungen, die der Staat, **ohne es zu wollen**, ausgeübt hat, für die Entwicklung des kapitalistischen Geistes noch bedeutsamer gewesen sind als diejenigen, die er beabsichtigt hatte (und die oft genug gar nicht eingetreten sein werden).

Wir wollen nicht vergessen, daß der Staat für die Entfaltung des kapitalistischen Wesens in wichtigen Fällen von großer Bedeutung zunächst durch seine **Nicht-Existenz** geworden ist. Oder anders ausgedrückt — wenn man dieses Paradoxon scheut, dem Staate eine Wirkung zuzuschreiben und gleichzeitig zu sagen, daß er nicht da ist —: die Eigenart der staatlichen Verhältnisse hat zuweilen dadurch den kapitalistischen Geist zu höherer und rascherer Entfaltung gebracht, daß sie ein Gemeinwesen nicht oder erst spät zu einem machtvollen Großstaat haben werden lassen. Ich denke an Staaten wie die Schweiz oder Deutschland vor 1870. In diesen sind bestimmte

Seiten des kapitalistischen Geistes gewiß dadurch ausgebildet worden, daß ihren Angehörigen ein Rückhalt an einem machtvollen Staatswesen fehlte oder fehlt. Dadurch sind die Angehörigen solcher Nationen gezwungen, im Auslande sich mehr den Bedürfnissen des Marktes anzupassen, weil sie ihren Absatz niemals ertrotzen können, sondern ihn durch Überredungskünste und gute Leistungen sich erobern müssen: sie müssen ihren Scharfsinn mehr anstrengen und ihre Rücken geschmeidig halten. Das Händlerhafte im kapitalistischen Geiste wird dadurch zur Entwicklung gebracht; aber auch die geschäftliche Energie kann gesteigert werden. Wir lernten besondere Eigenarten des deutschen Bourgeoisgeistes kennen, die ihn von dem englischen deutlich unterscheiden: **ein Grund dieser Verschiedenheit ist zweifellos die lange Zersplitterung Deutschlands**, die es verhindert hat, daß wir in einem großen Kolonialreiche gesicherte Märkte besitzen, und die unsere Kaufleute und Industriellen zwang, sich eine geachtete Stellung im Auslande, einen „Platz an der Sonne" zu verschaffen ohne Kriegsschiffe als Rückendeckung [354].

Dann hat nun aber **der Staat durch sein Dasein und die Eigenart seiner Entwicklung** den kapitalistischen Geist mächtig gefördert. Ich habe den modernen Staat selbst als eine der Grundformen der Unternehmung bezeichnet, was er zweifellos ist. Damit gab er nun aber in seiner **Gesamtorganisation**, in der Gliederung seiner Verwaltung in einzelne Ressorts, in seiner Beamtenhierarchie, in der Weite seiner Ziele und der Stetigkeit ihrer Verfolgung und vielem andern das beste **Vorbild** für die großen kapitalistischen Unternehmungen ab, wirkte er also anregend und belehrend auf den organisatorischen Sinn, steigerte er die organisatorischen Fähigkeiten des Leiters dieser Wirtschaften.

Diejenigen **einzelnen Zweige** der staatlichen Verwaltung,

### Dreiundzwanzigstes Kapitel: Der Staat

die vornehmlich Einfluß auf die Ausbildung des kapitalistischen Geistes ausgeübt zu haben scheinen, sind folgende:

1. **Das Heerwesen**, dessen Wirkungen zahlreich sind. Vielleicht das wichtigste soziale Ereignis der neueren Geschichte ist **die Entstehung eines Berufsheeres**: im Mittelalter des Ritterheeres; in der neueren Zeit des Söldnerheeres. Die große Bedeutung dieses Ereignisses erblicke ich darin, daß es die Anforderungen an die Leistungsfähigkeit der Angehörigen eines Gemeinwesens differenziert hat: es wurde nicht mehr ein ganzer Mensch verlangt, um sich im Kampfe ums Dasein zu erhalten: ein Mensch, der sowohl kriegerische als wirtschaftliche Fähigkeiten und Kenntnisse besaß; sondern nur noch ein halber Mensch: ein Mensch, **der sich entweder zum Kriege oder zum Wirtschaften eignete**. Dadurch konnten die spezifisch bürgerlichen Tugenden stärker gezüchtet werden; die besten Bürger wurden ausgelesen, ein „Bürger"tum ohne allen Einschlag kriegerischen Wesens konnte sich ausbilden. Was wäre, so müssen wir fragen, beispielsweise aus dem Florentiner Handelsgeist geworden, wenn die Bürger von Florenz nicht schon so frühzeitig — seit dem 13. Jahrhundert — sich Söldner gehalten hätten, sondern allesamt verpflichtet gewesen wären, wie germanische Bauern jeden Augenblick zur Waffe zu greifen, um ihren Heimatboden zu verteidigen. Alberti, der immer klar die Sachlage beurteilt, will die hervorragenden kaufmännischen Fähigkeiten seiner Landsleute geradezu aus dem Umstande erklärt wissen, daß in seiner Vaterstadt keine Gelegenheit (und Nötigung) bestanden habe, das Waffenhandwerk zu pflegen. Dadurch, meint er, sei vor allem ein starker Antrieb geschaffen worden, sich durch Erwerbung von Geldvermögen mittels geschäftlicher Tätigkeit eine Stellung im Staate zu schaffen[355]).

Wenn die Juden den vollendeten Typus des Händlervolkes darstellen, so ist daran gewiß nicht zuletzt ihr Schicksal schuld, daß sie zweitausend Jahre lang dazu verdammte, ohne kriegerische Betätigung zu leben, wodurch alle kriegerischen Naturen allmählich aus dem Volkskörper ausgemerzt wurden.

Auf einen anderen Zusammenhang zwischen dem Heerwesen und der Entwicklung des kapitalistischen Geistes habe ich schon früher an anderen Stellen[356]) hingewiesen: ich meine die Förderung, die die Disziplin einerseits, die organisatorischen Fähigkeiten andererseits durch die Ausbildung des modernen Heereskörpers erfahren haben.

Wenn wir die spezifisch militärischen Tugenden uns ansehen, wie sie seit dem 17. Jahrhundert gefordert wurden, so bemerken wir sehr bald, daß es im wesentlichen dieselben sind, die wir als kapitalistische Tugenden kennen gelernt haben. Und wenn wir bedenken, daß die modernen Heeresorganisationen lange vor den großen kapitalistischen Unternehmungen ins Leben traten, so werden wir nicht umhin können, auch hier einen Einfluß auf die Entwicklungen bestimmter Seiten des kapitalistischen Geistes anzunehmen. Es ist deshalb aber auch kein Zufall, daß diejenigen Seiten dieses Geistes, die einem guten militärischen Drill ihr Dasein verdanken, am stärksten entwickelt sind bei Völkern, deren Heeresorganisation eine besonders glänzende ist, also vor allem in Deutschland. Heute, da die kapitalistischen Unternehmungen immer mehr an Ausdehnung gewinnen und immer mehr die Natur von riesigen Truppenaufgeboten annehmen, kommen begreiflicherweise diese besonderen Begabungen und Übungen erst recht zur Geltung. Heute sehen unbefangene Ausländer die Überlegenheit der deutschen Unternehmer in dieser Beziehung sehr deutlich, und wir hören auch, daß diese Überlegenheit von guten Beobachtern auf den militärischen Drill zurückgeführt wird. So äußert ein urteilsfähiger Engländer seine Meinung über diese Zusammenhänge mit folgenden Worten:

### Dreiundzwanzigstes Kapitel: Der Staat

"Man übertreibt kaum, wenn man sagt, daß der Militärdienst mehr als irgendein anderer (!) Einfluß das industrielle Deutschland macht. Unternehmer und Arbeiter sind zusammen durch ihn gegangen; sie haben in derselben Schule gelernt und sie verstehen beide gleich, daß Ordnung für jede organisierte Kraft, sie sei nun industriell oder militärisch, wesentlich ist" [857].

Daß auch hier wieder Blutsveranlagung und historisches Schicksal im Verhältnis der Wechselwirkung stehen, wie wir es bei anderen Erscheinungen bereits feststellen konnten, begreift sich von selbst.

Als der moderne Staat sein Heerwesen zur Entwicklung brachte, da ist es gewiß niemandem der führenden Männer in den Sinn gekommen, daß mit dieser neuen Einrichtung und großenteils durch sie ein Bevölkerungselement in die Höhe getragen wurde, das bestimmt sein sollte, wie ein Sprengstoff in dem Gemäuer des alten Staates zu wirken: die Juden. Ich habe in meinem Judenbuche ausführlich dargestellt, wie sie es waren, die den Fürsten — namentlich seit dem 17. Jahrhundert — die nötigen Gelder für die Kriegsführung verschafften, sei es auf dem Wege persönlicher Darleihung, sei es durch Vermittlung der Börse, an deren Aufbau sie so stark beteiligt sind; habe aber auch gezeigt, welche hervorragende Rolle die Juden als Heereslieferanten, das heißt bei der Besorgung von Lebensmitteln, Kleidung, Waffen für die Heereskörper gespielt haben. Durch diese Beihilfen wurden sie aber nicht nur reich, sondern sie verbesserten auch sozial ihre Stellung im Lande, so daß wir das moderne Heerwesen in einem recht beträchtlichen Umfange für die spätere Emanzipation der Juden verantwortlich machen können, damit also auch für die Verbreitung des den Juden eigentümlichen kapitalistischen Geistes in der modernen Welt.

Mit diesem Gedanken habe ich schon auf ein zweites Spezialgebiet staatlicher Verwaltung hinübergegriffen, nämlich

24*

2. das Finanzwesen, das für die Herausbildung des kapitalistischen Geistes ebenfalls in Betracht kommt.

Zunächst eben wiederum durch die Begünstigung, die es dem Judenvolke zuteil werden ließ, dessen Spitzen als wichtige und einflußreiche Finanzmänner sich dem modernen Fürsten unentbehrlich zu machen wußten, und das damit als Ganzes zu größerer Macht gelangte. Alles aber — das müssen wir ein für allemal festhalten — was geeignet ist, die Juden hochzubringen, ihren Wirkungskreis zu erweitern, ihren Einfluß auf das Wirtschaftsleben zu steigern, bedeutet eine starke Förderung des kapitalistischen Geistes, und zwar immer in seiner Entwicklung zu den hochkapitalistischen Formen, die, wie wir wissen, dem jüdischen Wesen am ehesten entsprachen. Diese Förderung wurde herbeigeführt: 1. durch die rein äußerliche Vermehrung der jüdischen Unternehmer; 2. durch die Beeinflussung der christlichen Unternehmer durch jüdischen Geist; 3. durch die Verbreitung also dieses Geistes über immer größere Gebiete des Wirtschaftslebens; 4. durch die dadurch wiederum bewirkte Auslese der dem neuen Geschäftsgebaren angepaßten Varianten: dadurch wieder Verbreitung, Verbreiterung, Vertiefung. Es ist immer derselbe Prozeß, den wir an verschiedenen Stellen beobachten.

Aber das Finanzwesen der modernen Staaten hat auch auf andere Weise dazu beigetragen, daß der kapitalistische Geist sich entwickelte: namentlich in seinen Anfängen ist dieser zweifellos durch die Ausbildung der Finanzorganisation selber wesentlich gefördert worden. Hier haben die in modernem Geiste geführten Finanzwirtschaften der italienischen Freistaaten schon das ihrige beigetragen. Wir verdanken den fleißigen Studien unserer Italianisten wie Sieveking und anderen die Einsicht, daß beispielsweise die kaufmännische Buchführung ihre erste Ausbildung erfahren hat in der Finanzverwaltung einer Stadt wie

### Dreiundzwanzigstes Kapitel: Der Staat

Genua; wir wissen oder können vermuten, daß das Bedürfnis nach zuverlässigen Statistiken, durch die der rechnerische Sinn gepflegt und entwickelt wurde, zuerst von den Finanzorganen dieser aufstrebenden Gemeinwesen empfunden wurde. „Eine Macht (wie die Republik Venedig), deren Grundlagen so kompliziert, deren Tätigkeit und Interessen auf einen so weiten Schauplatz ausgedehnt waren, ließe sich gar nicht denken ohne eine großartige Übersicht des Ganzen, ohne eine beständige Bilanz der Kräfte und Lasten, der Zunahme und Abnahme. Venedig möchte sich wohl als der Geburtsort der modernen Statistik geltend machen dürfen, mit ihm Florenz und in zweiter Linie die entwickelteren italienischen Fürstentümer. —— Erst in den italienischen Staaten vereinigen sich die Konsequenzen einer völligen politischen Bewußtheit, das Vorbild mohammedanischer Administration und ein uralter starker Betrieb der Produktion und des Handels selbst, um eine wahre Statistik zu begründen" [358]). Welche Bedeutung aber eine allgemeine Darstellung der sozialen Welt in Ziffern auf die Geister ausgeübt hat, wie sehr durch sie die Rechenhaftigkeit und die Quantifizierungstendenzen, diese wichtigen Bestandteile des kapitalistischen Geistes, gefördert worden sind, wird man bei einiger Überlegung leicht „ermessen" (sagen wir wieder, ganz ob es sich von selbst verstünde, daß wir immer mit einem Metermaß durchs Leben gingen).

Die Finanzwirtschaft der öffentlichen Körper war der erste große „Haushalt", wie der moderne Staat die erste große „Unternehmung" war: an ihnen mußten sich also die kapitalistischen Ideen wie an den größten Vorbildern nach den verschiedenen Seiten hin orientieren.

In dem öffentlichen Schuldenwesen erwuchs aber ein erstes großes „Vertragssystem", das weitere Kreise als die Sippe, den Stand umfaßte, und das daher andere sittliche Kräfte zu seiner Erhaltung brauchte, als sie in den urwüchsigen Gemeinschaften lebendig gewesen waren: „gesellschaftliche" Bindungen (im Tönnies schen Sinne) wurden dadurch erstmalig in größerem Stile geschaffen, und diejenigen Bindungsmittel, auf deren Verwendung die kapitalistische Verkehrswirtschaft aufgebaut ist: kaufmännische Solidität, Treu und Glauben, Zusagen auf lange Zeit hinaus und die Absicht, diese Zusagen zu halten, fanden nirgends so früh und so allgemeine Gelegenheit, zur Anwendung zu gelangen, wie in den großen Schuldenverwaltungen der emporkommenden Städte und Staaten.

In ganz anderem Sinne haben diese dann belebend auf den kapitalistischen Geist gewirkt, wenn an sie — wie wir sahen — die ersten großen Spekulationsunternehmungen anknüpfen: der Südseeschwindel in England, der Law-Schwindel in Frankreich, die doch — trotz oder gerade wegen ihres „schwindelhaften" Charakters — für das kapitalistische „Gründer"tum von durchschlagender Bedeutung geworden sind, wären ohne die eigenartige und beträchtliche Entwicklung des öffentlichen Schuldenwesens nicht denkbar gewesen.

Endlich wollen wir eines Zweiges staatlicher Verwaltung gedenken, der scheinbar nichts oder wenig mit der Entwicklung des kapitalistischen Geistes zu tun hat, der aber doch bei näherem Zusehen sich als höchst bedeutsam für diese Entwicklung erweist: ich meine

3. die Kirchenpolitik.

In weiterem Sinne kann man als einen kirchenpolitischen Akt auch die „Emanzipation" der Juden betrachten, dessen Wichtigkeit für die Herausbildung des hochkapitalistischen Geistes außer Frage steht. Aber sie ist doch nicht dasjenige, an was ich in erster Linie denke, wenn ich die Kirchenpolitik der modernen Staaten mitverantwortlich mache für die raschere und allgemeinere Ausbreitung des kapitalistischen Geistes und seine gleichzeitige Vertiefung. Das ist vielmehr die ganz wichtige Tatsache, daß

## Dreiundzwanzigstes Kapitel: Der Staat

der Staat — durch die Ausbildung des Staatskirchentums vornehmlich — den Begriff und die Erscheinung des Ketzers oder Heterodoxen als einer politischen oder sozialen Kategorie schuf. Womit gesagt sein soll, daß in den modernen Staaten zwei Kategorien von Bürgern: Vollbürger und Halbbürger je nach ihrem Glaubensbekenntnis unterschieden wurden, von denen die einen also: die Mitglieder der Landeskirche, im vollen Besitze aller bürgerlichen Rechte waren, während als „Halbbürger" die Mitglieder anderer Konfessionen galten, denen namentlich der Zugang zu den öffentlichen Ämtern und Würden gesperrt oder erschwert war. Überall waren Halbbürger in diesem Sinne die Juden bis ins 18. Jahrhundert hinein und meist darüber hinaus; in den katholischen Ländern waren es außerdem noch die Protestanten; in den protestantischen Ländern umgekehrt die Katholiken und die nicht zur Staatskirche gehörigen Richtungen, in Großbritannien also die Presbyterianer, die Quäker usw.; in den presbyterianischen Neuenglandstaaten Amerikas die Anhänger der High Church usw.

Dieses „Ketzertum" als solches, ganz unabhängig von dem Bekenntnis selbst, das als ketzerisch angesehen wurde, müssen wir nun offenbar als eine wichtige Quelle des kapitalistischen Geistes gelten lassen, weil es mächtig das Erwerbsinteresse stärkte und die geschäftliche Tüchtigkeit steigerte. Und zwar aus naheliegenden Gründen: von der Anteilnahme am öffentlichen Leben ausgeschlossen, mußten die Häretiker ihre ganze Lebenskraft in der Wirtschaft verausgaben. Diese bot ihnen allein die Möglichkeit, sich diejenige angesehene Stellung im Gemeinwesen zu verschaffen, die ihnen der Staat vorenthielt. Es konnte gar nicht ausbleiben, daß in diesen Kreisen der „Ausgeschlossenen" die Bedeutung des Geldbesitzes höher bewertet wurde als unter sonst gleichen Umständen bei den anderen Bevölkerungsschichten, weil für sie ja das Geld den einzigen Weg zur Macht bedeutete.

Andererseits brachte es ihre Stellung als Heterodoxe mit sich, daß sie ihre ökonomischen Fähigkeiten stärker entwickeln mußten, weil naturgemäß für sie die Erwerbsgelegenheiten sich schwieriger gestalteten. Nur die peinlichste Gewissenhaftigkeit, nur die gerissenste Rechenhaftigkeit, nur die weitestgehende Anpassung an die Bedürfnisse der Kundschaft versprachen ihnen einen geschäftlichen Erfolg. Verfolgt und verdächtigt, schreibt Benoit von den Hugenotten; wie hätten sie sich anders behaupten können, als durch „die Weisheit ihres Verhaltens und durch ihre Ehrenhaftigkeit" (par la sagesse de leurs moeurs et par leur honnêteté).

Naheliegend war es auch, daß diese Häretiker in der Zeit des beginnenden Kapitalismus sich gerade den kapitalistischen Unternehmungen mit besonderem Eifer widmeten, da ja diese die meisten Erfolge versprachen, die sicherste Handhabe boten, um zu Reichtum und dadurch zu Ansehen zu gelangen. Deshalb finden wir sie in jenen kritischen Zeiten, also vornehmlich vom 16. bis 18. Jahrhundert überall an erster Stelle als Bankiers, als Großkaufleute, als Industrielle. „Handel und Wandel", „the Trade", wurden von ihnen geradezu beherrscht. Diese Zusammenhänge haben die besten Beurteiler schon während jener Jahrhunderte richtig erkannt. Die Spanier sagten schlechthin: die Ketzerei befördert den Handelsgeist.

Und ein hellsichtiger Mann wie William Petty fällt über die Bedeutung der „Ketzerei" für die Entfaltung des kapitalistischen Geistes folgendes interessante Urteil[359]): „Der Handel liegt in allen Staaten und unter jeder Regierung in den Händen der heterodoxen Partei und solcher, die eine andere als die öffentlich anerkannte Meinung vertreten; also in Indien, wo die mohammedanische Religion anerkannt ist, sind die Hindus (the Banians) die bedeutendsten Kaufleute. Im türkischen Reich die Juden und Christen. In Venedig, Neapel, Livorno, Genua und Lissabon die Juden und Nichtpäpstlichen (?!). Selbst in

## Dreiundzwanzigstes Kapitel: Der Staat

Frankreich sind die Hugenotten verhältnismäßig viel stärker im Handel vertreten, während in Irland, wo die katholische Religion nicht vom Staate anerkannt ist, die Anhänger dieser Religion einen großen Teil des Handels in den Händen haben. Woraus folgt, daß der Handelsgeist nicht mit irgendwelcher Religion als solcher verknüpft ist, sondern wie vorher schon gesagt wurde mit der Heterodoxie als Ganzes, wie auch das Beispiel aller großen englischen Handelsstädte bestätigt" (Trade is not fixed to any species of Religion as such; but rather ... to the Heterodox part of the whole).

Ähnlichen Urteilen, insbesondere auch über die Bedeutung der Non—Conformists für die Entwicklung von Handel und Industrie in Großbritannien, begegnen wir häufiger[860]).

Daß diese Beobachtungen, wie sie uns diese Männer mitteilen, richtig waren, lehrt uns ein Blick in die Wirtschaftsgeschichte jener Zeit. Wir sind besonders gut unterrichtet über die Verhältnisse in Frankreich durch die Intendanturberichte, die nach der Aufhebung des Edikts von Nantes vom Könige eingefordert wurden und die Boulainvilliers gesammelt und im Auszuge mitgeteilt hat[861]). Daraus ersieht man, daß in der Tat der vielleicht größte Teil der kapitalistischen Industrie und des Überseehandels in den Händen der Reformierten lag (oder bis zu jener für Frankreich so überaus kritischen Zeit gelegen hatte). Die Eisenarbeiten in Sedan, die Papierfabrikation in Auvergne, in Angoumois, in der Généralité von Bordeaux, die Lohgerbereien in Touraine, die mit den englischen wetteiferten, waren ausschließlich in ihren Händen; in der Normandie, Maine und Bretagne, "hatten sie fast den meisten Anteil an den blühenden Leinwandwebereien"; in Tours und Lyon an der Fabrikation von Seide, Samt und Taffet; in Languedoc, Provence, Dauphinée, Champagne an der Wollindustrie, in der Généralité von Paris an der Spitzenanfertigung usw.

In Guienne liegt der Weinhandel in ihren Händen; in zwei Gouvernements (de Brouage et d'Oleron) hat ein Dutzend Familien das Monopol des Salz- und Weinhandels; in Sancerre sind sie nach Aussage des Intendanten „den Katholiken an Zahl, Reichtum und Bedeutung überlegen". In der Généralité von Alençon beherrschen 4000 Protestanten fast den gesamten Handel. Dasselbe Bild in Rouen, Caen, Nimes, Metz.

Den auswärtigen Handel trieben sie am liebsten nach Holland und Großbritannien, und die Holländer und Engländer machten am liebsten mit ihnen Geschäfte, weil sie mehr Vertrauen zu ihnen hatten, wie zu den Katholiken — meint Benoit.

Auch als Bankiers begegnen wir zahlreichen Reformierten im damaligen Frankreich, und gern übernehmen sie auch Steuerpachten, zu denen sie zugelassen waren. Man weiß, daß Colbert sich sehr sträubte gegen die Edikte, die ihre Verwendung in der Steuerverwaltung verboten.

So daß man sich dem Urteil Rankes über die wirtschaftliche Stellung der protestantischen Ketzer im Frankreich des 17. Jahrhunderts wohl wird anschließen dürfen, wenn er zusammenfassend sagt [362]):

„Von dem Krieg und den eigentlichen Staatsämtern ausgeschlossen, nehmen die Reformierten um so größeren Anteil an der Verwaltung der Finanzen, den Staatspachtungen, dem Anleihewesen; es ist bemerkenswert, mit welchem Eifer und Erfolg sie sich der aufkommenden Manufaktur widmeten."

Wiederum drängt sich die Frage auf: irren wir denn nicht, wenn wir den kapitalistischen Geist aus dem Ketzertum ableiten? Waren die Ketzer kapitalistisch gesinnt, weil sie Ketzer waren, oder waren sie nicht etwa Ketzer, weil sie schon im Kapitalismus drinsteckten? Oder — noch etwas weiter gefaßt: waren sie vielleicht Ketzer und Vertreter kapitalistischer Interessen, weil sie zu beiden gleichmäßig durch ihr Blut veranlagt waren?

Sind die Hugenotten in Frankreich nicht vielleicht die Angehörigen der germanischen Stämme, die stärker zum Kapitalismus und mehr zu freier Religionsauffassung neigten? Möglich ist es gewiß, ich bin sogar geneigt zu sagen: es ist wahrscheinlich, daß in Ketzertum und kapitalistischer Gesinnung Blutseigenschaften ihren Ausdruck fanden; und daß das Ketzertum gewiß auch auf ökonomische Ursachen zurückzuführen ist. Einen Beweis für die Richtigkeit solcher Annahmen zu erbringen, ist natürlich ganz unmöglich. Aber auch wenn die Annahmen berechtigt sind, so unterliegt es wiederum keinem Zweifel, daß der soziale Zustand, wie er durch das Ketzertum geschaffen wurde, vorhandene Tendenzen verstärkte: indem durch ihn bestimmte kapitalistische Anlagen zur Entfaltung gebracht, kapitalistisch veranlagte Varianten rascher und entschiedener ausgelesen wurden, so daß wir in allen Fällen berechtigt sind, das Ketzertum für eine — gewiß nicht schwache — Quelle des kapitalistischen Geistes zu halten.

Nun aber steht mit dem religiösen — und man kann hinzufügen: mit dem politischen — Ketzertum eine andere soziale Erscheinung im engsten Zusammenhange, die noch viel größeren Anteil am Aufbau des kapitalistischen Geistes gehabt hat als die Ketzerei selber: ich meine die Wanderungen aus einem Lande in das andere, die wir die aus religiösen oder politischen Gründen Verfolgten in jenen Jahrhunderten des Frühkapitalismus machen sehen. Die Ketzer werden zu Emigranten.

Das Problem der Wanderungen greift aber über das „Emigranten"-Problem hinaus, sofern solche Wanderungen auch aus anderen als religiösen oder politischen Gründen erfolgten. Deshalb behandle ich sie gesondert und im Zusammenhange und widme ihnen das ganze folgende Kapitel.

## Vierundzwanzigstes Kapitel: Die Wanderungen

Ich könnte es mir außerordentlich reizvoll denken, die gesammte Menschheitsgeschichte unter dem Gesichtspunkt "des Fremden" und seines Einflusses auf den Gang der Ereignisse zu schreiben. In der Tat beobachten wir von den Anfängen der Geschichte an, wie im kleinen und im großen es den Einwirkungen von außen her zuzuschreiben ist, daß die Volksgemeinschaften sich eigenartig entwickeln. Es mag sich um Religionssysteme oder technische Erfindungen, um Formen des Alltagslebens oder Moden und Trachten, um Staatsumwälzungen oder Börseneinrichtungen handeln: immer oder wenigstens sehr häufig finden wir, daß die Anregung von "Fremden" ausgeht. So spielt auch in der Geistes-(und Sozial-)Geschichte des Bourgeois der Fremde eine überragend große Rolle. Unausgesetzt während des europäischen Mittelalters und in größerem Umfange noch in den späteren Jahrhunderten verlassen Familien ihren angestammten Wohnsitz, um in einem anderen Lande ihren Herd zu errichten. Und das sind gerade diejenigen Wirtschaftssubjekte, die wir in zahlreichen Fällen als die hervorragenden Träger kapitalistischen Geistes, als die Begründer und Förderer kapitalistischer Organisation ansprechen müssen. Es lohnt deshalb wohl, den Zusammenhängen nachzugehen, die etwa zwischen den Wanderungen und der Geschichte des kapitalistischen Geistes bestehen.

Zunächst die Tatsachen [368]).

Wir können unterscheiden: Einzelwanderungen und Massenwanderungen.

Einzelwanderungen, denen also die Tatsache zugrunde liegt, daß aus individueller Veranlassung eine Familie (oder auch ein paar Familien) ihren Wohnsitz verändern, das heißt

### Vierundzwanzigstes Kapitel: Die Wanderungen

in ein anderes Land oder doch in eine andere Landschaft übersiedeln, hat es natürlich zu allen Zeiten gegeben. Uns interessieren hier diejenigen, an die sich eine irgendwelche Förderung des kapitalistischen Geistes anknüpft, wie wir sie namentlich dann vermuten dürfen, wenn wir die Einwanderer als Träger einer höheren Form des Wirtschaftsverkehrs oder als Begründer neuer Industrien antreffen. Ich denke im ersten Falle an die „Lombarden" und andere italienische Geldhändler, die während des Hochmittelalters in Frankreich, England und anderswo ihr Geschäft betreiben; und ich erinnere daran, wie unter anderen Industrien während des Mittelalters und späterhin von fremden Einwanderern namentlich die Seidenindustrie gefördert worden ist. Und zwar im kapitalistischen Sinne gefördert worden ist (denn die Übertragung von Handwerkern aus einem Orte in den anderen geht uns in diesem Zusammenhange nichts an).

So erfahren wir z. B. über den Einfluß der Einwanderung von Lucchesen auf die Entwicklung der venezianischen Seidenindustrie folgendes:

„Eine neue Phase der Entwicklung trat mit Einwanderung von Kaufleuten und Seidenarbeitern aus Lucca ein, worauf erst die Industrie ganz zur Entfaltung gelangte; zugleich trat das kaufmännische Element mehr in den Vordergrund: die Kaufleute wurden Leiter der Produktion; sie übergaben ihr eigenes Rohmaterial den Meistern zur Verarbeitung in den verschiedenen Stadien der Produktion[864]."

Und über die genuesische Seidenindustrie:

„Ähnlich wie in Venedig mit der Einwanderung der Lucchesen nahm die Seidenindustrie in Genua einen großen Aufschwung erst durch die Gebrüder Perolerii und andere Kaufleute, welche im Beginn des 15. Jahrhunderts lucchesische Musterzeichner in ihren Dienst zogen. Ihnen wurde sogar die Einführung der Seidenindustrie überhaupt zugeschrieben. Zugleich wurde damals eine neue soziale Ordnung im Genueser Seidengewerbe eingeführt — nämlich die kapitalistische Hausindustrie —, welche ihren Ausdruck 1432 in der Gründung der Seidenzunft fand[865]."

In Bologna wurde die vielleicht erste moderne Fabrik, eine Seidenfilande, „in der eine einzige Maschine die Arbeit von 4000 Spinnerinnen verrichtete", von einem gewissen Bolognino di Barghesano aus Lucca angeblich im Jahre 1341 errichtet[866]).

Die Lyoneser Seidenindustrie führt ihren Ursprung ebenfalls auf eingewanderte Italiener zurück, die sie zunächst wohl in rein handwerksmäßiger Form betrieben. Uns interessiert, daß die Überführung in die kapitalistische Organisation im 16. Jahrhundert wiederum auf die Initiative zweier Fremden zurückzuführen ist[867]).

Dasselbe gilt von der schweizerischen Seidenindustrie: 1575 eröffnen die Pelligari eine Seidenmanufaktur mit 15, später 30 Knechten: „ein Betrieb von 15 resp. 30 Gesellen war bisher selbst bei Papierern und Buchdruckern unerhört"[868]); dasselbe von der österreichischen Seidenindustrie[869]).

Die Seidenindustrie ist nur das Hauptbeispiel; daneben sind aber zahllose Industrien bald hier, bald dort, bald von Franzosen, bald von Deutschen, bald von Holländern, bald von Italienern, in fremden Ländern, und zwar meist immer, wenn sie im Begriff waren, in die kapitalistische Form überzugehen, begründet worden[870]).

Noch viel fühlbarer wird aber der Einfluß der „Fremden" auf den Gang des Wirtschaftslebens in den Fällen, in denen es sich um Massenwanderungen aus einem in das andere Land handelt. Solcher Massenwanderungen können wir seit dem 16. Jahrhundert, in dem sie einsetzen, folgende drei unterscheiden:

1. die Wanderungen der Juden;
2. die Wanderungen der religionsverfolgten Christen, insbesondere der Protestanten;
3. die Kolonisation der überseeischen Länder, namentlich der Vereinigten Staaten von Amerika.

Ich will in aller Kürze — da die ausführliche Darlegung des Tatsächlichen uns von unserm geraden Gedankenwege abführen würde — die notwendigsten Angaben über den Verlauf dieser Wanderungen machen, soweit diese Angaben unentbehrlich sind, um sich eine annähernd richtige Vorstellung von der äußerlich feststellbaren Bedeutung der genannten Bewegungen zu verschaffen.

## 1. Die Wanderungen der Juden[871])

Die Juden sind ein Wandervolk seit der babylonischen Zeit. Diejenigen räumlichen Verschiebungen des Judenvolks, die hier vornehmlich in Betracht kommen, setzen mit dem Ende des 15. Jahrhunderts ein, als, wie man annimmt, 300000 Juden aus Spanien nach Navarra, Frankreich, Portugal und nach dem Osten auswanderten. Ein beträchtlicher Teil dieser spanischen Juden ging nach England, Holland und in deutsche Städte Frankfurt a. M. und Hamburg (während um dieselbe Zeit eine Menge oberdeutscher und ebenso italienischer Städte ihre Juden austrieben). Seit den Kosakenverfolgungen im 17. Jahrhundert beginnt dann die Abwanderung der östlichen Juden aus Polen, wohin sie sich während des Mittelalters aus allen Erdteilen geflüchtet hatten. Dieser Prozeß der Zerstäubung der russisch-polnischen Juden hatte einen ziemlich organischen Verlauf genommen, bis gegen Ende des 19. Jahrhunderts der Krater plötzlich wieder große Massen auswarf und jene ungezählten Hunderttausende, die in den letzten Jahrzehnten ihre Zuflucht in der Neuen Welt gesucht haben. Im ganzen handelt es sich bei dieser Abwanderung der östlichen Juden um die Bewegung von Millionen. Beträgt doch der Verlust, den allein die Gegenden des östlichen Preußens durch die Abwanderung der Juden bloß in den Jahren von 1880—1905 erfahren haben, über 70000.

Welche entscheidend wichtige Rolle aber die Juden in der Geschichte des modernen Kapitalismus gespielt haben, in welchem Sinne und in welchem Umfang sie die Entwicklung des kapitalistischen Geistes beeinflußt haben, haben wir im Verlauf dieser Darstellung zu erfahren wiederholt Gelegenheit gehabt. Wer sich nach mehr Wissen sehnt, den muß ich wiederum bitten, mein Judenbuch zur Hand zu nehmen, dessen wesentlicher Inhalt ja gerade auf den Nachweis hinläuft, daß der Anteil der Juden an dem Aufbau namentlich des hochkapitalistischen Geistes ein recht beträchtlicher ist.

## 2. Die Wanderungen der religionsverfolgten Christen, insbesondere der Protestanten[372])

nahmen seit dem Ausbruch der Reformation den Charakter von Massenwanderungen an. Wohl alle Länder haben gegeben und empfangen, aber man weiß, daß die meisten Verluste Frankreich erlitt, und daß die anderen Länder mehr französische Emigranten aufnahmen, als sie eigene Landeskinder verloren. Eine genaue ziffermäßige Feststellung des Umfangs dieser Wanderungen ist nicht möglich. Doch kann man getrost sagen, daß es sich um viele Hunderttausend gehandelt hat, die — nur innerhalb der Grenzen Europas — ihre Heimat wechselten, weil sie ihren Glauben nicht wechseln wollten. Die Zahl derjenigen Protestanten, die allein nach der Aufhebung des Edikts von Nantes (1685) Frankreich verließen, schätzt Weiß[373]) auf 250—300000 (von 1000000 Protestanten überhaupt, die damals in Frankreich lebten). Aber die Abwanderungen hatten schon im 16. Jahrhundert begonnen, und Frankreich war nicht das einzige Land, aus dem eine Abwanderung stattfand. Aber es kommt auch nicht so sehr darauf an, zu wissen, ob es hunderttausend mehr oder weniger waren, die damals an den Wanderungen teilnahmen, als vielmehr die Bedeutung sich klar zu machen, die diese Wanderungen für die Neugestaltung des Wirtschaftslebens (was uns hier angeht) gehabt haben. Und die läßt sich leicht ermessen, wenn man sich die Mühe nimmt, die Wirksamkeit der Emigranten in den Ländern ihrer Bestimmung zu verfolgen. Da ergibt sich, daß sie überall am Aufbau des Kapitalismus allerregsten Anteil nahmen, und daß im Bankwesen und namentlich in der Industrie alle Länder den Eingewanderten eine wesentliche Förderung verdanken. Das im einzelnen nachweisen, hieße eine Wirtschaftsgeschichte des 16., 17. und 18. Jahrhunderts schreiben. Aber ich will doch wenigstens einige wichtige Tatbestände hervorheben, deren Kenntnis dem Leser ganz gewiß dazu verhilft, den großen Anteil einigermaßen wenigstens zu erkennen, den die religionsverfolgten Wanderer am Aufbau des kapitalistischen Wesens gehabt haben.

Die deutschen Staaten empfingen, wie man weiß, Flüchtlinge in größeren Massen aus Österreich, Schottland und Frankreich. Die Schotten und Franzosen kommen als Vertreter des kapitalistischen Geistes vornehmlich in Betracht.

Schotten kamen während des 16. und 17. Jahrhunderts nach Ostpreußen und Posen in großen Scharen. Sie waren reformierten und katholischen Bekenntnisses, aber in beiden Fällen verließen sie ihre Heimat, weil sie die Bedrückungen um ihres Glaubens willen nicht ertragen konnten. (Wir erinnern uns, daß diese Völkerwelle auch die Vorfahren Immanuel Kants [Cants] an die preußische Küste gespült hat!) Die Schotten in Ostpreußen waren in der Mehrzahl „wohlhabend und intelligent" und galten als gefährliche Konkurrenten[874]. Aber auch ins Innere drangen sie vor: am Schlusse des 16. Jahrhunderts finden wir ansässige schottische Kolonien in Krakau, Bromberg, Posen; überall waren die Schotten unter den angesehensten Kaufleuten. Im Anfang des 17. Jahrhunderts waren mehr als die Hälfte der Posener Großkaufleute Schotten; noch 1713 unter 36 Mitgliedern der Kaufmannsinnung 8. In einer Petition der Posener Kaufleute an den Grafen Hoym vom 11. August 1795 heißt es[875]:

„Die Stadt Posen hatte ihren ehemaligen Glanz und die Größe ihres Handels demjenigen Teile seiner Einwohner zu verdanken, welche aus Schottland emigriert waren und unter der Erhaltung vieler Privilegien sich allhier als Kaufleute etabliert hatten."

Flüchtlinge aus der Pfalz und Holland, Reformierte und Mennoniten, sind es gewesen, die den Grund zu der (gleich auf kapitalistischer Basis errichteten) Crefelder Seidenindustrie gelegt haben. Mitglieder der um 1688 eingewanderten Familie von der Leyen sind als die Begründer der Seidenindustrie in Crefeld anzusehen. Im Jahre 1768 beschäftigte die Firma Friedr. und Heinr. von der Leyen 2800 Menschen in der Seidenindustrie[876]).

Holländer waren (neben Juden) die führenden Bankhäuser der Reichsstadt Frankfurt a. M.

Bekannt ist die Rolle, die die französischen Emigranten im deutschen Wirtschaftsleben des 17. und 18. Jahrhunderts gespielt haben: daß sie hier allerorts vor allem die kapitalistische Industrie meist erst begründet haben und einzelne große Handelszweige (wie z. B. den in Seidenwaren) fast ganz in ihren Händen hatten.

Die wichtigsten Kolonien französischer Réfugiés waren[877]) im Kurfürstentum Sachsen, in Frankfurt a. M., in Hamburg, in Braunschweig, in der Landgrafschaft Hessen (Kassel!) und — vor allem — in Brandenburg-Preußen. Die Zahl der unter Friedrich Wilhelm I. und Friedrich III. aufgenommenen Franzosen wird auf 25 000 geschätzt, davon in Berlin allein 10 000[878]). Die Réfugiés führten überall das System der „Manufactures réunies", wir würden also sagen: der kapitalistischen Hausindustrie, ein; namentlich in der Erzeugung von Wollstoffen, so in Magdeburg (1687 beschäftigten André Valentin aus Nîmes und Pierre Claparède aus Montpellier 100 Arbeiter an Webstühlen und 400 Spinnerinnen), Halle a. S., Brandenburg, Westfalen, Berlin, und in der Seidenfabrikation. Andere Industrien, die den Franzosen ihre Begründung oder Weiterentwicklung im kapitalistischen Sinne verdanken, waren die Erzeugung von Strümpfen, Hüten (1782 wird die erste Hutfabrik mit 37 Arbeitern von einem Franzosen in Berlin begründet[879]), Leder, Handschuhen, Papeterien, Spielkarten, Leinöl, Luxusseifen (1696 wird die erste Luxusseifenfabrik von einem Franzosen in Berlin errichtet[880]), Lichter, Glas, Spiegeln u. a.[881]).

## Vierundzwanzigstes Kapitel: Die Wanderungen

Unter den 386 Mitgliedern der Tuch- und Seidenzunft in Berlin finden sich noch zu Anfang des Jahres 1808 nicht weniger als 81 französische Namen[882].

Holland ist seit der Lostrennung der sieben Provinzen der Zufluchtsort aller möglichen Arten von Flüchtlingen gewesen. „La grande arche des fugitifs" nannte es schon Bayle[883]). Das religiöse Interesse war keineswegs immer das entscheidende; die holländischen Staaten nahmen auf, was ihnen Vorteil für Handel und Industrie zu bringen versprach: Heiden, Juden, Christen, Katholiken und Protestanten[884]). So kamen unter Maria Tudor 30000 protestantische Engländer nach Holland; während des Dreißigjährigen Krieges zahlreiche Deutsche, während der spanischen Gewaltherrschaft (also schon im 16. Jahrhundert) Wallonen, Flamländer, Brabanter aus den spanischen Niederlanden; seit ihrer Vertreibung aus Spanien, wie wir schon sahen, viele Juden; seit dem 16. und namentlich im 17. Jahrhundert große Massen französischer Protestanten, deren Zahl man gegen Ende des 17. Jahrhunderts auf 55—75000 schätzte[885]).

Interessant ist nun die Feststellung: daß auch in diesem Lande die Fremden einen besonders starken Anteil an dem „Aufschwunge des Wirtschaftslebens", heißt also an Begründung und Ausbreitung des Kapitalismus genommen haben. Wie sehr namentlich der Börsenhandel und die Spekulation durch die Juden befördert worden ist, die die Amsterdamer Börse im 17. und 18. Jahrhundert fast vollständig beherrschten[886]), habe ich ausführlich in meinem Judenbuche dargetan. Aber auch die andern Einwanderer nahmen bald eine hervorragende Stellung in Handel und Industrie ein. So finden wir beispielsweise einen Franzosen, den „genialen und rastlosen" Balthasar de Moucheron, als Begründer von Handelsgesellschaften neben seinem Bruder, Melchior, der ebenfalls ein berühmter Kaufmann war[887]).

Besonders aber — wie fast überall — erwiesen sich die französischen Emigranten geschickt in der Einbürgerung neuer kapitalistischer Industrien. Ein zeitgenössischer Schriftsteller des 17. Jahrhunderts stellt fest, daß mehr als zwanzig verschiedene Manufakturarten in Holland von Réfugiés eingeführt seien[888]). Die Blüte Amsterdams führt ein anderer Schriftsteller der Zeit auf den Einfluß der Fremden zurück[889]). Neben Amsterdam zogen vor allem Leiden und Haarlem

Vorteil von ihnen[890]). Die Industrien, die durch die französischen Réfugiés gepflanzt wurden, sind, wie üblich, in erster Linie die Textil-(Seiden-)Industrie, dann die Hutmacherei, die Papierfabrikation, die Buchdruckerei[891]). Wir können auch deutlich wahrnehmen, wie gerade immer die Wendung zur kapitalistischen Organisation auf den Einfluß der Einwanderer zurückzuführen ist: bis zum 17. Jahrhundert ist das Handwerk ziemlich intakt; dann setzen — namentlich in der zweiten Hälfte des Jahrhunderts — die Kontrakte der Städte mit fremden Unternehmern ein: 1666 Vertrag des Magistrats von Haarlem mit einem Engländer zwecks Errichtung einer Spiegelfabrik, 1678 mit J. J. Becher zwecks Begründung einer Seidenzwirnerei usw.[892]).

Daß auch in England die kapitalistische Entwicklung wesentlich gefördert ist durch fremde Einwanderer, ist weniger bekannt, und kann doch nicht in Zweifel gezogen werden. Dahingestellt bleibe, welche dauernden Spuren die Italiener, die im 14. Jahrhundert England überschwemmten, im englischen Wirtschaftsleben zurückgelassen haben. Ein so gründlicher Kenner wie Cunningham will beispielsweise in den ersten englischen Kapitalistenvereinigungen Nachahmungen italienischer Vorbilder sehen[893]). Sicher aber haben die Einwanderer des 16. und 17. Jahrhunderts, die namentlich aus Holland und Frankreich kamen, tiefe Furchen im englischen Wirtschaftsleben gezogen. Ihre Zahl ist beträchtlich: 1560 sollen schon 10000, 1563 gar 30000 flandrische Flüchtlinge in England Aufnahme gefunden haben (nach dem Berichte des spanischen Gesandten). Mögen diese Ziffern auch übertrieben sein, so können wir doch annehmen, daß sie von der Wirklichkeit nicht weit entfernt waren, wie zuverlässige Statistiken bestätigen: eine Zählung des Lordmayor von London aus dem Jahre 1568 ergibt 6704 Fremde in London, davon 5225 Niederländer; 1571 sind in Norwich 3925 Holländer und Wallonen, 1587 besteht die Majorität der Bevölkerung (4679) aus ihnen[894]). Es gibt gute Gewährsmänner, die behaupten, daß mit diesen Niederländern die Geschichte der englischen Industrie beginne. Beträchtlicher noch war die Zahl der französischen Flüchtlinge, die namentlich im 17. Jahrhundert nach England kamen. Sie wird übereinstimmend von Baird, Poole, Cunningham auf etwa 80000 geschätzt, von denen die Hälfte etwa nach Amerika weitergewandert sein soll.

## Vierundzwanzigstes Kapitel: Die Wanderungen

Und zwar waren es gerade die reicheren Hugenotten, die sich nach England begaben [895]).

Die fremden Einwanderer betätigten nun ihren Unternehmungsgeist auf den verschiedensten Gebieten des Handels und der Industrie, für die sie vielfach bahnbrechend geworden sind. Hauptsächlich von ihnen eingebürgert wurden: die Seidenindustrie, die Schleier- und Battistweberei, die Teppichweberei, die Hutfabrikation: früher wurden Hüte aus Flandern bezogen, Réfugiés begründen eine Manufaktur für Filz- und thrummed hats unter 5 und 6 Ed. VI. 1; die Papierfabrikation: die Erzeugung von Luxuspapier 1598 durch einen Deutschen, Spillmann, eingeführt; nach einem Gedichte von Thomas Churchyard beschäftigt er 600 Personen; die Glasindustrie: 8. 9. El. Privileg an Anthony Been und John Care (Niederländer) für 21 Jahre zur Errichtung von Glashütten, „um Glas nach Art des französischen, burgundischen und holländischen zu machen", 1670 errichten Venetianer eine große Spiegelglasfabrik; die Eisendrahtfabrikation: 1662 durch Holländer eingeführt; die Färberei: 1577 zeigt der Portugiese Pero Vaz Devora den englischen Färbern die Indigofärberei, im 17. Jahrhundert führt der Fläme Kepler die berühmte Scharlachweberei ein, ein anderer Fläme, Bauer, bringt (1667) die Wollfärberei zu hoher Blüte; die Kalikodruckerei: 1690 durch einen Franzosen eingeführt; die Cambricfabrikation: im 18. Jahrhundert durch einen französischen Reformierten in Edinburgh eingeführt; die Standard-industry Englands: die Baumwollindustrie wird durch Fremde in Manchester begründet; die Uhrenindustrie: Holländer machen zuerst Pendeluhren, die Dutch clocks heißen; Wasserwerke werden für London von einem Italiener, Genelli, geplant; eine Kompagnie deutscher Unternehmer betreibt im 16. Jahrhundert den Kupferbergbau und die Kupferindustrie; die Sheffielder Messerindustrie wird erst durch Flämen berühmt gemacht, und so weiter in langer Folge [896]).

Wie groß der Einfluß der fremden Einwanderer auf den Gesamtverlauf der schweizerischen Volkswirtschaft gewesen ist, hat in meisterhafter Weise schon Traugott Geering in seinem schönen Buche über Handel und Industrie der Stadt Basel (1836) gezeigt, dessen neuntes Kapitel die „Locarner und Hugenotten" behandelt

## 3. Die Kolonisation der überseeischen Länder, insbesondere der Vereinigten Staaten

Die Völkerbewegungen, die durch die Auswanderung aus Europa während der letzten zweihundert Jahre bewirkt worden sind, überragen an Größe und Ausdehnung die bisher betrachteten Massenwanderungen ganz gewaltig. Schon bis zum Ende des 18. Jahrhunderts sind es doch immerhin schon ein paar hunderttausend Menschen, die Europa auf immer verlassen, um in der Neuen Welt ihr Glück zu suchen: die deutsche Auswanderung des 18. Jahrhunderts allein wird von Kapp auf 80—100000 geschätzt. Aber der Hauptstrom ergießt sich doch erst seit den 1830er Jahren: von 1820—1870 sind nach der amerikanischen Einwanderungsstatistik im ganzen in die Vereinigten Staaten eingewandert 7553865 Personen. Diese Summe verteilt sich auf die Herkunftsländer in der Weise, daß Großbritannien und Deutschland zusammen etwa zwei Drittel der Gesamtzahl ausmachen (3857850 und 2368483), während im weiten Abstande Frankreich (245812), Schweden und Norwegen (153928) und China (109502) folgen und die übrigen Länder die Hunderttausend nicht erreichen. In den folgenden Jahrzehnten hat sich die Einwanderung in die Vereinigten Staaten noch gesteigert: sie betrug von 1871—1900 annähernd 12 Millionen, so daß wir die Zahl der aus Europa während des 19. Jahrhunderts nach den Vereinigten Staaten gewanderten Personen auf rund 20 Millionen veranschlagen können[897].

Bekanntlich hat sich während des letzten Menschenalters die völkische Zusammensetzung der Einwanderermassen von Grund aus verschoben: den Hauptstamm bilden jetzt nicht mehr Großbritannier und Deutsche, sondern Italiener, Slawen und Juden. Für das hier erörterte Problem kommt diese neue Auswanderung nicht in Betracht.

Es erübrigt sich nun, hier den Nachweis zu führen, daß der

### Vierundzwanzigstes Kapitel: Die Wanderungen

"Geist", der die Bewohner der Neuen Welt (die wir als repräsentativ für alle übrigen Kolonisationsgebiete ansehen können) beseelt, ein ausgeprägt kapitalistischer ist, da ich schon festgestellt habe, was im Grunde jeder Leser weiß, daß die Amerikaner diesen Geist in seiner einstweilen höchsten Vollendung vertreten. Bemerken will ich nur noch, daß uns die heutige Seelenverfassung des amerikanischen Wirtschaftsmenschen schon zu einer Zeit in ihrer jetzigen Gestalt entgegentritt, als in Europa der Geist des Frühkapitalismus noch stark vorherrschte. Alle Berichte aus dem dritten, vierten und fünften Jahrzehnt des 19. Jahrhunderts, deren wir eine ganze Fülle allerbester besitzen (Tocqueville! Chevalier! Fr. Löher!)[898], zeichnen uns das Bild des damaligen Amerikaners übereinstimmend in einer Weise, daß wir einen grundsätzlichen Unterschied zwischen der Wirtschaftsgesinnung damals und heute kaum machen können: Primat der Erwerbsinteressen — sinnlose Arbeit — unbedingter, schrankenloser, rücksichtsloser Erwerb — höchster ökonomischer Rationalismus: die charakteristischen Züge des hochkapitalistischen Geistes, die wir nun zur Genüge kennen, begegnen uns schon in dem Bilde des Amerikaners vor dem Bürgerkriege.

\* \* \*

Wenn wir solchermaßen beobachten, daß "der Fremde" — der Zugewanderte — einen besonders ausgeprägten kapitalistischen Geist betätigt: ganz gleich in welcher Lage: ob in den alten Kulturstaaten Europas, ob in den neuen Siedelungen; ganz gleich (bis zu einem gewissen Grade!) welcher Religion und Nationalität: denn wir sehen Juden und Europäer, Protestanten und Katholiken, wenn sie "Fremde" sind, den gleichen Geist entfalten (die Franzosen in Louisiana standen schon um die Mitte des 19. Jahrhunderts den Angelsachsen der Neuenglandstaaten um nichts nach[899]) — dann müssen wir zu der Annahme kommen, daß dieser soziale Umstand — die Wanderung oder der Heimatwechsel — als solcher der Grund ist für die stärkere Entwicklung des kapitalistischen Geistes. Und es erwächst uns danach die Aufgabe, die „Wanderungen" (in dem hier umschriebenen Sinne) als Quelle dieses Geistes aufzuweisen.

Mir scheint, daß man viel leichter den Einfluß, den die Wanderungen ausüben, erklären kann, wenn man sich die Vorgänge zum Bewußtsein bringt, die zu der Wanderung führen. Man wird dann alsobald gewahr werden, daß es sich bei jeder derartigen Ortsveränderung um einen Ausleseprozeß handelt, bei dem die kapitalistischen Varianten zur Abwanderung kommen. Die kapitalistischen Varianten: das heißt die entweder schon zu kapitalistischen Wirtschaftssubjekten entwickelten oder die zu solchen bestdisponierten (veranlagten) Personen. Diejenigen Individuen, die sich zur Auswanderung entschließen, sind — zumal oder vielleicht: nur in den früheren Zeiten, als jeder Ortswechsel und vor allem jede Übersiedlung in ein Kolonialland noch ein kühnes Unterfangen war — die tatkräftigsten, willensstärksten, wagemutigsten, kühlsten, am meisten berechnenden, am wenigsten sentimentalen Naturen; ganz gleich, ob sie wegen religiöser oder politischer Unterdrückung oder aus Erwerbsgründen sich zu der Wanderung entschließen. Gerade die Unterdrückung in der Heimat ist, wie wir schon feststellen konnten, die beste Vorschule für die kapitalistische Ausbildung. Durch die Auswanderung werden aber aus diesen Unterdrückten wiederum diejenigen ausgelesen, die es satt sind, durch Anpassung und Kriecherei sich im eigenen Lande am Leben zu erhalten. Daß es sich auch bei diesen um eine „Auslese" der Tüchtigsten (in dem hier verstandenen Sinne) handelt, ersehen wir ja schon aus der Tatsache, daß ein großer Teil der aus religiösen oder politischen Gründen Verfolgten den Entschluß zum Auswandern nicht faßt, sondern sich lieber daheim anzupassen sucht: die meisten Hugenotten (vier Fünftel) blieben in Frankreich zurück, ebenso haben viele Juden im Osten jahrhundertelang verharrt, ehe sie sich in Bewegung setzten.

Vielleicht läßt sich dann auch feststellen, daß, als Ganzes betrachtet, diejenigen Stämme, in denen die kapitalistischen Varianten häufig vertreten sind, die eigentlichen Wandervölker bilden: die Etrusker (Lombarden!), die Juden, die Schotten, andere germanische Stämme (aus denen in Frankreich sich die Hugenotten bildeten), die Alemannen (Schweizer) usw.

Daß die schon vor der Auswanderung höher gezüchteten Typen dann, wenn sie sich in fremde Länder begeben, durch ihre bloße Zerstreuung mächtig zur (extensiven) Entfaltung des kapitalistischen Geistes beitragen, versteht sich von selbst: jeder solcher Auswanderer wirkt, wo er hinkommt, wie ein Gärstoff auf seine Umgebung. Während auf der anderen Seite diejenigen Länder, denen diese kapitalistisch veranlagten Individuen verloren gehen, notgedrungen eine Verringerung der kapitalistischen Spannung erfahren müssen: Spanien! Frankreich!

Aber was uns vor allem am Herzen liegt, ist die Frage: ob und wodurch der Aufenthalt in der neuen Heimat — ob und wodurch also „die Fremde" als solche — zur Entfaltung und Steigerung des kapitalistischen Geistes beiträgt.

Will man diesen zweifellos vorhandenen Einfluß auf eine einzige Ursache zurückführen, so kann man sagen: die Wanderung entwickelt den kapitalistischen Geist durch den Abbruch aller alten Lebensgewohnheiten und Lebensbeziehungen, den sie im Gefolge hat. In der Tat ist es nicht schwer, alle die seelischen Vorgänge, die wir an dem „Fremden" in der neuen Heimat beobachten, auf diese eine entscheidende Tatsache zurückzuführen; auf die Tatsache also, daß für ihn die Sippe, das Land, das Volk, der Staat, in die er bis dahin mit seinem ganzen Wesen eingeschlossen war, aufgehört haben, eine Wirklichkeit zu sein.

Wenn wir die Erwerbsinteressen bei ihm den Primat erlangen sehen, so müssen wir sofort begreifen, daß dies gar nicht anders sein kann, da ja eine Betätigung in anderen Berufen für den Fremden nicht möglich ist: in dem alten Kulturstaat ist er von der Teilnahme am öffentlichen Leben ausgeschlossen, das Kolonialland hat überhaupt noch keine anderen Berufe. Auch alles behagliche Sichausleben verbietet sich in der Fremde: die Fremde ist öde. Sie hat gleichsam für den Ankömmling keine Seele. Die Umgebung bedeutet ihm nichts. Höchstens kann er sie als Mittel zum Zweck — des Erwerbes benutzen. Diese Tatsache scheint mir von großer Wichtigkeit zu sein für die Herausbildung eines nur auf das Erwerben gerichteten Sinnes. Das gilt namentlich für die Neusiedelung auf Kolonialland. „Unsere Bäche und Flüsse drehen Mühlräder und führen Flöße ins Tal wie die schottischen; aber keine Ballade, kein einfachstes Lied erinnert uns, daß Männer und Frauen auch an ihren Ufern sich fanden, liebten, auseinandergingen, daß unter jedem Dach in ihren Tälern Lust und Leid des Lebens empfunden wurden"[400]: diese Klage eines Amerikaners aus den Frühzeiten drückt deutlich aus, was ich meine. Diese Beobachtung, daß die einzige Beziehung der Yankees zu ihrer Umgebung die der reinen praktischen Nutzbewertung ist (oder wenigstens früher war), ist oft schon gemacht worden, namentlich von denen, die Amerika im Anfang des 19. Jahrhunderts bereisten.

Das Land wird von ihnen nicht betrachtet, sagt der eine, „als die Mutter der Menschen, der Herd der Götter, das Grab der Väter, sondern nur als ein Werkzeug der Bereicherung". Für den Yankee, sagt Chevalier, gibt es keine Poesie der Örtlichkeiten und materiellen Gegenstände, wodurch sie gegen

### Vierundzwanzigstes Kapitel: Die Wanderungen

den Handel geschützt werden. Der Turm seines Dorfes ist für ihn wie jeder andere Turm; den neuesten, bestbemalten hält er für den schönsten. In einem Wasserfalle erblickt er nur die Wasserkraft zur Bewegung der Maschine. Löher versichert, der gewöhnliche Ausruf der Amerikaner, wenn sie den Niagarafall zum ersten Male sehen, laute: „O allmächtige Wasserkraft!" Und ihr vornehmstes Lob gehe dahin, daß er allen übrigen Wasserfällen auf Erden an Triebkraft gleichkomme.

Es gibt für den Ausgewanderten — das gilt gleichermaßen für den Emigranten wie für den Kolonisten — keine Vergangenheit, es gibt für ihn keine Gegenwart. Es gibt für ihn nur eine Zukunft. Und wenn erst einmal das Geld in den Mittelpunkt des Interesses gerückt ist, so erscheint es fast als selbstverständlich, daß für ihn der Gelderwerb den einzigen Sinn wahrt als dasjenige Mittel, mit Hilfe dessen er sich seine Zukunft erbauen will. Gelderwerben kann er nur durch Ausdehnung seiner Unternehmertätigkeit. Und da er ein auserlesen Tüchtiger, Wagemutiger ist, so wird sich sein schrankenloser Erwerbstrieb also bald umsetzen in eine rastlose Unternehmertätigkeit. Auch diese folgt also unmittelbar aus der Wertlosigkeit der Gegenwart, der Überbewertung der Zukunft. Noch heute ist ja der Grundzug der amerikanischen Kultur das Unfertige, Werdende: alles ist auf die Zukunft gerichtet.

„Und er weiß von allen Schätzen
Sich nicht in Besitz zu setzen.
Glück und Unglück wird zur Grille,
Er verhungert in der Fülle;
Sei es Wonne, sei es Plage
Schiebt er's zu dem andern Tage,
Ist der Zukunft nur gewärtig,
Und so wird er niemals fertig."

Und der Fremde ist durch keine Schranke in der Entfaltung seines Unternehmungsgeistes gehemmt, durch keine persönlichen

Rücksichten: in seiner Umgebung, mit der er in geschäftliche Beziehungen tritt, stößt er wieder nur auf Fremde. Und unter Fremden sind, wie wir schon festgestellt haben, überhaupt zuerst gewinnbringende Geschäfte gemacht worden, während man dem Genossen half: zinstragende Darlehen gibt man nur dem Fremden, sagt noch Antonio zu Shylock, denn nur vom Fremden kann man Zinsen und Stammsumme rücksichtslos zurückfordern, wenn sie nicht bezahlt werden. Ein Fremdenrecht war das jüdische Recht des Freihandels und der Gewerbefreiheit, wie wir sahen. Erst die „Rücksichtslosigkeit", die man gegen Fremde walten läßt, konnte dem kapitalistischen Geist sein modernes Gepräge verleihen.

Aber auch nicht irgendwelche Schranken sachlicher Natur sind dem Unternehmungsgeist in der Fremde gesteckt. Keine Tradition! Kein altes Geschäft! Alles muß neu geschaffen werden, gleichsam aus dem Nichts: Keine Bindung an einen Ort: in der Fremde ist jeder Ort gleich, oder man vertauscht den einmal gewählten leicht mit einem anderen, wenn dieser mehr Gewinnchancen bietet. Das gilt besonders wieder von den Siedelungen im Kolonialland. „Hat jemand einmal Gewinnes halber das ungeheure Wagstück unternommen, sein Vaterland zu verlassen, über den Ozean zu fahren... Alles, was ihm gehört, auf einen Wurf zu setzen: nun, so wird er um einer neuen Spekulation willen eine neue Wanderung verhältnismäßig leicht unternehmen" (Roscher).

Daher wir schon frühzeitig bei den Amerikanern jene fieberhafte Sucht nach Neugestaltung treffen: „Wenn die Bewegung und die schnelle Folge von Empfindungen und Gedanken das Leben ausmachen, lebt man hier hundertfach. Alles ist Zirkulation, alles ist Beweglichkeit und vibrierende Lebendigkeit. Versuch folgt auf Versuch, Unternehmung auf Unternehmung" (Chevalier).

### Vierundzwanzigstes Kapitel: Die Wanderungen

Dieser fieberhafte Unternehmungsdrang verflüchtigt sich in eine starke Spekulationssucht. Auch diese stellen die früheren Beobachter in Amerika fest: „Alle Welt spekuliert, und man spekuliert in allem; aber nicht in Tulpen, sondern in Baumwolle, Terrains, Banken und Eisenbahnen."

Aus alledem muß mit Notwendigkeit ein Zug folgen, der allem Wirken des Fremden, wiederum sei er Kolonist, sei er Emigrant, anhaftet: die Entschlossenheit zur vollendeten Ausbildung des ökonomisch-technischen Rationalismus. Er muß diesen durchführen, weil ihn die Not oder weil ihn sein Zukunftshunger dazu zwingen; er kann ihn leichter zur Anwendung bringen, weil ihm keinerlei Tradition hindernd im Wege steht. So erklärt sich mühelos die Tatsache, die wir beobachtet haben, daß die Emigranten in Europa die Förderer des kommerziellen und industriellen Fortschritts wurden, wohin sie kamen. So erklärt sich nicht minder ungezwungen die bekannte Erscheinung, daß nirgends so entschieden wie in Amerika die neuen technischen Erfindungen zur Anwendung gelangt sind: der Bau der Eisenbahnen, die Entwicklung des Maschinenwesens sind in den Vereinigten Staaten rascher und allgemeiner gefördert worden wie irgendwo sonst. Sehr richtig weist Vogelstein darauf hin, daß nur die besondere Art dieser Entwicklung sich aus den kolonialen Verhältnissen des Landes erklären lasse: Weite der Entfernungen! Teuernis der Arbeitskräfte! daß aber der Wille zum Fortschritt aus einer schon vorhandenen Geistesstimmung allein abgeleitet werden könne. Nun: diese Seelenverfassung, die den Fortschritt will, wollen muß, ist die des Fremden, der „allein der Zukunft gewärtig" ist, und den keine Fessel an überkommene Methoden bindet.

Unnötig zu sagen, daß nicht nur die Fremde diese Wirkungen auszuüben vermag: wenn ich einen Neger in die Fremde setze, wird er keine Eisenbahnen bauen und keine arbeitsparenden

Maschinen erfinden. Auch hier ist die Voraussetzung eine gewisse Blutsveranlagung; auch hier haben zahlreiche andere Kräfte ihren Anteil: die Auslese aus den alten Volksgemeinschaften liefert, wie wir sahen, die geeigneten Typen. Ohne die Arbeit der sittlichen Mächte wäre auch die Einwirkung der anderen Umgebung nicht erfolgreich gewesen. Das alles lehrt ja gerade diese Untersuchung. Aber sie zeigt auch, wie ich hoffe, daß die Wanderungen eine ganz wichtige Veranlassung für die Ausbildung des kapitalistischen Geistes, namentlich seine Umbildung in die hochkapitalistische Form, geboten haben. Daß es solcher Quellen nun immer noch mehr gibt, aus denen der Geist des modernen Wirtschaftsmenschen zusammengeflossen ist: das zu erweisen, ist die Aufgabe der nächsten Kapitel.

## Fünfundzwanzigstes Kapitel: Die Gold- und Silberfunde

Sowohl als notwendige Voraussetzung als auch als unmittelbares Förderungsmittel für die Entwicklung des kapitalistischen Geistes von großer Bedeutung ist die Vermehrung des Geldvorrats.

1. Eine Mindestmenge von Metallgeld ist zunächst unentbehrlich für die Herstellung desjenigen Milieus, in dem sich kapitalistischer Geist allein entfalten kann: für die Ausbildung der Geldwirtschaft. Erst nachdem die Geldwirtschaft zu der allgemeinen Form des Wirtschaftslebens geworden ist, vermag das Geld zu seiner allbeherrschenden Stellung zu gelangen, die wiederum Voraussetzung seiner Hochbewertung ist. Diese Hochbewertung des Geldes aber ist, wie wir schon sahen, der Anlaß, die allgemeine und unbestimmte Goldgier in Geldgier zu verwandeln und damit das Erwerbsstreben auf die Sucht nach dem Gelde einzustellen. Die unbedingte Oberherrschaft hat das Geld in der europäischen Geschichte, wenigstens in einzelnen Ländern (Italien!) spätestens um die Mitte des 14. Jahrhunderts erlangt, so daß wir es begreiflich finden, wenn damals die Geldsucht bereits jenen Grad der Leidenschaftlichkeit erreicht hat, den wir festzustellen in der Lage waren (siehe Seite 34 ff.).

Ein denkwürdiges Zeugnis für die Allmacht des Geldes in jener Zeit bietet uns eine wundervolle Stelle in Petrarcas Briefen, die ich zur Ergänzung des früher Gesagten hier noch in der Übersetzung mitteilen will, weil sie wohl das Beste ist, was jemals über die Macht des Geldes gesagt wurde, und weil sie meines Wissens nach keinem Wirtschaftshistoriker zu Gesichte gekommen ist. Sie lautet[401]:

„Bei uns, lieber Freund, ist schon alles aus Gold: Lanzen und Schilde, Ketten und Kronen: durch Gold werden wir zusammengefügt und gebunden, durch Gold sind wir reich, arm, glücklich, elend. Das Gold besiegt die Freien und befreit die Besiegten; es spricht die Missetäter frei, es verurteilt die Unschuldigen, es macht die Stummen beredt und die Beredtesten stumm ... Das Gold macht aus Sklaven Fürsten, aus Fürsten Sklaven; es macht die Kühnen furchtsam und verleiht den Feigen Mut; es verschafft den Trägen Sorgen und schläfert die Betriebsamen ein. Es bewaffnet die Waffenlosen und entwaffnet die Bewaffneten, es zähmt ungezähmte Häuptlinge; es setzt großen Völkern zu; es schafft starke Heere; es bewirkt in wenigen Minuten die längsten Kriege; es gewährt und ertrotzt den Frieden; es trocknet Flüsse aus, durchquert die Länder, verbindet Meere, trägt Berge ab, sprengt den Zugang zu den Klöstern, greift Städte an, erobert Burgen, zerstört Festen. Wie wir beim Cicero lesen: kein Platz ist so stark, daß ein goldbeladener Esel nicht den Weg hinein fände. Das Gold schließt Freundschaftsbünde, Treuverträge und ehrenvolle Ehebündnisse, da es ja die Edlen und die Starken und die Gelehrten und die Schönen, und — was staunst du? — auch die Heiligen zu seinen Besitzern macht.

Daher werden die Reichen auch die vortrefflichen Männer im Staate geheißen werden und ihr Wort gilt in Ehren. Zu den Armen aber hat man kein rechtes Zutrauen, weil's ihnen am Gelde fehlt.

Und wahr ist der Vers jenes Satirikers:
„Wer Geld hat
„Auch Ehr' und Ansehen in der Welt hat."

Schließlich — ungern spreche ich es aus, aber die Wahrheit zwingt mich dazu — nicht nur mächtig: allmächtig fast ist das Gold, und alles, was unter dem Himmel ist, unterliegt seiner Gewalt: dem Golde dienstbar sind auch die Frömmigkeit und die Schamhaftigkeit und der Glaube, kurz jede Tugend und jeder Ruhm erkennen das Gold als Herrn über sich an. Und selbst über unsere unsterblichen Seelen, Gott straf mich, übt das gleißende Metall seine Herrschaft aus. Das Gold bindet Könige und Päpste; es versöhnt Menschen und — behaupten manche — sogar Götter. Nichts widersteht dem Golde; nichts ist ihm zu unerreichbar."

Die Geldwirtschaft allein aber ist imstande, den Menschen an die rein quantifizierende Betrachtung der Welt zu gewöhnen.

Erst wenn in Jahrzehnten und Jahrhunderten immer wieder der gleichmacherische Maßstab des Geldes als Wertmesser verwendet wird, löscht sich die ursprünglich Art- und Eigenschaftbewertende Anschauung aus, und die Menge- und Massebewertende Orientierung wird zu einer Selbstverständlichkeit des alltäglichen Lebens. Die Geldwirtschaft ist im eigentlichen Sinne die **Vorschule** des kapitalistischen Geistes: sie drillt die menschliche Seele auf die kapitalistische Betrachtung der Welt ein.

Die allgemeine Verwendung des Geldes — das hier immer das Metall- und fast nur das Edelmetallgeld ist — bot aber auch erst die Voraussetzung dar, damit sich jener Bestandteil des kapitalistischen Geistes, den wir als Rechenhaftigkeit bezeichneten, entfalten konnte. Das Rechnen in einer Eigenwirtschaft und ebenso in einer Natural-Verkehrswirtschaft ist außerordentlich mühsam, wenn nicht unmöglich. Denn die Grundlage des Rechnens bildet die Zahl; und die Zahl will eine Größe vorstellen, und meßbare Wertgrößen gibt es für die Praxis nicht, solange nicht der Geldausdruck sich eingebürgert hat.

Ohne Geldwirtschaft gäbe es keinen modernen Staat, der wiederum, wie wir sahen, soviel Förderung für den kapitalistischen Geist gebracht hat; ohne Geldwirtschaft gäbe es keinen Antoninus von Florenz und so weiter, wie man es sich leicht selber weiter ausdenken kann. Ganz abgesehen davon, daß es ohne Geldwirtschaft auch gar keinen — Kapitalismus gäbe, also kein Objekt, auf den sich der kapitalistische Geist beziehen könnte.

Und wiederum, das müssen wir uns immer gegenwärtig halten, waren die Begründung und Ausbreitung der Geldwirtschaft an die ganz simple Voraussetzung gebunden, daß eine genügend große Menge Geldstoff (da in den Anfängen Geldsurrogate gar nicht in Betracht kamen, also: Edelmetalle) nicer Volksgemeinschaft zur Verfügung stand.

2. Eine Vermehrung des Geldvorrats pflegt meist Hand in Hand zu gehen mit einem **Anwachsen der Einzelvermögen**: die größeren Geldmengen häufen sich an einzelnen Stellen stärker an. Diese Vergrößerung der Vermögen wirkt nun aber nach einer bestimmten Seite hin fördernd auf die Entfaltung des kapitalistischen Geistes: sie steigert die Geldgier, die wir als die Mutter dieses Geistes kennen gelernt haben.

Es ist scheinbar in dem Wesen der menschlichen Psyche begründet, daß die Vergrößerung des Besitzes den Wunsch nach mehr in uns wachruft. Diese Beobachtung hat man zu allen Zeiten und bei allen Völkern gemacht:

„Je mehr der Mann des Guts gewinnt,
Je mehr das Gut er wieder minnt ..."

reimt Freidank. Und bei den römischen Dichtern finden wir schon denselben Gedanken ausgesprochen:

»Crescit amor nummi, quantum ipsa pecunia crescit«, sagt Juvenal (Sat. 14);

»Crescentem sequitur cura pecuniam maiorumque fames« Horaz (lib. 3 c. 16).

»De vray: ce n'est pas la disette, c'est plutôt l'abondance qui produit l'avarice« — meint Montaigne.

Und die Erfahrungen des täglichen Lebens ebenso wie die der Geschichte bestätigen die Richtigkeit dieser Beobachtungen.

Darum begegnet uns im Mittelalter die Geldgier und die Erwerbssucht am frühesten bei denen, die zuerst in den Besitz großer Geldmengen gekommen sind: beim Klerus und bei den Juden.

Haben wir in dieser schlichten psychologischen Tatsache die Erklärung vor uns für die Unendlichkeit des Gewinnstrebens, das schließlich, wie wir sahen, den modernen Wirtschaftsmenschen beherrscht? Eine der Wurzeln dieses Gewinnstrebens liegt hier sicherlich bloß. Andere werden wir noch kennen lernen.

## Fünfundzwanzigstes Kapitel: Die Gold- und Silberfunde

Aber nicht nur der eigene Besitz steigert in uns das Verlangen nach größerem Besitz: schon der Anblick fremden Geldes, der Anblick großer Geldmassen überhaupt kann — wenn die Gemüter darauf eingestellt sind — die Menschen toll machen und sie in jenen Zustand des Rausches versetzen, den wir als das Merkmal aller großen Spekulationsperioden kennen gelernt haben. Das Gold, das wir glitzern sehen, dessen klingenden Ton wir hören, peitscht unser Blut auf, verwirrt unsere Sinne, erfüllt uns mit dem leidenschaftlichen Drange, von diesem Golde selbst soviel wie möglich zu besitzen. „Die Flut von Gold, die nicht abnahm, sondern stetig wuchs, zauberte einen Glanz wahnsinniger Gier in die Augen der Köpfe, die sich in die Schalter zwängten" — als die neuen Aktien der neuen Gesellschaft gezeichnet wurden. Es ist ein feiner Zug in Zolas »L'Argent«, wenn wir Saccard immer wieder zurückkehren sehen zu jenem Kolb, der die Goldarbitrage betreibt und täglich viele Millionen aus der Münzform in die Barrenform umschmilzt: hier klingt und klirrt es geisterhaft, und an diesem Klang richtet sich die Seele des großen Spekulanten immer wieder von neuem auf: es ist „die Musik des Goldes", die durch alle Geschäfte klingt: „vergleichbar den Stimmen der Feen aus den Märchen..."

Bei dieser starken Wirkung, die die großen Goldmassen auf die Seele des Menschen ausüben, gehen rein sinnliche Eindrücke mit reflektierten Vorstellungen Hand in Hand. In den beiden eben angeführten Beispielen ist es die unmittelbare optische und akustische Sinneswahrnehmung, die den Zauber ausübt. In anderen Fällen sind es die abstrakten Vorstellungen großer Ziffern: Riesengewinne, Riesenvermögen, Riesenumsätze, die gleicherweise aufreizend wirken. Sofern nun diese Größenwirkungen, wie es der Fall zu sein pflegt, im Gefolge einer Vermehrung der Geldvorräte sich einstellen, wird deren Be-

26*

deutung abermals von einer anderen Seite her unseren Blicken offenbart.

Laßt irgendwo einen Haufen Gold sichtbar werden und die Pulse schlagen schneller.

3. Im engsten Zusammenhange mit der eben beobachteten Tatsache steht nun eine andere Wirkung, die ich der Vermehrung der Geldvorräte in einem Lande zuschreibe: diese bietet die Veranlassung zur Entstehung des Spekulationsgeistes. Dieser ist, wie wir wissen, das Kind, das Geldgier und Unternehmungsgeist in wilder Paarung zeugen. Die Vermehrung der Geldvorräte spielt aber hierbei gleichsam die Rolle der Gelegenheitsmacherin.

Sie kann auf verschiedener Weise bei der Entstehung des Spekulationsgeistes fördernd mitwirken.

Zunächst dadurch, daß ein großer Geldreichtum in einem Lande auch auf die schon vorhandenen kapitalistischen Unternehmer einen ihre Unternehmungslust steigernden Einfluß ausübt. Das ist der Zusammenhang der Dinge, der Colbert offenbar vorschwebte, wenn er einmal schrieb: „Wenn Geld in einem Lande ist, wird der allgemeine Wunsch erzeugt, davon zu profitieren, und der veranlaßt die Menschen, es in Bewegung zu setzen" [402]).

Oder die Steigerung der Zufuhr von Edelmetall weckt in den Unternehmern, die hier schon zu Spekulanten werden, das Streben, selbst an der Erbeutung des Goldes teilzunehmen. Das war die unmittelbare Wirkung der Erschließung Amerikas auf die zunächst beteiligten Nationen: Spanien und Portugal, die uns ein guter Kenner mit folgenden Worten schildert:

„Es war damals (um 1530) die Zeit, wo Anerbietungen zu kolonialen Unternehmungen in Massen an den Indienrat gelangten, weil wieder einmal Gerüchte von einem im Innern des südamerikanischen Kontinentes gelegenen Goldlande

## Fünfundzwanzigstes Kapitel: Die Gold- und Silberfunde

die Gemüter aller Abenteuerlustigen in mächtige Erregung ver- versetzten . . ."[408].

Aber was ich im Sinne habe, sind nicht eigentlich diese Wirkungen einer Vermehrung des Geldvorrates. Woran ich vielmehr denke, ist die Tatsache, daß sie — auf Umwegen — dasjenige erzeugt, was wir eine Hausseperiode erster Ordnung nennen: einen Zustand des Wirtschaftslebens also, wie er erstmalig die europäische Menschheit gegen Ende des 17. und am Anfange des 18. Jahrhunderts heimgesucht hat, wie er dann sich öfters wiederholt hat, namentlich um die Mitte und gegen Ende des 19. Jahrhunderts.

Ich habe von den Wirkungen jener ersten großen Hausse- oder Spekulations- oder Gründerzeit im ersten Buche dieses Werkes eine Schilderung zu geben versucht, habe vor allem zu zeigen unternommen, wie damals eine ganz neue Form des kapitalistischen Geistes: der Spekulationsgeist, in die Erscheinung trat, der seitdem einen notwendigen Bestandteil dieses Geistes ausmacht. Hier möchte ich den Nachweis zu führen versuchen, daß jene erste Spekulations- und Gründungsmanie in unmittelbarer Folge einer raschen und starken Vermehrung der Geldvorräte in den beiden hauptsächlich beteiligten Ländern: Frankreich und England aufgetreten ist.

Frankreich zog während des 17. (und 18.) Jahrhunderts große Massen Bargeld in das Land im wesentlichen auf dem Wege seines auswärtigen Handels. Wir besitzen für das 17. Jahrhundert keine genaue Statistik des französischen Außenhandels, können aber aus einigen Ziffern deutlich genug erkennen, um welche beträchtlichen Summen es sich gehandelt haben muß. In dem Jahrfünft 1716 bis 1720, das also die Zeit des Hauptgründungsschwindels ist, betrug der Überschuß der Ausfuhr über die Einfuhr im Jahresdurchschnitt 30 Millionen Franken[404]. Die größte Menge Bargeld brachte der spanisch-amerikanische Handel ins Land. Er war stark aktiv und lieferte im 17. Jahrhundert die Mittel, um alle Passiv-Saldi, die etwa im Handel mit anderen Ländern entstanden, reichlich zu begleichen. Seignelay weist den Vorwurf zurück, den man der indischen Kompagnie gemacht hatte, daß ihr indischer Handel Geld außer Landes führe: es sei spanisches Silber, mit dem die indischen Importen bezahlt würden[405]). Es gab Schiffe, die Gold und Silber im Werte von 300 Millionen Franken an Bord hatten. Der venezianische Gesandte Tiepolo bestätigt diese Tatsache, daß Frankreich große Summen am amerikanischen Handel gewann[406]). Die Engländer berechneten, daß Hunderte von Millionen auf diesem Wege in die Hände der Franzosen gelangt und diese dadurch allein in den Stand gesetzt worden seien, den Krieg auszuhalten. Der größte Vorwurf, der der Whigpartei von den Tories gemacht wurde, bestand darin, daß sie nichts getan hatten, um diesen Handel zu stören[407]).

Ein Land, an dem Frankreich im 17. Jahrhundert große Summen gewann, war ferner Holland. Von Holland wissen wir, daß es in dieser Zeit an Geld förmlich erstickte: 1684 war die Geldflüssigkeit so groß, daß die Stadt Amsterdam ihre Anleihen von 3$\frac{1}{2}$ auf 3 % herabsetzte[408]). Diese Geldplethora stammte in jenen Jahren zum Teil von den großen Vermögen her, die die französischen Emigranten (und gewiß auch die Juden) nach Holland gebracht hatten[409]). Aber die größte Menge des Geldes war doch durch den spanischen Handel herbeigeschafft worden, wie alle Beurteiler übereinstimmend bestätigen[410]).

Von dem holländischen Gelde hatte Frankreich bis zum Niedergang des holländisch-französischen Handels große Mengen an sich gezogen. Im Jahre 1658 hatte die Ausfuhr nach Holland 72 Millionen Franken betragen, davon für 52 Millionen Industrieerzeugnisse[411]). Und diese Waren wurden größtenteils mit barem Gelde bezahlt: de Wit nimmt an, daß in jener Zeit die Franzosen von den Holländern jährlich mehr als 30 Millionen Gulden in barem Gelde erhielten[412]).

Noch größer werden die Summen baren Geldes gewesen sein, die gegen Ende des 17. Jahrhunderts und namentlich in den ersten Jahrzehnten des 18. Jahrhunderts nach England flossen.

Diese Geldbeträge stammten vornehmlich aus drei Quellen: es waren

### Fünfundzwanzigstes Kapitel: Die Gold- und Silberfunde

1. die Vermögen, mit denen die französischen Emigranten nach England einwanderten. Ich habe an anderer Stelle die Ziffern dieser Réfugiés angegeben. Jurieu nimmt an daß jeder von ihnen durchschnittlich 300 écus mitgebracht habe. Wichtiger ist aber, daß (außer nach Holland) die Reichsten nach England kamen[413]. Derselbe Gewährsmann schätzt die Summen, die manche Lyoneser Familien mitbrachten, auf 200 000 Taler;

2. die Vermögen, die die aus Portugal und Holland um diese Zeit — jene im Gefolge Katharinas von Braganza, diese im Gefolge Wilhelms III. — einwandernden Juden besaßen[414];

3. die Überschüsse, die der auswärtige Handel abwarf. Die Bilanz des englischen Ausfuhrhandels war um jene Zeit außerordentlich aktiv: der Überschuß der Ausfuhr über die Einfuhr betrug in dem ersten Jahrzehnt des 18. Jahrhunderts im Jahresdurchschnitt zwei bis drei Millionen Pfund Sterling[415]. Diese günstige Handelsbilanz wurde vornehmlich durch den Handel mit folgenden Ländern erzielt:

a) Holland[416].

b) Spanien, in welchem Lande die Engländer im 17. Jahrhundert eine Reihe wichtiger Handelsvergünstigungen erlangt hatten[417]; im Frieden von Utrecht, in dem der Assiento-Vertrag zwischen Spanien und England abgeschlossen wird, bedingt sich England das Recht aus, jährlich nach dem spanischen Amerika ein Schiff von 500 Tonnen (später 650 Tonnen) mit englischen Waren zur freien Konkurrenz auf die Messe zu Porto Bello und Vera Cruz zu senden[418].

c) Portugal. Mit diesem Lande hatte England seit der Mitte des 17. Jahrhunderts, als Portugal einen beträchtlichen Aufschwung zu nehmen begann (1640 schüttelte es das spanische Joch ab; Brasilien wird in den 1650er Jahren von der holländischen Herrschaft befreit), enge Beziehungen geknüpft: 1642 wurde ein Handelsvertrag abgeschlossen, durch den England das Übergewicht über die Holländer im Handel mit den portugiesischen Kolonien erlangt; dann folgte die Heirat Karls II. mit Katharina; dann — der Methuen-Vertrag (1703). Durch den Methuen-Vertrag sollen jede Woche 50 000 Pfund Sterling in bar nach England geflossen sein[419]: eine Ziffer, die kaum übertrieben sein dürfte, wenn wir bedenken, daß nach einem anderen Gewährsmann England nach

Portugal schon im ersten Jahre nach Abschluß des Methuen-Vertrages für 13 Millionen Crusados (à 2¼ Mark) Waren ausführte[420]).

d) Brasilien. Hierhin ging ein Teil der Waren, die England nach Portugal verfrachtete. Aber außerdem bestand noch ein beträchtlicher Handel mit dieser Kolonie selbst. Namentlich feine englische Wollwaren wurden dort abgesetzt, da die reichen Brasilianer mit Vorliebe solche trugen[421]).

Mir scheint: dieser Tatbestand, den ich hiermit aufgedeckt habe: daß Frankreich und England um die Wende des 17. Jahrhunderts und im Anfang des 18. Jahrhunderts mit Bargeld förmlich überflutet wurden, ist außerordentlich wichtig und darf beileibe nicht übersehen werden, wenn man sich ein richtiges Urteil über die Zusammenhänge des Wirtschaftslebens in jenen kritischen Jahrzehnten bilden will; ich habe an anderer Stelle feststellen können, daß jene Zeit von den besten Beobachtern als eine „Gründerzeit" (auch abgesehen vom Law- und Südseeschwindel, die nur den Abschluß dieser Periode bildeten) bezeichnet wurde: als ein age of projecting. Und daß diese Beobachtung richtig war, bestätigen uns die Tatsachen, die uns die Quellen jener Zeit in reicher Fülle mitteilen. Hier wurde gezeigt, welche Geldmengen damals in die beiden Länder geströmt waren und strömten: wir können getrost schließen, daß sie die Grundlage und die Veranlassung jenes Spekulationsfiebers bildeten, und daß also dieser wichtigste Fall in der Wirtschaftsgeschichte mit schlagender Deutlichkeit zeigt, welche große Bedeutung die Vermehrung des Geldvorrats für die Entfaltung des kapitalistischen Geistes (denn diese Seite des Problems interessiert uns hier allein) besitzt.

Nun gehen wir aber noch einen Schritt weiter und fragen:

Woher stammten die Mengen Bargeld, die in jener Zeit nach Frankreich und England kamen?

Meine Ausführungen über die Quellen dieser Geldbeträge enthalten schon die Antwort: es war das Silber der amerikani-

## Fünfundzwanzigstes Kapitel: Die Gold- und Silberfunde

schen Bergwerke, und es war das Gold der brasilianischen Ströme, mit denen das Wirtschaftsleben Frankreichs und Englands befruchtet wurde.

Holland pumpte die spanisch-portugiesischen Edelmetalle zunächst auf seine Märkte; von hier wurden sie direkt (durch Auswanderung) oder indirekt (durch den Handel) Frankreich und England zugeführt. Diese Länder saugten sie aber auch durch ihren eigenen Handel auf: sei es durch Vermittlung der Mutterländer — Portugal und Spanien — sei es durch Eigenhandel mit den amerikanischen Kolonien.

Das war so seit dem 16. Jahrhundert gewesen, wurde zu einem vollendeten System aber erst im Lauf des 17. Jahrhunderts ausgebildet: damals waren Portugal und Spanien wirklich nur Kanäle, durch die das Gold und Silber ihrer Kolonien hindurchfloß[422]).

Ich teile zum Schlusse noch die Ziffern der Edelmetallproduktion in diesen Jahrhunderten mit (nach Soetbeer):

Zunächst handelt es sich um die Silberschätze Mexikos, Perus und Bolivias. Die Erschließung der reichen Bergwerke von Guanaxuato und Potosi fällt in die Mitte des 16. Jahrhunderts. Sie bewirkt eine Steigerung der schon beträchtlichen Silberausbeute von 90 200 kg im Jahresdurchschnitt 1521—1544 auf 311 600 kg im Durchschnitt der Jahre 1545—1560. Während des 17. Jahrhunderts hält sich die Silberproduktion zwischen 300 000 und etwas über 400 000 kg.

Im 17. Jahrhundert kommt das brasilianische Gold hinzu, mit dessen Entdeckung die silberne Periode des Kapitalismus schließt, die goldene beginnt. Ende des Jahrhunderts werden die ergiebigsten Fundstellen, die Minas geraes, aufgeschlossen. In den Jahren 1701—1720 werden bereits für 150 Millionen Mark Gold in Brasilien gewonnen.

Nun erst verstehen wir die Vorgänge, die sich im westeuropäischen Wirtschaftsleben von 1680—1720 abspielten, von Grund auf.

Wir haben jetzt die Fäden bloßgelegt, die zwischen der Entwicklung des kapitalistischen Geistes und den Gold- und Silberfunden hin und her laufen. Ich habe nur für diesen einen — allerdings wichtigsten — Fall den ziffernmäßigen Nachweis zu führen versucht für die engen Zusammenhänge, die zwischen den beiden Erscheinungen bestehen. Ein gleicher Nachweis läßt sich erbringen für die Tatsache, daß der Unternehmungsgeist, der die deutsche Geschäftswelt um die Mitte des 16. Jahrhunderts beseelt, aus Schwaz und Joachimsthal gespeist wurde, daß das Gründungsfieber der 1850er Jahre in Kalifornien seinen Entstehungsherd hatte, usw. Aber das würde eine unnütze Häufung gleichartiger Zahlenreihen sein. Und gerade für den vorliegenden Zweck genügt die Einsicht in die tieferen Ursachen der ersten großen Spekulationsperiode vollkommen, weil ja in ihr, wie wir sahen, diese besondere Seite des kapitalistischen Geistes, die Spekulationswut, zum erstenmal **im großen Stile** in die Erscheinung trat.

Ich muß noch ein Wort zur Erklärung sagen, weshalb ich zuerst in diesem Kapitel von der Vermehrung der Geldbeträge und erst am Schluß von den Gold- und Silberfunden gesprochen habe, von denen laut seiner Überschrift dieses Kapitel handeln sollte. Deshalb, weil in den Geldmengen sich die Einwirkung der Edelmetallfunde geltend macht: sie sind das Medium, wodurch diese ihren Einfluß auf das Wirtschaftsleben ausüben. Nun muß freilich zugegeben werden, daß nicht jede Vermehrung der Geldmengen, soweit sie sich als Geldbesitz äußert, auf eine Steigerung der Edelmetallproduktion zurückzugehen braucht: sie kann auf einer bloßen Verschiebung der Vermögen beruhen. Aber eine wirklich beträchtliche Vergrößerung der privaten Vermögen ist — wenigstens in den frühen Zeiten der kapitalistischen Entwicklung, die uns in diesem Augenblicke allein angehen — doch immer nur erfolgt, wenn gleichzeitig die Ge-

### Fünfundzwanzigstes Kapitel: Die Gold- und Silberfunde 411

samtmenge des zur Verfügung stehenden Edelmetalls in einem Lande stark angewachsen war. Das konnte wiederum durch Überführung aus einem Lande in das andere geschehen. Aber auch damit diese Überführung sich mit Nachhaltigkeit vollziehen konnte, war abermals eine Steigerung der Edelmetallproduktion notwendig.

Da nun eine solche Steigerung tatsächlich während der Jahrhunderte des Frühkapitalismus seit dem 15. bzw. 16. Jahrhundert erfolgt ist (über die metallene Basis der italienischen Wirtschaftsblüte vor dem 15. Jahrhundert wissen wir so gut wie gar nichts: wir können einstweilen nur annehmen, daß es 1. das deutsche Silber, 2. das aus dem oströmischen Reiche zurückfließende Gold, 3. afrikanische Goldfunde waren, die hier den kapitalistischen Aufschwung ermöglichten), so hieße es Verstecken spielen, wollten wir sie nicht in die Kausalkette bei der Aufdeckung der Ursachen des kapitalistischen Geistes einstellen.

Gewiß — wiederum (wie bei jeder solchen Ursache, die wir kennen gelernt haben) läßt sich auch von den Gold- und Silberfunden sagen: sie allein genügten nicht, um den modernen Wirtschaftsmenschen herauszubilden. Nicht nur, daß sie nur auf eine Seite seines Geistes Einfluß ausgeübt haben: Damit sie auch das bloß konnten, mußten viele andere Bedingungen erfüllt sein, wie sie in Westeuropa während jener Jahrhunderte erfüllt waren. Wie diese Funde wirken konnten, wenn diese Bedingungen nicht erfüllt waren, sehen wir an den Folgen, die sie für die Spanier und Portugiesen selbst hatten [423].

Aber umgekehrt: auch nachdem alle jene anderen Bedingungen erfüllt waren, damit sich kapitalistischer Geist entfalten konnte: ohne die amerikanischen Silber- und Goldfunde hätte dieser ganz gewiß eine andere Entwicklung erfahren, als ihm tatsächlich beschieden war. Ohne die — zufälligen! — Entdeckungen der Edelmetallager auf den Höhen der Kordilleren und in den Niederungen Brasiliens kein moderner Wirtschaftsmensch!

*  *  *

Die Fäden unserer Untersuchung verschlingen sich: mit diesen Erörterungen über die Bedeutung der Gold- und Silberfunde sind wir schon mit zwei anderen Kulturgebieten in nächste Berührung gekommen, auf denen abermals Quellen des kapitalistischen Geistes entspringen: Technik und Wirtschaft, die beide vereinigt starke Wirkungen, wie wir sehen werden, auf die Geistesverfassung des Bourgeois ausgeübt haben. Wie gern möchte man immer die Totalität der Wirkungen eines Ursachenkomplexes aufzeigen, so wie es der Dichter tut und tun soll. Aber die wissenschaftliche Methode zwingt uns zur Selbstbeherrschung und verlangt von uns, Ursache für Ursache auf ihre Sonderwirkung hin zu prüfen. So werde ich denn auch im folgenden die engstens miteinander verwachsenen Kulturgebiete der Technik und der Wirtschaft auseinanderreißen und getrennt ihre Einwirkung auf den Entwicklungsgang des kapitalistischen Geistes verfolgen.

## Sechsundzwanzigstes Kapitel: Die Technik

Wie sollten wir uns die Eigenart des modernen Wirtschaftsmenschen erklären ohne den eigentümlichen Verlauf, den die Technik, den vor allem die Produktions- und Transporttechnik, während des letzten halben Jahrtausends genommen hat?

Unter Technik im weiteren Sinne verstehen wir alle Verfahrungsweisen, deren sich der Mensch bedient zur Erreichung vorgesteckter Ziele, im engeren Sinne die zweckentsprechende Verwendung von Sachgegenständen: in diesem Falle spreche ich von Instrumentaltechnik, und diese allein kommt hier in Frage. Dient die Instrumentaltechnik dazu, um Güter zu erzeugen, so ist sie Produktionstechnik; sollen mit ihrer Hilfe Personen, Güter oder Nachrichten transportiert werden, so ist sie Transporttechnik.

An und für sich betrachtet ist „die Technik" kein „sozialer Umstand", sondern ein geistiger Besitz. Da aber erst ihre Anwendung, die immer nur im Rahmen sozialer Ordnungen möglich ist, die hier in Frage stehenden Wirkungen ausübt, so wird sie füglich unter dem Rubrum der sozialen Umstände mit abgehandelt.

Ihre Wirkungen? Aber ist sie nicht selbst erst durch den Wirtschaftsmenschen bewirkt, ist der kapitalistische Geist nicht ihr Erzeuger? Wie kann sie diesen selbst erzeugen helfen?

Dieser Einwand ist wie folgt zu erledigen.

Erstens ist keineswegs jede technische Erfindung ein Ausfluß des kapitalistischen Geistes. Viele Erfindungen kommen ungerufen, unerwartet wie Naturereignisse, und auch diejenigen, die gewollt sind, erscheinen doch häufig in ganz anderer Gestalt und üben ganz andere Wirkungen aus, als man beabsichtigt hatte.

Zweitens: Auch wenn jede einzelne technische Neuerung die Wirkung kapitalistischen Geistes wäre, so würde sie — nachdem sie einmal eingeführt ist — doch als Bildnerin dieses selben Geistes im weiteren Verlauf seiner Entwicklung in Rechnung zu ziehen sein. Das ist ja immer wieder derselbe Zusammenhang: erst Wirkung und dann Ursache sind alle die Einflüsse, die wir beim Aufbau des kapitalistischen Geistes am Werke gesehen haben.

Die Wirkungen, die von der Technik ausgehen, können wir in zwei Gruppen gliedern: je nachdem sie unmittelbar oder mittelbar die Herausbildung des kapitalistischen Geistes gefördert haben: jene können wir primäre, diese sekundäre Wirkungen nennen.

Unmittelbaren Einfluß übt die Technik zunächst dadurch aus, daß sie den **Unternehmungsgeist weckt und weitet**.

Versetzen wir uns in die Frühzeiten der kapitalistischen Entwicklung. Vor dem Jahre 1484, das heißt vor der Erfindung des nautischen Astrolabs, konnte sich kein Schiff auf dem Ozean zurechtfinden. Überseeische Expeditionen waren also vorher nicht ausführbar. Nun wurden sie es: welche Stärkung mußte das für die Unternehmungslust der damaligen Welt bedeuten!

Oder: vor der Erfindung der Wasserhaltungsmaschinen (im 16. Jahrhundert) konnten die meisten Bergwerke nicht weiter ausgebeutet werden, da man der Wasser nicht Herr zu werden vermochte. Als nun die Möglichkeit geboten wurde, alte Bergwerke weiter zu betreiben, neue in beliebiger Tiefe anzulegen: welcher Anreiz wurde dadurch für Leute geschaffen, die gleichsam nur auf eine günstige Gelegenheit warteten, um sich als kapitalistische Unternehmer zu betätigen! Wir können deutlich verfolgen, wie die Ausstattung der Bergwerke mit Wasserhaltungsmaschinen im 16. Jahrhundert für viele Geldbesitzer den unmittelbaren Anlaß bietet, sich an der Ausbeutung der Bergwerke wagend zu beteiligen, das heißt also den Bergwerksbetrieb auf eine kapitalistische Basis zu stellen.

Und so geht es nun Schritt vor Schritt weiter im Ablauf

## Sechsundzwanzigstes Kapitel: Die Technik

der Jahrhunderte bis heute: jede Erfindung, die darauf abzielt, den Produktions- oder Transportprozeß im größeren Rahmen, mit einem Mehraufwand von Sachmitteln, sich abspielen zu lassen, jede Erfindung, deren Anwendung eine Verlängerung des Produktionsweges im Gefolge hat, wirkt als ein Anreiz auf latente Unternehmungsgelüste. Die neue Form der Gütererzeugung, wie sie durch die neue Technik bedingt wird, ermöglicht die Betätigung des Unternehmungsgeistes; aber sie erzwingt auch diese Betätigung. Je verwickelter und weitläufiger die fortschreitende Technik Produktion und Transport gestaltet, desto mehr werden Unternehmerseelen erfordert, um die neuen Aufgaben zu bewältigen. "Unternehmer vor die Front" — ist der Ruf, der bei jeder vervollkommneten Technik ertönt. So daß diese also aus den sämtlichen Wirtschaftssubjekten die Unternehmertypen ausliest. Sie züchtet den Unternehmer, an den immer größere Anforderungen gestellt werden, je größere Organisationen notwendig werden, um die neuen Errungenschaften der Technik sich zunutze zu machen.

Nun darf es aber als ein Gesetz bezeichnet werden, das wenigstens die moderne Technik beherrscht, daß jene Anforderungen tatsächlich immer mehr steigen, weil jede neue Erfindung den Sachgüterapparat vergrößert, der zu ihrer Anwendung erheischt wird, und weil sie gleichzeitig (in der überwiegenden Mehrzahl der Fälle) den Produktionsweg verlängert.

Unsere größte Industrie ist heute die Produktionsmittelindustrie, wie man sie nennen kann, jene also, die die Maschinen und die Materialien für den Maschinenbau erzeugt: die Maschinen- und die Montanindustrie. Hier werden die größtdimensionierten Unternehmer verlangt, und hier bieten sich die günstigsten Gelegenheiten zur Entfaltung eines weitausschauenden Unternehmungsgeistes. Es mag darauf hingewiesen werden, daß begreiflicherweise diejenigen Länder, in denen sich die natürlichen Vorbedingungen für die Entwicklung dieser Industrie finden, auch den besten Boden für die Entfaltung des Unternehmungsgeistes abgeben; die Kohlen- und Eisenlager Deutschlands, Englands, Amerikas sind gewiß von nicht geringer Bedeutung geworden für die Hochzüchtung des modernen Unternehmertums gerade in diesen Ländern. Ebenso wie die reiche Ausstattung eines Landes mit natürlichen Wasserkräften in diesem Lande einen reichen Unternehmungsgeist auslösen kann, sobald diese Wasserkräfte dazu dienen, elektrische Triebwerke zu schaffen. (Hier tritt also einer der Gründe zutage, weshalb sich die Entwicklung des kapitalistischen Geistes in den verschiedenen Ländern verschieden vollzogen hat: Frankreich! England! Einer der Gründe! Aber sicher ein wirksamer: denn mögen alle Bedingungen für die Entfaltung des kapitalistischen Geistes in zwei Ländern in völlig gleichem Maße erfüllt sein: wenn das eine Land reich an Kohlen- und Eisenlagern ist, so wird nur deshalb der kapitalistische Geist in ihm einen vollkommeneren Grad der Ausbildung erfahren.)

Nun wollen wir uns aber erinnern, daß die Technik unserer Tage den Weg „ins Unbetretene" („ans Unerbetene"!) gefunden hat. Seit sie der Möglichkeit gewahr geworden war, sich bei ihren Vornahmen von der Mithilfe der organisierenden, lebendigen Natur zu befreien; seit es ihr gelungen war, mit der Energie zu arbeiten, die die Sonne seit Jahrtausenden im Schoße der Erde aufgespeichert hat; seit sie weder den blutdurchströmten Menschen mehr gebraucht, noch die sonnenbeschienenen Felder und Wälder, um ihre Werke zu vollbringen; seit sie diese vielmehr ausführen läßt von den toten Stoffen und den „mechanischen" Kräften: seitdem kennt sie keine Schranken mehr, seitdem macht sie das eben noch für unmöglich Gehaltene möglich, türmt sie den Ossa auf den Pelion und schafft die Welt zum zweiten Male neu.

## Sechsundzwanzigstes Kapitel: Die Technik

Es ist hier nicht der Ort, den Gründen nachzugehen, die die moderne Technik befähigt haben, ihre unerhörten Leistungen zu vollbringen[424]: es genügt die Erinnerung an diese Leistungen selbst, die jedermann vor Augen hat, um daran die Feststellung zu knüpfen, daß solches Ausströmen von Können ins Unermeßliche eines der allerbedeutsamsten Förderungsmittel bei der Entwicklung des kapitalistischen Geistes werden mußte. Die Grenzenlosigkeit unseres heutigen Unternehmungsdranges ist nur zu begreifen, wenn man sich die Ausweitung vor Augen führt, die das technische Vermögen erfahren hat. Die kapitalistische Raserei eines modernen Unternehmens ist natürlich nur möglich, wenn wirklich technische Wunderwerke zu vollbringen im Bereiche der Möglichkeit liegt. Erst unter dem Zwange der technischen Mächte hat der wirtschaftende Mensch dann all die Organisationen geschaffen, die zur Bewältigung dieser ungeheuren Aufgaben nötig waren, und der Drang, diese Aufgaben zu lösen, hat die Feuer in den Seelen unserer großen Unternehmer angezündet, die diese und uns mit ihnen verzehren.

Und dann noch dieses: zur Wesenheit der modernen Technik gehört ihre große Wandlungsfähigkeit; jeder Tag bringt neue Erfindungen und erzeugt damit neue Möglichkeiten und Notwendigkeiten technischer und wirtschaftlicher Organisation, also auch neue Möglichkeiten und Notwendigkeiten, den Unternehmungsgeist zu entfalten. Man vergegenwärtige sich, welche Unterschiedlichkeiten in der Entwicklung dieses Geistes es bedeuten muß, wenn in einem Falle die Technik jahrzehntelang stabil ist und also in derselben Fabrik, mit denselben Methoden jahrzehntelang gearbeitet werden kann, im andern Falle aber die Methoden bester Produktion alle paar Jahr von der Technik von Grund auf geändert werden, so daß auch immer neue Organisationen geschaffen werden müssen, um mit den Fortschritten der Technik Schritt zu halten. Wenn diese Organisationen in einem neuen

Rahmen in die Erscheinung treten, dann handelt es sich um die Neubegründung einer Unternehmung. Abermals sehen wir die Technik einen Anreiz ausüben, dieses Mal den besondern Anreiz zur Gründung neuer Werke. Wir wissen, daß sich dieser Neugründungen gern der jüngere, mehr sanguinisch veranlagte Bruder des Unternehmungsgeistes: der Spekulationsgeist bemächtigt. Und somit können wir feststellen, daß namentlich technische Neuerungen den Spekulationsgeist anzureizen geeignet sind. In der Tat beobachten wir in der Geschichte der letzten Jahrhunderte, wie immer im Anschluß an neue, epochale Erfindungen oder auch in einer Zeit besonders zahlreicher Erfindungen sich große Spekulationsperioden einstellen.

Ich erinnere noch einmal an die denkwürdige Zeit um die Wende des 17. Jahrhunderts, als zum ersten Male das Spekulationsfieber wütete: daß es eine Epoche der Vielerfinderei auch auf technischem Gebiete war; daß das age of projecting, das Projektenzeitalter, recht eigentlich ein age of invention, ein Erfindungszeitalter war, wie uns unsere Gewährsmänner versichern.

Damals konnten noch kleine Erfindungen, weil das Erfinden überhaupt erst anfing, in ein schnelleres Tempo zu kommen, schon beträchtliche Mengen von Spekulationsgeist auslösen. Später, und namentlich in unserer Zeit, als jeder Tag technische Neuerungen brachte, haben nur die ganz großen Erfindungen das Gründungsfieber anzufachen vermocht. Dann aber mit um so stärkerer Wirkung. Ich erinnere an die Spekulationsperiode, die in der Mitte des 19. Jahrhunderts die Erfindung der Eisenbahnen, gegen das Ende des Jahrhunderts die verschiedenen Erfindungen im Bereiche der Elektrotechnik nach sich gezogen haben.

Sehen wir so die Technik starke Willensenergien in den Wirtschaftssubjekten auslösen und ihre Entfaltung fördern, so

## Sechsundzwanzigstes Kapitel: Die Technik

beobachten wir auf der anderen Seite, wie die Technik auch das Denken der Wirtschaftsmenschen nach verschiedenen Richtungen hin beeinflußt und vielfach geradezu revolutioniert.

Sie macht zunächst dieses Denken zielstrebiger, bewußter, das heißt sie weckt und entwickelt den Rationalismus, diesen wie wir wissen wesentlichen Bestandteil des kapitalistischen Geistes. Es ist schon von anderen auf die Rolle hingewiesen worden, die die Technik und die technischen Neuerungen bei der Herausbildung des rationalen Denkens und insbesondere des ökonomischen Rationalismus zu allen Zeiten gespielt haben. Jede technische Erfindung bringt den wirtschaftenden Menschen, wie es Vierkandt treffend ausdrückt[425], unausgesetzt in einen „Kontakt mit der Realität" und durchbricht damit die, wie wir sahen, in der Natur des Menschen begründeten traditionalistischen Tendenzen. Der Wandel in den technischen Verfahrungsweisen „wirkt auf das Bewußtsein wie eine Art Revision der gesamten einschlägigen Verhältnisse." Sind solche technischen Neuerungen nur selten, so werden sie nicht imstande sein, die traditionalistische Gesamttendenz wesentlich zu beeinflussen. Über die Stelle, die neu aufgegraben ist, wächst bald wieder das Gras der Alltagsgewohnheit. Wenn nun aber, wie es seit dem Beginn der neuen Zeit der Fall ist, in immer kürzeren Zwischenräumen die technischen Neuerungen sich Schlag auf Schlag einstellen, so bleibt der Boden unausgesetzt aufgewühlt und kann sich nicht mit einer Rasennarbe bedecken. Die Tatsache des raschen Wechsels in den Verfahrungsweisen allein würde genügen, um die Bewußtheit des Menschen zu einer dauernden Seelenstimmung zu machen. Nun wirkt die moderne Technik aber noch viel unmittelbarer und viel nachhaltiger auf eine Steigerung auch des ökonomischen Rationalismus hin dadurch, daß sie selber im letzten Jahrhundert von rationalem Geiste erfüllt ist, seit sie angefangen hat, auf wissenschaftlicher Grundlage ihre Verfahren aufzubauen.

Alle frühere Technik[426], so Wunderbares sie auch geleistet hatte, war empirisch gewesen: hatte auf der persönlichen Erfahrung beruht, die von Meister zu Meister, von Geschlecht zu Geschlecht durch die ebenso persönliche Lehre übertragen worden war. Man kannte die Handgriffe, die Verfahrungsweise, die man anzuwenden hatte; damit begnügte man sich. Man hatte die Erfahrung im Laufe der Zeit gewonnen und bewahrte die Erfahrung weiter.

An die Stelle der Erfahrung tritt als Grundlage der Technik seit dem 17. Jahrhundert die naturwissenschaftliche Erkenntnis. Seitdem wird etwas nicht mehr vollbracht, weil ein Meister sich im Besitze eines persönlichen Könnens befindet, sondern weil jedermann, der sich mit dem Gegenstande beschäftigt, die Gesetze kennt, die dem technischen Vorgange zugrunde liegen, und deren gewissenhafte Befolgung auch jedermann den Erfolg verbürgt. War früher gearbeitet worden nach Regeln, so vollzieht sich jetzt die Tätigkeit nach Gesetzen, deren Ergründung und Anwendung die eigentliche Hauptaufgabe des rationellen Verfahrens erscheint.

Die Gleichförmigkeit des Gegensatzes zwischen alter und moderner Technik einerseits, handwerkerlicher und kapitalistischer Wirtschaftsgesinnung andererseits springt in die Augen. Es ist aber in beiden Fällen derselbe Gegensatz zwischen Empirie und Rationalismus. Wenn aber in zwei eng miteinander in Berührung stehenden Kulturkreisen, wie Technik und Wirtschaft, sich die gleiche Entwicklung vollzieht, wie hier von der empirischen zur rationalen Gestaltung, so läßt sich ohne weiteres annehmen, daß die eine Entwicklung auf die andere ihren Einfluß ausgeübt hat, daß somit der ökonomische Rationalismus seine Ausbildung miterfahren hat durch den technischen Rationalismus.

## Sechsundzwanzigstes Kapitel: Die Technik

Nun läßt sich aber deutlich verfolgen, wie tatsächlich eine Einwirkung des technischen Rationalismus auf die Gestaltung des Wirtschaftslebens stattfindet: wie die wissenschaftliche Handhabung der Technik den ökonomischen Rationalismus unmittelbar erzwingt. Im Grunde genommen erfolgt heute die Ordnung der Privatwirtschaft in den meisten Zweigen unter genauer Berücksichtigung der technischen Anforderungen und die wirtschaftliche Vollkommenheit wird unter beständiger Ausrichtung des Gedankens der Leiter einer Unternehmung auf die Technik des Produktionsprozesses erstrebt. Wir sahen (siehe S. 184), ein wie deutliches Wahrzeichen höchster Ausbildung des ökonomischen Rationalismus heutzutage die Verwendung wissenschaftlich geschulter Hilfskräfte in einem Betriebe ist. Nun also: da ist die Tatsache, daß die Anforderungen, die die Technik stellt, den Anlaß zu einer höchst rationalen Wirtschaftsgestaltung bilden, in einem besonders durchsichtigen Falle erwiesen. Aber das Leben bietet zahlreiche solcher Fälle dar.

Zielstrebiger, bewußter, also rationaler wird das Denken des Wirtschaftsmenschen durch die Technik, zumal die moderne Technik gestaltet. Nun wollen wir noch feststellen, daß es unter deren Einfluß auch **genauer, gleichsam pünktlicher** wird. Dafür sorgen zunächst die von der Technik geschaffenen Methoden und Vorrichtungen zum Messen der verschiedensten Größen, namentlich der Zeit.

Die Erfindung der Uhren spielt eine wichtige Rolle in der Geistesgeschichte des modernen Wirtschaftsmenschen. Die Erfindung der Gewichtsuhren wird in das 10. Jahrhundert verlegt; die erste Räderuhr, von deren Erbauung wir hören, ist diejenige, die Heinrich von Wick 1364 für Karl V. in Paris anfertigt. Während des 14. Jahrhunderts haben alle größeren Städte Italiens Uhren, die die 24 Stunden schlagen[427]). Im Jahre 1510 erfindet Peter Hele die Taschenuhren; Johann

Cocläus sagt darüber im Jahre 1511: „Aus Eisen machte er kleine Uhren mit vielen Rädern, die 40 Stunden anzeigen und schlagen und im Busen oder Geldbeutel getragen werden können" [428]. 1690 kommt der Sekundenmesser hinzu, der von John Floyer als Hilfsmittel zur sicheren Pulszählung eingeführt wurde (ein Fall, in dem deutlich das wirtschaftliche Interesse nicht die treibende Kraft der Erfindung war!). Die genaue Zeiteinteilung, das „Rechnen" mit der Zeit, wird natürlich erst möglich, nachdem die Zeit genau gemessen werden konnte. (Ebenso wurde das exakte Rechnen mit Geld erst möglich, nachdem die Technik eine exakte Herstellung der Münzen ermöglicht hatte!)

Die rechnerisch genaue Wirtschaftsführung ist aber ebenso sehr befördert worden durch die allmähliche Vervollkommnung des technischen Prozesses. Genaue Kalkulationen bei Lieferungsaufträgen setzen eine vollständig sichere Produktion voraus; die modernen Verkehrsmittel haben, kann man getrost sagen, den wie eine riesige Maschine automatisch funktionierenden Betrieb erst ermöglicht, wenn nicht geschaffen: die Ausbildung des rechnerischen Sinnes ist also zum guten Teil ein Werk der Technik.

Daß auch das Eiltempo des modernen Wirtschaftsmenschen erst durch die Errungenschaften der modernen Technik: Eisenbahn, Telegraph, Telephon erzeugt oder mindestens stark gefördert worden ist, lehrt die einfache Überlegung. Andere Kräfte, werden wir noch sehen, sind hier am Werke, die auf dieses Tempo hindrängen: die Technik ermöglicht es, die Technik steigert es, die Technik verallgemeinert es.

Es liegt nahe, die moderne Technik mit verantwortlich zu machen auch für die gesamte eigentümliche Gedankeneinstellung des modernen Wirtschaftsmenschen: seine rein quantifizierende Betrachtung der Welt. Freilich hat zu dieser das größte Teil

## Sechsundzwanzigftes Kapitel: Die Technik

wohl die Gewöhnung an den Geldausdruck beigetragen. Aber wir wollen uns doch erinnern, daß das Wesen des spezifisch modernen naturwissenschaftlichen Denkens diese selbe Tendenz zur Auflösung aller Qualitäten in Quantitäten ist. Erst dann, wenn sich für irgendeinen Vorgang in der Natur eine mathematische Formel aufstellen läßt, so hat uns Kant belehrt, haben wir das Recht, von naturgesetzlicher Erkenntnis zu sprechen.

Also sicher haben wir auch hier wieder eine Parallelentwicklung des naturwissenschaftlichen Geistes, wie er in der Technik sich niederschlägt, und des kapitalistischen Geistes vor uns, wie sich denn diese Parallelität noch in zahlreichen anderen Fällen nachweisen läßt [429]. Aber da sich eine Einwirkung des naturwissenschaftlich-technischen Denkens auf das wirtschaftliche bei diesen allgemeinsten Formen, die das Denken annimmt, schwer nachweisen läßt, so will ich darauf verzichten, den möglichen Zusammenhängen hier noch weiter nachzugehen, und will lieber die Aufmerksamkeit des Lesers noch auf einen anderen wichtigen Komplex geistiger Vorgänge hinlenken, bei denen die Ausbildung des kapitalistischen Geistes ganz deutlich in Abhängigkeit von der Entwicklung der Technik erfolgt.

Ich meine die Verschiebungen der Lebenswerte, die wir den gewaltigen technischen Fortschritten unserer Zeit verdanken, und die für die Gesinnung des modernen Wirtschaftsmenschen von grundlegender Bedeutung geworden sind.

Zweifellos ist — im wesentlichen durch die Errungenschaften der modernen Technik — das technische Interesse oder genauer das Interesse für technische Probleme in den Vordergrund aller Interessen getreten. Das ist begreiflich genug. Die immer größeren Leistungen im Bereiche der Technik haben erst die Neugier angeregt, haben die Aufmerksamkeit auf sich gezogen und haben der Zeit ihren Stolz gegeben. Die Technik ist ja das einzige Gebiet, auf dem wir ohne Angst die Bilanz unserer Leistungen prüfen können: sollte sich da die Masse, die immer dem Erfolge nachläuft, für dieses Gebiet, auf dem unsere einzigen großen Erfolge liegen, nicht besonders interessieren, zumal es so einfach ist, wenigstens die Ergebnisse der Technik zu würdigen. So ist es zur unbestreitbaren Tatsache geworden, daß Funkentelegraphie und Aeronautik heute die Menschen, und zumal die Jugend, mehr interessieren als das Problem der Erbsünde oder Werthers Leiden.

Den großen Fortschritten der Technik verdanken wir aber noch eine andere Eigenart des Geistes unserer Zeit: die starke Überwertung der materiellen Dinge. Wir sind rasch reich geworden, wir haben uns an den Frieden gewöhnt, die Technik hat uns Sicherheit vor den Schrecken der Pest und der Cholera gebracht: was Wunder, daß die niedrigen Instinkte im Menschen: sein Behagen am unbehinderten Genuß, der Sinn für Komfort und Wohlleben stark alle idealen Regungen überwuchert haben. Die Herde grast friedlich auf der fetten Weide.

Zunächst ist nun diese Steigerung der materiellen Interessen in unserer Zeit insofern der Sinnesrichtung des kapitalistischen Unternehmers zugute gekommen, als sie in ihm das Interesse für die Erlangung der Reichtumsmittel, das heißt sein Erwerbsinteresse wesentlich gesteigert hat. Die Jagd nach dem Dollar ist denn doch nicht so imaginär, wie Unternehmerphilosophen von der hohen Warte ihres fürstlichen Reichtums aus uns glauben machen wollen. Sie ist doch eine allerwichtigste Triebkraft in dem Gefüge unserer modernen Wirtschaft, und der gesteigerte Erwerbstrieb, den also die Fortschritte der Technik mit hervorgerufen haben, bildet einen ganz wichtigen Bestandteil in der Psyche der modernen Wirtschaftsmenschen. Daß von dieser Sucht nach Gewinn der Makel genommen ist, daß wir es heute für nicht mehr entehrend halten, wenn einer dem Dollar nachjagt, daß wir gesellschaftlich mit Leuten verkehren, von denen jeder weiß, daß die Dollarjagd ihr einziger Lebensinhalt ist: das hat natürlich zur Entwicklung dieser Seite kapitalistischen Geistes viel beigetragen, und das ist erst möglich geworden, nachdem die ganze Zeitrichtung unter dem Einflusse der technischen Errungenschaften eine andere geworden war.

Umgekehrt aber hat die Anteilnahme an dem Fortschritt der Technik und ihre grenzenlose Überwertung insofern das Erwerbsstreben des kapitalistischen Unternehmers verstärkt, als sie sein eigenes Interesse an den technischen Leistungen, die er in seinen Werken vollbringt, gesteigert haben. Wir lernten als einen Zug im Wesen des modernen Wirtschaftsmenschen kennen, daß er sinnlos schafft und immer mehr schafft, und fanden als psychologische Erklärung (falls eine solche überhaupt möglich ist) unter anderem die kindliche Freude an technischen Vervollkommnungen. Diese aber ist nur erklärlich in einem technischen Zeitalter. Daß es einem Unternehmer in den Sinn kommen kann, es habe an sich irgendeinen Wert, recht viele Maschinen oder Beleuchtungskörper oder Reklameschilder oder Flugapparate herzustellen, daß er in der Erzeugung dieser Dinge als solcher eine irgendwelche Befriedigung finden kann (und neben anderen Motiven wirkt zweifellos auch diese Begeisterung für die Produktion als solche als treibende Kraft in der Seele des Unternehmers): das hat zur Voraussetzung die gekennzeichnete Gesamtstimmung unserer Zeit.

Damit im engsten Zusammenhange steht auch die Begeisterung für den „Fortschritt", die ebenfalls in vielen Unternehmern als Triebkraft wirkt, die beispielsweise in Amerika diesen kindlichfröhlichen Zug in das Geistesleben hineinträgt, die jedem Reisenden zuerst auffällt. Stimmung des Kindes. Stimmung des Kolonialmenschen. Aber auch Stimmung des technischen Menschen. Denn wenn die sinnlose Idee des „Fortschritts" irgendwelchen

Sinn hat, so sicher nur im Bereiche des technischen Könnens. Man wird zwar nicht sagen können, daß Kant über Plato „fortgeschritten" sei oder Bentham über Buddha, wohl aber, daß die Dampfmaschine Typus 1913 einen Fortschritt gegenüber der Wattschen Dampfmaschine bedeutet.

Abermals im Zusammenhang mit dieser Neubildung von Werten steht eine andere bedeutsame Erscheinung im Geistesleben des modernen Wirtschaftsmenschen (wie Menschen überhaupt): die Erhebung des Mittels zum Zweck. Gewiß ist bei dieser Umkehr aller Werte wiederum das Geld stark beteiligt. Aber doch auch die Technik. Ihre Fortschritte haben es bewirkt, daß unser Interesse immer mehr und mehr darauf gerichtet worden ist, wie eine Sache gemacht wird und wie sie funktioniert, ganz gleich, wozu sie dient. Die „Mittel" — etwa zur Bewältigung des Verkehrs, zur Herstellung einer Zeitung — sind so kunstvoll geworden, daß sie unser Staunen erregen und unser Interesse völlig erschöpfen. Darüber vergessen wir dann schließlich den Zweck, dem sie dienen sollen. Wir sind überwältigt beim Anblick einer Rotationspresse und denken gar nicht mehr daran, welches völlig wertlose Schundblatt da herausgespieen wird. Wir erschauern beim Aufstieg einer Flugmaschine und denken gar nicht mehr daran, daß dieser Apparat einstweilen nur dazu dient, unser Varietéprogramm um eine sensationelle Nummer zu bereichern und (bestenfalls) ein paar Schlossergesellen zu reichen Leuten zu machen. Und so fort in allen Dingen. Damit ist aber die Sinnlosigkeit unserer gesamten Lebensbewertung und auch die Sinnlosigkeit alles heutigen kapitalistischen Strebens wiederum von einer Seite her erklärt.

Und endlich noch eins: wir sahen, daß den Geist des Bourgeois unserer Tage seine völlige Interesselosigkeit gegenüber dem Schicksal des Menschen kennzeichnet. Wir sahen, daß der Mensch aus dem Mittelpunkt der wirtschaftlichen Bewertung und

## Sechsundzwanzigstes Kapitel: Die Technik

Gedankeneinstellung ausgeschieden ist; daß nur noch der Prozeß (der Produktion, des Transports, der Preisbildung usw.) interessiert: fiat productio et pereat homo. Ist nun aber darin die Denkweise des Wirtschaftsmenschen nicht wiederum nur eine Folgeerscheinung der Umgestaltung, die der technische Prozeß erfahren hat? Wir wissen, daß die moderne Technologie den Produktionsprozeß gleichsam losgelöst von dem ausführenden Organe, dem Menschen, betrachtet. An die Stelle der durch die lebendige Persönlichkeit notwendig gebundenen organischen Gliederung der Produktionsprozesse tritt die nur im Hinblick auf den gewollten Erfolg zweckmäßig mechanisch eingerichtete Gliedbildung, wie es Reuleaux genannt hat.

Die natürliche, lebendige Welt ist in Trümmer geschlagen, damit auf diesen Trümmern eine kunstvolle Welt aus menschlicher Erfindungsgabe und toten Stoffen zusammengefügt sich erhebe: das gilt für Wirtschaft wie Technik gleichermaßen. Und ganz unzweifelhaft hat diese Verschiebung des technischen Verfahrens die Verschiebung unserer Gesamtbewertung der Welt wesentlich beeinflußt: in dem Maße, wie die Technik den Menschen aus dem Mittelpunkte des Produktionsprozesses verdrängte, verschwand der Mensch aus dem Mittelpunkte der wirtschaftlichen wie überhaupt kulturellen Bewertung.

Zahlreich sind die mittelbaren Einwirkungen der Technik auf die Entwicklung des kapitalistischen Geistes, die sich also dadurch fühlbar machen, daß irgendwelche Zustände oder Vorgänge durch die Technik bewirkt, irgendwelche Ereignisse durch sie herbeigeführt werden, die ihrerseits einen bestimmenden Einfluß auf die Gestaltung des kapitalistischen Geistes ausüben.

Ich will nur auf zwei besonders wichtige Wirkungen solcher Art hinweisen; der Leser wird danach leicht andere Fälle selbst ausfindig machen.

Wir lernten im vorigen Kapitel die Bedeutung kennen, die

die reiche Ausbeute an Silber und Gold namentlich im 16. und 17. Jahrhundert für die Entstehung des ersten Spekulationsfiebers zweifellos besitzt. Nun: daß diese Ausbeute möglich wurde, war im wesentlichen ein Werk der vervollkommneten Technik. Man kann dies schon damit beweisen, daß man sagt: ohne sie wären die Menschen nicht nach Amerika gekommen. Aber ich meine es noch in einem anderen Sinne: nur einige epochale Verbesserungen der Edelmetallproduktionstechnik haben namentlich jenen Silbersegen des 16. und der folgenden Jahrhunderte bewirkt. In jener Zeit wurden, wie wir schon sahen, die Wasserhaltungsmaschinen erfunden, die insbesondere die Weiterführung des europäischen Silberbergbaus ermöglichten. In jener Zeit (1557) wurde aber auch eine vielleicht noch wichtigere Erfindung gemacht: die Gewinnung des Silbers aus den Erzen mittels des Quecksilbers: das sogenannte Amalgamverfahren. Erst dieses Verfahren gestattete es, ohne übertriebene Kosten, auf den holzlosen Höhen der Kordilleren, die Silbermassen an Ort und Stelle zu gewinnen; erst dieses Verfahren verringerte die Produktionskosten des Silbers dermaßen, daß nun eine so große Ausbeute gewinnbringend gemacht werden konnte.

Die zweite bedeutsame Wirkung der Technik, an die ich denke, ist die rasche Vermehrung, die die Bevölkerung im 19. Jahrhundert erfahren hat. Daß diese im wesentlichen ein Werk der vervollkommneten Technik ist, darf nicht in Zweifel gezogen werden, da sie ja nicht etwa durch eine Vergrößerung der Geburtenziffern, sondern lediglich durch eine Verringerung der Sterblichkeit herbeigeführt worden ist. Diese Verringerung der Sterblichkeit ist aber im wesentlichen durch zwei Komplexe technischer Fortschritte erzielt worden: durch die Vervollkommnung der Hygiene, der Seuchentechnik, der ärztlichen Technik einerseits, durch die Vervollkommnung der Produktions- und namentlich der Transporttechnik andrerseits, die ihrerseits dazu beigetragen haben, daß soviel mehr Menschen ernährt werden, also am Leben bleiben konnten.

Diese Bevölkerungsvermehrung unserer Zeit ist nun wiederum in zweifacher Beziehung für die Entwicklung des kapitalistischen Geistes unmittelbar von Bedeutung geworden: durch den Anreiz zur Auswanderung, den sie bot, einerseits, durch die Hebung des Unternehmersinns andrerseits. Über die erste Wirkung und ihre Folgen habe ich im vorigen Kapitel gesprochen. Mit der zweiten Behauptung meine ich folgendes: eine rasche Bevölkerungszunahme bedeutet insofern eine Stärkung des Unternehmungsgeistes, als sie die Nötigung zum Erwerb größer macht und dadurch die wirtschaftliche Spannkraft stählt, als sie also die Gefahr für eine wohlhabende Bevölkerung, einem satten Rentnertum zu verfallen, hinausschiebt. Denn es ist klar, daß die Söhne eines wohlhabenden Mannes ganz anders dem Erwerbsleben gegenüberstehen, wenn ihrer viele, als wenn sie wenige sind. Bei gleichgroßen Vermögen entfällt auf den einen im ersten Fall eine kleinere Menge, und die Nötigung für ihn, selbst wieder durch wirtschaftliche Tätigkeit sich auf dem sozialen Niveau seiner Eltern zu erhalten, wird größer, als wenn dies Erbe nur auf einen oder zwei sich verteilt. Durch den stärkeren Nachwuchs wird auch schon eine ganz andere Stimmung selbst bei wohlhabenden Eltern ihren Kindern gegenüber erzeugt. Sie werden es vielmehr darauf absehen, ihre Kinder „etwas Tüchtiges lernen zu lassen", als sie in den untätigen Besitz einer Rente zu setzen.

Sofern nun die Bevölkerungsvermehrung — freilich nicht aus technischen, sondern biologischen oder sozialen Gründen — in den verschiedenen Ländern eine sehr verschieden große im 19. Jahrhundert gewesen ist (Frankreich! England oder Deutschland!) und wir einen verschieden hohen Grad der Entwicklung des kapitalistischen Geistes just im Verhältnis zur verschiedenen Stärke der Bevölkerungszunahme beobachten, wird man berechtigt sein, auch diese Verschiedenheit mit dem Umstande der größeren oder geringeren Bevölkerungszunahme in Verbindung zu bringen.

## Siebenundzwanzigstes Kapitel: Die vorkapitalistische Berufstätigkeit

Das Nächstliegende behandle ich zuletzt und brauchte es vielleicht gar nicht zu behandeln, weil es im Grunde sich von selbst versteht, und weil jedermann bei einigem Nachdenken leicht selber einsehen kann, worauf der Inhalt dieses Kapitels hinzielt: daß einige der vorkapitalistischen Berufe gleichsam Vorschulen des kapitalistischen Geistes gewesen sind. Wirtschaftliches Interesse und Alltagsgewöhnung waren die Lehrer, und das Ressentiment hat, wie wir sehen werden, nachgeholfen, einzelne Züge des kapitalistischen Geistes in jener Sphäre stärker auszubilden.

Derjenige Beruf, in dem sich die Keime dieses Geistes am frühsten entfaltet haben, ist natürlich der Handel in seinem weitesten Verstande. Was er immer schon bewirken, oder woran er doch wenigstens der menschlichen Geist allmählich gewöhnen mußte, war die Ausrichtung des Denkens auf die Quantität. Während der vorkapitalistische Produzent, ob Bauer, ob gewerblicher Handwerker, immer, wie wir sahen, von den Kategorien der Qualität beherrscht bleibt: das heißt Güter als qualitativ verschiedene Gebrauchsgüter herstellt, verschwindet für den Händler frühzeitig die qualitative Bedeutung und Bewertung der Güterwelt, weil er erstens keine organischen Beziehungen zu den von ihm gehandelten Gütern hat. Der Bauer wie der Handwerker, beide, fanden wir, verwachsen bis zu einem gewissen Grade mit den Dingen, die sie herstellen; diese bilden einen Teil ihrer selbst; sie selbst sind in ihnen; ihr Verhältnis zu ihnen ist ein innerliches. Wohingegen der Händler zum Gegenstande seines Handels immer in einem rein äußerlichen Verhältnis verharrt: er übernimmt das Erzeugnis in fertigem Zustande und weiß nichts von den Mühen und Sorgen, unter denen es zur Welt gebracht ist. Er betrachtet es nur von einer einzigen Seite her: als Tauschwert. Und darin liegt der zweite, positive Grund seiner quantifizierenden Betrachtungsweise: ein Tauschwert ist eine Größe, und nur diese Größe interessiert den Händler. Er mißt sie in Geld und löscht im Geldausdruck alle Quantitäten endgültig aus. So kann man auch sagen, daß seine Tätigkeit wie später die kapitalistische immer von Geld zu Geld ihn trägt, und daß somit alle seine Erwägungen und Bedenkungen mit Notwendigkeit den Geldausdruck zum Mittler haben. Deshalb muß er immer rechnen. Freilich: dieses Rechnen ist in den Anfängen unendlich primitiv, wie wir selbst noch für das Hochmittelalter feststellen konnten — aber es ist doch da. Und es kann sich hier am ehesten ausbilden.

Geht diese quantifizierende Wirkung auf das Denken von allem Handel aus, so beobachten wir nun, wie die verschiedenen Arten und Formen des Handels in verschiedener, aber immer in einer dem kapitalistischen Endziel zugewandten Richtung die Seelenverfassung des Wirtschaftsmenschen beeinflussen.

Aller Handel, der über die Landesgrenzen weit hinaus **in die Fremde** führt, muß bis zu einem gewissen Grade die Bedeutung gewinnen, die ich den Wanderungen, das heißt dem Heimatwechsel zugeschrieben habe: er erzieht zur rationalen Lebensbetrachtung und Lebensführung, insofern er den Kaufmann zur Anpassung an fremde Sitten und Gewohnheiten, zur richtigen Orts- und Mittelwahl unausgesetzt zwingt. Ein wichtiges Mittel zur Rationalisierung des Denkens ist die Vielsprachigkeit, die sich ebenfalls mit Notwendigkeit aus einem internationalen Handel ergibt. Diese Wirkung mußte der Handel schon dann ausüben, wenn ein Haus nur einen Stammsitz hatte, aber an vielen Stellen Faktoren unterhielt. Diese selber wurden alsdann nicht nur zu einem rationaleren Wesen erzogen, sondern auch die Prinzipale, die ihnen Anweisungen zu erteilen hatten und von ihnen Berichte empfingen, sie aber, wie wir wissen,

### Siebenundzwanzigstes Kapitel: Die vorkapitalistische Berufstätigkeit

auch häufig persönlich aufsuchten. Noch stärker wurde der zersetzende Einfluß, den der Handel auf trabionalistische Lebensgewohnheiten ausübt, wenn sich die Kaufmannsfamilien selbst über aller Herren Länder verteilten: dann haben wir eine Vereinigung mit den Wirkungen, die von dem Heimatwechsel ausgehen, vor uns. In solcher Lage befanden sich besonders häufig jüdische Händlerfamilien, die, ich möchte sagen grundsätzlich, sich an verschiedenen Handelsplätzen niederließen [430]. Aber auch manche christliche Familie sehen wir über den ganzen Erdball versprengt. So saßen Albertis im Anfang des 15. Jahrhunderts in Italien, England, Flandern, Spanien, Frankreich, Katalonien, auf Rhodus, in der Berberei und auf Soria [431].

Am Aufbau des kapitalistischen Geistes ist aber der ortsferne Handel auch insofern beteiligt, als er wohl dazu beigetragen hat, die spezifisch kapitalistische Tugend der kaufmännischen Solidität zu entwickeln. Ich sagte an einer anderen Stelle, daß zu ihrer Pflege sicherlich auch die religiöse Lehre das ihrige getan hat. Aber wie es uns nun schon so oft im Verlaufe dieser Untersuchungen begegnet ist, daß ein bestimmter Bestandteil des kapitalistischen Geistes nicht bloß einer, sondern mehreren Quellen entsprungen ist, so sehen wir auch hier wieder eine andere bildende Kraft neben dem Machtspruche des sittlichen Gebotes am Werke: das geschäftliche Interesse. Es überspannt einen richtigen Gedanken, wenn Gustav Freytag, der es eigentlich wissen mußte, dessen Blick aber durch seine Parteinahme für die kommerziellen Kreise oft getrübt wird, einmal folgendes bemerkt [432]: die Tätigkeit des Kaufmanns „ist nur möglich ohne großartiges Vertrauen, welches (er) anderen gewährt, nicht nur den Leuten, die er selbst im Dienste hat, auch den Fremden, nicht den Christen allein, auch Heiden. Die Redlichkeit, welche eine eingegangene Verpflichtung völlig und ganz erfüllt, auch wenn sie einmal Opfer kostet, ist dem Handel in jedem (?) Stadium seiner Entwicklung unentbehrlich; und gerade deshalb, weil der Handel Treue und Rechtschaffenheit im Verkehr zum besten Vorteil macht, schafft er gesunde und dauerhafte Verbindungen der Menschen".

Daß dies übertrieben ist, wissen wir, die wir uns erinnern, wie langsam sich die kaufmännische Solidität noch während des kapitalistischen Zeitalters eingebürgert hat. Richtig aber an diesem Gedanken ist dies: daß im Verkehr selber eine Tendenz zur Solidität liegt, die mit zunehmender Intensität des Verkehrs immer stärker wird. Der Kaufmann sieht mit der Zeit ein, daß es **nicht lohnt**, zu schwindeln, weil die daraus erwachsenden Schäden: Verlust der Kundschaft, Zeitverlust infolge von Beanstandungen und deren notwendiger Erledigung usw. häufig größer sind als die Gewinne, die man durch betrügerische Kniffe mehr herausgeholt hat. Wenn sich also, wie wir sahen, eine „Geschäftsmoral" in dem Sinne einer Moral aus Geschäft entwickelt, wenn die aufgeklärten Gewürzkrämer des 15. wie des 18. Jahrhunderts den Satz aufstellen: »Honesty is the best policy«, so hat zu dieser Entwicklung zweifellos die bessere Erkenntnis der wirklichen, eigenen Interessen beigetragen, wie sie der ortsferne Handel aus sich heraus erzeugen mußte, eine Erkenntnis, die dann natürlich um so eher sich in eine Maxime des Handels umsetzte, je dringlicher diese bürgerliche Solidität von den anerkannten Lehrern der Moral als sittliche Pflicht verkündet wurde.

Verschieden aber wirkt der Handel, als Tätigkeit geübt, je nachdem er als Seehandel oder als Binnenhandel betrieben wird. Bei jenem waltet lange Zeit noch, wie wir feststellen konnten, der abenteuerlich-freibeuterische Zug vor; in ihm also bildet sich der „**wagende**" Kaufmann aus. Während der Binnenhandel das händlerische und kalkulatorische Moment zu stärkerer und ausschließlicher Entwicklung kommen läßt: der

### Siebenundzwanzigstes Kapitel: Die vorkapitalistische Berufstätigkeit 435

Binnenhandel ist die Geburtsstätte des „wägenden" Kaufmanns, der durch das Verstandesmittel der vollkommenen Rechenkunst auf dem Wege der geschickten Vertragschließung sich durchzusetzen gezwungen ist. Der binnenländische Wollhandel ist es gewesen, der bei den Florentinern das kommerzialistische Wesen zu solcher Vollendung emporgezüchtet hat, wie wir es erlebt haben (Blutsveranlagung vorausgesetzt!). Wie denn der Binnenhandel auch viel eher als der männlich-wagende Seehandel die bürgerlichen Tugenden zu pflegen zwingt und anregt. Ich halte es für undenkbar (schon aus diesem Grunde), daß ein Buch, wie das von der heiligen Wirtschaftlichkeit im 15. Jahrhundert wo anders hätte entstehen können als in der Zentrale des Wollhandels und der Wollindustrie. Wir sahen, daß weder Florentiner, noch Schotten, noch Juden je seebefahren waren: ihre Blutsveranlagung hielt sie davon zurück, aber ihre Tätigkeit als Landhändler von Anbeginn an züchtete dann wieder diesen Händlertyp empor, so daß wir abermals eine Wirkung als Ursache weiter wirken sehen.

Eine besondere Rolle in der Geschichte des kapitalistischen Geistes hat die Geldleihe gespielt. Wir sahen an einer früheren Stelle, wie sie von den weltkundigen und tatenfrohen Spätscholastikern in der Frühzeit des Kapitalismus als dessen entschiedener Feind (richtig!) erkannt und aus sittlichen Gründen verdammt wurde. Aber es läßt sich auch nicht leugnen, daß in anderer Richtung die Tätigkeit der Geldleihe für die Ausbildung bestimmter Seiten des kapitalistischen Wesens von sehr heilsamem Einfluß gewesen ist. Ich habe, weil ich das Problem von einer anderen Seite ansah, als Antoninus von Florenz, gerade die Geldleihe, mit der sich die Juden seit Salomo mit Vorliebe beschäftigt haben, und die sie während des europäischen Mittelalters fast ausschließlich als Beruf betrieben, als einen der Gründe angeführt, weshalb sie für

28*

den Kapitalismus so trefflich vorbereitet waren, als dieser sich zu entwickeln begann. In der Tat halte ich an dieser Ansicht fest und halte die Geldleihe nach wie vor für eine der Quellen, aus denen der kapitalistische Geist gespeist worden ist zumal in einer Zeit, in der rings umher noch naturalwirtschaftliche unter der Kategorie der Qualität stehende Verhältnisse herrschten. Weshalb aber die Geldleihe in noch höherem Maße wie der Warenhandel (von dem sie in dem hier fraglichen Sinne nur eine Steigerung darstellt) als eine Drillschule für die Ausbildung kapitalistischer Sinnesart anzusehen ist, läßt sich wie folgt ausdrücken:

In der Geldleihe ist alle Qualität völlig ausgelöscht und der wirtschaftliche Vorgang ausschließlich quantitativ bestimmt;

in der Geldleihe ist das Vertragsmäßige des Geschäfts das Wesentliche geworden: die Verhandlung über Leistung und Gegenleistung, das Versprechen für die Zukunft, die Idee der Lieferung bilden ihren Inhalt;

in der Geldleihe ist alles Nahrungsmäßige verschwunden;

in der Geldleihe ist alle Körperlichkeit (alles „Technische") endgültig ausgemerzt: die wirtschaftliche Tat ist rein geistiger Natur geworden;

in der Geldleihe hat die wirtschaftliche Tätigkeit als solche allen Sinn verloren: die Betätigung mit Geldausleihen hat vollständig aufgehört, eine sinnvolle Betätigung des Körpers wie des Geistes zu sein; damit ist ihr Wert aus ihr selbst in den Erfolg verrückt; der Erfolg allein hat noch Sinn;

die Geldleihe ist ein besonders fruchtbares Feld für die Entwicklung der Rechenhaftigkeit: der Mensch sitzt eigentlich sein ganzes Leben mit Rechenstift und Papier am Tische;

in der Geldleihe tritt zum ersten Male ganz deutlich die Möglichkeit hervor, auch ohne eigenen Schweiß durch eine wirtschaftliche Handlung Geld zu verdienen; ganz deutlich erscheint

## Siebenundzwanzigstes Kapitel: Die vorkapitalistische Berufstätigkeit

die Möglichkeit: auch ohne Gewaltakt fremde Leute für sich arbeiten zu lassen.

Was dem berufsmäßigen Geldleiher, dem „Wucherer" fehlt, das hatte Antoninus richtig erkannt, ist der Unternehmungsgeist, der Wagemut. Tritt dieser aber hinzu, so kann gerade der Geldleiher zum kapitalistischen Unternehmer großen Stils sich auswachsen: die spezifisch kaufmännische Unternehmung ist eng mit der Geldleihe (wie wir gesehen haben) verknüpft. Die Geldleihe kann sich so zum kapitalistischen Geldhandel (Bankiertätigkeit!), aber auch zur kapitalistischen Produktionsunternehmung (Verlag!) auswachsen. Florenz ist nicht nur die Stadt des Wollhandels, sie ist auch die Stadt der Bankiers!

Sie ist aber endlich auch, was wir bedenken müssen, wenn wir verstehen wollen, warum sie die Hochburg des frühkapitalistischen Geistes geworden ist, die Stadt der Zünfte par excellence und der Zunftherrschaft.

Durch einen historischen Zufall: die Gegnerschaft zwischen der kaiserlichen und antikaiserlichen Partei, gelangten in Florenz die Zünfte schon im 12. Jahrhundert zum Anteil am Stadtregiment. „Die Handwerkerzünfte hatten sich ihren Beistand (den sie dem Kaiser leisteten) hoch bezahlen lassen und der Podestà nebst seinen Räten stand in Wirklichkeit in Abhängigkeit von der neu zur politischen Macht gelangten Gesellschaftsschicht"[483]. Im Jahre 1193 sind der demokratischen Entwicklung des Gemeinwesens die Wege gebahnt.

Wenn ich nun vorhin andeutete, daß ich diese Eigenart der Florentiner Geschichte ebenfalls mit verantwortlich mache für die hohe und frühe Entwicklung des kapitalistischen Geistes in Florenz, so kann das leicht paradox erscheinen, da ja doch die Zünfte die Todfeinde des Kapitalismus sind. Und ist es doch nicht. Denn zweifellos stammt ein wichtiger Teil des kapitalistischen Geistes, derjenige vor allem, der in den bürgerlichen

Tugenden in die Erscheinung tritt, aus der Enge der Zunftstuben. Hier ist „die heilige Wirtschaftlichkeit" recht eigentlich zu Hause. Sie ist hier als ein Kind der Not zur Welt gekommen. Hier mußte man sparsam und nüchtern und betriebsam und keusch, und was weiß ich sonst noch, sein, wollte man nicht seine ganze Existenz aufs Spiel setzen. Man hat jene Tugenden christliche Tugenden genannt; waren sie auch. Und sie zu pflegen, ohne äußeren Zwang, war gewiß eine beachtenswerte Leistung der Selbstzucht. Aber man darf doch nicht vergessen, daß der Gewürzkrämer und Wollweber jene „Tugenden" eben als Bestandteile seiner Lebensführung aufgezwungen bekommt: er muß zu der Überzeugung gelangen, daß Schulden machen und mit Vergnügungen und Liebesaffären seine Zeit vergeuden ihn an den Bettelstab bringt. Wir beobachten denn auch aller Orten, wie die Not die Zünftler im Laufe der Zeit immer mehr zu guten „Bürgern" macht. Von den englischen und schottischen Städten wird uns das ausdrücklich bestätigt.

„Es ist augenscheinlich", schreibt eine vortreffliche Kennerin des mittelalterlichen England[484], „daß lange vor der Reformation, und ehe irgendwelche puritanischen Grundsätze ihren Einfluß ausüben konnten, die Fröhlichkeit der Städte verschwunden war unter der Last des Geschäftslebens" (the gaiety of the towns was already sobered by the pressure of business). Und ein anderer[435] will dieselbe Entwicklung in den schottischen Städten beobachtet haben. Die Zunftstube engte selbst den bäuerlichen Lebensspielraum noch ein. Ein echter Bauer ist ein kleiner Seigneur, der lebt und leben läßt. Der städtische Handwerker verkümmert, vertrocknet, verödet und wird damit zum Stammvater des „Bürgergeistes".

Freilich, daß dieser zu einem Bestandteile des kapitalistischen Geistes wurde, daß auch Leute, die es sich leisten konnten, ein

### Siebenundzwanzigstes Kapitel: Die vorkapitalistische Berufstätigkeit 439

freies und ungebundenes Leben zu führen, in der industry und frugality ihr höchstes Ideal erblickten: dazu bedurfte es der Mitwirkung noch anderer Kräfte. Eine dieser Kräfte haben wir in der Sittenlehre der Philosophen und der Kirche kennen gelernt. Eine andere will ich hier noch namhaft machen. Es ist das Ressentiment.

Man hat in letzter Zeit auf die überragende Bedeutung dieses geistigen Vorganges, den bekanntlich Nietzsche als Wurzel der Umwertung des aristokratischen Wertgegensatzes in den der Herdenmoral betrachtet, für die gesamte Kulturentwicklung mit Entschiedenheit hingewiesen[486]). Ich glaube, daß er auch in der Geschichte des kapitalistischen Geistes eine Rolle gespielt hat, und ich erblicke sie in dieser Erhebung der aus der Not geborenen Grundsätze kleinbürgerlicher Lebensführung zu allgemeinen, wertvollen Lebensmaximen; also in der Lehre der „bürgerlichen" Tugenden als hoher menschlicher Tugenden schlechthin. Männer bürgerlicher Lebensstellung, mit Vorliebe wohl deklassierte Adlige, die den Herren und ihrem Treiben mit scheelen Augen zusahen, sind es gewesen, die dieses Treiben als lasterhaft hinstellten und die Abkehr von aller seigneurialer Lebensführung (die sie im Grunde ihres Herzens liebten und erstrebten, von der sie aber aus äußeren oder inneren Gründen ausgeschlossen waren) predigten. **Der Grundzug in den Familienbüchern Albertis ist das Ressentiment.** Ich habe schon früher verschiedene Stellen daraus mitgeteilt, aus denen ein geradezu komischer und kindischer Haß gegen die „Signori" spricht, aus deren Kreise er ausgeschlossen war; sie ließen sich leicht vermehren. Und immer endigt die Tirade gegen alles seigneuriale Wesen, gegen die seigneurialen Vergnügungen der Jagd, gegen die Sitten der Klientelei usw. mit pharisäischem Lob der eigenen braven „Bürgerlichkeit". Gewiß: kaufmännische Interessen, philosophische Lesefrüchte, Zuspruch des Beichtvaters; alles wirkte auf die Verbürgerlichung der Lebensauffassung hin. Aber die maßlose Schimpferei, in die Alberti verfällt, sobald ihn seine Rede auf die „Signori" bringt, und die dafür zeugen, daß er verteufelt schlechte Erfahrungen mit ihnen gemacht haben mußte, zeigen doch, daß vielleicht die stärkste Triebkraft, die ihn zu seiner gutbürgerlichen Weltanschauung gebracht hatte, das Ressentiment gewesen ist.

Durch alle Zeiten hindurch ist dieses ja die festeste Stütze der bürgerlichen Moral geblieben. Ein tugendhafter „Bürger" verkündet heute noch den Satz und tröstet sich selbst am liebsten mit ihm: „Die Trauben sind sauer."

Wenn nun aber irgendwo und irgendwann die Zünfte, in denen die „bürgerliche" Gesinnung aus reiner Not hauste, die aber auch gern „aus der Not eine Tugend machten", zu Ansehen und Einfluß gelangen, so daß sie schließlich in einem Gemeinwesen „den Ton angeben", so kann es nicht ausbleiben, daß ihre Sinnesart zu einer anerkannten und lobenswerten gestempelt wird. Ihr Geist wird der allgemeine Geist. Dieser Vorgang hat sich aber mit besonderer Deutlichkeit wieder in Florenz abgespielt, das eben deshalb schon im 15. Jahrhundert von Bürgerlichkeit förmlich trieft, während andere Städte (Venedig!) noch lange Zeit ihr seigneuriales Gepräge bewahren.

## Achtundzwanzigstes Kapitel: Der Kapitalismus selbst

Als ich vor Jahren zum ersten Male den Versuch machte, das Problem der kapitalistischen Wirtschaft vom Mittelpunkt aus zu erörtern: das heißt als ich den kapitalistischen Geist zum Ausgangspunkt meiner Darstellung der kapitalistischen Entwicklung nahm, wurde mir nichts so sehr verdacht als gerade dies. Man warf mir einen Rückfall in „dualistische" Betrachtungsweise vor oder behauptete, ich hätte die Dinge auf den Kopf gestellt, hätte Ursache und Wirkung verwechselt. Nicht sei der Kapitalismus ein Ausfluß des kapitalistischen Geistes, sondern dieser ein Ausfluß des Kapitalismus. Mit viel Geist nahm sich Mr. Simian in einer ausführlichen Kritik meiner an, die er mit den Worten schloß: „L'esprit capitaliste ne naît-il pas du capitalisme beaucoup plutôt que le capitalisme ne naît de lui?" [487]

Das mit dieser Frage aufgeworfene Problem ist komplex und wird in seiner Gänze in der Neubearbeitung meines „Modernen Kapitalismus" erörtert werden. Hier interessiert uns nur der eine Teil des Problems, der in der ersten Hälfte jener Frage enthalten ist: **entsteht nicht der kapitalistische Geist aus dem Kapitalismus?**

Diese Frage interessiert uns freilich in sehr hohem Maße. Denn wenn sie etwa in bejahendem Sinne beantwortet werden müßte, dann wäre der ganze Inhalt dieses Buches von Anfang bis zum siebenundzwanzigsten Kapitel unnütz, und es bliebe von ihm nichts übrig als dieses eine achtundzwanzigste Kapitel. Wir müssen uns also schon etwas eingehender mit dem Problem befassen.

Zunächst ist die Fragestellung: entsteht der kapitalistische Geist aus dem Kapitalismus oder dieser aus jenem? — unklar.

Kapitalismus und kapitalistischer Geist stehen überhaupt nicht im Verhältnis sich ausschließender Gegensätze zueinander, sondern der kapitalistische Geist bildet einen Teil des Kapitalismus, wenn wir darunter (was allein einen Sinn gibt) das kapitalistische Wirtschaftssystem verstehen. Ebensowenig Berechtigung hat es also, jene Frage zu stellen, als etwa diese: entsteht die menschliche Seele aus dem Menschen oder dieser aus jener? Kapitalismus ist ja nicht da, wenn kapitalistischer Geist nicht da ist.

Also muß man die Frage, um ihr überhaupt einen Sinn zu geben, anders fassen. Man muß sie in eine Form bringen, in der kapitalistischer „Geist" als ein Selbständiges erscheint, das nun als Bewirkendes oder Bewirktes auftreten kann. Das geschieht, wenn man dem kapitalistischen „Geist" nicht den Kapitalismus (als Ganzes), sondern den kapitalistischen „Körper" gegenüberstellt, wie ich oben schon alle diejenigen Bestandteile des kapitalistischen Wirtschaftssystems (bildhaft) bezeichnete, die nicht „Geist" sind: die also etwas außerhalb der Seele des kapitalistischen Unternehmens Befindliches darstellen: alles Organisatorische mit einem Wort: alle Beziehungen zwischen fremden Personen, alle objektivierten Ordnungen, alle institutionellen Einrichtungen; zum Beispiel: eine Fabrikanlage, ein Buchhaltungssystem, eine Handelsbeziehung, eine Börsenorganisation, ein Lohnverhältnis usw.

Ich kann aber den kapitalistischen „Geist", wie er in einer lebendigen Person vorhanden ist oder Wurzel schlägt, auch in der Weise verselbständigen und nun wirklich dem „Kapitalismus" gegenüberstellen, wenn ich dabei an zeitlich oder räumlich getrennte Erscheinungen denke: der kapitalistische Geist, der in einer früheren Zeit zum Leben erweckt war, steht dem kapitalistischen Wirtschaftssystem von heute als ein Fremdes gegenüber; ebenso wie der kapitalistische Geist in einer Person dem „Kapitalismus", der neben ihr besteht, gegenüber etwas Selbständiges ist.

Und nun ist die Fragestellung statthaft: solcherweise verselbständigter kapitalistischer Geist kann (theoretisch) im Ver-

## Achtundzwanzigstes Kapitel: Der Kapitalismus selbst

hältnis von Ursache oder Wirkung zu dem andern Erscheinungskomplex stehen. Wie werden wir nunmehr die Frage beantworten? Ist der kapitalistische Geist der Schöpfer der kapitalistischen Organisation (wohlverstanden: nicht einer andern, sondern derjenigen, in der er hausen wird), oder entspringt der kapitalistische Geist aus der kapitalistischen Organisation? Die Frage so genau stellen, heißt sie schon beantworten: da Organisationen Menschenwerk sind, müssen der Mensch und sein „Geist", aus dem sie geboren sind, früher da sein. Das Bewirkte kann nicht dem Bewirkenden voraufgehen. Eine kapitalistische Organisation kann nicht den kapitalistischen Geist erzeugen, da man ja, wenn man das annehmen wollte, sofort fragen müßte: was denn der kapitalistischen Organisation zum Leben verholfen habe. Die Antwort: ein vorkapitalistischer Geist, würde uns nicht befriedigen. Denn wenn ein vorkapitalistischer Geist eine Organisation schafft, so kann das nie und nimmer eine kapitalistische sein. Sie kann allenfalls Züge mit einer solchen gemein haben, kann eine kapitalistoide sein.

Anders liegt die Sache in dem zweiten Falle. Der Kapitalismus kann zweifellos außerhalb seiner selbst kapitalistischen Geist erzeugen. Wir brauchen uns sogar die Entfernung, aus der er wirkt, gar nicht so weit vorzustellen; es muß nur eine irgendwelche Distanz da sein: also nicht nur kann in einem Handwerker, der neben einer kapitalistischen Unternehmung seine Werkstatt hat, von dieser Nachbarschaft ein Funke kapitalistischen Geistes überspringen und kann seine Seele in Brand stecken; nicht nur kann die Gestaltung des Kapitalismus in einer Generation bildenden Einfluß auf die nächste Generation ausüben: auch innerhalb derselben Unternehmung kann das Wirtschaftssubjekt in seiner geistigen Struktur Veränderungen erfahren durch den Druck seiner eigenen Tätigkeit, unter der Einwirkung des Ablaufs seiner eigenen Geschäfte.

Wie wird nun unser Urteil lauten müssen über die tatsächliche Bedeutung des Kapitalismus als eines Bildners kapitalistischen Geistes, also über die historisch-wirklichen Einflüsse, die von dem Kapitalismus selbst ausgegangen sind; inwieweit er noch anders (in der hier beliebten bildmäßigen Form) ausgedrückt: als Quelle kapitalistischen Geistes in Betracht kommt.

Da ist denn nun mit aller Entschiedenheit gegen den Gedanken Verwahrung einzulegen; der Kapitalismus selbst sei die einzige Quelle des kapitalistischen Geistes. Davon kann gar keine Rede sein. Daß erst einmal (in den Anfängen) kapitalistischer Geist vorhanden sein mußte (wenn auch in noch so embryonaler Gestalt), um eine erste kapitalistische Organisation ins Leben zu rufen, ergibt sich aus der logischen Erwägung, die wir eben angestellt haben: daß das Werk nicht vor seinem Schöpfer da sein kann. Mindestens muß also der kapitalistische Urgeist aus andern Quellen gespeist worden sein, als dem Kapitalismus selbst. Aber noch mehr; auch als schon Kapitalismus da war, sind ganz augenscheinlich andre Kräfte als nur dieser selbst mit am Werke gewesen, um kapitalistischen Geist zu erzeugen und schon vorhandenen zur Entfaltung zu bringen. Den Beweis für die Richtigkeit dieser Behauptung glaube ich denn doch mit diesem ganzen Buche erbracht zu haben. Oder wollte man in die abenteuerliche Vorstellung zurückverfallen: alle jene sittlichen Mächte, alle jene sozialen Umstände, die wir am Aufbau des kapitalistischen Geistes beteiligt gefunden haben, als „Ausfluß" oder „Spiegelungen" wirtschaftlicher (kapitalistischer) Verhältnisse anzusehen? Ich denke, wir sind jetzt ein Stück weiter auf dem Wege der Erkenntnis und sind durch die Fülle unseres Wissens und durch die Eindringlichkeit unserer psychologischen Analyse gefeit gegen solche aus jugendlichem Überschwange (wenn nicht aus verbohrter Starrsinnigkeit) geborenen Hypothesen. Nachdem wir unsere Kraft und unsern Geist seit

## Achtundzwanzigstes Kapitel: Der Kapitalismus selbst

Jahrzehnten darauf verwandt haben, den Knoten der historischen Zusammenhänge zu lösen, können wir nicht mehr uns damit zufrieden geben, ihn zu durchhauen.

Aber diese Ansicht schließt nun ganz gewiß nicht die Überzeugung aus, daß der Kapitalismus auch an der Herausbildung der modernen Wirtschaftsgesinnung beteiligt ist. Gewiß ist er eine ihrer Quellen und gewiß nicht die schwächste. **Je weiter die kapitalistische Entwicklung fortschreitet, von desto größerer Bedeutung wird sie für die Gestaltung des kapitalistischen Geistes, bis vielleicht zuletzt der Punkt erreicht wird, wo sie allein diesen bildet und formt.**

Diesen (bisher trotz aller großen Worte überhaupt noch nicht untersuchten) Einfluß, den der Kapitalismus selbst auf die Entwicklung des kapitalistischen Geistes ausgeübt hat, in seiner Besonderheit nachzuweisen, soll nun die Aufgabe dieses Kapitels noch sein.

Mit dem Fortschreiten der kapitalistischen Entwicklung wird etwas erzeugt, das sich von den sonst produzierten Waren und Diensten dadurch vorteilhaft unterscheidet, daß es nicht vergeht, sondern sich von Generation zu Generation zu großen Massen anhäuft: Erfahrungen. Dank einer Reihe von Umständen, von denen wir mehrere kennen gelernt haben, sind Mittel ausfindig gemacht, diese Erfahrungen von der einzelnen Unternehmung abzuziehen, zu sammeln und als objektivierten Besitz zu erhalten und zu überliefern. Dieser ungeheure Erfahrungsstoff hat es ermöglicht, den ökonomischen Rationalismus zur höchsten Vollendung zu bringen, wenn er benutzt wird. Daß er aber tatsächlich Anwendung findet, daß der nachgeborene Unternehmer sich tatsächlich die Erfahrungen der vorausgegangenen Geschlechter zunutze macht, dafür trägt Sorge zunächst die Zwangslage, in die das kapitalistische Wirtschaftssubjekt durch die Notwendigkeit, Profit zu erzielen, einerseits, durch den Druck der Konkurrenz andrerseits versetzt wird. Er muß seinen Betrieb so rationell wie möglich gestalten.

Aber vielleicht noch wirksamer drängt auf höchste Vollkommenheit der Wirtschaftsführung hin die dem ökonomischen Rationalismus selbst innewohnende Triebkraft, sich durchzusetzen. Hier beobachten wir einen jener seltsamen, auch in anderen Kulturkreisen sich abspielenden Vorgänge: daß ein von Menschenhand geschaffenes System zu eigenem Leben erwacht und selbstseelisch ohne und über und gegen das bewußte Eingreifen des Einzelmenschen seine Wirksamkeit entfaltet.

Dieser Belebungsprozeß spielt sich etwa so ab.

In dem Maße wie ökonomischer Rationalismus bedurft wurde, ist seine Erzeugung eine selbständige, haupt- oder nebenberuflich geübte Tätigkeit geworden. Tausende und Abertausende von Menschen beschäftigen sich heute mit nichts anderem als mit der Ersinnung und Ausführung bester Methoden der Geschäftsführung. Angefangen mit den Professoren der Privatwirtschaftslehre an den Handelshochschulen bis hinunter zu dem Heere von Bücherrevisoren, Kalkulatoren, Registratoren und Fabrikanten der vollkommensten Zahlmaschinen, Lohnberechnungsmaschinen, Schreibmaschinen, Briefordner usw. Und selbst die Angestellten und Arbeiter großer Unternehmungen werden durch Prämien angereizt, sich an dieser Produktion von ökonomischem Rationalismus zu beteiligen. Damit ist natürlich eine Fülle von Interesse an der Vervollkommnung der Geschäftsmethoden geschaffen, sind ungezählte Mengen von Energien in diese Richtung geleitet worden. Für alle die an der Erzeugung von ökonomischem Rationalismus berufsmäßig beteiligten Personen wird diese Erzeugung Lebensaufgabe, Selbstzweck. Ähnlich wie wir es bei der Entwicklung der Technik beobachtet haben: man fragt nicht mehr nach dem Zweck, sondern vervollkommnet um der Vervollkommnung willen. Dabei geschieht es dann, genau wie bei der Entwicklung der Technik, daß der Mensch mit seinen lebendigen Interessen unberücksichtigt bleibt, wo es die Vollendung des rationalen Systemes gilt. So wächst nun also in unseren Tagen der ökonomische Rationalismus von innen heraus und vergrößert sich täglich durch eigene Kraft, selbst ohne Zutun des wirtschaftenden Menschen selbst.

Dieses Wesen mit dem eigenen Leben nimmt nun der Unternehmer in seinen Dienst, wie er einen Direktor oder einen Arbeiter anstellt, ohne viel Überlegung — mechanisch, noch besser: so wie er selbstverständlich sich die vollkommenste Maschine anschafft. Dieser rein mechanische Akt der Anwendung des jeweils höchst entwickelten Systems bester Geschäftsmethoden braucht nur automatisch immer wieder vollzogen zu werden, in dem Maße wie die Systeme sich vervollkommnen, um jederzeit die höchste Stufe der ökonomischen Ratio innezuhaben. Das System sitzt in dem Gehäuse der kapitalistischen Unternehmung wie ein unsichtbarer Geist: „es" rechnet, „es" führt Buch, „es" kalkuliert, „es" bestimmt die Lohnbeträge, „es" spart, „es" registriert usw. Es tritt dem Wirtschaftssubjekt mit selbstherrischer Gewalt gegenüber; es fordert von ihm; es zwingt ihn. Und es rastet nicht; es wächst; es vervollkommnet sich. Es lebt sein eignes Leben.

Diese Verselbständigung des ökonomischen Rationalismus: seine Summierung, Objektivierung, Mechanisierung und Automatisierung hat nun für die Ausgestaltung der Unternehmertätigkeit und damit für die Entwicklung des kapitalistischen Geistes selbst wieder weittragende Folgen. Und zwar dadurch, daß der Unternehmer entlastet wird. Diese Wirkung tritt ganz deutlich ein, wenn dieser den ökonomischen Rationalismus fertig einkauft und von Hilfspersonen, die er dafür besoldet, einführen und durchführen läßt. Sie bleibt aber auch dann nicht aus, wenn er sich selbst um diese Einführung und Durchführung kümmert, weil er die höchste Zweckmäßigkeit nicht erst durch eigenes Nachdenken ausfindig zu machen braucht, die vielmehr, wie wir wissen, aus selbständigen Lebensquellen entspringt. Erschöpfte sich früher ein großer Teil der geistigen Spannkraft des Wirtschaftsmenschen in dieser Herausarbeitung der höchsten, ökonomischen Zweckmäßigkeit, so wird diese jetzt für andere Zwecke frei. Es vollzieht sich hier eine ganz seltsame Umkehrung: auf seiner höchsten Entwicklungsstufe erzeugt der Rationalismus gleichsam aus sich selbst wieder eine Art von Traditionalismus.

Werden Hirn und Zeit des modernen Wirtschaftsmenschen von der Sorge um die rationale Betriebsgestaltung — bis zu einem bestimmten Grade wenigstens — entlastet, so werden Energien freigesetzt, die für die übrige Tätigkeit des kapitalistischen Unternehmers: also für **seine eigentliche Erwerbstätigkeit**, wie wir mit einem Worte sagen können, verwendbar werden. Und nun gilt es festzustellen, daß diese im engeren Sinne auf den Erwerb und die Entfaltung und Ausbildung des Geschäfts gerichteten Energien durch eine Reihe von Umständen, die der Ablauf der kapitalistischen Entwicklung selbst mit sich bringt, außerordentlich gesteigert werden. Wodurch dann jene ungeheure Spannung hervorgerufen wird, die wir als ein besonderes Kennzeichen des modernen Wirtschaftslebens, das heißt doch also: der Seele des modernen Wirtschaftsmenschen (denn wo sonst auf der Welt gäbe es „Wirtschaftsleben"?) beobachtet haben.

Die Vorgänge sind folgende.

In der Seele des modernen Wirtschaftsmenschen arbeitet, wie wir wissen, der Drang nach dem unendlich Großen, der hin zu immer neuen Werken und immer größerem Wirken treibt. Fragen wir, woher dieser Drang kommt, so finden wir natürlich als **ursprüngliche Triebkraft das Erwerbsstreben**. Nicht weil es notwendig das hervorstechende Motiv in der Seele des

Unternehmers ist. Sondern weil es sich durch die kapitalistischen Zusammenhänge dem einzelnen Unternehmer als objektiv zwingende Macht gegenüber stellt. Ich habe die Entstehung dieses Zwangsverhältnisses die Objektivierung des Gewinnstrebens genannt und habe gezeigt[438], wie diese notwendig dadurch eintritt, daß alle erfolgreiche kapitalistische Wirtschaft Überschußwirtschaft ist. Was auch der Unternehmer persönlich bezwecken möge: ob selbst in erster Linie den Gelderwerb, ob irgend etwas anderes: wie Machterweiterung, Betätigung seiner Kräfte, soziale Wohltaten: immer muß sein Unternehmen zu einem gewinnbringenden gestaltet werden, immer muß er also Profit machen wollen, wie ich das oben Seite 217 ff. dargelegt habe.

In dieser erzwungenen Ausrichtung aller kapitalistischen Tätigkeit liegt die psychologische Möglichkeit des Unendlichkeitsstrebens eingeschlossen, dessen Verwirklichungsmöglichkeit wir in der Eigenart der modernen technischen Entwicklung begründet fanden. Daß nun diese Möglichkeit auch Wirklichkeit wurde, dafür sorgen eine Reihe von Umständen, von denen wir einen schon kennen: wir stellten fest, daß nach einem psychologischen Gesetz die Vermehrung des Reichtums den Drang nach immer weiterer Vermehrung aus sich heraus erzeugt.

Ein anderes psychologisches Gesetz, das wir dann sich betätigen sehen, ist dieses: daß mit dem Wachsen des Aufgabenkreises (eine bestimmte Masse seelischer Energie vorausgesetzt) die Fähigkeiten und der Wille zu einer stärkeren Betätigung wachsen. Das ist, was schon in den Frühzeiten des Kapitalismus seinen Lobrednern zum Bewußtsein gekommen war, wenn zum Beispiel Alberti einmal sagt: daß in dem Unternehmer mit der Ausdehnung der Geschäfte Betriebsamkeit und Tätigkeit wachsen, wodurch sich die Gewinne von selbst vermehren[439].

Nun bringt die entscheidende Wendung aber doch etwas anderes hervor, das wir beinahe wiederum als einen Objektivierungsvorgang bezeichnen können: auch das Streben des einzelnen Wirtschaftssubjektes nach Unendlichkeit seines Wirkens wird diesem durch **die Gewalt der Tatsachen** aufgezwungen, just wie vorhin das Gewinnstreben. Wir fanden bei der Analyse der Psyche des modernen Wirtschaftsmenschen (siehe Seite 219 f.) die Entschließungen des Unternehmens einer Art von psychischem Zwange unterstellt. Nun sind wir dem Ursprunge dieses Zwangsverhältnisses auf der Spur. Von zwei Seiten her wird innerhalb der kapitalistischen Wirtschaft der Zwang ausgeübt: von der Seite der Technik und von der Seite der wirtschaftlichen Organisation selbst.

Die moderne Technik wird, wie wir wissen, gekennzeichnet dadurch, daß sie alle natürlichen Schranken durchbricht, damit aber auch alle natürlichen Ausmaße bei ihrer Anwendung über den Haufen wirft. Will der Unternehmer mit den Erfindungen der Technik Schritt halten (und daß er das wollen muß, dafür sorgt wiederum das Zwangsgesetz der Konkurrenz und des Profitmachens), so muß er auf unausgesetzte Ausweitung seines Betriebsumfanges bedacht sein. Es ist ein in der modernen Technik begründetes „Gesetz", daß jede neue Errungenschaft nur ausnutzbar wird, wenn die Masse der zur Bewältigung einer Aufgabe zusammengefaßten Produktionsmittel entsprechend vergrößert wird, wodurch natürlich auch der Umfang des Betriebes und mit diesem wieder der Umfang der Unternehmung ausgeweitet wird. Für das (dem Umfang nach) größte Unternehmen, das wir kennen: die Stahlwerke von Pittsburg, hat uns sein Begründer selber mit dürren Worten diese aus den Fortschritten der Technik sich ergebende Zwangslage als den Grund der unausgesetzten Vergrößerung angegeben. „Immer hoffen wir," sagt Carnegie[440], dessen bereits angeführte Worte wir jetzt erst verstehen, „daß wir uns nicht noch weiter auszudehnen brauchen, stets aber finden wir wieder, daß ein

Aufschub weiterer Ausdehnung einen Rückschritt bedeuten würde, und noch heute lösen sich die aufeinanderfolgenden Verbesserungen und Erfindungen so schnell ab, daß für uns noch ebensoviel zu tun bleibt wie je."

Und was der technische Zwang an Freiheit übrig läßt, das nimmt der ökonomische sicher noch weg. Auch hier gilt dasselbe: der Unternehmer wird durch die Macht der Verhältnisse gezwungen, das Unendliche erstreben zu wollen. Es wäre unnütz, noch mehr Worte über diesen Zusammenhang zu verlieren in einer Zeit, die im Zeichen der "Konzentrationstendenz" auf allen Gebieten des Wirtschaftslebens (mit Ausnahme natürlich der Landwirtschaft) steht. Worauf es mir hier ankam, war, auch für diese bekannte Erscheinung die psychologische Verankerung aufzuweisen. Wie sich die Zwangsläufigkeit in dem Verhalten des Unternehmers hier entwickelt, zeigt uns die Beichte eines von einer seltenen Offenheit und Wahrheitsliebe beseelten Großunternehmers aus den Anfängen des deutschen Hochkapitalismus, dessen Selbstbiographie aus diesen inneren und äußeren Gründen auch sonst eine reiche Ausbeute für die Erkenntnis der sich formenden Psyche des modernen Wirtschaftsmenschen gewährt, zeigen uns die folgenden Worte des Dr. Strousberg[441]), die ich deshalb noch hier mitteilen möchte: "Meine damalige Absicht war darauf beschränkt, beim Zustandebringen von Eisenbahnen mir so viel zu erwerben, daß ich mir einen größeren Grundbesitz kaufen konnte, mich dann von Geschäften zurückzuziehen und bei geeigneter Gelegenheit ein Mandat für das Abgeordnetenhaus anzunehmen und mich der parlamentarischen Tätigkeit gänzlich zu widmen.

Inzwischen wurde ich durch Umstände gezwungen, mich beim Bau aktiv zu beteiligen, und von diesem Moment stellten sich ganz andere Bedingungen ein.

Der Bau einer Bahn nimmt nötigerweise mehrere Jahre

in Anspruch, es gibt fast keinen Bau, von dem man mit auch nur annähernder Gewißheit sagen kann, ob er Gewinn oder Verlust bringen werde, und da ist die einzige Sicherheit, mehrere Unternehmungen zu haben, damit man, da nicht alles gleichzeitig mißlingen kann, das Schlechte mit dem Guten auszugleichen vermag. Der Apparat für die Herstellung einer Bahn ist sehr groß, Kanzlei, Registratur, das technische Bureau, Rechnung und Revisionswesen können mit geringen Mehrkosten für mehrere Bahnen Dienste leisten. Alle diese Branchen bleiben nach Vollendung einer Bahn noch lange für Schlußabrechnung mit der Bahn, den Lieferanten und Subunternehmern erforderlich, selbst die leitenden Techniker sind auch nach der Vollendung des Baues nicht gut entbehrlich, weil eine Menge Fragen ohne dieselben kaum zu erledigen sind. Man kann nicht auf Eifer und Rührigkeit rechnen, wenn die Beamten nicht dauerndes Engagement in Aussicht haben.

Die Gelegenheit, diesen Verhältnissen Rechnung zu tragen, bot sich von selbst an, und da ich voraussah, daß ich bei Berlin-Görlitz verlieren würde, so war es geboten, neue Geschäfte nicht auszuschlagen, dies um so mehr, als ich, wie jeder andere, damals der Überzeugung war, daß ich dadurch dem Lande die größten Dienste leistete. Ein Keil treibt in der Regel den andern, und so brachte der große Eisenbahnbau, wie ich ihn betrieb, weitere Anforderungen mit sich. Diese zu befriedigen, erweiterte ich meinen Wirkungskreis, entfernte mich immer mehr von meinem ursprünglichen Plane, und dies gewährte mir soviel Aussicht, meine Ideen für das Wohl der Arbeiter praktisch zu verwirklichen, daß ich mich nun ganz meinen Geschäften hingab."

Im modernen Wirtschaftsmenschen steckt der Drang nach dem unendlich Großen; und daneben — wie man es wohl nennen kann — der Drang nach dem unendlich Kleinen, der sich darin äußert, daß er seine Tätigkeit so sehr wie möglich

## Achtundzwanzigstes Kapitel: Der Kapitalismus selbst

intensivieren, daß er jedes kleinste Zeitpartikelchen ausnutzen möchte, woraus jenes rasende "Tempo" des Wirtschaftslebens unserer Tage entspringt, wie wir es kennen gelernt haben. (Siehe Seite 228 f.)

Wie sehr die peinliche Ausnutzung der Zeit wiederum durch die Technik ermöglicht worden ist, wie diese aber auch durch ihre Werke ein Eiltempo nahelegt, haben wir gesehen. Aber die moderne Technik erklärt nicht, warum dieses Eiltempo sich nun auch wirklich einstellt. Auch im Vatikan wird jetzt telephoniert, auch in Spanien fahren jetzt Eisenbahnen, auch in der Türkei spielt der Telegraph, aber ein Eiltempo kennen diese Stätten und Länder nicht. Dieses mußte erst in der Seele des modernen Wirtschaftsmenschen erzeugt werden, und daß es erzeugt wurde, dafür sorgte der Kapitalismus selbst. Er war es wiederum, der es den Wirtschaftssubjekten aufzwang, so daß sie nun wiederum wollen müssen. Was es ist, wodurch der Kapitalismus diesen Zwang ausübt, weiß jedes Kind: das Streben nach Beschleunigung des Kapitalumschlags ist die geheimnisvolle Macht, die hier so Wunderbares wirkt. Die Häufigkeit des Kapitalumschlags entscheidet — unter sonst gleichen Bedingungen — über die Höhe der Preise und die Höhe des Profits. Je häufiger ein Kapital von gegebener Größe umschlägt, desto billiger wird das Produkt, desto größer der Gesamtprofit.

Der Beschleunigung des Kapitalumschlags dient aber jede Beschleunigung der Maschinen ebenso wie die Beschleunigung des Transports, wie die Beschleunigung in der Abwicklung der Kauf- und Verkaufsgeschäfte. Und in den Dienst dieses Beschleunigungsstrebens tritt die moderne Technik, die täglich neue Methoden offenbart, um den wirtschaftlichen Prozeß abermals um Sekunden abzukürzen. Also auch das "Tempo" in dem Geistesleben des modernen Wirtschaftsmenschen

wird ihm vom Kapitalismus (unter Beihilfe der Technik) ab=
gezwungen. Er muß eilen wollen, auch wenn er nicht eilen will.

Aber er will. Ebenso wie er auch nach dem Unendlichen
in der Ausweitung seines Geschäftes streben will. Er will
immer mehr wirtschaftliche Tätigkeit, und er will wirtschaftliche
Tätigkeit in jeder Minute seines Lebens. Mit dieser Fest=
stellung sind wir in der Erklärung der Vorgänge in der modernen
Wirtschaftsseele bei dem letzten Punkte angelangt, den wir noch
aufhellen müssen.

Wie ist dieses möglich: daß gesunde und meist vortreff=
liche, überdurchschnittlich begabte Menschen so etwas wie wirt=
schaftliche Tätigkeit wollen können, nicht nur als eine Pflicht,
nicht nur als ein notwendiges Übel, sondern weil sie sie lieben,
weil sie sich ihr mit Herz und Geist, mit Körper und Seele er=
geben haben.

Um diesen rätselhaften Vorgang aufzuklären, müssen wir
uns der Zustände erinnern, die wir in der Seele des Kolonisten
antrafen. Wir fanden dort als den Grundzug eine tiefe Ver=
lassenheit und sahen, wie mit innerer Notwendigkeit sich aus
dieser Öde der Unternehmungsdrang und die Geschäftsraserei
mit psychologischer Notwendigkeit entwickelten. In einer solchen
Gemütsverfassung aber, wie die, in die der Kolonist durch äußere
Umstände versetzt wird, muß der kapitalistische Unternehmer mit
der Zeit gelangen, wenn jene Zwänge, die wir eben kennen ge=
lernt haben, immer wieder auf ihn wirken. Wenn er immer
wieder nichts tut, als Geschäfte machen, so muß seine Seele
schließlich verdorren. Um ihn herum verödet alles, stirbt alles
Leben ab, gehen alle Werte unter, entsteht schließlich eine Um=
gebung, wie sie das Kolonialland von Natur aufweist. Die
Heimat wird für den Unternehmer zur Fremde.
Natur, Kunst, Literatur, Staat, Freunde: alles verschwindet in
ein rätselhaftes Nichts für ihn, der keine „Zeit" mehr hat, sich

## Achtundzwanzigstes Kapitel: Der Kapitalismus selbst

ihnen zu widmen. Und während der Kolonist vielleicht gerade in dem Familienleben seine Seele erfrischte, brennt das Feuer des Unternehmungsdranges in unserem Unternehmer auch schließlich diese letzte grüne Stelle aus seiner Umgebung weg.

Nun steht er in der Einöde und müßte zugrunde gehen, nachdem alle Werte für ihn vernichtet sind. Aber er will leben, denn er ist aus starker Lebenskraft gefügt. So muß er neue Werte sich schaffen, und diese Werte findet er — in seinem Geschäft. Er darf diese Tätigkeit nicht als sinnlos und wertlos ansehen, will er nicht den Grund, auf dem er steht, verlieren, will er nicht die letzte Lebensmöglichkeit sich selbst zerstören. Aber seltsam genug: aus dem trockenen Sande der Alltagsgeschäfte springen neue Quellen für den Verschmachtenden auf: eigenartige Reize erwachsen ihm, dem genügsam Gewordenen, aus dem Anhäufen von Gewinn an sich [442]), eigenartige Reize aus der beständigen Ausweitung und Vervollkommnung des Geschäfts an sich. Und fehlt es noch an Befriedigung, so verhilft jenes starke Allgemeingefühl der Begeisterung für technische Errungenschaften und der Stolz über die mächtigen Fortschritte unserer Zeit, die wir organisch aus der Entwicklung der modernen Technik emporwachsen sahen, dazu, ihm das sichere und erhebende Bewußtsein zu verleihen, am sausenden Webstuhl der Zeit für sein Teil mitzuarbeiten. Zwar ist die wirtschaftliche Tätigkeit wieder erst das Mittel, die technischen Ideen zu verwirklichen. Aber — dem großen Gesetz der Zeit folgend — wird auch dieser Widerspruch überwunden: das Mittel des Mittels wird bewertet und das Endziel — das lebendige Menschentum — darüber ganz und gar vergessen. Durch einen wundersam verwickelten Seelenprozeß ist es so weit gekommen, daß in unseren Tagen ohne Murren das Wirtschaften um des Wirtschaftens willen gepriesen wird; und dem modernen Wirtschaftsmenschen wachsen aus dieser Umkehrung aller Wertungen mächtige neue Anreize zur wohlgemuten Betätigung seiner Kräfte zu.

Kein Puritanismus hat den Unternehmer in den Strudel der besinnungslosen Geschäftigkeit hinabgezogen: der Kapitalismus hat es getan. Und er hat es erst tun können, nachdem die letzte Barriere weggerissen war, die den Unternehmer vor dem Hineinsinken in die Untiefe schützte: das religiöse Empfinden. Kein Pflichtgefühl braucht er, um diese besinnungslose Geschäftigkeit zum Lebensinhalt zu machen: die Zeit hat ihn gelehrt, auch in der Öde sich Lebenswerte zu schaffen, indem sie diese Tätigkeit, die er ausübt, selber mit eigentümlichen Reizen umgab.

Mit dieser letzten Metamorphose wird nun aber die höchste Spannung in das Wirtschaftsleben hineingetragen: nun wohnt nicht nur als treibende Kraft der erzwungene Wille in der wirtschaftlichen Welt: es wohnt die Liebe des Unternehmers selbst darin. Das Unternehmen ist seine Geliebte geworden, die er nun mit aller Inbrunst hegt und pflegt. Begreiflich, wenn nun der Prozeß abermals an Mächtigkeit gewinnt und durch seine Verstärkung und Beschleunigung abermals Anreize auf die Seele der Wirtschaftsmenschen zur letzten Anspannung ihrer Kräfte ausgeübt werden.

Jetzt, denke ich, liegen die Zusammenhänge, um deren Aufhellung uns zu tun war, klar zutage: die Psyche des modernen Wirtschaftsmenschen ist uns kein Geheimnis mehr.

# Schluß

## Neunundzwanzigstes Kapitel: Rückblick und Ausblick

Ich kann mir denken, daß der Eindruck, den dieses Buch auf viele Leser macht, wenn sie es bis hierher durchgearbeitet haben, ein quälender ist. Das viele neue Material, die vielen neuen Gesichtspunkte und Fragestellungen, unter denen dieses Material verarbeitet worden ist, müssen zunächst ein Gefühl der Unruhe und Unbehaglichkeit erzeugen, das immer quälend ist. Unruhig bei der Erörterung wissenschaftlicher Probleme werden wir immer, wenn wir gleichsam den Grund unter den Füßen zu verlieren scheinen, und das tun wir in dem Augenblick, in dem uns eine bequeme Formel, unter die wir die Mannigfaltigkeit der Erscheinungen geordnet hatten, weggenommen, entwertet wird. Dann glauben wir zunächst in dem Stoffe ertrinken zu müssen, bis wir irgendwo wieder festen Fuß fassen oder — schwimmen lernen.

Mit den das Wesen und die Genesis des kapitalistischen Geistes erklärenden Formeln hat nun freilich dieses Buch gründlich aufgeräumt. Ganz zu schweigen von den simplifizierenden Schlagworten, die in der sozialistischen Literatur das Kapitel vom „Bourgeois" erfüllen: auch so geistreiche Hypothesen, wie die Max Webers, lassen sich nicht aufrecht erhalten. Und weil ich selbst keine Formeln an die Stelle der früheren setzen kann, so werden viele das Buch unbefriedigt aus der Hand legen.

Ist das Buch darum wertlos? Ein geistreicher Mann hat den Ausspruch getan: nur das ist ein gutes Buch, dessen Inhalt man in einem Satze angeben kann. Das kann ich nun freilich nicht. Es sei denn, der Satz dürfte lauten: das Problem des kapitalistischen Geistes: seines Wesens und seiner Entstehung ist außerordentlich komplex, unendlich komplexer, als man bisher angenommen hat, als ich selbst geglaubt habe.

Aber trotzdem das Ergebnis dieser Untersuchungen nur dieses sein kann: die Einsicht in das Problematische unseres Themas vermehrt zu haben, so möchte ich doch in diesen letzten Zeilen selbst noch etwas dazu tun, um jene Unruhe und Unbefriedigung, in die ich den Leser vielleicht versetzt habe, zu bannen oder doch wenigstens zu verringern. Indem ich ihm zwar nicht eine einfache Formel in die Hand gebe, die ihn des weiteren Studiums überhebt, aber doch eine Art von Kartenbild aufzeichne, mit dessen Hilfe er sich vielleicht besser in der Fülle des Stoffes zurechtfinden kann.

Was insbesondere Unbefriedigung zu erzeugen geeignet ist, ist die Vielheit der Ursachen, die ich für die Entstehung des kapitalistischen Geistes verantwortlich gemacht habe. Das ist mir von einsichtsvollen Beurteilern schon auf Grund meiner früheren Untersuchungen nahe gelegt worden: doch den Versuch zu machen, gleichsam eine Hierarchie der Ursachen herzustellen, das heißt: nicht es dabei bewenden zu lassen, viele Ursachen einfach aufzuzählen, die sämtlich bei der Gestaltung eines bestimmten historischen Phänomens mitgewirkt haben, sondern anzugeben, in welchem Verhältnis der Über- und Unterordnung diese Ursachen zueinander stehen.

Nun scheint es mir aber einstweilen ein ganz aussichtsloses Beginnen, diese Ordnung in der Weise vorzunehmen, daß man sämtliche wirkenden Ursachen auf eine Grundursache, eine causa causans, zurückführt. Daß ein solches Unterfangen etwa im Sinne der materialistischen Geschichtsauffassung (in ihrer starren Anwendung) beim heutigen Stande unseres Wissens unmöglich ist, habe ich im Verlauf dieser Darstellung bei verschiedener Gelegenheit an der Hand von Tatsachen nachzuweisen versucht. Der streng ökonomischen Kausalerklärung eine andere einheitliche Deutung gegenüberzustellen, fühle ich mich außerstande, so daß ich mich, wenn ich dem Bedürfnisse nach hierarchischer Anordnung der mannigfachen Einzelursachen gerecht werden will, damit begnügen muß, die Gesamtheit der wirkenden Umstände zu einem einheitlichen Ganzen geschichtlichen Geschehens zusammenzufassen, in dem zwar einzelne der aufgeführten Ursachen über- und untergeordnet, andere wiederum nebengeordnet erscheinen. Diese nebengeordneten Ursachen sind dasjenige, was man auch als die „zufälligen" Ereignisse bezeichnen kann, die aber doch für das Zustandekommen des Gesamtergebnisses nicht minder notwendig waren als die notwendigen, das heißt die aus gegebenen Voraussetzungen mit Notwendigkeit sich ergebenden.

Das Bild, das wir dann vom **Wesen und Werden des Bourgeois** erhalten, ist folgendes:

Die Grundlage aller Entwicklung, die wir als eine einmal gegebene und alles Geschehen in seiner Besonderheit letzlich bestimmende ansehen müssen, ist die in der Veranlagung ihrer einzelnen Glieder und in ihrer Zusammensetzung einzigartige Völkergruppe, die die europäische Geschichte seit dem Untergange des römischen Reiches gemacht hat. In diesen Völkern finden wir von ihrem Auftreten an zwei mächtig wirkende Triebkräfte lebendig: die Sucht nach dem Golde und den Unternehmungsgeist, die sich bald miteinander verbinden. Aus dieser Verbindung entstehen in der Heimat mächtige Organe: wirtschaftlicher und anderer Natur, entsteht vor allem auch der moderne Staat und mit ihm das wichtige Förderungsmittel des kapitalistischen Geistes: das Ketzertum, das aber zur Voraussetzung noch eine andere Grundeigenart der europäischen Volksseele hat: ihr stark religiöses Bedürfnis.

Dieselben Triebkräfte treiben die Völker zu Eroberungen

und Unternehmungen auch in die Fremde: hier erschließen sich ihnen ungeahnt reiche Läger an Edelmetallen, die ihren Unternehmungsgeist und ihren Golddurst von neuem beleben; hier entstehen Kolonien, die abermals Pflanzstätten kapitalistischen Geistes werden.

War der Unternehmungsgeist zunächst bei den Herren vor allem rege gewesen, und hatte er dadurch eine gewaltsame Färbung angenommen, so verbreitet sich mit der Zeit in den breiteren Volksschichten das Bestreben, auf eine andere Weise durch wirtschaftliche Unternehmungen zu Gelde zu gelangen: ohne Anwendung von Gewalt auf dem friedlichen Wege des Verhandelns. Und es erwächst die Einsicht, daß bei diesem Unterfangen wesentliche Dienste die Betätigung eines haushälterischen Geistes zu leisten vermöge, eines Geistes, der spart und rechnet.

Kam dieses bürgerliche Händlertum, das mittels der gekennzeichneten friedlichen Methode sich durchzusetzen versuchte, mit der Zeit bei allen Völkern allmählich zur Geltung, so waren es einige Volksstämme, in denen es von Anbeginn an der allgemeine Geist zu rascher und ausschließlicher Entwicklung brachte. Diese Volksstämme sind die Etrusker, die Friesen und die Juden, deren Einfluß an Bedeutung zunimmt, je mehr sich die Seelenstruktur des kapitalistischen Unternehmers in der Richtung des bürgerlichen Händlers wandelt.

Gehen in den Anfängen der Entwicklung die verschiedenen Ströme nebeneinander her, so vereinigen sie sich im weiteren Verlaufe: in dem kapitalistischen Unternehmer fließen der Held, der Händler und der Bürger zusammen. Der Strom nimmt aber, je weiter er zu Tale geht, immer mehr die Farbe des bürgerlichen Händlers an, das Heldenhafte verschwindet immer mehr. Hierzu haben eine Reihe von Ursachen beigetragen; im einzelnen: die Entwicklung des Berufsheeres; die Autorität der sittlichen Mächte, namentlich der Religion, die sich die Pflege gerade des friedlichen Bürgers angelegen sein lassen, und nicht zuletzt die Blutmischung, die das Händlerblut die Überhand gewinnen läßt. Im ganzen: die simple Tatsache, daß Heldentum nur bei wenigen ist, und daß eine Institution, die sich zu einer allgemeinen ausbildet, notwendig auf den der Masse eigenen Instinkten und Fähigkeiten sich aufbauen muß.

Die Entwicklung des kapitalistischen Geistes geht nun weiter ihren Weg, auf dem wir deutlich zwei Etappen unterscheiden können: bis zum Ende etwa des 18. Jahrhunderts und seitdem bis heute. In jener ersten Epoche, die das Zeitalter des Frühkapitalismus umfaßt, trägt der kapitalistische Geist einen wesentlich gebundenen, in der zweiten einen wesentlich freien Charakter. Gebunden wurde er durch Sitte und Sittlichkeit, wie sie vor allem die christlichen Konfessionen lehrten.

In der auf Erzielung von Gewinn ausgerichteten kapitalistischen Unternehmung liegen immanent ihrem Wesen eingeschlossen die Tendenzen zur Entfaltung eines grenzenlosen und rücksichtslosen Erwerbes. Daß diese Tendenzen zur Entfaltung gekommen sind, haben vornehmlich folgende Umstände veranlaßt:

1. die aus den Tiefen des germanisch-romanischen Geistes geborene Wissenschaft der Natur, die die moderne Technik ermöglicht hat;

2. die aus dem jüdischen Geiste geschaffene Börse. Erst die Vereinigung der modernen Technik mit der modernen Börse gab die äußeren Formen ab, in denen sich das Unendlichkeitsstreben des kapitalistischen Erwerbes verwirklichen konnte.

Eine starke Unterstützung fand dieser Emanzipationsprozeß:

3. in dem Einfluß, den seit dem 17. Jahrhundert das Judentum auf das europäische Wirtschaftsleben auszuüben beginnt. Dieses drängte seiner Veranlagung nach auf schrankenlose und grenzenlose Betätigung des Erwerbsstrebens und wurde bei

diesem Streben durch seine Religion nicht gehindert, sondern unterstützt. Die Juden haben bei der Entstehung des modernen Kapitalismus wie ein katalytischer Stoff gewirkt.

4. wurden die Bindungen, die dem kapitalistischen Geiste in der Frühepoche seiner Entwicklung von Sitte und Sittlichkeit angelegt waren, gelockert durch die Abschwächung der religiösen Gefühle bei den christlichen Völkern und sie wurden

5. völlig gelöst durch die Zerreißung aller Bande in der Fremde, in die die Emigrierungen und die Auswanderung gerade die tüchtigsten Wirtschaftssubjekte geführt haben.

Und so wuchs der Kapitalismus und wuchs.

\* \* \*

Nun rast der Riese fessellos durch die Lande, alles niederrennend, was sich ihm in den Weg stellt.

**Was wird die Zukunft bringen?**

Wer der Meinung ist, daß der Riese Kapitalismus Natur und Menschen zerstört, wird hoffen, daß man ihn fesseln und wieder in die Schranken zurückführen könne, aus denen er ausgebrochen ist. Und man hat dann gedacht, ihn mit ethischen Räsonnements zu Vernunft zu bringen. Mir scheint, solche Versuche werden kläglich scheitern müssen. Er, der die eisernen Ketten der ältesten Religionen zersprengt hat, wird sich gewiß nicht mit den Seidenfäden einer weimarisch-königsbergischen Weisheitslehre binden lassen. Das einzige, was man, solange des Riesen Kraft ungebrochen ist, tun kann, ist Schutzvorkehrungen zu treffen zur Sicherung von Leib und Leben, Hab und Gut. Feuereimer aufstellen in Gestalt von Arbeiterschutzgesetzen, Heimatschutzgesetzen und Ähnlichem und ihre Bedienung einer wohlorganisierten Mannschaft übertragen, damit sie den Brand lösche, der in die umfriedeten Hütten unserer Kultur geschleudert wird.

## Neunundzwanzigstes Kapitel: Rückblick und Ausblick

Wird aber sein Rasen ewig währen? Wird er sich nicht müde rennen? Ich glaube, er wird es tun. Ich glaube, daß in der Natur des kapitalistischen Geistes selbst eine Tendenz liegt, die ihn von innen heraus zu zersetzen und zu ertöten trachtet. Wir sind selbst schon an verschiedenen Stellen unseres Weges solchen Zusammenbrüchen des kapitalistischen Geistes begegnet: im 16. Jahrhundert in Deutschland und Italien, im 17. Jahrhundert in Holland und Frankreich, im 19. Jahrhundert (in der Gegenwart) in England. Mögen auch zum Teil bei diesen Kollapsen besondere Umstände mitgewirkt haben: zum guten Teil war es die allem kapitalistischen Geiste immanente Tendenz, die die Wandlungen bewirkt hat, und die wir auch in Zukunft weiter wirkend uns vorstellen müssen. Was den Unternehmungsgeist, ohne den der kapitalistische Geist nicht bestehen kann, immer gebrochen hat, war das Verflachen in ein sattes Rentnertum oder die Annahme seigneurialer Allüren. Der Bourgeois verfettet in dem Maße, wie er reicher wird und sich gewöhnt, seinen Reichtum in Rentenform zu nützen, gleichzeitig aber auch sich dem Luxus zu ergeben und das Leben eines Landgentleman zu führen. Sollten diese Mächte, die wir so oft am Werke sahen, in Zukunft nicht wirksam bleiben? Es wäre seltsam.

Aber in unserer Zeit wird dem kapitalistischen Geiste noch von einer anderen Seite her der Lebensfaden abgebunden: durch die zunehmende Verbureaukratisierung unserer Unternehmungen. Was der Rentner noch übrig läßt, nimmt der Bureaukrat weg. Denn in einem regelrechten bureaukratischen Riesenbetriebe, in dem nicht nur der ökonomische Rationalismus, sondern auch der Unternehmungsgeist mechanisiert ist, bleibt für den kapitalistischen Geist kein Raum mehr.

Wahrscheinlich wird ihm aber auch noch von einer dritten Stelle aus zu Leibe gegangen werden: mit fortschreitender

„Kultur" nehmen die Geburtenziffer und schließlich auch der Geburtenüberschuß mit zwingender Notwendigkeit ab. Dagegen ist kein Kraut gewachsen. Keine Lex Papia Poppaea, kein nationaler, kein religiöser Enthusiasmus, keine Tendenzdramen vermögen diesen Prozeß aufzuhalten. Mit dem Abnehmen des Geburtenüberschusses geht aber dem Kapitalismus der Atem aus: denn nur die rasende Bevölkerungsvermehrung der letzten hundert Jahre hat es ihm möglich gemacht, sich zu solcher Größe und Mächtigkeit auszuwachsen.

Was kommen wird, wenn einmal der kapitalistische Geist aufgehört haben wird, seine jetzige Spannkraft zu besitzen, geht uns hier nichts an. Vielleicht wird der Riese dann, wenn er blind geworden ist, dazu abgerichtet, einen demokratischen Kulturkarren zu ziehen. Vielleicht auch ist es die Götterdämmerung. Das Gold wird dem Rheinstrom zurückgegeben.

Wer weiß es?

# Quellenbelege

# Vorbemerkung

Eine Literatur, die sich mit dem in diesem Buche behandelten Problemen beschäftigt, gibt es kaum. Zu nennen sind die Kritiken, die sich mit den einschlägigen Kapiteln meines "Modernen Kapitalismus" (1902) auseinandersetzen, und die ich gelegentlich anführen werde. Außer mir hat nur Max Weber in seinen Aufsätzen "Die protestantische Ethik und der Geist des Kapitalismus" (im Archiv für Sozialwissenschaft und Sozialpolitik Band 21 ff.) das Thema selbständig behandelt. An diese Arbeit schließen sich dann wieder eine Reihe kritischer Auslassungen.

Sonst ist jede Darstellung, wie die hier gegebene, fast ausschließlich auf die Benutzung der Quellen angewiesen. Über deren Natur und Erkenntniswert will ich folgendes im vorhinein bemerken.

Die Quellen zur Erschließung des Geistes im Wirtschaftsleben fließen für jeden, dessen Auge erst einmal geöffnet ist für das Problem, reichlich. Es sind auch hier unmittelbare und mittelbare Erkenntnisquellen. Unmittelbare Erfahrung vom wirtschaftlichen Geist übermitteln uns die wirtschaftenden Menschen selbst durch ihre Äußerungen, die natürlich auf ihren Erkenntniswert hin zu prüfen sind und aus denen — unnütz es besonders hervorzuheben — oft genug das Gegenteil abzulesen ist von dem, was geäußert wird. Solche (1.) Selbstzeugnisse können gelegentlicher Natur sein: Gespräche, schriftliche Mitteilungen usw., oder sie sind systematisch geordnet: in Selbstbiographien, Testamenten, "Reflexionen" und Ähnlichem. Aber viel zahlreicher sind die Möglichkeiten, auf Umwegen Einblicke in die Psyche des Wirtschaftenden zu gewinnen. Diese Möglichkeiten können wir also als mittelbare Erkenntnisquellen zusammenfassen. Hier kommen in Betracht:

2. Die "Werke" der Wirtschaftenden im weitesten Sinne; in denen sich also gleichsam ihr Geist "niedergeschlagen" hat. Ich denke an allgemeine Organisationen, die sie schaffen: Dorfanlagen, Fabrikbetriebe, Verkehrsunternehmungen; an technische Werke: Einrichtung von Werkstätten, Gestaltung der Arbeitsmittel, Anlage von Eisenbahnen, von Bewässerungen, von Kanälen und Häfen usw.; an besondere Einrichtungen zur Durchführung wirtschaftlicher Zwecke: das Rechnungswesen, Wohlfahrtseinrichtungen; an das Tempo der

Entwicklung, an den Rhythmus des Wirtschaftslebens: rasche Neugestaltung, rasche Ausdehnung des Wirtschaftskörpers und Ähnliches mehr.

3. Rechtsnormen: Bestimmungen über das Recht der freien Selbstbestimmung, über Konkurrenz, über Reklame, über Preisbildung, über Zinsnehmen usw. usw.

4. Sittenlehren: religiösen oder weltlichen Ursprungs. Zu ihnen kann man auch zählen alle kritischen Äußerungen: Satiren, Kampfschriften, Reformvorschläge usw.

5. Zeitspiegelungen: in der öffentlichen Meinung: z. B. Geltung der verschiedenen Berufe (Handel!) bei der Gesamtheit oder innerhalb bestimmter Klassen (Stellung des Adels zum Erwerb!); in Literatur, Kunst und Wissenschaft: Darstellung von Typen, Artbeschaffenheit der beliebten „Richtungen".

6. Soziale Stellung der einzelnen Gruppen der Bevölkerung zueinander: friedliches Zusammenleben, feindliche Haltung (etwa der Arbeiter zu den Unternehmern), patriarchalische Beziehung, geschäftliche Regelung.

7. Die Gestaltung der Politik, in der die Wirtschaftsgesinnung der einzelnen sich ausstrahlt: Machtpolitik oder Freihandel und dergleichen.

Daß der Erkenntniswert der aus diesen Quellen zu entnehmenden Zeugnisse ein sehr verschiedener ist, leuchtet ohne weiteres ein.

Die Selbstzeugnisse (1.) sind vor allem sehr selten und schon deshalb nicht sehr ergiebig. Sie können freilich unter Umständen von ganz großer Bedeutung für das richtige Verstehen eines Zustandes werden. Meist muß man freilich zwischen den Zeilen lesen. Das gilt insbesondere bei allen systematischen Äußerungen der gedachten Art. In den Selbstbiographien oder Memoiren etwa hervorragender Wirtschaftsmenschen (deren es namentlich in unserer Zeit eine ganze Reihe gibt) stellen sich die Verfasser natürlich immer als ganz selbstlose, nur dem Gemeinwohl dienende Menschen hin, denen Geldverdienen ganz fern gelegen hat (was man ihnen sogar manchmal glauben darf, wenn es sich um Reichtumsübersättigte handelt, um Leute wie Rockefeller, Carnegie, W. v. Siemens, W. Rathenau, von denen wir Memoiren besitzen). Manche sind auch ehrlich gegen sich selbst, und die geben uns natürlich die besten Aufschlüsse. Ich denke an

Selbstbiographien wie die von Strousberg. Zu berücksichtigen ist auch der Umstand, daß wir solche systematische Selbstzeugnisse meist nur von ganz hervorragenden Menschen haben, deren Überlebensgröße also auf das Durchschnittsmaß zurückzuführen ist, wenn wir ihre Leistungen und Ansichten verallgemeinern wollen.

Von den übrigen Quellen sind die zuverlässigsten die „Werke" der Wirtschaftssubjekte (2.). Sie lügen wenigstens niemals.

Die unter 3 und 4 genannten Quellen sind sehr wichtig, aber besonders gefährlich zu benutzen, so daß es Forscher gibt, die sie überhaupt als Erkenntnisquelle für eine bestimmte tatsächliche Gestaltung der Dinge, hier also des „Geistes" einer Zeit, nicht gelten lassen wollen. So haben mir seinerzeit viele Kritiker zum Vorwurf gemacht, daß ich die Ideenrichtung des mittelalterlichen Handwerkers aus Zunftordnungen oder auch aus Kritiken und Reformvorschlägen, wie etwa der Reform Kaiser Sigismunds, habe abnehmen wollen. Ich bemerke deshalb noch folgendes zu dieser Art Quellen und ihrer Verwendbarkeit:

Der Fehler, der häufig begangen wird, ist nicht der, daß man aus jenen Quellen Erkenntnis schöpfen will, sondern daß man falsche Erkenntnis schöpfen will. Man wird auch nicht aus dem Strafgesetzbuch sich über die Verbreitung und die Arten des Diebstahls, aus der Gewerbeordnung nicht sich über die Gestaltung der Arbeiterverhältnisse in der Gegenwart unterrichten wollen. Aber was man aus ihnen sehr wohl lernen kann, ist die unsere Zeit beherrschende Durchschnittsauffassung von Diebstahl und Arbeiterschutz. Natürlich kann die in der Gesetzgebung niedergelegte oder in einer Streitschriftenliteratur (für die ähnliche Regeln gelten) ausgesprochene Ansicht „veraltet" sein und nicht mehr dem „Zeitgeist" entsprechen. Dann wird man das festzustellen haben. Vor allem an der Hand der gegnerischen Äußerungen. Ein nicht allzu dummer Geschichtsschreiber unserer Zeit wird aus der Mittelstandsliteratur zwar entnehmen müssen, daß in Deutschland noch eine beträchtliche Menge Menschen in handwerksmäßigem Geiste denkt, wird aber feststellen müssen, daß die Grundauffassung unserer Zeit, wie sie in der maßgebenden Literatur zutage tritt, wie sie sich schließlich in Gesetzgebung und Verwaltung bestimmend durchsetzt, eine andere, kapitalistische war. Umgekehrt wird unser Urteil über den „Geist", der das mittelalterliche

Wirtschaftsleben beherrschte, lauten müssen: zwar gab es gewiß täglich unzählige Handlungen und Gedanken, die gegen die handwerks= mäßige Auffassung, wie sie die Sittennormen fordern und die Rechts= normen festlegen, verstießen; ja gegen das Ende des Mittelalters werden sie sich gehäuft haben. Aber sie waren doch eben Verstöße. Und der „Zeitgeist" (5.) verdammte sie. Der Zeitgeist empfand sie als Verstöße. Und niemand wagte, diese Verstöße zu rechtfertigen. Oder gibt es eine einzige maßgebende Auslassung während des ganzen Mittelalters, die das Ote toi que je m'y mette=Prinzip, die die individuelle Selbstverantwortlichkeit, die das unbeschränkte Gewinnstreben zu verteidigen gewagt hätten?

1) »Divitiae comparantur ad oeconomicam non sicut finis ultimus, sed sicut instrumenta quaedam, ut dicitur in I. Pol. Finis autem ultimus oeconomice est totum bene vivere secundum domesticam conversationem.« S. Thom. S. th. II*a* II*ae* qu. 50 a. 3.

2) Die Hauptstelle lautet bei S. Thomas in der Summa theol. II*a* II*ae* qu. 118 art. 1 in der Fassung der neuen Ausgabe der gesamten Werke (Romae 1886), nach der ich immer zitiere, im ganzen wie folgt: »Bona exteriora habent rationem utilium ad finem, —: Unde necesse est, quod bonum hominis circa ea consistat in quadam mensura: dum scilicet homo secundum aliquam mensuram quaerit habere exteriores divitias, prout sunt necessaria ad vitam eius secundum suam conditionem. Ed ideo in excessu huius mensurae consistit peccatum: dum scilicet aliquis supra debitum modum vult acquirere vel retinere. Quod pertinet ad rationem avaritiae quae definitur esse immoderatus amor habendi.« Von dem Glossator Card. Caietanus werden diese Leitsätze verteidigt und wie folgt erklärt: »appellatione vitae intellige non solum cibam et potum, sed quaecunque opportuna commoda et delectabilia, salva honestate.«

3) Vgl., was ich in meinem „Luxus und Kapitalismus" (1913), S. 102 ff. zur Charakterisierung seigneurialer Lebensführung gesagt habe.

4) I preti . . »vogliono tutti soprastare agli altri di pompa e ostentatione, vogliono molto numero di grassissime e ornatissime cavalcature, vogliono uscire in pubblico con molto exercitio di

mangiatori, et insieme ànno di dì in dì voglie per troppo otio et per poca virtù lascivissime, temerarie, inconsulte. A'quali, perchè pur gli soppedita et sominostra la fortuna, sono incontentissimi, e senza risparmio o masserizia, solo curano satisfare a'suoi incitati appetiti ... sempre l'entrata manca et più sono le spese che l'ordinarie sue ricchezze. Così loro conviene altronde essere rapaci e alle onestissime spese, ad aitare e suoi, a sovenire agli amici, a levare la famiglia sua in onorato stato e degno grado, sono inumani, tenacissimi, tardi, miserimi.« Alberti, Della fam., 265.

5) Willy Boehm, Friedrich Reisers Reformation des K. Sigismund (1876), S. 218; vgl. S. 45 f. Dazu jetzt Carl Koehne, Zur sogenannten Reformation K. Sigismunds im Neuen Archiv der Gesellschaft für ältere deutsche Geschichtskunde Bd. 31 (1905), Heft 1. Die Einwendungen, die K. gegen mich und meine Verwendung des Zitats aus dem genannten Werke macht, erledigen sich, glaube ich, durch meine Vorbemerkung zu diesen Quellennachweisen.

6) Keutgen, Ämter und Zünfte (1903), 84.

7) Siehe z. B. C. Sattler, Handelsrechnungen des deutschen Ordens (1887), 8, oder die Einleitung Koppmanns zu Tölners Handlungsbuch in den Geschichtsquellen der Stadt Rostock 1 (1885), XVIII f., oder die Steuerlisten für Paris aus dem Jahre 1292, die Géraud herausgegeben hat (Coll. des doc. inéd. S. I t. VIII 1837) »La plupart des additions sont inexactes«: p. V.

8) Dieser Vorwurf trifft selbst noch Pegolotti (14. sc.) und Uzzano (15. sc.). In den von mir an anderer Stelle mitgeteilten Spesenberechnungen, z. B. der für den Bezug englischer Wollen, wird ganz kaltlächelnd gelegentlich mit einer anderen Grundziffer weitergerechnet als angefangen war.

9) H. Peetz, Volkswissenschaftl. Studien (1885), 186 ff.

10) A. Vierkandt, Die Stetigkeit im Kulturwandel (1908), 103 ff., wo viele feinsinnige Bemerkungen zu dem Thema des „Traditionalismus" gemacht werden. Begreiflicherweise besteht eine ziemlich weitgehende Parallelität zwischen der Psyche des vorkapitalistischen europäischen Menschen und der der „Naturvölker"; siehe ebenda S. 120 ff.

11) F. Tönnies, Gemeinschaft und Gesellschaft. 2. Aufl. 1912. S. 112 f.

12) A. Vierkandt, a. a. O. S. 105.

13) Hans von Wolzogen, Einleitung zur Edda (Reclam=Ausgabe S. 280 f.). Seiner Übersetzung sind auch die im Text zitierten Stellen aus der Edda entnommen.

14) Gustav Freytag, Bilder aus der deutschen Vergangenheit 1[5], 184 ff.

15) Luschin von Ebengreuth, Allgemeine Münzkunde (1904), S. 139.

15a) Lamprecht, Deutsches Wirtschaftsleben 2, 377.

16) Levasseur, Hist. de l'industrie etc. 1[2], 200.

17) Davidsohn, Geschichte von Florenz 1 (1896), 762, wo zahlreiche Quellenbelege mitgeteilt sind; „von diesem Schatzsystem (liegen) in dem Jahrhundert von 1021 bis 1119 viele Beweise vor".

18) Davilliers, L'orfèvrerie et les Arts décoratifs en Espagne zitiert bei Baudrillart, Hist. du Luxe 4[2], 217. Vgl. noch Soetbeer im 57. Ergänzungsheft zu Petermanns Mitteilungen, S. 21.

19) Brückner, Finanzgeschichtl. Studien S. 73: Schurtz, Entstehungsgeschichte des Geldes (1898), 120.

20) »quod scilicet quidam clericorum et laicorum ... in tantam turpissimi lucri rabiem exarserint, ut multiplicibus atque innumeris usurarum generibus .. pauperes Christi affligant ..« Amiet, Die franz. u. lomb. Geldwucherer der M. A. (Jahrb. f. schweiz. Gesch. Bd. I. S. 183). Quelle?

21) »Erano in lui alcuni vitii e in prima quello uno, quasi in tutti e preti commune e notissimo, era cupidissimo del danaio, tanto che ogni cosa apresso di lui era da vendere. molti discorreano infami simoniaci, barattieri e artefici d'ogni falsità e fraude.« Alberti, Libri della famiglia, 263.

22) Zahlreiche auf die Geldsucht bezügliche Dichterstellen aus dem 13. Jahrhundert stellt zusammen E. Michael, Geschichte des deutschen Volkes 1[3] (1897), 139 ff.

23)       Regnat avaritia
          regnant et avari

Quellenbelege

Multum habet oneris
do, das, dedi, dare:
verbum hoc prae ceteris
norunt ignorare
divites, quos poteris
mari comparare.«

Carmina Burana n. LXVII; bei Michael, a. a. O. S. 142.

24) Michael, Gesch. d. deutschen Volkes 1[3], 142 f.

25) »nimium sunt ad querendam pecuniam solliciti et attenti, ut in eis qualiter dici possit: semper ardet ardor habendi et illud: o prodiga rerum luxuries! nunquam parvo contenta paratis et quaesitorum terra pelagoque ciborum ambitiosa fames.« In den mir bekannten Drucken der Descr. Flor., auch neuerdings in der Wiedergabe bei C. Frey, Loggia dei Lanzi, ist das Zitat verstümmelt, ohne daß von den Herausgebern gesagt wäre, ob die Handschriften selbst die Verstümmelung enthalten. Die Verse sind aus Lucans Pharsalia, lib. IV, V. 373—376, entnommen. Ich habe danach den Text verbessert.

25a) Regola del governo di cura familiare, 128; zitiert bei Cesare Guasti, Ser Lapo Mazzei 1 (1880), CXV.

26) »Ben dico che mi sarebbe caro lasciare e miei richi et fortunati che poveri.« Della famiglia, ed. Gir. Mancini (1908), 36; cf. p. 132. »Conviensi adunque sì ch'e beni della fortuna sieno giunti alla virtù et che la virtù prende que' suoi decenti ornamenti, quali difficile possono asseguirsi senza copia et affluenzia di que' beni quali altri chiamano fragili et caduchi, altri gli appella conmodi et utili a virtù:« l. c. p. 250. »Chi non à provato, quanto sia duolo et fallace à' bisogni andare pelle mercé altrui, non sa quanto sia utile il danaio... chi vive povero, figliuoli miei, in questo mondo soffera molte necessità et molti stenti: et meglio forse sarà morire che stentando vivere in miseria...« Wahr ist das Sprichwort: »Chi non truova il danaio nella sua scarsella, molto manco il troverà in quella d'altrui:« p. 150. »Le ricchezze per de quali quasi ciascuno imprima sé exercita:« p. 131; »Ci inginocchiamo et pregàmo Idio che... a me desse richezza.:« p. 208. »Non patisce la terra nostra che de' suoi alcuno cresca troppo nelle vittorie dell' armi... Né anche fa la

terra nostra troppo pregio de'licterati, anzi è più tosto tucta studiosa al guadagno et alle richeza. O questo che lo dia il paese o pure la natura et consuetudine de' passati, tutti pare crescano alla industria del guadagno, ogni ragionamento pare senta della masseritia, ogni pensiero s'argomenta a guadagnare, ogni arte si stracha in congregare molte richeze:« p. 37.

27) Zitiert bei Al. v. Humboldt, Examen critique de l'histoire de la Géographie du nouveau continent 2 (1837), 40.

28) In der Einleitung zu einem Landwirtschaftsbuche (Vinc. Tanara, L'economia del cittadino in Villa 1648) heißt es: »L'avido e strenato desio d'ammassar ricchezze, il qual da niuna meta à circonscitto, anzi non altrimenti che ostinata palma tanto s'avanza quanto quelle s'aumentano, tiranneggia in maniera i petti degli huomini vili, che resili scordevoli del loro essere fà, che non riparino a bassezza, ne à miseria ne ad infamia alcuna facendosi tutto lecito per acquistare facoltà ..«

29) Siehe z. B. das schnurrige Buch von Ulr. Gebhardt, Von der Kunst reich zu werden. Augsburg 1656. Dessen Verfasser verachtet zwar persönlich Geld und Gut; aber die ganze Haltung, die er in dem Buche annimmt (wie auch schon der Titel!), lassen darauf schließen, daß er tauben Ohren predigte, wenn er nachzuweisen versucht, daß der wahre Reichtum in einer guten Geistes- und Herzensbildung bestehe.

30) Alberti, Della famiglia, 137.

31) Vinc. Tanara, L'economia del cittadino in Villa, (1684) 1.

32) Herausgegeben von W. Arnold in der Bibl. des Literar. Vereins zu Stuttgart 43 (1857), 101. Für die spätere Zeit (um 1400): Chron. Joh. Rothe aus Creutzburg, herausgegeben von Karl Bartsch, Mittelenglische Gedichte 1860.

33) Uhland, Alte hoch- und niederdeutsche Volkslieder 1 (1844), 339.

34) H. Kopp, Die Alchemie 1 (1886), 12. Eine gute Ergänzung zu dem Koppschen Werke bildet das Buch von Schmieder, Geschichte der Alchymie 1832, weil Schm. selbst noch gläubig war und uns deshalb wertvolle Einblicke in die psychologischen Hergänge der Adeptenseelen liefert.

35) Deutsche Übersetzung aus dem Examen alchemisticum des Pantaleon bei Kopp 1, 234.

36) Paracelsus im Coelum philosophicum seu liber vexationum bei Kopp 1, 39.

37) Louis Figuier, L'Alchimie et les alchimistes. 3e ed. (1860) 136. »C'est donc au seizième siècle qu'il faut se reporter, si l'on veut prendre une idée exacte de l'étonnante influence que les idées alchimiques ont exercée sur l'esprit des hommes.«

38) H. von Sbrik, Exporthandel Österreichs (1907), 113.

39) Im „Archiv für Sozialwissenschaft und Soz. Politik" Bd. 34.

40) Ranke, Fürsten und Völker von Südeuropa 1[8] (1857), 410. Jener Benevento erschien auch bei Pius V., der indes seinen Künsten nicht traute.

41) »fièvre d'invention et d'enrichissement rapide«: nach Marbault, Remarques sur les mémoires de Sully am Ende der Econ. royales Coll. Michaud p. 35. G. Fagniez, L'économie sociale de la France sous Henry IV. (1897), 333.

42) Ch. Normand, La bourgeoisie française au XVII. siècle (1908), 185 ff., 13. Dieses gute Buch enthält noch vieles, was die Donneurs d'avis uns bekannt macht. Zur Ergänzung des dort gesammelten Materials weise ich noch auf folgende typischen Fälle von Projektenmachern des damaligen Frankreichs hin: im 17. Jahrhundert war berühmt Theophraste Renaudot, »le fondateur du journalisme français, le cerveau le plus inventif peut-être de l'époque, dans lequel ont germé bon nombre d'idées utiles, à peine mêtées d'un grain d'utopie..« erwähnt von G. d'Avenel, Hist. écon. 1 (1894), 121. Blegny, Nicolas, † 1722. »Apothicaire, écrivain, collectionneur et journaliste; fondateur d'une société médicale, d'une maison de santé et d'un cours pour les garçons perruquiers; premier chirurgien de la Reine et »chirurgien ordinaire du corps de Monsieur«; chevalier d'industrie à l'occassion et finalement jeté en prison .. auteur du »Livre commode contenant les adresses de la ville de Paris etc. par Abraham du Pradel, philosophe et mathématicien Paris 1692 . . .« (Neue Ausgabe 1878) in dem er sich selbst als »fameux curieux des ouvrages magnifiques« nennt . . . .

Edm. Bonnaffé, Dictionnaire des amateurs français au 17. sc. 1884. s. h. v.

43) Mercier im Tabl. de Paris 1, 222 (Ch. 73) läßt einen Faiseurs de Projets wie folgt sprechen: »Depuis trente ans j'ai négligé mes propres affaires, je me suis enfermé dans mon cabinet, méditant, rêvant, calculant; j'ai immaginé un projet admirable, pour payer toutes les dettes de l'état; ensuite un autre pour enrichir le roi et lui assurer un revenu de 400 millions; ensuite un autre pour abattre à jamais l'Angleterre.. et pour tendre notre commerce le premier de l'univers... ensuite un autre pour nous rendre maitres des Indes orientales; ensuite un autre pour tenir en échec cet empereur, qui tôt ou tard nous jouera quelque mauvais tour ....«

44) Bei Adolf Beer, Die Staatsschulden und die Ordnung des Staatshaushaltes unter Maria Theresia 1 (1894), 37/38.

45) Die erste Geldlotterie wurde 1530 vom Florentiner Staat unternommen; die Klassenlotterie wird im 16. Jahrhundert in Holland, 1610 in Hamburg, 1694 in England, 1699 in Nürnberg eingeführt; das Zahlenlotto 1620 in Genua. M. v. Heckel, Art. Lotterie im Handwörterbuch der Staatswissenschaften, 3. Aufl. Bd. 6. Die Lotteriewut scheint aber erst gegen Ende des 17. Jahrhunderts ausgebrochen zu sein, zu jener Zeit, als auch sonst Westeuropa außer Rand und Band geriet. In einer zeitgenössischen Schrift heißt es: »Jamais on n'a tant ouï parler de Loteries que depuis qu'il s'en est fait une en Angleterre il y a deux ans«... »toute la Hollande est en mouvement là-dessus, on ne se trouve en aucune conversation que l'on n'en parle ..« Reflexions sur ce que l'on appelle bonheur et malheur en matière de Loteries. Amsterdam 1696. Ch. I.

46) Ich folge im wesentlichen der Zusammenstellung bei Max Wirth, Gesch. d. Handelskrisen. 3. Aufl. 1883.

47) W. Sombart, Die Juden und das Wirtschaftsleben, 105 ff.

48) Defoe, On Projects (1697); deutsch 1890, S. 19.

48a) Das Problem, das dieses Kapitel erörtert, habe ich zuerst abgehandelt in meinem Aufsatze: „Der kapitalistische Unternehmer" im Archiv für Sozialwissenschaft und Sozialpolitik Bd. 29 (1909). Die dort vertretenen Ansichten habe ich heute in einigen Punkten abgeändert. Insbesondere habe ich die „Händler"tätigkeit als eine allem Unternehmertum gemeinsame Funktion hingestellt, was mir den Tatbestand richtiger wiederzugeben scheint und logischer ist. Vgl. jetzt H. Kurella, Die Intellektuellen und die Gesellschaft, 1913. K.s Gedankengänge berühren sich mit den meinigen an vielen Stellen.

49) Unsere deutsche Sprache drückt die Verwandtschaft der verschiedenen Tätigkeiten wenigstens zum Teil noch aus. Ganz und gar dieselbe Bezeichnung für die Begriffe: Waren verhandeln und Staatsverträge verhandeln haben die Griechen in ihrem Worte χρηματίζειν: es bedeutet ganz allgemein „Geschäfte machen" und nur im besonderen: Handels- oder Geldgeschäfte machen, Handel treiben, wird aber ebenso für den Abschluß öffentlicher Geschäfte gebraucht, im Sinne von Staatsangelegenheiten verhandeln. Ὁ χρηματιστής ist einer, der Geschäfte, besonders Handels- oder Geldgeschäfte „treibt, ein betriebsamer Mensch, guter Wirt, der sich auf die Kunst zu erwerben, zu gewinnen, wohl versteht". Plato, Rep. 434a: „δημιουργὸς ὢν ἢ τις ἄλλος χρηματιστὴς φύσει" (!); χρηματιστικός heißt „zum χρηματίζειν geschickt; daher 1. zu Handels- und Geldgeschäften, zum Erwerb von Vermögen, zum Gewinn .. geschickt; 2. zur Abmachung von öffentlichen oder Staatsgeschäften .. geschickt"; „ὁ χρηματισμός: Besorgung, Betreibung eines Geschäfts, sowohl eines Handels- als eines Staatsgeschäftes, Verwaltung öffentlicher Angelegenheiten, Beratschlagung, Audienzerteilung". Pape, Griechisch-deutsches Wörterbuch. Ähnlich wird ja auch unser deutsches Wort „Geschäft" in dem Doppelsinne gebraucht, wenn wir von Geldgeschäften und Staatsgeschäften, vom Geschäftsmann und Geschäftsträger sprechen.

49a) Jac. Burckhardt, Kultur der Renaissance 1[8], 23.

50) Carl von Clausewitz, Vom Kriege. Erstes Buch, drittes Kapitel.

51) Jac. Burckhardt, a. a. O. S. 15/16.

52) Lastig, Beiträge zur Geschichte des Handelsrechts, in der Zeitschrift für das gesamte Handelsrecht 23, 152 f. Daselbst auch weitere Quellenangaben. Vgl. Lattes, Dir. commerc., 204, 208 f., 223 ff.

53) Clemens Sander, zitiert bei Ehrenberg, Zeitalter der Fugger, 1 (1896), 212/13.

54) C. Neuburg, Goslars Bergbau (1892), 191.

55) F. Dobel, Der Fugger Bergbau und Handel in Ungarn, in der Zeitschrift des histor. Vereins für Schwaben und Neuburg, Bd. 6.

56) H. von Srbik, Exporthandel Österreichs (1907), 368.

57) P. Hitzinger, Das Quecksilberbergwerk zu Idria (1860), 18. 24.

57a) U. Krafft, Denkwürdigkeiten; ed. Cohn (1862), 459.

58) Instruktion für den Berghauptmann Theod. v. Lilienau a. 1625 bei K. Graf Sternberg, Gesch. d. böhm. Bergwerke 1 (1836), 308.

59) G. R. Lewis, The Stannaries, 1908.

60) H. Peetz, Volkswissenschaftl. Studien (1880), 69.

61) H. Beck, Gesch. des Eisens 2, 602 ff. 652.

62) Bescheid des Königs vom 7. März 1573 bei Sternberg, a. a. O. 1, 389.

63) Allgemeine Schatzkammer der Kaufmannschaft 2 (1741), 734 f.

64) »La plupart des personnes de qualité, de robe et autres donnant leur argent aux négociants en gros pour le faire valoir; ceux-ci vendent leur marchandise à credit d'un an ou de quinze mois aux détaillants; ils en tirent par ce moyen 10% d'intérêt et profitent ainsi de 3 ou 4%.« (Savary).

65) »Les gens de commerce n'étaient qu'une faible minorité parmi les souscripteurs.« P. Kaeppelin, La compagnie des Indes orientales (1908), 6.

66) P. Kaeppelin, l. c. p. 8. »Quid est quod Cuthna, fomes avaritiae ac abyssus malitiae, diversa ac peregrina ingentiaque gentium genera ad contemplationem sui contrahit, regesque ac principes exteros allicit, nisi quia in sinu suo, in terrarum abditis, fomentum avaritiae argentum nutrit?« Chron. Aulae Regiae ap. Dobner in Mon. Boh. 5, 140; zitiert bei Sternberg, a. a. O. 1, 2.

67) Der reiche Bergsegen von Kuttenberg veranlaßte den Krieg zwischen Kaiser Albrecht und König Wenzel von Böhmen im Jahre 1304. Chron. Aulae Regiae ap. Dobner in Mon. Boh. 5, 140; bei Sternberg, 1, 2.

68) Für das 12. und 13. Jahrhundert teilt ein reiches Quellenmaterial mit: Ed. Heyck, Genua und seine Morium (1886), 182 ff., dem auch die Worte im Text entnommen sind.

69) W. Heyd, Geschichte des Levantehandels im Mittelalter 1 (1879), 255. H. hat das Quellenmaterial das wir für die Ge=

schichte des Raubes und der Plünderung im Mittelmeer besitzen, in seinem genannten Werke zusammengestellt; vgl. 1, 258. 263. 487 f. 489; 2, 16. Vielleicht die beste Quelle bilden die Protokolle einer Untersuchungskommission, die der Doge Giac. Contarini im Jahre 1278 niedersetzte: Zur Ermittelung aller der Beraubungen und Mißhandlungen, welche die Venetianer in den letzten zehn Jahren von seiten der Griechen und ihrer Verbündeten zu erdulden gehabt hatten. Wir erfahren dort allein die Geschichte von etwa 90 Freibeutern. Abgedr. bei Tafel und Thomas, Quellen zur österr. Gesch. 3, 159—281.

69a) H. Pigeonneau, Hist. du commerce de la France 2 (1889), 170.

70) Veröffentlicht bei Eugène Sue, L'histoire de la marine française 4 (1836). Livre VII. Ch. I et II.

71) Hauptwerk: Hist. des Aventuriers etc. Par A. O. Oexmelin (J. Esquemeling) (ursprüngl. holländisch geschr.) 1678. Vgl. Pow. Pyle, The buccaneers and marooners of America 1891; Burney, Hist. of the B. of A. 1816, zuletzt 1902; H. Handelmann, Geschichte der Insel Hayti (1856), 22 ff. Eine (nicht vollständige!) Bibliographie des Seeräuberunwesens namentlich im 16. und 17. Jahrhundert findet sich bei Joh. Pohler, Bibl. historico-militaris 3 (1895), 737 ff.

72) Froude, H. of Engl. 8 (1863), 451.

73) F. Hume Brown, Scotland in the time of Queen Mary (1904), 72.

74) Gardiner, Commonwealth 1, 330 bei W. Cunningham, The Growth of English Industry and Commerce 2³ (1903), 188.

75) Shirley Carter Hughson, The Carolina Pirates and Colonial Commerce 1670—1740 (1894); eine der besten Arbeiten über den Gegenstand.

76) Die wichtigsten Aktenstücke zur Geschichte der Seeräuberei in den nordamerikanischen Kolonien, namentlich die außerordentlich wertvollen Berichte des Earl of Bellomont an die Lords of Trade sind veröffentlicht in den Docum. relat. to the Colonial History of the State of New York 4 (1854), 306 ff. 323. 447. 480. 512 ff. Vgl. noch Macaulay, H. of E. 10, 14—21 (Tauchnitz-Ed.).

77) Siehe z. B. F. Ab. von Langegg, El Dorado. Ge-

schichte der Entdeckungsfahrten nach dem Goldlande El Dorado im XVI. und XVII. Jahrhundert. 1888.

78) Der Stein der Weisen beginnt in der Vorstellung gleichsam mit dem Dorado zu Einem zusammenzufließen. So heißt es bei Laurentius Ventura in seinem Aenigma della Pietra phisica (1571):

»Nell' India (parte più calda del mondo)
»Nasce pietra talhor ch'en se rinchiude
»Virtù infinite che vengon dal cielo.«

Zitiert bei Chr. G. von Murr, Literarische Nachrichten zu der Geschichte des sogenannten Goldmachens (1805), 40.

79) Neuerdings ist eine ausgezeichnete Lebensbeschreibung erschienen von Hugh de Sélincourt, Great Ralegh. 1908.

80) »The passing up the river of Thames by Mr. Cavendish is famous, for his mariners and soldiers were all clothed in silk, his sails of damask, his top cloth of gold, and the richest prize that ever was brought at any one time into England.« Captain Francis Allen to Anthony Bacon 17. 8. 1589; zitiert bei Douglas, Campbell, The Puritans in Holland, England and America 2 (1892), 120.

81) R. Benjamin von Tudelas Reisebeschreibung. Deutsch von L. Grünhut und Markus N. Adler (Jerusalem 1903), S. 5.

81a) „Auf der Kriegstüchtigkeit der Bürger und der Stärke ihrer Flotte beruhte die kommerzielle Bedeutung der drei Städte; gegen schwächere Konkurrenten pflegten sie von ihrer Überlegenheit schonungslos Gebrauch zu machen. Eines Tages (4. Aug. 1135) erschienen die Pisaner mit 46 Galeeren vor Amalfi, verbrannten die Schiffe im Hafen, zündeten die Stadt an und plünderten die Häuser ..." Später taten die Genuesen mit den Pisanern dasselbe. G. Caro, Sozial- und Wirtschaftsgeschichte der Juden 1 (1908), 235 f.

82) Viel lehrreiches Material, vor allem auch zur Beurteilung der Persönlichkeiten, die im frühkapitalistischen Überseehandel Englands eine Rolle gespielt haben, enthält das vortreffliche Buch von H. R. Fox Bourne, English merchants. 1886.

83) F. Ad. von Langegg, El Dorado. 1888. Neuerdings Konrad Häbler, Die überseeischen Unternehmungen der Welser und ihrer Gesellschafter. 1903. Dazu F. Eulenburg in der

Hiftorifchen Zeitfchrift 1904 S. 104 ff. Wenn E. dem Verfaffer diefer neueften Bearbeitung der Welferexpedition zum Vorwurf macht, daß es in der Hauptfache Perfonalgefchichte fei, was er fchreibe (die Überfchriften der einzelnen Kapitel tragen meift die Namen einzelner Führer), fo ift doch zur Rechtfertigung diefer Auf= faffung zu fagen, daß eben eine folche „Handelsexpedition" im Grunde nichts anderes war als ein Abenteurerzug einzelner wagemutiger Männer. Das war großenteils „die Wirtfchaftsgefchichte" damals.

84) Ulrich Kraffts Denkwürdigkeiten; ed. Cohn 1862.

84a) H. Pigeonneau, Histoire du Commerce de la France, 2 (1889), 170.

85) Art. Justiniani bei Erfch und Gruber, 316 ff. 327 ff. Vgl. Sieveking, Genuefer Finanzwefen 1, 177 ff.; 2, 99 ff.

86) Ofhlow Burrifh, Batavia illustrata or a view of the Policy and Commerce of the United provinces (1728), 333.

87) Prinz Neuwied, Reife in Nordamerika 1, 351 ff. 427 ff. 552. 610 ff.; 2, 71 ff. zitiert bei Rofcher, Kolonien, 3. Aufl. (1885), 267.

88) Heyd, a. a. O. 2, 376.

89) Poftlethwayt, Dict. of Commerce 1, 241.

90) Bericht des Lord Comm. of Trade and Plantations bei Anderfon, Annals 3, 203. Im Dict. des Poftlethwayt (1, 728) findet fich eine genaue Überficht über den Beftand der Forts, Ausrüftung, Munition, Befatzung ufw. an der afrikanifchen Küfte.

91) »Not to employ any gentleman in any place of charge or commandment in the said voyage, for that, beside their own mislike of imploying of such, they know the generality will not endure to hear of such a motion, and if they should be earnestly pressed therin, they would withdraw their adventure.« They wished »to sort their business with men of their owne qualety«. Cunningham 2, 70.

92) Wie fie z. B. enthält das lehrreiche Werk von J. P. J. Dubois, Vie des gouverneurs généraux avec l'abrégé des éta- blissemens hollandois aux Indes orientales. 1763.

93) E. Laspeyres, Gefchichte der volkswirtfchaftlichen An= fchauungen der Niederländer (1863), 60.

94) Peter Mischler, Das deutsche Eisenhüttengewerbe 1 (1852), 201 f.

95) Siehe solche Fälle im Dict. du Comm. s. v. Société; in der Introduction à la Corresp. administr. de Louis XIV T. III. p. LIV seg. (par Depping). Ferner bei G. Martin, La grande industrie sous Louis XV. (1900), 109 und öfters. A. des Cilleuls, La grande industrie (1898), p. 64 und öfters. Postlethwayt, Dict. of Comm. 2, 778. Anderson, Origin. of Commerce 2, 594. George Unwin, Industrial Organization in the sixteenth and seventeenth Centuries (1904), 145 f. 165 f.

96) Siehe die zusammenfassende Darstellung von Russel M. Garnier, History of the English Landed Interest. 2 Vol. 1892. 2. ed. 1908.

97) Georg Knapp, Die Bauernbefreiung. 2 Bde. 1887.

98) G. T. Lapsley in der Engl. Hist. Review 14 (1899), 509.

99) Unwin, l. c. p. 167.

100) Rymer, Foedera 18, 870; bei Anderson 2, 234.

101) Hugh de Sélincourt, Great Ralegh (1908), 89.

102) Anderson, Origin of Commerce 2, 594.

102a) Jars, Voyages métallurgiques 1 (1774), 190 f.

103) Eine der besten Bearbeitungen, die der Gegenstand erfahren hat, bezieht sich auf die Hütten der Provinz Nevers: Claude Corbier, Les forges à Guerigny in Bulletin de la Société nivernaise 1870.

104) G. Martin, Louis XV., 115 ff.

105) G. Martin, l. c. p. 110.

106) G. Martin, l. c. p. 214 ff.

107) G. Martin, l. c. p. 115 ff.

108) Die Angaben über die Beteiligung des französischen Adels am Kohlenbergbau beruhen (soweit ich keine anderen Hinweise mache) auf den Auszügen aus den Akten des Nationalarchivs in der guten Arbeit von A. des Cilleuls, La grande industrie (1898), 59 ff. und Notes 210 ff.

109) Depping, Corr. admin. 3, LX.

110) G. Martin, Louis XIV. (1899), 318.

111) Peter Hitzinger, Das Quecksilber-Bergwerk Idria von seinem Beginn bis zur Gegenwart. Nach Schr. des Bergwerksarchivs usw. (1860) S. 13/14.

112) Steph. Worms, Schwazer Bergbau (1904), 37.

113) Im Archiv des Oberbergamts zu Klausthal. Auszüge daraus macht H. Beck, Geschichte des Eisens 2, 152 ff. Diesem Werke sind auch die Angaben über die grundherrlich betriebene Eisenindustrie im Harz entnommen: a. a. O. 2, 767 ff. 781 ff.

114) Beck, Geschichte des Eisens 2, 620 ff.

115) Gustaf af Gejerstam, Arbetarnes ställning vid fyra svenska grufoor. Ich verdanke den Hinweis einem Mitgliede meines Seminars, Herrn Bulle.

116) W. J. Ashley, Woollen Industry, 80; vgl. Gibbins, Industry of England 4. ed. 1906. p. 147.

117) 1629: »a grant to Walter, Lord Aston etc. of the Keeping of the Garden, Mulberry-trees and silk-worms near St. James in the County of Middlesex.« Rhymer Foedera 19, 35; bei Anderson, Orig. 2, 335.

118) G. Martin, Louis XV. (1900), 199.

119) Archiv-Belege bei A. de Calonne, La vie agricole sous l'ancien régime en Picardie et en Artois (1883), 111.

120) Siehe die Listen bei G. Martin, Louis XV., 113 ff. 214 ff.

121) Akten bei Karl Přibram, Geschichte der österreichischen Gewerbepolitik 1 (1907), 127.

122) Tr. Geering, Entwicklung des Zeugdrucks im Abendlande seit dem 17. Jahrh. in der Vierteljahrschrift für Soz. und W. Gesch. 1, 409 f.

123) Wenigstens behaupteten die Edelleute dieses Privileg zu besitzen; in Wirklichkeit soll es nicht bestanden haben. Siehe die Lettre pat. von 1577. 1603. 1615. 1655. 1727. 1734 bei A. des Cilleuls, La grande industrie (1898). N. 17 und vgl. N 18. 19.

124) Siehe z. B. für Frankreich P. Boissonade, Organ. du Travail en Poitou 1 (1900), 120; für Deutschland z. B. Allg. Schatzkunde der Kaufmannschaft 3 (1742), 677; für England: 1637 erhält Thomas Earl of Berkshire ein Patent für eine neue von ihm erfundene Malz- und Hopfendarre, eben zur Ausnützung seiner Torflager: Rymer, Foedera 20, 191, bei Anderson 2, 376.

125) Die Kolonisationssysteme der Levante und Mittel- und Südamerikas habe ich ausführlich geschildert in meinem „Modernen

Kapitalismus" 1, 331 ff., wo der Leser auch die Quellen angegeben findet.

126) J. C. Ballagh, White servitude in Virginia (1895), 17; E. Irv. Mc. Cormac, White servitude in Maryland (1904), 11 ff. Zur raschen Orientierung eignet sich: Reg. W. Jeffrey, The History of the 13 colonies of North America 1908; über die Besiedelung Carolinas daselbst p. 64.

126a) Th. Vogelstein, Organisationsformen der Eisenindustrie und Textilindustrie in England und Amerika (1910), 191.

127) »Je crois que l'on demeurera facilement d'accord de ce principe qu'il n'y a que l'abbondance d'argent dans un Etat qui fasse la difference de sa grandeur et de sa puissance«: Lettres, instr. etc. de Colbert, par P. Clément t. II. 2e partie CCVII.

128) Friedr. v. Bezold, Staat und Gesellschaft des Reformationszeitalters (1908) 64. Kultur der Gegenwart II. V. 1.

129) Leipziger Sammlungen (ed. Zinken. 1745) 9, 973; zitiert von Schmoller in seinem Jahrbuch 15, 8.

130) Alfred Bosenik, Über die Arbeitsleistung beim Steinkohlenbergbau in Preußen (1906), 103; Entwicklung des niederrhein.-westfäl. Bergbaues XII. Teil 3. S. 91.

131) Man lese z. B. bei Levasseur, Hist. 2, 246 ff. nach, welche Fülle genialer Unternehmertätigkeit Colbert aufwandte bei der Begründung der Compagnie du Point de France, die am Ende seiner Regierung 5500 Arbeiterinnen, teils im geschlossenen Großbetriebe, teils in der Hausindustrie beschäftigte.

132) Anderson, Origin of Commerce 3, 91 ff.

133) Sobald man über den „Geist" des großen Spekulanten etwas aussagen will, werden die Gedanken unwillkürlich immer wieder auf die unerhört geniale Charakterzeichnung Saccards in Zolas »L'Argent« hingelenkt. Ich will nur eine der vielen, wunderbaren Stellen hierhersetzen, in denen die von mir hervorgehobene Überredungskunst besonders meisterhaft geschildert wird. »— Tenez! criait Saccard, cette gorge du Carmel, que vous avez dessinée là, où il n'y a que des pierres et des lentisques, eh bien! dès que la mine d'argent sera en exploitation, il y poussera d'abord un village, puis une ville ... Et tous ces ports encombrés de sable, nous les nettoierons, nous les protégerons de fortes

jetées. Des navires de haut bord stationneront où des barques n'osent s'amarrer aujourd'hui ... Et, dans ces plaines dépeuplées, ces cols déserts, que nos lignes ferrées traverseront, vous verrez toute une résurrection, oui! les champs se défricher, des routes et des canaux s'établir, des cités nouvelles sortir du sol, la vie enfin revenir comme elle revient à un corps malade, lorsque, dans les veines appauvries, on active la circulation d'un sang nouveau ... Oui! l'argent fera ces prodiges.

Et, devant l'évocation de cette voix perçante, madame Caroline voyait réellement se lever la civilisation prédite. Ces épures sèches, ces tracés linéaires s'animaient, se peuplaient: c'était le rêve qu'elle avait fait parfois d'un Orient débarbouillé de sa crasse, tiré de son ignorance, jouissant du sol fertile, du ciel charmant, avec tous les raffinements de la science. Déjà, elle avait assisté au miracle, ce Port-Saïd qui, en si peu d'années, venait de pousser sur une plage nue, d'abord des cabanes pour abriter les quelques ouvriers de la première heure, puis la cité de deux mille âmes, la cité de dix mille âmes, des maisons, des magasins immenses, une jetée gigantesque, de la vie et du bien-être créés avec entêtement par les fourmis humaines. Et c'était bien cela qu'elle voyait se dresser de nouveau, la marche en avant, irrésistible, la poussée sociale qui se rue au plus de bonheur possible, le besoin d'agir, d'aller devant soi, sans savoir au juste où l'on va, mais d'aller plus à l'aise, dans des conditions meilleures; et le globe bouleversé par la fourmilière qui refait sa maison, et le continuel travail, de nouvelles jouissances conquises, le pouvoir de l'homme décuplé, la terre lui appartenant chaque jour davantage. L'argent, aidant la science, faisait le progrès.«

134) »Davy Ellys had commandement to worke with Humphrey Hitchcock or with Thomas Saunders untyll such tyme as they be both satisfied of their debts which is due to theym by the said Ellys.« Aus Clothworkers Court Book, July 12, 34 Henry VIII, bei Unwin, 57.

135) »Most of the artificers are poor men and unable to provide such store of materials as would serve their turn.« 3 and 4 Edw. VI c. 6. Ähnliche Bestimmungen im Baugewerbe. Zitiert bei Unwin, 56.

136) »Les maîtres qui n'auront moyen de tenir boutique ouverte et qui travailleront chez les autres m^es ne pourront sortir de la maison du m^e où ils travailleront pour aller travailler ailleurs quilz ne l'en ayent averty quinze jours auparavant soutz les peines ci-dessus dernières dictes.« Art. 31 des Statuts der Hutmacher von Bourges. Bei Levasseur, Hist. **2**, 163.

137) Siehe z. B. für *Frankfurt a. M.:* F. Bothe, Beitr. zur Wirtschafts- und Sozialgesch. der Reichsstadt Frankfurt (1906), 73; Kracauer, Beitr. zur Gesch. der Frankfurter Juden im Dreißigjährigen Kriege in der Zeitschrift für Gesch. des Judent. in Deutschl. **3** (1889), 148; für *London:* History of the Trade in England (1702), 134. 164; Ch. Weiß, Hist. des réfugiés protest. **1** (1853), 337; für *Bordeaux:* Ph. Malvézin, Les juifs à Bordeaux (1875), 196. Für die übrigen Gewerbe Belege beizubringen, erübrigt sich. Der frühzeitige „Verlag" durch Handeltreibende ist dort sozusagen geschichtsnotorisch.

137a) Die Tatsachen, die der Skizze im Text zugrunde liegen, sind allgemein bekannt. Am besten orientiert über den Florentiner Handel in der Levante noch immer W. Heyd, Gesch. d. Levantehandels, 2 Bände 1880, dem auch die wörtlich angeführten Stellen, soweit keine andere Quelle angegeben ist, entnommen sind. Siehe namentlich Band **2** S. 295 ff. 336 ff. 477 ff. 486 ff. Vgl. noch W. Heyd, Die italienischen Handelskompagnien auf Cypern in der Zeitschrift für die gef. Staatswiss. 1865.

138) Nach einem Rapport des Thomas Tucker, einem Cromwellschen Steuerbeamten, dem auch die Angaben über den schottischen Handel im 17. Jahrhundert entnommen sind; zitiert bei John Mackintosh, History of Civilization in Scotland **3** (1895), 300 ff.

138a) Aus einer englischen Beschreibung Londons, übersetzt von Heinrich Heine in seinen englischen Fragmenten (1828) IV.

139) »Un entrepreneur de fabrique qu'il connaisse o qu'il ne connaisse pas le détail des opérations d'un grand objet, est celui qui les embrasse toutes, ainsi que les spéculations qui y ont rapport et qui a en sous ordre des contre-maîtres et des commis pour diriger les unes et les autres et les lui rapporter comme à un centre qui leur est commun. Ainsi l'homme qui est à la tête d'un établissement en grand, où l'on employe di-

verses sortes de matières ou d'un établissement où l'on modifie très diversement la même matière — Beispiele: Gobelins; Sèvres — cet homme est un **entrepreneur**. Si, au lieu de cela, il n'a, par exemple, à diriger qu'une manufacture de draps, de toiles, d'étoffes quelconques, dont les détails plus rapprochés, peuvent et doivent être sus et suivis imperturbablement par lui-même, cet homme est un **fabricant**: il a ou il n'a pas sous lui des contre maîtres; mais il est **le premier contre-maître de sa fabrique**.« Art. Attelier in der Enc. méth. Manuf. tome I. (1785), p. 1.

139a) G. Schmoller, Gesch. der deutschen Kleingewerbe (1870), 580 f.

140) Für Berlin behauptet ein guter Kenner geradezu: „In der Hauptsache erwuchs die Großindustrie aus dem Handwerk, indem tüchtige, intelligente Meister, die durch die vorzügliche Schule des Kgl. Gewerbeinstituts gegangen waren, sich im Ausland und namentlich in Paris die nötigen technischen Fähigkeiten vollends angeeignet und nach der Heimat zurückgekehrt Fabriken gründeten." O. Wiedfeldt, Die Berliner Industrie (1899) S. 79.

141) Eine eigenartige und wertvolle Quelle, um den „Geist" zu erkennen, der die Florentiner Geschäftswelt im 14. und 15. Jahrhundert beherrschte, sind die sogenannten Zibaldoni, von denen eine ganze Menge bekannt sind, wie der Tesoro des Brunetti Latini, der Dittamondo des Fazio degli Uberti, der Zibaldone des Giov. Ruccellai. Leider ist meines Wissens noch keiner ediert. Aus dem zuletzt genannten Werk bringt Auszüge G. Marcotti in seiner Schrift: Un mercante fiorentino e la sua famiglia nel secolo XV. Firenze 1881. Darüber D'Ancona in der Nuova Antologia 15. 7. 81. Die Zibaldoni sind eine Art von Chroniken, in denen ihre Verfasser alle wichtigen Ereignisse des Landes und der Familie, ihre Lesefrüchte, aber auch ihre kaufmännischen und geschäftlichen Erfahrungen aufzeichneten, Grundsätze für eine richtige Geschäftsführung niederschrieben u. dgl. — Eine Hauptquelle bilden die „Familienbücher" Albertis, die jetzt in einer vorzüglichen Ausgabe vorliegen: Leon Battista Alberti, I Libri della Famiglia; editi da Girolamo Mancini. Firenze 1908. Das Buch von Agnolo Pandolfini, Del governo della famiglia (Ausgaben 1828 und

öfters), das nach dem Ausspruch **Burckhardts** (Kult. der Renaiss. I⁸, 164) „das erste Programm einer vollendet durchgebildeten Privatexistenz" enthält, ist ein fast wörtlicher Auszug aus Albertis Werk. Über die Ricordanze domestiche des Luca di **Matteo da Panzano** (1406—1461) unterrichtet (schlecht!) ein Aufsatz von **Carlo Carnesechi**, Un fiorentino del secolo XV etc. im Archivio storio ital. 5. Ser. T. IV p. 145 ff. Nur geringe Ausbeute gewähren die Lettere di un notaro a un mercante del sec. XIV., die **Cesare Guasti** u. d. T. »Ser Lapo Mazzei« herausgegeben hat. 2 Vol. Firenze 1880.

142) »terrete questo a mente figliuoli miei. Sieno le spese vostre più che l'entrate non mai maggiori. Alberti, Della famiglia, 242. Fast wörtlich übereinstimmend **Pandolfini**.

143) **Giov. Ruccellai** in seinem Zibaldone (1459); mitgeteilt von **Marcotti**, Un mercante fiorentino, 106.

144) »Non fa cortese nè gentile alcuno
Lo donare a ciascuno
Nè tener sempre larga spesa:
Ma l'ordinata impresa
Del come quanto e dove si conviene
Di saggio e di gentil nome mantiene:«
Rat **Giov. Ruccellais** an seinen Sohn in seinem Zibaldone. **Marcotti**, Un merc. fior., 112.

145) »Consiste ancora lo' inpoverire . . in un soperchio spendere e in una prodigalità la quale discipi e getti via le richezze.« Alberti, Della fam., 135.

146) »e' si vuole essere massaio et quanto da uno mortale inimico guardarsi dalle superflue spese.« »Ogni spesa non molto necessaria non vego io possa venire se non da pazzia.« »Quanto la prodigalità è cosa mala, così è buona, utile e lodevole la masserizia! [La masserizia] nuoce a niuno, giova alla famiglia ... Sancta cosa la masserizia ..« »Sa' tu quali mi piaceranno? Quelli i quali a' bisogni usano le cose quanto basta et non più: l'avanzo serbano; et questi chiamo io massai.« Alberti, l. c. 150—154.

147) Massai = »quelli che sanno tenere il mezzo tra il poco et il troppo« . . Ma in che modo si conosce elli quale sia troppo,

quale sia poco? . . Leggiermente colla misura in mano (bei **Pandolfini**, 54: ragione in mano) . . Aspetto et desidero questa misura . . Cosa brevissima et utilissima questa. In ogni spese prevedere ch'ella non sia maggiore, non pesi più, non sia di più numero che dimandi la necessità, nè sia meno quanto richiede la onestà . .«

148) **Gianozzo**: »Dipoi le spese pazze sono quelle quali facte meritano biasimo, come sarebbe pascere in casa draconi o altri animali più che questi terribili, crudeli et venenosi.« **Lionardo**: Tigri forse? **Gianozzo**: Anzi, Lionardo mio, pascere scelerati et vitiosi uomini . . . Vuolsi fugire quanto una pestilenzia ogni uso et dimestichezza di simili maldici raportatori et ghiottonacci, quali s'inframettono fra gli amici et conoscenti delle case.«

149) **Alberti**, l. c. p. 198, 199.

149a) »Sempre m'afatico in cose utili et onesta«; l. c. p. 163.

150) »adopero l'animo e il corpo et il tempo non se non bene. Cerco di conservalle asai, curo non perderne punto . .« ib. 166.

151) »empionsi per otio le vene di flemma, stanno acquitosi et scialbi, et lo stomaco sdegnoso i nerbi pigri e tucto il corpo tardo et adormentato et più l'ingegno per troppo otio s'appanna et offuscasi, ogni virtù nell' animo diventa inerte . .« l. c. p. 45.

152) «Nulla si truova onde tanto facile surga disonore et infamia quanto dall'otio. El grenbo delli otiosi sempre fu nido e cova de' vitii. Nulla si truova tanto alle cose publice et private nociva et pestifero quanto sono i cittadini igniovi (ignavi) e inerti. Dell'ocio nasce lascivia: [di lascivia] nasce spregiare le leggi: del non ubbidire le leggi segne ruina et exterminio delle terre . . . Adunque l'otio cagione di tanto male molto a' buoni debb'essere in odio.« l. c. p. 121. Die Ameisen und Bienen werden als Muster des guten Wirtes hingestellt: 200.

153) »Chi sa non perdere tempo sa fare quasi ogni cosa, et chi sa adoperare il tempo costui sarà signore di qualunque cosa e' voglia.« **Alberti**, Della fam., 200.

154) »Per non perdere di cosa si pretio, sa punto, io pongo in me questa regola: mai mi lascio stare in otio, fugo il sonno,

né giacio se non vinto dalla strachezza .. Così adunque fo: fuggo il sonno et l'otio, sempre faccendo qualche cosa .. Et perchè una faccenda non mi confonda l'altra ... sapete voi, figliuoli miei, quello che fo io. La mattina, prima quando io mi lievo, così fra me stessi io penso: oggi in che arò io da fare? Tante cose: annòverole, pensovi, et a ciascuna assegno il tempo suo: questo stamane, quello oggi, quello altro stasera; et a quello modo mi viene facto con ordine ogni faccenda quasi con niuna fatica: la sera inanzi che io mi riposi racholgo in me quanto feci il dì.« »Prima voglio perdere il sonno che il tempo.« l. c. p. 165 ff.

155) »Questi (i quadagni) .. di venteranno maggiori crescendo in noi colle faccende insieme industria et opera.« l. c. p. 137.

156) Ich entnehme die Stelle aus dem Historischen Roman (!) Dimitry Sergew Mereschkowskis, Leonardo da Vinci; übersetzt von Carl von Gutschow; 31.—36. Tausend (1912), 324—327. Aus einem Roman. Trotzdem dürfen wir nach der ganzen Anlage dieses vortrefflichen Buches annehmen, daß die Darstellung eine quellenmäßige ist. Der einzige Fehler der bewundernswerten Mereschkowskischen Werke ist der, daß ihr Verfasser in einem Anhange nicht die Quellen anführt, aus denen er geschöpft hat. In der zitierten Stelle hat es fast den Anschein, als haben M. (neben andern Quellen) die Familienbücher Albertis vorgelegen.

157) Agricoltura tratta da diversi antichi et moderni scrittori. Da Sig. Gabr. Alfonso d'Herrera .. et tradotta di lingua spagnuola in italiana da Mambrino Roseo da Fabriano. In Venetio 1592. Siehe namentlich die Dedicazione.

158) traduzione italiana (1581), p. 7, 10, 12, 14, 28 und Cap. VI.

159) Vinc. Tanara, L'economia del cittadino in Villa. Bologna 1648. p. 2, 119, 202 ff., 269. Der Verfasser zitiert das folgende, überaus bezeichnende Sprichwort:

»Metti il poco col poco e sopra il poco
Aggiungi anco il più poco e di più pochi
Un cumulo farai che non sia poco ..«

160) Le parfait négociant etc. par Jacques Savary; 4. edit. 1 (1697), 31.

### Quellenbelege

161) The Complete English Tradesman. 5. Aufl. 1745.

162) Franklins Schatzkästlein; herausgegeben von Bergk, 1 (1839), 71.

163) Die berühmte, oft zitierte Stelle steht in der (jetzt besten und vollständigsten) Ausgabe der Gesammelten Werke Benjamin Franklins von A. H. Smyth 1907 ff. 2, 370 f.

164) The Oeconomy of Human Life; engl. und deutsch 1785, S. 413.

165) »Get what you can and what you get, hold
›'Tis the stone that will turn all your lead into gold.«
The Oeconomy of Life S. 425, 443. Diese Schrift ist eine Wiedergabe aus Poor Richards Almanach, von dem noch die Rede sein wird.

166) ›In short, the way to wealth, if you desire it, is a plain as the way to market. It depends chiefly on two words, **industry and frugality**; that is, waste **neither time nor money**, but make the best use of both. Without industry and frugality nothing will do, and with them every thing. He that gets all he can honestly (!) and saves all he gets (necessary expenses excepted! cf. Alberti!) will certainly become rich, if that Being who governs the world, to whom all should look for a blessing on their honest (!) endeavours, doth not, in his wise providence, otherwise determine.« Writings, ed. Smyth, 2, 370 (Schluß). Vgl. B. Franklin, Memoirs, 1 (1833), 147 und öfters.

167) Benjamin Franklins Leben, von ihm selbst beschrieben. Deutsch von Dr. Karl Müller (Reklam), S. 114—119.

168) »cette belle économie qui fait les maisons opulentes.« Le négociant patriote (1779), 13.

169) Nach den Mitteilungen P. L. Fords: A. H. Smyth, B. F. Writings. Introduction. Vol. I (1907), 44 f.

170) »Mai fu nella famiglia nostra Alberta che ne' traffichi rompesse la fede et onestà debita, el quale onestissimo costume, quanto veggio, in la famiglia nostra sempre s'osserverà . . .« Alberti, Fam., 134. »Mai ne' traffichi nostri di noi si trovò che admettesse bruttezza alcuna. Sempre in ogni contracto volsono e nostri observare somma simplicità, somma verità e in questo modo

siamo in Italia et fuor d'Italia . . . conosciuti grandissimi mercatanti ..« ib. p. 133. »In ogni compera et vendita siavi simplicità, verità, fede et integrità tanto con lo strano, quanto con l'amico, con tutti chiaro et netto . .«

171) So von Samuel Lamb in seiner Eingabe wegen Errichtung einer Bank in London (1659), in Lord Somers Tracts ed. by Walter Scott 6, 444 f. Owen Felltham in seinen Observations (1652) sagt von den Holländern: »In all their manufactures, they hold a moderation and constancy, for they are as fruit from trees, the same every year that they are at first; not apples one year and crabs the next, and so forever after. In the sale of these they also are at a word: they will gain rather than exact, and have not that way whereby our citizens abuse the wise and cozen the ignorant and by their infinite over-asking for commodities proclaim to the world that they would cheat all if it were in their power.« Zitiert bei Douglas Campbell, The Puritan, 2, 327 f. Über Fälschungen und Betrügereien »the besetting sins of English tradesmen« sind noch zu vergleichen (zit. ib.) Froude, Hist. of E. 12, 565; F. A. Inderwick, The Interregnum p. 62. 79. 81. Auch was Defoe in seinem Complete English Tradesman (Ch. XX der 5. Aufl.) an faulen Praktiken der englischen Geschäftswelt aufzählt, läßt nicht gerade auf eine hochentwickelte Solidität schließen.

172) »Sempre daremo luogo alla onestà, che con noi sia come un publico, quieto, pratico e prudentissimo sensale el quale misuri, pesi, annoveri molto bene più volte et stimi e pregi ogni nostro acto, facto, pensiero e voglia.« Alberti, Della famiglia, 140. »quello che darà l'ultimo lustro a tutte le nostre operazioni pulitissimo e splendidissimo in vita, e dopo noi fermissimo et perpetuissimo, dico la onestà . . . la quale sempre fu ottima maestra delle virtù, fedele compagna delle lode, benignissima sorella de'costumi, religiosissima madre d'ogni tranquillità e beatitudine del vivere ..« etc. etc. Die bürgerl. Wohlanständigkeit »non manco e utilissimo« . . . »E così sempre satisfacendo al giudicio della onestà ci troveremo richi, lodati amati et onorati.« l. c. p. 139 f.

173) »In order to secure my credit and character as a tradesman,

I took care not only to be in reality industrious and frugal, but to avoid the appearances to the contrary. I dressed plain (schlicht), and was seen at no places of idle diversion: I never went out a fishing or shooting« etc. Mem. of the Life and Writings of Benj. Franklin, written by himself 1 (1833), 103.

174) »tre cose maxime sonno oportune: a chi vole con debita diligentia mercantare. De le quale la potissima è la pecunia numerata: e ogni altra faculta substantiale. La seconda cosa che si recerca al debito trafico: sie che sia buon ragioneri e prompto computista . . La terza: e ultima cosa oportuna sie: che con bello ordine tutte sue facende debitamente disponga: acio con breuita: possa de ciascuna hauer notitia.« (Lucas de Burgo) Summa de Arithmetica ec. (1494) ed. 1523 p. 198 II.

175) *Quellen und Literatur zum Kapitel » Rechenhaftigkeit «:* Der Liber Abaci ist 1857 von Buoncompagni herausgegeben; die Darstellung der doppelten Buchführung bei Fra Luca von E. L. Jäger, Lucas Pacioli und Simon Stevin 1876. Zur *Geschichte der Rechenkunst* sind zunächst die allgemeinen Werke über Geschichte der Mathematik heranzuziehen: wie Libri, Hist. des sciences mathém. 2 Vol. 1838. M. Cantor, Vorlesungen über Geschichte der Mathematik, 2 Bde., 1892. Auch F. Unger, Methodik der praktischen Arithmetik, 1888 enthält viel Historisches. Über die *Rechenkunst* und *Rechenbücher* im besonderen: Franz Villicus, Die Geschichte der Rechenkunst, 1891; Hugo Grosse, Historische Rechenbücher des 16. und 17. Jahrhunderts, 1901. Zur *Geschichte der Buchführung* (außer der schon genannten Schrift Jägers): G. Brambilla, Storia della ragioneria italiana, 1901; Corn. Desimoni, Cristoforo Colombo etc. in den Atti della soc. ligure di storia patria. Vol. XIX. 1889; H. Sieveking, Aus venetianischen Handlungsbüchern, in Schmollers Jahrbuch, Jahrgang XXV. A. Gherardi, L'antica camera del Comune di Firenze im Arch. stor. IV. ser. t. 16. Im übrigen verweise ich auf die Darstellung in meinem „Mod. Kap." und die dort noch genannten Schriften.

176) »Dicea messer Benedetto Alberti . . . ch'egli stava così bene al mercatante sempre avere le mani tincte d'inchiostro . . . Dimostrava essere offitio del mercatante et d'ogni mestiere, quale

abbia a tramare con più persone, sempre scrivere ogni cosa, ogni contracto, ogni cosa entrata et uscita fuori di bottega et così spesso tutto rivedere, che quasi sempre avesse la penna in mano..« Alberti, Della fam., 191/92.

177) B. Franklin, Memoirs 1, 150.

178) Ludolf Schleicher, Das merkantilische Hamburg (1838), 75.

179) Burckhardt, Kult. d. Ren. 1³, 78.

180) Masuccio, Nov. 19 (ed. Settembrini, 1874, p. 220) bei Burckhardt, a. a. O. 2, 107. 167 ff.

181) Die Quellen bei Burckhardt, a. a. O. S. 167 ff.

182) Vgl. noch das Proemio zu Crescenzi, Dell' agricoltura. 1605.

183) Nach einem Berichte der Gremios von Sevilla vom Jahre 1701; zitiert bei Buckle, Gesch. der Civilisation 2, 67.

184) Sempere, Monarchie Espagnole 2, 50; Diskurse des Martinez de Mata, der 1650 schrieb (herausgeg. 1794 von Canga, p. 8) a. a. O.

185) von Bezold, Staat und Gesellschaft a. a. O. S. 45.

186) Ranke, Fürsten und Völker von Südeuropa 1³ (1857), 444; vgl. noch Seite 446 ff. 449. 459.

187) Ich führe noch ein paar weniger bekannte Stellen aus Reisebeschreibungen des 17. Jahrhunderts an, die übereinstimmend das gänzliche Versiegen des kapitalistischen Geistes im damaligen Spanien bezeugen. Reisender 1669: »Ils méprisent tellement le travail, que la plûpart des artisans sont étrangers.« Voyages faits en divers Temps par M. M.*** Amsterdam 1700. p. 80. Anderer zw. 1693 u. 1695: »They think it below the dignity of a Spaniard to labour and provide for the future.« Travels by a Gentleman (by Bromley?) London 1702. p. 35. Ein Dritter 1679: »Ils souffrent plus aisément la faim et les autres nécessités de la vie que de travailler, disent-ils, comme des mercennaries ce qui n'appartient qu'à des Esclaves.« D'Aulnoy, Relat. du Voyage d'Espagne Lyon 1693 2, 369. 70; sämtlich bei Buckle, 2, 64.

188) Siehe z. B. für *Mexiko* (Spanier): Al. v. Humboldt, Nouvelle Espagne 4, 21; für *Brasilien* (Portugiesen): v. Eschwege, Pluto brasiliensis (1833), 251 ff.; vgl. 284. 303.

189) »J'ay peur que nous avons les yeulx plus grand que le ventre; et plus de curiosité que nous n'avons de capacité: nous embrassons tout, mais nous n'estreignons que du vent.« Montaigne, Essays; Liv. I Ch. XXX.

190) »Nos négociants n'ont pas assez de force pour entrer dans des affaires qui ne leur sont pas bien connues . . .« Mélanges Colbert 119 p. 273 bei P. Kaeppelin, La comp. des Indes orientales (1908), 4.

191) Siehe die eingehende Geschichtsdarstellung bei P. Kaeppelin, l. c. p. 4. 11. 16. 130 und passim.

192) Le négociant patriote (1779), 13.

193) »Ce sont des parcs immmenses, des jardins délicieux, des eaux vives et jaillissantes dont l'entretien est très dispendieux et souvent le propriétaire n'y va pas trois mois dans l'année; c'est l'entretien de ces tables servies avec autant de délicatesses que de profusion, où de complaisans parasites trouvent des places . . .« l. c. p. 27. »Nous avons peut-être un peu trop suivi la voie qui conduit à l'argent, avec le goût dominant de le prodiguer en festins, fêtes, spectacles, bijoux, meubles, recherchés, habit de prix, equipages somptueux, en un mot, tout ce qui tient à une représentation frivole, mais éclatante.« p. 228.

194) »Pour peu qu'on ait quelque fortune on n'aspire qu'à sortir de cette classe des marchands et des gens de métier, sans dignité, sinon sans influence dans l'Etat. Y rester ce serait avouer qu'on est trop pauvre pour acheter une charge, ou trop ignorant pour la remplir. Le mépris du comptoir et de l'atelier est chez nous un mal héréditaire: c'est un des préjugés de l'ancienne société qui lui a survecu . . .« Pigeonneau, Hist. du comm. 2, 175/76.

195) Ch. Normand, La bourgeoisie franç. au XVII. siècle (1908), 11 ff. 42 ff. Ich teile noch ein paar Zeugnisse aus dem 17. Jahrh. mit. Der Intendant d'Herbigny über die Berrichons (Bewohner von Bourges): »Des qu'un marchand a amassé un peu de bien, il ne songe plus qu'à estre eschevin et puis ne veut plus se mesler d'aucun commerce . . .« An Colbert. Boyer, Hist. de l'industrie et du commerce à Bourges bei Levasseur,

Hist. 2, 237. Savary, Parf. nég. 4. ed. 1697 2, 183 klagt: »Des le moment qu'en France un Négociant a acquis de grandes richesses dans le commerce, bien loin que ses enfants suivent cette profession, au contraire ils entrent dans les Charges publiques ... au lieu qu'en Hollande les enfants des particuliers négociaux suivent ordinairement la profession et le commerce de leur père etc.«

196) Laffemas, Traité du commerce de la vie du loyal marchand 1601; zitiert bei G. Fagniez, L'économie sociale de la France sous Henry IV. (1897), 253.

197) »Tout est perdu lorsque la profession lucrative du traitant parvient encore par ses richesses à être une profession honorée ... Un dégoût saisit tous les autres états, l'honneur y perd toute sa considération, les moyens lents et naturels de se distinguer ne touchent plus et le gouvernement est frappé dans son principe ...«

198) »Est stultissimum ac sordidissimum negotiatorum genus, quippe qui rem omnium sordidissimam tractent, idque sordidissimis rationibus, qui cum passim mentiantur, peierent, furentur, fraudent, imponant, tamen omnium primos sese faciunt, propterea quod digitos habeant auro revinctos.«

199) „Es ist vor allen ein überaus stinckende Sect der Kaufleut ..." usw.

200) Otto Neurath, Zur Anschauung der Antike über Handel usw. in den Jahrbüchern f. N. Ö. III. Folge 34, 179. Diese Abhandlung, die schon im 32. Bande der „Jahrbücher" beginnt, ist ein außerordentlich wertvoller Beitrag zur Geschichte der Geltung des Handels (und anderer wirtschaftlicher Tätigkeit) in der „öffentlichen Meinung" (bzw. in den verschiedenen Gruppen der Bevölkerung). N. dehnt (was der Titel nicht vermuten läßt) seine Untersuchung bis in das 18. Jahrhundert aus.

201) Siehe meine „Deutsche Volkswirtschaft im 19. Jahrh." 3. Aufl. (1913), 100 ff. 118 ff.

202) Sämtliche Zitate nach Buckle, Gesch. d. Civil. in England 2³ (1868), 293.

203) So lautet eine Kapitelüberschrift in dem pompösen, in der Grundidee zwar verfehlten, aber an Belehrung außerordentlich reichen

und wertvollen Buche von G. v. Schulze-Gävernitz, Britischer Imperialismus und englischer Freihandel. 1906.

204) v. Schulze-Gävernitz, a. a. O. S. 362.

205) Siehe die lehrreichen Zusammenstellungen bei Th. Vogelstein, a. a. O. S. 170 ff.

206) »Nè sarà pocha ricchezza a' figliuoli nostri lasciarli che da parte niuna chosa necessaria alchuna loro manchi, e sarà di cierto richeza lasciare a' figliuoli tanto de' beni della fortuna che non sia loro forza dire quella acerbissima et agli ingegni liberali odiosissima parola, cioè: Jo ti pregho.« Alberti, Della fam., 49.

207) »Sono atte le ricchezze ad acquistare amistà e lodo, servendo a chi à bisogno; puossi con le ricchezze conseguire fama e auctorità adoperandole in cose amplissime e nobilissime con molta larghezza et magnificentia. Et sono negli ultimi casi e bisogni alla patria le ricchezze de' privati cittadinu, come tutto il dì si truova, molto utilissime.« l. c. 132. »Troppo a nnoi sarà grandissimo guadagno, si noi asseguiremo gratia e lode, per le quali cose solo si cerca vivere in ricchezza. Non servirà l'animo dunque per arrichire, nè constituirà el corpo in otio e delitie, ma userà le ricchezze solo per non servire ..« »Se lla fortuna vi dona richezze adoperatele in cose magnifiche e onestissime.« l. c. 139.

208) »Nè sia chi stimi le richeze se non faticose et incommode a chi non sa bene usarle, [et sarà non dannossa ogni richezza a chollui el quale non la saprà bene usare et chonservare] ..« l. c. 49.

209) The Oeconomy of Human Life, Haushaltungskunst des menschlichen Lebens. 1785. Die Schrift ist im wesentlichen ein Auszug aus Franklins Schriften. »A wise man will desire no more than what he may get justly, use soberly, distribute cheerfully, and life up on contentedly.« (338).

210) Dr. Bergk, Die Kunst reich zu werden (1838); das Schriftchen ist aus Franklinschem Geiste geboren; ihr Verfasser erklärt selbst, daß seine Absicht sei, die Lehre Franklins zu verbreiten.

211) Dr. Bergk a. a. O.

212) Alberti, Della fam., 242 und öfters.

213) The Oeconomy of Human Life, 121.

214) G. Smith, Diss. de privilegiis societatis Indiae orientalis (1786) 16; zitiert bei Laspeyres, a. a. O. S. 91.

215) E. Laspeyres, a. a. O. S. 87.

216) »Soleva dire messer . . Alberto, omo destissimo et faccentissimo che mai vide uomo diligente andare se non adagio.« Alberti, Della famiglia, 165.

217) »A Paris on court, on se presse parce qu'on y est oisif; ici (à Lyon) l'on marche posément, parceque l'on y est occupé!« Zitiert bei Just. Godard, L'ouvrier en soie 1 (1899), 38/39.

218) »How, in scarlet coats, cocked hats, an powdered wigs, they strutted up and down the Planistanes, the only bit of pavement then in Glasgow, covering three or four hundred yards of road in front of the Town Hall and the adjoining offices — talking grandly to one another, and nodding haughtily to the humbler folk who came to do them homage.« Zitiert bei Fox Bourne, English merchants, 394.

„Steif und aufmerksam" sind die Beiwörter, mit denen Goethe einmal im Wilhelm Meister den „Geschäftsmann" in seiner beruflichen Eigenart kennzeichnet.

219) Die Juden und das Wirtschaftsleben S. 132 ff.

220) Siehe die Belege in der „Allgemeinen Schatzkammer der Kaufmannschaft" 1741 f., 3, 148; 4, 677; 3, 1325 f.; 1, 1392.

221) »No respectable house would overdo the thing. There was a sort of self-respect about the articles advertised..« Walter Barrett, The old merchants of New York City (1863), 22. 25.

222) Compl. Engl. Tradesman. 5. ed. 2, 151 ff.

223) Jof. Child, A new discourse of trade 4. ed. p. 159.

224) »It wolde be a grete decay unto the companye, whereupon the Mr. and Wardens gave the said stranger grete thanks and also XX s in money towards his charge and so parted ..« Clothworkers Court Book Jane 21. 2 Elizabeth bei Unwin, Ind. organ (1904), 117.

225) »Les métiers ont été longtemps défendus dans le royaume, parce que les bas s'y faisaient avec plus de diligence et de finesse et qu'on craignait qu'ils ne détruisissent le tricot qui fait subsister quantité de pauore gens...« sagte 1697 der Intendant von Bourges; bei Levasseur, Hist. 2, 257.

## Quellenbelege

226) Joh. Joach. Becher, Närrische Weisheit (1686), 15.

226a) Die beiden letzten Zitate entnehme ich Carl Ergang, Untersuchungen zum Maschinenproblem in der Volksw. Lehre. Freib. Volksw. Abh. I. Bd., 2. Erg. Heft (1911), 4 f. 10.

227) »Ces machines, dont l'objet est d'abréger l'art, ne sont pas toujours utiles. Si un ouvrage est à un prix médiocre, et qui convienne également à celui qui l'achète et à l'ouvrier qui l'a fait; les machines qui en simplifieroient la manufacture, c'est-à-dire, qui diminueroient le nombre des ouvriers, seroient pernicieuses; et si les moulins à eau n'étoient pas partout établis, je ne les croirois pas aussi utiles, qu'on le dit; parce qu'ils ont fait reposer une infinité de bras, qu'ils ont privé bien des gens de l'usage des eaux, et ont fait perdre la fécondité à beaucoup de terres.« Montesquieu, Esprit des Lois Liv. XXIII. Ch. XV.

228) Postlethwayt, Dict. of Commerce $2^2$ (1758), 121.

229) Walther Rathenau, Reflexionen (1908), 81.

230) W. Rathenau, a. a. O. 82.

231) Ausführlicher habe ich dieses Problem der „Objektivierung des Gewinnstrebens" behandelt im „Archiv für Soz. Wissenschaft" Bd. 29, S. 700 ff.

232) A. Carnegie, Selbstbiographie, deutsch im „Evangelium des Reichtums" (1905), XXVII.

233) Rep. of the Ind. Comm. (1900), 795.

234) Dr. Strousberg und sein Wirken. Von ihm selbst geschildert (1876), 397.

235) L. Jolles, Eine wirtschaftliche Persönlichkeit. „Der Tag" 1909 Nr. 215. Volkswirtschaftl. Beilage.

236) W. Rathenau, Reflexionen, 99.

237) John R. Rockefellers Memoiren. Deutsch (1909), XXIV.

238) Ludwig Feuchtwanger, Die ethischen Grundlagen der Nationalökonomie in Schmollers Jahrbuch 37 (1913), 961.

239) So F. Rachfahl in seinen sonst sehr viel Zutreffendes enthaltenden Aufsätzen über „Kalvinismus und Kapitalismus" in der Internat. Wochenschrift (1909); S. 1293.

240) W. Rathenau, Reflexionen, 92.

241) Siehe die Artikel „Anlage", „Disposition", „Instinkt" im Handwörterbuch der Philosophie von Dr. Rudolf Eisler (1913) und die daselbst angeführte Literatur. Dazu vgl. noch H. Kurella, Die Intellektuellen und die Gesellschaft. 1913.

242) „Zum Leiter großer Unternehmungen fehlte mir auch das gute Gedächtnis": Werner Siemens, Lebenserinnerungen, S. 296.

243) »Quare non, quantum quisque prosit, sed quanti quisque sit, ponderandum est«: Brutus 257.

244) Xenophon, Oeconomicus (deutsch von M. Hodermann 1897): 2. 9. 12. Kapitel.

245) »Etiam sit a venereis amoribus aversus: quibus si se dederit non aliud quidquam possit cogitare quam illud quod diligit: nam vitiis eius modi pellectus animus nec praemium jucundius quam fructum libidinis nec supplicium gravius quam frustrationem cupiditatis existimat.« Columella, De re rustica Lib. XI. c. I.

246) „Es ist sehr schwer begreiflich, nahezu ganz unerklärlich, wie von einer im individuellen Leben infolge äußerer Eindrücke gebildeten Verbindung von Fortsätzen der Ganglienzellen die Spur auf die Genitalzellen übertragen werden könnte, so daß in dem Organismus der folgenden Generation die entsprechende Verbindung (ganz oder teilweise) zustande käme." H. E. Ziegler, Die Naturwiss. u. die sozialdem. Theorie (1893), 251.

Es ist hier gewiß nicht der Ort, in eine Erörterung des Problems der Vererbung erworbener Eigenschaften einzutreten. Es muß genügen, wenn der Verfasser sich als Anhänger der anti=lamarckistischen Auffassung bekennt. Natürlich gilt auch die Beweisführung im Text nur unter der Voraussetzung, daß diese (hier unbewiesen übernommene) Auffassung richtig ist. Für den, der aus allem alles werden läßt bloß durch äußere Einwirkung, also für den Lamarckisten oder Milieu=theoretiker, gibt es ja bei der Behandlung von Fragen wie der unsrigen im Grunde überhaupt kein „biologisches" oder Veranlagungsproblem. Für ihn ist der Mensch, sei es als Einzelwesen, sei es als Volk, ein Mannequin, den der Zufall des äußeren Schicksals in beliebiger Form herausputzt; der zu den Seelenzuständen kommt, wie der Haubenstock zur Haube, die man ihm aufsetzt.

Soviel ich zu beurteilen vermag, ist übrigens der heutige Stand der biologischen Forschung über das Problem dieses: daß die reinen „Lamarckisten" im Aussterben begriffen sind, und daß sich der Streit nur noch dreht um das Wenige oder Wenigere oder noch Wenigere an äußeren Reizen, dessen Vererbung man für möglich hält. Daß die große Masse aller Seelenzustände auf blutsmäßiger Veranlagung beruht, und daß diese Veranlagung und nicht das Milieu im **wesentlichen** die Seelentätigkeit des Menschen bestimmt, wird meines Wissens heute von keinem ernsten Forscher mehr bestritten. Aus der neuen Literatur hebe ich noch hervor die Schrift des auf dem äußersten „linken" Flügel stehenden (man darf schon die Bilder aus der Parlamentssprache anwenden, denn ohne Zweifel entspricht der Lamarckismus ebenso sehr einer „liberalen" [oder sozialdemokratischen] Weltbetrachtung, die immer eine Weltverbesserungstendenz hat, wie der konsequente Weißmannianismus das naturwissenschaftliche Korrelat zu „konservativen" Anschauungen ist) R. Semon, Der Stand der Frage nach der Vererbung erworbener Eigenschaften. S. A. aus Fortschritte der naturwissenschaftl. Forschung, hrsg. von Em. Abderhalden, II. Bd. 1910, und die (entgegengesetzt orientierte, sehr lehrreiche) Studie von W. Betz, Über Korrelation. Methoden der Korrelationsberechnung und kritischer Bericht über Korrelationsuntersuchungen aus dem Gebiete der Intelligenz, der Anlagen und ihrer Beeinflussung durch äußere Umstände. 3. Beiheft zur Zeitschrift für angewandte Psychologie und psychologische Sammelforschung, hrsg. von Wilh. Stern und Otto Lippmann. 1911.

Zusammenfassend wird das Problem der Vererbung jetzt behandelt von V. Haecker, Allg. V. Lehre 1911; R. Goldschmid, Einführung in die V. Wissensch. 1912; L. Plate, V. Lehre 1913.

247) Über die (sehr verwickelte!) Ethnographie Schottlands unterrichten: W. F. Skene, Celtic Scotland. 3 Vol. 1876—1880. John Mackintosh, History of Civilization in Scotland. 4 Vol. 1892 f.; vornehmlich Vol. I. In Forduns Chron. ist der ethnographische Gegensatz zwischen Highländern und Lowländern bereits völlig klargelegt: Skene, l. c. 3, 15 ff. 39 f.

248) A. W. Wiston-Glynn, John Law of Lauriston (1907), 3. Man vergleiche auch das Schicksal der Darien-Co. (1698/99) mit dem der englischen oder holländischen Handelskompagnien!

249) Eine vortreffliche Übersicht über die Blutsmischung des

spanisch-portugiesischen Volkes gibt H. Schurtz, Die Pyrrhenäen-halbinsel in Helmolts Weltgeschichte. Band 4.

250) J. Jung in Helmolts Weltgeschichte 4, 364.

251) »mercatura .. sin magna et copiosa, multa undique apportans multisque sine vanitate impertiens, non est admodum vituperanda.« Cic., de off. I. c. 42. Otto Neurath, Zur Anschauung der Antike usw. in den Jahrbüchern f. N. Ö. 32, 577 ff.

252) G. Toniolo, Dei remoti fattori della potenza economica di Firenze (1882), 12 ff. 46.

253) Über die *Etrusker* unterrichtet immer noch am besten das grundlegende Werk von Müller-Deecke, Die Etrusker. 2. Aufl. 2 Bände. 1877. Zu vergleichen: C. Pauli, Die Urvölker der Apenninhalbinsel in Helmolts Weltgeschichte Bd. 4. Über ihre wirtschaftliche Tätigkeit insbesondere schrieb: H. Genthe, Über den etruskischen Tauschhandel nach dem Norden. 1874. Die Schrift trägt jedoch wesentlich antiquarischen Charakter.

254) Müller-Deecke, a. a. O. 2, 325.

255) »Gens itaque ante ommes alias eo magis dedita religionibus, quod excelleret arte colendi eas.« Livius V. 1.

256) Davidsohn, Geschichte von Florenz 1, 39 f.

257) Skene, Celtic Scotland 1, 145 f. 191 f., 231.

258) J. Klumker, Der friesische Tuchhandel zur Zeit Karls des Großen. Leipz. Diss. 1898.

259) »Their 'eternal want of pence' and their inability to dispense it« bringt die Adligen zu Fall. »The day had gone by when a following of rudely-armed retainers (Vasall) made a great man of a Bell-the-Cator a Tiger Earl. As things now went, what had been a source of strength was fast becoming a source of weakness. Retainers had to be maintained and their maintenance was a drain on the lord's resources which his extended wants made ever more undesirable . . . A noble with broad domains and a scanty purse was a stranded leviathan, impotent to put forth his strength in the new conditions in which he found himself.« T. Hume Brown, Scotland in the time of Queen Mary (1904), 182 ff.

259a) Alle auf die Familienverhältnisse der Albertis bezüglichen Angaben entnehme ich dem Quellenwerke: Luigi Passerini, Gli

Alberti di Firenze. Genealogia, Storia e Documenti. 2 Vol. 1869.

260) Aus Alberti, Della famiglia: »Nulla fate senza optima ragione«, p. 198. Körperlich — müßt ihr gesund leben: »non mangiare se tu non senti fame: non bere se tu non ai sete...« das fördert die Verdauung, p. 164. »prendete questa regola brieve generale, molto perfecta: ponete diligentia in conoscere qual cosa a voi soglia essere nociva et da quella molto vi guardate: quale vi giova et voi quella seguite«, ib. »Tanto siamo quasi da natura tutti proclivi e inclinati all' utile, che per trarre da altrui, e per conservare a noi, docti credo dalla natura, sappiamo e simulare benivolentia e fugire amicitia quanto ci attaglia«, p. 264. »Nessuno vezo è si strano nè si indurato in te, che in pochi dì una tua ferma diligentia et sollecitudine non llo emendi nè llo rimuti«, p. 46. Nè può solo nel corpo tanto l'exercitio (= Übung!), ma nell'animo ancora tanto potrà quanto vorremo colla ragione seguire«, ib. »Sempre m'afatico in cose utili et oneste«, p. 163. Welchen Lebenswerten Alberti die größte Bedeutung beilegte, zeigt folgende Stelle: A. bittet von Gott: »ci dia quiete et verità d'animo et di intellecto et pregarlo ci conceda lungo tempo sanità, vita, et buona fortuna, bella famiglia, oneste ricchezze, buona gratia et onore fra gli uomini«, p. 226.

Aus Franklins Selbstbiographie: Von seinem Tugendschema bemerkt er ausdrücklich, daß es nicht in einem bestimmten religiösen Dogma verankert ist, sondern für Angehörige sämtlicher Religionen gelten könne, weil es der allgemeinen menschlichen Vernünftigkeit entspreche: »though my scheme was not wholly without religion, there was in it no mark of any of the distinguished tenets of any particular sect.« Memoirs 1, 139. Er empfiehlt, Jesu und Sokrates nachzuleben: »imitate Jesus and Socrates«, ib. p. 130. »In this piece it was my design to explain and to enforce this doctrine, that vicious actions are not hurtful because they are forbidden, but forbidden because they are hurtful; the nature of man alone considered: that it was therefore every one's interest to be virtous, who wished to be happy even in this world: and I should from this circumstance (there being always in the world a number of rich merchants, nobility, states and princes, who have need of honest instruments for the management of their affairs, and such being so rare), have endeavored to convince young persons, that no qualities are so likely to make a poor man's fortune, as those of **probity and integrity.**« ib. p. 140. 141. Zu vergleichen ist auch die in anderem Zusammenhange (siehe oben S. 153 ff.) mitgeteilte Tugendsystematik dieses Mannes.

261) Neue Belege wieder bei N. Tamassia, La famiglia ital. nel sc. XV e. XVI (1910), 40 ff. Man wollte die alten Vorfahren nachahmen: »in virtù e in sustanza.«

262) Marcotti, Un mercante fiorentino, 106.

263) 3. B. »Scrivono che Stifonte megaro philosapho da natura era [inchinato a essere] ubbriaco et luxurisso, ma con exercitar [si in] abstinentia et virtù **vinse la sua quasi natura** (!) et fu sopra gli altri costumatissimo. Virgilio quel nostro divino poeta da giovane fu amatore« usw. l. c. p. 46.

264) Xenophon, Oeconomicus, 11. Kap. Deutsch von Hobermann 1897, S. 51 ff.

265) Xenophon, a. a. O. S. 80.

266) Max Weber, Römische Agrargeschichte (1891), 225/26.

267) »Diligens paterfamilias, cui cordi est, ex agri cultu certam sequi rationem rei familiaris augendae . « Columella, De re rustica. Lib. I. c. I. Die Ackerbauwissenschaft war von Griechen, Karthagern(!), Römern usw. hochausgebildet. »Qui studium agricolationi dederit, antiquissima sciat haec sibi advocanda
                prudentiam rei
                facultatem impendendi
                voluntatem agendi.«

268) »Nulla est . . vel nequissimi hominis amplior custodia quam quotidiana operis exactio: nam illud verum est Catonis oraculum, nihil agendo homines male agere discunt . . . Praelabentis . . temporis fuga quam sit inreparabilis, quis dubitet? Eius igitur memor praecipue semper caveat, ne improvidus ab opere vincatur. Res est agrestis insidiosissima cunctanti: quod ipsum expressius vetustissimus auctor Hesiodus hoc versu significavit Ἀεὶ δ'ἀμβολιεργὸς ἀνὴρ ἄταισι παλαίει.« Columella, De re rust. Lib. XI. c. I.

269) »Non minor est virtus quam quaerere parta tueri« Ovid. »Divitiae grandes homini sunt vivere parce« Lucret. »Magnum vectigal parsimonia.« »Nullus tantus quaestus quem quod habes parcere.« »Magnae opes non tam multa capiendo quam haud multa perdendo, quaeruntur.« Zitiert „Geldsucht", S. 79.

270) »Chi non teme Dio, chi nell'animo suo àve spenta la religione, questo in tucto si può riputare cattivo ... si vuole empiere l'animo a' pichioli di grandissima reverentia et timore di Dio, imperò che l'amore et observanza delle cose divine è mirabile freno a molti vitii ..« Alberti, Della fam., 54.

271) Alberti, l. c. p. 122 f.

272) Dies ist jetzt wieder das Ergebnis der gründlichen Untersuchungen von Charles Dejob, La foi religieuse en Italie au XIV. siècle. 1906.

273) Das ist gut entwickelt bei G. Toniolo, Dei remoti fattori della potenza economica di Firenze. 1882.

274) O. Hartwig, Quellen und Forschungen zur älteren Geschichte von Florenz, 1 (1875), 93.

275) Charles de Ribbe, Les familles et la societé en France avant la Révolution d'après des documents originaux. 2. ed. 2 Vol. Paris 1874, namentlich 1, 56 ff. Das Buch leidet etwas unter der stark hervortretenden Le Playistischen Tendenz, bleibt aber wertvoll durch die zahlreichen Auszüge aus schwer zugänglichen oder gar nicht veröffentlichten Livres de raison, vom 15.—18. Jahrh. namentlich aus der Provence.

276) W. Sombart, Die Juden und das Wirtschaftsleben, 226 ff.

277) Jakob Strieder, Kirche, Staat und Frühkapitalismus in der Hertling-Festschrift, 1913. Literaturangaben findet man in meinem „Modernen Kapitalismus", Band I, 1902.

278) Die thomistischen Schriften, die für uns als Quellen in Betracht kommen, sind zunächst die Werke des H. Thomas selbst. Ich zitiere nach der neuesten Jubiläumsausgabe: S. Thomae Aquinatis Summa theologica ed. Romae, 1886. Wichtiger noch sind für die in diesem Buche behandelten Probleme die Werke der Spätscholastik, unter denen an erster Stelle zu nennen ist: die Summa des H. Antoninus von Florenz. Sie wird von den meisten

Autoren zitiert nach der Veroneser Ausgabe von 1741: S. Antonii Summa theologica ed. per Petr. Ballerini Presbyt. Veron. Veronae 1741, 4 tomi. Diese Ausgabe konnte ich mir leider nicht verschaffen. Ich habe daher benutzt: die Florentiner Ausgabe desselben Jahres: S. Antonini etc. Summa moralis, cura Th. Mariae Mammachi et Dionysii Remedelli. Flor. 1741, 4 t. in 8 Vol. Leider ist die Kapiteleinteilung in diesen beiden Ausgaben nicht durchgängig dieselbe, so daß die Zitate nach der einen in der anderen häufig unauffindbar sind. Neben Ant. Flor. müssen zu Rate gezogen werden die Werke seines Zeitgenossen Bernhard von Siena: Bernhardini Senensis Opera omnia. 5 t. Paris 1636; ferner Chrys. Iavellus, Philosophia oeconomica divina atque christiana; ed. Venet. 1540. Die Literatur ist nicht sehr ergiebig für die hier gestellten Probleme. Die ältere Literatur: Wilh. Endemann Studien in der roman.-kanon. Wirtschafts- und Rechtslehre, 2 Bde., 1874—83; Funk, Über die ökonomischen Anschauungen der mittelalterlichen Theologen, Zeitschr. f. d. ges. Staatswiss. Bd. 25 (1869) hat ganz andere Fragestellungen. Aus der neueren Literatur ist die vielversprechende Schrift von M. Maurenbrecher, Thom. von Aquinos Stellung zum Wirtschaftsleben seiner Zeit, I. Lpz. Diff. 1898 leider ein Torso geblieben. Das Verdienst, sich eingehend mit Ant. von Florenz befaßt zu haben, gebührt Carl Ilgner, dessen Buch: Die volkswirtschaftlichen Anschauungen Antonins von Florenz, 1904 zur ersten Einführung geeignet ist. Eine wertvolle Untersuchung, die gerade auch die uns hier interessierende Fragestellung zu der ihrigen macht, ist die Schrift von Franz Keller, Unternehmung und Mehrwert. Eine sozial-ethische Studie zur Geschäftsmoral. 1912. Schriften der Görres-Gesellschaft, Sekt. f. Rechts- und Staatswiss. 12. Heft. Für die allgemeine sozial-ethische Problematik des Thomismus ist zu Rate zu ziehen Ernst Troeltsch, Die Soziallehren der christlichen Kirchen und Gruppen, 1912.

279) S. Thom. S. th. II<sup>a</sup> II<sup>ae</sup> qu. 153 a 2 und 3.

280) »Virtus consistit in medio rei vel rationis.« Nach Thom. Anton. S. mor. II. 9. cap. 3 und 4.

281) S. Thom. S. th. II<sup>a</sup> II<sup>ae</sup> qu. 155 a 1.

282) »Dicendum quod lex vetus manifestabat praecepta legis naturae et superaddebat quaedam propria praecepta« (nämlich die

jüdischen Zeremonial= und Judizialgesetze). S. Thom. l. c. qu. 98. a. 5. Vgl. qu. 99 ff.

283) »Qui Deum timet, nihil negligit, quia sc. non omittit aliquod necessarium ad salutem sive actum sive circumstantiam debitam; et hoc, non quia timor opponatur negligentiae directe; sed quia timor Dei excitat hominem ad actam rationis, sc. ad sollicitudinem quia timor facit homines consiliativos.« Thom. Aqu. und ihm folgend Ant. S. mor. II. 9. 03. S 2.

Wir erinnern uns des Beichtbuchs des Bruders Leonards.

284) Die Thomistische Ethik vertritt mit aller Entschiedenheit den alten jüdischen Grundsatz, daß nur der zum Zweck der Kindererzeugung geübte Geschlechtsverkehr erlaubt sei: S. Thom. S. th. II$^a$ II$^{ae}$ qu. 153 a 2 u. 3.

285) »Frequenter . . ad intemperantiam declinant prodigi, . . quia ex quo superflue expendant, in aliis, etiam in rebus voluptuosis expendere non verentur ad quas magis inclinat concupiscentia carnis . .« Nach S. Thom. Ant. S. mor. II. 6. 8. § 1.

286) Ant. S. mor. IV. 5. 17. § 4.

287) S. Thom. S. th. II$^a$ II$^{ae}$ qu. 129 a. **4.**

288) Ant. S. mor. IV. 5. 17. § 1.

289) Ant. S. mor. II. 6. 8. § 1.

290) Vgl. noch S. Thom. S. th. II$^a$ II$^{ae}$ qu. 117. 118. 119.

291) »Consistit autem hoc vitium (sc. prodigalitas) in expendendo superflue divitias ubi et quando non oportet et minus debito eas amando. .. Contingit enim quandoque, quod aliquis excedat in dando et sic erit prodigus: puta facit convivium superfluum vel vestem excessive pretiosam vel ludit et huius modi et simul cum hoc excedet in accipiendo etc.« Ant. S. mor. II. 6. 8. § 1.

292) »est attendendus hic excessus non solum secundum quantitatem, sed secundum proportionem, considerata qualitate personae potentis, nobilis et plebei et huius modi.« Ant. l. c

293) »dum sic perabundat in dando, deficiunt ei propria bona, unde cogitur indebite adquirere, puta per fraudes, usuram et huius modi.« Ant. l. c.

294) »cum tempus sit pretiosissima res et irrecuperabilis.« Ant. S. mor. II. 9. 2 § 2. »tempus pretiosissimum.« ib.

295) »non solum inferior invenitur otiosus animalibus brutis, sed etiam cunctis creaturis, a cunctis discordans. Nam omnis creatura operatur aliquo modo secundum modum suum: nulla est otiosa.« Ant. l. c.

296) Ant. S. mor. II. 1. 16. § 2; vgl. das ganze Kap. 17, das die Überschrift trägt: »de variis fraudibus, quae committitur in negotiando.«

297) Alberti, Della fam., 134: »E stimo io sia non tanto per prudentia et sagacità di nostri uomini, ma veramente più premio di Dio, poi ch'e nostri onestamente avanzano. Così Iddio, a cui sopra tutti piace l'on~tà e giustizia, doni a lloro grazia che possano in lunga prosperità goderne ..«

298) S. Thom. S. th. II$^a$ II$^{ae}$ qu. 49. 53. 123 ff.

299) Der 9. Titel der Pars II. der S. mor. Ant. handelt von den Acidia; der 3. und die folgenden Kapitel von der negligentia.

300) »Dicendum quod, sicut Phil. dicit in Eth. VI, delectatio maxime corrumpit existimationem prudentiae; et praecipue delectatio quae est in venereis, quae totam animam absorbet et trahit ad sensibilem delectationem; perfectio autem prudentiae, et cuiuslibet intellectualis virtutis, consistit in abstractione a sensibilibus...« S. Thom. S. th. II$^a$ II$^{ae}$ qu. 53 a. b.

301) »Patet quod abusum divitiarum et paupertatis sapiens fugiendum docet, non ipsas divitias et paupertatem.« Opusc. contra impugnantes relig. concl. 3. Zitiert bei Ilgner, Ant. v. Fl., 151.

302) »In tantum divitiae sunt bonae in quantum perficiunt ad usum virtutis. Paupertas non in se est bona, sed in quantum liberat ab illis, quibus impeditur homo, quominus spiritualibus bonis intrudat.« Ant. S. mor. IV. 12. 3.

303) »a Domino Deo est haec varia divitiarum et inaequalis dispensatio.« Ant. S. mor. II. 1. 11. § 1.

304) Dem Reichen wollte Gott »benignitatis suae experimenta conferre«: unter Berufung auf den H. Ambrosius: Ant. S. mor. II. 1. 11. § 1, oder er wollte ihm die Möglichkeit »fidelis dispensationis« seiner superabundantia geben: Ant. S. mor. I. 7. 3. § 2. Der Reichtum muß ad finem, quem Deus intendit gebraucht werden: »ut scilicet recognoscat ipsum ut benefactorem et diligat

et pro nomine eius indigentibus largiatur.« Ant. S. mor. II. 1. 11. § 1.

305) Ant. S. mor. II. 1. 11. § 1.

306) Die wichtige Stelle lautet vollständig wie folgt: »Singulares autem personas multas ab intrinseco donatas conspicimus quadam sapientia . . ita quod inter homines vel aliorum domini nati vel facti sint, quamvis domini non sint. Et quia his naturali aequitate debetur regimen aliorum, idcirco si isti appetunt dominium, si adhoc cumulant pecunias ut dominium temporale emant, ut cuiusque decet sapientiam, a rationis rectae tramite non recedunt ...« Das sind also die: qui cumulant pecuniam ut habeant superiorem statem **consonum suae virtuti**: mensuratur quippe horum appetitus ascendendi penes quantitatem suae virtutis ..« Comm. Card. Cajet. ad. S. Thom. S. th. II$^a$ II$^{ae}$ qu. 118. a 1.

307) »Si quis sufficienter dives pro naturali felicitate consequenda, ex solo appetitu ascendendi et gloriae, cumulat pecunias praesenti suae conditioni superfluas, procul dubio immoderato fertur amore: sicut illi qui solo amore lucri negotiantur. Utriusque nam appetitus sine fine est: quoniam tam ascendere quam lucrari, absolute sumpta, termino carent.« Caiet. l. c. »si finem ponat ultimum in lucro, intendens solum divitias augere in immensum et sibi reservare, in statu permanet damnationis.« Ant. S. mor. II. 1. 16. § 2.

308) Bernh. v. Siena, 3, 311. Und dazu F. Keller, Unternehmung und Mehrwert, 35, 78.

309) »dicendum quod ille qui mutuat pecuniam transfert dominium pecuniae in eum cui mutuat. Unde ille cui pecunia mutuatur sub suo periculo tenet eam, et tenetur integre restituere. Unde non debet amplius exigere ille qui mutuavit. **Sed ille qui committit** pecuniam suam vel mercatori vel artifici per modum societatis cuiusdam, non transfert dominium pecuniae suae in illum, sed remanet eius, ita quod cum periculo ipsius mercator de ea negotiatur vel artifex operatur. Et ideo licite potest partem lucri inde provenientis expetere, tanquam de re sua.« S. Thom. S. th. II$^a$ II$^{ae}$ qu. 78. a. 2.

310) »Et ut dicunt libentius venderent tales pannos tali pretio sc. 45 vel 46 ad contantos, si omnes et majorem partem sic

possent vendere quam per 50 ad terminum, quod pecuniam tunc habitam cito reinvestirent (!) pluries in anno pannos faciendo.« Ant. S. mor. III. 8. 4. § 2.

311) »Si (pecunia est tradita) per modum capitalis, seu rectae societatis, tunc in pacto esset, quod deberet eam solis mercatoribus fideliter deputare. Et haec ultima ratio videtur fortiter probare, quod non sit tradita dicta pecunia, nisi ut mutui rationem habens, in quo spes lucri reprobatur ..« Ant. S. mor. II. 1. 6. § 16. »potius vult uti, ut usurario mutuo quam in mercationibus, ut in vero capitali ..« ib. § 15. Vgl. Bernh. Sien. Sermo XLII c. II.: »mutuum usurarium« — »ratione capitalis«.

312) »illud quod in firmo proposito Domini sui est ordinatum ad aliquod probabile lucrum, non solum habet rationem simplicis pecuniae, sive rei, sed etiam ultra hoc quamdam seminalem rationem lucrosi, quam communiter capitale vocamus. Ideo non solum reddi habet simplex valor ipsius, sed etiam valor superadjunctus.« Bernh. Sien. Sermo XXXIV c. III.

313) Ant. S. mor. II. 1. 5. 37.

314) Ant. S. mor. II. 1. 5. 46.

315) Ant. S. mor. II. 1. 5. 37.

316) »quia pecunia eius habet rationem capitalis, potest ex ea ratione suae capitalitatis exigere ..« S. mor. II. 1. c. VI § 15. »ut magis possent cum illa pecunia lucrari ...« ib. § 29. »quia iste sua pecunia jam habet rationem capitalis, potest ex ea ratione sui capitalitatis exigere in praefato casu.« Bern. Sien. Sermo XLII. c. II. Opp. 2, 252. »advertendum quod, si creditor ex illa pecunia nihil fecisset, nec facturus fuisse supponitur, unde lucrum aliquod consequi posset, utpote, quia pro certo supponitur quod eam simpliciter expendisset seu in arca servasset, tum ad nullum interesse lucri obligatus est.« ib. c. III.

317) ».. tenetur talia lucra sic percepta restituere, non obstante quod depositarii multum cum ipsa lucrari fuerint, nam lucrum industriae fuit, non pecuniae, et periculo substabat amissionis, cuius deponens nolebat esse particeps.« Ant. P. II. T. I. c. V § 34.

## Quellenbelege 511

318) »Quaeritur an dans pecuniam mercatori a d m e r c a n d u m, vel artefici ad m a t e r i a s e m e n d u m, et ex eis artificiata faciendum cum pacto, vel etiam sine pacto, sed cum hac intentione principali, quod capitale sit salvum, et partem lucri habeat: num quid talis est usurarius?« Ja! weil das Rifiko befeitigt ift. A n t. S. th. II. 1. 5. § 37.

319) »si periculum capitalis spectaret ad utrumque, tunc cum societas contrahatur per talia verba, tunc bene est licitus; licitus est enim, quod unus socius ponat pecuniam et alius operam et s i c s u p p l e a t l a b o r e, q u o d d e e s t i n p e c u n i a.« l. c.

320) »Pecunia ex se sola minime est lucrosa nec valet seipsum multiplicare; sed e x i n d u s t r i a m e r c a n t i u m fit per eorum mercationis lucrosa.« A n t. S. mor. II. 1. 6. § 16. »Si illam pecuniam mutuatam exercuisset in licitis negotiis lucrum illud adtribui debet et deputari i n d u s t r i a e s u a e et labori, cum etiam substaret periculis.« eod. l. § 36. »in recompensationem laboris, i n d u s t r i a e et expensarum.« l. c. II. 1. 16. § 2. Es ift das befondere Verdienft der Kellerfchen Schrift, auf den Begriff der »industria« bei den Scholaftikern die Aufmerkfamkeit gelenkt zu haben.

321) »sunt nobiles q u i n o l u n t l a b o r a r e; et ne pecunia eis deficiat paulatim consumendo, tradunt eam mercatori vel trapezitae, intendentes principaliter aliquid annuatim recipere ad discretionem eorum salvo tamen capitali: tamen clare usura est.«

322) »Per avaritiam enim t o l l i t s i b i o p e r o s i t a t e m omnis debiti modi p r o c u r a n d i s i b i l i c i t a e t s a l u b r i a l u c r a et pro tanto efficitur desisidiosus, acidiosus, otiosus. Ex hoc etiam avaritia necessitat hominem ad indebitos modos lucrandi contra legem.« A n t. S. mor. II. 1. 2 § 6.

323) Ich ftelle in der Reihenfolge, wie ich fie im Text auszugsweife überfetzt habe, die Stellen in englifcher Sprache hier zufammen: »How little do the wealth and honours of the world concern a soul that is going into another world, and knows not but it may be this night. Then keep the wealth, or take it with thee, if thou canst.« Baxter, Christ. Dir. (1678), 218. »Labour to feel they greatest wants, which worldly wealth will not supply.« ib. »Thou art dead in sin and polluted and captivated by the flesh,

and money will sooner encrease thy bondage than deliver thee." ib. »will honest poverty or over-loved wealth be sweater at last?« ib. »Remember that Riches do make it much harder for a man to be saved..« ib. Zit. Sokrates: Socrates dixit, opes et nobilitates non solum nihil in se habere honestatis, verum et omne malum ex eis oboriri.« Petrarca! Dial. 44, 2. »nullius rei eget qui virtutum dives est: quarum indigentia vere miseros .. facit.« Cicero, Cato major: »maxime vituperanda est avaritia senilis...« Sokrates in Laert.: »deis maximo propinquus qui minimis egeat.« l. c. 1, 217. 1. Tim. 6, 10: the Love of money is the root of all evil »Do you believe that here lyeth the danger of your souls? and yet can you so love and choose and seek it.« »Worldliness makes the Word unprofitable and keepeth men from believing and repenting and coming home to God and minding seriously the everlasting world. What so much hindereth the Conversion of sinners, as the love and cares of earthly things? They cannot serve God and Mammon!« 1, 220. »In a word As you heard, The love of money is the root of all evils, and the love of the Father« is not in the lovers of the world«. ib. »Remember that riches are no part of your felicity. Yea, remember that riches are not the smallest temptation and danger to your Souls .. It is not for nothing that Christ giveth so many terrible warnings about Riches and so describeth the folly, the danger and the misery of the worldly rich .. and telleth you how hardly he rich are saved.« Ch. XXVIII. des II. Teils.

324) »he that is greedy of gain, troubleth his own house, but he that hateth gifts, shall live.« »Do you not know, that a godly man contented with his daily bread hath a far sweeter and quieter life and death than a self-troubling wordling?« Baxter, Christian Directory 1, 219. Christus war bettelarm. ib. »If Christ did scrape and care for Riches, then so do thou: if he thought it the happiest life, do thou think so too. But if he contemned it, do thou contemn it.« ib. »If you had believed that the gain of holy wisdom had been so much better than the gaining of Gold, as Solomon saith, Prov. 3, 14, you would have laid out much of that time in labouring to understand the Scriptures, and preparing for your endless life.« »Piercing sorrows here and

damnation hereafter are a very dear price to give for money.« ib. »take heed lest the success and prosperity of your affairs do too much please you, as him: Luc. 12, 20.« Baxter, Christ. directory 1, 229.

325) »When men are not content with food and rayment, but would still heap up more, it is just with God to leave them not so much as bread; and to suffer men to have an evil eye upon them and to pluck at them, even so long as they have meat.« Hutcheson, Exposition of the Book of Job. p. 296. »Ye may have things necessary here, — food and raiment; and if ye seek more, if ye bill be rich, and will have superfluities then ye shall fall into many temptations, snares and hurtful lusts which shall drown you in perdition . .« Binning, Sermons 3, 359. Zit. bei Buckle, Gesch. der Civ. $2^8$, 388. »And certainly to crave and be desirous of more than what is competent for the maintenance and support of our lives, is both inconsistent with that dependence and subjection we owe to God, and doth also bespeak a great deal of vanity, folly and inconsiderateness.« Cockburns Jacob's Vow or Man's Felicity and Duty. »Why should men rack their heads with cares how to provide for tomorrow, while they know not if they shall thou need anything?« Bostons Human Nature in its Four-fold State p. 300.

326) »Men are loth to lend their care to the Word, when the abound in prosperity.« Abernethy, Physike for the Soule, p. 488. Buckle, 387. »Such is the weakness even of godly men that they can hardly live in a prosperous condition and not be overtaken with some security, carnal confidence, or other miscarriage.« Hutcheson, Exposition of the Book of Job. p. 387. ib.

327) Baxter, Christ. Dir. 1, 237. 245.

328) Burnets, Hist. of its own time 1, 108; vgl. Buckle, a. a. O.; Mackintosh, Hist. of Civil. in Scotland 3, 269 ff.

329) »Take nothing and do nothing meerly because the sense or appetite would have it, but because you have Reason so to do.« Baxter, Chr. Dir., 1, 229.

330) »we should govern and regulate according to very strict and severe laws all the faculties of our soul, all the members of our

body, all internal motions and all external actions proceding from us; that we should check our inclinations, curb our appetites and compose our passions; that we should guard our hearts from vain thoughts and bad desires; that we should bridle our tongues from evil and from idle discourses; that we should order our steps in the streight way of righteouness, not deflecting to the right hand or to the left.« Isaac Barrow, Of Industry 104.

331) »By Industry we understand a serious and steady application of mind, joyned with a rigorous exercise of our active faculties in prosecution of any reasonable, honest, useful design in order to the accomplishment or attainment of some considerable good; as for instance, a Merchant is industrious, who continueth intent and active in driving on his trade for acquiring wealth.« l. c. p. 3.

332) »Shall we alone be idle, while all things are so busie? we may easily observe every creature about us incessantly working toward the end for which is was designed indefatigably exercising the powers, with which it is endewed; diligently observing the Laws of its creation ..« Jf. Barrow, Of Industry, 78.

333) »Idleness is indeed the nursery of sins, which as naturally grow up therein as weeds in a neglected field or insects in a standing puddle; 'Idleness teacheth much evil' (Eccl. 33, 27)..« Sie ist die Falle, worin der Teufel die Seelen fängt. Jf. Barrow, Of Industry, 62; vgl. p. 53 f.

334) J. Barrow, Of industry, 94 f. Vgl. Alb. E. Applegarth, Quakers in Pensylvania (1892), 10 und W. Penn, Fruits of solitude. 1697.

335) Selections from the Record of the Kirk-Sessions of Aberdeen, p. 32 ff. bei Mackintosh, Hist. of Civilization in Scotland 3, 265; vgl. p. 273 f.

336) Le Négociant patriote, 240 f.

337) Quellen bei Buckle, a. a. O. 2³, 381.

338) Alb. E. Applegarth, Quakers in Pennsylvania, 10. 16. 26 und öfters.

339) S. Thom. S. th. II<sup>a</sup> II<sup>ae</sup> qu. 134a 1.

340) Symbolisch für das Empfinden des Puritanismus ist das Auftreten von John Knox in der Pfarrkirche von Perth am 11. Mai 1559, wo ein Bildersturm losbricht. Das »First Book

of Discipline« desselben Mannes verwirft alle »Idolatry« mit allen ihren Denkmälern: Abteien, Klöstern, Kathedralen usw. (3. head). John Knox, Works 2, 183 ff.; vgl. 1, 320 ff. 361 ff.

341) S. Thom. S. th. II$^a$ II$^{ae}$ qu. 135 a 1 in der Übersetzung von M. Schneider.

342) J. Barrow, Of Industry, 66. Aus Baxters Directory seien noch folgende Stellen angeführt: »Riches may enable us to relieve our needy brethren and to promote good works for Church or State. And thus also they may be loved: so far as we must be thankful for them, so far we may love them: for we must be thankfull for nothing but what is Good.« Ib. p. 214 »..it is the end by which a sinful Love of Riches is principally to be discerned; when they are loved for pride or flesh-pleasing, as they are the matters of a wordly corporal felicity.« 1, 108. »That you make not Riches your chief end: Riches for our fleshly ends must not ultimately intended or sought. But — in subordination to higher things they may. Then your end must be, that you may be better provided to do God service and may do the more good with what you have... You may labour to be Rich for God, though not for the flesh and sin.« 1, 378.

343) »What a man compasseth by honest industry, that is apt highly to prize.« J. Barrow, Of Industry, 50. 51.

344) »It is a false Rule of them, that think their commodity is worth much as any one will give.« »But it is taken for granted in the Market, that every man will get as much as he can have and that 'Caveat emptor' is 'the only security'. It is not so among Christian, nor Infidels who profess either truth or common honesty.« Baxter, Directory 4, 104.

345) Max Weber, Protestantische Ethik usw. im Archiv 25, 35.

346) In seiner Anti-Kritik von H. Karl Fischer, Kritische Beiträge zu Professor Max Webers Abhandlung „Die protestantische Ethik usw." im Archiv, 25, 246.

347) W. Sombart, Krieg und Kapitalismus (1913), 7 ff.

348) Ich habe an dem in Anm. 347 genannten Buche eine Reihe solcher Klagen im Wortlaut veröffentlicht.

349) Leipziger Sammlungen (ed. Zinken 1745) 2, 615, zitiert von Schmoller in seinem Jahrbuch 15, 8.

350) Der König kündigt den Behörden von Autun die Sendung von Camuset an: »De par le roy, Chers et bien amez, envoyant le sieur Camuset pour établir à Autun la manufacture des bas d'estame au tricot nous avons bien voulu vous dire en mesme temps que vous lui donniez toutes les assistances qui dependront de vous pour faire le dit établissement et pour cet effet que vous obligiez ceux des dits habitans tant hommes, femmes que les enfants depuis l'âge de huit ans qui sont sans occupation à travailler en la dite manufacture et que vous ayez à lui fournir une maison...« Mf. mitget. von Levasseur, Hist. 2, 256.

351) Sélincourt, l. c. p. 259.

352) Unwin, l. c. p. 168 f.

353) Mf. bei Levasseur, 2, 37.

354) Diesen Zusammenhängen auf den Grund zu gehen, habe ich versucht in meiner „Deutschen Volkswirtschaft im 19. Jahrhundert" 3. Aufl. 1913, S. 118 ff.

355) »Non patisce la nostra terra che de' suoi alcuno cresca troppo nelle victorie dell' armi. Savia: perchè saria pericoloso alla antichissima nostra libertà, se chi àve adempiere nella republica le sue volontà con favore e amore degli altri cittadini, potesse quanto l'animo il traporta, quanto la fortuna si gli porge, quanto il tempo et le condictioni delle cose gli accede et persuade aseguire con minacce et con forza d'arme...« Der Grund des Geschäftsgeistes in Florenz ist seiner Meinung nach der (zusammenfassend): »Il celo produce gl'ingengni astuti a discernere il guadagno, et luogo, l'uso gl'incende non ad gloria imprima ma ad avanzarsi et conservarsi roba, a desiderare più che gli altri richeze, colle quali e'credono meglio valere contro alle necessità, et non poco potere ad amplitudine et stato fra cittadini.« Alberti, Della famiglia, 36/37.

356) W. Sombart, Die deutsche Volkswirtschaft im 19. Jahrhundert 110, und: Krieg und Kapitalismus, 28 ff.

357) Dr. Shadwell in der Times Dez. 1903; zitiert bei Schulze-Gaevernitz, Britischer Imperialismus, 121.

358) J. Burckhardt, Kultur der Renaissance 1³, 69.

359) W. Petty, Several Essays in Pol. Arithm. (1699), 185 f.

360) »They (the non-conformist) are not excluded from the nobility, among the gentry they are not a few; but none are of more importance than they in the trading part of the people and those that live by industry, upon whose hands the business of the nation lies much.« Discourse of the Religion of England 1667. p. 23. Zitiert bei H. Hallam, Const. Hist. 3 (1827), 451.

361) Etat de la France .. Par le Comte de Boulainvilliers. 6 Vol. 1737. Auf diesen Berichten fußt ein großer Teil der Literatur, die sich mit der ökonomischen Lage der Reformierten Frankreichs am Ende des 17. Jahrhunderts beschäftigt hat. Über diese Literatur, die zugleich die Emigrierungen behandelt, werde ich weiter unten Angaben machen. Unter der älteren Quellenliteratur ragt hervor das bekannte Werk von Ch. Benoit, Histoire de l'édit de Nantes 5 t. 1693.

362) Ranke, Französische Geschichte 3$^8$, 456.

363) Eine systematische und zusammenfassende Darstellung des Einflusses, den die Fremden auf die Kultur eines Landes ausgeübt haben, besitzen wir für *England* in dem Buche von W. Cunningham, Alien Immigrants to England. 1897. Ferner für *Rußland* in mehreren Schriften, unter denen besonders genannt zu werden verdient Ernst Frh. v. d. Brüggen, Wie Rußland europäisch wurde. Studien zur Kulturgeschichte, 1885, sowie das Werk von Ischchanian (1913), in dem auch die übrige Literatur verarbeitet ist. Dann gibt es aber eine Fülle von Schriften über die Geschichte und den Einfluß der einzelnen Wanderbewegungen, die ich am rechten Orte namhaft machen werde.

364) Broglio d'Ajano, Die Venetianer Seidenindustrie (1895), 24.

365) Sieveking, Genueser Seidenindustrie in Schmollers Jahrbuch 21, 102 f.

366) A. Alidosi, Instruttione delle cose notabili di Bologna (1621), 37. Vgl. W. Sombart, Luxus und Kapitalismus, 180.

367) E. Pariset, Histoire de la Fabrique lyonnaise (1901), 29/30. Vgl. W. Sombart, Luxus und Kapitalismus, 179.

368) Tr. Geering, Basels Industrie, 471.

369) Bujatti, Geschichte der Seidenindustrie Österreichs (1893), 16 ff.

370) Ich verweise den beflissenen Leser noch auf folgende Werke, in denen er Einzelheiten findet. Für *England* (außer Cunningham): Price, The English Patents of Monopoly 1906, p. 55 ff. 82 ff. Für *Holland:* O. Pringsheim, Beiträge, 31 ff. Für *Frankreich* bringt Levasseur viel Material bei; siehe auch noch z. B. P. Boissonade, L'industrie du Papier en Charente etc. Bibl. du Pays Poitevin No. IX 1899, p. 8. Für *Deutschland:* G. Schanz, Zur Geschichte der Kolonisation und Industrie in Franken, 1884; E. Gothein, Wirtschaftsgeschichte des Schwarzwalds, Bd. I, 1896; C. Frahne, Textilindustrie im Wirtschaftsleben Schlesiens (1905), 90 und öfters. Für *Österreich:* Sbrik, Exporthandel Österreichs (1907), 3 ff. und öfters. Für *Schweden* (Eisenindustrie!): L. Beck, Geschichte des Eisens 2, 900. 1290 ff. Für *Rußland* (außer den bereits genannten): A. Brückner, Peter der Große, 1879; F. Matthaei, Die Industrie Rußlands in ihrer bisherigen Entwicklung, Bd. I, 1871.

371) Das Nähere und Weitere siehe wieder in meinem Judenbuche, woselbst auch Literatur und Quellen vermerkt sind. Vgl. jetzt noch die Schrift von Wlad. W. Kaplun-Kogan, Die Wanderbewegungen der Juden. 1912.

372) Die Literatur über die „Emigranten" ist sehr umfangreich und zum Teil sehr gut. Sie schildert teilweise das Schicksal der religionsverfolgten Auswanderer aus einem Lande, teilweise das der Einwanderer in ein Land. Beide Darstellungsweisen ergänzen sich. Aus der fast unübersehbaren Fülle von Schriften nenne ich folgende als die brauchbarsten: Ch. Weiß, Histoire des réfugiés protestants de France depuis la révocation de l'édit de Nantes jusqu'à nos jours. 2 Vol. 1853; grundlegend und noch nicht überholt. W. E. J. Berg, De Réfugiés in de Nederlanden na de herroeping van het edict van Nantes. 2 Vol. 1845. Für unsere Zwecke kommt wesentlich nur der erste Band in Betracht, der 'handel en nijverheid' behandelt. Gute, ausführliche Darstellung. J. S. Burn, History of the French, Walloon, Dutch, and other Foreign Protestant Refugees settled in England, from Henry VIII. to the Revocation of the Edict of Nantes, with Notices of their Trade and Commerce, Copious Extracts from the Registers, Lists of the Early Settlers, etc. 1846.

Die große englische Literatur über das Emigrantenproblem hat im wesentlichen Cunningham in seiner zusammenfassenden, oben Anm. 363 genannten, Darstellung verarbeitet. Erman und Reclam, Mémoires pour servir à l'histoire des réfugiés 9 Vol. 1782—99. Sehr eingehende Darstellung des Schicksals der Emigranten in deutschen Landen, vornehmlich in Brandenburg-Preußen. Vol. V und VI enthalten die uns hier interessierenden Angaben. Charles W. Baird, History of the Huguenot Emigration to America. 2 Vol. 1885.

373) Weiß, Hist. des réfugiés 1, 104. Um die Verluste zu bestimmen, die Frankreich durch die Auswanderung der Hugenotten erlitten hat, dienen als Hauptquellen die Berichte der Intendanten aus den Jahren 1698. Sie sind jedoch meistenteils schönfärberisch und geben jedenfalls nur ein Minimum an.

374) Joh. Sembrzycki, Die Schotten und Engländer in Ostpreußen. Altpreuß. Monatsschrift 29 (1892), 228 ff.

375) G. St. A. Gen. Dir. Südpr. Ortsch. LXXII 978 bei Moritz Jaffé, Die Stadt Posen unter preuß. Herrschaft (Schriften d. Ver. f. Soz. Pol. 119. II. S. 14) vgl. (zit. ib.) Th. A. Fischer, The Scots in Germany; idem, The Scots in Eastern and Western Prussia. Im 16. Jahrhundert begegnen wir (ansässigen?) Schotten als Spitzen- und Posamentenhändler im Erzgebirge: Ed. Siegel, Geschichte des Posamentiergewerbes (1892), 42.

376) Paul Schulze, Die Seidenindustrie im Handbuch der Wirtschaftskunde Deutschlands 3 (1904), 658; vgl. Berg, De Réfugiés in de Nederlanden 1, 285.

377) Ch. Weiß, l. c. 1, 225 ff.

378) Ch. Weiß, l. c. 1, 138.

379) O. Wiedfeldt, Stat. Stud. z. Entw. Gesch. d. Berliner Industrie (1898), 209.

380) O. Wiedfeldt, a. a. O. S. 386.

381) Die von den Franzosen begründeten Industrien sind vollständig aufgezählt im 5. und 6. Bande des angeführten Werkes von Erman und Reclam.

382) Verzeichnis der Vorsteher und sämtlicher Mitglieder der teutsch und französisch vereinigten Kaufmannschaft der Tuch- und Seidenhandlung hiesiger Residenzien nach alphabetischer Ordnung zum Anfang des Jahres 1808 von den Ältesten aus den Gilde-

büchern angefertigt und zu haben bei der Witwe Arendt im Börsenhause.

383) Bayle, Dict. hist. et crit. art. Kuchlin.

384) »Eigenbelang .. meer nog dan medelijden voor vervolgde geloofsgenooten .. (had) zijn deel in de edelmoedige en liefderijke ontvangst der vlugtelingen ..« W. E. J. Berg, De Réfugiés in de Nederlanden 1, 167 ff.

385) Berg, De réfugiés etc. 1, 218; Weiß, Hist. des réfugiés etc. 2, 18 ff.

386) Zum Belege, welche große Rolle die Juden im Anfang des 18. Jahrhunderts an der Amsterdamer Börse spielten, führe ich noch eine Bemerkung bei Ricard, Le négoce d'Amsterdam (1723), 6 an, auf die ich erst nach Vollendung meines Judenbuches aufmerksam geworden bin. R. berichtet, daß die Börse, obwohl sie 4500 Personen faßt, „fast immer voll" sei, „ausgenommen — am Sonnabend, wenn die Juden nicht da sind" (!)

387) J. N. de Stoppelaar, Balthasar de Moucheron (holl.) 1901 zitiert bei S. van Brakel, De hollandsche Handelscompagnie ën der zeventiende eeuv (1908), 4.

388) »Hanno introdotto i Rifuggiati l'uso nel Paese .. di più di venti specie differenti di Manufatture ..« Leti, Teatro belgico 2, 148 bei Berg, 1, 212.

389) Scion schreibt an den Magistrat von Amsterdam: »toutes ces industries se sont établies en deux ans de temps et sans dépense.. Cela remplit de plus en plus la ville d'habitants, accroît ses revenus publics, affermit ses murailles et ses boulevards, y multiplie les arts et les fabriques, y établit les nouvelles modes, y fait rouler l'argent, y élève de nouveaux édifices, y fait fleurir de plus en plus le commerce, y fortifie la religion protestante, y porte encore plus l'abondance de toutes choses . . . Cela enfin contribue à rendre Amsterdam l'une des plus fameuses villes du monde...« Zitiert bei Chr. Weiß, Hist. des Réfugiés 2, 135/36.

390) Chr. Weiß, 2, 135 f.

391) Einen Überblick über die Verbreitung der Industrien in Holland durch die Réfugiés gibt Berg, l. c. 1, 169 ff.

392) Otto Pringsheim, Beiträge, 32 f.

393) W. Cunningham, Alien Immigrants to England, 469.

Quellenbelege 521

394) Quellen bei Douglas Campbell, The Puritans 1, 269.
395) Jurieu, Lettres pastorales 2 (1688), 451; bei Weiß, 1, 132.
396) Die angeführten Tatsachen nach J. S. Burn, l. c. 254 ff.; Cunningham, Alien Immigrants, 178 ff., 212 ff., 235, 263. Vgl. auch Campbell, The Puritans, 1, 489 f. und W. E. H. Lecky, Gesch. des 18. Jahrhunderts (deutsche Übersetzung), 1, 205 ff. Ich habe nur einen kleinen Auszug aus der Fülle des Materials gegeben.
397) Die Ziffern sind entnommen den Zusammenstellungen im Art. „Auswanderung" im Handwörterbuch der Staatswissenschaften, 3. Aufl., 1, 283 ff. (E. v. Philippovich).
398) Diese Berichte sind schon von Roscher benutzt und im Auszuge mitgeteilt in dem glänzenden Kapitel über den „geistigen Charakter des Koloniallebens" in seinem Buche über Kolonien. 1. Aufl. 1848, 3. Aufl. 1885. Neuerdings ist Th. Vogelstein in seinem oben genannten Werke auf sie zurückgekommen, um interessante Schlüsse aus ihnen zu ziehen.
399) Th. Vogelstein, a. a. O. S. 177.
400) Bei Fr. Ratzel, Ver. Staat. 2, 579.
401) Das schöne Latein, in dem Petrarca schreibt, wird es rechtfertigen, wenn ich die im Text in freier Verdeutschung wiedergegebene Stelle im Original hierhersetze. Sie verdient es wohl, zweimal gelesen zu werden:

»Nobis, amice, omnia iam ex auro sunt et hastae, et clypei, et compedes et coronae: hoc et comimur et ligamur, hoc divites sumus, hoc inopes, hoc felices, hoc miseri. Aurum solutos vincit, vinctos solvit, aurum sontes liberat, damnat innoxios, aurum disertos ex mutis, ex disertissimis mutos reddit (Auro concionatus est Metellus in Caesarem, auro Demosthenes orator obmutuit.) Aurum et de servis principes, et de principibus servos facit, et audacibus metum, pavidis praebet audaciam, et curas inertibus, solicitisque segnitiem. Hoc et inermes armat et nudat armatos, indomitos duces domat, magnos populos premit, validos fundit exercitus, bella longissima paucis horis conficit, pacem praestat et eripit, siccat flumina, terras lustrat, maria concutit, montes aequat, pandit aditus claustrorum, urbes aggreditur, expugnat arces, oppida demolitur: et quod apud Ciceronem legimus:

nullis fortis est locus in quem onustus auro asellus non possit ascendere. Aurum claras parat amicitias, magnas clientelas et honesta coniugia, quippe quod generosos et fortes et doctos et formosos et, quod miraberis, sanctos efficiat possessores suos. Itaque qui divites sunt, boni viri in civitatibus appellantur (!), eisque tantum creditur. Nulla fides est pauperi quia pecuniae nihil adest, verumque illud Satyrici: »Quantum quisque sua nummorum servat in arca Tantum habet et fidei . . .« Postremo invitus dicam sed veritas cogit, non modo potens, sed omnipotens pene est aurum et omnia quae sub coelo sunt auro cedunt: auro serviunt et pietas et pudicitia et fides, omnis denique virtus et gloria aurum supra se vident inque ipsos animos coelitus nobis datos, putet fateri, etiam rutilanti imperium est metallo. Hoc reges ligat atque pontifices, hoc homines et, ut aiunt, etiam ipsos Deos placat. Nec quicquam in expugnabile inaccessumque auro est.« Petrarca, Ep. de reb. famil. Lib. XX. Ep. I.

402) »quand l'argent est dans le royaume l'envie étant universelle d'en tirer profit fait que les hommes lui donnent du mouvement.« Mém. de Colbert au roi 1670. Lettres éd. Clement t. VII. p. 233.

403) K. Häbler, Die Fuggersche Handlung, 56.

404) Levasseur, 2, 546 (nach Arnould).

405) Seignelay in seinem Mém. au Roi vom 30. 11. 1688: »A l'égard de .. l'argent qui est envoyé aux Indes, la Compagnie n'en a point tiré du Royaume l'ayant toujours fait venir en droiture de Cadix et son commerce des Indes lui fournira seul dans la suite les moyens de tirer en droiture d'Espagne tout l'argent dont elle aura besoin.« Vgl. Mém. des Directeurs 1686 bei P. Kaeppelin, La Comp. des I. O. (1908), 201.

406) »veramente la Francia non contrasta alla Spagna il possesso delle Indie, ma se ne appropria il vantaggio, spedendo continuamente bastimenti carichi di tutte quelle mercanzie che sono necessarie all' America.« Bei Ranke, Franz. Gesch. 4[8], 322.

407) Ranke, a. a. O.

408) Berg, De réfugiés I, 218; Le Moine de l'Espine Le négoce d'Amsterdam (1710), 39 f.

qu'il y en avoit trop, ne pouvant placer le leur plus haut qu'à deux pour cent.« Berg, De Réfugiés in de Nederlanden 1, 219.

414) W. Sombart, Die Juden, 55. 105.

415) Nach Erasmus Philips State of the nation (zitiert bei James, Worsted Manufacture [1857], 207) beträgt das Aktivsaldo des englischen Außenhandels während der Jahre 1702—1712 im Jahresdurchschnitt 2 881 357 £; nach Woods Survey of Trade im Durchschnitt der Jahre 1707—1710 2 389 872 £, der Jahre 1713 und 1714 2 103 148 £; zitiert bei Anderson, Origin 3, 41. 63.

416) Onslow Burrish, Batavia illustrata, Part II sect. 9.

417) Haynes Great Britains Glory (1715), 15 f. bei James, 208; vgl. Cunningham, Growth 2, 196, wo der Handelsvertrag mit Spanien nach einem Mf. im Auszuge mitgeteilt wird.

418) Postlethwayt, Dict. of Comm. Art. ‚Assiento'.

419) Nach Baretti: Ad. Smith, W. of N. IV. 6.

420) Nach Coelho da Rocha, Ensaio sobre a historia do governo e da legislação Bento Carqueja, O capitalismo moderno e as suas origens em Portugal (1908), 132.

421) The inhabitants »commonly wore waistcoats and breeches made of fine camblets and other stuffs of crimson and scarlet, and over all a cloak of Essex bays.« Defoes, Plan of English Commerce, zitiert bei James, Worst. Man. 184. Im 17. Jahrhundert waren zwölf Schiffe genügend, um den brasilianischen Handel zu bewältigen; bis zur Mitte des 18. Jahrhunderts stieg die erforderliche Anzahl Schiffe auf 100: Postlethwayt, Art. „Brazil".

422) Portugal era, segundo uma phrase conhecida, ‚um crivo através do qual passavam immensas riquezas, sem deixarem signal'.« Bento Carqueja, l. c. 125 ff.

423) „Die leichte Art, womit manche in Brasilien in kurzer Zeit reich wurden, lockte viele Tausende tätiger Menschen aus Portugal fort; man vernachlässigte sichtbarlich sein portugiesisches Eigentum und vertröstete sich auf die Zukunft, in Brasilien alle Verluste wieder ersetzen zu können. Auf das Gouvernement wirkte dieser Goldreichtum ebenfalls sehr nachteilig, es glaubte unversiegbare Quellen zu haben und die öffentlichen Verwaltungen wurden als Folge dessen

## Quellenbelege

409) Ein Weinhändler aus Paris, Mariet, rettet 600 000 L., ein Buchhändler aus Lyon, Gaylen, mehr als 1 000 000, sein Bruder 100 000. Die meisten Großkaufleute kommen 1687 und 1688 aus der Normandie, der Bretagne, Poitou und der Guienne. Sie landen in H. auf eigenen Schiffen, manchmal mit mehr als 300 000 écus in Barren oder Geld. Einer der ersten Kaufleute von Rouen, namens Cossard, etabliert sich so in La Haye; ihm folgen 240 seiner Standesgenossen. Berg, De réf. 1, 218; Chr. Weiß, Hist. des réfugiés 2, 18 ff. Vgl. die Quellenbelege in Anm. 413.

410) »Daar kwam bij, dat Holland grooter zilver voorraad bezat, dan eenig ander land van Europa. Spanje toch gebruikte voor den handel met Amerika hoofdzakelijk waren, welke het door invoer moest verkrijgen. Deze invoer was — wij zagen het rets — voor namelijk het werk der Hollanders en werd betaald met de producten der Kolonien: goud en zilver. Bovendien had de Spaansche regeering voortdurend groote betalingen naar het buitenland, voral naar de Nederland, te doen. Beide oorzaken werkten samen om den strom goud en zilver, welke uit de mijnen van Amerika vloot, voor en groot deel over Spanje naar de Nederlanden af te leiden.« S. van Brakel, De hollandsche Handelscomp., XIV.

411) Levasseur, 2, 293.

412) Onslow Burrish, Batavia illustrata or a view of the Policy and Commerce of the United Provinces (1728), 353.

413) »où il leur était plus facile de transporter leur fortune grâce à leurs liaisons avec les négociants de ces pays.« Jurieu, Lettres pastorales 2, 451. 1688. Zitiert bei Weiß, Hist. des réf. 1, 132. 1687 schreibt D'Avaux in seinen Nég. 6, 105. coll. 133: »je mandai au Roi qu'il étoit sorti depuis peu plusieurs personnes très riches de la Religion prétendue Reformée de France; qu'il semblait que ceux, qui étoient le plus à leur aise commençoient à sortir avec plus d'empressement; qu'il y en avoit quantité des plus riches marchands, qui se disposoient à passer en Angleterre et en Hollande et qui envoyèrent leur argent par avance; qu'en effet il en étoit passé une si prodigieuse quantité que Messieurs d'Amsterdam commençoient à trouver

# Sachregister

Alberti, Leon Battista, und sein Geschlecht 278 f. 433.
Alchimie 40. 45. 50 ff.
Alemannen 276. 393.
Amalfi 91.
Amerika, Amerikaner 118. 159. 168. 175. 184. 204. 223 f. 230. 234 f. 331. 356. 375. 383. 388. 389 ff. 394 ff. 404. 416. 428; siehe auch Brasilien, Vereinigte Staaten.
Ämterkauf 38. 46. 180. 363.
Anlagen, im allgemeinen: 253 ff.; zum Bourgeois 255 ff.
Armutsideal, frühchristliches, 339; bei den Scholastikern 316; bei den Puritanern 324 ff.
Augustinische Lehre 306. 332. 337. 339. 351.
Ausgabewirtschaft 11. 138 f. 310.

Bankier, B. Tätigkeit 437.
Barcelona 174 f.
Bauer, seine Wirtschaftsgesinnung 13 f. 19. 430. 438.
Bedarfsdeckungsprinzip 14. 23. 81. 102.
Beharrung als Prinzip der vorkapitalistischen Gesellschaft 23, siehe auch Statisches Prinzip.
Bergbau 88. 104 ff. 113. 125; siehe auch Steinkohlenbergbau.
Betriebsamkeit 143 ff. Tugend bei den Alten 291; bei den Scholastiken 312 f. 321; bei den Puritanern 330.
Bevölkerungsvermehrung, Bedeutung für die Entwicklung des kapitalistischen Geistes 429 f.
Börse, Börsenspiel 61 ff. 65 f. 122. 387. 461.
Bourgeois, Der, alten Stils 194 ff.; der heutige Bourgeois 212 ff.; siehe im übrigen das Inhaltsverzeichnis.

Bourgeoisnaturen 253 ff. 256 ff.
Brasseurs d'affaires; siehe Projektanten.
Brasilien, Gold 50. 409; Handel 407 f.
Bubbles; siehe Spekulationsperioden.
Buchführung 18; ihre Geschichte 166 ff. 183.
„Bürger", Bürgergeist 23 f. 135 ff. 157. 162. 172 f. 438.
Bürgerliche Tugenden 133 ff. 188. 236 ff. 369. 435. 438: gelehrt von den Alten 290; von den Thomisten 309 ff. 333 f.; von den Puritanern 330 f.; 333 f.
Bürgerliche Wohlanständigkeit 162 f.
Bürgernaturen 259 ff.
Bukanier 93.
Bürokrat, ein Grundtyp des kapital. Unternehmers, 111 f. 213.

Cagliostro 57.
Carnegie 73. 223; siehe auch Autorenregister.
Chemische Industrie 184.
Coen (Generalgouverneur) 100.
Coeur, Jacques 177.
Colbert 92. 111. 114. 150. 178. 210. 365. 378. 404.
Columbus 38. 41. 94.
Condottieri 79. 95.

Deutsche, Deutschland 34. 36. 38. 47 f. 87. 97. 106. 113. 166. 168. 181 ff. 191. 273. 352. 356. 367 ff. 370 f. 382. 383. 385 f. 387. 389. 390. 416. 429.
Dezimalbrüche, Erfindung der 166.
Dispositionen zu seelischem Verhalten 253 f.; für bourgeoises Wesen 255 ff.
Donneurs d'avis: siehe Projektanten.
Dynamisches Gesellschaftsprinzip 23.

Edelmetalle (Bergbau, Funde) 50. 94. 399 ff. 408 ff. 460.
Einnahmewirtschaft 139 f. 310.
Eisenindustrie (grundherrliche) 107.
Eisenverarbeitung (grundherrliche) 105.
Elektrizitätsindustrie 184.
Emigranten, französische, ihre Zahl 384. 386 f.; ihre Bedeutung 386 ff. ihr Reichtum 406 f.
Emigrantenpsychologie 394 ff.
Empirismus, ökonomischer 5. 21.
England, Engländer 43. 46 ff. 54 f. 67. 81. 88. 93 f. 95 f. 97. 103. 104 f. 107. 109. 115 ff. 123. 124. 162. 168. 176. 180 f. 183. 189. 273. 278. 331. 363. 365. 368. 370. 374. 377. 381. 383. 387. 388 f. 406 f. 416. 429. 433. 438.
Entdeckungsfahrten 94 ff. 175 f.
Erfinder, Erfindungen, Erfindungsgabe 52 f. 210. 359. 418. 428. 461.
Erfolgsbewertung 223 f.
Eroberer (Bestandteil des Unternehmers) 70 f. 95.
Erotik 59. 229 f. 262 ff. 290. 307. 309. 313. 331. 339. 438.
Erwerb, Stellung zum Erwerbsstreben usw. 196 f. 217 ff. 424 f., bei den Alten 290, bei den Scholastikern 318 ff., bei den Puritanern 326 f. 334.
Etrusker 274 ff. 393. 460.

Feiertage, Menge in vorkapitalistischer Zeit 19 f.
Feudalherr, ein Grundtyp d. kapit. Unternehmers 102 ff. 213.
Feudalisierung des Bürgertums 173 f. 176 f. 183 f. 192 f. 364. 463.
Finanzwesen, Bedeutung für die Ausbildung des kap. Geistes 372 ff.
Fiskalismus: eine Hemmung der kapital. Entwicklung 362 f.

Fleiß 143 ff. 237; siehe auch Betriebsamkeit.
Flibustier 93.
Florentiner, Florenz 12. 37. 54. 87. 126 ff. 135 ff. 161. 165. 166. 172 f. 202. 273 ff. 276 f. 284. 292. 293. 315. 367. 369. 373. 435. 437. 440.
Fortschritt 221. 397 (technischer). 425.
Fouquet 178.
Franken 273.
Frankreich, Franzosen 34. 36. 43. 46 ff. 56 ff. 80. 92 f. 97. 103. 105 f. 107. 109. 117. 123. 125. 157. 166. 176. 177 ff. 270. 278. 363. 365. 374. 377 ff. 381 f. 383. 384. 386. 390. 391. 393. 405 ff 416. 429. 433.
Frauen: siehe Erotik.
Freibeuter, ein Grundtyp d. kap. Unternehmers 90 ff. 212 f.
Freihandelslehren im Judentum 346 ff. 396.
Fremde, Der, seine Bedeutung im Allgemeinen und Besonderen 380.
Fremde, Die, als Herd kapitalistischen Geistes 393 ff. 422.
Fremdenrecht (in der Jüdischen Religion) 340 ff., seine Bedeutung für das Wirtschaftsleben 344 ff. 396.
Friedrich M. 211.
Friesen 269. 275 f. 460.

Galanteriewarenbranche 88. 125.
Geist im Wirtschaftsleben (grundsätzlich) 1 ff., seine Bestandteile 2. Streit um diesen Begriff 3 ff. 7 ff.; in verschiedener Gestaltung 3 ff.; in den Wirtschaftssubjekten 4 7 ff.; verschiedene Gestaltung 3 ff.; in den Wirtschaftssubjekten 4; in den Wirtschaftsepochen 6 ff.; Vorherrschen eines bestimmten G. 7 f. 16.; seine Verbreitung und

Sachregister 529

Vertiefung 8. Problem seiner Entstehung 10.
Geistlichkeit, ihre Lebensführung 12; ihr Reichtum 34. 87; ihre Geldsucht 51. 367. 402.
Geldbeschaffung, Mittel zur, 44 ff.
Geldgier, -sucht usw. 16. 23. 29 ff. 35 ff. 86. 175. 399 f. 402.
Geldleihe 45. 60 f. 87 f. 188. 319 ff. 342; ihre Bedeutung für die Entstehung des kap. Geist. 435 ff.
Geldplethora in den westeuropäischen Staaten gegen Ende des 17. Jahrh. 405 ff.
Geldwirtschaft 399 f.
Genua, Genuesen 75. 91. 96. 98. 126 ff. 167. 172. 177. 195. 212 f. 273. 373. 376. 381.
Germanen 29 ff. 47. 78. 81. 269 f. 379. 461.
Geschäftsanzeige, Geschäftsreklame, siehe Reklame.
Geschäftsblüte, 9. -Interesse 217 ff.
Geschäftsgrundsätze in frühkapital. Zeit 201 ff.; in hochkapital. Zeit 230 ff.; der Juden 340 ff.
Geschäftsmoral 160 ff.; jüdische 344 ff.
Geschäftsstil einst 198 ff.; jetzt 227 ff.
Geschlechtsleben, G.trieb; siehe Erotik.
Getreidemühlen (grundherrliche) 109.
Gewerbefreiheit, G.recht im Judaismus 346 ff. Bedeutung 362. 366. 396.
Glasindustrie (grundherrliche) 109.
Gold: siehe Edelmetalle.
Goten 269. 271.
Griechen 91. 274 f.
Großbritannien 188 ff. 375. 377 f. 390.; siehe auch England, Irland, Schottland.
Großunternehmer 216.

Gründungsperioden: siehe Spekulationsperioden.
Grundherrschaft, Urform der Unternehmung 80 f.; Sitz frühkapital. Industrie 104 ff.
Gutswirtschaft 104.

Hacksilberschätze 34.
Halbbürger 375.
Hamburg 166. 168. 383.
Handel, Handeltreiben (Begriff) 72 ff. 96 f. 126 ff.; H. großen Stils in frühkap. Zeit 96 ff.; als Vorschule des kapit. Geistes 431 f.
Handelskompagnien (16.—18. Jahrh.) 75. 89. 97 f.
Händler (Bestandteil des Unternehmers) 72 ff.; seine wachsende Bedeutung in der Gegenwart 227 ff.; seine Entwicklung in Kleinstaaten 368.; im Binnenhandel 435.
Händlervölker 271. 273 ff.
Handwerk, handwerksmäßiges Denken, Handwerker usw. 14. 17. 19. 420. 431. 438; Ausgangspunkt der kap. Unternehmung 123 ff. 132 ff.
Häretiker: siehe Ketzertum.
Harriman, Edw. H. 235.
Haute finance des 17. und 18. Jahrhunderts 46.
Hawkins, John u. Williams 97.
Heerwesen, Bedeutung für die Ausbildung des kap. Geistes 369 f.
Heinitz, Frh. v. 114.
Heldenvölker 271. 272 ff.
Heterodoxie: siehe Ketzertum.
Holland, Holländer 38. 43. 61 ff. 88. 98. 99 f. 159. 162. 167 f. 176. 180. 183. 185 ff. 362. 363. 378. 382. 383. 386. 387. 389. 406 f.
Hortbildung 31 ff.
Hugenotten 376. 379. 389. 392;

siehe auch: Emigranten, Ketzertum.
Hüttenindustrie (grundherrliche) 104 ff.
Hufenverfassung 14.

Industria (bei den Scholastikern) 321 ff.
Instinkte, instinktmäßige Begabung 246 f. 254.
Irland, Irländer 131. 188 f. 270. 304. 377.
Italien, Italiener 34. 36 f. 38. 46. 80. 83. 90 f. 97. 99. 110. 124 f. 165. 167. 172 ff. 175 f. 183. 272. 292. 304 ff. 356. 376 f. 381 f. 383. 388. 390. 399. 411. 433.
Judaismus, seine Bedeutung für die Entstehung des kap. Geistes 337 ff. 353. 355. 462.
Juden 35 f. 67. 73. 123. 125. 131 ff. 243. 269. 270. 271. 273. 276. 299 ff. 337 ff. 340. 355. 369 f. 371. 372. 374. 375. 376. 383 f. 386. 387. 390. 391. 392. 393. 402. 406. 407. 433. 435. 461.

Kalifornien (Goldfunde) 50.
Kalvin 298.
Kalvinismus, Kalvinisten 298 f. 323 f.; siehe auch Puritaner, Puritanismus.
Kaperei 91 f.
Kapitalbegriff bei den Scholastikern 320 ff.
Kapitalismus als Quelle des kapitalistischen Geistes 441 ff.
Kapitalistischer Geist 23 f. 358. 441, im übrigen siehe das Inhaltsverzeichnis.
Kapitalistische Veranlagung der Völker 268 ff.
Karthager 90. 274.
Katholizismus, kath. Religion: ihre Bedeutung für das ges. Leben 292 ff.; für das Wirtschaftsleben insbes. 303 ff.
Kaufleute (als Unternehmertyp) 123 ff. 215.
Kaufmann großen Stils (in frühkapitalistischer Zeit) 96; wagender und wägender K. 434 f.
Kaufmännische Bildung 168. 184 f.
Kaufmännisches Rechnen 164 ff.
Kaufmännische Solidität 161 f. 239 f. 311. 374. 433.
Kelten 269 ff. 363.
Ketzertum, Bedeutung für die Ausbildung des kap. Geistes 375 ff.
Kind, das, im modernen Menschen 222 ff.
Kirche (als Unternehmung) 84; ihr Einfluß auf das Geistesleben 292 ff.
Kirchenpolitik der modernen Staaten, Bedeutung für die Ausbildung des kap. Geistes 374 ff.
Kleineisenindustrie 88.
Klerus s. Geistlichkeit.
Klientelei (Kliententum) 44. 46.
Knox, John 298.
Kollektivunternehmer 216.
Kolonialhandel 99.
Kolonialkapitalismus 109 f.
Kolonien, ihre Wirtschaftsverfassung 109 ff.
Kolonien, englische, 100. 110. 375: siehe auch Amerika, Ver. Staat. v. Am.
Kolonien, italienische 109.
Kolonien, portugiesische 110.
Kolonien, spanische 110.
Kolonistenpsychologie 394 ff. 454.
Konfektion, Konfektionsindustrie 125.
Konkurrenz, Stellung zur, freie K. usw. 203. 334 (Puritaner). 346 ff. (Juden).
Krafft, Ulr. 97.

Kundschaft, Stellung zur, "Kundenfang" usw. 203 ff. 232 f.
Künstlerisches Empfinden im Katholizismus 331 f.; fehlt im Protestantismus 331 f. und Judaismus 339.

Langobarden 269. 273.
Law, John, die Person 270.
Law, Law-Schwindel: siehe Spekulationsperioden.
Leonardo da Vinci 144 ff.
Levantehandel 96. 99.
Levante-Kolonien 109 f.
Liebe, Liebesleben: siehe Erotik.
Lissabon 175.
Lombarden 381.
Lotterie, Lotteriespiel 61.
Lübeck 166.
Luther, Luthertum, seine Stellung zum Kapitalismus 323. 352.

Machtkitzel, ein Wahrzeichen modernen Geistes 226 f.
Magnificentia 332.
Maona, genuesische 98.
Maschinen, arbeitsparende, 210 f. 397.
Maschinenindustrie 133. 415 f.
Mäßigkeit 153 f. 238. 330.
Materialistische Geschichtsauffassung 308. 350 ff. 378 f. 444. 458.
Medici von Florenz 129. 174.
Merkantilismus, merkantilistische Politik 111 ff. 364 ff., siehe auch Staat.
Middletons 97.
Montanindustrie, grundherrliche 104 ff.; moderne 415 f.
Morgan, J. Pierpont, 73. 235.
Müßiggang 142 ff., verpönt von den Alten 291; von der scholastischen Ethik 310; von den Puritanern 330.
Mystik (jüdische) 337 f.

Nahrung, Idee der 13 ff. 211 346.; im Bauerntum 13 f.; im Handwerkertum 14 f.; Einwände gegen meine Ansicht 15 f.
Nationale Verschiedenheit der Entwicklung des kapit. Geistes 170 ff. 417 f.
Naturbedingungen 280.
Naturrecht 307 f.
Neuheitsinteresse, ein Wahrzeichen modernen Geistes 225.
Niederlande, siehe Holland.
Normannen 273.

Österreich 52. 58. 88. 90. 106. 108 382.
Οἶκος 17.
Ökonomie der Kräfte 142 f.
Ökonomie der Stoffe 139 ff. 153 ff.
Ökonomisierung der Wirtschaftsführung 139 ff.
Organisator (Bestandteil des Unternehmers) 71 f.

Papiermühle (grundherrliche) 109.
Parvificentia 333.
Philosophie als Bildnerin kapitalistischen Geistes 282 ff.; Einfluß insbesondere des Geistes der Spätantike 283 ff.
Phönizier 90. 274.
Pisa, Pisaner 91 f. 96. 124. 126 ff.
Portugal, Portugiesen 92. 98. 110. 175 ff. 271. 383. 389. 404. 407 f. 411.
Porzellanindustrie (grundherrliche) 109.
Preispolitik in frühkapitalistischer Zeit 202. 204 f.; in hochkapitalistischer Zeit 233; der Puritaner 334; der Juden 346 ff.
Presbyterianer 375.
Projektanten, Projektenmacher, Projektenmacherei 52 ff. 66 ff. 210 366. 418.

Protestantismus, protestantische Religion; ihre Bedeutung für das Leben im allg. 296 ff.; für das Wirtschaftsleben insbesondere 323 ff.

Puritanismus, puritanische Geistlichkeit, puritan. Lehre 190. 245. 296 ff. 306. 315. 324 ff. 351 f. 455.

Pyrenäenhalbinsel und ihre Bewohner 174 ff. 271; siehe im übrigen Portugal, Spanien.

Quäker 331. 333. 375.

Quantitätsbewertung, Quantifizierungstendenz 34. 223 f. 373. 400. 422. 431 f.

Raleigh, Sir Walter 95 f. 186. 195. 212. 335. 365.

Rationalisierung des Lebens: ein ethisches Postulat der Spätantike 285 ff.; des Thomismus 307 ff.; des Puritanismus 329 ff.; des Judaismus 339.

Rationalismus, ökonomischer, 5. 137 ff. 191 f. 230 ff. 290 (bei den Alten). 308; ein Postulat der "Fremden" 397 f.; des Handels 432; durch technische Fortschritte gefördert 419 f.; vom Kapitalismus erzwungen 445 ff.; seine Verselbständigung in einem Systeme 446 ff.

Raubrittertum 47 f.

Rechenbücher 166 f.

Rechenhaftigkeit, Sinn für das Rechnungsmäßige usw. 8 f. 24; ihre Entwicklung 166 ff. 183. 188. 367. 373. 401. 422. 432.

Rechenmaschine, Erfindung der 166.

Rechenschulen 166. 367.

Reformation, ihre Bedeutung für das Wirtschaftsleben 322 f.

Reformation Sigismunds 14.

Reformierte in Frankreich 377 f.

Reichtum, Auffassung vom 196 f.; bei den Alten 288. 289 f.; bei den Scholastikern 316 ff. 324. 338; bei den Puritanern 324 ff.; bei den Juden 338 f.

Reklame 73. 75. 192. 204 ff. 232 f.

Rekord, Zeitalter des, 225.

Religion, Bedeutung der, für die Menschen des Frühkapitalismus 292 ff.; für die Entwicklung des kap. Geistes 303 ff. 456. 462.

Renaissancemenschen 95.

Rentnerideal, Rentnertum 46. 174. 200 ff. 429.

Ressentiment, sein Anteil am Aufbau des kapit. Geistes 431. 438 f.

Rhodes, Cecil 212. 335.

Rockefeller, John, 220. 236. 238. 261.

Römer 272. 273. 274.

Rothschilds 73. 247 f.

Saccards 178.

Sachsen 273.

Schatzbildung 29 ff. 34 ff.

Schatzgräberei, Sch. suchen 42. 49 ff. 94.

Schneiderei 125.

Schnelligkeitswahn, ein Wahrzeichen modernen Geistes 224 f.

Scholastik, Scholastiker 306 ff. 314 ff. 324. 330. 331 ff. 435; siehe auch Thomismus.

Schotten, Schottland 93. 105. 129 ff. 189 ff. 270. 273. 275 ff. 296 ff. 328 ff. 331. 335. 385. 393. 394. 435. 438.

Schuldenwesen, öffentliches, Bedeutung für die Ausbildung des kap. Geistes 362 f. 373 f.

Schulwesen, Bedeutung seiner Förderung 367.

Schweden 107. 112. 390.

Schweiz, Schweizer 80. 276. 296. 367. 382. 389. 393.

Seeräuberei, Seeraubunternehmungen 48. 90 ff. 98. 126.
Segovia 175.
Seidenindustrie 175. 381 f. 386. 388 f.
Seigneur, seigneuriales Dasein, seign. Lebensführung 12 f. 139 ff. 179 f. 192. 238. 269. 438.
Sevilla 175.
Sexualprobleme: siehe Erotik.
Sforza, Francesco 79.
Siemens, Werner 236.
Silber: siehe Edelmetalle.
Solidität, kaufmännische 161 ff. 239 f.
Spanien, Spanier 35. 53. 90. 92. 97. 110 f. 174 ff. 271. 272. 303 ff. 356. 362. 376. 383. 393. 404. 407 f. 411. 433. 453.
Sparen, Sparsamkeit 139 ff. 153 ff.; gepredigt von den Alten 29; von den Scholastikern 310; von den Puritanern 331. 333.
Spekulanten (als Unternehmertyp) 115 ff. 213 f.
Spekulationsgeist, sein Wesen, 120 ff.; seine Entstehung 404, 418; in Amerika früh 396.
Spekulationsperioden 43. 61 ff. 115 ff. 374. 403. 405 ff. 418.
Spekulationsunternehmung 115 ff. 123.
Spiel, Spielwut 61 f. 122 f. 330; siehe auch Börsenspiel.
Sport 192. 224. 330.
Staat 45, 83 ff. 96. 112 f. 361 ff. 460.
Staatsbeamte, ein Grundtyp kapit. Unternehmer 111 ff.
Standard oil Company 73. 220. 235. 238.
Standesgemäßer Unterhalt, Idee 11, 317.
Statisches Gesellschafts- (Wirtschafts)-prinzip 23. 203. 317.
Statistik, Anfänge der 173, 373.
Steel Corporation U.-S. 73.

Steinkohlenbergbau (grundherrlicher) 105.
Stoa, Stoiker 285.
Straßenraub 47 f.
Südseeschwindel: siehe Spekulationsperioden.

Technik, Begriff 413; Bewertung 209 ff. 423 ff.; Beförderung des techn. Fortschritts durch die „Fremden" 397; Leistungen der T. in der Gegenwart 416 ff.; Bedeutung der T. für die Entw. des kap. Geistes 413 ff.; ihr unmittelbarer Einfluß 414 ff.; ihre mittelbaren Einwirkungen 427 ff.
Tempo der Wirtschaftsführung in vorkapital. Zeit 19 f.; in frühkapit. Zeit 198 ff.; in hochkapital Zeit 228 ff. 482; gefördert durch die moderne Technik 422; durch den Kapitalismus 452 ff.
Textilindustrie 88. 107 ff. (grundherrliche) 125. 133.
Thomismus 306 ff. 324. 330. 331 ff. 337 ff. 351; siehe auch Scholastik.
Tobacco Company, American, 234 f.
Toledo 175.
Traditionalismus 21 f. 192. 206. 211. 230. 270. 419. 448.
Trusts, amerikanische, 228. 234.
Tugenden, kapitalistische, 358; siehe auch Bürgerliche Tugenden.
Tugendschema Benj. Franklins 153 ff.
Tulpenmanie (in Holland während des 17. Jahrh.) 61 ff.
Turcarets 46.

Uhren, Erfindung und Bedeutung, 421 f.
Unterbieten (im Preise) 204 f.
Unternehmer, kapital., Grundtypen 86 ff.
Unternehmernaturen 256 ff.
Unternehmung, Begriff 69 f. An-

fänge 77 ff.; kapital., ihr Ursprung 86 ff.; kriegerische 77 f.
Unternehmungsgeist, sein Wesen 23. 69 ff. 78.; seine Entwicklung im allgemeinen 29 ff.; in den einzelnen Ländern 172 ff.
Utilitarismus 282 ff.

Venedig, Venetianer 54. 91. 99. 126 ff. 164. 172. 173. 177. 273. 373. 376. 381. 389. 440.
Veranlagung der Völker zum Kapitalismus 266 ff.
Vereinigte Staaten von Amerika 73. 94. 110 f. 193. 228. 389. Siehe auch Amerika.
Verfettung, geistige, der Bourgeoisie 188. 363. 463.
Verlag, Verlagsunternehmung 61. 86 ff. 124 ff. 437.

Wanderungen, Bedeutung für die Ausbildung des kapital. Geistes, 380 ff. 391 ff.
Wandervölker 393.
Welsche Praxis 166.
Westgoten 31.
Wirtschaftlichkeit (die heilige) 137 ff.; bei den Alten 290; in den Zunftstuben geboren 438.
Wirtschaftsepoche 6 f.
Wirtschaftsführung, bürgerl., 137 ff. 238.
Wirtschaftsgeist: siehe Geist im Wirtschaftsleben.
Wirtschaftsgesinnung(Begriff): siehe Geist im W. L.; vorkapitalistische W. G. 10 ff.; bürgerliche W. G. 137 ff.
Wirtschaftskörper 2. 7.
Wirtschaftssystem 7.
Wissenschaft (und Kapitalismus) 184 f. 191 f.
Wucherlehre, Kanonist., 314. 319 ff. 322.

Zeitökonomie 142 ff. 152 ff.; gefördert durch die Technik der Zeitmessung 422; gepriesen von den Alten 286 f. 290.; von den Thomisten 310.
Zinsverbot, kanonisches, 314. 319 ff. 333; in dem jüdischen Rechte 340 ff.
Zünfte als Pflanzstätten kapitalistischen Geistes 437 f.
Zwangshandel 99.

# Autorenregister

Abernethy 327. 513.
Abderhalden, Em., 501.
Adler, Markus N. 480.
Alberti, L. B. 13 f. 36. 37. 44. 136 ff. 149. 159. 161. 163. 173. 196 f. 238. 283. 286. 287. 288. 290 f. 292 f. 311. 333. 369. 439 f. 449. 471. 472. 474. 487. 488. 489. 490. 491. 492. 494. 497. 498. 502 f. 507. 516. 525.
Alidosi, A. 517.
Ambrosius, der heil. 508.
Amiet 472.
Anderson, W. 481. 482. 483. 484. 524.
Antoninus von Florenz 306 ff. 310. 312. 315 ff. 321 f. 330. 401. 435. 437. 505. 507. 508. 509. 510. 511.
Applegarth, Alb. C. 514.
Arendt, Witwe 519.
Aristoteles 17. 284. 289.
Arnold, W. 474.
Arnould 522.
Ashley, W. J. 483.
Augustinus, der heilige 332.
Baird, Charles W. 388. 519.
Ballagh, J. C. 484.
Ballerini, P. 505.
Balzac 152.
Barrett, Walter 498.
Barrow, Isaac 329. 330. 513. 514. 515.
Bartsch, Karl 474.
Baxter, Rich. 324 f. 329 f. 334. 335. 352. 511. 512. 513. 514. 515.
Baudrillart 472.
Bayle 387. 519.
Becher, Joh. Joach. 52. 210. 499.
Beck, H. 478. 483. 518.
Beer, Ad. 476.
Benjamin von Tudela 75. 96. 480.
Benoit, Ch. 376. 378. 517.

Bentham, J. 426.
Beowulf 78.
Berg, W. E. J. 518. 519. 524.
Bergk 491. 497.
Bergson, H. 260.
Bernhard von Siena 315. 506. 509. 510.
Berthold von Regensburg 37.
Beschreibung von Florenz (Descriptio Florentiae) 37. 473.
Betz, W. 501.
Bezold, F. von 484. 494.
Blegny, Ric. 475.
Blondel, G. 179.
Boehm, Willy 471.
Boissonade, P. 483. 518.
Bonnaffé, Edm. 476.
Bosenik, A. 484.
Boulainvilliers, Comte de 377. 517.
Boyer 495.
Brakel, S. van, 525.
Brambilla, G. 493.
Bromley 494.
Brückner, A. 472. 518.
Brüggen, E. Frh. v. d. 517.
Bryce 223.
Buckel, H. Thom. 296 f. 494. 496. 513. 514.
Buddha 426.
Burckhardt, Jac. 79. 84. 173. 477. 488. 494. 516.
Burnett 190. 513.
Burney 479.
Bujatti, F. 507.
Buoncompagni 493.
Burn, J. S. 518.
Burton 190.

Cajetanus', Kardinal 315. 317. 509.
Calonne, A. de 483.
Campbell, John 93.
Campbell, Dougl. 480. 492. 520.

Cantor, M. 493.
Carnegie, A. 219. 257. 450. 468. 499. 526.
Carnesechi, Carlo 488.
Caro, Georg 91. 480.
Carqueja, Bento 524.
Carter Hughson, Sh. 479.
Cato 284. 290.
Chevalier, M. 391. 394. 396.
Child, Jos. 209. 498.
Churchyard 389.
Cicero 182. 261. 272. 284. 288. 400. 500. 501.
Cilleuls, A. des 482. 483.
Clausewitz, Carl von 72. 80. 477.
Clement, P. 484. 522.
Coelho da Rocha 524.
Columella 264. 284. 289. 500. 504.
Contarini 186. 187.
Corbier, Claude 482.
Cormac, E. Tr. Mc. 483.
Crescenzi 494.
Cunningham, W. 388. 479. 517. 518. 521. 524.

D'Ajano, Broglio 517.
D'Ancona 487.
Dante 37. 277. 311.
Darmstaedter, L. 525.
D'Aulnoy 494.
D'Avenel, G. 475.
Davidsohn, R. 472. 502. 525.
Davilliers 472.
v. Deckers 37.
Defoe, Dan. 54. 67. 115. 136. 151. 157. 159. 200 ff. 205 f. 476. 491. 492. 498. 524.
Dejot, Charles 505.
Demosthenes 284.
Depping, G. 482.
Desimoni, Cornelio 166. 493.
D'Herrera, Gabr. Alf. 490.
Dionysius 332.
Dobel, F. 478.

Dubois, J. P. J. 481.
De Bois-Reymond, R. 525.
Edda 297.
Ehrenberg, Rich. 477.
Eisler, Rud. 499.
Encyclopédie, Method. 487.
Endemann, W. 506.
Erasmus v. Rott. 38. 93. 182.
Ergang, C., 498.
Erman 519.
Eschwege von, 494. 524.
Etienne 149.
Eulenburg, Franz 480.
Fagniez, G. 475. 496.
Feuchtwanger, Ludw. 244 f. 499.
Fibonaccio: siehe Leonardo Pisano.
Figuier, Louis 475.
Fischer, Hugo 54.
Fischer, H. Karl 515.
Fischer, Th. A. 519.
Fletcher of Saltoun 190.
Fox Bourne, H. R. 480. 498.
Frahne, C. 518.
Francis, John 62.
Franck, Sebastian 182.
Franklin, Benj. 136. 149. 152 ff. 159 f. 163. 168. 197. 198 f. 283. 287. 491. 493. 494. 503.
Freidank 37. 402.
Frey, C. 473.
Freytag, Gust. 31. 433. 472. 525.
Froude, J. A. 479. 492.
Funk 506.
Gardiner 479.
Garnier, Russel M. 482.
Gebhardt, Ulr. 474.
Geering, Traugott 389. 483. 517.
Gejerstam, Gustaf af 483.
Genthe, H. 502.
Gentz, Friedrich 247.
Gerardi, A. 493.
Géraud 471.
Gibbins, H. de B. 483.
Godard, Just. 498.

Goethe 15. 49 f. 75 f. 101. 261. 262. 395.
Goldschmidt, R. 501.
Gothein, E. 518.
Graetz, H. 345.
Grammateus, H. 166.
Green, Mrs Rich. 525.
Grosse, H. 493.
Grünhut, L. 480.
Guasti, Cesare 473. 488.
Guicciardini 176.

Häbler, Konr. 480. 522.
Haecker, V. 501.
Hakluyt 96.
Hallam, H. 517.
Handelmann, H. 479.
Haushaltungskunst usw. siehe Oeconomy.
Heckel, M. von 476.
Heine, H. 248. 301. 486.
Helmolt, H. F. 501. 502.
Hentzner 95.
Herrera 149.
Heyck, Ed. 478.
Heyd, W. 91. 96. 128. 478. 481. 486.
Hitzinger, V. 478. 482.
Hodermann, M. 500.
Homer 284.
Horaz 402.
Humboldt, Al. von 474. 494.
Hume, Dav. 526.
Hume Brown, F. 479. 502. 525.
Hutcheson 327. 513.
Hutten, Ulrich von, 182.

Jgner, C. 506. 508.
Jnderwick, F. A. 492.
Jschchanian 517.
Jaffé, M. 519.
Jäger, E. L. 493.
James, John 524.
Jars, Gabr. 482.
Javellus, Chrys. 315. 506.
Jeffrey, Reg. W. 483.

Jolles, L. 499.
Jung, J. 501.
Juvenal 402.
Jurieu 407. 521. 523.

Kant, J. 423. 426.
Kaplun-Kogan, Wlad. W. 518.
Kapp, Friedr. 390.
Kaeppelin, P. 478. 495. 522.
Keller, F. 314. 319. 357. 506. 509. 511.
Kellermann, B. 215. 229. 403.
Keutgen, F. 17. 471.
Klumker, J. 502.
Knapp, G. 482.
Knox, John 514.
Koehne, C. 471.
Kopp, H. 474. 475.
Koppmann, K. 471.
Kracauer 486.
Krafft, U. 478.
Kurella, H. 477. 499.

Lafuente 304.
Lamb, Sam. 492.
Lamprecht, K. 472.
Landbau-, Landwirtschaftsschriftsteller: des 16. und 17. Jahrhunderts 149 f. 174.; des Altertums 284. 290.
Langegg, V. F. Ad. von, **479.**
Lapsley, G. T. 482.
Laspeyres, E. 481. 498.
Lastig 87. 477.
Latini, Br. 487.
Lattemas 496.
Lattes, E. 477.
Laube, H. 366.
Lecky, W. E. H. 521.
Leonardo Pisano 173. 185.
Le Sage 46.
Leti 520.
Levasseur, E. 472. 484. 486. 495. 498. 516. 518. 522. 523.
Lewis, G. R. 478.

Libri 493.
Lippmann, O. 501.
Livius 284. 502.
Lob, Das, der Geldsucht 39 ff. 291. 504.
Löher, Fr. 391. 394.
Lukan 473.
Lucrez 291.
Luschin von Ebengreut A. 472.
Luther 182.
Luzac 188. 362.
Macaulay 439.
Mackintosh, John 486. 501. 513. 514.
Malvezin, Th. 486.
Mammachus, Th. M. 506.
Mancini, Gir. 473. 487.
Mandeville 37.
Marbault 475.
Marc Aurel 285 f.
Marcotti, G. 487. 488. 504.
Martian 131.
Martin, G. 482. 483.
Marx, K. 125. 320.
Masuccio 494.
Matthaei, F. 518.
Maurenbrecher, M. 506.
Mercier 50. 476.
Mereschkowski, D. S. 490.
Michael, E., 472. 473.
Mischler, P. 482.
Molière 58.
Montaigne, M. 178. 402. 495.
Montesquieu 181. 211.
Müller, K. 491.
Müller-Deecke 502.
Muratori, L. A. 525.
Murr, Chr. G. von 480.

Négociant patriote, Le, 159. 179. 495
Neuburg, C. 478.
Neurath, O. 273. 496. 501.
Neuwied, Prinz 481.
Nietzsche, F. 439.
Normand, Ch. 495.

Oeconomy of Human Life, The 491. 497.
Onslow Burrish 481. 523. 524.
Ovid 291.
Oexmelin, A. O. 479.
Pactuoli, Fra Luca, 167. 173. 493.
Owen Felltham 492.
Pagnini 126 f.
Pandolfini, A. 139. 487.
Panzano, Matteo da 488.
Pape, W. 477.
Paracelsus 475.
Pariset, E. 517.
Passerini, L. 502.
Patriotische Kaufmann, Der, siehe Négociant patriote.
Pauli, C. 502.
Peetz, H. 20. 471. 478.
Pegolotti 471.
Penn, W. 287.
Petrarca 312. 399. 511. 521 f.
Petty, W. 376 f. 516.
Philippovich, E. von, 521.
Philips, Erasmus 524.
Pigeonneau, H. 481. 495.
Plate, L. 501.
Plato 284. 426. 477.
Plinius 284.
Plutarch 284.
Pohler, Joh., 479.
Poole 388.
Postlethwayt, M. 211. 481. 499. 524.
Pribram, K. 483.
Price, W. H., 517.
Pringsheim, Otto 362. 517. 520.
Pyle, Pow. 479.

Rachfahl, F. 245. 499.
Ranke, L. v. 53. 176. 185. 362. 378 475. 494. 517. 522.
Rathenau, Walter, 74. 217. 238. 247. 468. 499.
Ratzel, F. 521.
Reclam 519.

Réflexions sur ce que l'on appelle bonheur etc. 476.
Rem, Lucas 183.
Remedelli, D. 505.
Reuleaux, F. 427.
Ribbi, Ch. de 505.
Ricard, J. P. 520.
Rockefeller, J. 261. 468. 499, siehe auch das Sachregister.
Roscher, W., 396. 481. 521.
Rothe, Joh. 474.
Ruccellai, Giov. 284. 285. 487. 488.
Ruland Ot:, 18. 183.
Rymer, Th. 482. 483.

Sachs, Hans 38.
Salomon 284.
Sammter 347.
Sander, Clem. 477.
Sattler, C. 471.
Savary 150. 157. 366. 478. 490. 496.
Sayous, A. E. 179.
Sbrik, H. von 475. 478. 518.
Schanz, G. 518.
Schatzkammer, Allg., der Kaufmannschaft 478. 498.
Scheler, Max 525.
Schleicher, Lud. 494.
Schmieder 474.
Schmoller, G. von 484. 487. 515.
Schneider, M. 515.
Schrift, Heilige, 306. 325 ff. 339. 341 ff. 511 f.
Schulchan Aruch 342. 347.
Schulze-Gaevernitz, G. von 447. 516.
Schulze, Paul 519.
Schurtz, H. 472. 501.
Sélincourt, Hugh de, 480. 482. 516.
Sembrzycki, Joh. 519.
Semon, R. 501.
Sempere 494.
Seneca 284. 287. 288.
Shadwell 516.
Siegel, Ed. 519.
Siemens, Werner 257. 468. 500.

Sieveking, H. 167. 372. 481. 493. 517.
Simian 441.
Simon Jacob von Koburg 165.
Skene, W. F., 501. 502.
Smith, Ad. 524.
Smith, G. 498.
Smith, John 95.
Smyth, A. H. 491.
Sokrates 511.
Soetbeer, A., 409. 472.
Stern, Wilh. 501.
Sternberg, K. Graf 478.
Stevin, Simon 166.
Stoppelaar, J. N. de 520.
Strieder, Jak. 304. 505.
Strousberg, Dr. 220, 451. 499. 526.
Stupan 58.
Sue, Eugene 479.

Tafel 479.
Talmud 301. 341 ff. 345 ff.
Tamassia, N. 503.
Tanara, Vinc. 150. 474. 490.
Tartaglia 165.
Thaer, A. 290.
Thomas 479.
S. Thomas von Aquino 11. 12. 23. 306 ff. 311 ff. 315 ff. 470. 505. 506. 507. 508. 509.
Tocqueville, Al. de, 391.
Tölner 18.
Toniolo, G. 502. 505.
Tönnies, Ferd. 22. 374. 472.
Tröltsch, E. 292. 306. 350. 506.

Uberti, Fazio degli 487.
Uhland, L. 474.
Unger, F. 493.
Unwin, G. 482. 485. 498. 516.
Uzzano 471.

Varro 284.
Ventura, Laur. 480.
Vierkandt, Alfr. 21. 22. 419. **471.** 472. 525.

Viko von Geldersen 18.
Villani 87. 166.
Villicus, Franz 493.
Virgil 284.
Vitry, Jacques de 48.
Vogelstein, Th. 397. 484. 497. 521.
Völuspa 27 f.

Walter von der Vogelweide 37.
Weber, Max, 7. 250. 305. 329. 357. 467. 504. 515.
Weiß, Ch. 384, 486. 518. 519. 520. 523.
Wiedfeldt, O. 487. 519.
Wimpheling 38.
Windelband 3.

Wirth, Max 61. 476.
Wiston-Glynn, A. W. 501.
Wittenberg 18.
Wittstock, Albert, 285.
Wodrow, Robert, 190.
Wolzogen, Hans von, 472.
Wood 524.
Worms, St. 483.
Wundt, Wilh. 254. 257.

Xenophon 263. 284. 289 f. 500. 504

Ziegler, H. E. 500.
Zinken 515.
Zola, Em. 122. 403. 484.
Zorn 47.